荊楚文庫

〔康熙〕通山縣志

〔清〕任鍾麟 修 〔清〕余廷志 纂

〔同治〕通山縣志

〔清〕潘滋榎 羅登瀛 胡昌銘 修

〔清〕朱美燮 樂純清 纂

〔光緒〕通山縣志

〔清〕高震鑠 修 〔清〕樂振玉 纂

荊楚文庫編纂出版委員會

武漢大學出版社

［康熙］通山縣志 ［同治］通山縣志

KANGXI TONGSHAN XIANZHI TONGZHI TONGSHAN XIANZHI

［光緒］通山縣志

GUANGXU TONGSHAN XIANZHI

圖書在版編目(CIP)數據

［康熙］通山縣志/［清］任鍾麟修;［清］余廷志纂.
［同治］通山縣志/［清］潘滋榎,羅登瀛,胡昌銘修;［清］朱美燮,樂純清纂.
［光緒］通山縣志/［清］高震鑅修;［清］樂振玉纂.
—武漢:武漢大學出版社,2021.3
ISBN 978-7-307-22071-3
Ⅰ.①康… ②同… ③光…
Ⅱ.①任… ②潘… ③羅… ④胡… ⑤高… ⑥余… ⑦朱… ⑧樂… ⑨樂…
Ⅲ.通山縣—地方志—清代
Ⅳ.K296.34
中國版本圖書館 CIP 數據核字(2021)第 008247 號

責任編輯:李 程
整體設計:范漢成 曾顯惠 思 蒙
責任校對:李孟瀟
出版發行:武漢大學出版社(中國・武漢)
地址:武昌珞珈山
電話:(027)87215822 郵政編碼:430072
録排:武漢恒清圖文菲林輸出工作室
印刷:湖北新華印務有限公司
開本:787mm×1092mm 1/16
印張:42.75 插頁:6
版次:2021 年 3 月第 1 版 2021 年 3 月第 1 次印刷
定價:199.00 元

ISBN 978-7-307-22071-3

出版説明

湖北乃九省通衢，北學南學交會融通之地，文明昌盛，歷代文獻豐厚。守望傳統，編纂荆楚文獻，湖北淵源有自。清同治年間設立官書局，以整理鄉邦文獻爲旨趣。光緒年間張之洞督鄂後，以崇文書局推進典籍集成，湖北鄉賢身體力行之，編纂《湖北文徵》，集元明清三代湖北先哲遺作，收兩千七百餘作者文八千餘篇，洋洋六百萬言。盧氏兄弟輯録湖北先賢之作而成《湖北先正遺書》。至當代，武漢多所大學、圖書館在鄉邦典籍整理方面亦多所用力。爲傳承和弘揚優秀傳統文化，湖北省委、省政府決定編纂大型歷史文獻叢書《荆楚文庫》。

《荆楚文庫》以『搶救、保護、整理、出版』湖北文獻爲宗旨，分三編集藏。

甲、文獻編。收録歷代鄂籍人士著述，長期寓居湖北人士著述，省外人士探究湖北著述。包括傳世文獻、出土文獻和民間文獻。

乙、方志編。收録歷代省志、府縣志等。

丙、研究編。收録今人研究評述荆楚人物、史地、風物的學術著作和工具書及圖册。

文獻編、方志編録籍以一九四九年爲下限。

研究編簡體横排，文獻編繁體横排，方志編影印或點校出版。

《荆楚文庫》編纂出版委員會

二〇一五年十一月

總目録

荆楚文庫

〔康熙〕通山縣志

〔清〕任鍾麟 修
〔清〕余廷志 纂

前言

《〔康熙〕通山縣志》八卷，清任鍾麟修，清余廷志纂，清康熙四年（一六六五）刻本。任鍾麟，字玉波，四川蒼溪人，舉人，清順治八年（一六五一）任通山知縣。余廷志，邑庠生。

通山縣始置於北宋，隸鄂州。元屬江淮行省蘄黄道，後屬湖廣省興國路。明洪武屬興國府，又改屬武昌府興國州。清康熙三年（一六六四）屬武昌府。

明萬曆九年（一五八一），縣令張書紳蒞任，見『邑志舊未有纂修』，以志事請謀於太史舒弘緒與武昌府同知張仕可，得此二公之命，『乃招諸文學子弟……取全楚總志、武昌、興國二志』，匯集編纂，萬曆十五年（一五八七）梓成。此志今無傳本。清康熙四年（一六六五），邑令任鍾麟已在任五年，適逢全楚志書將修，移文到邑。鍾麟延邑人前平樂知縣郭夢道、前桃源知縣朱承熠等人編纂志書，閲兩旬日而書成付梓。

志分八卷，共七綱：輿地、建設、人治、政務、人物、藝文、雜志，凡六十餘目，正文前置序、凡例、目録、輿圖。其纂修者名單列於卷一之卷端，目録中每卷下標註其卷所領子目數量，此二點與常見方志有所不同，是爲該志特色。『輿地』首載沿革，考其分野，其疆域、形勝、山川皆按是邑圖籍，又參考武昌、興國二志；鄉坊、風俗、節令、物産等據所在地考其時宜及父老所睹記者備紀之。『建設』一綱，其舊存及新建者各自分註。『人治』之職制各屬備載其員數，縣司及學職各自分例次第，有足登名宦者，則爲之傳。『政務』各目所載皆據是邑籍册，興革事宜與招撫流移悉核實直書。『藝文』取其有關於世教者，無論其名位尊卑，不計其詩文是否雅正。『人物』一門，登名宦籍者必載，若孝子、節婦、儒碩、隱逸之士，紀之以勸誘鄉俗，其人尚存者，不爲之傳。『雜志』記寺觀、丘墓、災異、仙釋等。

是志凡例有『按前志所載云』等語，據之可認爲其内容有採於萬曆志者。又其正文前載萬曆志序四篇，後人可憑之略考萬曆志修纂始末。

據《中國地方志聯合目録》，國家圖書館、上海圖書館藏有該志。本次影印以國家圖書館藏清康熙四年（一六六五）刻本爲底本。（彭筱溦）

目録

縣誌叙

今夫億萬斯年以後之人猶得知億萬斯年以前之事者恃有所紀載也一代之紀載莫備於史而一代之史又採輯於列國郡邑之書而後成此稗官野史之論固編年

紀事者所必資也是故一邑之誌一邑之書也而不僅為一邑之書集天下之邑之誌合諸
朝廷之起居與百官之治蹟斯足以成一代之史矣誌不與史相表裏者哉麟不敏幸而生逢其盛不至為
聖世之棄人于順治辛丑春三月奉
命宰通迄于今殆五稔矣兢兢焉飲氷茹蘗期以無負通民者上報
天子即當軍需旁午之際未嘗不為通邑計缺畧謀廢墜也殫思竭力夙

夜不遑庶幾與薦紳士庶慶諸務之畢舉矣然獨取邑之前誌讀之宋元之間尚有傳事有傳人惟明萬曆丙戌而後曁
國朝今日約畧計之八十餘年其間事蹟缺焉無紀不禁喟然嘆曰麟

於通邑之風俗民情固可謂識之深且熟矣試有問麟以邑之往事者則不能全舉以對謂非守土之羞乎幾欲博謀而纂輯之緣以連年供億未遑著述故徒勤諸心而未逮也適奉 上臺編輯全楚誌

書移文到邑則昔之勤諸心而未逮者今可籍茲而勉遂矣由是虛心延攬購求遺聞以備考核蓋重其事也維時得鄉先生前廣西平樂令郭公原江南桃源令朱公皆一時博雅名儒率庠中積學生數

人集古洞淵觀殫心朝夕逐事求詳歷年稽究仍遍訪于山林之野老故家之遺獻互相考證期于弗謬閱兩旬日而書成付之剞劂所謂寧簡弗繁寧信弗疑示可以傳之億萬斯年後之人而不誣也麟

將執是書以呈之
郡長達之
方伯進之
臺輔獻之
王庭則無徒曰一邑之書也或可採而
為天下後世之書云

康熙乙巳孟冬之吉文林郎知通
山縣事四川保寧府蓬溪縣
人任鍾麟謹識

舊刻縣志序

奉直大夫武昌府同知張仕可撰

國家今建郡縣莫不有志以述往事示來者通隸
武昌之興國余嘗閱興志稱通山士尚剛毅民風
醇樸乃通盖號鄂郡著邑云余來興且五年今年
春當大計余受命轉武昌郡而今明初張公者繼
余來守興國先是張通山君書紳者嘗為余言通
故無志將集諸文學茂材為輯修之余嘉其議則

謂通山君曰茲通邑盛典也即是書遂成後來觀
風者當有所考鏡矣余嘗奉例親括民田尋至通
則周覽通之風土人情大都不殊余昔日所觀記
興志者乃其士風漸劘後先人文寖以昌大盖斌
斌乎盛矣顧茲邑也獨可無志也乎哉是不可以
已也再閱月余自興國來武昌則聞邑志既就梓
矣梓成余覽之見其編彙校讐廣為裒採其立言
指事商校時俗雅有倫次增裁咸當則喟然嘆曰

通志成矣茲蓋百世邑乘哉通山君令輯是書所為嘉惠通人者蓋其至也余竊為通山君喜也遂書之為紀其歲月云

萬曆丙戌春三月吉旦

舊刻縣志敘

文林郎知通山縣事蜀中江張書紳撰

萬曆辛巳冬余拜命令通山四年凡邑事所可釐正者書紳誠不自度其顓蒙為次第行之獨邑志舊未有纂修之者余始至訪之邑父老子弟則通往者歷代沿革諸所廢墜者積歲移時類皆湮滅而不聞余於是乃喟然嘆曰是可無志哉此吾有司事也有司責也久之余乃周覽境內風土諳其

人情察所習尚悉吾耳目所睹聞者遂以告于舒太史謀之比僚三學博士及諸鄉大夫薦紳先生爰請命于興國舊郡伯義菴張公越月而今郡伯明初張公者繼至遂祗承二公命乃招諸文學子弟與之揚搉今古高校時事因取全楚總志及武昌興國二志彙輯編演蓋自漢初析下雉縣而通山之名所從來矣自漢及隋唐宋以至于明世代遞遷後先沿革不同名號各殊其民風土俗淳漓

汙隆隨時變易蓋風會所流其漸劘然也今茲集也大都按前書所載通山者爲據其實而備記之仍適索諸家史籍而又質之長老驗之版圖參互考訂其事核其詞直其爲文約而達信而有徵渢渢乎文彩表于後世休称昭乎来茲蓋信史哉若夫奇偉所聞簡忽所見而漫爲贅摭浮譚不足以信今傳後者則余豈敢

萬曆丙戌季春之吉

舊刻縣志序

賜同進士出身翰林院庶吉士邑人舒弘緒崇孝甫撰

通山居楚鄂東偏介在山谿蓋巖邑也邑治顛末省典圖可攷不具論邑志久湮稽往事者靡所據其附下雄郡紀者少槩見弗能詳人人稱是與也闕辛巳冬蜀張公九岡尹茲土歷四稔務根絕萃麃麃有德讓風政寬而厲諸廢悉舉邑爲易觀事餘閒念邑志獨闕乃命搜故實紹傳聞旁羅編摩不閱月而就爰付之梓嗟夫公之志堅哉夫古列國有史今郡縣有志志非一邑之史歟是安可弗修雖然修何容易余覽是編首輿地終藝文其間各分類而紀循次而載綱維縷析爛然有第一邑之事開卷若指諸掌蓋其詳哉然人治紀賢否人物紀淑慝厥繫尤有當重云嘗耳剽遺耆言國初守令師帥不及睹記近百年以來治行卓犖矩

模楷著者不數人歷歷可指鄉士大夫庶人刻心雅行履方祇節以自表樹者亦不數得間有深情隱匿希聲采譽之徒終莫售欺于世他如物類盛衰世故得失往往言之有徵則又竊念人心固各有志何必紀載之文志之所重大畧可覩矣修何容易哉存實錄以明是非昭勸戒寧獨記事書也直里巷乃爲信志乃可傳使後之守令若屬謂其賢與傳其僅存姓氏邑人則謂其心迹不可得私

且泯能以慮惕無以耳食庶不曠賢不廢行是與也尚亦重哉不然則無爲貴志矣余不佞以公索余言引其端輒附其臆説若此若公之善政則後自有紀之者茲且不悉具云

舊刻縣志叙

奉訓大夫知雲南霑益州事陞授奉直大夫進階朝列大夫姜時棠撰

國家分建郡邑邑必有志凡輿圖之式廓山川之形勝民生之休戚風俗之美惡政事之得失文獻之隆替咸徵諸志誌豈易言哉舊通無志嘉靖間邑少宗伯西厓先生嘗一修之未及就梓今數十年來竟成缺典萬曆辛巳冬邑侯張九岡來通凡

五類自惟通志未修嘗竊嘆曰今天下邑里世家傳祚繁衍其子孫猶能述其家世狀績爲之譜記以無忘其本始矧巍巍一邑幅員百里比於古之侯國獨可無志以掌記時事用彰實錄于茲邑哉於是禮聘崇邑庠士某爰集吾邑國子生邑諸生某等纂彙之侯則日臨爲諮諏商榷乃遍告于邑之鄉大夫士曰余不穀所爲成是書者自通邑公典非余一人之私也棠聞之曰侯不自居其美者

侯之享也雖然侯惡乎辭哉輿地之寧謐也山川之奠位也民生之康阜也風俗之還淳也政事之修舉也文獻之並陳也皆侯之美也侯惡乎辭哉久之侯書來屬余為之叙余義不敢辭竊以謂志非難志而信今傳後者為難剏斯志也取材於良牧採輯於諸賢錯綜往蹟檃括不遺此可以信而傳矣昔張橫渠為著作郎歷暨太常禮院侯所著通志傳之世世其功在邑乘者豈減橫渠先生哉

於是乎叙

志凡

一輿地所載首紀其歷代沿革考其分野次舍其疆域山川形勝則皆按本縣圖籍參之武昌輿國二志其鄉坊村鎮及時令物產又據其所在地方審其時宜及諸父老所睹記者為備紀之固非敢徒任耳談輒為漫載也

一建設始於城池公宇次鋪舍次廟宇次院場次橋梁道路以至于諸鄉約所其舊存而修葺及諸所新建立者皆各分註其下以備省覽

一人治首職制自邑長以下及諸椽屬陰陽僧會道會司備載其小大員數于前乃縣司及學職又各分例次第表列之其間政蹟卓犖及登名宦者則別為之傳盖皆按前志所載云

一政務凡戶口田賦條編貢辦皆據本縣籍册為備載之其興革事宜與招撫流移悉核實直書惟觀風者採焉

一藝文自宋以來宸翰不下數十章其他文字若詩賦浩繁者不得盡載姑取其有關於世教者即無論其名位卑尊其詩若文不盡爾雅者亦附録之至其先後次第錯陳者固所不校也

一人物凡登名宦籍者小大必載紀一邑人物之盛也其孝子節婦及諸儒碩隱逸之士又皆紀之以勸誘鄉俗然皆考之前志擇之輿論即其平生狀績為表揚之顧其人尚存者則亦不敢為之傳也

一雜志紀寺觀仙釋災異也今天下偹道會司皆所不廢蓋二氏之傳其来久矣且也遐陬僻壤九流雜居自古帝王亦不鄙夷方外之士則仙釋者亦寧當以非吾道而遂擯斥之哉若夫丘墓則又自昔皇家陵塚及歴代名臣碩窀穸之所今通丘墓即一見然皆不可以無傳也其他災異則天地沴氣亦關人事失得蓋數年而一間出者并為之附紀亦以彰示後人庶幾哉知修省于未然以迓天休也

通山縣志目録

通山縣志目録終

北至本府咸寧百二十里
通山縣
東至本州界三十里
引水
北山
新開嶺
羅阜山
三都
界首舖
花橋
花橋舖
東樓
馬鞍山
儒學
縣治
文德坊
楓梓山
全忠坊
敦化坊
克仁坊
南樓
通津
泥水山
翠屏山
養濟
福壽
六都
大陽山
九宮山

境圖
縣界三十里
西北到本府二百八十里
西至本府崇陽四界四十里
二
歎水嶺
一都
景洞
羅阜尖
邑
鶴山
演武
社稷
平泉舖
奎閣
關廟
伏波祠
多寶寺
北陂
孝遷橋
總舖
縣治
黉官
多寶橋
譙樓
儒學
兌讓坊
教場
二都
白羊山
鐵山
賀岩
會仙岩
五都
四都
雨山
角山
縣界六十里

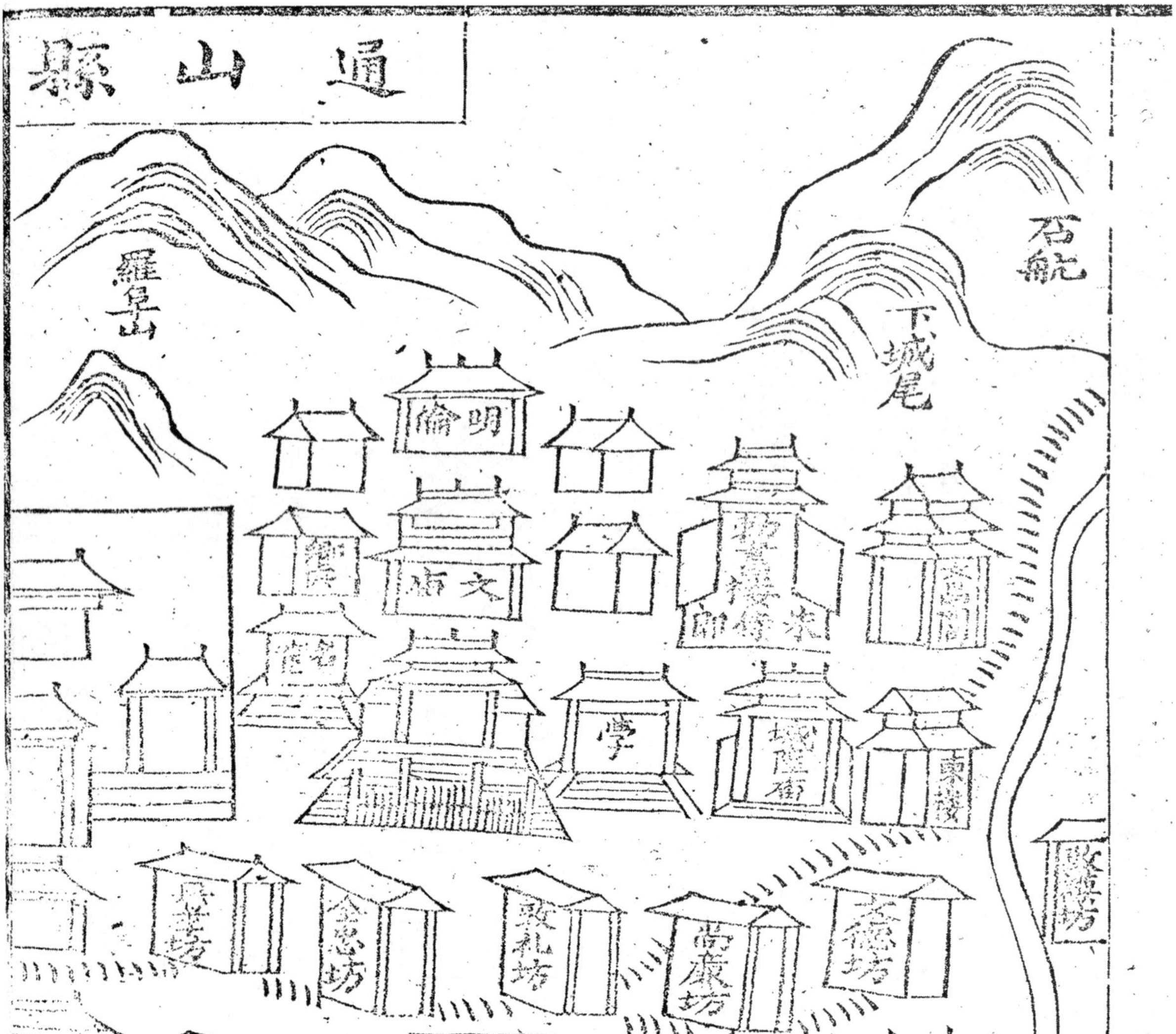
通山縣
下城尾
明倫
文廟
學
尚廉坊
通濟橋
三閭祠
翠屏山
山川壇

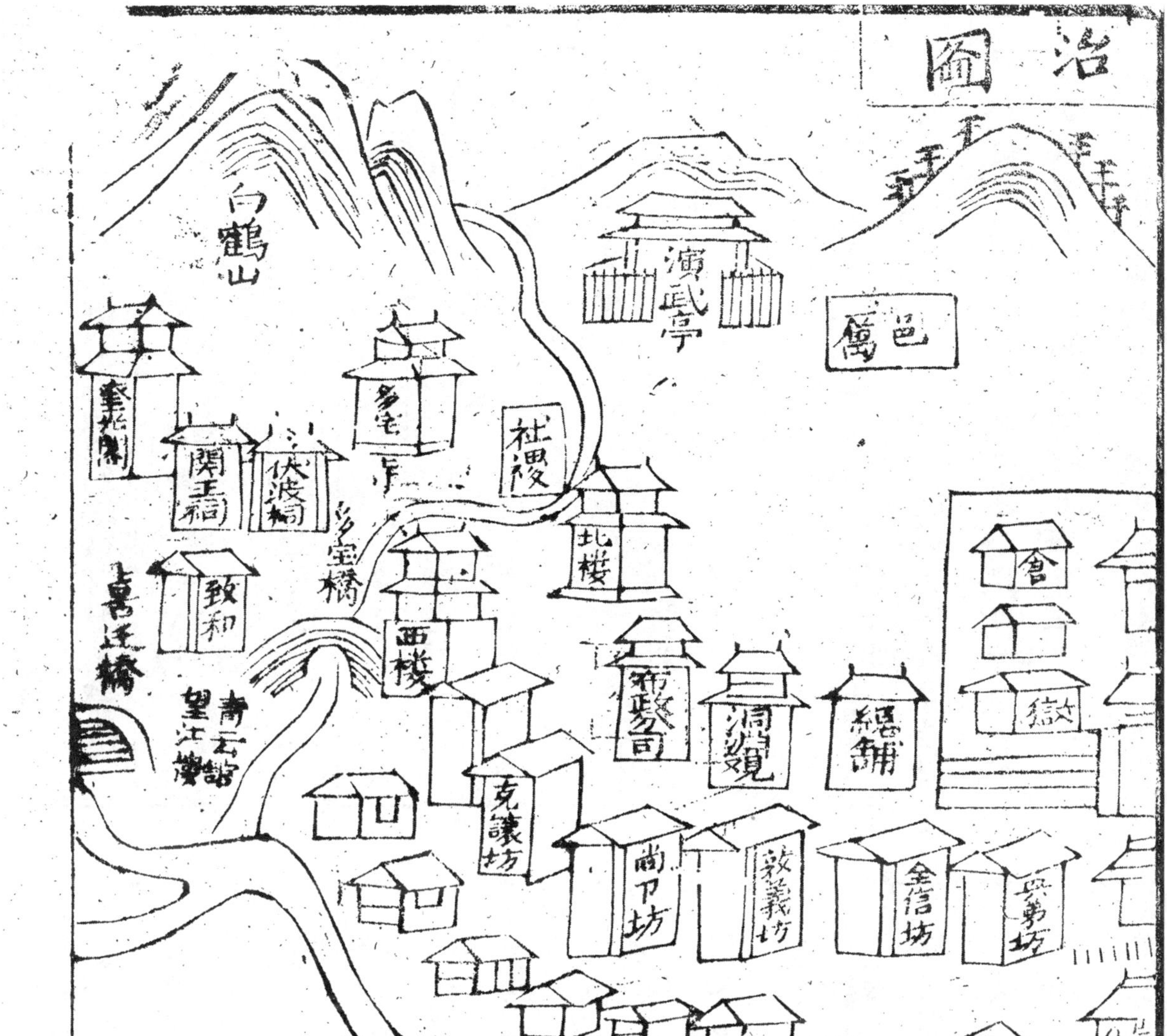
治圖
白鶴山
演武亭
邑厲
北樓
西樓
致和
多宝橋
克讓坊
敦義坊
申明
倉
獄
總舖
賀仙岩
會仙岩

通山縣誌卷之一

文林郎知通山縣事蜀䓫溪任鍾麟　裁刊

邑人知縣郭夢道　仝閱
　　　　朱承煜

邑庠生余廷誥
　　　劉炳向
　　　樂元聲
　　　李玉衡

　　　陳正排
　　　舒清臣
　　　朱瞰
　　　夏日耀彙輯

邑後學余天柱手錄

輿地

野史曰通山古下雉地也東連興國西接崇陽南隣寧武北抵咸寧疆域延綿壤土中下居民並山業農晝野分區別為六都四封壘列民醇樸斯昔人所云瘠土之民莫不好義者非耶作地輿紀

唐堯因帝嚳建九州其南為荆州東南為揚州通山介於荆揚虞夏商周因之漢高帝析為下雉縣屬江夏郡（通山縣始此）新莽改下雉曰閏光東漢獻帝建安十三年復為下雉縣屬江夏郡孫權自公安徙治鄂曰武昌析鄂之南境置楊辛縣治居今屬水鄉陽辛里輿地紀云興國軍永興縣本鄂

縣地孫權改鄂為武昌置陽辛縣東晉又析下雉縣入陽辛隋合二縣為永興

舊志云通山本漢下雉地三國吳為陽辛隋末為永興縣之新豊屬鄂州唐因之五代時楊行密起鐵冶置羊山鎮征賦南唐始置通山縣舊志云舊有青山鎮通羊鎮各摘一字而以通山名縣宋太平興國三年改羊山尋復通山紹興四年仍降為鎮五年復為縣屬興國軍元明仍舊編为六都一

長冂

都在縣西北界咸寧二都在縣西界崇陽三都在縣東北界興國四都在縣南五都在縣西界崇陽寧州六都在縣東南界興國

國朝因之

疆域

東至本州界首三十里南至江西武寧縣界八十里西至崇陽縣界四十五里北至咸寧縣界三十里東西廣一百一十五里南北袤一百三十五里

一水發自二都靈泉流遶縣東一水發自五都龍巖北流至縣東二水合流至方塘下五里入興國界一水自六都九宮山下發源流至獅子口入興國界

分野

漢班固志地理以翼軫為楚分南郡江夏屬焉以斗為吳分九江屬焉費直星曆謂柢于南斗十度晉志謂柢于軫十一度楚之尾也然翼軫為楚分野而南郡江夏屬焉南郡翼之十度也江夏翼之十二度也斗為吳分野而九江屬焉九江之一度費直所謂南斗之十度乃豫章之分野軫之十一度乃武昌之分野然則通山吳楚之壃斗軫之交其分野則翼之十二度與斗之一度者與

野史曰按古者聖人觀天文察地理分天為九野地為九區故炎帝命正黎司天黃帝建星次定律度堯命羲和定四時舜察璿璣齊七政天

文之說所從來矣後世按分野次舍詳考度躔因象察變以占休咎驗人事失得故地有是形則天垂是象而災祥之徵往往不爽天人之際嗚呼嚴矣

形勝

前列翠屏後枕羅阜東南有九宮山之崔巍西北有散水嶺之險阻 通志

八景 有詩見藝文

羅阜嵐光　翠屏塔影　石橋秋月　僊溪春水
犀港晨耕　焦巖晚渡　新嶺樵歌　瞿塘魚照

山川

通山之山自平江之幕阜山東行至黃龍山派今為五自黃龍演派於咸寧為潛山自潛山一分為通之白羊諸山通山山七分田地三分山多不能盡紀舊志所載者特百之一耳○翠屏山縣南半里其山蓊翠如屏上有石塔對峙學宮今廢詩文并紀見藝文羅阜山縣北即山麓為縣舍民居

遷依之高大峭拔一峰秀出於其上曰羅峰尖白鶴山縣西半里許與東石航山對峙崔嵬秀異形象頫鶴故名石航山縣東二里許山勢自下流綿亘數十里而上壁立水口亦邑山之雄峙者黃蝦蟇嶺縣東一里許壁立溪滸高數十丈結一蝦蟇懸立石壁俯視溪水如生狀人指為金蟾勝槩邑人知縣郭夢道大鐫升字于石沉水山縣東三十里上有大龍塘號仰天湖中有巨魚傍有仙坪張通清始脩于此後徙九宮又四里有仙人岩石鍾鼓上跡扣之有聲舊志云李靖馭龍行雨入此岩中九宮山縣南九十里廣八十里高四十里按江夏舊志云晉安王兄弟九人因避國難居此造九宮殿故名一云伏虎禪師通場其山自下而上高峯九層故名九宮又云山應南岳長沙九江廬山九十九峰之數又有九宮觀崇奉九真以應九宮之名未

知孰是上自幕阜黃龍分派下為九江廬山當通山之東南興國之西北千岩萬壑蜿蜒奇怪路由太平山松關歸雲橋万竹山仙跡雲關盤折而上至壺天亭前有三峰山樸雲峯東有赤玄洞龍門岩西有白龍潭上有龍井人以其水可以療病多取之流注放生池方數十丈西南有水口亭是為噴雪岩瀑布數百丈觸石飛散如雪故名傍有雷公洞有伏虎岩天尊岩宝陀山眠雲石試劒石後有駱駝嶺鳳凰山怪彩坡青猿洞林木蓊翠雲霧杳冥信非人間景也宋張道清往此山建欽天瑞慶宮于上宋謝枋得詩元虞伯生寄九宮題黙蘭谷二詩明禮部侍郎朱廷立九嶷行俱見藝文山有兩崖行窩石壁山縣南五十里崗連沉水盤拗崔嵬東西臨河對百丈河滸容一人行大城山半里許高峻環結如城上有四石門壁立若城郭然中平衍寬廣數十畝張平好

機巧造鐵舡至永興迷潭舡沒此山即其開鑿之地尚有張平子宅遺址焉○朦朧嶺縣東南三十里險峻迤邐往江西武寧所必經之地知縣林金張書紳有詩白羊山縣西三十里世傳東晉時永昌中有三人乘白羊入此山中因名賀仙崖縣西南半里許厓高五丈深二丈其中通明如屋可容遊宴冬煖夏涼亦厓洞之勝槩也會僊崖去賀仙厓少許高五丈深六丈門內上懸數石如鍾鼓扣之有聲下有石和尚數枚有一石床左深不測投石則滴洛不止有樵者見一人柱杖端坐石床上自云吾地仙也忽不見宋縣令蔣之奇詩見藝文雨山縣西南四十一里黃鷹山縣西南四十里界崇陽觀音巖縣南四十里宋紹興間居民萬俊見山上雲盤異常跡之則一洞窈然有石磬石榻石盞石果石像侍郎朱廷立有

記見藝文 新開嶺 縣北四里路出嶺下險峻殊絶宣德間始鑿其嶺爲通興國必由之路 仙人崖 縣治西三十里 楊城山 縣治西三十里 北 推書臺 望江嶺下曾國公故畔 散水嶺 縣治北三十里 鸕鷀峰 縣東四十里在蟳蜞因鸕鷀嘗羣集故名 張公山 縣治南六十里 石梯 縣治南五里 石壓山 縣東五十里 紫姑山 縣西十里 筆架山 縣東四十里在蟳蜞南 望江嶺 縣東南三十里 馬鞍山 縣西四里

洞九

[illegible]東洞 縣北十里 吳田洞 縣北十里 石碭洞 縣北五里 十 高坑洞 縣北十五里 西坑洞 縣東十五里 吳公洞 縣東二十五里 大泉洞 縣東五里舊志云石航泉又名石舍泉在石航山下其洞門高敞盤折深幽危石如門若數重宋縣令將之奇有詩刻第三重石門上進入丈餘有隙地究明頂竅通天處更入一門則源水深泥不可步矣詩見藝文 大贒洞 縣西南三十里界於泉臺翠屏之間隱君子詩見藝文 石壁洞 縣南四十里在石壁山上路盤崛險人跡罕至洞寬平明爽兩房如塚刻晉陀岩狀有一白柱大合抱高丈餘峙貫其中真奇觀也

港四　湖一

通羊港 縣南五里許中有大石綿亙至興善里爲鄉城陂可灌田千畝 湄港 源發兩山四十里合通羊港 犀港 縣西十里靈泉水所經中有大小牛跡世傳昔有犀牛涉此 城港 發源城山三十里乃合湄港 長湖仔 縣西六里在一都大樹下名長湖仔

泉十　潭二

桃花泉 縣治後山多桃花樹二三月桃花開泉出清冽花謝而泉亦涸矣今無桃樹舊鐫石詩知縣孫溥吳克獻侍郎朱廷立教諭張礼有詩俱見藝文 石舍泉 縣東五里又名大泉 洞山有石岩水流數十丈常有四足魚長二尺餘出沒水中 井灣泉 縣西五里與石舍泉相連 白公泉 白公橋側井涼可汲白公不知何時人然泉曰白公泉橋曰白公橋其媳又有賽公橋則白公亦通之巨族矣惜不傳云 靈泉 縣南三十里一邑水源 兩山泉 縣南五十里湄港之源 翠屏泉 縣南二里在楓梓山下 阮嶼泉 發源翠屏山麓與井灣泉相連 龍泉 在九宮山西[illegible]麓 線港泉 縣東二十里沉水山龍塘下溢而爲泉溉田百畝 石牛潭 縣東三里有石如牛開其顱世傳南府洪都廉來常耗占者云石牛所吹當在武昌之南因索得之鑿其顱來不復耗水滸隱若惟石嶂峻若肝膽狀侍郎朱廷立鎚鋼肝鐵肥四字于石上邑人知縣郭光韻有詩 七公潭 縣東四十五里

陂塘

西北 一都陂三 鄉城官堰陂 東陂 石碭陂 田堰二 早都大堰 小堰 西 二都塘二 南保塘 羅山塘 陂一 祝公陂 東北 三都塘二 巨塘 吳公洞塘 堰一 隱水堰 朱詩[illegible]

修成向塹塞田畏旱今膏沃矣四都塘三焦岩塘中開石門塘五都塘三龍塘在沉水山梅塘石公平塘六都塘二吳家塘堰一茅埠黃沙塘堰一官堰

野史曰通山地少泉源土田故多磽瘠舊有官塘官堰歲久漸就頹圮豪右兼侵每歲小旱則野田龜裂四郊無青草矣又其塘堰稅糧遂以遺漏往往累供貧戶為居民患頃者任公尋其故址為疏鑿開導之仍責之塘長堰長歲時修理於是水利以興旱潦有備矣

古蹟

○華屋讀書堂縣南三十里宋張詠號華屋為崇陽令築室於此讀書扁曰休心其址及釣月台猶存

○張平子宅在城山張衡號平子西鄂人此其開鑿之所

煉丹池在九宮山上南岩昔陶姚二仙避秦之亂覓九宮深處日以煉丹為務今其址猶存

鄉坊 附村鎮

鄉六水北三鄉二在縣西一在縣東水南三鄉二在縣西一在縣東區二水北鄉領新豐興善崇仁三里水南鄉領上畬下畬並行三里

成化間設三十五堡曰羊獅堡曰吳田堡曰山口堡曰石牛嶺堡曰塘坪堡曰石門堡曰清港堡曰界頭堡曰黃田堡曰雨山堡曰長林頭堡曰巨塘堡曰蜈蚣洞堡曰焦巖堡曰草鞋舖堡曰寨下堡曰西坑堡曰南坑堡曰花橋堡曰方塘堡曰馬鞍山堡曰蘆陂堡曰龜墩堡曰大楓樹堡曰寶石堡曰水源堡曰官堰堡曰高湖堡曰泥坑堡曰舡埠堡曰城港堡曰巖坑堡曰朦朧嶺堡曰蜉蝣堡曰郭城寺堡各有保長嘉靖二十四年方地屢警撫

按擬照舊規每大村或合數小村共設團長一名十人編一甲置小甲一名百人為一總置總甲一名衣甲器械操演如法遇警互相救援知縣吳道夫編為一十九堡曰上市堡曰羊獅堡曰山口堡曰田東堡曰茅田堡曰界頭堡以上俱上三里曰下市堡曰石橋堡曰草鞋舖堡曰朦朧嶺堡曰茅坪堡曰郭城堡曰鄢亭堡曰石泉堡曰茅埠堡曰官堰堡曰白土堡曰九宮堡曰高湖堡以下俱下三都萬曆十年

知縣張書紳復置張公隘九宫隘二堡于要害處併舊二十一堡各立堡長以守之歲時徵點以戒不虞

國朝康熙元年知縣任鍾麟嚴申保甲每堡設營練總二名督率爛夫四時團練而封守益固盜賊無警矣

附地名

羊𨛦、(縣西三里)吳田、(縣西五里)鄉城、(縣南四里)山口、(縣西北二十里)鷺鷥

窩、(縣西南五里)中村、(縣西南十五里)南村、(縣西南二十五里)塘坪、(縣西南三十五里)踏口、(縣西南三十里)長林頭、(縣西八里)洞口、(縣西十里)石碭、(縣西九里)巨塘、(縣北八里)花橋、(縣東十五里)茅洲、(縣東二十里)界首、(縣東三十五里)焦巖、(縣南十里)大畈、(縣南十五里)桑源坪(縣東南三十里)桐梘、(縣東南三十里)正陽畈、(縣東南十五里)新豐市、(縣東南三十五里)漂湖、(縣東南三十五里)泉港、(縣東南十五里)浮游、(縣東四十里)黃閣、(縣東四十五里)黃城、(縣東四十里)茅埠、(縣東六十里)文龜墩、(縣南三十里)大楓樹、(縣南三十五里)寶石、(縣南四十里)牛肚坑、(縣南四十里)高湖、(縣南七十里)小

源、(縣南七十里)城港、(縣南六十五里)界牌、(縣南四十五里)顏坑、(縣南三十五里)

風俗

野史曰按舊志称通山士尚剛毅民多朴野通風氣淳粹民俗敦龐無媮惰淫靡之習士勤學問尚氣槩敦節行蔀廡戮力本業重農桑務勤儉知孝友工商估客辨物價平交易息紛爭其他如方技巫醫百工之屬皆各挾其藝術計功售能於人陳財而好義上德而黜詐蓋人人有士君子之行焉嗟夫茲不謂民風汾穆無懷葛天之遺哉

節令

春

孟春正月為陬月日在虛律中太簇曰履端曰端月又曰孟陽元日曰上日又曰新日曰三始曰三元曰三朝曰三微其日正旦設供養具錢楮焚香拜天地禮祖宗少長俱慶親戚朋友相賀立春日

造土牛迎春士庶聚觀上元張燈結綵放花為樂
仲春二月為如月日在營室律中夾鍾朔日曰中
和節逢丁祭聖逢戊祭社社日雨曰社翁雨里談
曰社公社母不飲舊水又土人以驚蟄日晴陰占
一春晴雨其十五日花朝曰撲蝶會
季春三月為疢月日在婁律中姑洗日躔胃維又
曰日執青陸〃巳日祓除不祥清明掃墓民間浸
種

二
孟夏四月為余月日在昴律中仲呂曰朱明又曰
景風八日為浴佛節浮屠有烏米飯會民間各欲
飽食云過歇夏節
仲夏五月為皐月日在參律中㽔賓端午日浴蘭
懸艾飲菖蒲酒民間競龍舟設角黍吊屈原童男
童女以五色線束手腕云避兕蟲
季夏六月為且月日在東井律中林鍾曰傾暑曰

溽暑曰隆暑六日曰天貺節伏日曰三伏脩景
曰曬衣曬書以是日晴陰占秋成旱潦
三
孟秋七月為相月日在張律中夷則大火西流曰
白商素節中元日祭先祖七日曬衣帛七夕乞巧
十五為中元節焚楮錢作度亡大會
仲秋八月為壯月日在翼律中南呂宵中星虛中
秋設瓜翫月處暑種蕎白露種菜

季秋九月為玄月日在軫律中無射曰飛霜迎節
〃日飲茱萸菊花酒登高為樂
四
孟冬十月為陽月日在房律中應鍾曰良月曰正
冬曰小春月朔曰陽朔朔日上塚焚楮袱十五為
下元
仲冬十一月為辜月日在箕律中黃鍾曰暢月至
日官司賀長至

季冬十二月為涂月日在南斗律中大呂曰窮陰
又曰一陽換節二十四日為交年節ㄱ室迎先爆
竹避臊歲除曰分歲換桃符懸門神掛春帖夜設
酒少長聚飲餞歲夜坐分更云守歲

土産

穀類

麥大小蕎三種　稻先晚糯三種　粟　黍　稷　芝蔴　豆有黃黑赤青蒙豇豌小扁刀蚕蝣十三種而黃黑蒙為多

蔬類

白菜　青菜　芥菜　菠菜　芹菜　韭菜
萵頭　蘿蔔　筍　莧菜　芫荽　茄子
芋頭　山藥　甜菜　百合　葫蘆　葱
蒜　蕨　木耳　石耳　苦蕒　萵苣
冬瓜　王瓜　西瓜　絲瓜

木類

松　柏　桑　柘　棠　榆　槐　楊　柳
椿　桐　櫟　楮　楓　楝　株　櫪　杉
梧

果類

芡實　菱角　荸薺　鵝　銀杏　枇杷
栗　桃　梨　櫻桃　柑　橙
石榴　梅　榧子　李　柿　棗

花類

牡丹　菊　薔薇　蕙　山茶　木槿

桂　雞冠　蓮　白梔　月月紅　金鳳
芙蓉　葵　萱　玉簪　紫薇　芍藥

草類

木斛　芭蕉　葛　艾　寄生　藍
萍　蘆　蒿　蓼　狗尾　鳳尾
蒲

毛類

牛　馬　騾　驢　羊　豕　猫

犬 狐 兔 狼 貉 貛 獐

鹿

羽類

貨鷄 鵝鴨 鵪鶉 鴛鴦 鸕鷀 黃栗鶹

鴈 鴝鵒 鷺鷥 陶河 禿鶖 燕

鶴 鸛 鵲 雀 鷹 鵒

布穀 鷄 鶩 鴨 鷗 鴿

雉 梟 提胡 百舌 杜鵑 鶺鴒

盡眉 戴勝 鸂鶒 野帛 鶯

鱗類

鯉 鯽 鯖 鰱 鰍

介類

鼈 螺 蚌 石蟹

蟲類

蚕 蛇 田雞 蠟蟲

貨類

絲 綿花 白蠟 米 錫 麸麵

石灰 煤炭 靛 酒 醬 油

醋

藥類

麻黃 赤白芍藥 杏仁 貫仲 半夏

牛旁子 天南星 何首烏 苦練 白斂

葶藶 白芨 荆芥 蒲黃 馬兜鈴

黑牵牛 薏苡仁 酸醬草 枸杞 車前子

前胡 青木香 蒼朮 香薷 蒼耳

瓜蔞 黃柏 黃芩 茱萸 香附子

黃蓮 乾葛 瞿麥 石斛 兎絲子

茯苓 石脂 木賊 草烏 穿山甲

黃精 金銀花 桑白皮 酸棗仁 胡麻仁

馬勃 天門冬 地骨皮 木別子 山梔子

楮實 五倍子 槐實 槐花 艾

麥門冬

野史曰古有山虞川衡掌山澤之利土産繁碩則財用不匱民乃殷富通物産國饒民俗勤儉頃年以來四方賈鬻輻輳列廛比巷操計然之策遊民往來逐末競刀錐之利俗漸靡耗矣

通山縣志卷之一終

通山縣志卷之二

建設

野史曰國家分建郡縣立之司牧使各有土守小大相維其城池公宇廨舍及諸學宫以至臺榭諸所建置以時修飭所以示壯麗表大觀垂久遠肇千百載鴻基也作建設叙

城池

通山無城舊設小土城防禦一在白公橋畔一在城隍廟下歲久湮頽嘉靖二十八年知縣林金於縣治東西別擇地各建重樓東曰吳楚首關西曰荆湘要道萬曆十一年樓燬知縣張書紳鼎建重樓四座東曰賜通山谷南曰薰風解阜西曰通羊闤闠北曰北門鎖鑰嗣後八十餘年興廢不一至

國朝順治十八年知縣任鍾麟重葺四門城樓東曰升恒　南曰　絃歌　西曰　卿雲　北曰　景星四時防守民賴以安

公宇

縣治擁翠屏枕羅阜南唐陞鎮肇建元季兵燹明洪武三年知縣任昂修創宣德間知縣劉剛成化間知縣戴譓嘉靖二十三年知縣張一拱重修規制俱存

縣署中為正堂曰忠愛明嘉靖三十四年圮知縣陳乾重修後為後堂曰清白明隆慶庚午燬知縣譙田龍重修後圮崇禎壬申知縣張世涇重修至國朝康熙二年又頹知縣任鍾麟重修題曰慎獨軒軒右建樓廳一所軒後東西豎哨樓二座又後重等墻圍左為收藏庫又左為知縣廨右為架閣庫又後為儀仗庫正堂右為幕廳前為戒石亭東西兩序為六房東南為典史廨稍西為吏舍戒石亭前為儀門明季規制失舊至順治十七年知縣郭儼改正尚未告竣辛丑知縣任鍾麟續成其功門西為獄舍東為寅賓館為土地祠明萬曆元年知縣譙田龍建後圮國朝康熙元年知縣任鍾麟重修又前為譙樓明侍郎朱廷立記見藝文天啓癸亥暴水衝廢丙寅知縣王廷錢建立頭門規制亦稍失舊至國朝順治十七年知縣郭知儼改正尚未告竣十八年知縣任鍾麟續成其功樓外為屏屏外東為

旌善亭西為申明亭嘉靖間亭圮萬曆元年知縣王嘉桐重修今廢中為承流宣化坊明萬曆十三年知縣張書紳建後廢崇禎庚午知縣潘張改建仁智樓上有扁二一曰省耕一曰高山流水今廢址存

布政分司縣治西今改為察院今廢址存

按察分司縣治東後廢明崇禎知縣潘張查明給帖納稅有記

府館縣西今廢

轄屬

陰陽學縣西南今廢　訓術一人缺

醫學縣西南今廢　訓科一人洪之龍

巡檢司縣東三十里大鄉黃泥壠內今廢址存

道會司縣西古洞淵觀　道會一人缺

僧會司縣西郎多寶寺　僧會無

預備倉五一在縣治內一在茅埠一在吳田一在長田一在焦巖俱久廢址存

足民倉舊設于縣治內側後廢康熙元年知縣任鍾麟捐俸改建于縣治西積穀備賑

養濟院縣南半里通津橋外久廢址存康熙四年奉文復給孤老月糧布花知縣任鍾麟

議建惠民藥局縣東南今廢

郵傳

縣前舖縣右數十步花橋舖去縣十五里通興國界首舖縣東三十里通山興國界山口舖縣北二十里通咸寧縣平安舖縣西二十里通崇陽縣元趙子昂詩見藝文

野史曰先王設險守國城池之建其來舊矣通依山阻險四面犬牙相制河水環之故城不設而四封巍然壁立蓋金城之固也然防守稍怠則竊盜乘之嘉慶啓禎以來盜且屢入市廬矣今任侯患之設重樓以備非常凡諸署守館院郵傳次第建修翼翼維新盜亦屏息中外晏然安堵矣

學校

通山儒學自宋乾德二年建縣至慶曆四年始詔郡邑皆立學遂於是年建址在羅阜山麓縣治左自慶曆辛卯迄今五百年不易其處宋元以前修

者無考洪武庚戌詔天下府州縣各立學通稱為儒學知縣任昂始即舊址創焉永樂間縣官感於謬術以講堂抗迎縣治移建於文廟左景泰元年知縣吳萊教諭陳銓改仍舊處從而新之韓提學陽記見藝文成化弘治間知縣戴譓泰初相繼修之後廟廡久壞堂齋就頹官師至借居民舍嘉靖癸卯朱少卿廷立圖新之因縣無羨帑乃捐已貲百餘金倡邑之贏於財者勸助有差於是鳩材號工悉撤其舊闢後山空地為明倫堂若廟門若齋若廡堂左教諭宅皆鼎新矣會召入都憲嘉靖丁未知縣林金繼修之建文廟次欞星門次儒門建啓聖祠於廟右建訓導宅於堂右垣繚以磚煥然弘敞規制俱存禮部侍郎朱廷立修學補遺見藝文

學署中為先師廟東西為廡前為儀門門隅為神厨為宰牲房廟廡儀門知縣任鍾麟重加修葺門前為泮池池前為欞星門舊門甲狹知縣張書紳建石門三座記見藝文門前為屏屏前

為鯤化天池坊（今廢址存）廟後為明倫堂（久廢址存今議修）東為崇德齋西為廣業齋左為教諭宅右為訓導宅二宅後為倉（俱廢）宅前為名宦祠為鄉賢祠堂後為尊經閣（今廢）為敬一亭（即閣舊址今廢）堂東南為龍門（明萬曆癸酉知縣譙田龍建）門右為叢桂坊（今廢）坊前為大門扁儒學

學宮右側挨市訓導衙一所後止山前止街東止泮宮墻西止縣基衙今廢址存因學宮正基重地向來不敢賃住

四桂（在明倫堂前左右各二叢古檜）兩槐（在櫺星門內左右並茂係古植）

射圃（在翠屏山下臨溪明正德初知縣馮江建亭并具射器今廢址存）

社學二一在道會司前一在城隍廟左

學店一十三間（三在縣東城隍廟左四在道會司左二在道會司右四在道會司前）

學義店二十二間（邑人朱之相施敦義坊傍山鋪三間尚鄉坊白公橋下傍山鋪一間又沿河鋪一間白公橋上傍山鋪四間菜園一廂西門大街對小街口自下而上傍河鋪并尖角樓鋪共六間致和坊青雲橋邊樓鋪四間克讓坊西城樓前沿河樓鋪二間尚鄉坊自白公橋下傍山樓鋪一間）

野史曰上自王宮國都下及閭巷莫不有學通學宮蓋聞始宋慶曆間肇建於今六百年餘矣。明邑長任君昂郎舊址創為之其後諸令尹及兩厓公相繼修葺知縣張書紳復建立櫺星門頃年以來積歲彌時漸就傾圮康熙三年知縣任鍾麟一一新之而學舍煥然備制矣

正祀

先師廟（見儒學）

啓聖公祠（見儒學）

社稷壇（在縣西南一里許知縣張世涇改建于縣南翠屏山麓）

風雲雷雨山川壇（在縣南三里知縣張世涇改建于縣西北羅阜山麓）

邑厲壇（在縣西北半里許）

城隍廟（在縣東明宣德二年知縣劉剛弘治間知縣閔元繼修之）中為正殿（嘉靖間知縣萬全修　國朝康熙元年知縣任鍾麟重修）後為聖母殿（明萬曆知縣譙田龍建　國朝康熙元年知縣任鍾麟議建）東西為廡（凡六間）前為拜亭（明萬曆六年知縣宋承殷建　國朝康熙元年知縣任鍾麟重葺匾曰代天宣化）亭前為儀門門前為坊（明萬曆十二年知縣張書紳建記見藝文）

關王廟（在縣西半里許明萬曆五年知縣宋承殷建都御史劉景韶記見藝文）中為

正殿後為寢殿右為香火房三前為大門門前為坊明天啓五年知縣王廷鉽建

、三閭大夫祠在通津橋南元延祐五年戊午秋七月加封楚三閭大夫屈原為忠節清烈公舊建正廟嘉靖庚子朱侍郎重建後圮國朝康熙二年知縣任鍾麟重建

、馬伏波祠國朝康熙二年知縣任鍾麟重建

文昌閣縣治東關外明萬曆年間知縣丘龢可建祠後圮國朝康熙元年知縣任鍾麟另建高閣雕繪文昌帝像及聖父聖母圣嗣并刊刻化書藏板于閣上匾曰紫極有記有詩見藝文

奎光閣縣治西關外國朝康熙元年知縣任鍾麟另建高閣雕繪魁星聖像匾曰星聚有

記有詩見藝文

野史曰國之大事在祀祭法曰法施於民以死勤事以勞定國能禦大災能捍大患則祀之非是族也不在祀典孔子之道天下崇祀久矣自是而社稷山川諸壇廟所當禋祀者歲時致祭自祀典所宜豈曰徼福凡以為民也

名宦祠見儒學祀宋縣令蔣之奇明知縣孫溥林金教諭陳銓

鄉賢祠見儒學祀禮部侍郎朱廷立思明府同知吳原正斷江兵備副使陳宗夔

野史曰國家令甲祀鄉賢名宦於澤宮以風厲天下蓋無論名位卑尊狀蹟顯晦小大並述凡得入祀者類皆揆之天理質之人情允協輿論不得少假貸者此三代直道遺風蓋亦猶行古之道也夫

園塲

漏澤園舊無明萬曆十一年知縣張書紳捐俸建于縣西二里許新牌樓山麓方廣凡四十丈

教塲在縣西北半里許羅阜山麓明嘉靖間知縣張一拱建廳其中後傾頹萬曆七年知縣王

嘉相修亭三間曰演武亭前為門俱圮國朝康熙四年知縣任鍾麟議重建

野史曰邑有教塲所以訓練士卒時其簡閱以修武事用備徵調緩急也通故無城而箭樓既立防衛有道矣苟演武無地則人習偷惰不解親鎧仗列隊伍脫有賊盜不測之變當何以禦之此教塲之設蓋不可以已也

堂亭

愛山堂縣治西宋紹興二十八年縣令顧立取前令蔣之奇詩以名見藝文

青雲館

縣治西北明弘治間知縣秦初建為本縣迎送科舉之所今廢址存

宿雲亭在縣後宋時建今廢

翠屏亭縣後宋時建今廢

勸農亭縣西二里許新牌樓山麓弘治己卯年建知縣秦初教諭周華詩見藝文　國朝知縣任鍾麟屢年歷鄉勸農自此始士民有春郊勸農詩

飛僊亭九宮山元趙孟頫詩見藝文

醉雲亭白鶴山朱廷輔建

步虛亭翠屏山知縣夏綎建

燗然亭翠屏山麓侍郎朱廷立建于兩崖書院之上許提學宗彝篆額鄒祭酒守益記見藝文

去思亭白鶴山麓為興國州知州楊士元户科給事中顧問記見藝文

預備亭縣東北六里知縣張書紳建今廢

西崖行窩九宮山上侍郎朱廷立建教諭林大珠記見藝文

詩曰高山仰止景行行止古之君子其懿行高風往往著之荒墟遺構剝石陳迹可以興可以觀可以感可以永鑒雖百世能湮滅哉

橋渡

多寶橋多寶寺南邑人焦子由建明隆慶壬申知縣譙田龍重修

通津橋縣治南半里許邑人邢仲發建明正德六年水衡圮邑人朱廷文唐王重建侍郎朱廷立記見藝文崇禎辛未水衡廢邑民宋承祐築建知縣馬负圖記

青雲橋縣治西架木為之明弘治中知縣秦初率邑人阮福俊築以石主事周巽記見藝文

桃花橋洞淵觀旁花泉流瀉之處未詳何年建

喜遷橋縣西一里許故名坑口明正德元年邑人徐伯岳樂有芳建萬曆十三年水衡圮知縣張書紳重修建亭三座更今名給事中常居敬記見藝文　國朝順治十八年衡廢知縣任鍾麟率邑民熊楚珩等重修

白公橋縣西克讓坊處世傳橋為白公所建故名明萬曆十二年知縣張書紳重修置亭其上今廢

行遠橋西五里許故名羊都明正統間知縣吳芸建通咸寧縣洪水衡圮明萬曆丙申年翰林舒弘緒重修　國朝順治乙未年又衡廢丙申年橋傍居民黃心鏡等募衆同建

登高橋西七里許故[illegible]羣港建置未詳明萬曆十年水衡圮知縣張書紳率民修之置亭其上更今名歲久頹圮　國朝順治戊戌黃明宇等募衆重修之復置亭焉

舉橋西三十里邑人徐觀建其子適鄉舉故名

高橋西二十里架木為之

舊花橋

東北十五里

通濟橋東北七里今廢

賽公渡在縣治西南

李渡在縣南三里許明萬曆間邑府同知朱之揖修橋名永濟因建永濟大寺置有香火田

寶石渡在縣東南四十里許通江西翰林舒弘緒申請置官渡船使迄今不廢

黃沙渡在縣東三十里

野史曰徒杠輿梁王政也通邑僻山谷險阻歲時山雨水漲則四野瀰漫行者患之迩來橋梁修飭諸渡所編設渡夫修橋梁而民始不病涉矣

街市

西街 通街 橫街 東北各一 南市縣南一里許

山口市縣西北二十里 新豐市縣東南三十里

綽楔鄉約所附

興孝 敦禮 克仁 全忠 尚廉 致謙俱縣治左

興弟 敦義 克讓 全信 尚節 致和俱縣治右

叢桂為舉人焦雍焦以正 五馬為知府韓廷彧 飛藻為舉人朱伯驥 進士為朱廷立 虎榜題名為舉人熊自峯 桂林一枝為舉人吳原正 攀桂為舉人吳瑞 易魁為舉人曹瑛 鳳翔為舉人吳原哲 登雲為舉人茂 繡衣為御史徐

僉以上俱廢 進士為熊伯通 少宗伯為侍郎朱廷立萬曆十二年巡撫都御史李江檄知縣張書紳重修 鶚薦為舉人夏祚郭允禎 玉堂青鎖為翰林院庶吉士攺授吏科給事中舒弘緒

貞節為庠生朱之彥妻劉氏明萬曆元年欽建

鄉約所

野史曰鄉約之設有正有副有講每月朔望集其鄉之人宣繹書六諭以訓示閭里其所關繫於風教者豈淺鮮哉其他則如諸街巷坊牌各大書興孝諸扁令四方往來之人旦夕瞻視亦足以感發其善心砥厲其節行盖不為徒設也

通山縣志卷之三

人治

野史曰周官有縣正各掌其縣之政令以顯善勸義故守令者民之師帥所使承流以宣化也其縣尉簿丞則皆分職佐理之若諸教職則又責之傅士師職在甄陶士類爲國家需材待用者是皆不可不考鏡其人也作人治敘

職官

知縣一員　典史一員

儒學教諭一員　訓導二員

康熙三年奉文裁減止留訓導一員

陰陽學訓術一員

醫學訓科一員

道會司道會一員

儒學廩膳生二十員增廣生二十員　附學生無定數

本縣吏户禮兵刑工司吏各一名　六房典吏各一名　承發房典吏一名

儒學司吏一名

縣令

宋

熙寧

蔣之奇見傳行取監察御史

建炎丁未

程　京金華人知縣事因家焉

紹興甲寅

朱朝仙

戊辰顔　立

淳熙

丙午李　淅

壬子鄭　儒

蔡仲舒蘄昌人見傳

元
達魯花赤
至正
己卯 脫歡 西京人
縣尹
王淑宜 碭山人
主簿
王巨石 硯城人
縣尉
成允中 臨沂人
典史
楊壽 豐城人
附務副使
張文虎 池州跖人
明
知縣
洪武
己酉 任昂 建學宮縣宇

丁巳 王克中 舊志云清廉有聲
鄒珊 新淦人字子雷
甲戌 蔣通甫 無錫人舊志云多政蹟
永樂
甲申 王子芳 金華人
戊戌 殷珪 字彥圭吳縣人監生
藍清 四川犨人
宣德
丙午 劉剛 泰和人監生
葉茂 仁和人監生
正統
丁巳 陳魯 錢塘人監生
辛酉 吳芸 星子人監生
景泰
庚午 盧淳 桂林人監生
天順

戊寅 褚潭 天台人

甲申 劉傑 安福人舉人

成化

辛卯 賈廸 沛縣人監生

庚子 戴誌 見傳

乙巳 楊栗 崇明人

弘治

己酉 劉錦 慈谿人舉人

辛亥 秦初 臨桂人舉人

甲寅 閔元 南昌人舉人

戊午 盧愷 祥符人舉人

辛酉 張文 壽光人監生

乙丑 陳京 餘姚人監生

正德

丁卯 馮江 江陰人監生

辛未 童瓚 於潛人監生

丙子 岑衡 順德人

戊寅 劉謨 見傳

嘉靖

癸未 孫溥 見傳

丁亥 馬思仁 沛縣人監生

己丑 范汾 會稽人監生

壬辰 龍銑 望江人監生

甲午 周應龍 武進人監生

丁酉 沈馴 山陰人舉人

己亥 吳堯獻 雲南太和人舉人

壬寅 張一拱 海康人監生

甲辰 吳道夫 崇安人舉人

丁未 林金 連江人舉人見傳

甲寅 陳乾 滕縣人舉人

庚申 萬全 江西人監生

癸亥 洪朝璋 海陽人舉人

乙丑柯一鳳貴池人舉人
戊辰戴昊大足人舉人
萬曆
辛未譙回龍南充人舉人見傳
甲戌宋承殷鳳翔人舉人
己卯王嘉相犍縣人恩貢
辛巳張書紳九岡中江人恩貢
俞臨吉

路九同舉人
徐　浩
虞　瑶舉人
陳可耕廣東選貢
朱　紱四川眉山人解元
丘獻可
謝　祥舉人
己酉羅以旌舉人陞本府緝捕同知

壬子熊唐夫江西舉人
甲寅謝雲駿舉人當塗人調廣濟縣
丙辰夏可雷涪州人廣濟調任
天啓
庚申劉仕鎮舉人金谿人
癸亥王廷鉞歲貢金壇人
崇禎
戊辰潘　張舉人雲南寉慶

壬申張世涵舉人江西臨川人陞泰州盐運分司
丙子馬負圖歲貢四川南溪人陞衡州府通判
甲申趙向宸舉人御賜進士廣東東莞人
皇清　知縣
順治
丙戌胡士遇歲貢山東魁縣人
丁亥王之藩貢江南清河人
戊子宋一贊貢江西奉新人

辰 王有志 貢生 遼東人

甲午 葉必斗 貢生 遼東鐵嶺人

丙申 陳治國 歲貢 山東蓬萊人

戊戌 郭如儼 進士 陝西涇陽人

辛丑 任鍾麟 舉人 四川蒼溪人

庚戌 張　琎 進士 山東濟寧人

辛亥 龔在升 進士 浙江嘉善人

明 典史

永樂

戊戌 劉　恭

楊　整 魏縣人

楊　謙 雅州人

宣德

丙午 廖　信 井鹽人

翁文端 蒲田人

正統

丁巳 李榮貴 夾江人

辛酉 牟　坤 遂寧人

景泰

庚午 沈　澤 常州人

天順

戊寅 張友剛 巴縣人

成化

庚子　朱讓　上海人

弘治

辛亥　方興　貴溪人

戊午　徐望　武義人

辛酉　趙杲　彰明人

乙丑　李學　四川人

正德

辛未　陳鑑　河南人

丙子　劉衮　南城人

嘉靖

癸未　張舉　梓橦人

丁亥　何珊　六安人

己丑　林岳　三水人

壬辰　陳朝　内江人

丁酉　朱佩　崇德人

丁未　洪籌　慈谿人

甲寅　張公服

庚申　嚴紀　揚州人

乙丑　李廷珍　江西人

隆慶

戊辰　林伯和　浙江人

辛未　楊沂　鳳陽人

萬曆

甲戌　劉振　高安人

戊寅　徐瀾　豐城人

辛巳　袁惟震　易州人

乙酉　楊時茂　義烏人

周廷賦

汪希賢

袁九恩

唐承聘

熊士登

陳献策
劉　域
吴國相
天啓
劉惟雄
毛志和
崇禎
方時桂

朱萬策
林秉贊
俞士奇
鄭秉忠
皇清典史
順治
丙戌張元禎浙江山陰人
丁亥鄭英龍江西金谿人

壬辰穆王臣北直大名人
丁酉沈作霖浙江山陰人
壬寅穆先春山西臨縣人見紀

明教諭
洪武
己酉張濟淑永興人
丁巳吴仕賢宜春人舉人
甲戌陳倉真德慶人舉人
永樂
甲申廖　謹南海人儒士
宣德

丙午 丁　泰　貴池人監生

正統

丁巳 楊昌裔　侯官人舉人

辛酉 陳　銓　崑山人舉人見傳

天順

戊寅 羅　璣　高安人

成化

戊戌 舒　濬　貴池人監生

簡　昂

弘治

癸丑 周　華　吉水人舉人

辛酉 劉　用　蘇州人監生

正德

戊辰 詹　泗　連江人監生

癸酉 張　倬　鉛山人監生

丁丑 陶　乾　臨海人監生

嘉靖

癸未 謝　表　桂林中衛人舉人

戊子 劉　綸　雲南人舉人陞興国知州

甲午 黃　淑　海豐人監生

甲辰 林大珠　漳浦人監生

劉光震

丁巳 張　禮　龍里衛人舉人

卞　穀　江陰人歲貢

徐之燚　都昌人歲貢

丙寅 曹　梓　什邡人歲貢

辛未 沈復贊　墊江人舉人

癸酉 孫　嶽　宿州人歲貢

丁丑 劉應斗　武岡人歲貢

壬午 揶東作　暘谷武陵人歲貢

楊鳴鳳

劉仕賛

雷芳

王純仁

徐敦典

柳耀

王堝臣

柳江

蘇九垓

談明瀛

皇清　教諭

順治

譚桓舉人，景陵人

明　訓導

洪武

己酉仇毅字孟武，東平人，儒士

林伯達本州人

丁巳郭觀如皋人，舉人

倪端江都人，舉人

甲戌符洵南豐人

封巽贛縣人，舉人

永樂

甲申余華餘干人，舉人

戊戌李繼從新喻人，舉人

宣德

丙午謝善新建人，舉人

奚銓無爲人，監生

正統

丁巳劉齡春鄱陽人，舉人

劉　訓吉水人
辛酉王　銘
陳問行吉水人

成化

戊戌周光鎬
鄒　珍

弘治

癸丑周仕學長壽人

耿　淵
辛酉尹　誥島程人
郗　亮漢州府

正德

戊辰李大彰四川人
辛未凌　洪四川人
癸酉王　信光山人
牲　晏江浦人

丁丑李　岳彭縣人
徐　銳永嘉人

嘉靖

癸未汪　巘宣城人
孫　瑶海州人監生
戊子周邦彥宜山人監生
朱　蕃漢川人監生
甲午甯　銳蕪胡人監生

丁酉牟　佐納溪人監生
甲辰陳相宸諸暨人監生
余　龍長壽人監生
丁未沈　勳蒙自人監生
汪　台宜良人監生
壬戌張應舉鶴慶人歲貢
楊　杜四川人歲貢
李依仁宜賓人歲貢

隆慶

戊辰張中　彰明人歲貢

壬申古嘉表　酆都人歲貢

唐宗堯　平溪衛人歲貢

劉承教　仁壽人歲貢

萬曆

周順　綏寧人歲貢

甲戌彭都　安義人歲貢

戊寅趙時舉　桂林人歲貢

己卯丘尚燮　黃岡人歲貢

辛巳蔣士元　南楚沅州人選貢

甲申黃卷通　愛竹　龍陽人選貢

李鴻恩

李權

賀應表

唐之贊

姚潤

陳國治

文可奇

龍一道

傅太受　沔陽人陞貴州新貴知縣

馬師顏

天啓

黃正通

章斐然　廣東新會人陞夔州衛經歷

鍾鳴遠

崇禎

劉世倩

胡汝礪

黃正色　長沙人

龔恩宏　漢陽人

皇清　訓導

康熙

乙巳李起梅

壬子高　湛歲貢永州人

野史曰縣邑設官分職首之以令長佐之以丞尉而又繼以師儒蓋無論小大卑尊其前後歷官姓名紀之方册庶後之吏茲土者皆得自考鏡云

秩官列傳

宋蔣之奇字穎叔常州宜興縣人神宗熙寧間以監察御史令通山初之奇擢進士第中春秋三傳科至太常博士又舉賢良方正試六論中選及對策失書聞自報罷英宗覽而善之擢監察御史神宗立轉殿中侍御史上謹始五事曰進忠賢曰退姦邪曰納諫諍曰遠近習曰閑女謁神宗顧之曰斜封墨敕必無有至於近習之戒孟子所謂觀遠臣以其所主者也之奇對曰陛下之言及此何憂不治後坐他事監道州酒稅歷淮東轉運副使歲惡民流之奇募使修水利以食流者如揚之天長三十六陂宿之臨渙橫斜三溝尤其大也用工至百萬溉田九千頃活民八萬四千轉江西河北陝西副使之奇在陝西經賦入以給用度公私用足比其去庫緡八十餘萬邊粟皆支二年移淮南擢江荆所副使元豐六年漕粟至今比常歲溢六百餘萬石錫服三品請鑿龜山左肘至洪澤為新河以

避淮險自是無覆溺之患後以擒岑賊有功加寶文閣待制南海饒貨寶為吏者多貪聲之奇取世牧守有清節者吳隱之宋璟盧奐李勉等繪其象建十賢堂以祀蕺變其習徙河北都轉運使知瀛州遼使耶律迪道死所過郡守皆再拜致祭之奇曰天子方伯奈何為之屈膝耶揖而不拜入户部侍郎未幾復出知熙州夏人論和請畫封境之奇揣其非誠心務守備謹斥候常若敵至終之奇去夏

人不敢犯塞累官翰林學士知樞院事後以觀文殿學士知杭州以疾卒録其嘗陳紹述之言盡復官職之奇為部使者十二任六典會府以治稱且孜孜以人物為己任在閩薦處士陳烈在淮南薦孝子徐積有文集百餘卷行于世登名宦

蔡仲舒字正臣新昌人景祐間進士初調崇陽簿遷知通山以彌盜有功加太子中允

明王克中未詳何處人洪武十年知通山縣事清燕有政聲

蔣通甫無錫人洪武二十七年知通山縣事多政績

戴聰山陰人成化十六年以舉人知通山縣事操履勤慎平易近民凡廢墜無不修舉而案牘積弊為之肅清久于任士民懷之

劉謨如皋人正德十三年以監生知通山縣事政尚和易愛惜百姓稱良牧焉

孫濤貴池人嘉靖二年以舉人知通山縣事以才學飭吏治扶善鋤惡遇事敢為彊禦歛跡監司以不阿抑之遂浩然致仕去登名宦

林金連江人舉人嘉靖丁未年任執官勤敏有決斷裁抑豪右拊循善良葺修學宮撤毀淫祀每公暇賦詩有愛山堂集傳于邑七年陞河池州比去通民大泣脫靴以志去思登名宦

譙田龍南充人舉人隆慶辛未任雄渾磊落博綜今古盖文章政事兼優並長者居通四年陞興國守攝崇陽事兩縣士民戴之去之日脫靴扳轅至有感激下泣者

皇清

知縣任鍾麟字玉波四川保寧府蒼溪縣人順治辛卯舉人辛丑春三月履任秉性慈祥居心廉潔撝謙追碩膚之度明決揮游刃之才施政則平易近人急公則夙夜匪懈愛民造士剔弊釐奸數年

以内百廢俱興上臺交薦
欽加紀録通民戴如父母為作實頌圖一冊以公紀之

明教諭

陳銓崑山人正統十三年以舉人任通山教諭正身率物啓迪勤劳景太天順間科目接武咸出造就品鑑不差時典福建文衡有懷賂求薦者輙怒執送獄以行至今称賢師表云登名宦

張倬鉛山人正德八年以監生任通山教諭温厚

純篤有長者之風

李岳彭縣人正德十一年以監生任通山訓導温恭敦雅且練達多識士類推服

王信光山人正德間訓導性謹恪友愛弟姪俱從宦士類多所造就

張應舉鶴慶人歲貢嘉靖間訓導性剛直善詩嘗受業楊升菴先生之門其教士一以先生為法云

古嘉表鄞都人歲貢隆慶間訓導渾朴有長者風

劉承教仁壽人歲貢隆慶間訓導德行文章皆可師法

皇清

典史穆先春號魁光山西汾州臨縣人康熙壬寅秋八月抵任才猷敏捷巡緝有方佐邑未及一月奉文領運判郎夫草盡瘁一載餘上臺嘉之

野史曰自宋元以来其官茲土者蓋若干人顧其尸祝於民者自蔣之竒至于今不下四五人

間有行能卓犖不及追祀者亦各著其官蹟而表章之以示激勸庶不令之湮沒而無聞也

通山縣志卷之三終

通山縣志卷之四

政務

野史曰今天下守令贒不職者徵之政蹟老子曰其政悶悶其民醇醇古之良吏政成化理則户口日滋積貯豐裕軍國攸賴郎諸所興革可次第犂舉矣作政務敘

户口

宋治平年户九千八百三十六口一萬五千一百三十五嘉定甲申户三千四百三十八口無考

元缺

明洪武八年户九百三十五口五千一百三十二

二十四年户九百八十五口六千四百四十九

永樂八年户九百四十七口七千三百九十九官户九民户六十八軍户四百七十四貼軍户二百九十九雜役户八十八匠户一十

宣德　正統　景泰　天順俱缺

成化户八百五十五口一萬四千五百有四

弘治缺

正德七年户八百八十口一萬六千六百二十五

嘉靖十一年户九百二十口一萬七千三十九三十一年户九百三十口一萬七千四十一民户一百三十四軍户四百六十一貼軍户二百四十六匠户一道户一僧户六雜役户七十一三十一年户九百四十三口一萬三千五百七十六

食盐鈔二萬三千八百二十六貫

萬曆十一年知縣張書紳奉例查勘清審實在人户九百四十三實在口一萬六千五百七十六男子八千七百四十二婦女七千八百三十四

民户二百

軍户三百九十四　貼軍户二百

雜役船站力士校尉匠户畸零共二百一十六

太昌　天啓　崇禎缺

皇清

順治十四年實在户口共一千二十二内正軍户四百一十貼軍户一百八十八雜役船站力士校尉匠户畸零共二百四十三實在口共一萬五千八百零七口男子八千一百六十五婦女七千六百四十二

康熙二年知縣任鍾麟奉例查勘清審實在人户共一千二十二内正軍户四百一十貼軍户一百

八十一民户一百八十八雜役船站力士校尉匠户畸零共二百四十三實在口共一萬五千八百零七口男子八千一百六十五婦女七千六百四十二

田賦

宋嘉定甲申米二千一百一十二石九斗四升八合三勺五抄

元缺

明甲辰年秋糧正米四百七十九石八斗一升七勺絲一十四斤一十五兩九錢一分

永樂八年官民田地塘六百三十五頃九十五畝五分賦四千二百四十一石六斗六升五合八勺秋糧正米四千二百一十三石八斗一升五合七勺秋雜黄豆二十三石一升二合五勺夏税小麥四石八斗三升七合六勺絲一百三十二斤七兩一分折絹九十八疋二丈二尺五寸二分

宣德　正統　景泰　天順俱缺

成化八年官民田地塘七百四十七頃一十四畝三分賦四千八百四十一石二斗一升有奇

弘治缺

正德七年官民田地塘七百五十二頃四十九畝賦四千八百八斗五升有奇

嘉靖二十一年官民田地塘七百五十三頃一十四畝三分賦四千八百七十五石八斗五升有奇

両京絹一百一十八疋八尺九寸
萬曆十一年知縣張書紳奉例丈量田一千一百
一十頃一十八畝四分六厘四毫七絲八忽地一
百五十三頃五十二畝九分四厘六毫一絲四忽
塘四十頃四十二畝二分五絲四忽

田賦條編

上田一千八十七頃五十六畝七分三厘五毫八
絲八忽科秋糧米四千三百二十八石五斗一升

八合八抄八撮二粒〇帶科夏税桑絲一百三十
一斤四两三錢四分四厘一毫五絲
山鄉田二十二頃六十一畝七分二厘八毫五絲
科秋糧米八十一石四斗三升二合二勺四抄四
圭〇帶科桑税絲二斤七两五錢九厘

地税條編

秋地四十頃四十畝七厘四絲科秋糧米一百三
十五石八斗二升六合八勺一抄四撮四圭二粒
〇帶科夏税小麥二石七斗三升七合六勺〇桑
税絲四斤三两二錢四分一厘一毫
税地一百一十三頃一十二畝八分七厘五毫七
絲四忽科秋糧米一百六十七石五斗九升三合
一勺三抄六撮一圭〇帶科夏税小麥二石一斗
〇桑税絲五斤二两三錢四分八毫五絲

塘賦條編

塘四十頃四十二畝二分五絲四忽一則科秋糧

米一百五十七石六斗四升五合八勺三抄一撮
六粒〇帶科桑税絲四斤一十二两四錢九分八
厘一毫

以上共科秋糧米四千八百七十一石一升
六合一勺

二斗以上起科官米二百三十二石七斗六升九
合一勺以上起科官米一十石六斗九升八合三
勺民米并一斗以下起科官米四千六百二十七

石五斗四升八合八勺近奉例清丈不分官民一
體編差○帶科夏稅小麥四石八斗三升七合六
勺○桑稅絲一百四十七斤一十三两九錢三分
三厘二毫

太昌　天啓　崇禎俱缺

皇清

順治四年奉例丈量原額田一千一百一十六頃
二十七畝三分四厘二絲内上田一千九十三頃

四十四畝六分二厘九毫八絲

山鄉田二十二頃八十二畝七分一厘四絲

地一百五十六頃五十三畝二分七厘三絲内秋
地三十九頃九十九畝一分四厘六毫七絲
稅地一百一十六頃五十四畝一分二厘三毫六
絲塘四十二頃五十畝七分六厘八毫六絲

康熙四年原額田一千一百一十六頃二十七畝
三分四厘二絲内上田一千九十三頃四十四畝
六分二厘九毫八絲○科秋糧米四千三百二十
四石七斗九升三合七勺六抄四撮三圭三粒三
粟○科夏稅麥米四石三斗一升九合一勺二抄
二撮八圭七粒七粟帶科桑絲二百三十斤一十
五两八錢一分四厘八毫二絲

山鄉田二十二頃八十二畝七分一厘四絲科秋
粮米八十二石九升五合三勺九抄四圭科夏稅
麥米八升二合一勺七抄七撮○帶科桑絲二斤

七两九錢四分二厘九毫一絲

地一百五十六頃五十三畝二分七厘三絲内秋
地三十九頃九十九畝一分四厘六毫七絲科秋
糧米一百三十三石八斗三升七合四勺三抄四
圭科夏稅麥米一斗三升三合九勺七抄一撮○
帶科桑絲四斤一两一分二厘四毫四絲

稅地一百一十六頃五十四畝一分二厘三毫六
絲科秋粮米一百七十四石八斗八升六合八勺

五抄四撮科夏稅麥米一斗七升四合八勺一抄
七撮〇帶科桑絲五斤四両八錢九分八厘二毫
塘四十二頃五十畝七分六厘八毫六絲科秋糧
米一百六十五石四斗二合六勺三抄七撮九圭
科夏稅麥米一斗二升七合五勺二抄五撮〇帶
科桑絲五斤二錢七分六厘一毫七絲
以上共科秋粮米四千八百七十石一升六
合一勺內

二斗以上起科官米二百三十二石七斗六升九
合一勺以上起科官米一十石六斗九升八合三
勺民米并一斗以下起科官米四千六百二十七
石五斗四升八合八勺奉例清丈不分官民一体
編差〇帶科夏稅小麥四石八斗三升七合六勺
〇桑稅絲一百四十七斤一十三両九錢三分三
厘二毫
康熙四年知縣任鍾麟奉例丈量原額田一千一
百一十六頃二十七畝三分四厘二絲內上田一
千九十三頃四十四畝六分二厘九毫八絲科秋
糧米四千三百一十四石七斗九升三合七勺六
抄四撮二圭三粒三粟科夏稅麥米四石三斗一
升九合一勺一抄二撮八圭七粒七粟〇帶科桑
絲一百五十斤一十五両八錢一分四厘八毫二
絲
山鄉田二十二頃八十二畝七分一厘四絲科秋

糧米八十二石九升五合三勺九抄四圭科夏稅
麥米八升二合一勺七抄七撮〇帶科桑絲二斤
七両九錢四分二厘九毫一絲
地一百五十六頃五十三畝二分七厘三絲內秋
地三十九頃九十九畝一分四厘六毫七絲科秋粮
米一百三十三石八斗三升七合四勺三抄四圭
科夏稅麥米一斗三升五合九勺七抄一撮〇帶
科桑絲四斤一両一分二厘四毫四絲

税地一百一十六頃五十四畝二分二厘三毫六
絲科秋粮米一百七十四石八斗八升六合八勺
五抄四撮科夏税麥米一斗七升四合八勺一抄
七撮〇帶科桑絲五斤四两八錢九分八厘二毫
塘四十二頃五十畝七分六厘八毫六絲科秋粮
米一百六十五石四斗二合六勺三抄七撮九圭
科夏税麥米二斗二升七合五勺二抄五撮〇帶
科桑絲五斤二錢七分六厘一毫七絲

以上共科秋糧米四千八百七十石一升六
合一勺内
二斗以上起科官米二百三十二石七斗六升九
合一勺以上起科官米一十石六斗九升八合三
勺民米并一斗以下起科官米四千六百二十七
石五斗四升八合八勺奉例清丈不分官民一体
編差〇帶科夏税小麥四石八斗三升七合六勺
〇桑税絲一百四十七斤一十三两九錢三分三

厘二毫
明萬曆
夏税
起運
南北京絹一百一十八疋八尺九寸（共正扛銀一百五两七錢零五厘六毫）
存留
本縣倉小麥抵米四石八斗三升七合六勺（折銀二两

四錢一分八厘八毫）
秋糧起運
兌軍南京倉本色米二千一十三石一斗（論年遵照派單）
（加耗解運）折色正扛并南兌盤纒等銀一千五百七十
四两三錢一分一厘四毫
丁糧額辦派辦起運
南北藥朱曆日段疋等項正扛銀三百五十七两
一錢四厘四毫（例不優免丁三米七攤派段疋過閏加編）

户口

起運

南京户口鈔本折正扛共銀二十五兩九錢六分五厘五毫三絲七忽四微八塵六纖九渺

撥運

本府户口鈔銀三十七兩四錢四分九厘二項遇閏加給例不優免人丁攤派

驛傳

起運

南京濟川衛水夫工料銀一百三十一兩四分

撥運

本府遞運修船篩州驛站夫官塘驛中馬共銀一百七十八兩除優免外丁粮攤派

民壯

扣解濟邊練兵應役共一百六名工食衣鞋銀七百八十二兩七錢除優免外丁三米七攤派

均徭

銀力二差共銀九百六十八兩五錢四分除優免外丁三米七攤派

里甲

夫馬銀四百六十八兩除優免外丁三米七攤派

公費供應備用共銀二百一十八兩八錢四分八厘例不優免丁三米七攤派

班匠起運

南京人匠除逃絶開除外實在納班一十三名四年一班該班每名納銀一兩八錢遇閏加銀六錢

軍政

明萬曆

南北軍士五十四名

遼東直隸山東廣西等衛共四百六十六名

泰昌　天啓　崇禎缺

皇清

順治十五年清查軍户實在軍丁
南北軍士五十四名
遼東直隸山東廣西等衛共一百八十二名
康熙二年知縣任鍾麟奉　文清查軍户實在軍
丁共一百八十二名

夏税

起運

南北京絹共一百一十八疋八尺九寸共正槓銀一百二十八兩七錢三分六釐六毫七絲五忽

新加絹價銀四十兩七分一釐一毫四絲五忽

秋糧

起運

兑軍南京倉本色米一千九百一十六石六斗

丁糧額辦派辦

起運

南京藥味曆日段疋等項共銀三百四十八兩三
錢一分五釐一毫四絲一忽一微七塵六纖

户口

起運

南京户口鈔本折正槓共銀二十六兩八錢三分
一釐五絲五忽四微八塵三纖一渺

撥運

本府户口鈔奉裁充餉

驛傳

起運

南京濟川衛水夫工料銀一百三十二兩二錢一
分九釐三毫六絲

撥運

本府遞運修船篺州驛站夫官塘驛中馬并裁本
縣夫馬充餉共銀七百一十七兩五錢二分九釐
七毫

民壯

扣解濟邊練兵應役糧餉共銀四百八兩四錢三分五厘三毫四絲奉裁充餉

均徭

銀力二差除夫馬外舖兵一十三名額編銀七十兩一錢四分九毫七絲

里甲

夫馬銀除奉文扣裁協濟併充餉外存銀四十三兩九錢二分

公費供應備用共銀八十兩于順治十四年十六年奉裁充餉外存銀二十五兩九錢

班匠起運

南京人匠除逃絕開除外實在納班匠拾名（每年每納銀六錢并帶閏在內）

軍政

南北軍士

遼東直隸山東廣西等衛班操城屯舍餘共一百八十二名

野史曰通户口數千田不下千頃有奇歲徵稅亦以千計編户六里雜與户佃田者居其一往年人丁隱漏田賦不均間有民田重供軍實者頃者奉例均丈清其人户履畝定稅故催科不煩督責往往應期上供於是貧富適均軍民各得其所邑稱樂土矣

徵收

本縣徵收每户各給易知由單一張逐户開立前件限期註完仍責里長稱收二門內每里各設桌一張木櫃一個原定天平于桌上每日示諭納户及里長秤收庫吏註簿照前粘封計數投櫃封收庫內其需索加耗之弊一切屏斥於是民樂輸納不至逋負矣

積貯

積貯天下大命古者三年耕而有一年之積九年

耕而有三年之積所以備凶荒爲軍國之需也通倉廪空虚賑濟不給任矦遵奉上行照依舊額捐俸羅貯每年積穀一百五十石而足民倉自此充盈矣

興革

通邑僻居邑治頗多廢弛任矦並任修公宅監廢倉修廟宇設鄉約立保甲新學宫其他則除常例鑿宿蠹禁火耗清舖行此皆其興革之大較也

招撫流移

通山地瘠民貧一遇凶荒則移徙江右縣避差役蓋前庶去墳墓離鄉曲者至十之二三矣任公來縣慰恤招撫於是流民復還土籍者近百餘人自此黄鳥無此邦之悲鴻鴈有安宅之歌矣

通山縣志卷之四 終

通山縣志卷之五

人物

野史曰通邑居負山臨水風氣攸鍾環峰秀麗川流縈迴其瑰瑋磅礴之氣蓬蓬發之乎其人蓋其間輔毗文學侍從之臣後先間出斯所謂地靈人傑者非耶其他則諸山林碩俊節孝隱逸之士亦時時有之無論大小薦紳諸家也佐

人物敘

甲科

宋

咸淳甲戌王龍澤榜

韓　温字叔和

明

天順甲申彭教榜

吳伯通籍四川廣安官至副使

弘治庚戌錢福榜

熊伯通任餘干縣知縣

嘉靖癸未姚淶榜

秉廷立字子禮伯驥子歷仕至禮部侍郎著有兩崖文集行世

戊戌茅瓚榜

陳宗夔字惟一興賢子副使

癸丑陳謹榜

熊坦字履道伯峰子知縣

萬曆癸未朱國祚榜

舒弘緒字崇孝彥子翰林院庶吉士改授吏科給事中以建言閒住

鄉科

明

洪武丙子科

李榮教授

己卯科

焦雍

永樂乙酉科

李茂成

陳慶知州

吳錫祐知縣

丁酉科

吳敏推官

庚子科

吳瑞署丞

焦以正府同知

癸卯科

熊茂林

景泰庚午科

曹瑛 推官

癸酉科

韓廷彧 廣西太平府知府

丙子科

聶茂 知縣

天順己卯科

吴原哲 知縣

壬午科

吴伯通 進士

成化辛卯科

吴原正 原哲弟見傳

甲午科

吴原聰 原正兄知州

癸卯科

熊伯通 進士

朱伯驥 信孫見傳

正德丁卯科

熊伯峰 蘇州府通判

己卯科

朱廷立 進士伯驥子

嘉靖甲午科

陳宗夔 進士

庚子科

夏祚 河南陳留縣教諭

丙午科

郭允楨 知州禹輔孫字明臣初任保定府蠡縣知縣復任建昌府廣昌縣知縣

己酉科

姜時棠 字道詠號龍崖考部元任霑益知州有善政既致仕被徵不出進階奉順大夫

壬子科

周存彔 字時易通判

熊　坦 進士
乙卯科
陳以訓
萬曆癸酉科
舒弘緒 進士
丙子科
徐昌時
癸卯科

程士奇 初任陜西襄城縣知縣陞保安州知州行取部員外轉郎中
丙午科
全其真 南直潛山縣知縣
乙卯科
郭喬竣 初任廣東徐聞縣知縣陞任南直北城兵馬司正允楨孫
皇清鄉科
順治甲午科
吳孟桂 見署漢川縣儒學

康熙己酉科
朱萬錦 候選知縣
明恩歲貢
盧文瑛 御史
朱志先 布政見傳
陶　鑄 布政
卓朝用 見傳
徐　倫 御史

郭進忠 墊江訓導
楊　慶 吏目
焦　翕 知縣
楊　順 知縣
韓添相 檢校
汪　傑
吳　興 縣丞
程添澤

姜友高縣丞
聶　銘主事
陳嗣興判官
陳克已縣丞
姜思恭
周志遠
孫　孚
陳克智

孫　輅
程宗韶
全以昂
謝子彰縣丞
張必敬主簿
徐仲淵
夏勝先吏目累官府同知
姜　遜知縣

方　茂經歷
徐　原
朱　信檢校智先子
方志通經歷
卓　隆經歷
楊　鑑縣丞
邱　環署丞
楊　頊奉祀正

陳　福
黄　鍾推官
姜　俊縣丞
姜　福知縣
蔡　亨
焦　瑞
宋　瓚州判
鄧　膚

熊　威

周　綬

晏　熙

韓　璉

瞿　文

宋興隆

魯　政

楊　璉

徐　定

嚴守貴　縣丞

徐　遵　檢校

陳　環

葉芳春　經歷

焦　紳　以正子

許　浩　典儀

涂仲貢

汪應林　知事

陳伯雄

徐　暄　訓導

朱原紀　吏目

吴孟積　推官

金仕佳　判官

秦　滋

徐伯昆　州同知

劉　觀　吏目

周仲英　教諭

熊伯智　教諭

聶　元　縣丞

楊　昭　縣丞

周　淇　敘事

陳　琉　見傳

舒有年　廣西南寧府推官弘緒曾祖

吳從敬 署正光祿寺署正
夏大用 經歷見傳
汪仲濂 訓導
方　員
金仲賢 太僕主簿
朱伯鵬 大足知縣
陳端誠 字天性滦州判官
涂　皋

孫　本
鮑　閣 縣丞
徐伯鉞
鮑　閻 知縣
吳文言 主簿
陳文乾 經歷
陳　恕 知縣
夏　紀 廣西梧州府容縣知縣

陳文盖 訓導
陳興賢 教諭
宋守約 學正
焦　蘭 教諭紳孫
徐伯山 學正
熊　蟠 訓導
樂有律 主簿
張義德

徐　旦 經歷
周希文 州同知
涂宗儒 教諭
徐仲書 主簿
舒　彦 訓導
許　詔 判官任真定府趙州
徐　棠 通判
吳萬甲

周　書　教諭

朱之來　以母老終養不仕遥授訓導

汪汴清

陳季皐

涂宗鑾　恩貢知縣

焦　默　主簿蘭子

陳志雄　縣丞

徐　棐　恩貢訓導

宋　東

舒吾素　縣丞

吳　澧　選貢

焦宗會　選貢默子四川龍安府推官

朱之桿　選貢廷立子

許仲讓　教諭德化縣訓陞光化縣諭謠子

陳　潵

胡伯寳　四川南川縣訓導

張日昇　河南南陽府鎮平縣訓導陞四川瀘州江安縣教諭復陞江西南康府府教授

余淑　岳州府訓導

朱之柱　四川東鄉縣知縣廷立子

周懋官　南京常熟縣丞陞綏德州同知

李思學

嚴仕賢

夏為霖　江西彭澤教諭

沈猶括　河南光山教諭

羅　選　承天府訓導

沈繼約　選貢四川順慶府通判

姜一梧　黃岡訓導

舒弘績　麻城訓導

祝應舉　江西奉新訓導

焦養重　興寧教諭宗会侄

熊士驥　州判

黃希范　長沙府教諭

夏德立江西撫州府訓導陞京山教諭
舒弘抱新寧教諭
胡　侗圻水教諭伯宝子
葉春揚黄岡訓導陞廣西南臨府教諭
嚴中寬監利教諭
宋之齊監利教諭
熊　飛恩選貢江西吉安府判
沈襄明恩選貢浙江宣平知縣

余文士桐柏教諭
郭夢道恩選貢廣西平樂知縣喬埈子
夏雲霓拔貢四川丹稜知縣
陳幼學江西瑞昌訓導
譚大元
程懷珍
郭喬圻訓導允楨孫

皇清

舒其忠恩貢
羅萬理歲貢選子
沈于先歲貢繼約子
譚學忠歲貢
阮先聲監貢
譚學稱歲貢仁和縣丞
朱承煜戊子副榜恩貢江南婺源知縣之輝子
許立達戊子首拔考部元授江南江浦知縣殉節贈江南按察副使　御祭有文詹子其繼
黄獻宸歲貢京山縣訓龍陽縣諭襄陽府授遷江西武寧縣丞致仕

吳光位恩貢
舒雍臣歲貢長沙縣訓導
徐思昇歲貢
朱寶三恩選貢承詹子
吳朝舉穀城縣訓導
譚學璦歲貢
陳　介恩貢

唐振烈

廕監

許其繼 考授知縣立達子

朱寶璐 丁酉副榜 壬子恩選

例貢

明

陳宗韶 字尚守號井井照磨

韓師瑜 判官字孝可號九山

舒問

宋極 判官字汝中號魯山

方燦 主簿

韓履吉 由生員

朱之梅 由增廣生而應本省鄉試廷立子

韓遴吉

朱寶和

熊名選

熊名世

朱承燿 之揖子

野史曰三代而下鄉舉里選遞變而為制科後

世遂以科目取士乃得人亦於是為最盛云

國家取士之法益詳且密矣通自設邑以來前後俊偉瑰琦之士各斥其才調乘時自見其大者以科目位台鼎陟華要為國家名臣次之則皆得寄民社列薦紳冠裳楚楚簪組輝煌登姓名於乘傳垂休先於無窮蓋皇皇乎盛哉

監生

明

朱之楨　廷立子

陳廷欽　宗燮子

舒漢策　弘緒子

朱寶科　考授主簿

程雲龍　士奇子

沈于凡　繼約子

周弘昌

儒士

明

朱承舉

陳士亨

朱承庸　之柱子

朱承膺　之柱子

夏日懼　德立子

明

武鄉科

崇禎癸酉科

阮　嘯

皇清

順治辛卯科

余夢斌

程大智

甲午科

桂士泰

野史曰國家羅選人才文武並重從來尚矣于是繼文而設以武科兩校馬步射法以甄其技勇終試策論以覘其謀畧亦倣賓興之意然後升之司馬而合試之盖以文經武緯未可偏廢也敘而列之以誌韜鈐彙進之典焉

辟舉

明

韓衡見傳

張勉以人才舉任永淳驛丞

黃天性見傳

徐萬鍾任通判

掾職

明

葉讃典史

鄭受仁主簿

朱原茂巡檢

韓師武典史

朱廷輔驛丞伯驥子

鮑時聘經歷

周峰巡檢

吳仲善巡檢

陶黷巡檢

楊學典史

周存嘉典史

程翺典史

張吉勅修職郎

鄧林木四川臨水主簿

朱承祐省祭

樂朝憲爲鄖衛經歷

張日耀貴州酉陽衛經歷

野史曰昔蕭何曹參皆起自功曹爲漢室元臣吏掾之設始於供簿書親法律習國家典要循資考勞計功底績亦得榮膺一命盖國家網羅人材多張官爲以需效用斯所謂立賢無方者耶

貤封

明

韓銓以子廷彧貴封知府

吴愈奇以子從敬貴封儒林郎

吴志淵以子端貴贈光祿寺署丞

朱伯驥以子廷立貴封御史

陳興賢以子宗夔貴封御史

晏氏以夫朱志先貴封恭人

李氏朱志先繼室封恭人

陳氏以子吴端貴封孺人

王氏以子吴端貴封孺人

徐氏以子吴從敬貴封安人

嚴氏以夫吴從敬貴封安人

吴氏以子朱廷立貴封太孺人

韓氏以夫朱廷立貴封孺人

吴氏以子陳宗夔貴封孺人

宋氏以夫陳宗夔貴封孺人

翟氏以子朱之楫貴封太孺人

韓氏以子朱之楫貴從夫爵贈淑人

楊氏以夫朱之楫貴贈孺人

郭焕然以子郭喬埈貴贈文林郎

汪氏以子郭喬埈貴贈孺人

方氏以夫郭喬埈貴贈孺人

野史曰國家令甲自一品以至七品凡歷一考

者即蒙貤典其三品以上遂昇其曾祖父母而追封之若夫大慶覃恩則又不在是數通之以殊勳叨渥典承榮寵者大都顯彰誥命紀之藝文今其姓氏謹為備録庶以表別休徽也

武勳

明方子貴元末盜賊蜂起人無寧居子貴集衆保鄉里盗不敢犯授兵馬驍勇有膽畧勅鎮通羊營軍萬户

皇清

程九伯六都人順治二年五月闖賊萬餘人至縣蹂躪燒殺為虐民無寧處九伯聚衆圍殺賊首於小源口本省總督軍門佟嘉其勇畧劄委德安府經歷

野史曰孔子稱有文事者必有武備國家崇文講武則武職之設亦至重也通小邑故不習儒閱而官武職者亦不多見今其可紀者獨此二二人耳

鄉賢

明

韓衛字克佐六都人洪武五年以春秋任興國府學訓導舉文學赴京作鍾山應制詩除廬州府知府後改湖州府明經博覽才堪時用

朱志先號湄溪二都人洪武十九年以監生授山東布政左遷鶴慶郡判陞徽州府知府復補臨安行修政理歷著芳聲

黃天性字大本四都人洪武三十年以賢良薦任廣德州同知尋改工部都水司主事修濟河駐節於沛沛人建德潤堂祀之李時勉諸公俱贈以詩文

徐儉字節甫一都人革除間以監生任江西道監察御史多所建白

卓朝用永樂間任西寧縣知縣以清謹著節政聲赫然久之則奉公撫諭民夫赴太和山病卒任於途從者莫不悲慟同寮吏鄭以敬護其喪歸家見寧州志見楚記

吳原正字復初五都人成化七年鄉舉授廣西博白知縣築城設堡民賴以安陞思明府同知經畧有方土酋懼且懷之疾卒於官弟原聰濟寧知州調雲南嵩明州狷介自持人謂吳昆仲賢於官云見楚總志

朱伯驥號南溪爲諸生時山陰薛之綱督視學政獨奇之與蒲圻仵紳江師古廖漢一時並稱成化癸卯同鄉舉試禮闈下第乃築室溪南臨水面山專精墳典脫去俗紛後起爲廣州推官從白沙陳獻章游浩然有歸志退而上書論古今人才不相及者古之待士也甚恕故士之自爲也甚通今之待士也甚刻故士之自飾也甚周自爲之通也伸縮弛張由乎我也而光明俊偉之業成自飾之

周也舉動視聽微乎人也而消沮閉藏之念作此人才所由分而事業所由異也且夫人之情忌人之獲譽喜人之獲謗九人者譽二人者我謗是故九人之譽不足以勝二人之謗苟非中流砥柱如陶士行松柏獨秀物雖[illegible]何不[illegible]灼而波蕩也白沙稱爲知言其後棄官歸日課其子横經講學旁敬山谷自樂其志見楚紀

陳琥字[illegible]齋三都人弘治十八年貢入監歸即歷[illegible]恬不仕謹厚雅飭鄉里敬之見楚紀

夏大用字朝佐二都人正德六年貢授處州衛經歷歸即杜門謝事狷介絶俗居喪執禮有古人風一時士大夫咸推重云見興國志

朱廷立字子禮號兩厓伯驥子與徐曰仁鄒守益錢德洪同受學王陽明先生登嘉靖癸未進士其爲學閎深與衍雄渾博大性温醇器度豁如居然長者至進退可否則動以古道自律畧不脂韋時

好人亦肅然敬憚之初令諸暨暨民健訟作訟誡民爲罷訟又作海塘議歲省夫直百金既去邑人祠祀之少傅木齋謝公遷爲之記己丑榷兩淮鹽政歲課增百七十餘萬肅皇賜璽書褒之曰功勤可嘉辛卯巡順天督修河道功成會四川土酋聚衆萬餘作亂圍長安堡甚亟廷立督衆力戰平之捷聞上嘉歎良久賜之金幣未幾忤時宰遂閒住乙未石塘潘公疏其賢詔復其官督北畿學政倡

正學精藻鑑人稱朱夫子云丁酉陞南京太僕卿勤於牧政尋以老母乞疏歸養癸卯見學宮甚廢捐數十金兼力修成一改而新之甲辰南北科道復交章薦之丙午遂起都察院右僉都御史特風紀人不敢干以私丁未陞大理寺卿條陳三事曰慎刑名清吏習正士風上嘉納之陞工部右侍郎轉禮部右侍郎已復縈忌謝事歸閉門著述日坐烱然亭賦詩論學不輟公内外行備見篇於孝友

撫兄孤如已出至讓以田産宗黨貧乏者輒周之不少顧惜家居二十載一字不抵政府一時臺臣陸石涇屠竹墟馮貞所伊三泉涂華源輩薦剡屢上已未清理鹽法員缺僉議欲起之會疾卒於家時年七十五矣立所著有鹽政志馬政志家禮節要行于世西崖集清朝疏草藏於家塾見楚總志公卒其子孫斌斌多文學士皆清白約素渾厚蓋克世其家聲云登鄉賢

陳宗夔字惟一號少岳二都人與賢子嘉靖甲午領鄉薦戊戌登進士邃理學學者翕然宗之居官郎雖政事旁午有執經問者輒亹亹解說不倦已酉鄉試夔為福建監臨所品評士百不失一累官至浙江兵備副使駐嘉興會倭寇猖突夔設方畧身先士卒力戰敗之寇知有備始引去一方賴以保全與鄉人處油油然無所忤有犯之者終不之校人称為長者

舒彦字楚傑號十峯六都人由歲貢任四川廬山縣訓導性樸茂言事曾不出口至講論義理則洋洋纚纚遠近士爭負笈從之一時科第多出其門下云訓廬山時斅捐俸給寒儒其誨人以忠厚正直為本當道知其賢委署縣事卻常例秋毫無所取於民解官之日行李蕭然而怡然自如不色愠歸家杜門課子幾二十年非公事未常輕至公門氷蘗之操老而彌篤蓋其天檻之性然也

郭允楨號大泉四川合州知州禹輔孫由舉人才學宏深會試兩中副榜初授北直蠡縣知縣欽委修葺邊墻有功調任江西廣昌知縣力拒流寇士民交頌有平西保障之詩册抑彊族撫善良卓有治行邑感而祀之有郭公祠

舒弘緒字崇孝號悦齋六都人彥子甫生時父中蘊棄之不育寬日頼彥收養之長隨彥赴四川廬山任解官時貧不能歸間關險阻至于相失旋得

歸受庭訓甚謹弱冠就童試縣令譙公拔置第一雅契重之知為科第中人緒事親孝貧益篤譙公縣令廉知其狀因字曰崇孝為諸生甫八月即舉於鄉登萬曆癸未進士授翰林院庶吉士改授吏科給事中慷慨陳言務盡其職彈劾權戚直聲著於當時戊子典試粵西後因光宗年長猶未册立東宮抗疏力請攖神宗怒落籍歸杜門謝事放志詩文山水之間著有竹意草堂叙武屬同登癸未科者江夏郭正域咸寧孟養浩大冶胡[redacted]文章鄧槪一時齊名忠孝雖其天性蓋亦家學有本云

朱之楫字斯濟號巨川廷立第四子由恩選貢初授南京建平知縣多異政兆五瑞建平人繪圖頌之立祀改陞浙江温州府海防同知禦倭有功轉進階朝列大夫告歸恬退孝友謙敬訓弟撥手以紹述先人為事性好善喜結陰果嘗建永濟大橋暨大寺置香火田數十畝供僧迄今橋寺如新行

人歌祝無不曰此朱公之德也

朱之桂號石齊侍郎廷立第五子由歲貢授四川東鄉知縣居官清勤方正不阿削鋤彊暴東鄉士民戴之時播州寇亂督糧征勦有功當道交薦神宗特賜欽錫殊勲金字扁額陞夔州府同知告歸養母孝友傳家見鄉黨孺子亦改容而禮之訓子弟以勤耕讀守本分其性樸茂甘淡薄至老督僕灌園以自適壽七十五終

郭喬焌號龍門萬曆乙卯舉人十赴棘闈五上公車初任廣東徐聞知縣革十六社之陋規蠲三十里之科派邑人戴之大書民之父母四字立碑於濂濱壚置登雲館為多士肄業之所勤政鄙愛歷六載如一日勅授文林郎行取任南京北城兵馬司正二載風清輦轂致仕歸訓子以廉潔居官詩禮傳家且卹貧舉柩許僕還宗恂謹之度里人則之

野史曰通自韓公衛以至于今凡占名仕籍者斑斑可考既為次第題名其中矣其在官有善政者公為之紀其失者則不登之鄉賢以隆祀之盖皆按其舊志質之故老鄉評非敢漫為溢美也

隱逸

明

吳志淵五都人學行修整隱德壽終景太元年以子瑋贈光禄署丞見興國志

焦志文六都人居鄉不尚壽九十餘見興國志

韓本六都人知府廷彧子倜儻有氣節重信義敬賢恤貧有半醉詩集藏于家塾見興國志

熊賛二都人古朴整肅教子皆有成立鄉人稱之見興國志

陳愈六都人貧能事母志行可嘉見興國志

野史曰古今巖穴之士懷瑾握奇砥節勵行鬱

抑而名不彰者何可勝道哉所貴達人君子發潛德之幽光表懿行於衡門以昭示來茲不令之泯沒而無聞此亦足以激勵士風勸誘鄙俗彼其所關係者豈淺淺哉

奉例榮身

祝惟清儒官　熊民依儒官

舒中蘊儒官　陳家相引禮

楊若槐儒官　夏元輔儒官

吳　洵儒官　吳仕秀儒官
吳　桂　陳宗蕃
舒　講　朱之相
舒弘猷　姜本立義官
陳端源義官　晉孟資壽官
劉　備壽官　夏之節
焦　巖俱壽官　周一龍
熊民謨俱典膳　周文郁儒官

野史曰國家例給冠帶所以別章服示榮寵褒殊異至渥典也故士有好修而不仕者民有好義稱耆碩耆皆許之奉例榮身此亦所以敦尚節義表勵風俗也

孝子

明

葉相一都人父任山東鹽運經歷卒于官六年不能歸相時猶童子間關百狀扶柩歸塟於羊都廬墓側三年更好學從遊李大匡之門白沙陳獻章少保李承勛俱贈以詩御史翁仰韓觀風至縣單騎詣其家亦賦詩遺之詩俱載藝文見輿國志

熊岵六都人進士伯通子自幼即頴棄舉子業奉侍其父父卒親負土石為墳廬墓三年有芝草綵鵲之祥事聞當道表其門曰孝行侍郎朱廷立為之紀諸士大夫贈詩盈帙

陳昌言邑庠生祖父相繼早喪遺祖母吳氏及昌

言母焦氏婦姑孀居家故貧甚昌言鬻衣備擔養吳焦常并日減飧而二母甘旨不缺

陳懷瑾懷珽俱邑庠生同胞兄弟一割股以愈父一割股以愈母後父母死廬墓六年行歲時慶祝平時奉養之禮于塚上事之如生孝行上聞而院嘉之贈以扁

節婦

明

全氏阮興妻年十九夫亡遺腹生子繼姑奪志不
從守節終身見興國志

劉氏生員朱之彥妻年十八夫喪即以死守自誓
清謹寡言笑雖中庭亦少履數十年如一日都御
史汪道昆以狀聞奉旨旌其門

陳氏庠生沈思文妻夫喪氏年二十二舅姑蚤世
子曰方三歲田僅一月誓死自守撫院交章旌之
爲題其門曰貞節卒年八十五歲

焦氏熊民懷妻年十八嫁懷纔八月懷死氣絶仆
地族人救蘇以死自誓養姑孝甚年五十餘

野史曰今之鄉閭有片善曲謹者輒互相標榜
以自詡張顯著乃孝義貞節關天下綱常係風
俗徽汙者獨可漫焉不加之意哉今於孝子節
婦類集而表章之庶亦以風勵世教云爾

流寓

廖恂敎諭瑩子隨任通山中湖廣鄉試尋中進士
任員外郎

野史曰自古傾俊瑰瑋之士有寄寓茲土者其
行蹟彰彰較著自足以垂休光顯後世去後人
亦遑遑嚮往之今特爲紀之流寓不令之泯泯
而無聞亦所以表剔標致以風厲士行也

通山縣志卷之五終

通山縣志卷之六

藝文

野史曰文所以載道也夫爲文不務根極理致無關于世教者非文也今藝文自宸翰以下歷載宋元以來詩賦記叙蓋據武昌興國二志及近時諸公所撰述者皆取其有關于通山者而備紀之作藝文叙

宸翰

宋

理宗加封真牧普應真人誥

朕消休元日稱慶慈宸像盛典於邦家覃殊恩於幽顯真人揚靈千里被過三朝誕登壽域之開爰採封函之請申榮名於芝檢發潛德於蘂宮尚普法施式應凡禱可特加封普應真人

又加封妙應真君誥

朕聞真人靈異之跡著于通山之九宮山凡水旱

疾疫之災靡不應而江湖淮漢亦有不遠千里而來者則民感其應共加崇奉朕安得靳之爰肇新于徽號以綏寵於真祚庶幾一方永蒙道蔭可特加封妙應真君

大封龍君誥

朕聞九宮山神應廟龍君能吐雨濟旱祈禱輒應其著靈也昭昭矣所宜褒崇爰肇封于侯爵以慰答于輿言尚迪恩光益宏德施可特加敷澤侯

度宗加封普興真君誥

古之真人其出不數倏然而往倏然而來名號莫究妙應張真君生而穎悟志在濟人靈跡侵彰積行彌廣識慈顏于未顯起痾安于屬疾旱陵賜真牧二字以褒之自嘉泰紹定以至寶佑寵命三錫名秩益崇水旱疾疫有禱必應能如其靈者有載嘉利澤申衍徽稱尚稱朕爲民之意可特加普興真君

又加封真君父誥

真牧之生夙有道骨肇建靖宇實啓玆山積善有
源功歸于父錫之候爵庶表其報親之心可特加
封儲英侯

又加封真君母誥

積善之慶生子不凡克顯真風行功及物錫以小
君之號尚稱其報德之心可特加封毓德夫人

加封通慧先生詔

江州壽聖觀通慧先生楊宗権廬阜之陰真仙所
宅結宇溢浦靈跡昭彰至若彌災庇民雨暘響應
禱及波浪舟載獲全皆其感應之餘事也錫之嶶
稱朕何靳歟可特加封孚惠真人

加封本山神應君誥

九宮之山龍神所依噓氣成雲沛為嘉澤申衍美
號以彰神庥其庇我民以普德施可特加封普濟
侯

元仁宗加封弘道真君制

朕聞神仙伏光匿景豈有跡之可稽山川舒翹揚
英惟炳靈之攸在睠玆異績宜衍真風通山九宮
山欽天瑞慶宮太平護國真牧妙應普典張真君
粹然天倪淵然道妙誠明格物達性命禍福之源
功行濟人弭水旱札瘥之沴蓋地位實司于下土
豈江漢獨被其仁風既靈響之夙彰宜嘉名之申
錫於戲至人遊方外雖亡有不亡者存妙德被寰

中此鉉而又鉉之謂其鋪景鑠以迓洪庥可特加
封太平護國真牧妙應普典弘道真君主者施行

加封楊真人制

朕聞積行異功大道所由以濟禦災捍患祀典之
著則宜矧其惠利之孚靡或顯幽之間江州路壽
聖觀通慧孚惠楊真人行全素履心契鉉圖坐忘
神馳枯槁立蒙於甘雨塵揮氣使去來皆助以順
風靈跡累彰嘉名聿著屬廷臣之申請肆綸誥之

淡頌於戲爾秩無文既優沾于寵渥對揚休命期普福於含靈往者有知服之無斁可特加封通慧孚惠仁佑真君主者施行

明誥勅　朱廷立

嘉靖十二年二月二十一日勅曰朕以祀典告成覃恩宇內凡仕於朝者咸得以推錫其所生重報本也爾原任廣東廣州府推官朱伯驥乃河南道監察御史朱廷立之父居官廉介賦性剛方直道

難容厥施弗究以慶延賢嗣爲國憲臣肇被寵章增耀不朽此豈非天定乎茲特贈爾爲文林郎河南道監察御史慰乃英魂歆茲殊渥

勅曰毋之賢于子徵之故緣子貴毋古道也國有著典朕匪爾私爾吳氏乃河南道監察御史朱廷立之毋相夫盡職訓子成名宜有寵封用昭內行茲特封爲太孺人服此茂恩益綿壽祉

嘉靖十二年二月二十一日皇帝誥命勅監察御史朱廷立妻韓氏以相夫封孺人今遣鈇書

嘉靖十四年十二月二十八日皇帝勅諭監察御史朱廷立朕惟自古帝王治天下者率以興學育材為首務而學校之興廢人材之盛衰治道之隆替繫焉此蓋已然之明驗也今特命爾往北直隸巡視提督各府州縣儒學爾其欽哉夫總理一方之學政是即一方之表率也然率人以正必先正巳爾其務端軌範嚴條約公勸懲俾為師為弟子

者一崇正學迪正道革浮靡之習振篤實之風庶幾儲養有素而待用不乏斯足以爾簡任之意如或因循歲月績效弗彰朕將爾責焉爾其勗哉其慎行之毋忽故勅

勅諭　陳宗夔

嘉靖三十二年九月二十二日皇帝勅諭浙江按察司兵備副使陳宗夔浙江地方近因倭寇為患該部議稱濱海要害去處合當添設兵備官在彼

防禦宜允所請今特命爾前去整理杭嘉湖等府兵備爾宜查照該部題准事理專在嘉興府住劄往來各府地方備禦倭寇督捕盜賊團練軍兵嚴利器械葺固城堡修造戰船充補行伍凡一應軍情事務須與分守叅將計議停當而行如遇有警爾等會同相機戮力勦捕其軍衛有司官員人等如有抗違阻撓者輕則量情懲治重則應拏問者拏問應叅奏者叅奏爾受茲委任須持廉正己悉心經畫審謀協力以靖地方毋或視為泛常怠玩誤事責有所歸爾其欽承之故諭

萬曆二十七年七月二十八日南直隸廣德州建平縣知縣朱之揖併妻楊氏勅命勅曰朕子惠元元責成令長未常不旦夕念之也有能勤恤民隱克當上意朕必褒顯之以風天下爾直隸廣德州建平縣知縣朱之揖器資端慤才譽茂明簡自儒林試於壯邑而能勞心撫字矢志廉貞三年化洽

絃歌一路春深膏雨休有嘉聞最於程書是用授爾階文林郎錫之勅命夫昔之為循吏者必以教化為務而後世取辦簿書期會閒治績不古有繇矣爾益遠乃猷以先我一人之譽命

勅曰國家課績良臣馳恩淑媛謂女德有裨于士行也爾直隸廣德州建平縣知縣朱之揖妻楊氏婉有令儀嬪于哲士克勤而修內政式追釆藻之風持敬以佐外修允賛欽氷之節茲特封爾為孺人祗服褒嘉益敦敬戒

萬曆二十九年九月十七日南直隸廣德州建平縣知縣朱之揖生母翟氏嫡母韓氏勅命勅曰慶源聿啓子以母賢渥典用申母以子貴即副箋不廢也爾翟氏乃直隸廣德州建平縣知縣朱之揖之生母懋修壼職明習閨儀筐筥佐釆藻之風覧筆徵夢蘭之瑞勗子成名本爾和熊之訓是用封爾為太孺人祇服綸音茂綏純祉

萬曆二十七年七月二十八日制曰朕觀樛木螽斯之詩而知昌繁之所自焉故襃獎循良必推恩嫡闈所以旌慈範而廣孝思也爾原任禮部右侍郎朱廷立妻贈孺人韓氏乃直隸廣德州建平縣知縣之妍之嫡母系出名宗體含至德順正相夫勞有昭于贈佩恩勤育子愛無間于屬毛徽音雖邈手澤猶存茲以爾子歲闓從爾夫爵贈爾為淑人戴荷絲綸之寵永延松櫝之輝

崇禎五年廣東雷州府徐聞縣知縣郭喬塽并妻方氏勅命

勅曰言治者比於烹鮮貴不擾也吏喜以能名見為聲迹可書而民苦其擾惟盡省吏職求其便安者稱焉朕采醇實爾郤華虛思得其人爾廣東雷州府徐聞縣知縣郭喬塽器識端瑩材諝詳練自登蕖榜出宰花封而爾痌瘝關心競絲合節知興利不如蠲害且省事始可安人民既相安官若無事均徑輕罰露灑千村却羡番供霜澄百里庶幾漢人之意雅非俗吏所能茲用覃恩授爾階文林郎錫之勅命自昔評吏以絜已為程而嶺外尤亟蓋區輿而三尺寬也比所宴賞務取周官六廉之指爾既以治狀聞矣尚慎終如始副實於名毋曰去朝廷遠朕視猶几席也

勅曰風咏穠華比諸桃李言夫婦之儷也枯菀共之矣乃有鞶珮之盟猶在耳而故劍則已陳矣不

有懸綸昌以為結髮懟焉爾廣東雷州府徐聞縣知縣郭喬塽妻方氏姿秉惠溫性涵令淑有齊自季已嫺蘋藻之規不忒惟儀相對糟糠之韻蘭階方茂鸞鏡中分寶婺空擒于殘絲珠琲尚追乎斷抒辛卑馨之鵠起蕪茂宰之鳧飛是用贈爾為孺人若斧長春如綸有赫

崇禎五年廣東雷州府徐聞縣知縣郭喬塽父煥然母汪氏勅命

勅曰士有金玉其行琬琰其文足以自致通顯矣
迺不得於身而得之于即與身受何異焉令甲褒
美治行推本所生用示弓治之報爾生員郭煥然
乃廣東雷州府徐聞縣知縣郭喬垵之父緒承簪
佩志篤緗緗直諒多聞雅稱家學孝友為政不愧
古人奉孀母于耄期撫連枝於孤幼誼不再娶老
猶耽書可謂塵外之芳標里中之惇史也郎今循
吏之成名良本義方之遺訓是用贈爾文林郎廣

東雷州府徐聞縣知縣如于官賁寶綸於宿草揭
隱德于靈椿
勅曰昔人捧檄而喜逮母存耳迺有茵咢空悲勿
慈莫報雅所為賦伊蒿也錫類閔章慰人于風木
之纍既以廣孝亦以勸忠爾汪氏乃廣東雷州府
徐聞縣知縣郭喬垵之母儀符巽順德協坤貞南
澗釆蘋奉釜湘而必恪東房薦稽儆宵旦以維勤
媚姑既得其驩心同室交雅其懿範宜膺遠祉懸

折丁年爾夫既慕華元曾子之風爾子復懇單父
中年之譽雖未酬于鐘釜亦何憾于栝棬是用贈
爾為孺人彤管流徽鉉侷闡懐
皇清順治十七年
欽贈江南按察司副使許立達
禮部
為特舉殉節職名仰祈
勅部察卹等事　湖廣布政使司承准禮部照會祠

祭清吏司案呈先該本部具題江南江寧府江浦
縣知縣許立達死難
卹典奉有許立達與祭一壇造墳安葬之
旨欽遵在案今准　內閣遞出祭文到部送司相應照
會湖廣布政使司照例支給官錢買辦祭品香燭
紙錢就遣本布政使司堂上官前往其家致祭等
因案呈到部備照到司遵照施行等因承此合行
照會為此仰該縣照牌內咨文奉

旨事理卽支官錢買辦祭品報司以便擇期前往致祭
云
祭文
維
順治十　年
皇帝遣湖廣布政使司堂上官劉健
諭祭故江南江寧府江浦縣知縣今贈江南按察
使司副使許立達之靈曰烈士成仁齋志而沒忠

臣報
國捐軀以從爾許立達矢志忠貞服官敬愼值逆兵
之契變勵臣節以彌堅獨守孤城致身觸難朕用
嘉焉特頒祭典造墳安塟其欽承之
野史曰宸翰自宋理宗以下勅封九宮真君誥制
不下十章歷明迄我
國朝受
勅封章則皆本邑縉紳名臣誕被天恩錫之
寵命龍章鳳誥後先赫奕猗歟盛哉
補遺
明
嘉靖十七年南京光祿寺大官署署正吳從敎妻
嚴氏勅命
勅曰朕惟光祿之官國家所重故旣置三品之卿
以總其事而又設四署之屬以分其勞匪得其人
曷稱玆任尔南京光祿寺大官署署正吳從敎孺

業傳家賢門毓秀列官卿寺式掌署僚出納詳明
才旣優於趨事操持祗愼志克篤于奉公歷歲縉
紳課功惟最爰稽彝典以示褒恩玆特授尔進階
儒林郎錫之勅命於戲欽哉國家懸爵祿以待士
用徵敏績之臣人臣竭勤勞以事君弗替初終之
節益增來効以俟登庸
勅曰人有勞于國
朝廷必寵其家旣爲伉儷之良均俾褒封之命典章

俱在風化所關爾南京光禄寺大官署署正吳𥼶敬妻嚴氏出自名門嬪于良士儉勤自立確供饋事之宜戒謹相成克佐劬勞之績爰因夫貴用示國恩朕特封為安人尚敦祇慎之風益衍閨門之慶

詩

明

縣治八景　教諭陳銓

羅阜嵐光

鍾儲奠茲邑拔翠領阜山藍紫三千丈朝朝暮暮間

翠屏塔影

過林天柱斜醮水獨龍吸高挿翠屏嶺雲梯畫中立

石橋秋月

跨水石梁駕照天孤月懸潛蛟寒秋令清夜抱珠眠

雙溪春水

春水雙溪疋洪濤一夜生艨衝天上坐毛羽鏡中輕

犀港晨耕

一犁天未曙百畝歲全收貧看靈犀跡牽牛水上流

焦巖晚渡

到早立沙待過遲隔岸呼幾横春雨後巖上日晒晡

新嶺樵歌

峻嶺近時開鍬樵日往来息肩聲暫歇難上韻還哀

瞿塘漁照

塘在山深處名由峽口傳篙笭人箇箇燈火夜年年

寄九宫山提點蘭谷二詩　虞伯生

九宫山高白雲深王子入山何處尋清香孤鶴自致遠大海蒼龍常在陰祝侯解作禁火井趙郎會鼓臨風琴自慚白髮歸最晚孤負故人招隱心

芳蘭谷中結茅屋期我不來松月高六月持書展江

滸日千載笠經山坳登真有訣問王許避地無術慚由巢誓將白髮潔泉石清凉谷口還相遭

宋

九宫詩　謝枋得

真人何代結幽棲累世奎章煥燕泥日月高奔黄道近衡廬傍出玉繩低

宋

愛山堂詩　蔣之奇

我愛通羊好民居山作城眼前無俗事枕畔有灘聲

我愛通羊好環回雲水間重巒與叠嶂真是翠屏山

我愛通羊好清無半點塵峭山多洞户樵牧識仙人

我愛通羊好青山便是城白雲深處宿一枕玉泉聲

我愛通羊好煙霞氷玉間不須乘羽駕飛入翠屏山

我愛通羊好山深不染塵數家原上住疑是避秦人

我愛通羊好樓高如錦城青山常在眼澗水不聞聲

我愛通羊好僊泉咫尺間不須尋謝展出入九宫山

我愛通羊好宗英迥出塵文章與政事今復見何人

九宫山詩　學士宋　濂

崔嵬九宫山翠巍倚會青飛觀峙後先宸奎爛晶熒中有遯世翁霞衣佩蔥珩僻徒一萬指執簡聽使令年來遘兵燹散足如流星翁獨挐青牛尋雲自躬耕翠華幸江漢扈從森幢旌俯伏黄鶴磯再拜陳角情天日下照臨簪裳受餘榮今又奉璽書翩然覲神京太官給珍膳法酒雙玉瓶祇因逢景運重際泰階平

致使方外士恩寵霑濡靈一旦賦歸歟行裾逐雲輕
自言當弱冠紱袍佐山城風露感末疾離家煉黃寧
藥烹日月鼎符沸龍虎經中氣昭象先鉉覽極窈冥
欲期啓泥丸聊飛出孩嬰名花滿皇都春風語流鶯
景物非不饒歸思竟纏縈芳歲去如矢遊波日堪驚
純陽一銷鑠重陰逐相乘余聞重自愧顛毛頗枯瑩
逐物向役役棲身亦煢煢幸有一寸丹能與萬化并
何時滴秋露相期註黃庭

九宮山詩　曾魯

我家羣玉山南陬君居掌頂最上頭相望欲識嗟無
由搖搖心若風中旂君從少年慕遠遊彗驂笙鶴仍
丹丘冠星佩月露為裘口誦赤玉靈書謠摩斥八極
隘九州後天不老三光詶故鄉臨晚無停輈下視超
臧如浮漚九宮山高明翠亂真牧之子世莫儔君居
其間業焚修五十餘載無悔尤翠華昔駐鸚鵡洲承
恩召對黃鶴樓數陳廣沐天語酬大官持以白玉甌
去年弓旌復旁搜麻鞋徑入朝冕旒辰星繁麗不肯
留日夜稽首還山求山中之人寄書招兩餘黃犢苗
新抽芝草琅玕弄春柔不歸負此巖壑幽龍江送別
情悠悠鄉人歌作商聲謳

明　九宮山詩四首　郡人參政吳國倫

拄杖尋真去漸遙彤雲片片起山腰金函隱約朱陵
闕貝闕氤氳絳節朝古蘚平封雙劍石懸泉直瀉萬
山橋閬門喜遇黃冠子指點僊宮在碧霄

其二

天闕清都紫氣賒萬山靈勝矗僊家登壇旋拾金光
草歃水曾吞日月華見說至今能羽翼總留遺像只
煙霞由來九轉非真訣葛令虛傳句漏沙

其三

獨躡飛鸞御八風逍遥萬里一冥鴻神仙樓閣虛無
裏吳楚山川指顧中問道欲窮三景秘棲幽聊借九
靈宮真師白日騎雲去天路人間咫尺通

其四

積翠凌霄俯四荒故學白晉安王名山終古留真
氣羽客何年反帝鄉黃鶴似迎芝蓋轉綠雲偏映蓮
珠光總知人世如棋局那得逢仙七日忘

又宿九宮山觀與阮子洹談二首

共有登高興招携九月來草荒迷藥井雲凈出丹臺
遠檻羣峰暝衡星古觀開授真人不見中夜坐銜杯

其二

入山同阮紹采藥遇胡麻豈即天台路聊尋羽士家
老餘仙骨徤狂益酒懷賒一枕黃粱夢浮生總未涯

登九宮和誌中諸公韻　　行人孟養浩

獨對儒峰作敬亭萬山深處竹枝青卧殘物色松為
夢煉就丹砂石亦靈鐵履踏穿塵世界金章飛下宋
宮庭縣來世主多崇異一詔輪臺未忍聽

感九宮風景期舒崇孝相業

崔嵬三徑道蕭瑟九龍逶馬逐猿聲入車從鳥跡游
數峰森玉燭千橋樵金爐鬱鬱萬山裡應知有鳳雛

登九宮感懷

我來謁至人至人羣峰頭地遠絶煩囂澗空泉樹幽
瀑捲千江雨岩懸百丈虬鶴飛雲影瘦鸞過石聲愁
置身直天表諸物寡所儔昔年山下人來此經霜秋
重過忽初夏草木含風流笑彼杖黎者感懷空悠悠
立志匪不高而與世道游所期在功業王衍空清修
吁嗟行路難我寧失其初古人登太山慷慨願為徒

九宮山詩　　教諭祁東佐

崀峯登萬丈俯見九宮仙法相原何代靈光自亘天
蒼巒香燭睞白瀑磬鍾懸朝還丹竈裹遥疑鶴馭前

勸農亭詩刻于左　　知縣秦　初

棄官慚政拙一遊非無事十月成徒杠二月躬耒耜
但見桑麻登不見催科吏尋常六載餘劳劳乏撫字
題崖紀宦情却愧平生志

勸農亭詩刻于右　　教諭周　華

王勃嘶春風歷覽皆王事須磨萬丈崖刻此循良志

洞淵觀詩　邑人禮部侍郎朱廷立

山溪通道院海氣接蓬萊羽客逢人笑桃泉洗藥回
洞深花未見香滿水飄來留賞旋烹藻談鉉數舉杯
松陰凝玉液鶴步印瑶苔巾袂雲常濕頭顱雪不催
音朱棲林壑誰能復省臺養生還澹泊寄意對君開

桃花泉詩鷓鴣石上

泉流混混水粼粼誤入桃源景一新可是東君命意

巧自茲雅稱避秦人

飛花泉詩　知縣孫　溥

桃花泉漱玉粼粼一掬雲英爽氣新落盡春紅流不
出仙家怕惹問津人

飛花泉詩　知縣吳堯猷

羅阜山前重九日飛花泉上小天台官閑亦有龍山
興地僻曾勞驄馬來采采金英浮玉斝粼粼白石煑
茗苦秋雲影落吟懷遠未厭尊前酒量開

多寶寺詩　侍郎朱廷立

城頭隱隱漏疎鍾睡起山翁一駐筇古殿尚留前度
句年華易老後生容憑誰下榻能分半當暑移尊喜
近松衣鉢相傳知已遠佛燈高燭白雲峰

又

出郭共留江夏騎登山偶借老僧筇路斜修竹籠虛
閣風送歸雲補斷峰學士俸錢緣酒盡郎官吟興為
花濃相逢且向尊前醉明發風煙知幾重

多寶寺詩　邑人副使陳宗夔

蚤從祝髮似齋鍾愛爾逃禪貫桂節偃蹇已非前度
客逢迎仍是舊時容坐溪洗鉢延叢竹經罷焚香對
古杏自此上方思結社未應清磬隔中峯

多寶寺詩　邑人庶吉士舒弘緒

誌公飛錫處白鶴已先棲即席天花滿登樓法雨低
屏開崖阜北航渡石橋西為問重來客今分太乙藜

多寶寺詩　邑人通判徐　棠

風吹清韻寺樓鍾野興飄飄自抱筇恢廓才華瞻叔度周旋尊俎媿茅容花香酒氣渾交袂鳥唱歌聲泥入棠傳來郢曲仍高調飛越芙蓉百丈峰

咏通山諸峰　訓導蔣元士

我愛通山好奇哉入壯觀翠屏環碧水羅阜鎖青煙白鶴凌霄立金蟾抱石眠閒來頻眺望恍若會群仙

翠屏山　訓導黄卷通

翠屏山上綵雲生遊子探奇傍石鯨無限春光收未了高情允向薜蘿傾

蝦蟇山

為惜春花片片飛蝦蟇山下濯纓歸可知香汗浸儒骨不是瓊醪醉落暉

多寶寺詩　邑人舉人徐昌時

高僧煉熟即鳴鍾聚藻宜予過短節翠竹濃烟相掩映澄心欵語自從容袈裟雲染身歸洞拱爲風聆[illegible]斷糸白鶴何年置蘭若不須飛錫住爐峰

龍巖寺詩　侍郎朱廷立

明月清和値攜僧見性靈窟虛樓滿白山近樹交青尋洞歸龍護談經倦鳥聽詩成多逸思短袂舞中庭

杉堍寺詩　侍郎朱廷立

入値尋名寺追歡集衆賢佛燈分照席村釀買藤錢林晴傳花氣山空響石泉野雲留樹杪春服舞風簷舊榻寧須借高僧共不眠笑予諸事懶妙賞一何便

安平寺詩　侍郎朱廷立

醉躡壺觴問太空上方幽勝迥難同春風健屐十年約値月千峰一徑通總為探奇多傍險便𤽒揮翰興爭雄相逢何必論分等煮茗焚香思不窮

翠屏寺詩　侍郎朱廷立

古寺多幽勝尋遊思欲飄山横餘萬竹路盡得傻橋雲濕衣裳潤林芳鳥雀驕兒有棲居好瑶琴自可調

萬杉寺詩　崇邑知縣陳曾

聯轡天雲路登登上萬杉峰巒擎日月樓閣俯[illegible]

冠蓋層霄裏壹觴曲水涯喜逢春正好十里杏林花

茅田寺詩　孝子葉　相

杏花無亭轉若東梵王宮境半儒家庭柯百結還前
樹山鳥數聲非舊霞雨裏忘情人易住杖頭無桂酒
難賒不知後日諸賢出筆迹何曾籠碧紗

三閭祠詩　邑人太學生吳　澶

一自汨羅沉沒後史詩褒美不勝書讒峰雖作當時
害忠鯁流芳百世居宋玉有懷歌九辯賈誼因感吊

三閭古來肉食知多少歷數如公勁節疎

登羅阜山詩　邑人知縣徐宗夔

羅阜山前列宿堂桑花流水過滄浪孤舟蓑笠閒來
往明月清風遍九崗

壯山寺詩　邑人知州姜時棠

昔年從此借僧居琢玉山中二載餘懸石不嫌苔蘚
滑欄藤時愛紫雲舒春歸竹院頻携酒月轉松廊尚
看書白首重來高卧穩等閒去住興何如

翠屏山詩　知縣戴　謜

幾年薄宦寓通羊又喜新秋入在宗才短自知宜小
邑心清誰復嘆空囊琴堂晝靜槐陰綠書舘風飄桂
子香月斷雲飛何處也翠屏山外是扶桑

翠屏山詩　邑人朱之梅

峰頭紫蓋圖青嶂晚日看山景翠屏消見鳳龍飛藻
栢尚知烏鵲過唐鈴十年樵牧風塵洗萬里煙雲金
樹寘何似山行猶曠海總虛秋賦問天瓶

會僊崖詩刻于石　縣令蔣之奇

我按蓬萊編復此會羣仙僊人笑拍手索我瑤華篇

登會僊賀仙二崖　朱廷立

崖洞青山裏何年啓秘藏神工無斧鑿物象自文章
龍榻餘功就棋枰機事忘天根森欲下地竅暗通傍
佛手懸空起仙攂次第張循梯初伏炬望罅漸生光
古字猶堪辯幽花不斷香乍疑探武庫旋獲吸瓊漿
風擧餘丹穴雲歸護道場入虛神凜凜説幻意茫茫

豎子方弱冠學道擬升堂感此崖深景因嚴障礙坊
两崖并借號千徑總徒長臺省歸來日頭顱忽已蒼
茲遊今郎昔夙志老當彊高山與景行誰復問低昂

會賀儒二洞詩　朱之梅

两洞苑花三月新玉人猶帶武陵春不分白乳神儒
飲輾破青山獨駕輪

銅肝鐵胆詩　邑人知縣郭允禎

石牛奇狀夙天成肝胆明懸顯物情炳赫山間多異

蹟登闢天表絕纖腥志清不讓英賢志鯁直當齊柱
石名仰望題崖仙宦者立端顧義重平生

大泉洞詩　刻三重石門上　蔣之奇

涓涓石含泉扁舟過其下大旱日望爾神功一飛灑

大泉洞詩　趙若楮

通半幾岩壑茲洞如修航泉聲轟皷激瀾氣侵衣涼
臨流網銀鯽艤棹觴桂漿此中有真趣其樂良未央

大泉洞詩　朱廷立

獨羨神明宰風流迥不羣遨賓臨古洞鼓棹出塵氛
渾淨蘭舟集灘高野酌分圍禽窺異客山鬼避雄文
日出浮龍沫波生蕩石紋仙源何窈窕瑤舟自繽紛
山鳥魚樵詫絃歌虎豹閗千崖晴滴雨萬壑午留雲
鈇市明心跡金蟬延使君駕風騰八駿揮輪儼三軍
碧樹收青影滄浪弄夕曛迴飈吹短髮明月照微曛
憶昔叨通籍逢時愧策勳中年辭瀟闕遂志在河汾
軒駟吾何有封章草白楚一枝棲自足百感向誰云

過尔滇中鳳嗟渠帳裏蚊探奇如啖蔗談藝似聞薰
妙語新來得英聲舊所欣籍君多遐思載謝寄慇懃

靈泉寺迴文詩　韓衡

蓮座寶光慈化風體如來即梵塵紅黛紗捲處馳鳥
兎錫杖飛時伏虎龍禪戒有絃談裏靜道心無慾色
中空天生佛地靈泉寺煙鎖閑門山擁峰

大贊洞詩

一徑藤蘿接遠村紅塵不到白雲擬驂鸞鵠尋仙

跡共帶琴書避世喧老氏謾歸天竺國秦人空憶武陵源神仙久待煙霞客春晚無心鎖洞門

石牛潭　朱廷立

芳齋舊在南山麓載酒移舟快病身經雨汀沙分淺碧得時花鳥自織新銅肝鐵胆名應称銀漢儒槎此郎真莫道歸来青鬢改青山合屬白頭人

朦朧嶺詩　知縣林　金

山風吹霧破朦朧一笑盧聲萬壑通鳥外斷雲分碎

影竹邊流水咽寒淙倚天看劍含霜白度嶺搴旗帶日紅直上孤峰高処望不堪閩楚思無窮

九宮山詩　進士陳家相

勝地真僊跡應須到上頭萬山千古色曲徑九宮幽鍾鼓聯天震烟霞竝日浮塵絲不受織更復有何求

贈孝子葉相詩　尚書李承勛

年年旌孝子不見有貧家恨我言無補憐君髮易華鄉評詩卷在苦節歲寒加莫負重泉下吾兒與白沙

贈孝子葉相詩　巡撫吳廷舉

僻遠通山縣卑棲孝子家心情憐楚橋名姓徹皇華茆屋風來卷荒墳土漸加也知千載後身不墮長沙

贈孝子葉相詩　白沙陳獻章

一抱遺骸一慟深嶺危天險路邊巡昨宵兒哭通山月會有人歌孝子心

贈孝子葉相詩　翁代巡郎韓居士

通山之山插雲起下有澗水清徹底葉生子然處其

中節行却與山澗比親終萬里獨扶歸墓側三年不見齒哀哀聲慘宜鳥啼耿耿心懸風樹裹結茅靜坐讀古書朱門不肯輕曳履嗟予奉命特觀風馬蹄忽踏山城市坐令華縣挂高名封章還擬光閈里嗚呼至實在高深豈可一得而遷止勉之勉之復勉之勿耄吾言斯可矣

九宮山詩　知州姜時棠

九宮山聳白雲巔乘興來尋辟穀僊丹竈金砂看火

侯王函寶録覓真傳煙霞徧歷憐予癖山水重逢許
世緣俗慮坐來消化盡幾廻吟詠碧桃邊

安平寺詩　余文鵠

曉發歸歟踏逐行看實艱登高到天際過險破雲關
放眼乾坤外收春心肺間參禪開一榻恁地得寬閒

朦朧嶺　知縣張書紳

清風颯颸掃朦朧萬木蒼蒼一徑通霞綺青霄籠翠
壁璦煙碧漢罩瑶空白雲冉冉思何極紅日昭昭色

正朧憶昔愛山遺勝蹟令人千載挹高風

翠屏山

青山列盡屏石塔正嶙峋突兀煙霄起岩巃雲霧濛
曉峰懸蝀鼓莫沈聽瑶琴風景由來好韶華屬晚春

雉皋山

巍巍羅皋橫羊山隱隱高峰出雲端吞舫叠秀鐘靈
巒雨露嵐生景象妍白鶴金壇盤蜿蜒獨會丹爐來
羣仙諸孫羅列殊峻會玉笥肩登縈旋大成今逸

何言言萬丈丹崖不可攀依山臨水歌斯干鎮我邑
居百千年

蝦蟆山二首　訓導蔣士元

韶光虛度媿浮生偶爾招携見石鯨收得餘春歸滿
袖香醪聊對薜蘿傾

為惜春紅萬點飛壯遊何異浴沂歸蝦蟆山下忘懷
處說甚香醪醉夕暉

九宮山　解元朱紱

南來欲向九宮遊今日憑虛到上頭聞說飛仙天外
去何緣遺玉此中留精靈如在懷丹境宦業無心戀
帝州我若浩歌歸去好生平徒有濟時憂

九宮山　知縣陳可耕

瞻拜神宮夙世緣渾如身世躋諸天雲迷殿閣侵長
髮露滴林烏濕短肩念釋塵消心似水境兇物化日
忘年此生休歎還多事一到深山便是仙

皇清

夜過靈泉寺　崇陽都御史王應斗

已作逃秦計聊同過宋行岸烟迷古逕林火映孤征處處防人語家家畏犬聲那知風鶴夜猶有老僧迎

二

衡寒依古寺聲影夜來稀嶺外占烽急村前候息微野庬偏好事山鳥亦多機竟日空皮骨誰言遯者肥

三

精舍重遊二十年水寒山老復依然靈濤自泛松間雨香積時分竹裡泉永夜話禪青草榻有人吹笛白雲天不緣避世尋幽險那得逢僧學坐眠

四

敝帽青鞵信浪蹤溪光林影自重重雲閒蜃氣生樓閣山下龍泉應鼓鐘近浦雨殘朝看竹隔床風細夜陰松誰言息業慚靈運亂餘逃禪興亦濃

題觀音堂二首　即觀音峯前朱宗伯有記

堂從五峯寺分立有普陀巖天造奇絕踞萬山中非人跡所易到也乙酉中夏流冦數十萬蹂躪武昌屬邑曾過茲堂主僧僅以身免蓋滄桑大刼雖窮巖邃壑無得脫者然而祖龍弗焰靈光巍然安知非大士之力默有呵持乎余自金陵返棹寄居山陬感慨登臨爰有是作

一

絕石通雲杪懸巖似海南寺連峯色五湖送濤聲三曉樹含青旭香泉釀碧潭中原無隙地從此得幽探

二

鬼斧經誰代鏤空入蔚藍勝為天上界靈構海中龕洞口灰盈刼巖邊骨未函冠塵隨石火不動老瞿曇

慎獨軒詩　知縣任鍾麟

静對瑤琴敢自欺公餘補過怯虛廉晨興掩卷思三畏在坐焚香凜四知政拙心勞慚撫字民安吏胥免瘡痍平生所學惟如此未信長懷實在斯

九宮山詩　知縣任鍾麟

劃斷塵凡路不遥雲程迢遞躡天腰金容昔渥留清闕玉簡重封自宋朝疊磴一絲藤作級懸岩千仞鐵爲橋人間也有真僊住都説真僊在九霄

洞淵觀詩　知縣任鍾麟

古觀重門鎖市煙碧雲深處瀉名泉昔封石上青牛跡迯老松間白鶴田聚首喜陪山作侶舉觥長仰洞爲天鉉都清勝應如此莫信桃花異昔年

文昌閣詩　知縣任鍾麟

聖朝文治兆精華東閣新開桂祿賒此日銅符陪列宿當年彩筆夢生花看山若送千尋碧憑檻長留一片霞世薦德馨膺上祀帝星來往五雲車

奎光閣詩　知縣任鍾麟

巍巍丹閣聳雲端幾度登臨幾度歡歌引清風披綺棟酒浮明月映雕欄西南山色千年秀遠近民居一望安數載勤勞修邑廢逋時城郭漸添觀

洞淵觀詩　典史穆先春

洞淵歷代觀如新三境岩遥迥出塵聲步黄庭雲鶴繞元還丹鼎火龍馴壺懸開市乾坤別乖放清泉冬夏均我媿鳥飛沾葉渥謾言僊尉匪伊人

文昌閣詩　儒學署教諭譚　桓　景陵舉人

飛霞碧閣峙城東天府圖書在桂宫世運原同文運啟道心直與帝心通光浮日月重霄外景入山河大地中共指登雲從此處炳靈濟美耀蒼穹

奎光閣詩　邑人知縣朱承煜

迥然高閣接奎光層構弘開甲楚湘采合屏山圍翠閣霞分帶水映垂楊試看丹牘新猷壯應有青雲舊業彰星聚自兹占太史凌空身到斗牛傍

縣門雙栢　邑人知縣郭夢道

山深縣古樹亦奇恍是萊公植在茲奕葉同斟千歲酒玉梁並採萬年枝後凋不借松爲伴分社誰言栗可比若代化工宜雨露低徊青翠屢餘思

泮宫二槐

一天化雨長新枝半壁雙槐景正宜葉緑不爭桃李艷花黄却笑橘橙遲閒忙舉子經多少斷續蟬聲助鼓吹莫問當年誰手植聖門髙蓋有如斯

倫堂四桂

紛紛桂子落崆峒東序西序各二叢花落俄驚天作雨蔭繁不覺日方中吳剛利斧那堪折玉女清歌試再逢仙友若還伸轎約相看此地即蟾宫

栢槐桂皆古植未詳何代但離奇葱翠動人俛仰

奎光閣詩　邑庠余廷誥

特地乾坤閣聚奎文林上應木天齊翠峯捲雨羊君石白鶴軒星大乙藜桃浪遠關光入画棟隆聳阜恩如携千秋駿樹元九發一望山川思自迷

奎光閣詩　武舉余夢斌

登閣舒眸應接忙奇山奇水恠文章鸞飛翠鵠晴含雨客聚星辰晝引光遂堅雲藏仙子宅翠屏之陽有會僊賀仙二崖洞春城花散令公香四時色備供詩料不厭頻臨縱羽觴時比旋與諸友陪任邑侯同飲閣上即景

泮宫二槐

雙槐勢與檜爭長幕地參天氣亦揚聖壤雅堪相拱

秀清華未忍獨爲芳側聆殖有官商韻謾謂柯能郡國藏静對不知煩暑候秋來更喜說花黄

通山縣志卷之六終

重建明倫堂詩　　舉人朱萬錦

講堂重地係陶甄斲樸塗丹氣象新不是龔侯能重道誰同朱子誌明倫榱題輝映黌宮煥鐘鼓鏗鏘庶士誾著作儀型先哲合聖門近又有功臣

重修永濟橋詩　　舉人朱萬錦

壯哉永濟橋封石列甃瓦綿亘千步長横跨兩山下春風度雲亭怒流當柱瀉吳楚路重接徒輿復瀟洒鴻功數月竣天助詎云假仁宰慶落成獬服御驄馬拜犨聲動地躋登不容把視公爲舟楫快我行途者

學頫齋詩　　舉人朱萬錦

西漢循良世所推譔譔願學蔣之奇七年渙汗猶謨誥歷紀拔陳協頌覡非慕西生書癖哭眞成鄭俠繪流離遺文卓可垂青史偉烈輝煌百代師

思龔石詩 有序　　舉人朱萬錦

龔侯治通七載深仁厚澤通民感之爰鐫思龔石於永濟橋山左石壁以誌不忘云

渤澥家聲臣可幾清風懋績斗山巍梅花書院江南誌峭壁洪書楚比劍月滿新橋思雅化漁歌李渡詠奇徽試看後日追賢宰渙向思龔石下揮

通山縣志卷之七

九宮山欽天瑞慶宮記　　大學士歐陽鉉撰

元皇帝臨御五年歲次丁丑夏四月集賢大學士臣哈剌八都爾等奏特進士進鉉教大宗師臣全節言今海內名山福區道家祝釐之所宮觀圮而復新者五九宮山欽天瑞慶宮其一也皆未有賜碑請敕臣分記其事以詔永久制曰可於是欽天瑞慶宮之碑屬筆於翰林侍講學士臣鉉申命中書左丞臣懋德書丹參知政事臣有任篆額明年本宮住持提點車可詔具巔末來京師臣鉉謹按九宮山爲古今名勝崗巒綿亘數百餘里唐人仙人陶姚二君結庵山中去迺蓁茀宋淳熙中眞牧眞君始墾闢此山剏建神宇既而道法靈著於光宗之居儲邸恩錫昭陳於寧宗之在位畀以宸翰賜以欽天瑞慶宮額詳見尚書長沙易公跋開禧元年之記宋末己未燬于兵至前至元十三年內附

天朝住山封君大木復之翰林承旨吳興趙公孟頫爲之記延祐甲寅山有災宫爲所燬今住山車可詔復之垂成至治辛酉又災可詔復之志彌堅經營十有五年始克落成之首作真牧真君殿翼以御書藏經之閣傳以東西方丈次作法堂曰天光之堂傍列鉉真都仙眞官山王四祠輪奐雄偉甲於諸方宗師嘉其興廢續成改觀之美猶多其思繳宏深規度開廓蓋方外之智士鉉門之忠臣

也於是奏請得旨申命詞臣鋪張厥功名之樂石可謂盛矣系以銘曰吴楚之墟斗軫之交山名九宫靈氣魚烋唐有陶姚結廬煉真上仍丹丘委山荆榛至容真牧載剔蓄桐行通于天夢協于帝江左累洽時維光寧有赤靈貺檜于内庭命宅兹山作室千礎賜以奎畫照曜南土胄來百年歸我皇元我元熙風軼古義古德明惟響媚于上下神來繽繽錫我純嘏順我之方民從如雲曾孫千億言壽靈君靈不遑處民用戰兢畢方爲妖不廢咼興乃作新宫乃設崇巘華石構木民足不斯靈君無爲乾主乾維惟此高士載謀載惟天朗日晶層雲疊霧列室鱗次真仙之家自下望之邈若霄漢林麓嚴虛金碧絢爛有烝者徒置塾延師學道餘功讀書誦詩鉉流之宗奏疏上前請紀佳績垂示永年詞臣摛文陳述帝力神之聽之報効家國山連匡阜數應九九符我乾元天子萬壽

明　儒學記　提學韓陽撰

古者上自王宫國都下及閭巷莫不有學所以重學校爲政化之源人才之本也人材政化之盛衰每視學校之興廢何如耳故頖宫一修魯人頌之鄉校一廢鄭人刺之蓋以政化盛衰人材隆替有關于學校不小也肆惟聖朝紹美唐虞比隆三代尊崇先師孔子之道以化成天下萬方九有文教大興廣之以學舍聯之以師儒彬彬乎盛矣哉通

山爲武昌屬邑邑在萬山之中民淳俗朴備學距縣治不百步而近舊有殿堂乃洪武初年所創永樂中縣官非才者惑於術人之謬以學之講堂與縣治相抗遂以其堂遷於禮殿之左逮今將五十稔未有能改而正之者正統辛酉匡南吳芸來宰縣事拜謁之頃即以堂居廟左於制匪宜況前逼民居後臨山麓隘陋局促殊爲弗堪即欲遷而正之正統戊辰適姑蘇陳銓來典教事而茲堂歲久

將覆諸生講授何居相與力排羣議鳩工度材治地於禮殿之後撤而新焉基即曩時故址也曾不踰月其堂巍然其齋翼然弦誦之室廚庫之房與夫祭器射圃之類既廢者復之舊無者增之既成之後官不知費民不知勞是皆吾宰用心之勤處事之宜也始事于正統戊辰之冬十月畢工於己巳之春二月未幾典教陳銓等具以其事謁予行臺再拜請文以記嗟呼學校之興所以明倫理毓人材政化以之而興風俗由之而美豈細故哉惜乎邇年以來爲郡邑官者惟簿書期會是先率以美教化移風化爲不急甚則視學校殿堂頹毀以爲汎常恬不加意予恒病之亦有致予嫉之而咎之者焉今觀吳芸氏之宰通山孳孳以學校爲念不惟修而理之翊又能正其前人邪術之謬而上體朝廷尊師重道緻材圖治之盛心也予故次第其事俾勒諸貞石以爲將來之居官者勸云

修學備遺　侍郎朱廷立撰

通山學宮舊而新之不知幾矣成化間山陰戴公璁爲令新焉至于今復舊且壞先師廟猶足蔽風雨廡與門風雨莫蔽也餘其萬椽鳥鼠蕩矣學師借居民間生徒來即散去咸太息曰咄咄是學宮耶安得如戴公之爲令也時有司者曰即如戴公者來能仰空手賬歷牒濟事耶公帑無銖積而興重役雖有志者將退然矣時廷立以少卿家居開

而笑之曰是果於無志者也如有志乃田舍翁弗
若耶田舍翁無露居者豈盡足乎其財存乎其志
焉耳嗟乎有司無志矣士夫居是邑者第旁視之
莫出一力學校非根本地哉柰何獨有司哭而不
知衆人者士夫哭也廷立始不自量而爲修學之
議私曰顧安得所籍乎乃其時巡撫都察御史陸
公杰發帑四十金爲廷立修少卿坊廷立即籍是
爲酒殺費邀至諸鄉之嗜義者先後至舍至則勸

之曰諸君尚予聽哉事以義起不必于舊財以義
檄不徒于積其各量力捐貲新我學宮共成厥美
庶亦不虛于義聞僉應之曰盛事盛事其誰弗先
生聽皆盡歡醉去已則或以金或以布縷或以穀
粟或以木植相率來助矣縣吏曰宜白當道縣以
牘白當道乃巡按御史史公褒善曰此吾輩事也
頌鄉官耶盃以州帑百金於是立管長鳩百工取
衆財闢舊地爲明倫堂爲兩齋爲兩廡爲儀門爲

居舍甫監遷矣廷立趨官都御史協理堂政諸所
修葺未及也壯上至楚城藩臬諸公以百二十金
爲趨中丞勢廷立以狀致之府府以致之縣爲是
役費已言之巡撫姜公儀巡按高公鄧賈公大亨
亦曰吾輩事也頌鄉官耶發府帑盃以二百金且
移文趣之矣是時邑令林公金至曰有司事也頌
上官趣耶乃亟修葺前所未備者完整矣謂先師
廟且壞弗稱撤而更新之爲櫺星門易以石爲儒

學門若啓聖祠舊未有也相地爲之諸所規制視
昔益軒敞宏大飭以金碧環以垣墻砌以甎石堅
好美麗瞻顧有嚴翼乎煥乎甲他邑矣崇祀典育
人材庶其奉國常乎工起于嘉靖之壬寅訖于己
酉計費蓋千餘金爲尋常鎖細不在也夫濟事者
財也處事者人也主之者志也始廷立之創議也
何嘗以財足也而事竟以財濟存乎其志也志以
立義義立而上下交助之厥美之所由成也所謂

存乎其志焉者頗不信哉嗟乎學問之道亦如是矣凡我士人聚於是學於斯將以日新其德殆亦如今之新學宮乎乘時駿發以敷茂猷以樹鴻烈上以副國家建學之意下以昭鄉邦鍾材之美亦曰存乎其志焉爾矣孔門之學以不踰矩為極功其始在於志學固士人所服膺者乎是舉也當道諸公遹崇文教林公區畫經度如家事然心思所及罔有間於夙夜教諭林君大珠訓導陳君相宸

余君龍冀頗其成亦罔不盡其贊助之力工成三年矣其勞績未有書俟名筆也廷立愚瑣偶為吾黨先驅根本之地義無容辭奚勞蹟焉乃若諸鄉耆士則何與哉一旦聞義而捐已貲其美不可以無書後有名筆不暇悉矣乃備其名于後

重修譙樓儀門記

少卿朱廷立撰

古今之建官也有公第勢存焉制存焉情存焉夫民非官罔理官非公第罔以治事是可已乎故曰勢存焉貴賤有等宮室有式將以辨上下定民志也是可已乎故曰制存焉守令者為民親者也令親其民民親其令民為令治第情也是可已乎故曰情存焉乃今例葺公第費出公帑懼傷民也如取之民則假是以自利者既踪跡之由是法密而情微矣通山有縣舊矣廨宇歲久既壞大門四壁立且隘迺又無儀門齊民直視廳事堂蕭然無威也縣故無譙樓瓦甓四落敗柱欹倚風雨中然獨

懸巨鍾焉過者趨步恐墜嗟乎陋矣嘉靖辛丑冬橋東張侯来治吾通見而嘆曰嗟乎若是其救也不圖新之吾能一日居乎乃謀諸上人耆老咸曰費侯曰吾處費曰力曰吾率力曰上官疑疑弗成曰吾治私第乎即疑之吾不避於是庀地給費鳩材躬工不數月而儀門而左右門而左右踏整整矣徹門與樓之舊伐石為臺臺上起樓不數月而臺崇崇矣而樓翼翼矣樓之上東設皷聲讙讙矣

西懸鍾音鏗鏗矣夫是實也豈公帑出哉民之情役之而弗怨其所以親我者如是也則予所謂情存焉者非迂濶矣夫以數十年之陋悪一新之期月爾已然則侯之爲是也仰承
德意以爲理人治事之地若不謂速乎吾聞之新沐者必彈冠新浴者必振衣繼自今豈惟從政者新其政理已哉凡我通人出入是門由是路者咸慎厥履無自輕焉則所由者皆義路矣所出入者皆禮門矣聞鍾鼓之聲而致思焉惰者以勵迷者以覺息者以興放者以收則鼓信可以遜業矣鍾信可以立武矣然侯之爲是也以貽我通之人不謂厚乎嗟呼吾能爲所當爲人曷忌焉欲所當欲人曷奪焉弗是之思而顧誘曰人我疑也人我奪也則凡經久之政俱廢閣矣是悪在其爲民親也然則侯之爲是也以告新令尹不謂迂乎予感而記之侯名一拱海康人橋東别號也

重建啟聖祠記　國子監祭酒李仙根撰

嘗觀氣運之升沉而益信斯文之足重也能以斯文爲已任者氣數之權亦若爲其所轉傳曰道不虛行存乎其人然而所謂轉之者詎盡關於文章著作即其一規制一脩舉而斯文振起之勢與吾道徵應之理有實實可憑者乃若尊斯文而並尊斯文之自始崇吾道而更崇吾道所從來此上祀之典進而加隆煌煌勿容墜哉通邑之學宮頹圮已久間有脩葺未盡復古至於
啟聖一祠尚在榛莽瓦礫中
烈烈聖考曾不得一沾馨香之薦而職土者承陋踵敝歷歷相仍益不啻八代之衰矣　王波任侯蒞通八載興復舊制百廢俱新美政炳燐載在輿人圖頌不遑具述述其要者莫如興起斯文爲第一侯嘗有言曰吾儒佩服先訓學古入官諸凡敷政字人保釐社稷以對揚

夫子之休命者皆當出自孔門傳授心法惟其所挾
持者正也故其注厝施爲何莫非聖賢之意衍乎
其間耶一切刑名錢穀雜沓而來要不失夫俎豆
雍容本色圖知　侯之本源在
先師也侯之本源在　先師而於　先師之本源仰
對缺然寧弗於心滋戚乎由是出捐氷俸飭旨督
理從事於土木者旬日而祠工告竣自非斯文之
任獨有所承而感召胡靈敏若是耶從此而

聖諭日篤士風日振鵬摶鳳翥掇大物無論也姑
以小試而徵之邑例入學數盡被冒籍占去每
宗出而士着一空學人垂首喪氣殆與文廟之祠
蹟焉剥色同一荒凉　侯詳而申之而未謝宗院
諸生赴上而訟之斥去冒籍一案而登進八彦夫
以歷年堅不可破之積弊一旦消除於祠宇落成
之日文運之亨昌其端倪先兆於此將所謂八代
之衰者至　侯今日而起之昌黎不得專美於前

矣事在必傳續堪不朽通人士因予新膺
簡命有安南之役道經鄂郡屬予爲記勒石以爲繼
起者勸予馳驅萬里遍觀諸郡邑守令之政卒多
以簿書叢亹是務否則以臺榭浮屠爲汲汲焉求
其尊斯文崇吾道身任興起之責者盖　王氏其誰
與歸且道人之善予之所樂也而誼切蘭譜尤見
信於素履遂援筆而爲之書

敬一亭記

都御史饒仁侃撰

城山子曰古今之言學者一於敬敬者聖學之成始成終者也自肅皇著敬一箴頒示天下學宮無慮數百言祇奉顯勒之石而覆以亭通獨缺乎哉予已卯歲以簡命越通山通士環相告曰頸借言久矣通山舊置尊經閣嘉靖戊子入敬一箴碑閣建自弘治乙卯後以歲久就圮歷今四十載所碑蕭然露荆棘中以其地在明倫堂後有司即間視

學不涉目而所為朝夕其地者責又有所諉緣是莫有議其役者萬曆丙子歲武岡劉師應斗自德安學来秉教事學博教勤引誨諸士皆鑿鑿可據至其要領歸在敬一惜此亭為通山曠典志復爲迺今庀石計費若干收學租得其半自捐數月俸益之購木料瓦石既而請諸當道悉嘉其議遂鳩工舉事而亭因以成亭成而敬一昭昭矣功不偉哉顧垂記以示不朽予曰茲舉也其善不既多乎

蓋位儒官而能建立者有幾知建立而急先務者有幾知先務而急出已俸者有幾爾斯創斯亭以敬一而捐已俸爲君子可以觀興衰補救之功繼往開来之志輕利重道之心矣顧亭以紀敬記以紀亭記弗可已矣諸士其繹敬一之義乎夫天命之性精明真純一而已矣充其精明真純之本然而使二三之見不得以雜之則敬而已矣敬何居懲忿窒慾敬於心也飭躬勵行敬于身也勅幾慎

動敬於事也惟敬故一惟一故純敬一之義大矣哉勿二以異端之空寂勿參以俗學之汎濫毅然冲然以存諸心措諸躬而見諸事如孔子所謂居處恭執事敬與人忠者夫是之謂敬夫是之謂一庶無負於尔師無悖于聖訓而學其始終云諸士曰然請以其文而登諸石

儒學祭爵引

副使陳宗夔撰

此爵乃文廟祭器也惜無年號歲月莫知所始然

觀其型古與今制大不類蓋必宋元時物云予始得之表弟許汝彥汝彥得之鄉人謂為焦巖河瀘所獲以予好古是以貽之予得之喜不自勝然又不敢自用也謹送之學宮以備酌獻焉因而嘆曰夫子之道其誠萬世無斁矣乎罍所以載道也君子觀罍即可以知道矣然道之顯晦有時而罍之遇合有數此罍埋沒久矣而一旦顯出于聖朝隆盛之時豈非吾道將行之兆乎然又幸而不落莫

於俗夫之手迺歸于予以送學宮仍備夫子酌獻之用是誠有數存焉已夫時以經之數以綿之罍存而道亦存焉夫子之道不信其為萬世之無斁乎聞民間尚有存者使皆不自秘如彥不自用如予相與同送之學宮以備祭罍之闕焉不可不謂之奇事而可傳者也彥也讀書崇禮鄉士之嘉者其先亦庠生蓋源流於吾道者因表之以為好事者傳云

祭爵引後

初得此罍即送之學宮以備祭罍存古也且引以貽練亭曹君圖志之曹君得之喜遍訪其遺無存者偶吳生濂以其續得者送上焉其形似非爵亦必周以盛祭罍况其槩顯為通山縣儒學祭罍字尚未磨滅也喜而留之以俟續考會縣尉林伯和督運之南遂捐俸託以鑄之林重其託仍助其工費而鑄其爵者二焉雖不及其餘然亦其漸也比

歸出示曹君喜其以漸而成也適上丁行三獻禮每獻有專爵焉同僚司訓鏡山古君龍岡唐君相繼至亦樂先生陶鑄之功大也遂相與磨石紀之以述顛末使後來者有所考見而陶鑄人材者更相砥礪亦猶夫子之鑄顏焉則材之盛其亦猶古之盛乎不但禮罍之可復也已曹君復為之贊古唐二君亦謂當紀之石俾司祭罍者有所守焉

祭爵贊　　教諭曹　梓撰

祭爵三邑人副使陳宗夔為之引薦諸廟矣梓懲
其不謹前而莫後以務全之也迺謀諸同寅砻石
為碑引于上立諸戟門之外復拜手稽首而敬贊
之於祭爵雲昭灼奠靈聖清酹託彝何時兵燹作
疇瘗諸儒焦塄百一存果之碩畤復昭明期朔大
夫夔璧完學二為三和尉懋逮春秋字顥若隱煌
煌奏格酌今以俎禮儀度萬斯年永有恪隆慶辛未

明倫堂記

蒲圻副使魏　裳撰

譙大夫為通山逾年治行有聲百姓饗其利至庠
序之事尤加意焉學官弟子無不人人德之乃言
魏子裳曰邑學自宋慶曆至今五百餘歲勝國興
廢無論已高皇帝詔郡邑立學及明倫堂如制故
今葺之者殺何能計長遠哉乃譙大夫治民無傷
事急先務易其材而新之垂久遠頣得一言以彰
令名余惟孔子道在萬世諸生誦法無窮何常不
以倫為重哉明乎此則小民親為禹稷契皐陶伯
益無難其義在孟氏告滕文公語中然非孟氏始
也書言明德慎徽易乾坤家人詩三百篇春秋禮
樂皆是孔子告哀公達道則彰明較著焉孟氏善
學孔子明其意使天下後世則古昔称先王所謂
有功於聖門者非耶故曰入孝出弟守先王之道
以待後學則明倫急也宋儒朱子輯為二篇皆古
聖賢之言曰以訓蒙士嗟乎蒙士所能乎然聖功
在此矣淳熈中朱子書堂額于閩士人多所興起

已而薛舉巖榜于黔陽他郡邑風之今朱子書幾
偏天下矣士升其堂豈遠其訓哉先王之教篤行
為上講習次之學者幼童受經白首而終自藏非
講習難也語聖則談天尊王則功令譁衆取寵則
事功豈非躬行而來有得乎大夫政先學學先明
倫所得非淺尠已諸士習于古訓豈無庶幾乎此
哉堂成因繹其義于石大夫名田龍字在甫蜀中
人也蓋繼文翁而作者歟

城隍廟記　刑科都給事顧問撰

聖朝於一邑之建必隸之賢有司而於城隍之神式隆廟祀詎信然哉事幻妄哉蓋民之生令全之民之止令旬之民之威福令作之而黙張弘贊則於城隍之神有攸賴焉通治多火災且也山谷崒嵂水泉湓洞歲時湯湯苦潦没雖極叩梵宇鉉宫茫然無裨益而於城隍之禱歷著響應則神之有庇於民昭昭也此廟之敝而新者吾不知其凡幾

矣迨九岡張侯以辛巳蒞通侯鍾蜀凱穎秀仁愛廉敏遇事凜凜亭亭志切捄民瘼明年歲大祲禾盡稿侯惻為民禱于城隍霈然霖作歲洽大有又明年民居失火延燒數十餘家侯岌然曰昔禱雨而神爽允孚則是災也必是神可殄乎迺率民羅拜其廟隨而反風火熾而允鑒昭禍滛民畏之而自不敢為惡福善民慕之而自不敢不為善其以陰教助令勸懲者亦大矣則所以崇廟貌答神庥者敢後衆祀為之手迺曰居以棲神靈頃茲堂宇復欹倚垣墉頹圮級砌剥落風雨且不蔽曷祈神祐哉則捐俸躍民以隆修飭維時民之好義者則有二三輩奉令義奮爰追神渥惟唯相率趨事葺殿宇新拜亭甃井欄暨戟門峻麗大門垣墻建坊牌蓋瓦級磚循次就理且丹漆藻繪巍然奕然真可以妥神赫祈鴻庥為邑大觀僉曰是建告成侯之美也無表建則何以彰美而盛傳迺祇砥徒問

記于余予曰令秉陽樞神司幽握茂建洪勳堅邑屏墉式勒鄉圩用彰揮霍永孚神靈永貽民樂昭哉令聲同此不磨

通山學櫺星門記　通城按察使舒大猷撰

古稱善政自人才始人才原于學校學校者賢士之關而教化之所由出也政而不始于人才人才而不本于學校漫焉耳已奚補于　國家于通之學自有宋以來至于今幾四百年其間修而圮圮

而修不知凡幾文廟堂廡尚巋巋然獨櫺星門若畀且隘令尹張侯下車甫謁蔵文物中希科目間有或此之由遂慨然捐俸以倡邑人卜期告廟相山采石擇匠而更理之標之華表鋟之法象繪之王度始事于萬曆十二年訖功于　月門以外立坊以内開池砌甬與文廟堂廡稱功竣謀于學博命諸生焦宗育等執幣頓首懇余曰侯之修若門匪以壯觀將以造士也其請記匪以志形將以開

入聖之途端士習也先生盍昌言以慰之余曰昔子貢慕夫子宫墻之高而嘆得其門者寡矣之修是門也將無謂多士得其門也乎吾知侯之意殆有進于此矣何以明其然也夫門也者升堂入室之端不容以徑造者也世之迷于中路者亦多矣或失則内或失則外皆不得其門而入得其門者惟心乎心也者生生不息之機藏乎一動一静之間包乎天地萬物而無所不備者也夫苟志于默識契神翕氣非幾之入即如雷電之灼而恐掃之掃垢脱塵以復乎虚貞不測之體存存之久將洞如廓如凡人倫庶物功業文章自此中出譬之天無聲無臭户其柄而四時百物自流行乎其間有無渾一隠顯合真夫是之謂孔氏之門也與世之主靈明而忽誠敬事枝葉而遺本根者藐乎其不相及矣多士出入是門也其尚知向往共誠不以余言為迂而允迪之則人才迭出王國永昌庶不

負侯修建之意也已是舉也主之者侯張書紳賛之者邑人知州姜時棠助之者朱之相綜理之者許仲謨郭炳然阮大時李懋學夏申甫夏會陽悉記之石以垂不朽云

關王廟碑

崇陽都御史劉景韶撰

宋侯為通山二年其所在事實殫夙夜念兹瘠土之民將以遂百嘉廣蕃育於是乎修職業舉曠墜使各有寧宇用昭明德乃祝融相繼為灾侯内自

訟曰夫吾既已稱民父母矣乃令赤子不免于水火吾之辜也厥咎何繇伊胡為厲將死者之無歸乎捐倖為漏澤園掩骼爲未也抑淫祀無福九宮瑞慶不足以受釐成民事其武安王乎夫祀國之大節也而邺政之所成也夫吾不愛衣食於民不愛牲玉於神由欲靖民也苟民之能靖何恤乎為民請命因卜廟白鶴山山去縣治一里廟有正殿一後殿一門三從屋三[illegible]月終皋月不擾民

一材不費民一力悉貿諸倖羨無勤百姓以為已名蓋食民之奉不能庇民是將移其奉以奉王求助其所不逮庶幾式其猶足以自解也或曰王昔浮江漢未有以及玆邑無功而祀越也臧孫之為政也苟求利民何必祀王抑徼福也則不可矣曰夫聖王之制事也法施於民以勤事以定國能禦大災扞大患非是族也不在祀典夫武安王自受漢壽亭侯以有今號天下之奉壯繆舊矣在昔勤事定國無所借勞于當世而效之今時以禦災扞患捷若桴鼓環海內孰非王之所憑神乎吾玆以民請薦其馨香將祝史陳信無媿辭豈有所不能得於王免玆水火錫以嘉惠不腆敝邑如在宇下與其禱祠異鬼不可致詰孰與王精忠正氣日監在玆是則典之大者吾又惡能卽藉王自解忘其所以夙夜為民者以重愧王哉博士劉應斗周顧彭都典史劉振遹觀成事使諸生朱之楫夏禴以

告祈示來者聽矣斯言無忘為民更使雪雪于水火人將重得罪於王以須矣建廟之意猶為功德乎矣要之明神而質以祀典也作迎饗送神辭三章俾歌以祀昇刻爲矣諱承殷字伯賢陝西鳳翔人戊子科鄉貢進士其辭曰嚴天兮將將佇神靈兮洋洋假新廟兮奕奕凝凝悃愊兮望乎森威靈兮颯颸羌來止兮攸覿鑒明信兮酒清殽芳　右迎神　卬神顧兮紫玉舄修髯兮高厲擊騑轡兮

下節載雲旗兮逶蛇靈靄靄兮來至風泠泠兮序
皇紛容與兮居歆惠我人兮降福穰穰　右降神
佇嵺廓兮雲霧排閶闔兮言旋翳倏忽兮淩冥捧
大刀兮驂赤驃衛天帝兮揺翹惟精忠兮不磨亙
古今兮長存翊朝家兮社稷庇蒼生兮萬國茲血
食兮下雉五風兮十雨庇我氓兮屢豐年　右送神

喜遷橋記

刑科給事常居敬撰

通治阻山其山週廻峻列水泉發其下漪漪渟灂

遇屹嵫則沸沸四出時雨集衝泓瀰漫於塞險不
可涉凡津患迫治大都類是而地之坑口則尤劇
焉古來懸木編竹渡之未逾時而守者隨告蕩析
是宜歷尹茲者岌岌軫念粵考通治事畧至正德
初年邑尹龍君始覆以石猶卑隘崎嶇未可以久
迄嘉靖丙戌越丁酉邑尹閔君吳君迭相葺飭亦
未有亭建不免歲久就湮矯石崩落幾不克渡已
而張侯至平政用先捍患尤急而於濟涉要害處

晉神防禦闓過此輒停車謂民曰茲橋接荊湘連
吳越凡嶮嵫峨景飛列西東一覽無際為藩翰觀
風者所必臨佳景也仰高朗者人人咸喜遷之故
名之曰喜遷橋志志趣也且為民利涉王政要務
可聽其敝而不為之所乎迺命民之耆義者五六
人相度酌量因石建亭為通垂不朽訊須費俱出
捐俸民亦趨趨從事計日奏功豈惟乘輿稱便郎
露宿星馳者藉駐憩而擔負牛車逶迤若履坦途

無滯矣利亦何溥哉嗟夫侯舉是役與庠序諸建
同發約計徒傭無慮數百而民無咨咈豈侯威命
使然哉亦濟渡與民共利捐俸則民不苦誅求分
方飭工則民不煩往役信而後勞雖勞不怨故也
夫利涉則為尹者風政捐貲則為尹者風仁便宜
訂會則為尹者風信義矣即是則是橋之修真貽
通喜遷所顧名與思風韻在人無疆哉侯張姓諱
書紳蜀凱人九嵩別號民思考績喬遷請一言勒

石以紀不忘

烱然亭記

鄒守益撰

烱然亭者吾友武昌朱子禮之所作也子禮爲諸暨宰受學于王陽明先生聞烱然良知之教以省其身以修其職政成入爲監察御史益思爲德爲民以充所學猶懼其弗習也作亭于所居以識不忘嘉靖己丑按治于維揚執訊金陵而論學因以問記守益嘗預聞良知之教矣天命之性純粹至

善烱然在中隨感而應範圍天地曲成萬物而各中其則以言乎己謂之明德以言乎人謂之親民者執規矩于此而千方萬員率由以出是聖門一貫之蘊也子曾子發聖人之蘊而易之以忠恕中心爲忠無所偏倚而烱然之大本立矣如心爲恕無所偏倚以應物而烱然之達道行矣大學一書擴忠恕之教以教天下者也天下之平亦大矣而不出于絜矩矩也者天然自有之中而千方萬員

率由以出者也天生蒸民有物有則孰無是矩者患在踰之而不能絜之耳如惡惡臭好好色所以不踰矩而立忠也所惡於上毋以使下所惡於下毋以事上所以絜矩而達恕也聖門之學以不踰矩爲極功然十五志學三十而立四十而不惑皆所以求不踰矩也故曰下學而上達達之爲義烱然精明行著習察者也行而不著習而不察摹方傚員而昧于規矩仁者見之謂之仁知者見之謂

之知百姓日用而不知蓋知烱然之學者鮮矣莫我知之嘆傷夫終身由之而不知其道者也知我其天五十而知天命良知精明與天合德天即聖聖即天乎天之體本明也昏之以雲霧雲霧掃而烱然矣故曰浩浩其天水之體本明也昏以潢潦潢潦淨而烱然矣故曰淵淵其淵人之良心本明也昏之以物欲物欲屏而烱然矣故曰肫肫其仁曾氏之稱夫子曰皜皜不可尚仁之肫肫也江漢

以濯淵之渊淵也秋陽以暴天之浩浩也嗚呼淵然之德也其至矣乎曷哉朱君傳而習之風興百傑式克弘于遺訓則出門如賓承事如祭立參于前輿倚于衡見淵然者將無待於亭而得之矣

洞淵觀記

知州姜時崇撰

邑治西為洞淵觀洞淵蓋通邑真宇首地去邑居僅僅數百步歲時令節視　聖壽拜賀則有司習儀播與一或雨旱祈禱亦必齋戒首告于鉉祠乃

鉉天固茲邑重地也觀中殿宇東西二廂前儀門前三門蓋舊志云嘉靖己未禮部侍郎朱公廷立嘗捐資倡邑父老子弟重修之工未竟而公下世矣積歲以來益就頹圮萬曆己卯秋越剡王侯奉命來令茲土至觀則四顧逌然曰通洞淵壇始茲觀今湫隘卑陋乃爾則何以新桐貌妥神靈崇祀典壯瞻視哉於是捐俸鳩匠氏伐石構材為次第修葺之凡殿宇棟楹節梲榱桷煥然維新殿以外垣地宏廠悉甃以石宇含廓然瑩淨其外墻壁黝堊烜赫瞻視規制大備其　龍亭儀仗金彩爍爛蓋炳炳乎盛矣嗟夫茲豈非一邑勝槩儀觀哉侯蒞通甫二載興廢補缺起敝維風凡諸所創設有利于茲邑者悉為舉行了無廢事而尤綜理周密纖悉動中幾宜故雖時有興作而民不告勞財不虛耗即如茲觀所費蓋不下數十金而皆不以絲毫干諸民家茲侯之才調其可及歟是役也工起

于萬曆八年十月之朔迄是年冬十二月而工告竣維時三學博君屬余為之記予於是述其事而書之侯諱嘉相字汝良號艇湖浙之嵊縣人起歲貢

觀音巖記

侍郎朱廷立撰

縣之西南羣峰秀異聳然直逼霄漢　曰雨山云山多泉石神龍所都霖雨時行多自此起故名焉往予以侍御史閒住者三年以太僕少卿疏疾家

居者将十年凡通之山水歷覽殆遍獨少兹山一遊然未知有觀音巖也嘉靖己酉予以禮部侍郎罷政復尋舊日工課明年友人樂橋東向予言巖勝不輟口予聽之宛然巖之在目也欲與俱往維時方春農事孔棘不果是年十月望予徃先大夫方伯公里九山韓子赤厓朱子犀溪郭子偶在焉是日宿湄溪明日指顧山形問訊水源兩山乃發跡處予望之興動欲了前約遂踏人有言兩山人

知予等來者予四人慨然就道橋東惜不與豈去來人讓未去人邪踏入羅城轉黃田皆予平昔所未跡山川初識瞻眺一新相逢村老悆古朴有前輩風令有遠想焉至福壽寺寺無佳處一味幽僻耳地主魯氏携尊為之少憇去寺宿程大本宅明日行十餘里兩山漸近平日所望西南羣峰今在目前矣入山口渡石橋登山僧披衣倉皇下山迎穿林傍石隱現無定至曰不知尊客郎顧予笑曰

予何尊客山林狂叟來與老僧借覽山勝耳時從者步健先登至山半驚咤驩呼若有追而獲者予乃知巖所在須臾至巖予等仰面羡曰以昔所聞詎能盡此巖哉奇觀奇觀也來不徒矣巖高十餘丈異石纍纍珠聯星附無慮萬狀其獨出而下垂本渺而末巨狀如錦囊孤懸虚室者視他石為最異中露一孔其深隱隱金光一點灼然而外射者觀音象也造化委形自然之巧有如此者世所雕

刻普陀巖何可及此巖端古木斜出如蓋其根抱石盤曲如蛇虺又不知其年數巖險不可梯僧曰村中人以金碧新觀音象則必呼山下金齋公齋公至則拜巖下祝曰吾上巖取觀音祝畢攀援亂石迂折而上人望之猶猿之援木然至則從孔中入取觀音置于背而下又猶鳥雀出入於其巢然其送觀音而上亦若是盖十次矣嗟乎危哉設失手墮足骨粉如矣韓昌黎登華山至絶險覆逆

崇悲號齋公反勝之耶盖所恃者謂觀音必相之故其神全而無恐列子所述登高山履危石臨百仞之淵背逡巡足二分垂在外者是之謂矣覽畢由東復渡石橋而上至佛堂青山四抱如張畫幅鍾鳴四山皆響香煙飄散輕裊林杪若輕雲之過我也石下泉號淙淙有聲人云春來泉盛瀑布過石而激如雪片飛濺人衣矣以予所遊諸山此為第一迺遊者則甚少豈其地僻爾予使當衡劇

則遊者月不知其幾矣世有負麗德而弗自耀又無有薦之者終老巖穴與此山何異也徘徊指顧肺腑清潤絶無渣滓窺此境界識此氣象始謂之大觀如徒曰是為某山是為某水胸中無得也何取於遊口占一詩書以貽僧日落下山至韓氏宴樓上劇談山勝惜未能一宿其上細覽其餘追憶嘉魚李大匡遊衡山與諸友約曰七十二峰一峯不盡一日不遊七十二峰不盡遍不歸何其豪也

予等所遊曾不浹時風流不及前輩遠矣明日出韓氏飲黃氏宅黃氏兄弟俱文雅雨山地主橋東内家也為之盡歡去黃氏金齋公携茗碗逆于路予笑之曰今復能上巖耶曰老矣予問觀音崖中寬隘應曰中容一几前容一人拜其高可立一人伸一手然予所見特拳石一孔耳人雖入恐不能仰且旋今若是耶物遠視則小可以知巖之高出雨山衆謂予宜為記予懼焉夫山川以人而勝茲

遊也茲山增勝耶猶夫舊耶其人可知也斯不可以無懼是故君子於其所談咲箴規存焉於其所遊樂警戒存焉何往非學業哉是不可以不勉

翠屏記

監生朱之梅撰

翠屏踞白鶴石航閣肇劒梁十形而南岳派在邑峙南渡匯水繡谷諸崚嶒九向也翠屏有二厓洞曰會仙曰賀仙丹巚青嶂玉笋森垂一空廓容可數百人一可炬火深入有古龍潭曲岓崀嵓聆瀧

形勝奇特不可狀蓋亦八柱之通穴也先大人因
號馬往使君入境輙問厓洞遂擁旄流覽也今年
乙酉月執朔乃柳廣文公暨蔣黃二公攜二三門
人登其上余歸自村舍入闉城望見人影於懸厓
矖靈明媚冠蓋亭亭四顧徘徊躊躇瞻戀已乃私
心異之曰此非有東山勝遊登高作賦真樂自天
遊者安得屐齒謝公馬跡周王乎既而攬轡歷莊
馗則聞四野絃歌音在樵牧之間又津津色喜曰

通其山陰武城哉宓子調琴為政風流今在囍手
越日乃幷鄉紳鄉二戕才至言三公遊洞厓事余
賴山水癖一聞二戕才遂乃陽陽濕溉彷然若夙
三公追陪遊衍者乃賦詩三公三公復拉余登翠
屏嵱翠屏塔約高去洞厓三四里許明日則三公
飛羽蓋在門呼余矣予命童子襆茗攜瓮酒追隨
後阮氏友人與五家第相望至出南城樓徑從石
梁南關直出石梁南關即翠屏塔山麓也復前至

楓梓山諸公停蓋縱觀香飄襲人黃君曰此何以
故也余曰山有芳草卉木風送其馨香乎旋即見
黃白花沅淮澧蘭青茁向人苒苒盛命童子取其
花可愛者把手香撲鼻頃之來有攜盒酒者取蔣
立飲逶迤而上迷其去處問樵者得路稍稍闢旋
轉則豁然平曠城中樓閣層環東南在目遠近歌
鼓又隱隱聞矣諸公直欲登塔絕頂余曰造化起
美不可并乘興而往興盡而還何必九節玉鑾而

後為愉快乎映波遠錦插地長屏是亦足哉諸君
遂返已而下阮婁泉泉聲瀑布與溪南烱然亭相
望溪南家名余先大父御史君嘗與友人歌白沙
三唐諸詩故館也烱然則宗伯先大人嘗與饒申
丞郭令長諸君論陽明學其間蓋白沙先生亥余
先大父而余先大人則實師陽明公人謂朱氏師
友亭館云過阮婁泉下南市花樹繡錯時在夕陽
矣所謂看山晚對翠屏益奇乃吳祝夏氏友人偶

出溪上煙雲中則又一叚雅景處揖皆大朴喜遂坐樹間取水盥手咲謔久之随入五第宅談文飲酒罷呼童子歌黄門白昊歙蔡謳一時渠攦至夫議郎畏屈于竊命之臣而屠蟠全黨錮也太史公少之尚知有後世歌黄門者黄門豈亦李風裁耶黄昏呼潑大張蠟炬由城西百尺長虹而還然而右軍觴咏品題有意也不空會稽矣翠屏謂予

明倫堂遺教訓諸生　教諭柳東作撰

先師道林蔣先生甘泉湛先生門人也自貴陽督學歸来静坐尭園精舍嘗示門人曰孔門之學只在求仁仁者以天地萬物為一體縁人從軀殼上起念所以隔了許多藩籬今欲復之從何入盖知天地萬物為一体方能以天地萬物為一體學人輩須收拾亥子之中澄然静坐忘助而無順其自然不容絲毫人力有一點己私起即於幾上迅埽之如將克敵以默識本來大公頭面識得后時時

刻刻慎獨而緝熙之由此日就月將漸入熟處恍然見宇宙一身工夫即本体矣如此方是知止方是默識方是默成方是博約同功敬義一齊俱到視民如傷老安少懷中和位育實用從此流出合內外而一之與天合德者也舍乎此則二氏矣何也盖吾儒之覺體萬物以為公二氏之覺外一身而守寂其公私大小不同故耳太極定性西銘等書備言此意白沙甘泉陽明諸先生話頭雖不同

總是一旨學人輩口耳會論不違此義不知欲立立人欲達達人孔子已示人眞頭面他如車裘共敝顔毋伐善施勞與夫一貫忠恕修己安人之說何莫非發明一體之義夫先師静坐數十年超然神悟欛柄入手舉其自得之宗旨以示門人媿不肖立志不真至今負之竊思孟子謂人之所以異於禽獸者幾希又曰放其心而不知求哀哉吾人安可不惕然猛省况此學一明發之文章則為道

舉措之事業則為德行可以繼往開來至易至簡何憚而不為哉不肖白首尚期與同志共勉焉幸人各識其真心而慎獨以造其極庶學術不差矣

通津橋記

侍郎朱廷立撰

通山縣治之東故有通津橋元邑人邢仲發建明正德辛未之夏龍雨大作洪水暴起橋遂圮衆驚嗟至有泣下者曰安得復見此橋也吳楚要路人何以濟無何航山唐君倡諸衆謀再建之或曰是

舉也工人費鉅予欲為邢仲發邪其慎諸君曰吾不如仲發不休先是從議者十餘人率畏難相望去惟君與予兄南莊兩溪守前議曰彼去事亦去乎顧益直前相謂曰今日之事惟財斯成募財之道惟誠斯感當事之要惟勞斯勝使氣任情而厭勞事無成矣然而鼓舞人心要須自上乃狀其事於予師督學霞山蔡公公喜發贖金三十兩助之餘費悉募于衆募則衝暑冒寒遍歷深菁長谷之區望人之門而再拜焉主人出又再拜焉道其故主人如有難色又再拜焉申其請由是人感之各出貲以應計所募踰千金矣乃於正德癸酉冬興工明年冬橋遂成神速之邢橋石為之高廣如舊橋既堅且美蓋周道焉行者曰向謂不復見橋今復由之矣善事善事朱廷立曰事之成也存乎其人人亦存乎其志哉志之所向衆難之弗聽窮歷險涉弗勞屈意下氣弗恥志篤於善也事是以成

彼志篤于利者亦猶是也志利而人怨之其視志善而人頌之者為孰賢哉時航山未有子乃今子孫雅俊成行列矣此其平日嗜義利物致者然而為橋陰功殆亦不少予兄子孫森立不詭於善郎霞山公宦遊務惠政所至道路關橋梁成後人振振允顯晚年所生子息隱隱有作善守陰功之報不信然乎航山問記于予時余為弟子員繼宦中外歸來因循未就也乃今藹然翁矣令子文卿復

以幣請予曰記之遲也予有過焉予成先志爲克孝余顧負良友爲弗信邪力辭其幣退而爲記慨斯人之不作感日月之易遷瞻念往事成陳跡矣媿非董子之筆竊比季札之劍補前過已爾書以貽文卿登諸石蔡公名潮臨海人航山名王甫在名廷文西溪名廷轍文卿名之愈邑人師與兄名人代書之時嘉靖己未秋云

九宮行　　侍郎朱廷立撰

嗟乎九宮山高不知幾萬丈神鰲移來自海上天地東南有偏觀鬼琢神雕誰可狀千崖萬壑何巃嵸東與蓬萊相並雄至今海上羣仙會共羨中原有九宮而匡山人頗好奇登賞每與茲山宜天風爲我吹陰翳白日爲我開心期捫蘿振袂歷茶寮古廟丹青鎖寂寥飛泉噴雪萬仞下而我鬖髿開風潮穿林下坡復上山西峯雄立爲仙關凡夫到此不肯上恐驚天上真人間歸雲橋轉萬竹連石屋雲關生翠煙側身已覺不在地仰面長嘯真上天當關巨石誰所闢云是仙人試劍石石上何人更作亭奇字殘碑猶可辨千盤百折到宮門怪松倒石驚人魂向來他山望不極爾今渺小如兵屯巒迴徑轉忽平衍雲門隱隱開儼犬羣峯環抱中如村直造壺天興不淺道人相見樸且野無乃桃源避秦者陶姚仙臺日在眼花木當窗秀而冶東溪西溪襟帶流龍匡虎匡佳氣浮地高鳥雀不得

過潭光隱見蛟龍游入夜仰天天氣清撥雲峯頭斜月明明朝山下人傳說昨夜滿天風雨鳴吾聞真人昔棲此解道談玄得宗旨奎章遥下天子庭遂使茲山逾金紫真人乘雲不可尋蟬蛻猶存香火溪謝公詩句天下重我輩疎狂時一吟鳳凰山駱駝嶺青猿洞白龍井眼前俱是空中景會須揮洒寫瑤篇景物文章共馳騁君不見周子著書南嶽側七十二峯皆變色又不見晦翁鼓櫂武夷濱

九曲之水皆精神

九宫行　監察御史陳宗夔撰

巍乎高哉九宫之山去天未盈丈青螺突兀矗穹上雙懸日月弄奇觀掩映乾坤百千狀日觀天柱称萏嵸回看到此還嶟雄龍岩虎谷總芝鏧真人遂詣開鉉宫我聞真人事亦奇幽棲宿與崇山宜黄精餌盡却羽化祇今石室懸安期山前煮茶舊有寮茶煙縹緲山寮寥更有虹泉向空落灑灑雜

樹流寒潮憶曾探歷登兹山步趨板特凌天關星辰灼爍手可摘白榆宛在空中間西望崑崙山谷連蓬瀛咫尺生晴煙初從下看如尖削到頂忽訝乎横天靈洞風來自開闢列岫星奇貢花石懸梯織鐵寡行人稍稍逢人半仙釋嘯歌誰欲依蘇門蘇門臺蕪翻銷魂何似兹山迥㠊絕嶔崟珠樹長雲屯馮高曠望足游衍碧桃深處藏雞犬道人種玉自何年開遍山雲未云淺九嶷昔欽洞庭野九宫更寔超然者潺湲流水如飛瀑烱爍丹爐似洪冶苔碑薜勒多名流羣風杳靄朱嵐浮雲中委珮逝隱見芝童若下相招游一背靈異通太清瑯函勅賜來承明欽天瑞慶此華額陰岩白日雷風鳴東西勝跡應輪比寶籙仙符悉鉉旨真人今去幾千秋猶剩殺尭貢山衆雨厓夫子重幽尋樊驂直上雲山深作歌鑱石最高頂宫潭清徝蛟龍吟君不見李白游仙白閣峰綺園謝俗衆芝嶺又不見

少陵長憶金鰲山昌黎高歌玉蓮井古来賢達各有趍不獨流連度先晨自余挾策違故人徝夜車輪夢中騁還思瑶草宫厓側人多採食嬌顔色何當移置燕水濵獻之當宁順明神

翠屏山賦　教諭廖瑝

嗟翠屏之山兮根何自而盤旋肇鉉黄之儀分兮引岷嶓之後先歷九嶷而跨大别兮進江漢之南嫣東壮起伏兮脉絡蜿蜒突然孤撐兮通年之前

圓峯不峻兮珠光爛懸卧石不蹤兮玉花靜妍依稀乎祝融之天柱彷彿乎大華之金蓮徘徊顧睇孰與比肩彤霞琱碧瓔崖氷田物寶既琴鍾英與賢乃地靈以鎮爰想禹跡於當年

欞星門賦 有序

知縣張書紳

通學宫始宋慶曆四年建于羅阜山麓左聯邑居盖數百步許乃于今五百年往矣國初詔天下郡縣各立學時縣官任公因舊址創焉永樂間有議

講堂廹縣治者遂易置文廟後及景泰而星子吳公與邑博陳公者議復之其後山陰戴公臨桂秦公及邑宗伯雨厓公前後相繼修葺於是堂廟廊廡煥然巍然規制翼翼大備矣頃年以來積歲彌時漸就頽圮余來通慨然竊嘆曰學校賢士所關人臣為國家儲材待用即建學設教此不謂今日急務耶余於是為捐資重葺之前豎欞星門門成而為之賦賦曰

伊羊山之巍巍兮拓黌基於羅阜莽霞溆于磅礴兮撫嶇宅之奇輿而翠屏之崔嵬兮韡儒閣於層霄遶石城而對峙兮瞻羣山之迢遞攬勝槩於文峯兮挹上流而遠眺遂鳩工而集材兮隆曼碩於名勝勤教諭于方斷兮重丹艧於炳煙新堂宇而周廡廊兮煥宣廟于孔昭崇懿規於閈閎兮儼鴻號于髦髦育菁莪而歌棫樸兮鶴多士之清標維天祐于羊山兮誕文教其皇皇曰橋門其有侁兮

雄壯觀于一方遂端規而肅矩兮示儀刑于宫墻時橫經而論道兮發聖門之寶藏按遺響而鈞歷跡兮蘄入室而升堂講道德而綰紱仁義兮探先喆之囊囊啓扃鑰而擢鋑樞兮登吾道之康莊辟畸門而茇蠖徑兮起衰頽于顒昂創藩籬于大家兮粲欞星之煌煌耀圖書于東壁兮煥玉券之洋洋窺翼斗之㸃直兮振人文于通羊

羊山賦

王星耀

通志既成星燿乃撫其大敉賦之以便省閱賦曰
緊維筆山荆楊之介翼斗之墟蜿蟺包絡山川縈
紆東屬官川南偉武夷北界永安西隣傳嶺翳翠
屏之峩峩兮睇石嶅之崔嵬儼羅阜爲金湯兮建
峭椒之鴻基樓白鶴而懸金蟾兮石航綿亘而纍
纍龍塘仰天而舞遊魚兮仙李之翩躚象九宮
之蜿蜒兮慕仙家之飄緲樹是號太平橫翻雲路
含泉上天亭過三峰啓洞門立寶陀峙天尊仗試

劍而導伏虎兮望松坡之峥嵘釣月臺於乘崖兮
嘉平子之清貞憶疊山與虞白兮播遺喆之休聲
扶桂杖而坐居床兮鳴石罄之微音開新嶺而陟
石梯兮見張公與陽城據兩厓而聳筆架兮飛山
崒之鵲鷹乘白犀而跨馬鞍兮躡朦朧之嶙峋訪
秋月于石嶠兮泳使溪於芳春歌漁照於瞿塘兮
撫八景之良辰登書臺而眄白公兮聆泉聲之泠
泠若乃紫姑阮嬰七公晉庵大賢長崙焦巖吳田

受山際雲勸農飛仙雲館去思步虛烔然犀港丹
池牛潭龍泉石壓石碣大城高坑行遠登高通津
喜遷奇蹤異蹟碁布星纏於是山則瑶葩藍袍芳
菲艷麗青葱緑綺競爽爭奇含英帶雪霓裳霞裾
誠可翫也佳木蔥蘢清風時鳴美景淑郎萬鳥嚶
嚶調簧奏曲夏槩春吟實可喜也田則原隰沃壤
膏腴連阡黍稷重穋豐我困廩亦可樂也水則曲
波淫流潆潪旋瀠鱗甲鑼錯煥爛錦班爍采鮲鰓

晃漾乘湍又足恠也茲物産之繁碩洵幅負其溥
長里六都而九千口兮田千頃而有奇遂履畝而
定稅兮課桑麻于蘭絲清里甲而平夫兮歌鴻鴈
於流移亶茲土爲樂國兮遇太平之貞期維貞元
其會合兮長發祥於雉湄協中爽而沛靈潤兮誕
傾碩于明時或順情于典墳憑汜濫於燕閑遂紛
紜而揮霍爛雲衢而揚輝或厲節於修姱每要練
而犧羈遂鄉舉而里選適軒冕於塗泥或誓志於

考槃丹丘園以遯肥時放情於山水日嘯歌而賦
詩於是大者策天府書秘笥注超居秉鈞軸夔皋
之儔也小者駈五馬朱轓轂親縣牘召杜之匹也
至其高尚棲遲者隨光之介也其抱朴導引者偓
鑾之流也蓋其出處各殊窮達不齊全署名於青
史藹清標於里閭者夫顯秩被祿儋爵析圭撫茲
百里民之攸暨遡邃古之循良肇展采於宋季爰
登祠於名宦遂食報於百世曁天降祐於通羊兮
界賢宰於下雒伊宦業其炳烺兮称元元之師帥
于是崇仁讓而全忠信兮興孝弟而敦禮義尚廉
節而致謙和兮懸扁額于巷衢設鄉約而建亭榭
兮樹奕世之宏規葺黌官而叙襦晨兮曰髦士其
攸宜維鄉賢其巍巍兮定千載之黄雌至如耆儒
碩老楨武承璘澡德浴行雖源現琦言為典謨詞
成蓍龜或雜出於傳記或寄興于歌飲悉文繁而
理當郁細大而靡遺綴下里于白雪並光昭於編

帝蓋茲邑之羣美總括爬於斯須鼻邑乘之權輿
修初服於今茲亂曰搽觥牘兮下董惟秉競筆兮
褫假瑜葉經畬兮蘑稗秥震靡藻兮紛芳菲抽遺
蹟兮闕所疑囊今古兮握筌蹄百千載兮震鼓吹

文昌閣記

翰林院庶吉士譚　纂撰

今夫治民事神宰職也彰往察來神司也神之最著者莫如文昌帝君嘗考天文誌文昌六星在北斗魁前為六府主集計天道周禮春官以槱燎祀司中司祿重其典也蓋上帝簡命帝君儲精張宿炳耀奎光法力能廣嗣徹而殫追孤辰德化能煥圖書而㭊拾青紫絲桂籍掌仙籙注鸞書賞功進爵樂究捍患罔不稟之原其初起自巴郡廣漢世

為大夫統以忠孝為先因而陰隲下民式享上祀蜀楚尤加甚焉通人士尸而祀之維時仕籍按武家發聯鑣之秀黎赤繁衍邑有成佛之風神降祉而人獲福有年於茲迄兵燹後像迄太虛宫鞠茂草雖稉鷹如故而近于瀆窆渠任侯奉

新天子命來涖茲土展拜之餘愴懷良久迺進紳衿聚耆庶而咨之是可新乎僉曰然遂捐俸庀財募贊鳩工以壬寅仲春三月肇修閱數月而告成且帝容納日聖父聖母聖嗣仙度莊嚴丹堊掩映巍然為一邑之冠若另闢一洞天福地善哉斯舉治民事神而得之矣董事者徵言于余以為記噫通固文獻名區然非賢侯鼎新未易得此侯西蜀世家簪笏蟬聯科第鱗集現宰官身而為說法其治通簡而廉寬而栗剔弊鋤奸撫善安良一時白叟黄童靡不謳歌而巷舞意者帝君默誘侯衷而代宣其化乎從此榮擢樞要慶洽螽斯壽躋岡阜侯

闔帝君之靈以福通人士通人士匪帝君之庥以祝侯將九十餘變化之身劫劫長存千百年樂只之誦永永勿諼矣因紀其事以勒貞珉侯諱鍾麟號玉波辛卯科舉人四川保寧府蓬溪縣人

奎光閣記

翰林院檢討鄭之譓撰

嘗觀山川之秀蔚為人文此得乎天地之自然者也乃山川之秀亦既自若矣而復構以危欄傑棟挺峙其間一日之覩為遂成千古之壯麗此又足鍾毓山川而使之益秀聚天地之英華而適符其自然者也通邑上下百餘里丹崖蒼翠碧澗澄鮮靈異攸鍾名賢接踵三台八磚之上向有其人今其盛則少減矣任侯玉波辛丑春三月奉

命撫茲慨然追憶昔盛問之故老曰邑前茲獨無勝槩足為文風潤色者乎故老曰西關舊有青雲館其頹廢也久矣侯聞之遂欣然聚邑之紳衿耆庶卜基勢之尤上者新其構焉隨捐俸鳩工於壬寅夏四月鼎建一閣易青雲而以奎光名之蓋取文章騰達光華上國初無異乎五星攸聚為國家聲啓斯文之兆也噫侯之屬望于邑者切矣未幾閣成而侯又當報最之會邑人以侯膺上上考卽陞[illegible]擢在指顧間前此竹馬遥迎而喜其既來後此臥轍攀留而不能必其不去凡自侯涖邑以來之深仁厚澤以暨一監構一圖維悉欲勒之石纂鐫諸梨棗以留不朽之遺愛誌不忘也侯西蜀名儒富腹績綴巍科抱鹽梅鼎鼐之才鳴琴百里靡利不興靡廢不舉教化洽民心悅業已

九重識名六卿推善矣侯何必以一閣傳哉然侯不必以閣傳而閣不得不以侯傳也閣以侯傳則異

日之登斯閣者不徒以為凭欄賞適之奇觀而直以為培植人材之勝覽不徒以為點綴城闕之傑構而直以為翼助山川之偉圖是故覩寒潭而思侯之清潔焉望高山而思侯之靜鎮焉對蒼松而思侯之勁節焉坐春風而思侯之教育焉是邑以一閣傾侯以無限之經營而侯以一閣留人以不盡之思慕也夫河嶽固已有靈朱甍亦自吐氣從見孕精毓秀英奇輩出方且柱礎朝家文章事業

巍煥千秋則茲閣可以萬年不朽而侯亦與之不
朽矣是爲記

野史曰文蓋難言哉詩緣情而靡綺賦體物而
瀏亮碑披文以相質叙敷暢而彬蔚說煒煜而
精當若必考覈最於錙銖定去取于毫芒必欲
其悉合文章榘矱不遠尺度則爲文亦難矣文
蓋難言哉今藝文所載蓋皆取其有關通邑者
而紀之固不敢輕爲軒輊惟黃賢哲也

通山縣誌卷之七終

重修儒學記

禮部尚書龔禹學撰

余初筮令黃州之蘄水嘗修起學宮以文學爲多
士倡茲我閩園之宰通邑亦有斯役問其告成之
期自辛亥迄癸丑三年始竣也問其版築幾何宮
廟堂室靡有不周脩而兼創也問其費所自出則
捐資俸不斂民間一錢也嗟乎賢哉思
國家甫韜干戈即訪求藝典臨雍講藝自漢以下莫
隆焉宜天下郡國響應學校一時改觀然在通邑

則有甚難者通故武昌家下邑叢岡山谷厥在下
下兵燹後戶口之存者無幾其於庠序之事固有
未遑且累累百堵没在草萊中已無片椽可恃欲
謀更新百用毛起慮始者不綦難乎是即稍稍謀
諸閭閻暨二三邑大夫士集狐共勸厥功已偉而
況節縮七箸出自俸薪也哉我閩園之治通邑曰
其困敝之餘專事休息載清載靜民以寧一殆如
古之含蓋公者至不忍以學校之故而擾民則復

有何事肯出於擾民者哉而學校則已煥然矣嘵嘵乎賢哉古者政與教無殊司令則守令以治其民博士官以教其子弟問此中司鐸者亦有如胡安定之治湖學者乎夫通山之人士重農桑尚志節然崎嶇僻壤少文而輕剽誠以吾闔閭之賢而獲偕良博士如胡公其人者春秋絃誦磨揉而樂育之馴至風移俗美被服中和寧僅僅如余往歲之治斷已乎余望焉昔呂文穆號知人獨以宰相器

許潁州司李吾閩國理吳闇卓有政績知非百里才今宰通其猶烹小鮮耶余不多贊唯是職在秩宗而學校則禮官之所有事爰綴數辭喜先後之同心也

重脩儒學記　知縣龔在升撰

我

國家定鼎以來首崇儒術與天下更始興起太學親行饗射禮濟濟洋洋誠開代之盛典也而文數申脩學之令天下各省會上自郡庠下逮鄉校莫不重加改煥表示尊崇以稱

朝廷風旨通山故武昌屬縣地界邊徼宜其學宮整新與他邑等乃余改令茲土下車謁

廟則宮宇傾頹齋室圮廢博士塊然抱一氊寄居廡下曾不得蔽廬而托處焉嗚呼何其陋也蓋茲土壤地偏仄僻在萬山之中又歷遭兵燹瘡痍未復遼矣昔之泮水芹宮幾與瓦礫並峙苟坐視其廢

而不加葺治懼無以為俎豆光且學校者人材之所自出也余考通邑自萬曆癸未後罕有奏捷南宮者雖鹿革一席亦落落若晨星焉學校不興則人材無所自出欲望多士振藻騰英翺翔鵲起固不可得夫漢文翁之治蜀雖處遐陬其民未嘗知有文學猶能興起學宮於成都市中以教成其子弟矧茲邑庠其故基猶在其規模制度尚存顧乃日就廢弛置不問雖與作維艱要非儲養人材之

計也余蒞通甫朞月即諮博士暨諸文學圖所以更新者鳩工庀材三年而告竣今總計是役宦先措數楹於學之坤隅俾博士得就宅焉閱壬子修兩廡置木主先賢先儒次第妥侑重建講堂爲鼓昕地癸丑始獲葺

聖殿文次啓聖名宦鄉賢三祠又次大成櫺星兩門宦後則齋房相繼就理繚以垣墉飾以丹雘通水道甃磚石學宮於是乎煥新是舉也回念民貧土瘠

募輸不能泒助滋擾乃捐俸薪惟力是視不以銖錙爲邑累告成邑人咸喜顧在余則殫力經營兢兢唯恐隕越冀免鄖人之刺譏以無負

朝廷儲養人材至意而敢竊以爲功乎余觀通邑人士固孝悌力田文雅不絕然往往習於剽悍而未嫺禮讓即風氣使然要亦長吏之責今者廟宇一新履其地者肅然起鐘鼓之思當有睹几筵而惕志習衿佩以脩容者則僻壤而鄒魯之於此舉當有其漸亦俟後之君子常脩舉而無廢焉維時博士則高漋邑尉則穆先春實贊厥成僉謂不可不勒諸石以告來者是爲記

重脩永濟橋記

訓導高漋撰

通邑與江右寧武接壤虢虢震隣人情風鶴倏焉如不終日斯時而談利濟鮮不爲迂而吾

龔公則異是公以名進士司李平江鐵面氷心出以和風甘雨始令人畏繼令人愛終令人咨嗟感

念改授羊山屆士元以百里僉曰彈丸非公佳也

公曰職無崇卑地無廣狹要當隨在盡心耳下車以來念瘠邑不堪重困均粮役汰陋規勸息詞訟革除羨耗軍需雜派蠲　憲檄行蠲免飲氷茹蘗焚香可告蒼天視百姓真如赤子乳兒百計喚咻必令其即安而後已至夫循行勞來學宮黌序之建與道路塘堰之脩築事事爲無米之炊庀其守者靡不感泣邑治南不數里有永濟橋商旅絡繹爲

吴楚要津野處而歸市者載筥而饁耕者無不倚為周行桑河滙諸流歷久冲圮當溪水暴溢洪濤奔沸望洋難渡公用憮然捐俸倡始遴耆老而委任之親自巡省計口授糈按畝予直凡所經理本諸至誠規於時措而士民咸體公意爭先趨事千夫萬杵動若雷鳴捧石㘅泥斧如雨集匠作精良封砌完固十倍於昔橋上亭屋綿亘數十楹旁建巡山殿矗矗焉新俾衲子掛錫行人息肩與橋形

勢相維自此水漲桃花永不病涉輪蹄履坦棟宇增輝非與公甘棠茂澤同垂不朽者哉竊思十月成梁長吏恒務獨是通邑家鮮蓋藏橐乏盈儲况當徵解繳餉日不暇給而能寸壤涓流共襄厥美予倡汝和不日成工固公平日未雨而綢未饑而哺其感人者為甚深故民無餘力而有餘心心乎愛矣豈敢憚勞其斯之謂與是為記公諱　號閩園已亥進士浙之嘉善人

重修永濟橋記　知縣龔在升撰

余蒞通六載凡所興革不敢以官地不常自為傳舍亦不敢以公私交置苟且因循學宮而外業已次第具舉矣縣治南五里有李渡橋考舊誌橋旁從無李姓聚處倡義建橋者自宋淳熙迄元明忽從無李令尹踵事董修橋名李渡莫知所自邑紳朱巨川捐資數千積歲十稔曾一修葺改名永濟前丙辰九月也康熙甲寅仲夏水衝橋圮里人病

涉余因江右寇警直通通之九宮山親往隘口團練鄉勇取道李渡見谿水暴漲兩岸山勢峭立郎鼓檝乘桴蔑由以濟輒思古人徙薪防患還麓習勞正貴綢繆未雨今非無事之日毋論商農輻輳藉為通衢設赴桓之旅旦夕經臨而褰裳闕渡非所以戒干掫資保障也遂集紳士父老而告之幸有同心踴躍惟命鳩工於乙卯九月竣事於丙辰五月長虹蜿蜒亭宇岧嶢孰謂通人性慳難與慮

始哉先是天時霪雨工人方苦沾足及經營伊始而三冬晴霽彷彿春溫迨大雨傾注河水氾溢斯橋業已落成僉謂茲橋更新似有天幸余之徼誠何能格天姆亦好義者之顧力弘而任事者之勸董敏哉夫橋成何足記特以通邑磽瘠時詘舉羸且脩復於搶攘之日乃趨事赴功不諆而合是役也揩臂相使有官民一體之誼爰勒石記之

通山縣志卷之八

雜志

野史曰異端之說君子希譚至災異非常之說亦人情所不樂聞者然佛老之教傳之已久乃諸觀名山勝蹟亦足以寄古人之逸興古今鉅公達人撰記詩賦往往而存若夫災異之紀又足以垂警誡示修省者皆不可以無傳也作雜志叙

寺

多寶在白崔山下即僧會司寺殿右為觀音堂嘉靖間侍郎朱廷立建雲水居有額詩副使陳宗夔詩左雨花樓廉吉士舒弘緒額詩俱見藝文

新興去縣二十里在一都

靈泉在二都韓衛廻文詩見藝文

雨霖在三都去縣十五里舊為鄂王武穆廟徐伯厓詩見藝文

茅田在三都縣十里

萬杉在四都縣四十五里知縣陳曾詩見藝文

觀音庵縣六十里

安平在四都縣七十里朱廷立詩見藝文寺有僧劉伯溫肉形在龕中亦有詩

翠屏在四都縣四十里朱廷立詩見藝文

郭城在五都縣四十里

雞龍庵縣三十里

龍巖在五都縣七十里朱廷立詩見藝文

崇福在六都縣四十里郎杉坑也改今名朱廷立詩見藝

文北山在六都縣五十里雲梯在六都縣四十五里靈覺縣大十里福壽在縣治南翠屏山下今廢佛堂在六都縣七十里東溪在四都縣四十五里永濟在縣治南五里冇山在縣治北十里

觀

洞淵縣西郎道會司舊殿祀侍郎朱廷立新建有詩見藝文中

宮

欽天瑞慶宮在九宮山宋淳熙中建以宸翰賜今名元至治間重修大學士歐陽鉉記見藝文中

丘墓

李後主墓在翠屏山世傳南唐主李煜以五十二柏同日出楚爲剏塚而翠屏山其一也今墓不存

黄門吴母墓廣東海豊人學訓黄隆妻生翠屏山獅子腦寄祀東關郭宅嘉靖二十六年七月有記并詩

災異

明

成化十四年夏六月旱饑

弘治八年冬十一月至十二月大雪深四五尺彌數旬不消牛馬凍死無筭山林野獸舉手可捕

正德四年自五月至八月不雨大饑

六年夏五月大雨雹水平地數丈人畜溺死者多

嘉靖二年夏大旱秋久雨

七年夏大旱秋久雨

二十三年春三月十六日獷賊五十餘人突過

夏旱饑

二十四年夏旱

三十七年夏五月水入市

三十八年十月大饑、蕨結實民採食之

隆慶元年五月月光晝見月下有二星隨之

四年十月獷賊七十餘刼庫燒燬堂解十餘間

萬曆三年七月大火自分司前起至西關樓外止燬民舍二百餘家

五年五月大水入市、蕩去民舍

十年九月大火自東城至南城燬民舍五十餘家
十一年十二月夏秋大旱歲飢知縣張書紳賑恤民始安
天啓三年六月初一溪水暴漲壞民居官廨數百餘間人民沉溺田土衝廢不計
崇禎十一年八月初一白晝大盗入城殺人掠物諸民驚散
十六年十月朔日午大晦如夜相視不見逮人奔走失措鷄犬驚喧踰五刻始復

皇清
順治二年五月初四闖賊數萬入縣燬戮四境人民如鳥獸散死于鋒鏑者數千蹂躪三月無寧宇幸
國朝王師蕩除百姓如解倒懸漸復故土至秋冬復多病死十家九泣通民之災莫甚于此
四年大荒穀價高騰民多飢死
九年五月初旬雨後至七月十四日方雨四野焦枯途中逃竄者累日不絶米貴如珠
十年四月初三天雨雹狂風偃仆民居山林大木多拔
野史曰昔太戊修省而祥桑立枯齊侯暴尫而甘霖不降灾祥之至唯人所召故夫祥見而不戒者或反以為殃遇灾而自懼者亦可轉而為祥此洪範庶徵之紀蓋有以也

僊釋

張道清郢州人宋熙寧間入九宫山修道聲動禁中光宗嘗有疾召道清治之以符水進即愈修醮之夕光景如晝因賜號真君寧宗親書欽天瑞慶宫五字賜之元至正初年加封太平護國妙應普興真君集賢學士柳貫撰誥詞見藝文
黄仲理寧州人居九宫山瑞慶宫學士宋濂詩序俱見藝文
野史曰僊釋之說乃自古而記之矣然羨門壺

公皆數百年而間出此亦天地冲渾之氣積久而鍾靈者即其人可多得耶通固蕞爾邑也然名山勝蹟如會仙賀仙九宮仙人觀音崖歷歷可指數今於篇末特附載其一二非紀異也

鄉耆夏夢甫　陳應文
謝逢時　沈炳約
夏左甫　劉廷棟
徐邦華　夏德完

樂純仁　方近斗
黃鳳瑞　黃卷明
程明緒　吳君立
宋光裕　范文正　全萬坤
約正沈定約　朱士元
約副熊楚盛　李玉瑋
約講黃登第　周晴修
鄉約葉承露　程宗賢

徐承志　丘憲武
熊兆夢　鄧日俊
陳則清　夏日霓
保長方時坤　徐應顯
范希曜　楊天賦
李玉琛　全哲修

通山縣志卷之八終

縣誌後序

縣誌成將授梓邑侯任公以叙屬夢道夢道曰誌已累千萬言矣奚容贅桃源朱公暨諸文學僉曰誌以紀事言以達志是未可默默已也乃賡曰昔者省方問俗采風陳言自薦紳學士及蒭蕘工瞽皆得各抒其耳目所

見聞者以上達于

天子即稗官里語野史方言亦與金匱石室之藏良有以也今

國運弘開人文丕振倣古周禮職方氏掌四方之誌邑統於郡郡統於省省統於

盛京一統之誌具四方之政行焉通雖僻隸在附庸未易缺也迺捃摭往牒增益新裁得若干卷語山川建設則形勢規制按圖可索語士習民風則詩禮敦龐餘韵猶存語人物土宜則典型植産屈指可數至户口版章糧餉賦稅效晉天之誼佐軍國之需者礦有成憲而良有司又以撫字催科

通之急公趨事視神州赤縣無以異也不班班可考哉其餘有關而未詳者無徵不信不敢以疑傳也有冗而未汰者多歷年所不敢以臆斐也惟是山高水淺嘆艱運之維艱土瘠民貧慮凶荒之無備本忠君愛民之實意以數厥政則通之受賜良多矣端

有望於雖茲土者非技閉之管見所
能窺也因不揣而質言之以附于編
末
前廣西平樂府平樂縣知縣郭夢道撰

後序

通于楚武昌之下雉爲屬邑由來莊
茲土者具政蹟彰彰可攷其閒之財
賦風俗暨物產人文雖僻在幽巖邃
壑中亦未嘗無可採而紀者語誌全
楚通始不得以彈丸置也今
文檄諸郡縣纂輯前所存書自萬曆

迄今彙爲一冊報
部邑侯任公授以役命鄭致諸薦紳家
及通庠之精敏博洽者協勸盛舉時
前廣西平樂令郭公共受若事同庠
友老成數輩殫力搜研累晰夕弗怠
期以無負任公者上持以副令日至
意迪其發後諸藏籍缺焉弗備考詢

欲詳而不容不畧寧略而不敢作而致詳甚將以傳金石而弗傳風影得備諮之作者起焉睹茲之非所據而弗據則凡得所聞爲允聞矣不越月會編八卷以壽諸梓庶幾披閱焉而瞭如進數之靡如也雖然誌僅通纂爾一書焉在與名區巨壤並洋纚簡

端也哉惟稱全于楚不得獨遺於通通之誌成成其爲通之誌即成乎通之不得獨遺於全楚之誌也敢爾末學受茲惴惴焉懼莫克勝役而愉快安敢贅詞於卷末夫亦重捧當事者命均不獲以弗敏謝之是爲跋

原江南淮安府桃源縣知縣朱承[illegible]譔

荊楚文庫

〔同治〕通山縣志

〔清〕潘滋榎　羅登瀛　胡昌銘　修
〔清〕朱美燮　樂純清　纂

《荆楚文庫·方志編》編纂組

組　長：賀定安　陽海清（執行）

副組長：劉傑民（執行）　王　濤　謝春枝　范志毅（執行）

參編人員（以姓氏筆畫爲序）：

王　濤　李云超　宋澤宇　范志毅　柳　巍　馬盛南　陳建勛

梅　琳　張文静　張雅俐　陽海清　彭余焕　彭筱瀓　賀定安

楊　萍　雷　静　劉傑民　謝春枝

編　審：周　榮

顧　問：沈乃文　李國慶　吴　格

前言

《(同治)通山縣志》八卷首一卷，清潘滋榎、羅登瀛、胡昌銘修，清朱美燮、樂純清纂，清同治七年(一八六八)心田局木活字本。内封題：『同治六年 通山縣志 心田局重修』。

潘滋榎，字仲美，山東人，監生，時署通山縣事，後調任利川知縣。羅登瀛，字仙可，湖南益陽人，繼任通山縣知縣，後調黄州府黄岡縣。胡昌銘，字又新，西江人，進士，國史館協修，本任宣恩縣署通山事。朱美燮，字曉林，邑人，舉人，拔貢，官海城知縣，署襄陽府訓導，主講邑之羅峰書院。樂純清，字雙橋，邑人，歲貢。潘仲美奉檄於同治四年（一八六五）七月邀約紳首，立局纂修。羅登瀛於五年（一八六六）三月接事，至六年（一八六七）七月志書草底成，計十卷。六年冬，胡昌銘調任，加以校勘，七年夏梓就。

通山縣志，明有萬曆九年（一五八一）之初修（今已不存），清有康熙四年（一六六五）之繼修，二百餘年之後方有此志。編修此志時，康熙志經兵燹已無全書，乃從嘉慶八年（一八〇三）湖北通志補輯。

志前首列武昌知府黄昌輔同治六年序，次列通山知縣羅登瀛同治六年序，再列通山知縣胡昌銘同治七年序。其後，又列舊志序跋五篇及康熙志職名。例分八卷，主要内容爲：地輿志（疆域、星野、沿革、鄉里、里説、鄉市、輿圖、形勝、山川、關隘、古蹟、塋墓）、風土志（風俗、時令、祥異、土産）、建設志（城池、公署、倉厫、綽楔、雜置、矜恤、津梁、渡、塘堰）、政務志（户口、田賦、鹽法、兵事）、學校志（廟制、學規、書院、試院、學額）、祀典志（壇廟、寺觀）、秩官志（知縣、教諭、訓導、典史、外委、名宦志）、選舉志（選舉、進士、舉人、五貢、正途貢、例貢、武科、廕生、鄉飲、奉例榮身）、人物志（掾職、文職、武職、封典、鄉賢傳、忠義、孝義、隱逸、流寓、仙釋）、列女志（節婦、烈婦、貞女、孝婦、壽母）、藝文志（鹽政志、儒學記、學宫記、書院記、聖會碑、考棚記、文昌宫記、武廟記、奎光閣記、官署記、城隍廟記、寺觀記、塔碑、山水橋渡記、墓誌、贈言、詩賦、壽文、雜記）。

是志地輿志詳於繪圖，共計八十八圖，某山某水逐一分註，增舊志十之六七。列女舊志及通志僅十餘人，是志採其合例者得數百人，依通志款式，其未請旌者仍各註採訪姓名，並取結存案。孝子亦然。《中國地方志總目提要》記：『以醫學訓科，道會、僧會附秩官後。選舉、人物諸門，採各家乘及故老傳聞，省志所未備者，概爲補遺。藝文門，其有關於政教風俗，國計民生者，悉照舊志，訪求得者斟酌收録。』

《中國地方志聯合目録》載國内多地均藏此志，《中國地方志集成》曾予影印。茲以湖北省圖書館一藏本影印，此藏本係較晚印本，内容有增加，故有頁碼增添，不連貫現象。品相不佳葉，如卷六葉四B、卷七葉三A、卷八葉二A、葉十B以省圖同版另一藏本替换。（宋澤宇）

目録

風土志

建設志

卷之三 政務志

卷之六　藝文志

卷之七　藝文志

卷之八　藝文志

同治六年

通山縣志

心田局重修

通山縣志序

太史公游天下名山大川龍門之紀
載多奇氣固由得天獨厚抑亦
扶輿之磅礴鬱積使然也況通山
為巖巒秀特之鄉蓋當有瑰偉
雄奇之著作震往古而鑠來今所
憾地經兵燹獻闕文殘雖補葺而

掇拾之不足以維持風化也羅君瀛
篆斯邑延董設局首以修輯志
書為急務計凡閱三年書成繕稿
寄予既深嘉有合於作史之三長并
恪遵
一統志之體例真志書中之南董也雖
賢有司虛心延訪與都人士合力贊

勷餘如是乎予合而觀之古今之沿
革在其中堡塞之險隘在其中物
土之出產在其中而且志政務與農
也志學校與教也志秩官尊名分也
志選舉亦顯榮也至若兵興以來
忠孝節義日月爭光上以酬食毛
踐土之恩下以媿淟涊依阿之俗是

尤當表揚而激勵之者此鄉賢烈
女之所由備錄也若夫詩歌記序
則藝文詳之矣災祥仙釋則餘事
賅之矣以視萬歷九年初修之志與
康熙四年繼修之志有過之無不
及也是宜急付剞劂氏以觀厥成
同治六年歲在丁卯秋八月知武

昌府事黃昌輔謹序

叙

省府邑志與
國史相表裏者也黑子彈丸與都會相綱
紀者也豐功偉績嘉言善行忠臣孝
子節烈之婦女與廬墓里閭相焜燿
者也古稱三不朽代不過數人人不
過數事非壽之以文著載志乘則陵
谷變遷風雲流散且與草木同腐滅
烏在不朽孔子云十室之邑必有忠
信三人同行厥惟我師其不信矣乎
同治三年　屬方伯伯符飭州縣修
輯志書嗣　唐蔭雲　何小宋兩方
伯檄催益亟通山縣志自康熙四年
續修後二百餘年迄未議及前縣潘
仲美大令奉檄於同治四年七月邀
納紳首立局纂修瀛於五年三月接

事見在局諸君殫精萃神旁搜博採至六年七月志書草底成計十卷繕呈 府憲黄虎卿都轉鑒定并撰叙文發縣鋟梓有日矣局中諸君復請附文於 府憲叙文之後瀛維通山在武郡最小然密邇江湖踞萬峰間大得山水渟峙之助名勝星羅者碩英傑先後相望但二百年来邑志闕如近遭兵燹忠義節烈簡不勝書前此之人物故實或傳或不傳欲一一追溯而故家遺老零落盡矣新志既成紀載畧具異日應行補入續修之處此其先資若夫志書之妥善則府憲弁言備矣謹識脩志之顛末如此

同治六年八月二十八日

誥授朝議大夫運同銜補用州調補黄岡縣知通山縣事羅登瀛謹序

序

省郡邑之有志與
國之有史同所以表揚德行激厲風俗使人有
所感發而興起非徒紀形勝誇顯榮與誌
文藝之末也通邑舊志年久失修咸豐甲
寅歲更燬於兵火賊平後
上憲檄飭纂輯潘令尹倡修之羅令尹繼
編之在城總理首士陳書紱夏承志樂純

青程立德等董其成各鄉分查首士王恢
治徐體乾焦炳麟等司其事凡忠臣孝子
義夫節婦之行誼無不編訪而備載之雖
年湮代遠或有埋沒不彰者然以局首五十
餘人參訂至四年之久其心力已竭矣而總
局諸君子為更有勞焉余不才忝列史官
旋為外吏六年冬調署斯土喜此書編次已
就且體例文辭井井然有條不紊洵可信今

傳後為一邑之信史也余惟加以校勘而已複
何力之有哉邑人士不以固陋見鄙索序於
余因統述修志之原委綴數言以附諸左
同治七年歲次戊辰孟夏月署通山縣事前
翰林院庶吉士　國史館協修西江胡昌銘
撰並書

初修縣志序

明賜進士出身翰林院庶吉士吏科給事中

廣西主考官邑人舒宏緒崇孝甫撰

通山居楚鄂東偏介在山谿蓋巖邑也邑治顛末省典圖可攷不具論邑志久湮稽往事者靡所據其附下雉郡紀者少概見弗能詳人人稱是典也闕萬歷辛巳冬蜀張公九岡尹茲土歷四稔務根絕華懔懍有德讓風政寬而厲諸廢悉舉邑爲易觀事事餘閒念邑志獨闕乃命搜故實參傳聞旁羅編摩不閱月而就爰付之梓嗟夫公之志廑哉夫古列國有史今郡縣有志志非一邑之史歟是安可弗修雖然修何容易余覽是編首地輿終藝文其間各分類而紀循次而載綱維縷析爛然有條一邑之事開卷若指諸掌蓋其詳哉然人治紀賢否人物紀淑慝厥繫尤有當重云嘗耳剽遺耆言國初守令師師不及覩記近百年以來治行卓犖矩模懋著者不數人歷歷可指鄉士大夫庶人刻心雅行履方砥節以自表樹者亦不數得間有深情隱匿希聲吳響之徒終莫售欺於世他如物類盛衰世故得失往往言之有徵覩又編念人心固各有志何必紀載之文志之所重大略可觀矣修何容易哉存實錄以明是非昭勸戒甯獨記事書也直且核乃爲信志乃可傳使後之守令若屬謂某賢具傳某僅存姓氏邑人則謂某必迹不可得私且冀能以麼賜無以耳食庶不曠貴不嚴行是典也尙亦重哉不然則無爲貴志矣余不佞以公索余言引其端輙附其臆說若此若公之善政則後自有紀之者茲且不悉具云

初修縣志敘

明鄉進士授奉直大夫任雲南霑益州知州
進階朝列大夫邑人姜時棠龍崖甫撰

國家分建郡邑邑必有志凡輿圖之式廓山川之形勝民生之休戚風俗之美惡政事之得失文獻之隆替咸徵諸志志豈易言哉通舊無志嘉靖間邑少宗伯兩崖先生嘗一修之未及就梓今數十年來竟成缺典萬歷辛巳冬邑侯張九岡來通凡五稔自惟通志未修嘗嘆曰今邑里世家傳

祚繁衍其子孫猶能述其家世狀蹟爲之譜記以無忘其本始矧巍巍一邑幅員百里比於古之侯國獨可無志以掌記時事用彰實錄於茲邑哉於是禮聘崇邑庠士某爰集吾邑國子生邑諸生某等纂彙之侯則日臨局諮諏商確乃遍告於邑之鄉大夫士曰予不敏所爲成是書者自通邑公典非予一人之私也棠聞之曰侯不自居其美者侯之厚也雖然侯惡乎辭哉輿地之審諳也山川之奠位也民生之康阜也風俗之醇樸也政事之修舉也文獻之並隆也皆侯之美也侯惡乎辭哉久之侯書來屬予爲之敘予義不敢辭竊謂志非難志而信今傳後爲難斯志也取材於良牧採輯於諸賢錯綜往蹟檃括不遺此可以信而傳矣昔張橫渠爲著作郎歷陞太常禮院侯所著通志傳之世世其功在邑乘者豈減橫渠先生哉於是乎敘

次修縣志敘

今夫億萬斯年以後之人猶得知億萬斯年以前之事者恃有所紀載也一代之紀載莫備於史而一代之史又採輯於列國郡邑之書而後成此稗官野史之論因編年紀事者所必資也是故一邑之志一邑之書也而不僅為一邑之書集天下之邑之志合諸

朝廷之起居與百官之治蹟斯足以成一代之史矣志不與史相表裏哉麟不敏幸而

生逢其盛不至爲

聖世之棄人於順治辛丑春三月奉

命宰通迄於今五稔矣兢兢焉飲冰茹蘗期

以無負通民者上報

天子即當軍需旁午之際未嘗不為通邑計缺略謀廢墜也殫思竭力夙夜不遑庶幾與薦紳士庶慶諸務之畢舉矣然獨取邑之前志讀宋元之間尚有傳事有傳人惟明萬歷丙戌而後暨

國朝今即約略計之八十餘年其間事蹟缺焉無紀不禁喟然嘆曰麟於通邑之風俗民情固可謂識之深且熟矣試有問麟以邑之往事者則不能全舉以對謂非守土之羞乎屢欲博謀而纂輯之緣以連年供億未遑著述故徒勤諸心而未逮也適奉

上臺編輯全楚志書移文到邑則昔之勤諸心而未逮者今可藉茲而勉遂矣由是虛心延攬購求遺聞以備考核蓋重其事也維時得鄉先生前廣西平樂令郭公原江南桃源令朱公皆一時博雅名儒率學中

積學生數人集古洞淵觀殫心朝夕逐事求詳歷年稽究仍遍訪山林野老故家遺獻互相考証期於弗謬閱兩旬書成付之剞劂所謂甯簡弗繁甯信弗疑示可傳之億萬斯年後之人而不誣也麟將是書呈

之　郡長達之　方伯進之　臺輔獻之

朝廷則無徒曰一邑之書也或可採而為天

下後[redacted]世書云

皇清康熙乙巳歲孟冬月文林郎知通山縣事

四川保甯府蒼溪縣任鍾麟謹識

次修縣志䟦

縣志成將授梓邑侯任公以敘屬夢道夢道曰志已累千萬言矣奚容贅桃源朱公暨諸文學僉曰志以紀事言以達志是未可默默已也乃賡曰昔者省方問俗採風陳言自薦紳學士及芻蕘工瞽皆各得抒其耳目所見聞者以上達於
天子卽辨官巴語對史方言亦與金匱石室之藏並重良有以也今
國運宏開人文丕振倣古周禮職方氏掌四方之志邑統於郡郡統於省省通於
盛京一統之志具四方之政行焉通雖僻隸在附庸未易缺也廼搰摭往牒增益新裁得若干卷語山川建設則形勢規制按圖可索語士習民風則詩禮敦龎餘韻猶存語人物土宜則典型樵產屈指可數至戸口版章糧餉賦稅敷普天之誼佐軍國之需者確有成憲而良有司又以撫字催科通之急公趨事視神州赤縣無以異也不班班可考哉其餘有闕而未詳者無徵不信不敢以疑傳也有冗而未汰者多歷年所不敢以臆芟也惟是山高水淺嘆艘運之維艱土瘠民貧慮凶荒之無備本忠君愛民之實意以敷厥政則通之受賜良多矣端有望於蒞茲土者非杖閒之管見所能窺也因不揣而質言之以附於編末

前廣西平樂府平樂縣知縣

邑人郭夢道句安甫撰

次修縣志跋

通於楚武昌之下雉爲屬邑由來茲土者其政蹟彰彰可考其間之財賦風俗暨物產人文雖僻在幽巖邃壑中亦未嘗無可採而紀者志全楚通固不得以彈丸置也今　文檄諸郡縣纂輯前所存書自萬歷迄今彙爲一冊報　部邑侯任公授以役命郵致諸薦紳家及通庠之精敏博洽者協勷盛舉時前廣西平樂令郭公共受若事同庠友老成數輩殫力搜研累昕夕

弗怠期以無負任公者上持以副今日至意但兵燹後諸藏藉缺焉弗備考詢欲詳而不容不畧甯畧而不敢作而致詳蓋以傳金石而弗傳風影俾簡諸之作者起焉睹茲之非所據而弗據則凡得所聞爲允閱矣不越月會編八卷以壽諸梓庶幾披閱焉而瞭如進覈之而確如也雖然志僅通葢爾一書烏在與名區巨壤並洋灑簡端也哉惟稱全於楚不得獨遺於通通之志成成其爲通之志卽成乎通之不得獨

遺於全楚之志也眇爾末學受茲任惴惴焉懼莫克勝役而愉快安敢贅詞卷末夫亦重奉當事者命均不獲以不敏謝之是爲跋

原江南淮安府桃源縣知縣

邑人朱承煜振川甫撰

通山縣志重修職名 康熙四年歲次乙巳

鑒修

文林郎知通山縣事蜀著溪舉人任鍾麟

提修

拔貢前任廣西平樂縣知縣邑人郭夢道

副舉人任江南桃源縣知縣邑人朱承煜

纂輯

邑庠生余庭誥 劉炳向 樂元聲

李玉衡 陳正鼎 舒濤臣

朱 暾 夏日耀 謄對余天柱

籌修兼採訪紳耆

夏夢甫 陳應文 謝逢時 潘炳約

夏德完 劉廷棟 夏左甫 徐邦華

樂純仁 方近斗 黄鳳瑞 黄卷明

程明緒 吳君立 宋光裕 范文振

全萬坤 潘定約 朱士元 熊楚鑑

李玉瑋 黄登第 周時修 葉承露

程宗賢 徐承志 郎憲武 熊光夢

鄧日俊 陳則清 夏日霓 方時坤

徐應顯 范希曜 楊天賦 李玉琛

通山縣志續修職名 同治六年歲次丁卯

鑒定

都轉運鹽司運使銜知武昌府事黄昌輔

提修

陞銜署通山縣事調任利川知縣潘滋㮨

鑒修

運同銜補用州知黄州府黄岡縣任通山縣知縣調羅登瀛

翰林院庶吉士國史館協修本任宣恩縣署通山事胡昌銘

提調

同知銜任通山縣教諭揀選知縣李 鶴

督修

封中憲大夫王恢治 邑庠文生夏承志

授奉直大夫陳書紱

協修

武舉營守備封武昭都尉汪凌雲 同知徐體乾

知府銜熊炳麟 監生朱美福

封武德騎尉程立德 候選同知嚴繩武

遊擊銜夏錫璋 附貢石文甲

纂修

拔貢試用教諭朱美燮 歲貢樂純青

校修

舉人同知銜夏慶恬　舉　人王明賜

邑增　生陳延俊　邑庠　生朱協海

邑廩　生樂音和

分校

邑增　生成近禮　邑庠　生徐道泰

五品封增生吳元亨　拔貢候選訓導阮燮煌

邑庠　生樂鳴球

分校兼採訪

五品封增生謝洪漠　邑廩　生陳學詩

邑庠翰林院待詔銜方兆驥　邑廩　生徐逢治

邑廩　生涂懋醇　邑增　生郭金鎔

邑廩　生樂擬玉　邑增　生許兆蘭

郡廩　生王　賓　邑增　生葉　榮

四品封貢生舒　文　監　生胡啟發

採訪

歲　貢夏慶堦　邑廩　生金德堅

增　貢沈達和　邑庠　生卓龍翔

邑庠　生陳聯元　邑增　生樂豹文

邑廩　生王憲章　邑廩　生李之燮

邑庠　生舒文翥　邑庠　生朱協理

邑庠　生舒君爵　邑廩　生程煥文

邑廩　生朱協乾　邑庠　生徐起鳳

邑廩　生吳國琦　增　貢方惟一

邑增　生夏開甲　邑庠　生黃吉元

邑庠　生楊舜雲　監　生楊春暉

增貢中書銜夏鵬翥　貢　生王民暐

邑庠　生陳魯山　科中書銜劉　易

邑庠　生王能一　從九品阮芝田

儒　士夏之鼎　　夏名標

籌修兼採訪

封奉直大夫阮榮品　監　生徐聯芳

州同加二級王肇基　縣　丞銜周可鈞

歲貢州同銜許日昇　州　同銜成守善

封朝議大夫鄭凌霄　邑增　生譚森林

授奉直大夫陳曉林　州　同銜陳鴻翥

授奉直大夫樂希韶　州　同銜裴穎波

同知加一級成安國　六品封銜程大猷

縣　丞銜阮遇亨　監　生朱贊谷

武　舉朱逢泰　監　生董文耀

州同銜劉步雲　監生吳學宏
監生陳輝榜　監生朱河清
監生陳步雲　監生徐廣大
監生鄭義和　監生張觀漢
縣丞銜裴子騈　武生許黃甲
監生廖傳清　從九品陳大英
監生焦金臺　邑庠生李應煌
監生楊輔鑾　從九鄭[illegible]泰

籌修

州同銜舒恒吉　監生方登瀛

布理問銜李含光　布理問銜阮經邦
同知加二級吳方翥　從九品夏濟川
貢生中書銜陳立芳　州同銜樂承志
布理問銜徐鎮江　同知銜張林芬
州同加二級阮紹甲　州同銜王爾禄
六品封銜金榮甲　監生成登林
武生衛所千總銜張魁榜　武生衛千總銜夏安邦
州同銜聶炳珪　武生營千總銜黃龍劍
監生程爾儀　監生方玉成
監生吳錫蕃　從九黃[illegible]

謄對

邑庠生王友蘭　邑庠生樂春儒
從九品祝毀選　邑庠生阮紹咸
邑庠生許德先　儒士吳德潤
儒士樂鳳樓　儒士吳　鑫
儒士章　憲　儒士許德杰

重修縣志凡例

一通山舊志始於萬歷九年
國朝康熙四年繼修迄今二百餘年事蹟繁
多例分八卷
一舊志經兵燹後已無全書茲謹從嘉慶
八年湖北通志補輯
一此次目錄不盡合舊志非敢私易也實
遵　藩憲頒發告示及修志六條之意
一地輿志家首重茲則繪圖必詳而某山
某水逐一分註增舊志十之六七

一山鄉糧餉素係折徵道光年間因訐訟
奏定新章徵錢解銀行之已久謹將新
章載入學額原係八名今永遠復加八
名所有　部覆及　上憲札諭在案茲
不具載
一選舉人物諸項通志自嘉慶八年以前
業已分載今採各家乘及故老傳聞尚
覺未備概爲補遺至援例職銜及　封
典均彙報効附載以彰
國恩

一列女舊志及通志僅十餘人今採其合
例者得數百人不能備錄事實一一本通
志欵式其未請
旌者仍各註採訪姓名並取結存案以防冒
濫新舉孝子亦然
一藝文亦關係志乘舊志皆邑先達所定
未敢訾議此次斟酌收錄以備體例現
在者雖有佳文俟後選刊
一舊志成於一月採訪或有未周今自同
治四年七月立局業經四年亦難盡悉

恐有遺漏舛訛俟諸將來補正
一志局設古洞淵觀西房係舊修志處又
係向捐輸團練處心田乃前　邑侯王
公筱華所錫名今修志又值捐輸團練
後故仍之

通山縣志目録

通山縣志卷之一

地輿志

疆域

今天下省分而府府分而州而縣封疆各別大小相維以固疆圉也通山爲武郡偏陲界二州三縣延袤二百里有奇雖曰小邑軼古子男封遠矣志疆域

通山縣在武昌府治南三百里東西廣一百一十五里南北袤一百三十五里

東五十五里至蛇嶺又東五十里至鳳洞俱界興國

西四十五里至界頭界崇陽

南八十里至黃荊嶺界江西義寧

東南九十里至九宮山太陽山五里凸俱界江西武寧　七十里至寨頭界興國

西南九十里至三界尖界義寧

北三十里至散水嶺界咸寧

東北二十里至石屋坑界興國

西北四十里至壕頭坳界崇陽

自縣治至武昌府陸路三百里水路六百六十里至京師三千四百五十里中路

東至興國州治一百八十里　西至崇陽縣治九十里　南至江西義寧州治二百二十里　北至咸寧縣治九十里　東南至江西武寧縣治二百三十里

星野

星野之說通志且畧以一邑言星不免井觀諸矣況通山介荊揚尤難確指謹將舊志所紀者著於簡端志星野

漢班固志地理以翼軫爲楚分南郡江夏屬焉以斗爲吳分九江屬焉費直星歷謂抵於南斗十度晉志謂抵於十一度楚之尾也然翼軫爲楚分野而南郡江夏屬焉南郡翼之十度也江夏翼之十二度也斗爲吳分野而九江屬焉九江之一度費直

所謂南斗之十度乃豫章之分野軫之十一度乃武昌之分野然則通山吳楚之墟斗軫之交其分野則翼之十二度與斗之一度者與舊志

自周禮保章氏以星土辨九州之地所封疆域皆有分星史記正義及兩漢晉隋唐宋史志皆以翼軫爲荆楚分野楚爲南服翼軫屬南方七宿似也但荆揚接壤而荆分鶉尾其辰在巳揚分星紀其辰在丑疆界相連而分星則南北相隔論者往往疑之賈公彦以諸國始封之歲星所在爲分鄭樵則有古人封國命以主祭之説惟唐一行以雲漢始終表分兩戒四維察陰陽升降中和之氣以紀綱地脈表裏山河而不主於州國其説近是通山居楚尾與甯(甯州)武(武甯)毗連甯武吳地也屬豫章郡晉志爲吳分野豫章入斗十度九江入斗十一度翼軫爲楚分野南郡入翼十度江夏入翼十二度今武昌府昔隸江夏郡通山屬焉通山在後漢時隸吳爲陽新縣鄘道元水

經註以陽新爲故豫章之屬縣則通山之分野宜在翼十二度之終斗十度之始也舊志謂翼之十二度與斗之一度者蓋以通山界於吳楚之墟斗軫之交則引費直謂軫之十一度乃武昌之分野武昌郎江夏郡屬既爲翼分何以又爲軫分若據後漢章武元年孫權析江夏郡置武昌郡江夏在江北武昌在江南遂謂一在翼之十二度一在軫之十一度一江之隔相去已十七度之遥則周天三百六十五度有奇不過千里之地可以分盡有是理乎按晉書零陵入軫十一度桂陽入軫十二度武陵入軫十度長沙入軫十六度軫星所分皆楚南省遠者距武昌二千餘里近者亦數百里未可相紊然天有歲差地有里差推測之法因時而異論星野者其毋刻舟而求劍也

沿革

唐堯因帝嚳建九州其南爲荆州東南
爲揚州通山界於荆揚虞夏商周因之
秦漢而後析天下爲郡縣通附興國時
合時分轄屬旣殊稱謂屢變爰稽歷代
沿革備志於左

漢初析爲下雉縣屬南郡高帝六年又析
南郡更置江夏郡統縣十四下雉屬焉

新莽改下雉曰閏光

東漢獻帝十三年復爲下雉縣屬江夏郡

後漢屬吳昭烈章武元年孫權自公安徙
鄂更鄂曰武昌因析江夏郡置武昌郡又
析下雉地置陽新縣今興國陽新以上合
通山皆其境隸武昌郡

晉仍爲陽新縣隸武昌郡

東晉安帝義興中以吳頭楚尾之交廢下
雉入陽新縣

輔宋齊梁陳仍爲陽新縣隸武昌郡

隋合下雉爲永興縣煬帝大業三年置江
夏郡統縣四永興屬焉　舊志云隋末爲
永興縣之新豐屬鄂州

唐太宗貞觀元年分天下爲十道以鄂州
隸江南道鄂州領縣五永興屬焉

元宗開元二十一年置十五道採訪處置
使分江南爲東西道永興屬江南西道江
夏郡

肅宗乾元復鄂州屬江南道

憲宗元和初陞武昌軍永興縣隸武昌軍

昭宗大復二年拜楊行密東面諸道行營
都統檢校太師中書令封吳王二年以李

神福爲岳州招討使以攻杜洪拔永興天
祐二年遣劉存拔鄂州

五代永興縣屬吳卽吳王楊行密地隸武
清軍將起鐵冶置羊山鎭征賦

南唐永興縣隸武昌郡設通羊鎭

宋太祖乾德二年改通羊鎭置通山縣開
寶八年江南鄂州隸江南道統縣九通山
屬焉　舊志云南唐始置通山縣又云舊
有青山鎭通羊鎭各摘一字而以通山名
縣一統志曾號鎭南

太宗分天下十五路仁宗分二十三路以
鄂州屬荆湖北路
太平興國三年改羊山尋復通山時與姑
孰分紀年之號陞姑孰爲太平軍永興爲
興國軍隸江南西道以通山隸興國軍紹
興四年降爲鎮五年復爲縣
徽宗崇甯間分興國軍武昌軍通山隸興
國軍屬江西路
元分天下二十二道江南湖北道領鄂州
武昌路興國路置總管通山隸興國路

至元十七年設録事司以興國路隸江淮
行省蘄黄道宣慰司十九年罷宣慰司隸
江西道三十年三月撥屬湖廣行省
明太祖改興國路爲興國府尋改爲州屬
湖廣行省通山隸焉
國朝康熙三年分湖北承宣布政司領八府
通山隸武昌府編戸六都詳鄉里志

鄉里 會堡附

縣統鄉鄉統里里統會會統堡星羅碁
布若網在綱通邑昔分水南水北二鄉
鄉各統里三其會十有二其堡七十有
八經之緯之臂指聯矣志鄉里
通山二鄉編戸六里（元豐九域志載二鄉 明一統志編戸六里）
水北鄉領里三曰新豐曰興善曰崇仁水
南鄉領里三曰上管曰下管曰並行（通志舊志）
明成化間設堡三十六曰洋都曰奂田曰
山口曰長林頭曰石牛嶺曰塘坪曰石門

曰黄田曰雨山曰巨塘曰蜈蚣洞曰蘆陂
曰草鞋舖曰寨下曰西坑曰南坑曰花橋
曰方塘曰馬鞍山曰焦巖曰湄港曰城港
曰碧坑曰浮游曰朦朧嶺曰界頭曰郭城
曰大源曰小源曰高湖曰聚潭曰龜墩曰
大楓樹曰寶石曰官堰曰泥坑曰船埠
嘉靖二十四年併爲一十九堡上三里堡
六曰上市曰洋都曰田東曰山口曰茅田
曰界頭下三里堡十三曰下市曰石橋曰
草鞋舖曰朦朧嶺曰茅埠曰郭城曰鄣亭

曰石泉曰茅坪曰官堰曰白土曰九宮曰高湖萬歷十年復置張公隘二堡凡二十一堡通志舊志

國朝於縣城外分六都併號六里一里曰興善二里曰崇仁三里曰仁厚四里曰永安五里曰豐樂六里曰慶和共統會十有二堡七十有八

縣城爲倡善之地東接仁厚南接永安西北俱接興善會一曰元天統堡五曰城東曰城西曰西關曰上護城曰下護城詳輿圖

第一都爲興善里在縣治西北東接仁厚西接崇仁南接永安北界咸甯會一曰世興統堡九曰洋都曰山口上曰山口下曰吳田上曰吳田下曰石宕上曰石宕下曰田東上曰田東下詳輿圖

第二都爲崇仁里在縣治西南東接興善南接豐樂西界崇陽北界咸甯會二曰雨霖曰靈泉雨霖會統堡八曰雨霖曰南山曰新橋曰高嶺曰朗口曰湄溪曰獅子曰羅城靈泉會統堡八曰大坪曰高橋曰石

門曰石橋曰塘坪曰黃田曰雨山曰黃坪

第三都爲仁厚里在縣治東西接興善南接永安東界興國北界咸甯會一曰茅田統堡九曰隱瀧曰茶灘曰港塘曰衢潭曰高坑曰寨下曰茅田曰茅洲曰西坑詳輿圖

第四都爲永安里在縣治東南東南與豐樂慶和接壤南至義甯界西北與興善仁厚接壤東北至興國界會三曰望江曰翠屏曰萬杉望江會統堡四曰望興曰未陽曰闞山曰豐隆翠屏會統堡四曰茅坪曰萬家曰黃岙曰象牙萬杉會統堡五曰宜泥曰嵗軒曰富有曰萬杉曰東溪詳輿圖

第五都爲豐樂里在縣治西南東北與永安接壤又北與崇仁接壤南抵義甯界西抵崇陽界會一曰郭城統堡七曰山溪上曰山溪下曰龍會上曰龍會下曰甯張上曰甯張下曰正陽詳輿圖

第六都爲慶和里在縣治東南東界興國南界武甯西北與永安接壤會三曰雲梯曰北山曰崇福雲梯會統堡七曰官堰上

官堰下曰牛犢上曰牛犢下曰文明上曰文明下曰炮石北山會統堡六曰小寨曰泥坑曰黃城曰船埠曰茅埠曰寨頭崇福會統堡六曰沙坪曰小源上曰小源下曰寶石上曰寶石下曰聚潭詳輿圖

地名附

縣城街坊名

東街自縣署左至南門橋里許　橫街一在東城一在北門

西街自縣署右至鶯遷橋二里許

古坊名

興孝　敦禮　克仁　全忠　尙廉

致謙俱在東街

興弟　敦義　克讓　全信　尙節

致和俱在西街

今坊名乾隆間更名

承流　毓材　近聖　攀桂　名壽

萬壽　迎翠　仁里俱在東街

忠義　全信　下集賢　上集賢　仁壽

永甯　榮恩　仁恩　三多　迎恩

雲路　瑞應　青雲　勝賢　尙賢

得勝　致和俱在西街

縣西一都地名距城里數

井灣四里　洋都五里　沙塘五里

犀港八里　鷺鷥窩十里　南堡塘十里

官碑山十三里　洞口十八里　畈上十五里

吳田十五里　東頭廟十五里　夏焦十五里

中村十五里　山口二十里　橋棚二十里

楊獅坑二十里　均上二十二里

縣西北一都地名距城里數

鄭家坪五里　倒挂金鈎五里　山田五里

長林頭五里　黃鶯背七里　新塘下七里

安樂窩九里　馬家畈六里　石壘背七里

大樹下八里　宋家橋九里　石宕十里

縣西二都地名距城里數

下朗十里　大隴口十二里　余長畈十三里

寺下十六里　蒜田十六里　藕塘二十里

新橋二十里　神塘二十三里　石倉二十四里

圳下三十里　塘坪三十一里　新田三十一里

石壠三十一里　南林橋卅二里　靈泉寺三十三里

舉橋三十二里　大坪三十五里　蘆坑二十里

朗口二十八里　石門三十里　朱家廟二十里
九門二十三里　黃田二十五里　大港橋三十里
港路三十五里　雨山四十里　芭蕉源四十里
路口四十里　界頭四十里　燕窩三十里
小湄港四十里　陳家塘四十里　黃泥壋四十五里

縣東北三都地名距城里數

衢潭八里　沙堤七里　朱家橋七里
寨下九里　高坑八里　茅田十里
石屋坑二十五里

一縣東三都地名距城里數

花橋十里　西坑潭十五里　西坑十五里
港塘十五里　茅洲舖二十里　西泉畈二十里
南坑二十二里　吳洞二十五里　茶灘三十里
板橋三十里　隱水三十里　蘆泉三十五里
界首三十五里

縣東四都地名距城里數

新橋五里　李渡五里　銅爐坳七里
吳興湄十里　義石十五里　朦朧嶺下十五里
泉港二十里　分水坳廿五里　牌樓三十里
巖軒源卅里　沈水山卅五里　馬溪灘三十五里

富有畈四十里　黃閣源五十里　石梯四十五里
西灣四十五里　鳳洞五十里

縣南四都地名距城里數

焦顏七里　湄港十里　水井頭十五里
大畈十五里　赤坳十五里　南山二十里
橋口二十里　大禾山廿三里　廈舖三十里
桑園坪三十里　桐梘三十里　港口三十五里
潭湖三十五里　西湖坑四十里　藕塘四十五里
黃荊源六十里　城港六十五里　和勝源七十里
冷水坪七十里　西嵎七十里　蘆坪九十里

縣西南五都地名距城里數

新豐市廿五里　牌樓四十里　郭家嶺四十里
黃荊坪四十里　正陽畈四十三里　茶坪四十三里
郭城四十五里　虎坑四十五里　株林四十八里
楊芳林五十里　西莊五十五里　界頭塘六十里
小寨六十里　橋上五十五里　紅毛六十里
小泉五十六里　黃泥壠五十四里　石出口五十里
梓木坑六十里　吉家源五十里　泥湖六十里
大茶源八十里　王家塙四十里　南莊四十里
古石坑四十里

縣東南六都地名距城里數

大屋橋三十里　花紋前三十里　陽坪三十里
下謝三十里　白土崙三十里　朦朧源三十里
文龜墩三十里　巡檢司卅二里　楓樹橋三十五里
麻口三十五里　西岸四十里　黃沙畈四十里
南山畈四十四里　官堰畈四十五里　濯港源四十五里
闞王殿五十里　黃塍畈五十里　橫石潭五十里
茅埠畈五十五里　石壁下六十里　沙壠畈五十五里
船埠六十里　東西港七十里　泥坑七十里
坑口六十里　寶石河四十里　石壁湖四十五里
界牌五十里　九宮山下六十里　小源五十里
佛堂六十里　高湖六十里　大源五十里
芭蕉灣五十里　集潭七十里

倡善說

邑首倡善縣治在焉四周山為郛郭倚羅阜面翠屏雙溪瀠帶左右東望石航雲帆片片以時卷舒若將泝洑而上西顧新牌樓諸崖岫如馬如駝如犀如象鶴舞獅蹲呈奇獻秀而壓閭閻數千戶晨夕炊煙與塔影嵐光相掩映清夜則絃誦之聲與更柝之聲抑揚斷續古人陟巘降原立縣於斯良有以也南而為朱宗伯發跡之區東門乃郭司正歸田之所通津橋瞻阮工部之遺構白公泉尋樂縣尹之故居人傑地靈繩繩繼繼攜琴抱鶴來者下車考風問俗禮羅賢畯豈詡近市無晏嬰面城無潘岳耶

興善里說

環通皆崇崖疊嶂惟興善里當咸甯一面崎嶇餘盡平岡可耕種又有洋都犀港山口吳田石宕田東諸畈稱沃壤焉然土疏而墝五日不雨則田易龜坼故桔槔之聲常與田鼓相間里多世家巨族望衡對宇

鷄犬相聞薄暮則四野煙痕互相牽搭横如白練長綃春夏之交布縠鳥音啼遍村頭緑樹農力諸原士集諸塾敦茂實蜚英聲者後先相望阮監察巡行於東魯焦廌史平獄於西川韓府尹布化於麗江余通判流芳於直隸唐司訓宣教於蘄春其他或以孝子旌或以儒師顯或以循吏書不一而足迩復人文蔚起軼前代矣

崇仁里說

白羊一山脊龍發軔靈泉一水富川濫觴神秀所鍾蔚為英特溯江長畈稼穡如雲石門與匝松楸蔽日登銅盤嶺而左右顧指某村某堡為某某崛起之鄉若朱方伯之於湄溪陳副使之於九門徐御史之於舉橋程郎中之於四角夏州牧之於塘坼徐太守之於圳下人以地傳耶地以人傳耶將訪時賢而問之流風薌澤猶有存者

仁厚里說

仁厚居縣之東極抵富川為水陸通衢每當漲泛桃花賈客乘小舟挂輕帆隨濤上

下負販者四時絡繹於塗蓋邑中之門戶也其登蘂榜步蟾宮績著當時聲施後世者接踵而起卓朝用令西甯而崇祀鄉賢方宗勝守昆陵而晉階朝議潼川州人懷全牧太平縣民頌劉侯朱氏歷代登科後先併列儒林龐全氏二難濟美弟兄同上孝廉船里固人文藪也今昔稱之至若南陟碧山北尋隱水則幽巖邃壑別有洞天過板橋走方塘望松柏鬱蒼豐碑屹然朱兩崖之墓在焉公以先代理學名臣師陽明而弟椒山埋玉於斯山川生色矣

永安里說

邑皆山而永安之山尤形匼匝地袤百有餘里古樹環村修篁蔽谷每值微霜則青楓變丹烏桕染紫儼張百幅畫圖溪流盤曲居民編竹為簰用當舟楫雨後新漲則行商泛竹木順流而下相尾如鵝鴨然選勝者人乘崖釣臺登城山訪平子故宅越望江嶺過曹國公墓是耶非耶金燭崔巍陳學士之井蹟猶在大泉潾浡許憲副之

流風可追也他如譚正卿方戸侯黃主政姜刺史吳州牧沈參軍陳司李方司鐸聶鄭陳胡諸縣令皆衣錦歸田優游林下鄰泉石而友漁樵斗大一區其有人在

豐樂里說

豐樂亦邑中之奥區也由船埠塘而入山盤路曲林谷葱蒨染人衣袂越郭家嶺達楊芳林則平疇壤接到處烟村南北山高芙蓉嶂列虬松鳳竹蒼翠欲流雙雙白鷺散於田間如綠盤點雪眞絕境也三界尖

之雄峭八仙宕之清奇鍾爲偉人聯輝競爽矣大夫以昆弟而登名宦熊進士以父子而取甲科謝太守領江右名邦舒孝廉掌西陵文教田夫野老猶聚桑柘影中談軼事話前徽代有賢能鄉閭是式

慶和里說

九宮名勝甲於吳楚慶和里得擁而有之指天半樓臺聽雲中鷄犬始信耶環福地自在人間川嶽精英鬱而必洩陶舜藩得其嚴峻韓千石得其廉平舒太史得其淸剛謝南宮得其秀麗得高湖之奥衍而竹林萃美得寶石之菁華而荆樹齊芳文得之而錢選名場武得之而鑣聯珂里民得之而殷富俗得之而敦龐固不僅訪仙蹟於壺天東輿匡廬爭勝也

鄉市通山無巨鎮各鄉通道之處集店貿易即謂之市

南市縣治南里許見舊志今無

山口市縣北二十里晉省通衢

石門市縣西北三十里

南林橋市縣西三十里

寺下鋪市縣西二十里

朱家橋市縣東北五里

西坑塘市縣東十五里大河濱上

富有市縣東四十里大河濱上

湄港市縣南十里通水道可行船

厦鋪市縣南三十里通水道用筏

藕塘市縣南四十五里通水道用筏

楊芳林市縣南五十里通水道可行筏

新豐市縣南三十里見舊志今無

寶石市縣東南四十里

橫石潭市縣東南五十里較各市爲最臨河滸運載以船

輿圖

地理之學本乎圖繪舊志有二圖若其畧今奉
諭徧覽形勢請工詳繪先總圖次每堡一圖外有四至內有民居共計八十八圖纖悉無遺其額設地堡亦於散圖下註明似覺便覽志輿圖

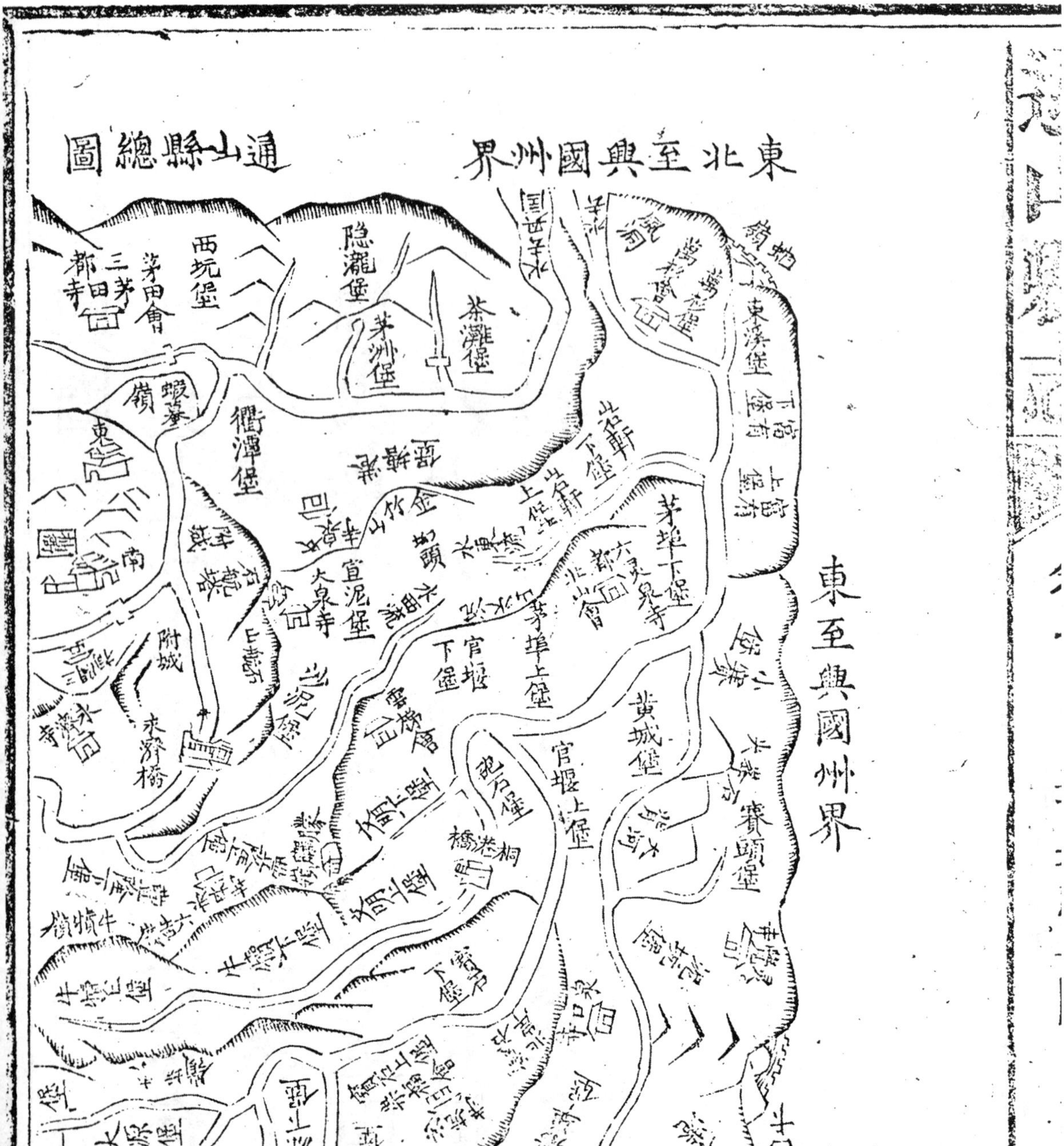

通山縣總圖
東北至興國州界
東至興國州界
東南至江西武甯縣界
南至義
西坑堡
隐瀧堡
茶灘堡
衢潭堡
宜泥堡
大泉寺
附城
黃城堡
官塅上堡
官塅下堡
賽頭堡
東溪堡

卷一　地輿志輿圖　二

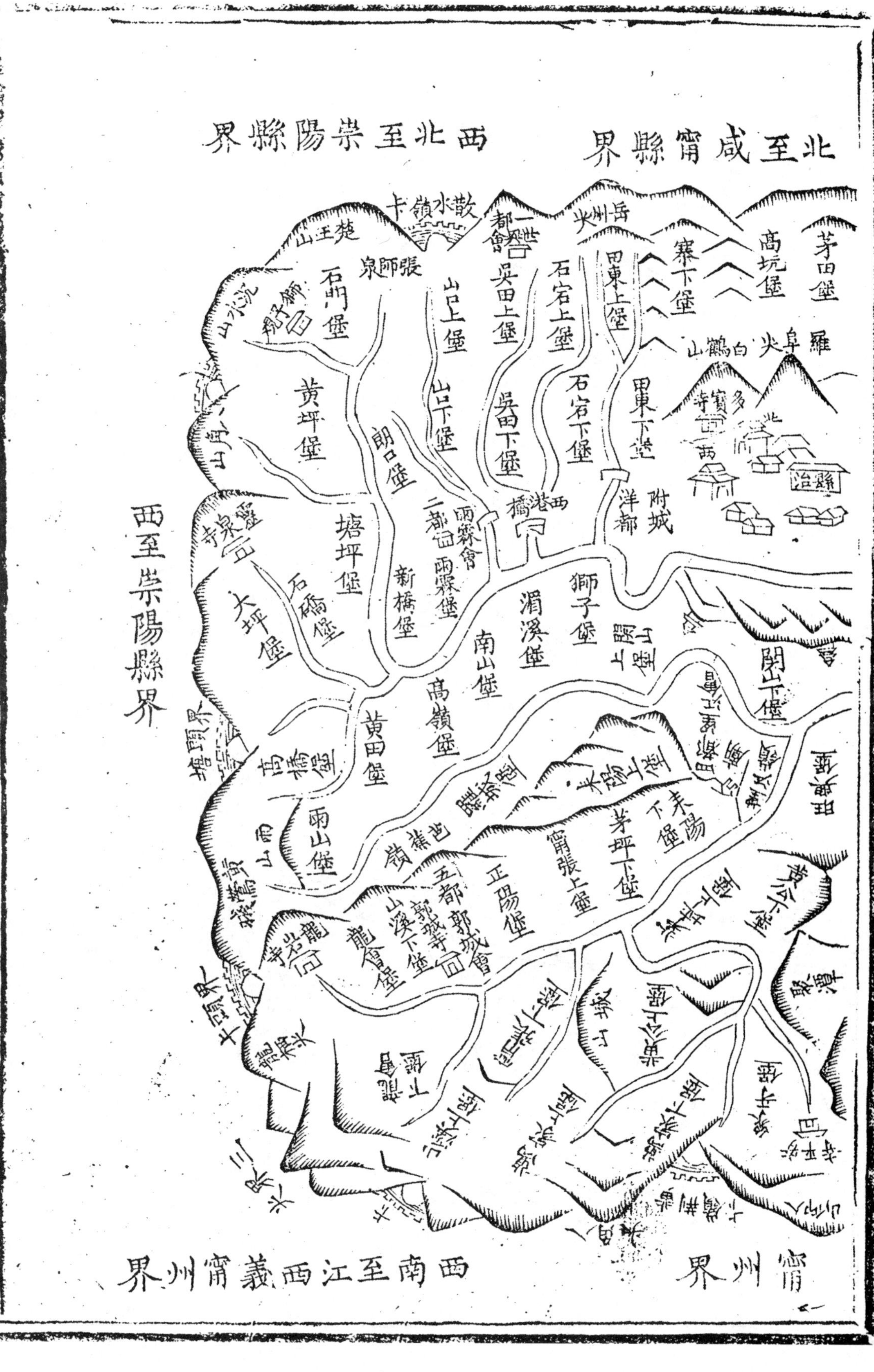
北至咸甯縣界
西北至崇陽縣界
西至崇陽縣界
西南至江西義甯州界
甯州界
縣治
附城
洋都
西港橋
茅田堡
高坑堡
寨下堡
田東上堡
田東下堡
石宕上堡
石宕下堡
吳田上堡
吳田下堡
山口上堡
山口下堡
朗口堡
石門堡
黃坪堡
塘坪堡
石橋堡
大坪堡
新橋堡
獅子堡
湄溪堡
南山堡
高嶺堡
黃田堡
高橋堡
兩山堡
正陽堡
甯張上堡
茅坪下堡
張師泉
楚王山
散水嶺卡
多寶寺
白鶴山
羅阜尖
岳州尖
龍岩寺
三泉水

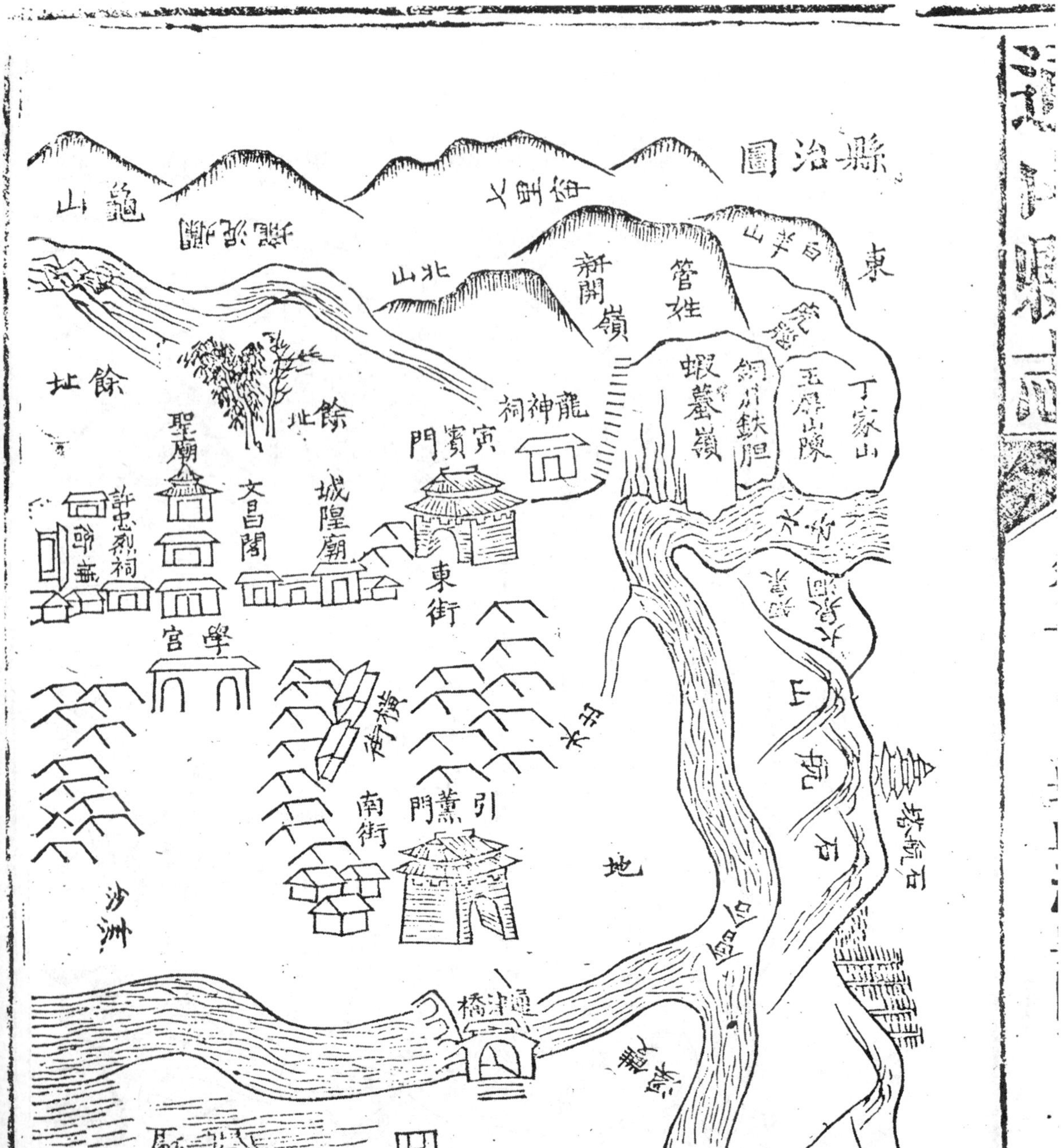
縣治圖
龜山
北山
新開嶺
管姓
東
龍神祠
寅賓門
聖廟
文昌閣
城隍廟
許忠烈祠
東街
學宮
南街
引薰門
通津橋
沙洲
丁家山
玉屏山隙
蝦蟇嶺
南

鶴山縣志　卷一　地輿志輿圖

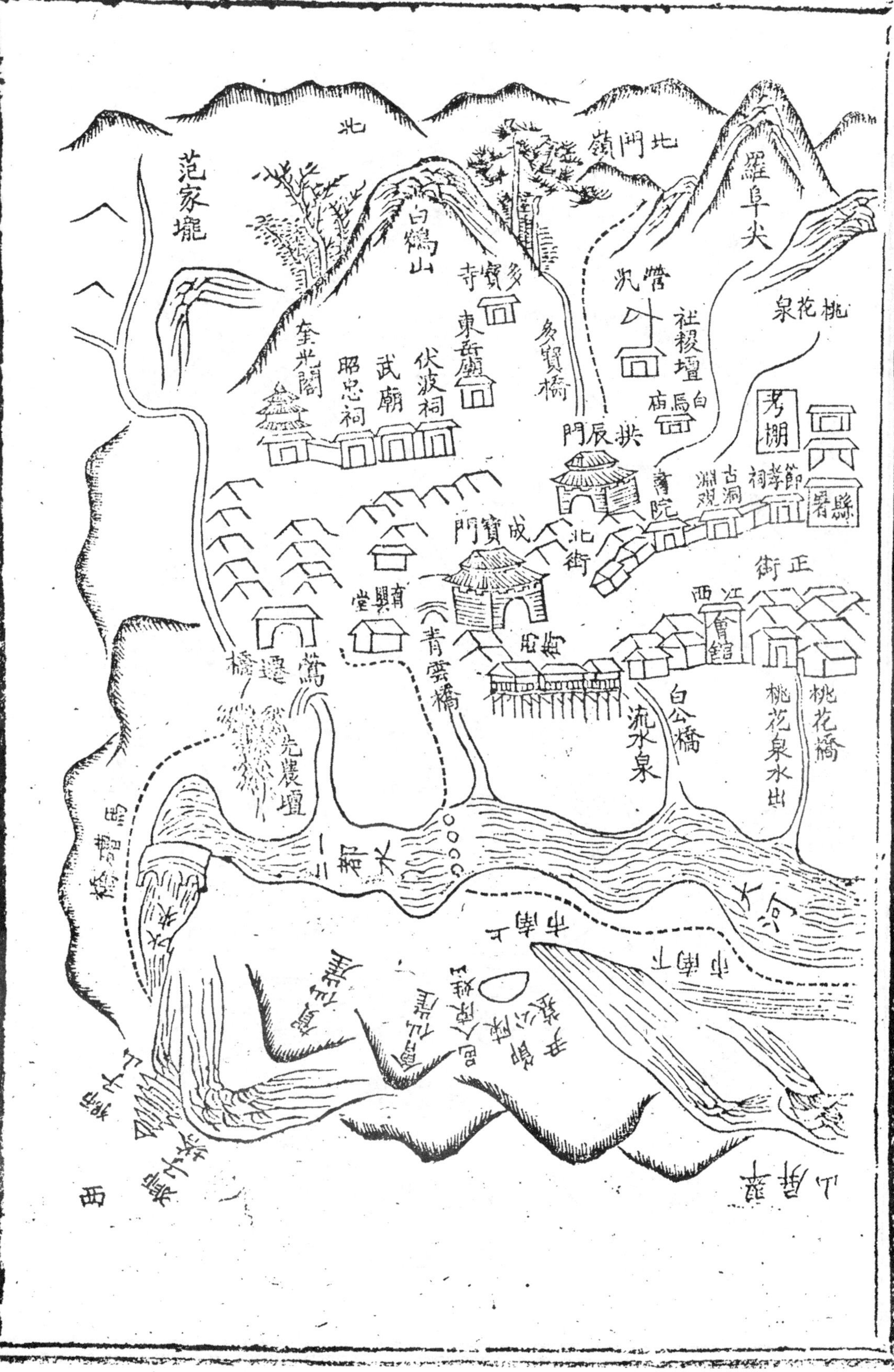

元天會四都下五堡

南至豐隆堡石子嶺

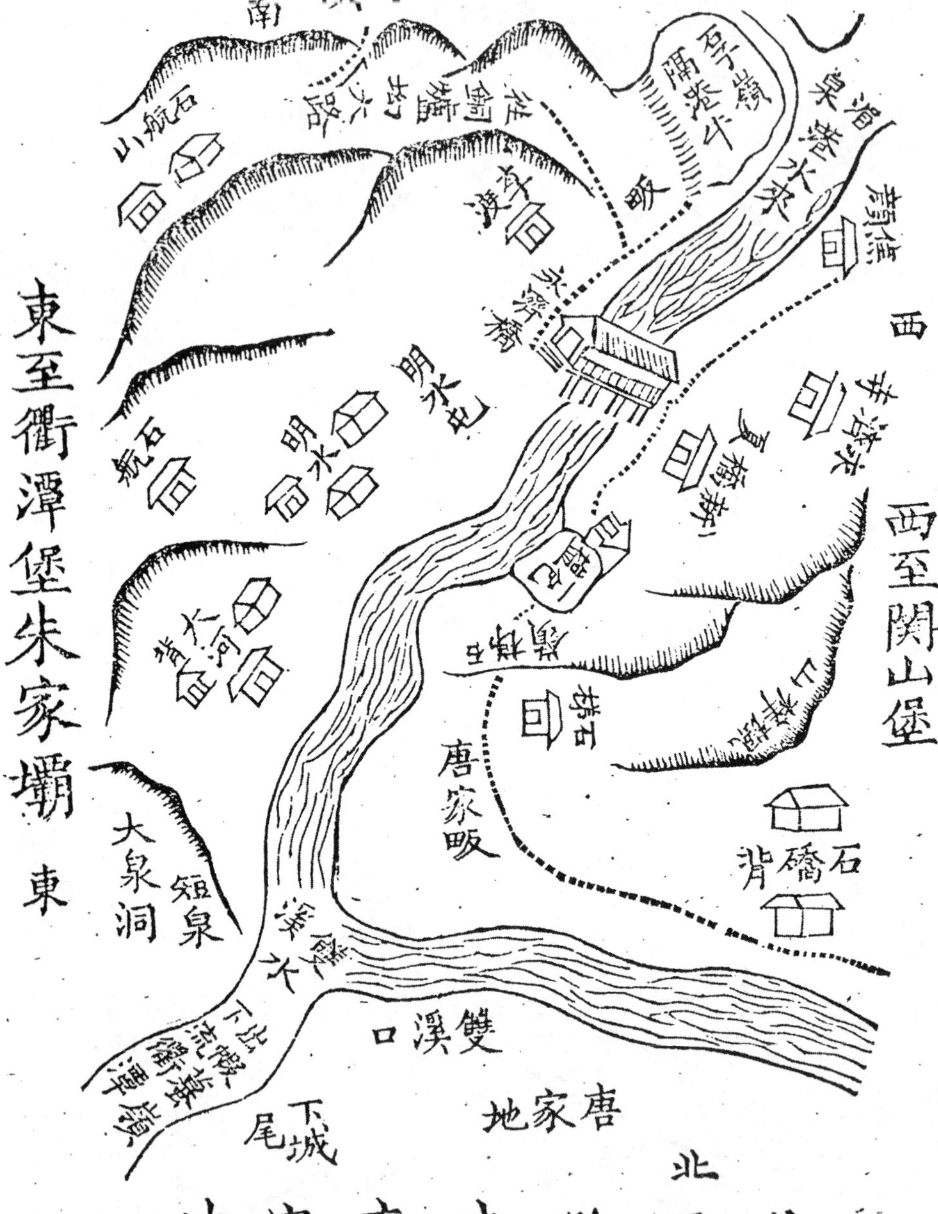

北至縣城唐家地

額設地保一名

元天會壹都上五堡

東至田東堡沙塘

北至吳田下堡畈上徐

南至縣城馬磹

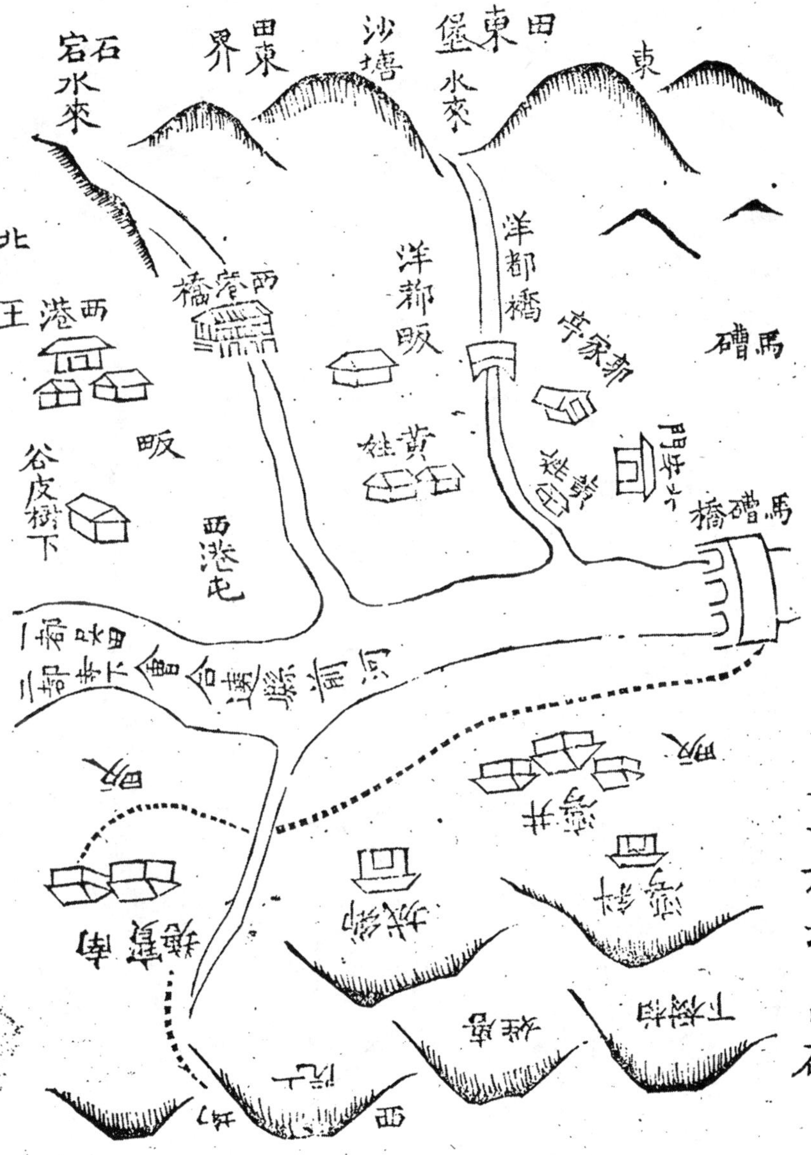

西至閑山堡大畈

額設地保一名

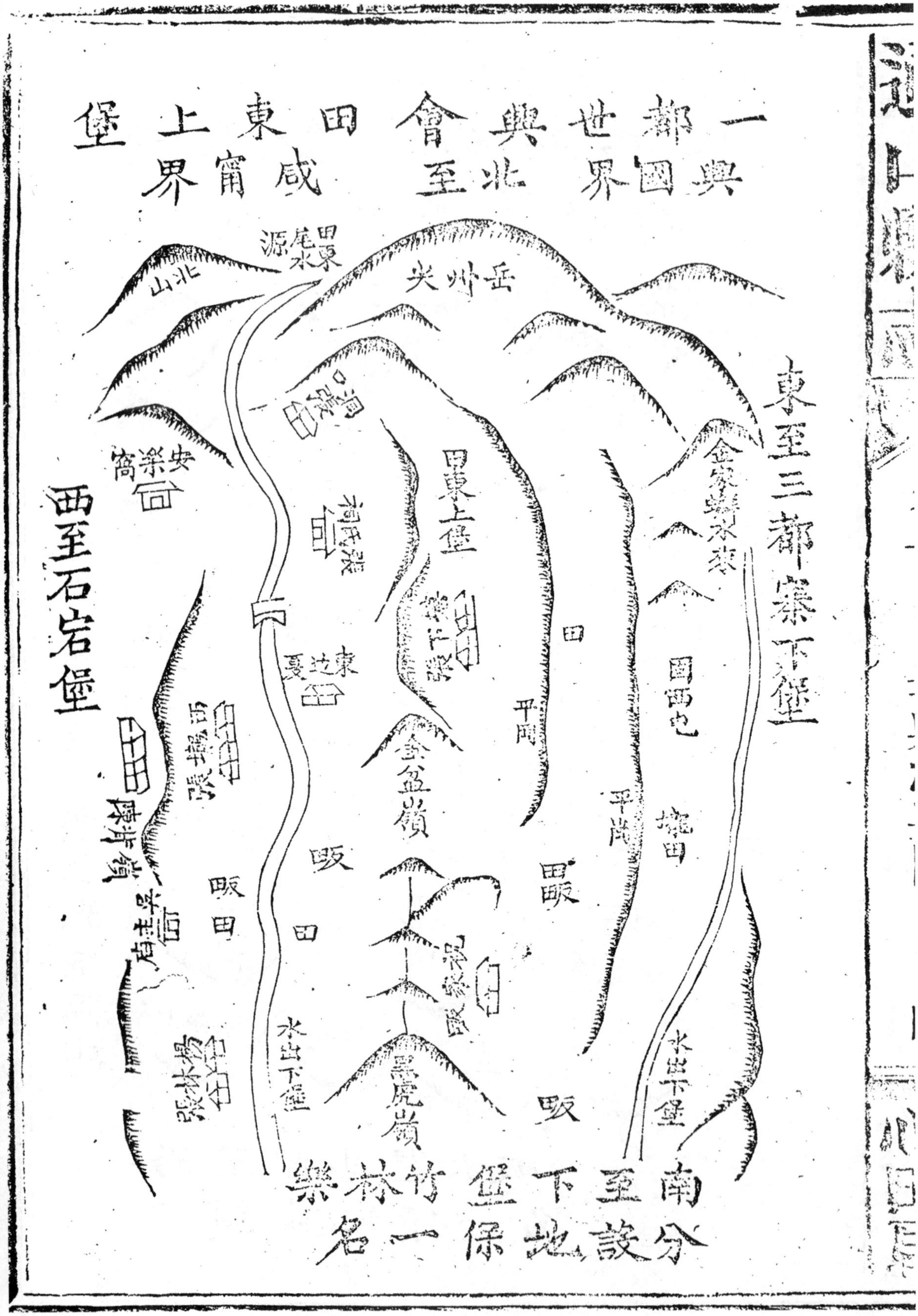
一都世興會田東上堡
興國界 北至 咸甯界
東至三都寨下堡
西至石岩堡
岳州尖
北山
田東上堡
金盆嶺
平岡
水出下堡
水出下堡
南至下堡竹林樂
分設地保一名

一都世興會田東下堡

北至上堡祝家畈

西至石宕堡大樹下

東至三都寨下堡烏石嶺

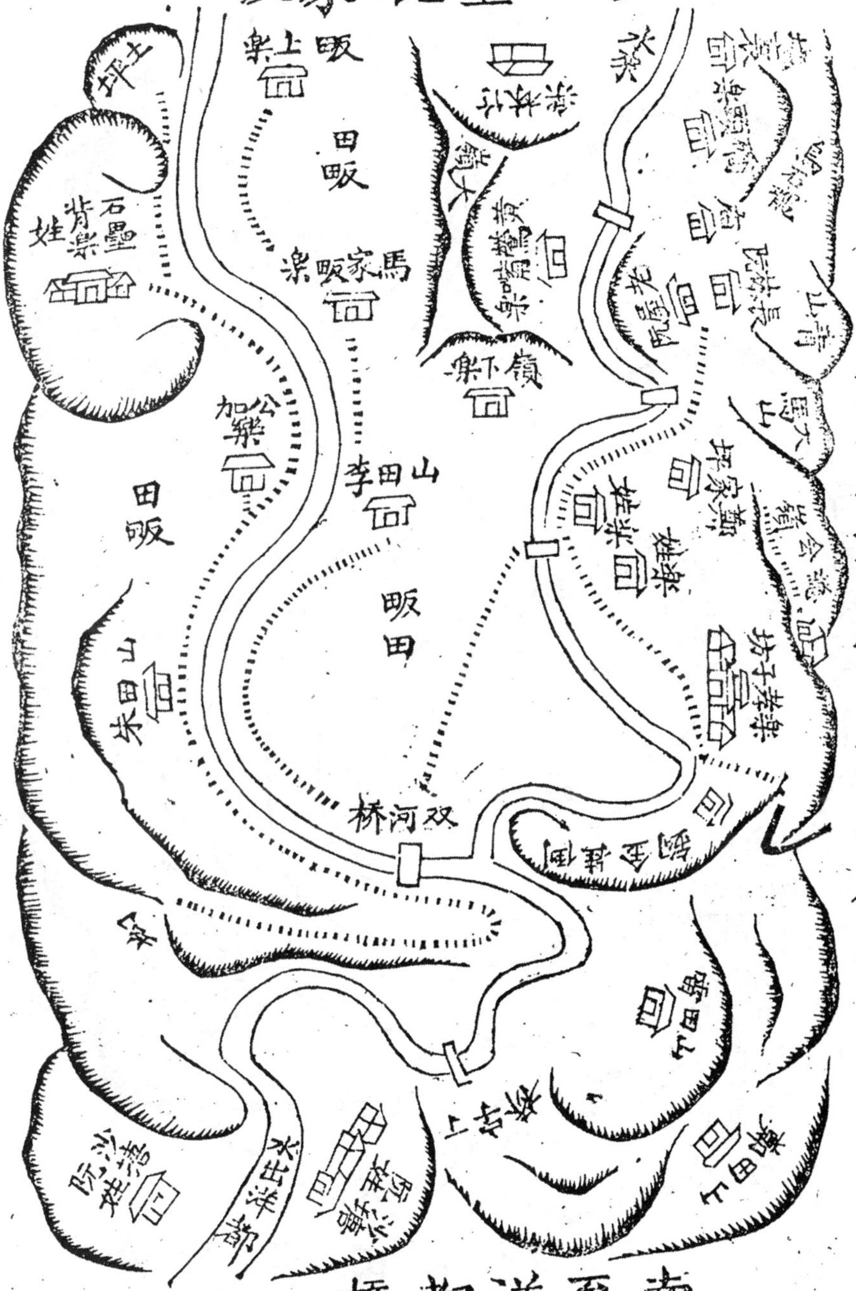

南至洋都橋

分設地保一名

一都世興會石宕下堡

北至上堡墩上方

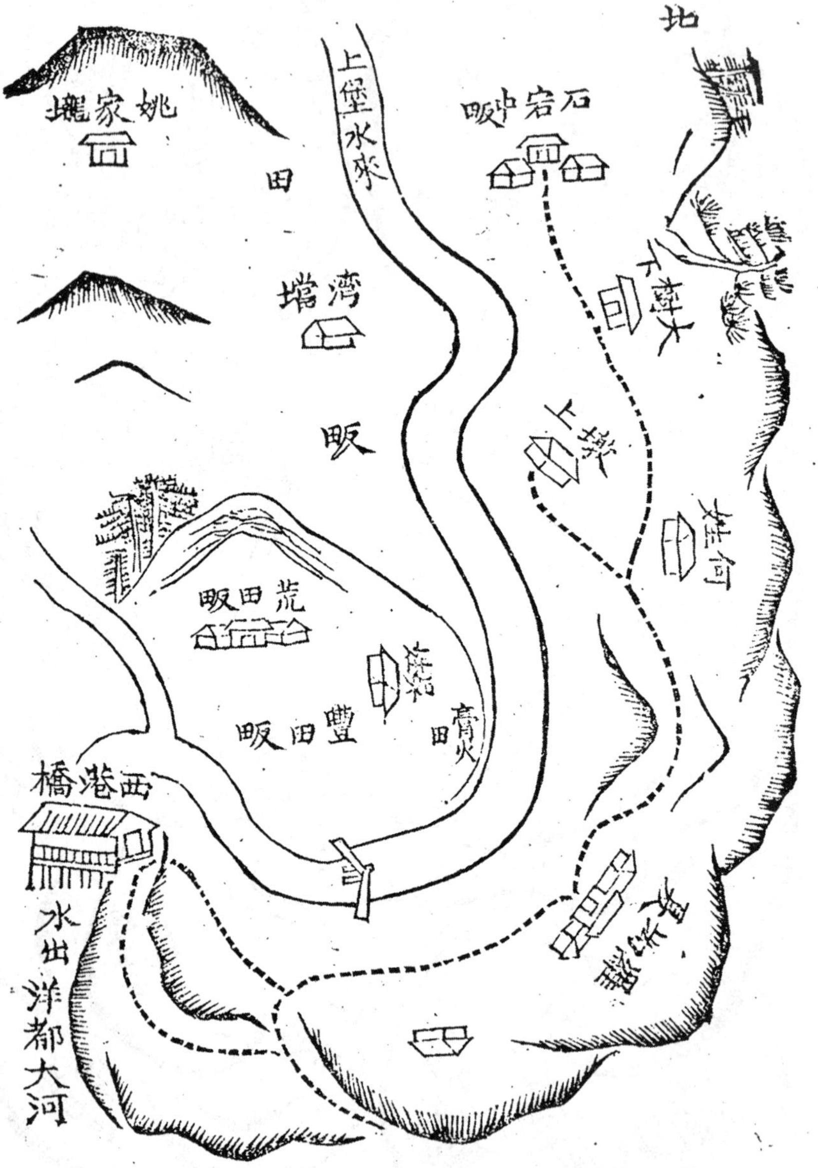

西至吳田下堡

東至田東下堡

南

南至吳田下堡

分設地保一名

卷一　地輿志輿圖　六

一都世興會石宕上堡

北至興國咸甯

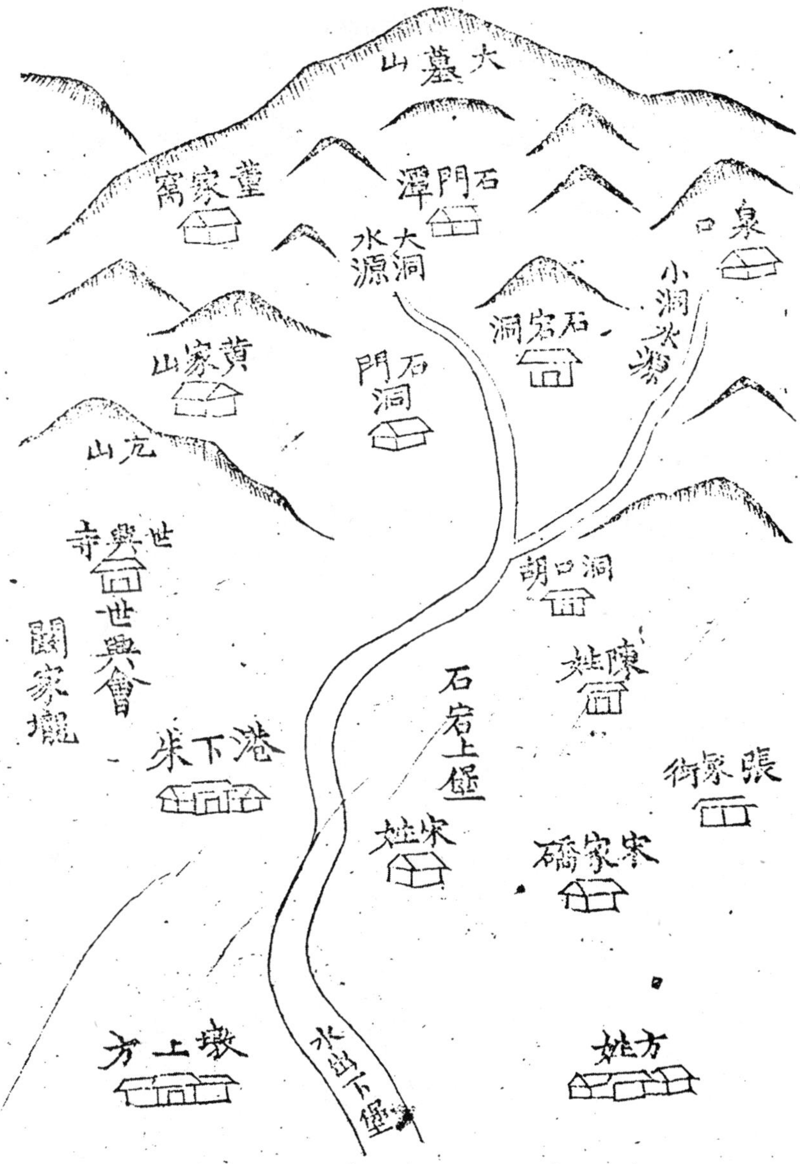

東至田東上堡

南至下堡

分設地保一名

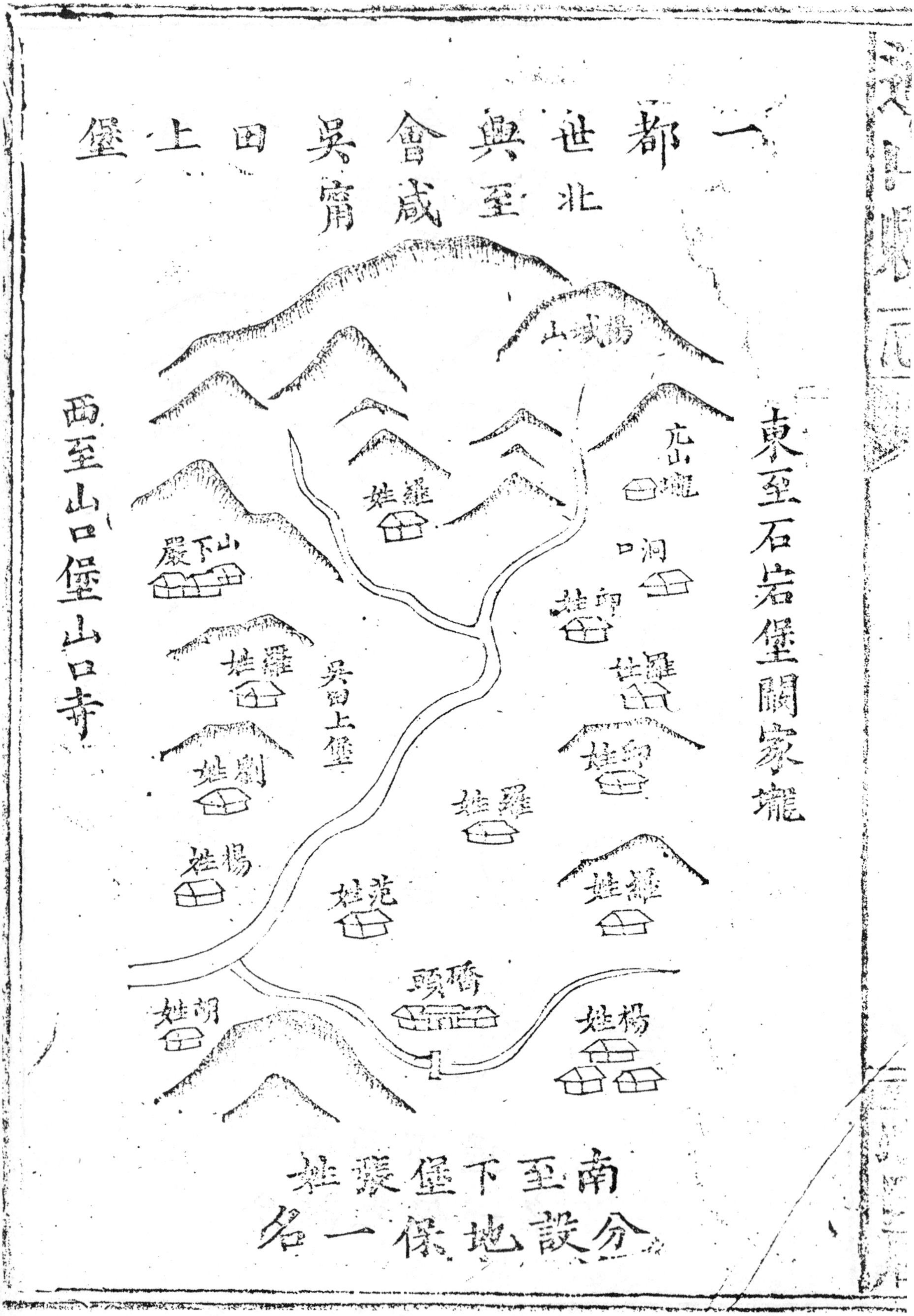
一都世興會吳田上堡
北至咸甯
楊域山
石山壠
羅姓
洞口
郭姓
山下巖
羅姓
吳田上堡
羅姓
郭姓
劉姓
羅姓
楊姓
范姓
羅姓
橋頭
胡姓
楊姓
東至石岩堡關家壠
西至山口堡山口寺
南至下堡張姓
分設地保一名

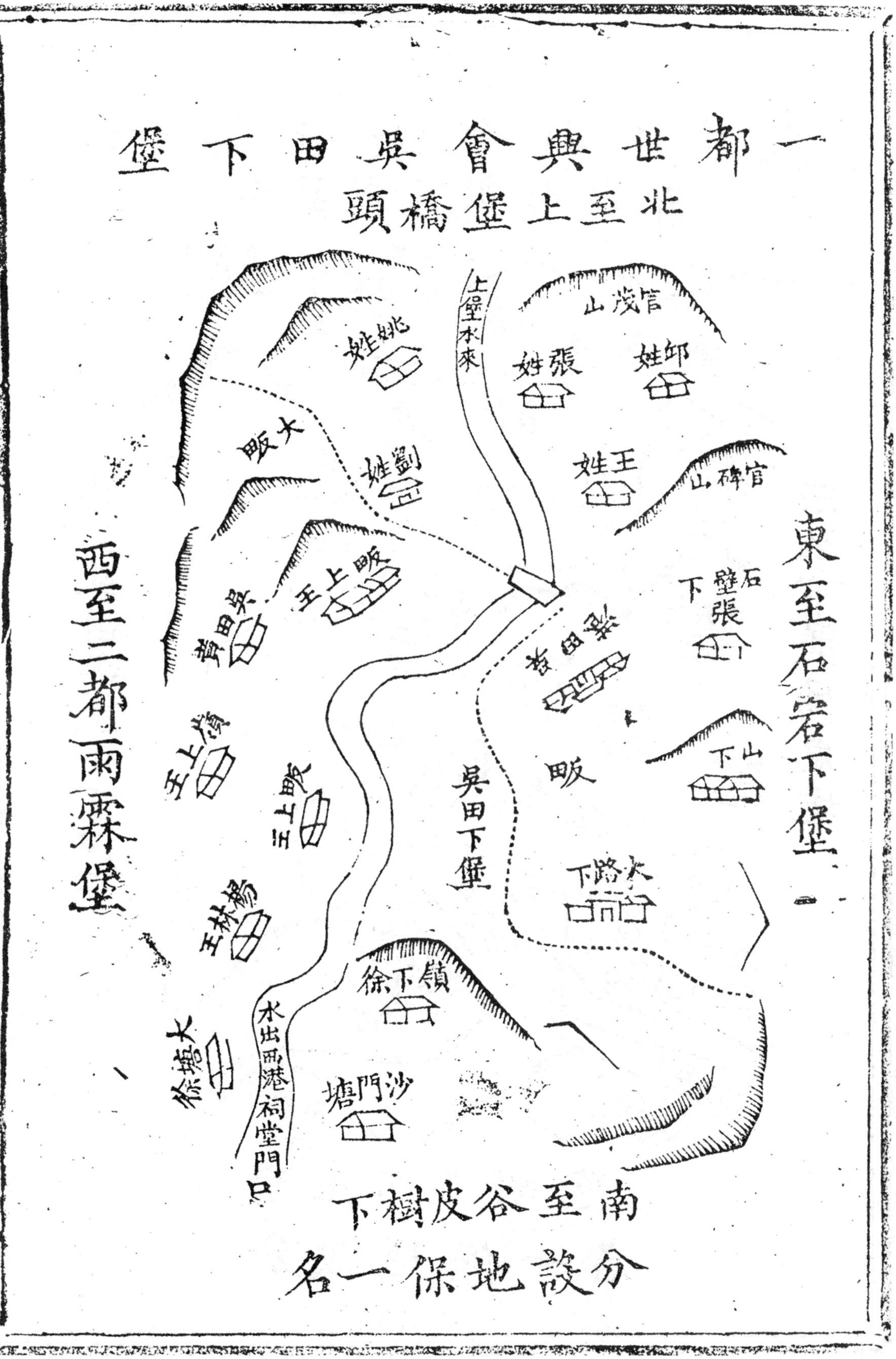
一都世興會吳田下堡
北至上堡橋頭
東至石岩下堡
西至二都雨霖堡
南至谷皮樹下
分設地保一名
官茂山
邱姓
張姓
姚姓
上堡水來
大畈
劉姓
王姓
官碑山
石壁張下
畈上王
吳田背
吳田背
嶺上王
畈上王
畈
山下
吳田下堡
大路下
楊林王
徐下嶺
大塘徐
水出西港祠堂門口
沙門塘

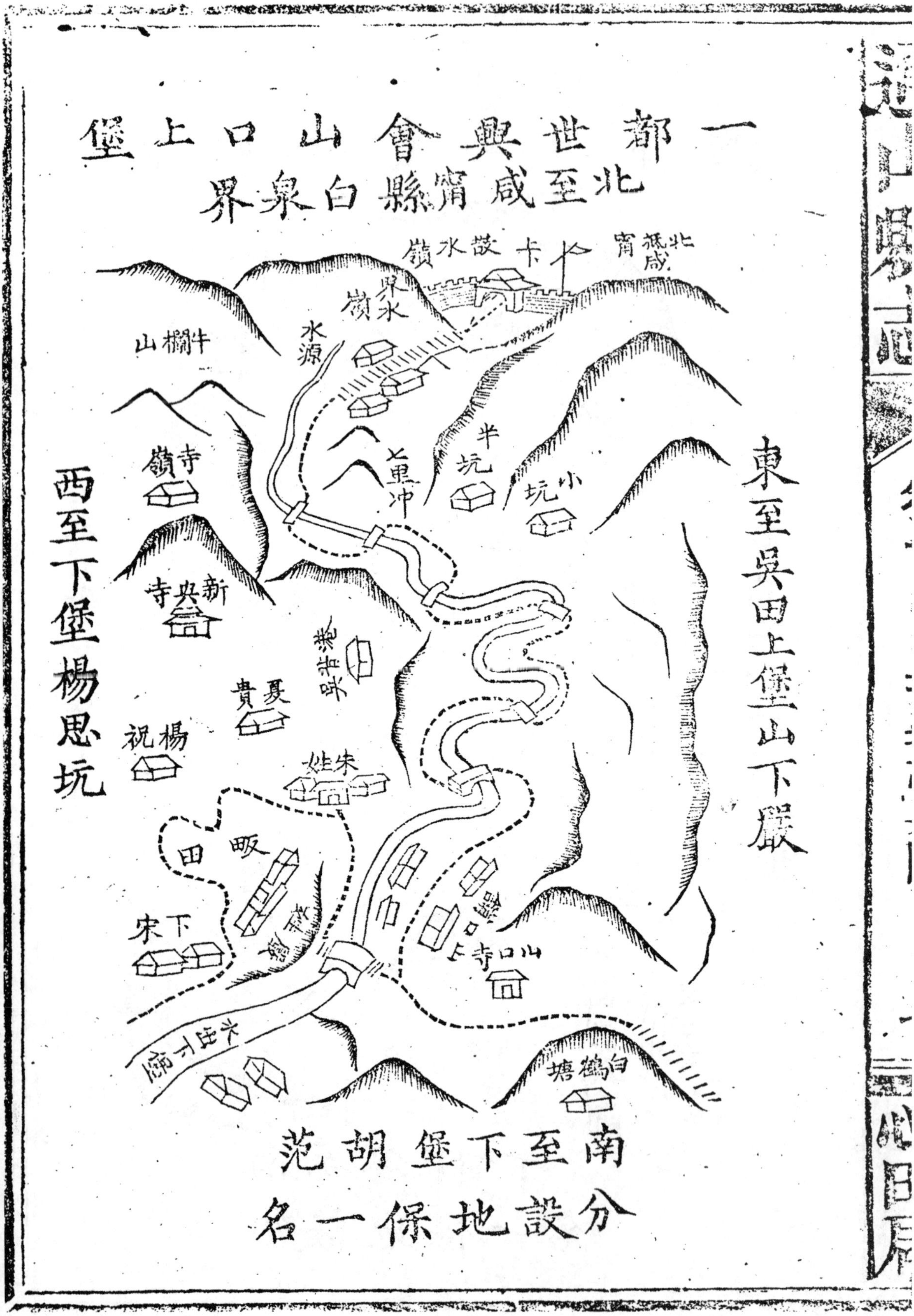
一都世興會山口上堡
北至咸甯縣白泉界
北咸甯
卡
牛欄山
水源
界水嶺
寺嶺
新興寺
半坑
小坑
夏貴
楊祝
朱姓
畈田
下宋
山口寺
白鶴塘
東至吳田上堡山下巖
西至下堡楊思坑
南至下堡胡范
分設地保一名

一都世興會山口下堡
北至二都石門堡楚王山

西至二都朗口堡

東至吳田下堡吳田黃

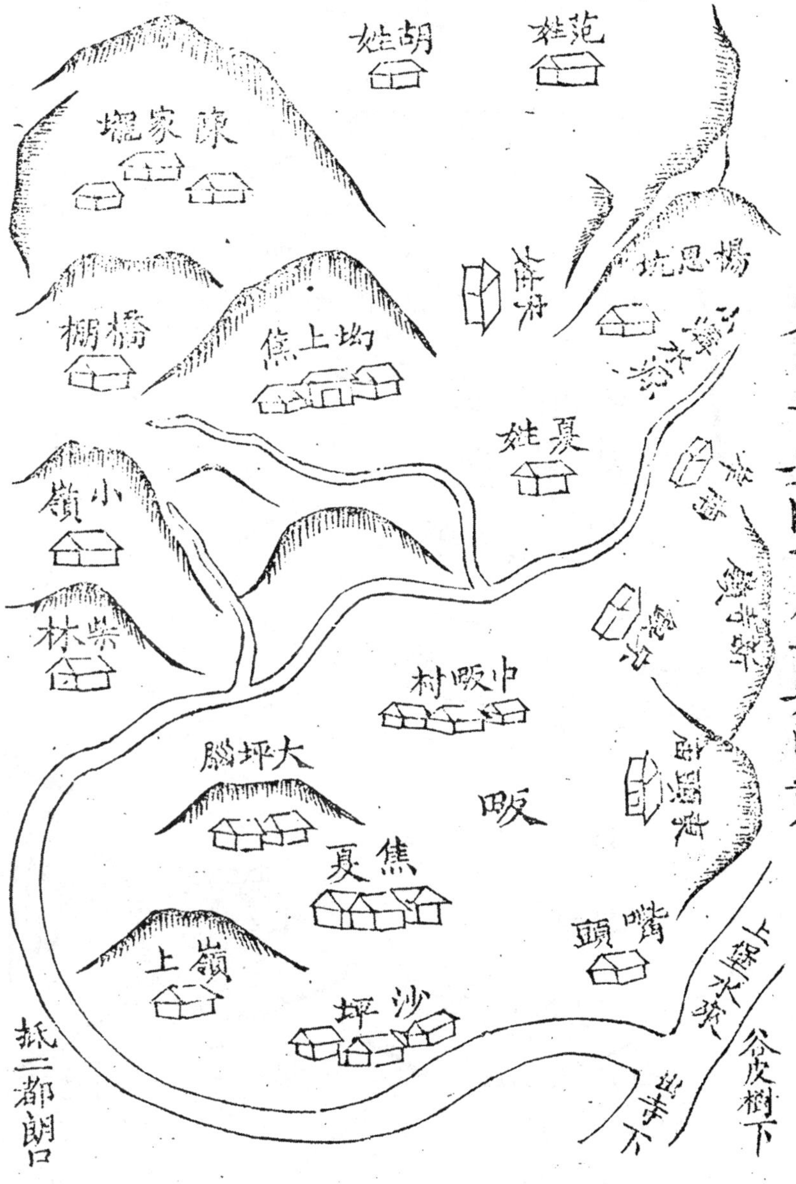

南至兩霖堡寺下王
分設地保一名

卷一　地輿志輿圖　八

二都兩霖會獅子堡

北至上五堡西港

西至南山堡石橋陳

東至附城上五堡上阮

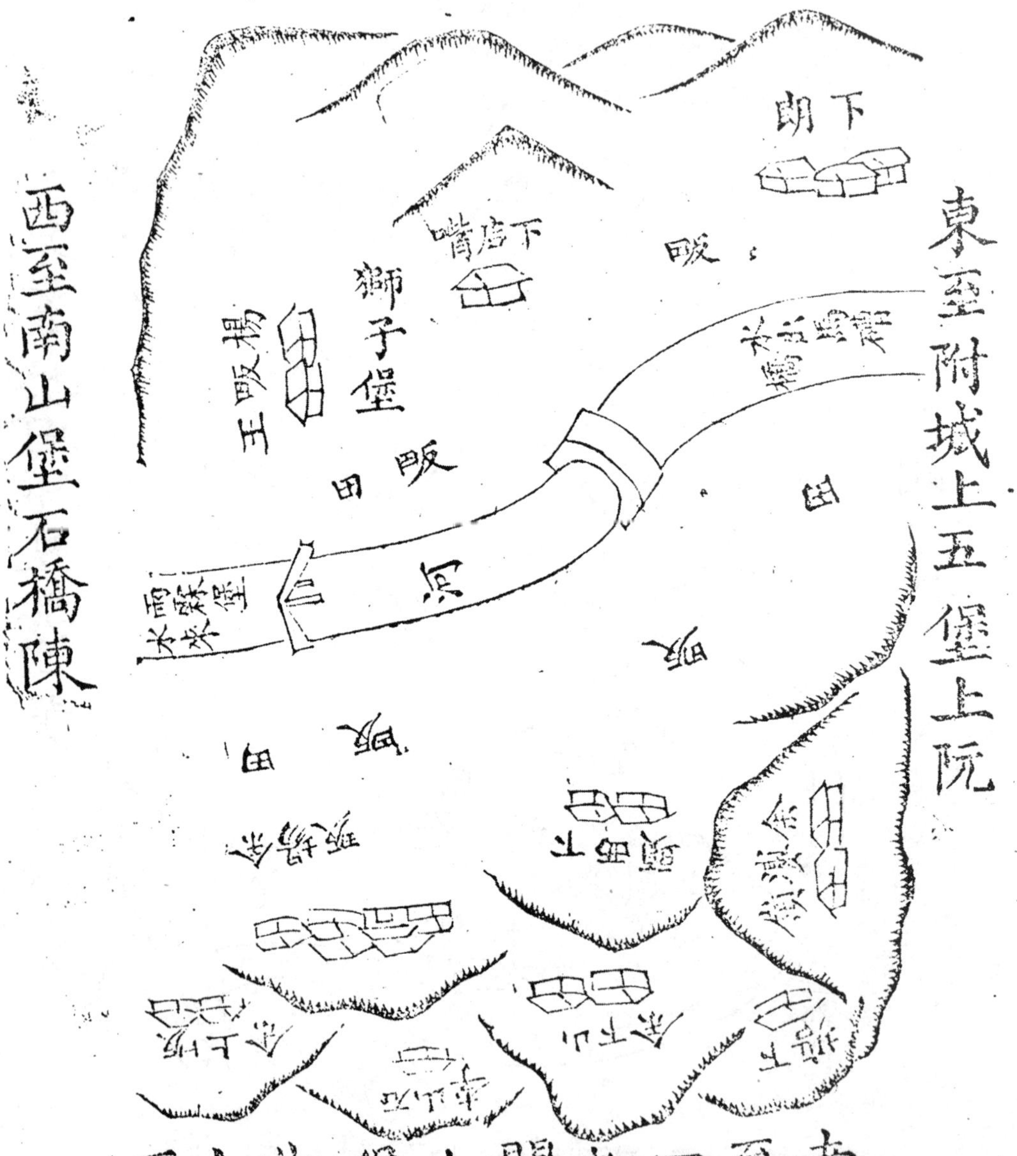

南至四都闖山堡北山下

額設地保一名

二都雨霖會雨霖堡

北至山口沙畈

西至新橋堡藕塘

東至獅子堡畈上余

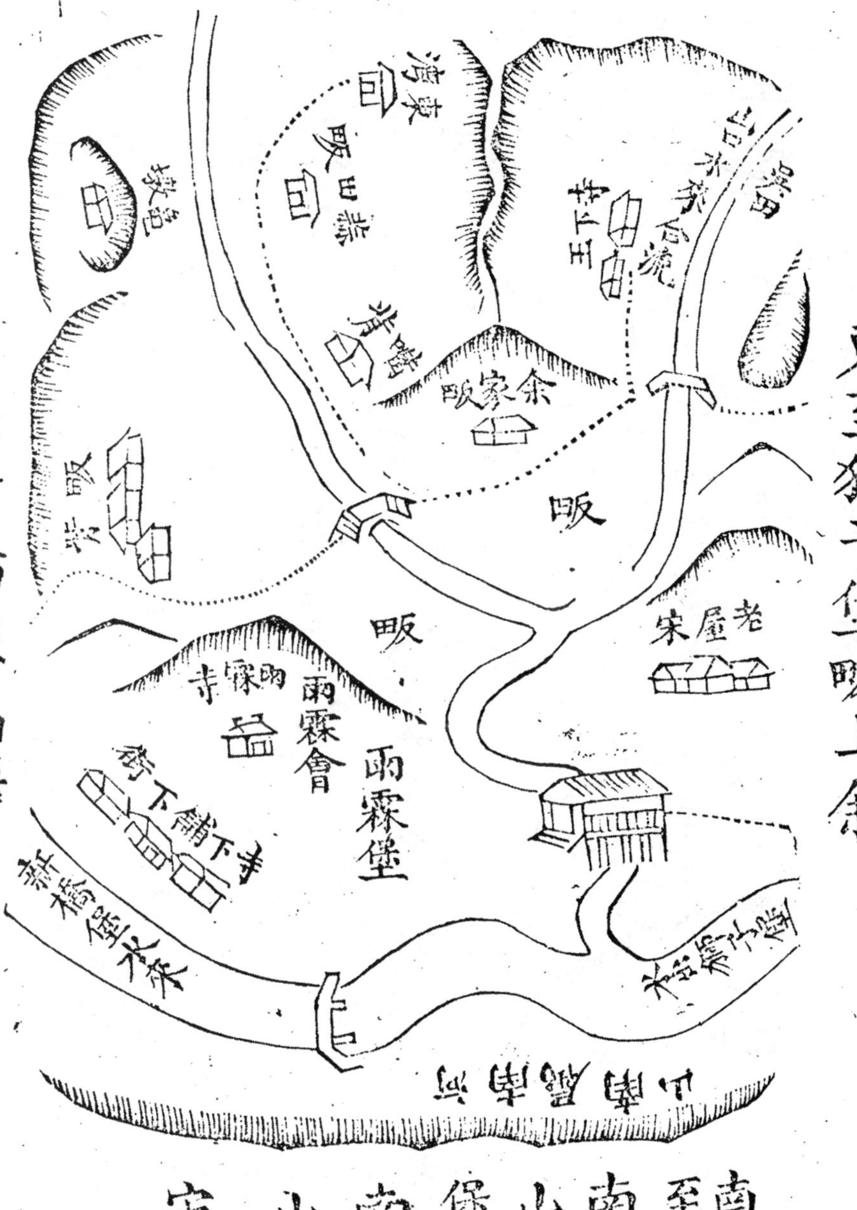

南至南山堡山宋

領設地保一名

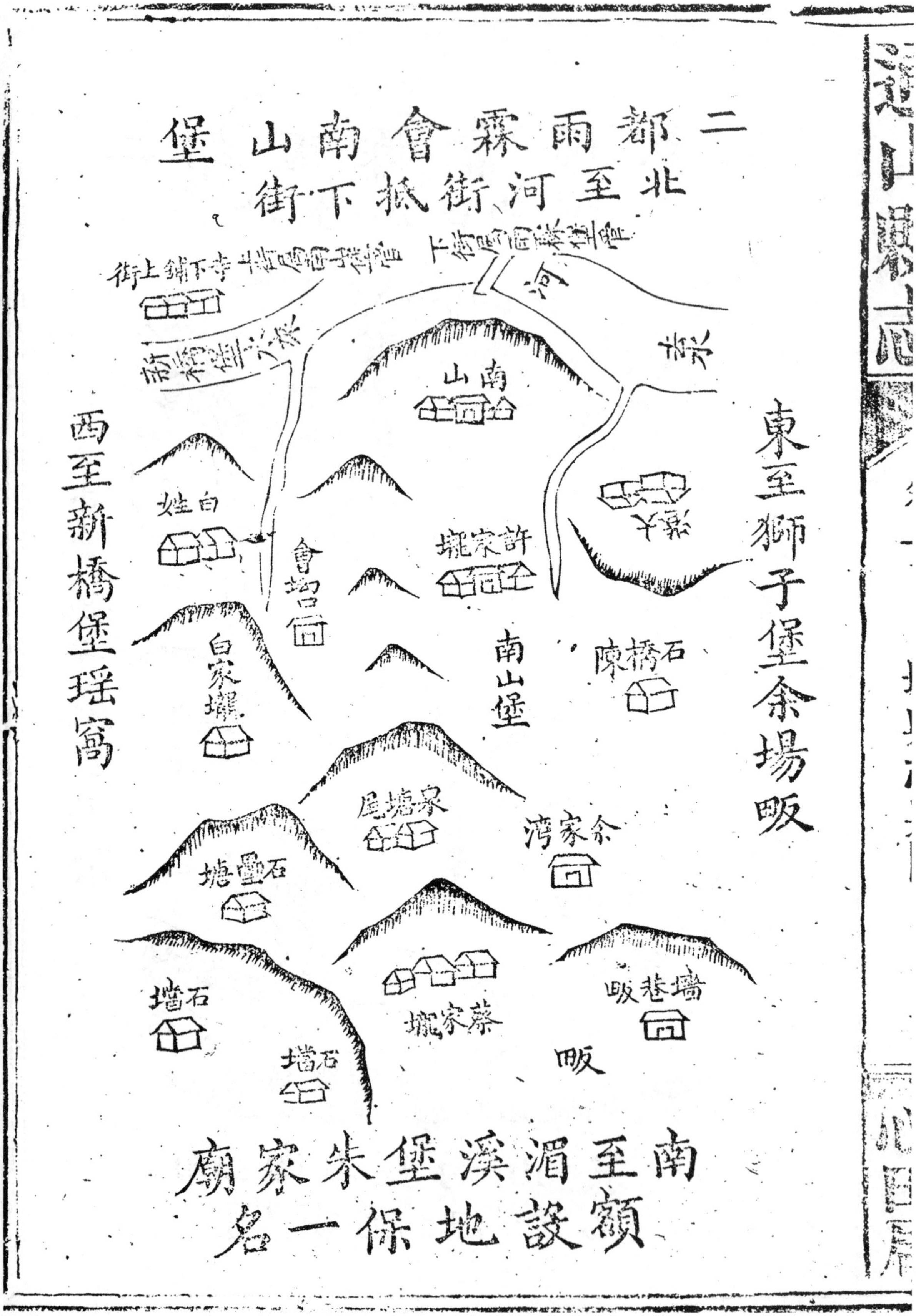
二都雨霖會南山堡
北至河街抵下街
河
西至新橋堡瑶窩
東至獅子堡余場畈
南山
白姓
許家壠
白家壠
南山堡
石橋陳
象塘尾
余家灣
石壘塘
石墻
蔡家壠
墻巷畈
畈
南至湄溪堡朱家廟
額設地保一名

二都雨霖會湄溪堡

北至南山堡南山

西至高嶺堡下盧坑

東至四都関山堡大畈焦

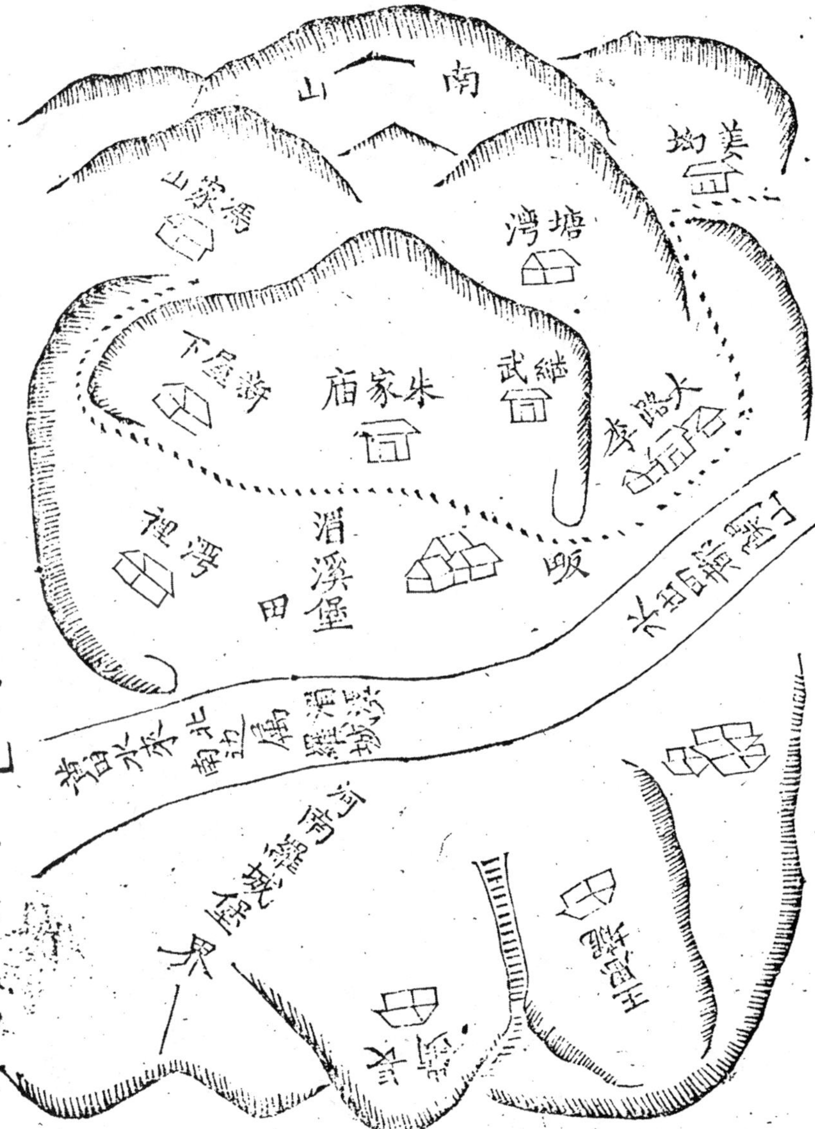

南至羅城堡梅家山

額設地保一名

二都雨霖會高嶺堡

北至朗口堡橫山

西至塘坪堡土橋

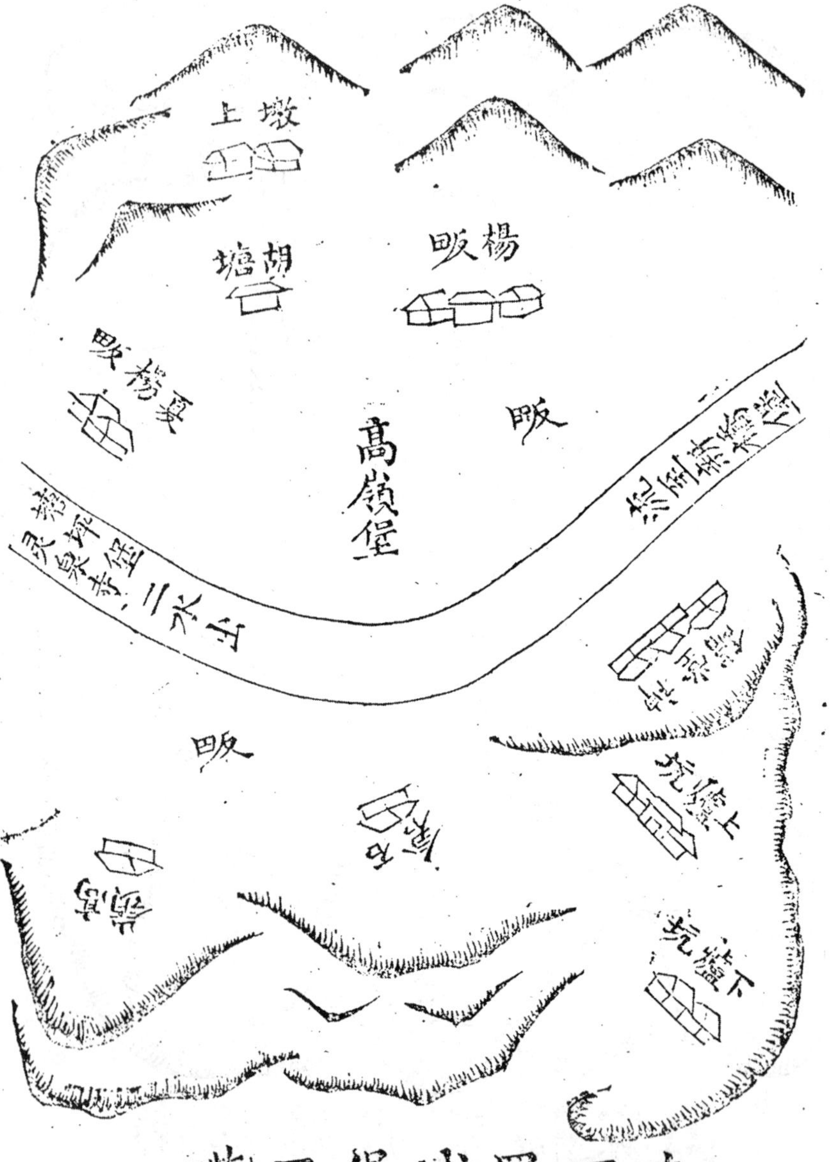

東至新橋堡草紅寺

南至羅城堡石嘴

嶺設地保一名

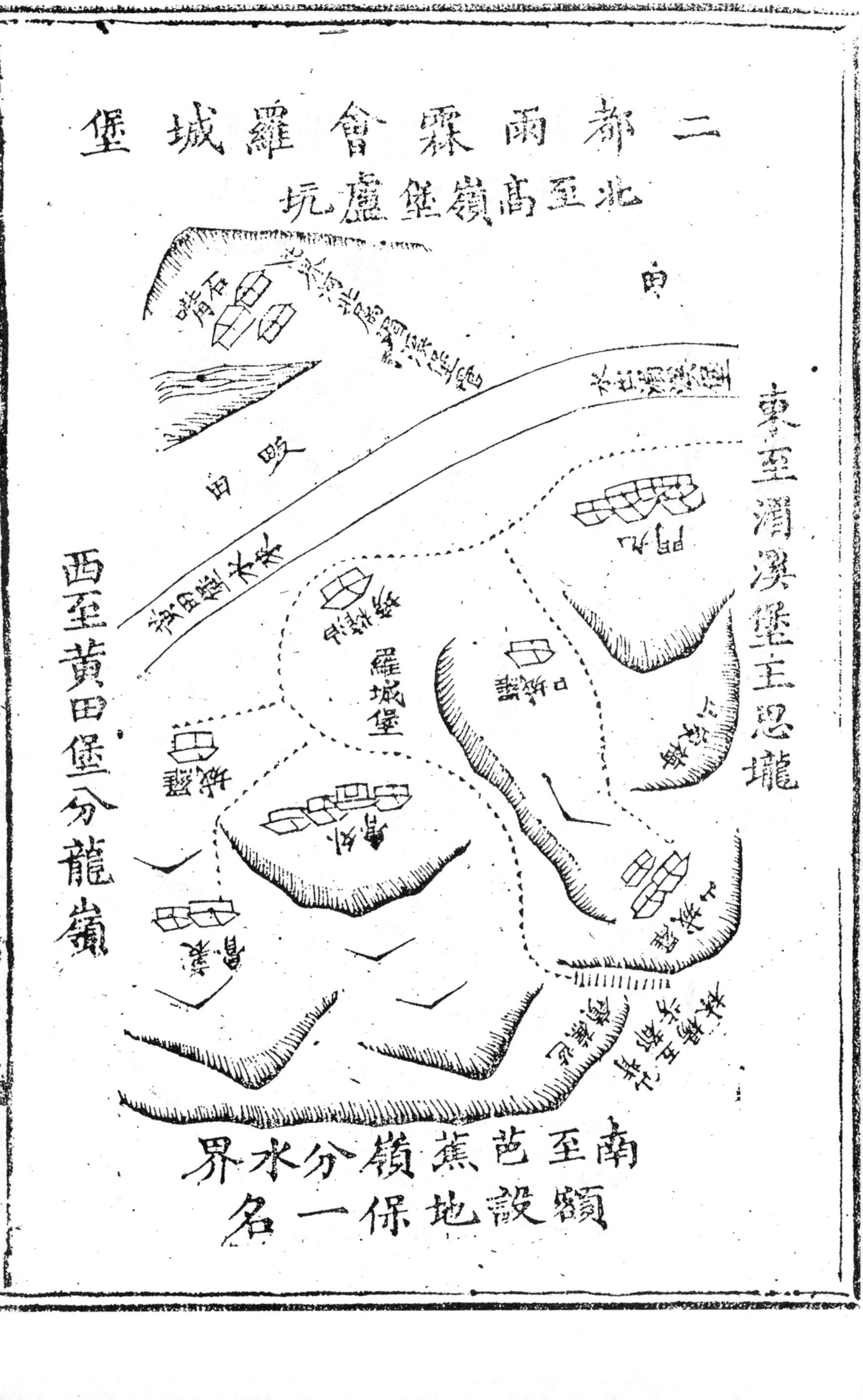
二都兩霖會羅城堡
北至高嶺堡廬坑
東至湄溪堡主思壠
西至黃田堡分龍嶺
羅城堡
南至芭蕉嶺分水界
額設地保一名

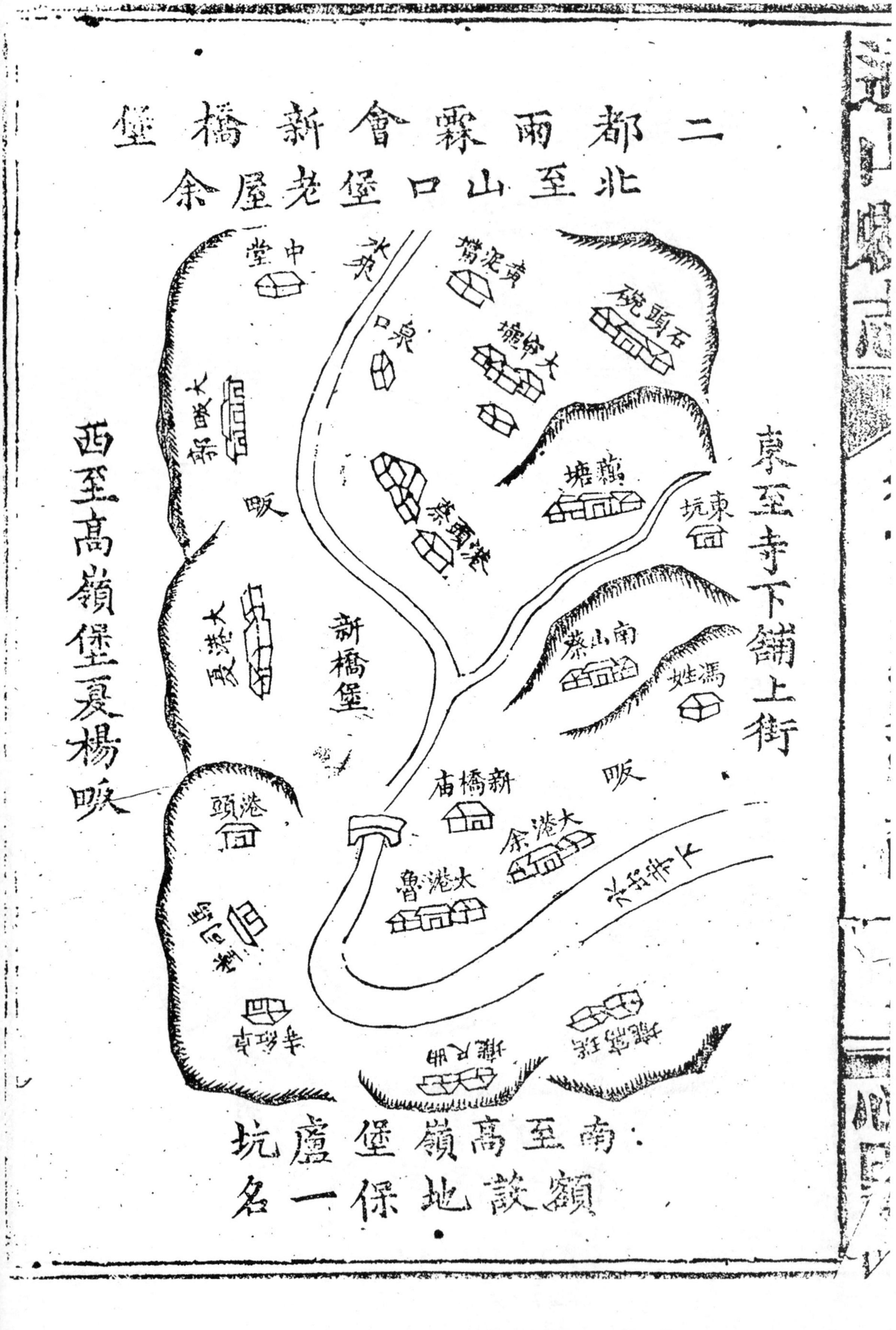
二都兩霖會新橋堡
北至山口堡老屋余
西至高嶺堡夏楊畈
東至寺下舖上街
中堂
泉口
蘇塘
東坑
南山蔡
馮姓
新橋堡
新橋庙
港頭
大港余
大港魯
畈
南至高嶺堡盧坑
嶺設地保一名

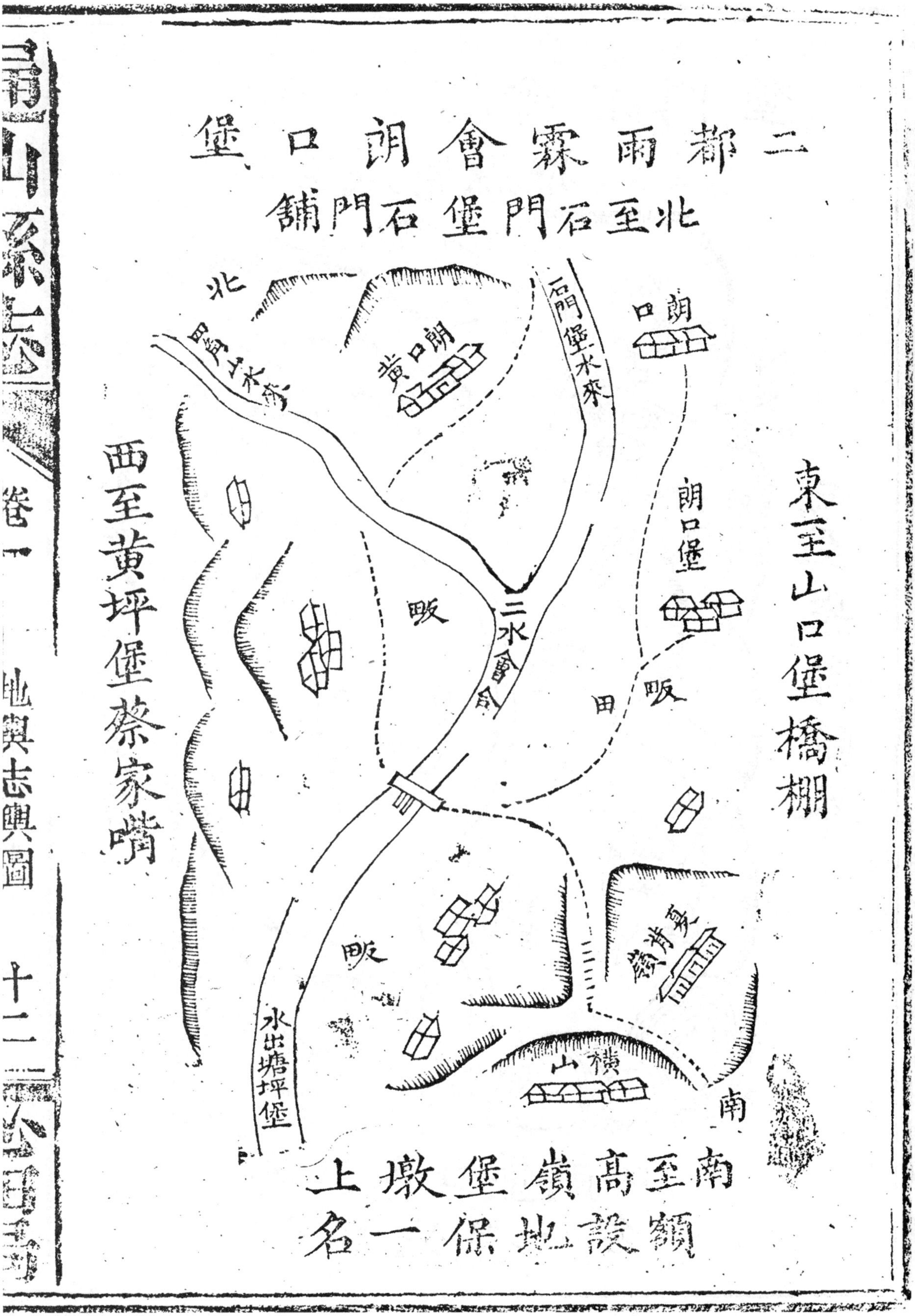
二都雨霖會朗口堡
北至石門堡門石舖
東至山口堡橋棚
西至黃坪堡蔡家嘴
南至高嶺堡墩上
額設地保一名
北
朗口
黃朗口
石門堡水來
朗口堡
二水會合
畈
田
畈
畈
橫山
水出塘坪堡
南
眉山縣志
卷一
地輿志輿圖
十二

二都靈泉會石門堡

北至咸甯縣界

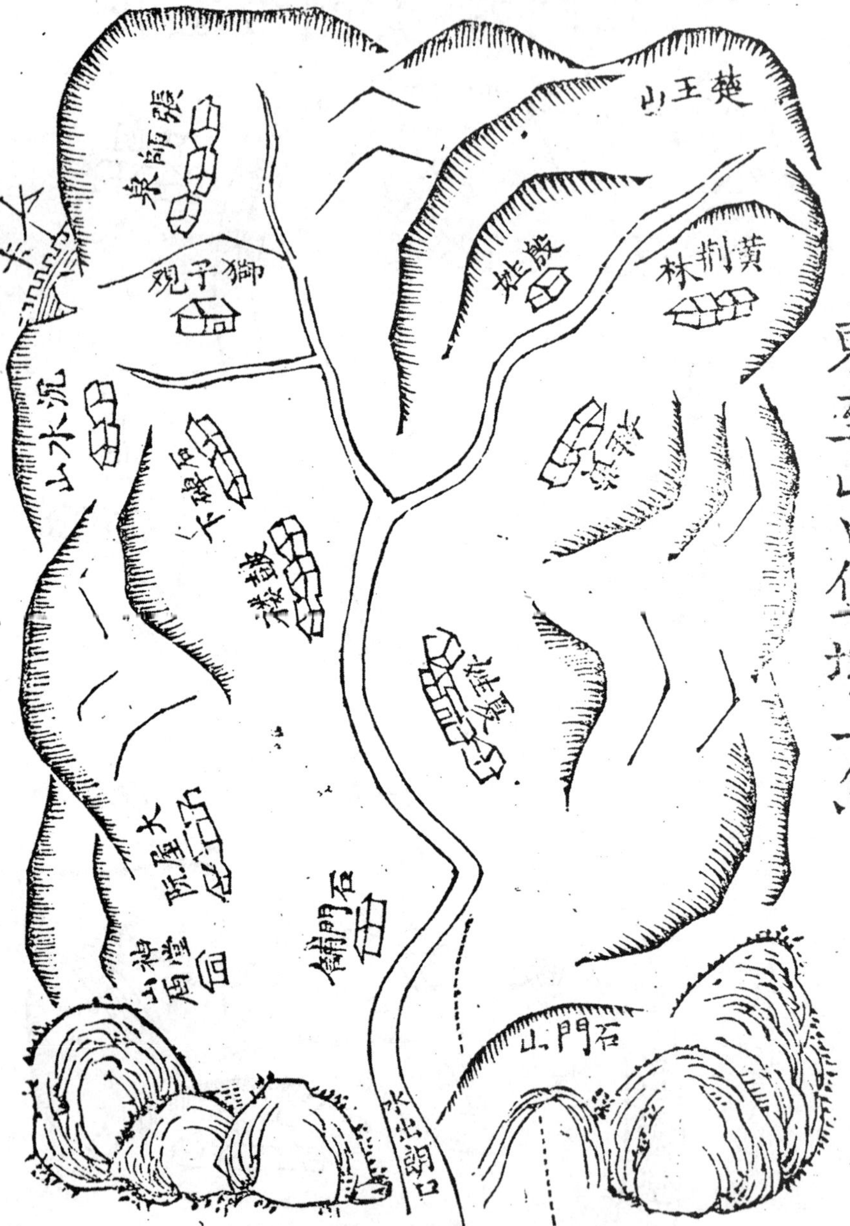

西至崇陽縣界

東至山口堡坳上集

南至朗口堡朗口

額設地保一名

二都靈泉會黃坪堡

北至石門堡

東至朗口堡朗口

西至崇陽縣界

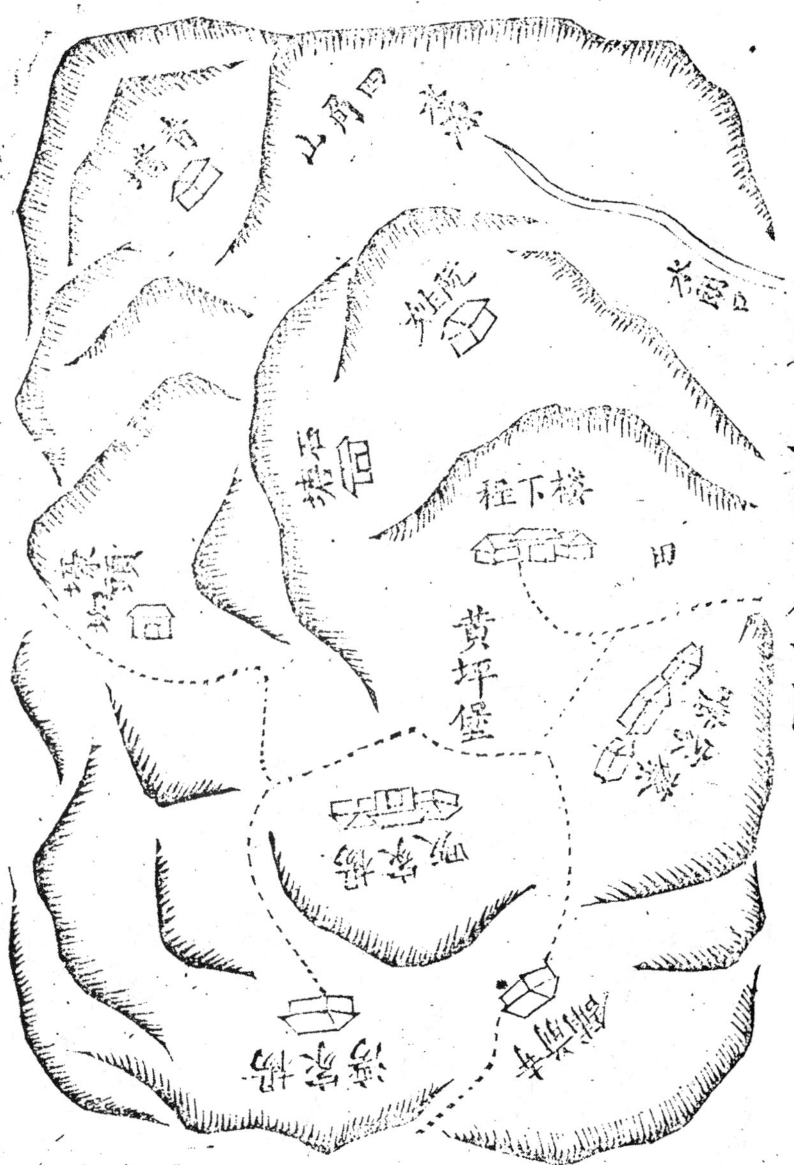

南至大坪堡靈泉寺

額設地保一名

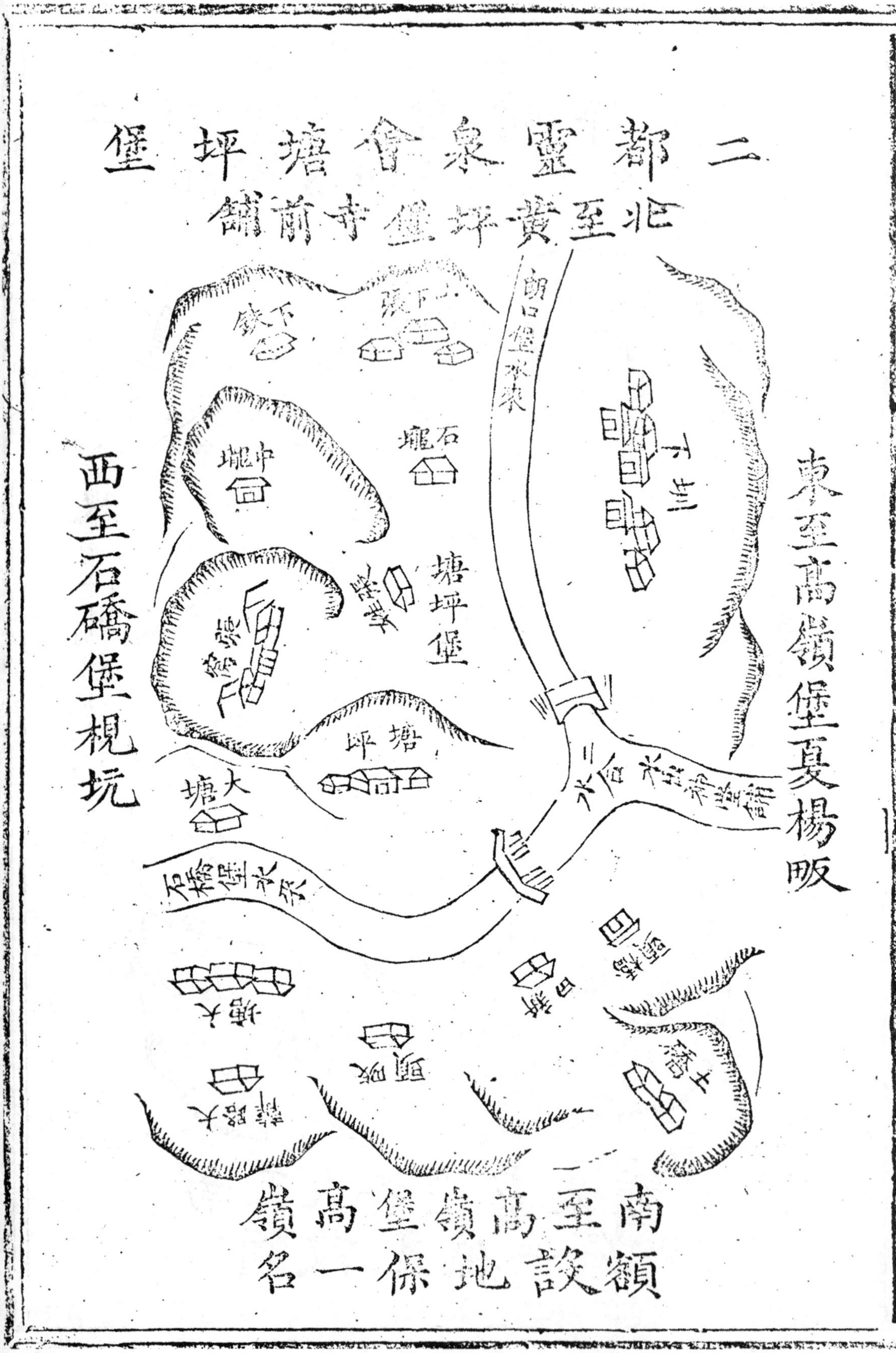
二都靈泉會塘坪堡
北至黄坪堡寺前舖
東至高嶺堡夏楊畈
西至石橋堡梘坑
南至高嶺堡高嶺
額設地保一名
塘坪堡

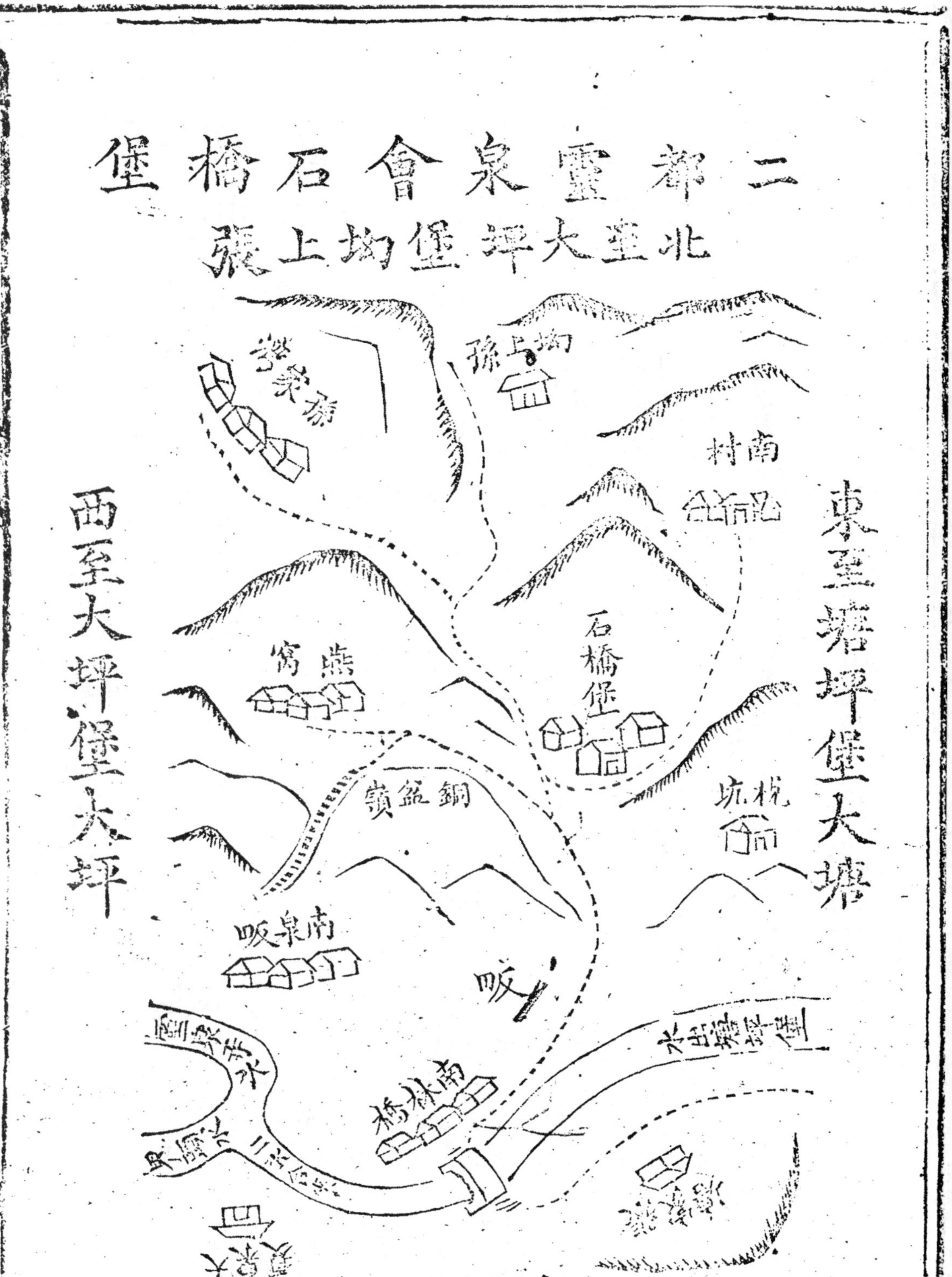
二都靈泉會石橋堡
北至大坪堡坳上張
孫家灣
石橋堡
銅鉛嶺
南林橋
西至大坪堡大坪
東至塘坪堡大塘
南至高橋堡花坟
額設地保一名

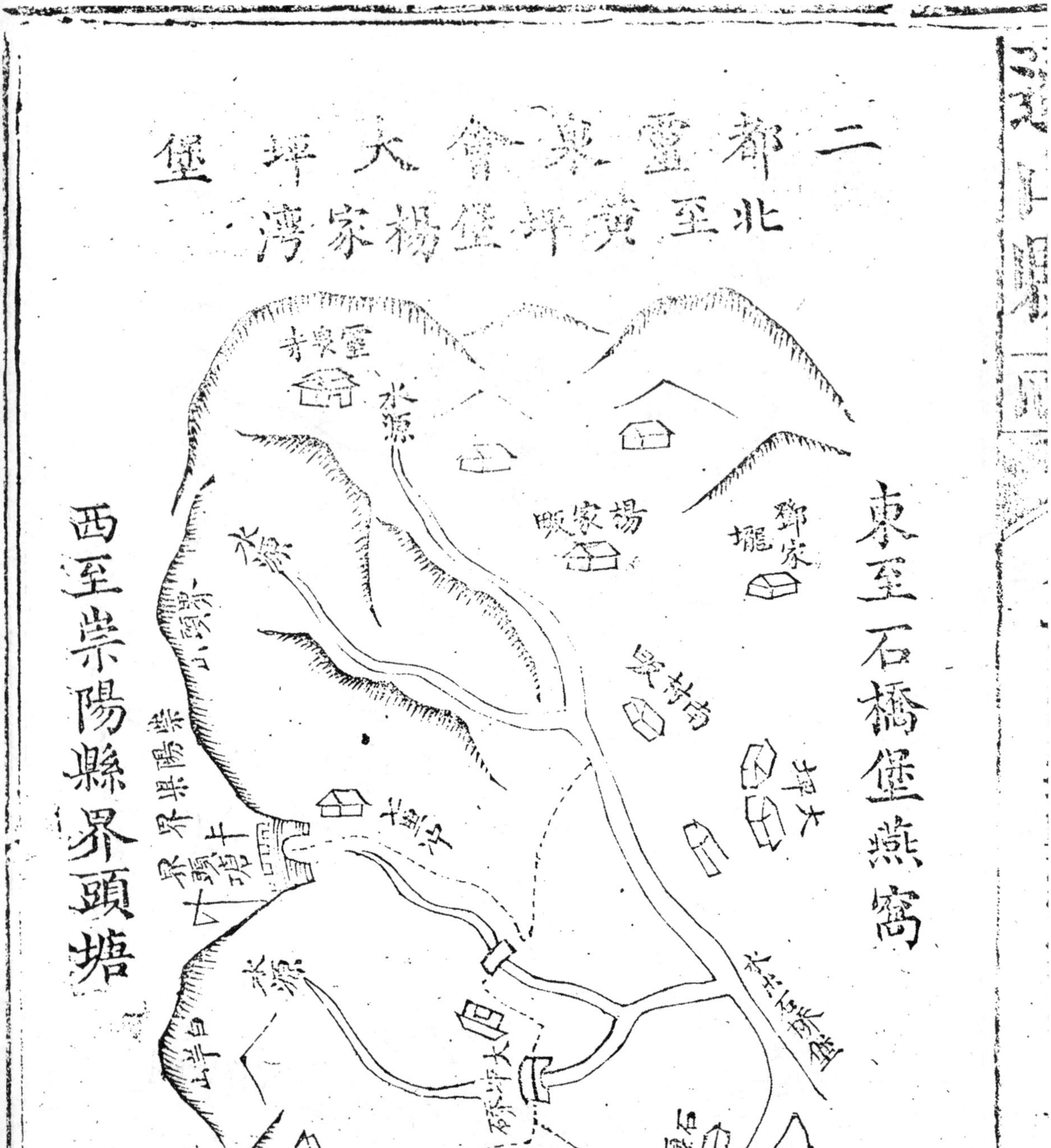
二都靈泉會大坪堡
北至黃坪堡楊家灣
西至崇陽縣界頭塘
東至石橋堡燕窩
南至高橋堡花坂
額設地保一名
靈泉寺
楊家畈
鄭家壠
大坪
石堰

二都靈泉會高橋堡

北至大坪堡冷舖

西至崇陽縣界

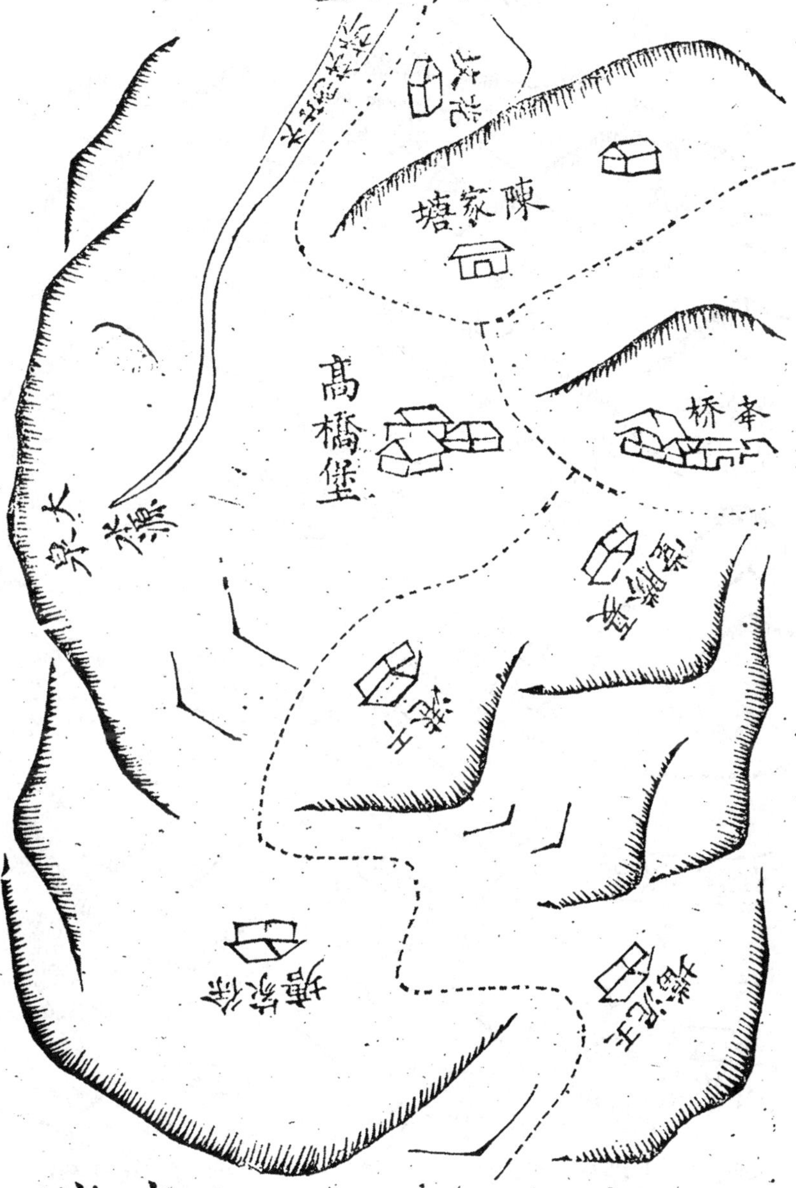

東至石橋堡大泉夏

南至雨山堡觀音堂

領設地保一名

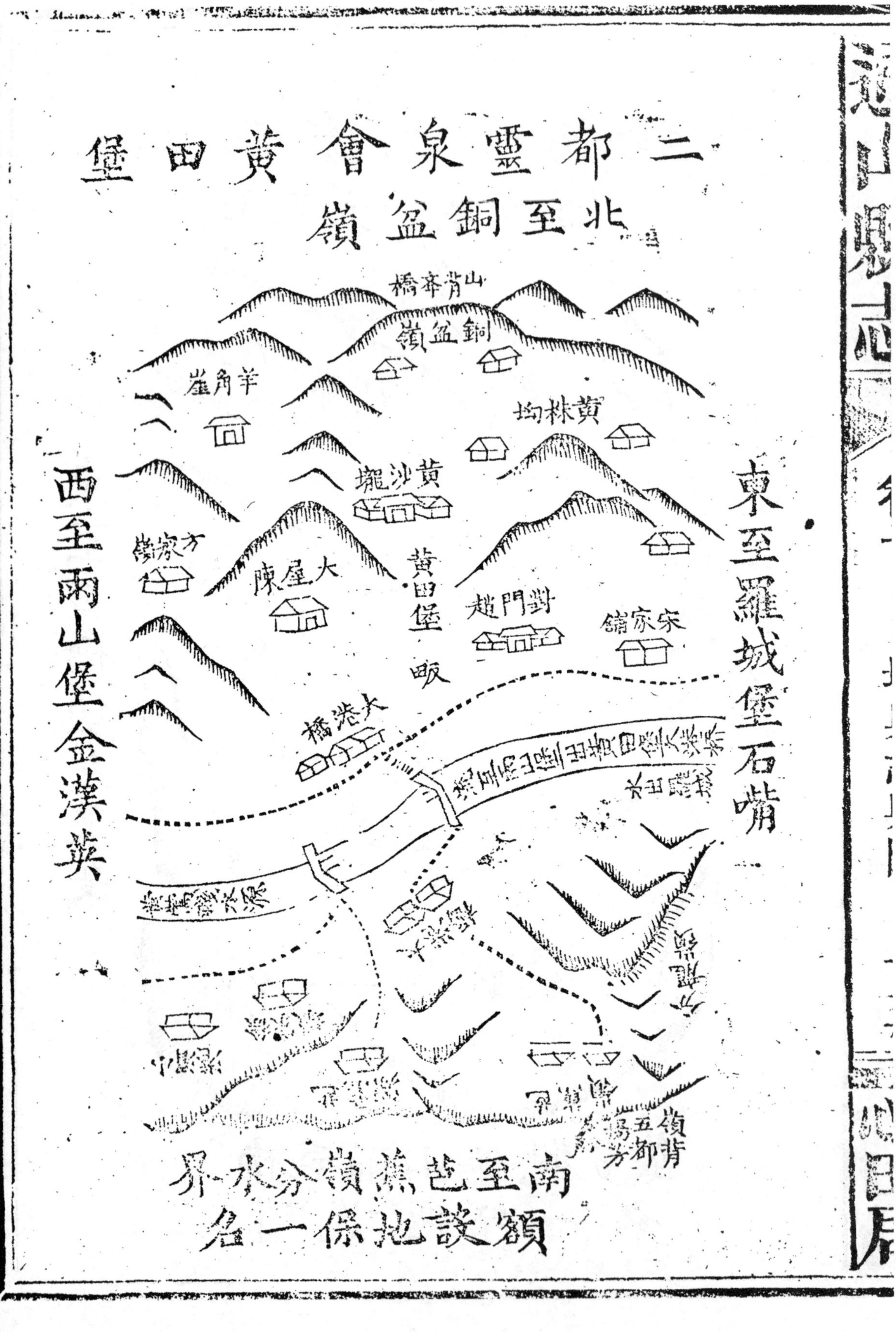
二都靈泉會黃田堡
北至銅盆嶺
東至羅城堡石嘴
西至兩山堡金漢英
南至芭蕉嶺分水界
額設地保一名
山背橋
銅盆嶺
羊角崖
黃林坳
黃沙塅
大屋陳
黃田堡
畈
對門趙
宋家舖
大港橋

二都靈泉會兩山堡

北至高橋堡徐家塘

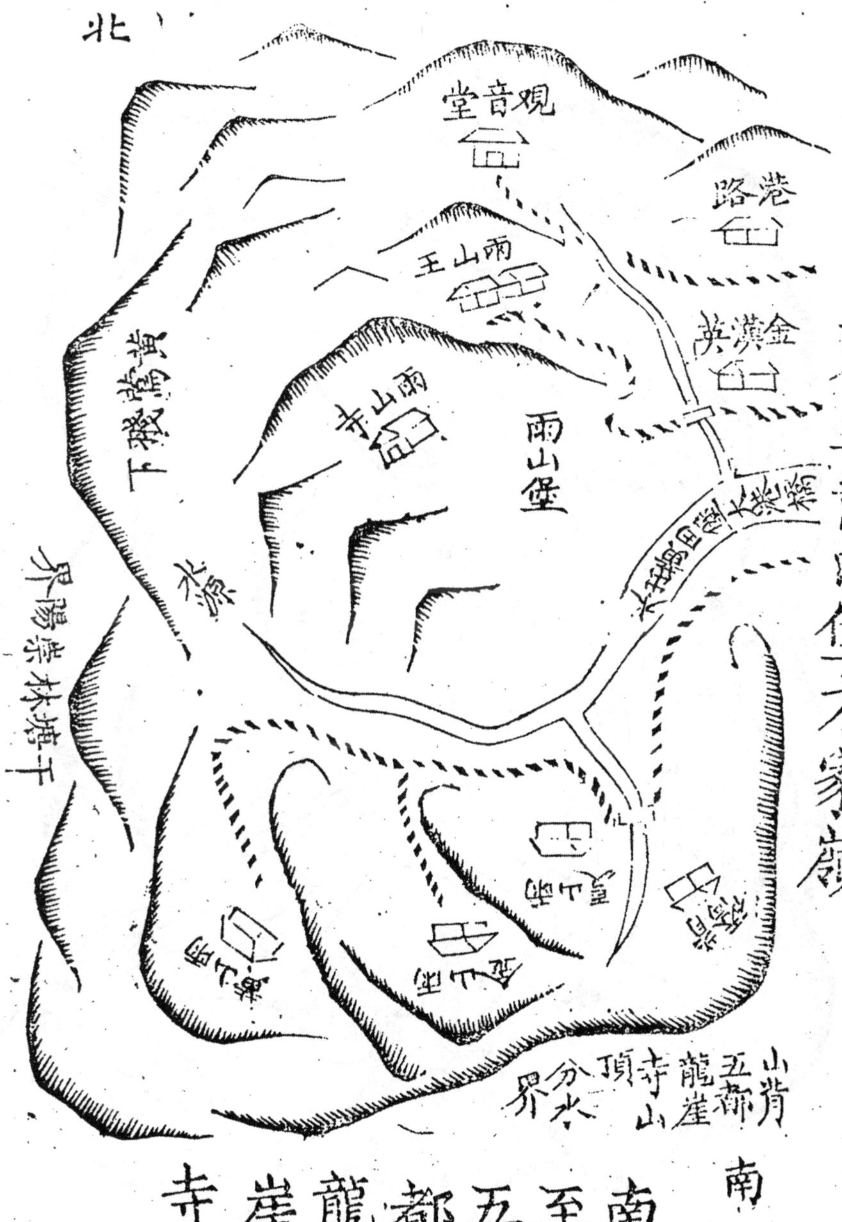

東至黃田堡方家嶺

西至崇陽縣界

南至五都龍崖寺

額設地保一名

卷一　地輿志輿圖　十六

三都茅田會寨下堡

北至興國州界

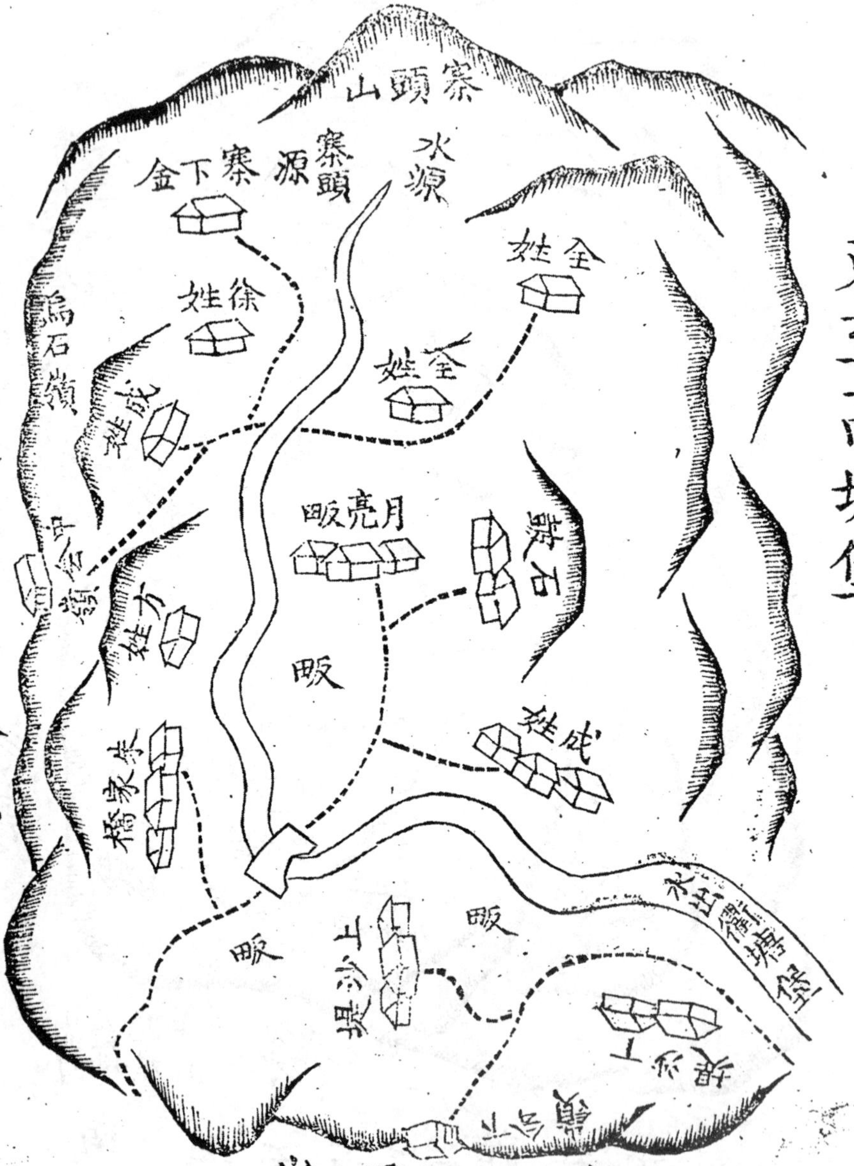

東至高坑堡

西至田東下堡長林阮

南至北門嶺

額設地保一名

三都茅田會高坑堡

北至興國州界

西至寨下堡沙堤

東至茅田堡茅田寺

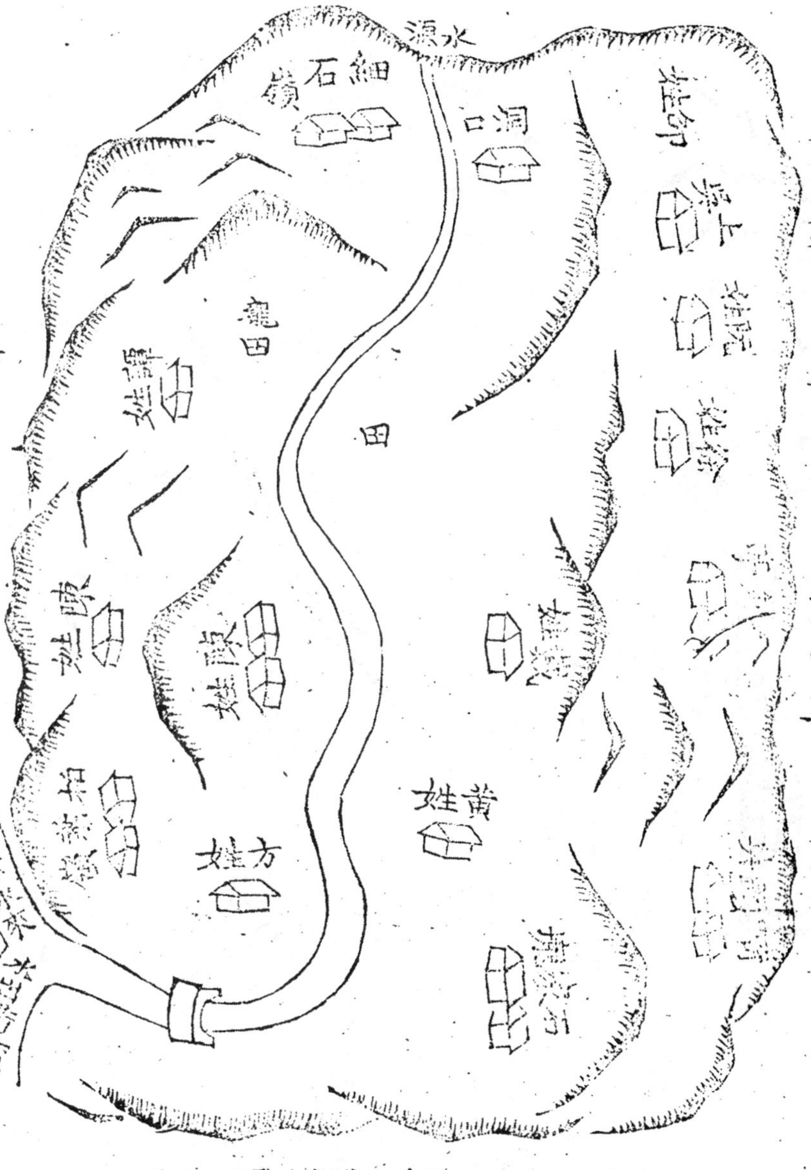

南至衢潭堡

額設地保一名

三都茅田會茅田堡

北至興國州界

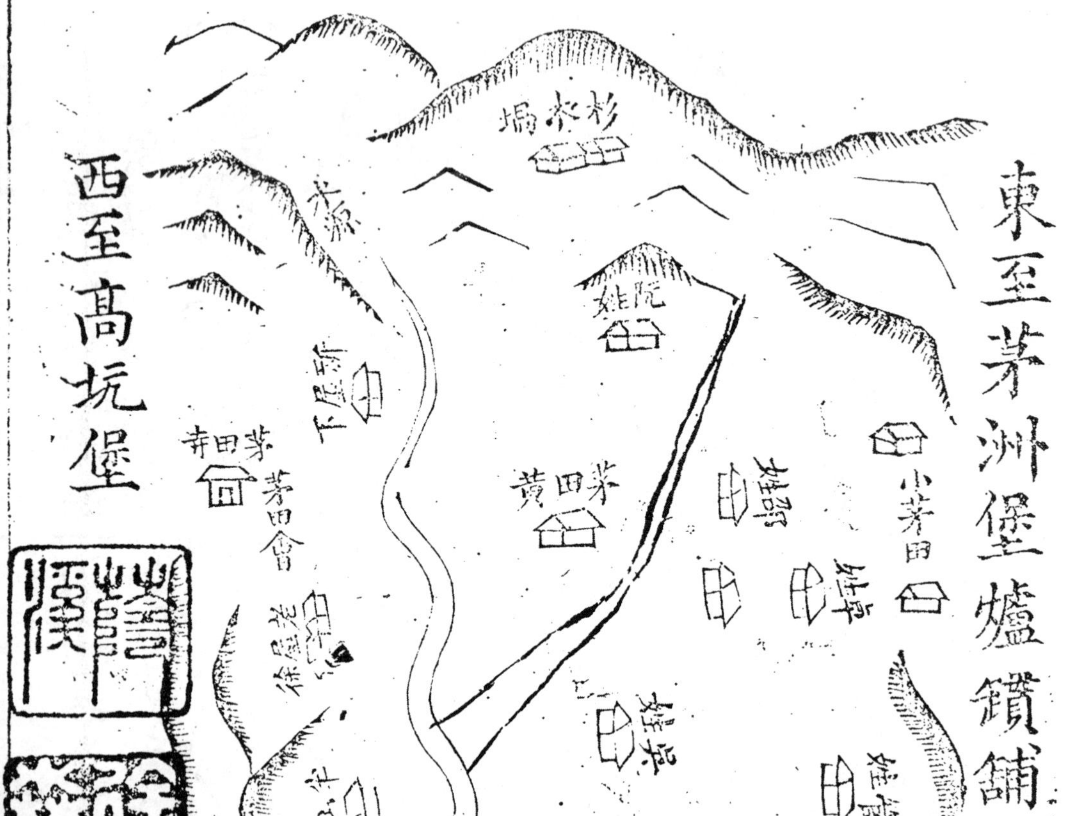

南至高坑堡

額設地保一名

三都茅田會衢潭堡
北至茅田堡花橋

西至寨下沙堤

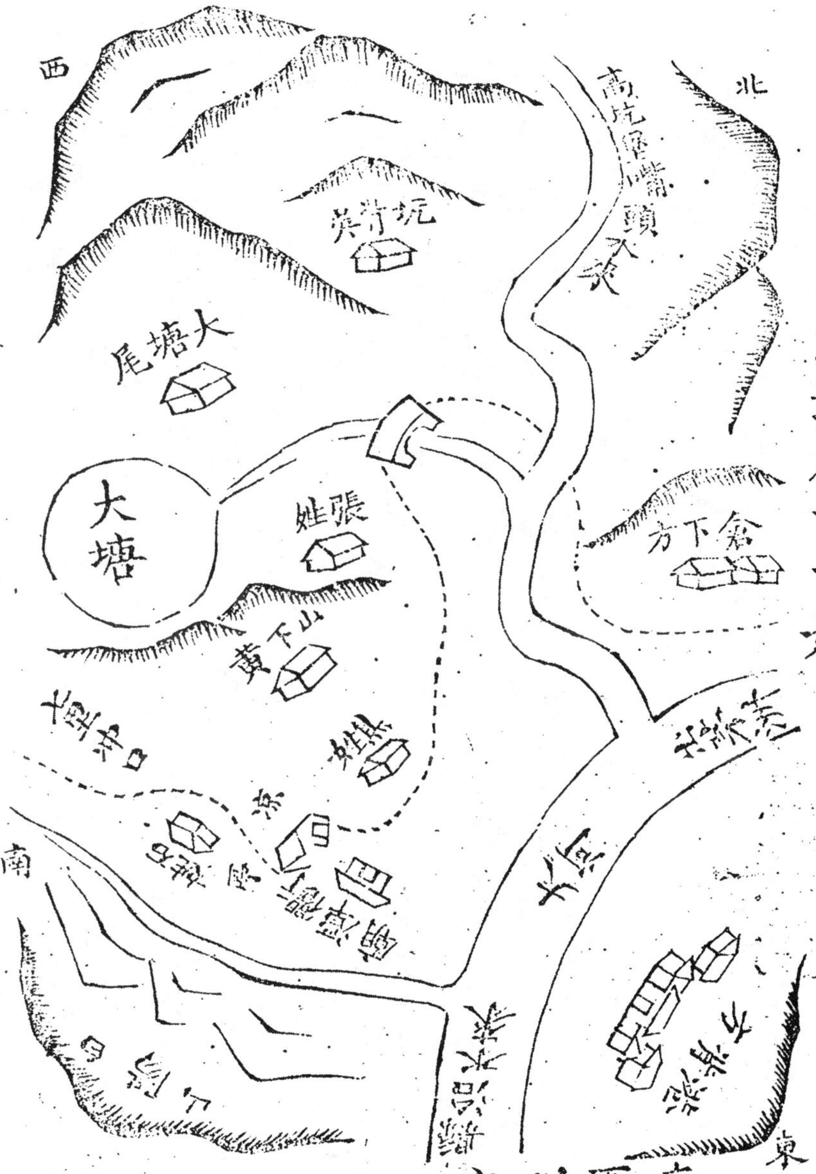

東至巷塘堡吳姓

南至附城堡七里冲管姓
額設地保一名

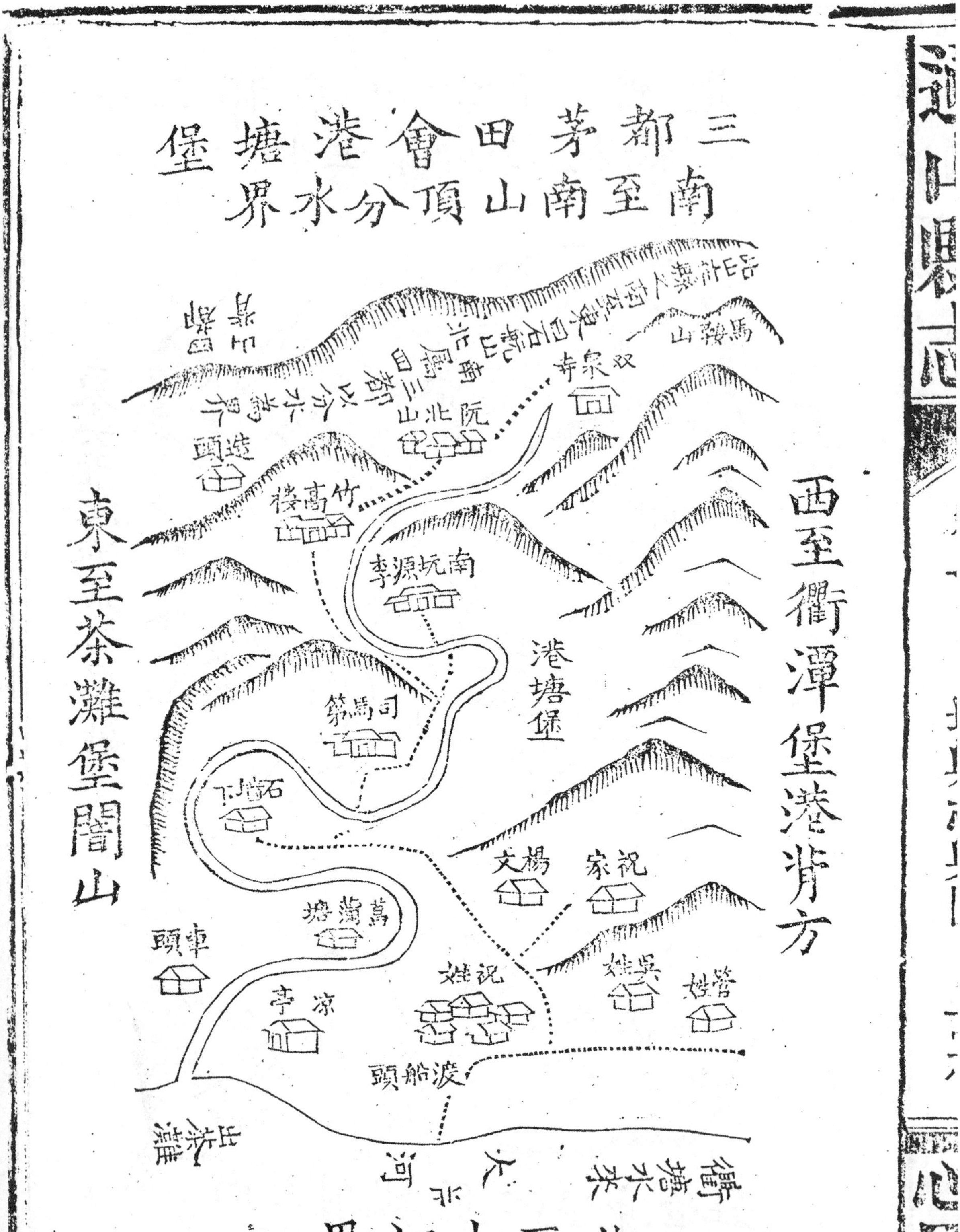
三都茅田會港塘堡
南至南山頂分水界
東至茶灘堡闔山
西至衢潭堡港背方
港塘堡
竹高樓
南坑源李
司馬第
石嶺下
楊文
祝家
葛蘭塘
車頭
涼亭
祝姓
吳姓
管姓
渡船頭
阮北山
雙泉寺
馬鞍山
北至大河界
嶺設地保一名

三都茅田會茅洲堡

北至隐瀧堡西壠

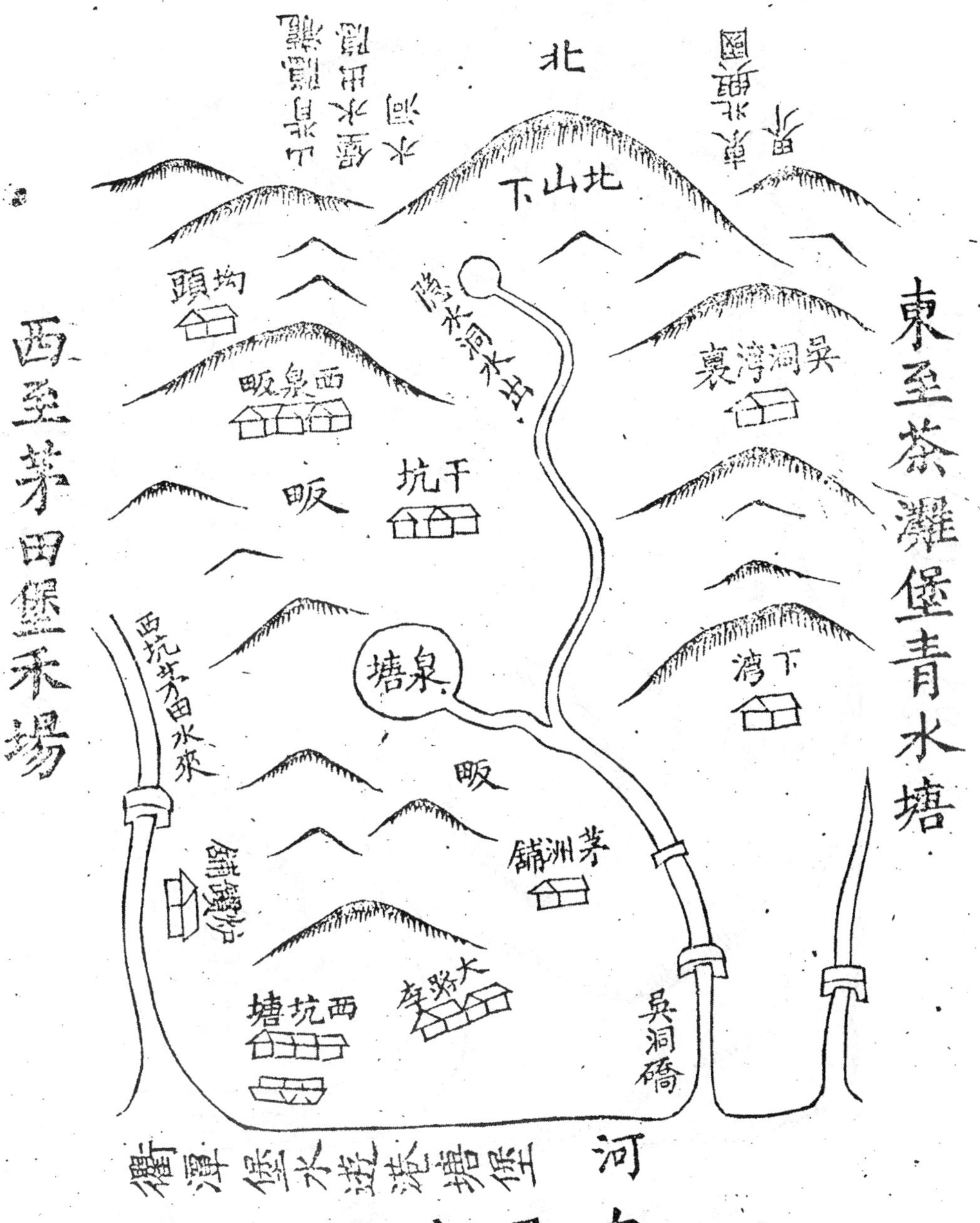

南至大河

領設地保一名

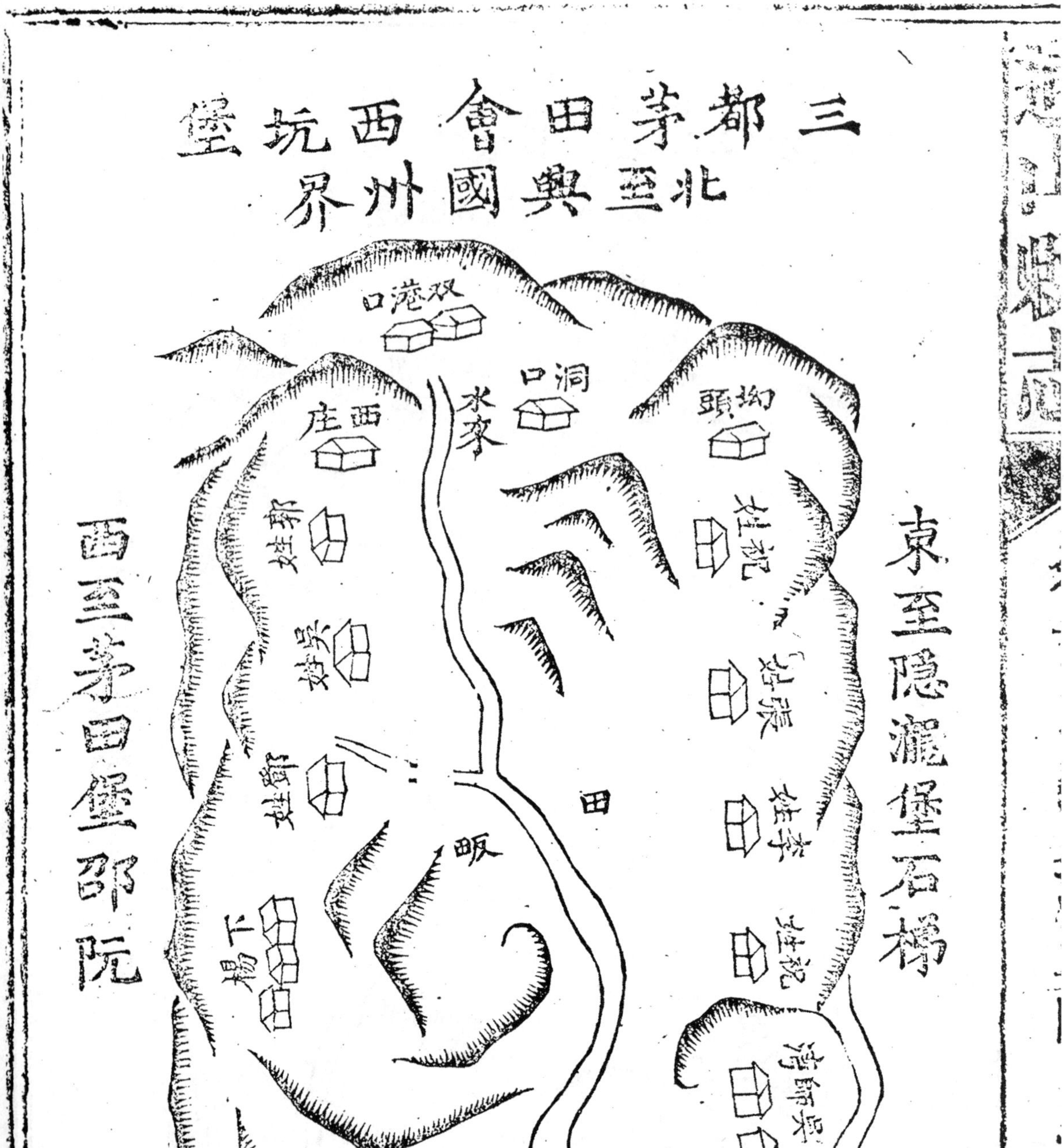
三都茅田會西坑堡
北至興國州界
西至茅田堡邵阮
東至隱瀧堡石樓
双港口
洞口
西庄
坳頭
田
畈
南至茅田堡香場
額設地保一名

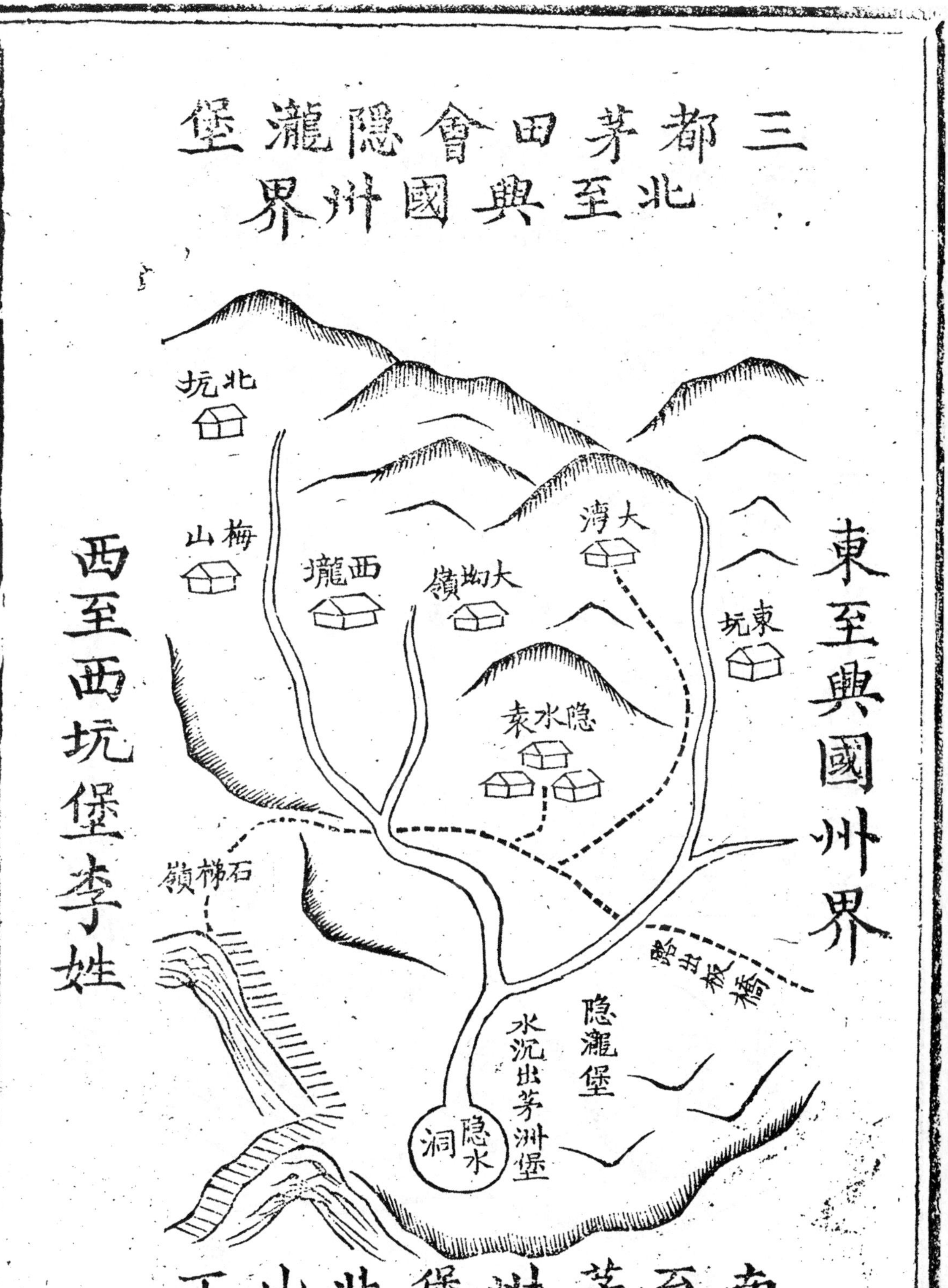
三都茅田會隱瀧堡
北至興國州界
北坑
梅山
西瀧
大坳嶺
大灣
東坑
隱水袁
石梯嶺
路出板橋
隱瀧堡
水沉出茅洲堡
隱水洞
西至西坑堡李姓
東至興國州界
南至茅州堡北山下
額設地保一名

地輿志輿圖　二十

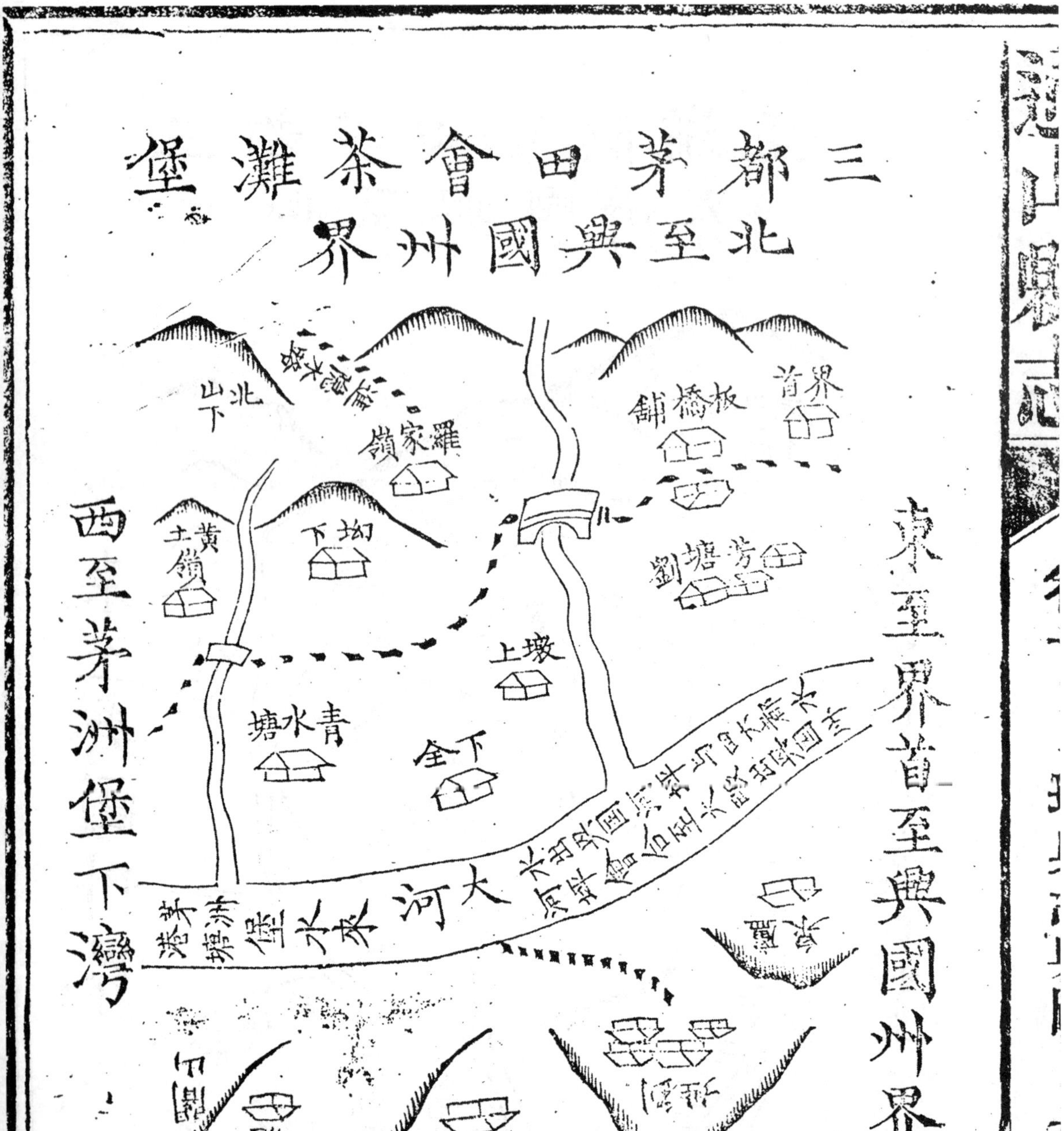
三都茅田會茶灘堡
北至興國州界
西至茅洲堡下灣
東至界首至興國州界
南至山南分水界
額設地保一名
北山下
羅家嶺
板橋舖
界首
黃土嶺
坳下
青水塘
下全
大河
山背四都界

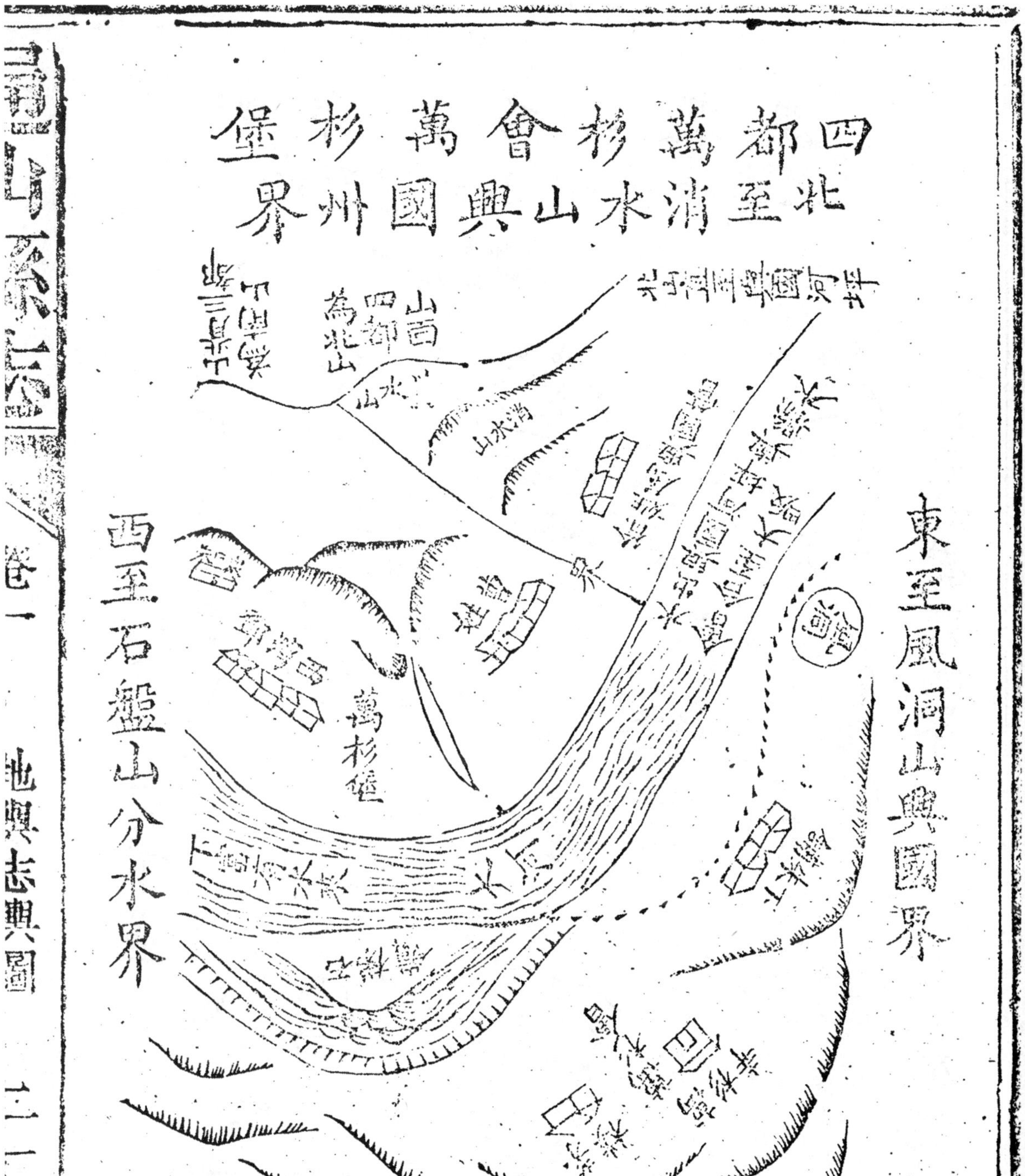

四都萬杉會萬杉堡
北至消水山興國州界
西至石盤山分水界
東至風洞山興國界
南至富有下堡
額設地保一名
萬杉堡
消水山
地輿志輿圖
卷一

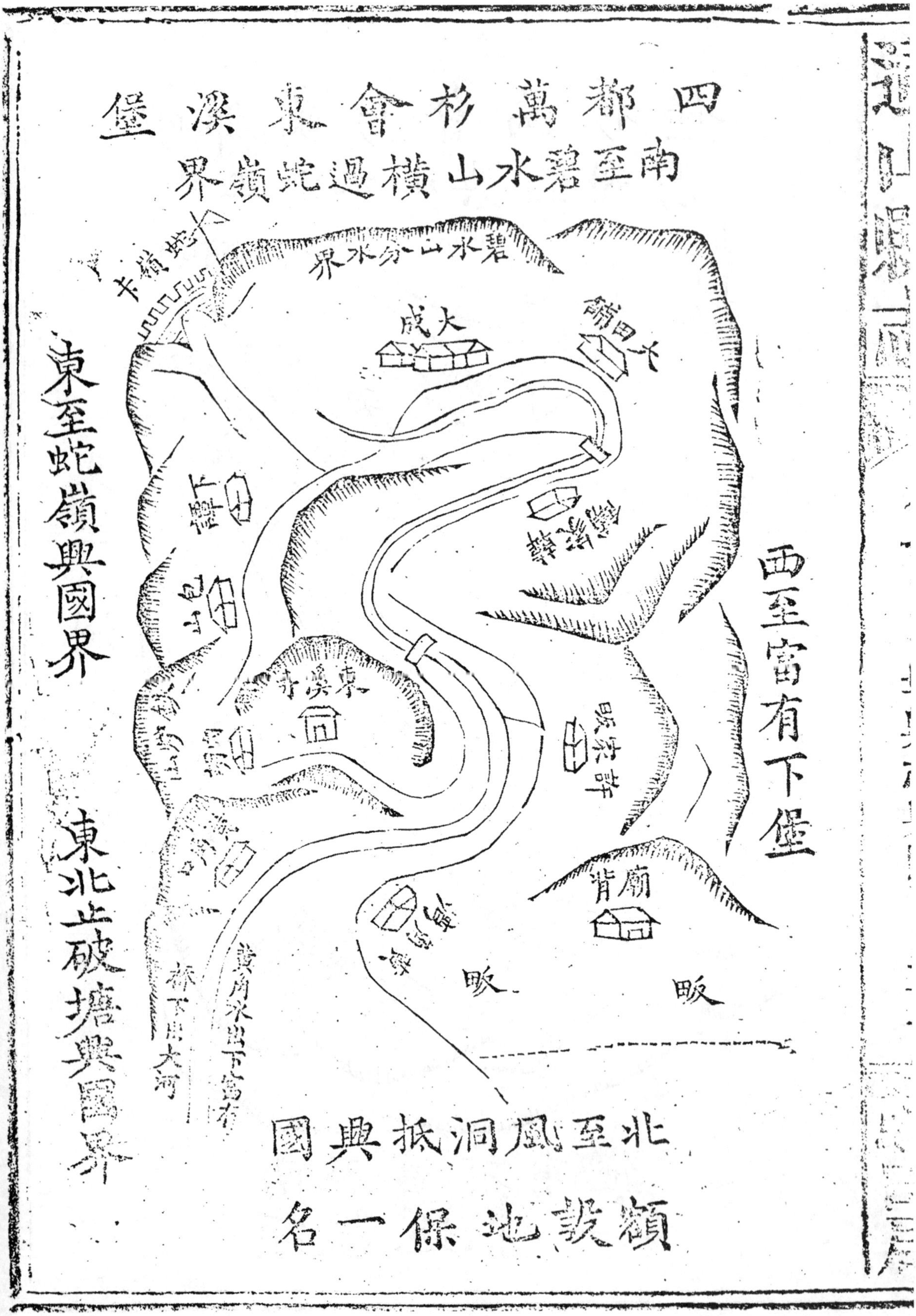
四都萬杉會東溪堡
南至碧水山橫過蛇嶺界
碧水山分水界
大成
東溪寺
廟背
東至蛇嶺興國界
東北至破塘興國界
西至富有下堡
北至風洞抵興國
額設地保一名

四都萬杉會巖軒上堡

北至北山頂分水界

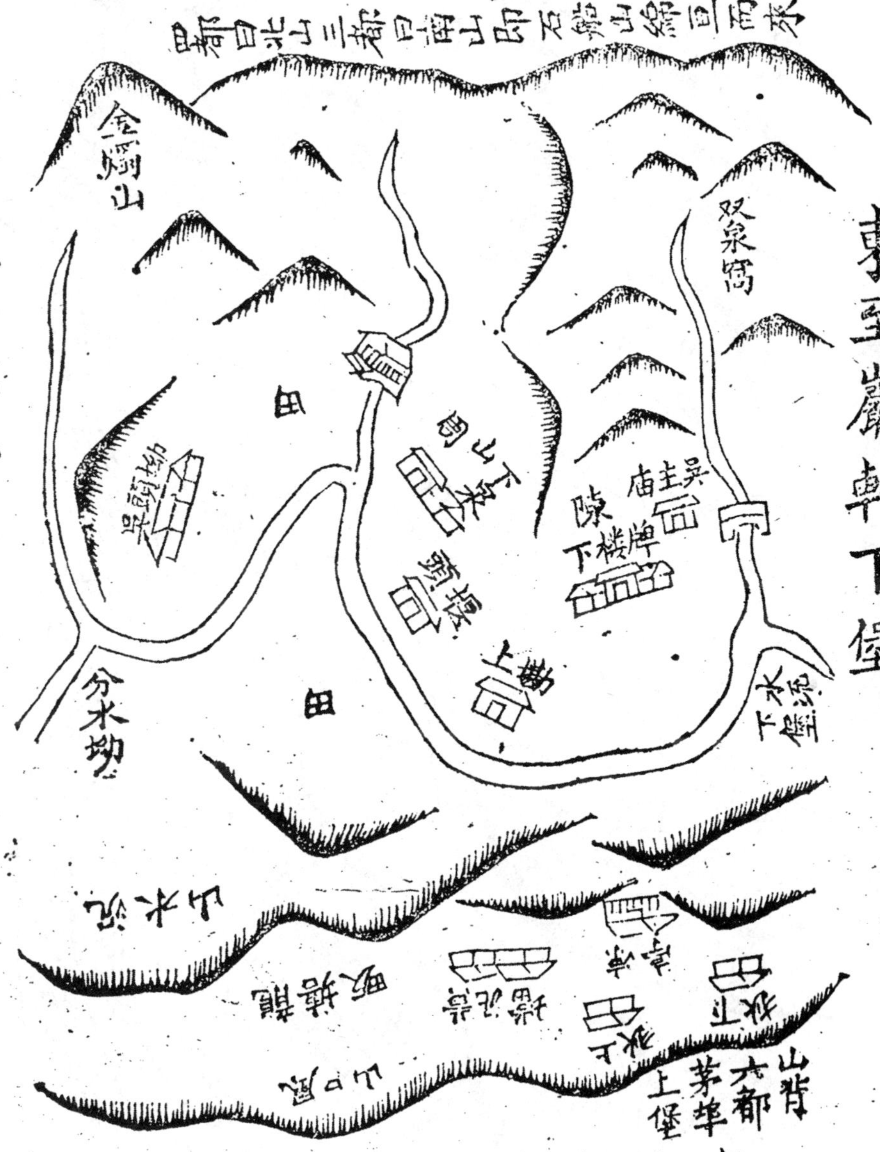

西至宣泥堡下竹山口

東至巖軒下堡

南至沉水山風口

分設地保一名

卷一　地輿志輿圖

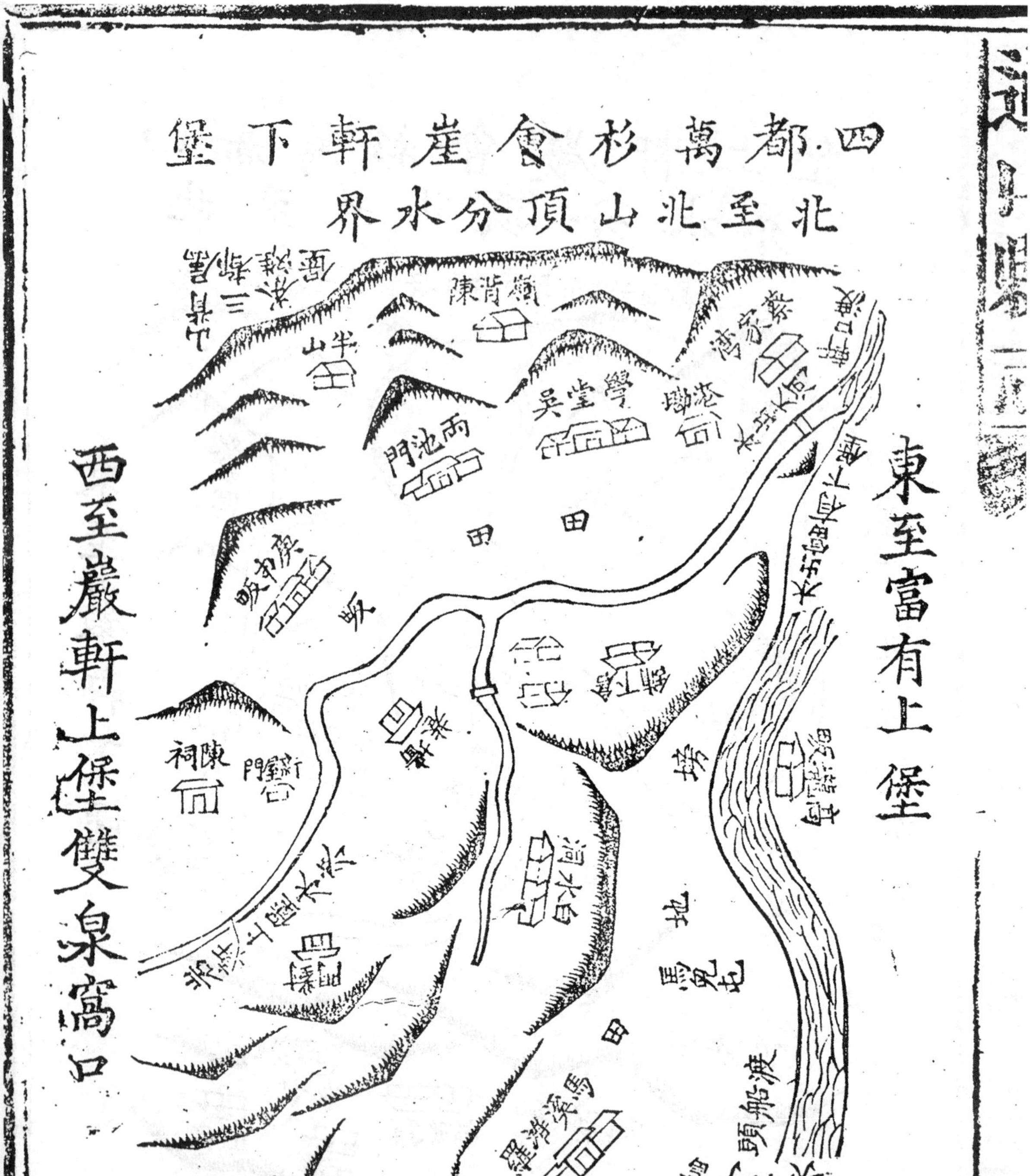
四都萬杉會崖軒下堡
北至北山頂分水界
西至巖軒上堡雙泉窩口
東至富有上堡
南至茅埠下堡石壁下
分設地保一名
樹背陳
學堂吳
兩池門
陳祠

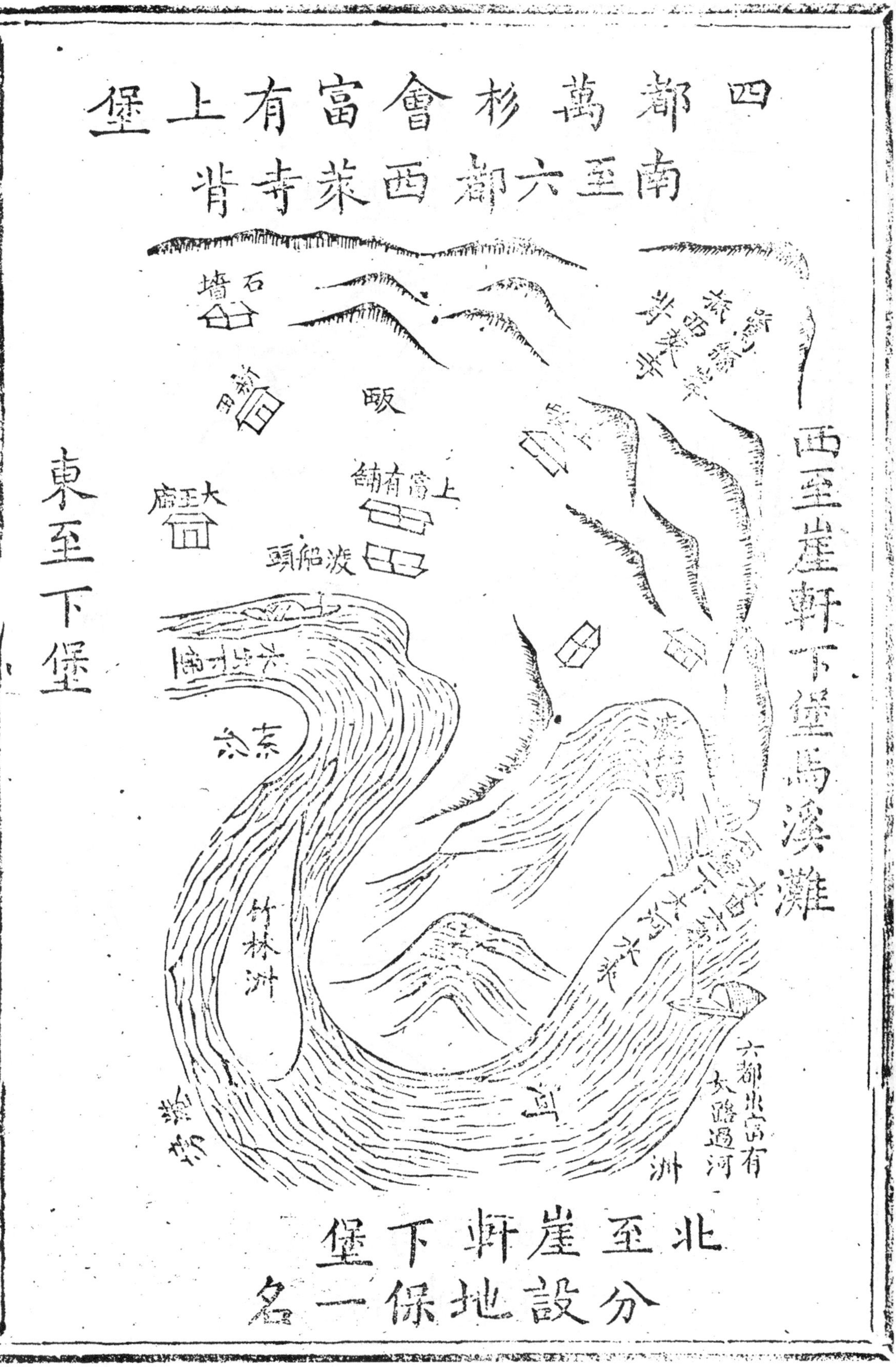
四都萬杉會富有上堡
南至六都西萊寺背
石墻
大王廟
上富有舖
波船頭
東至下堡
西至崖軒下堡馬溪灘
竹林洲
六都水富有大路過河
洲
北至崖軒下堡
分設地保一名

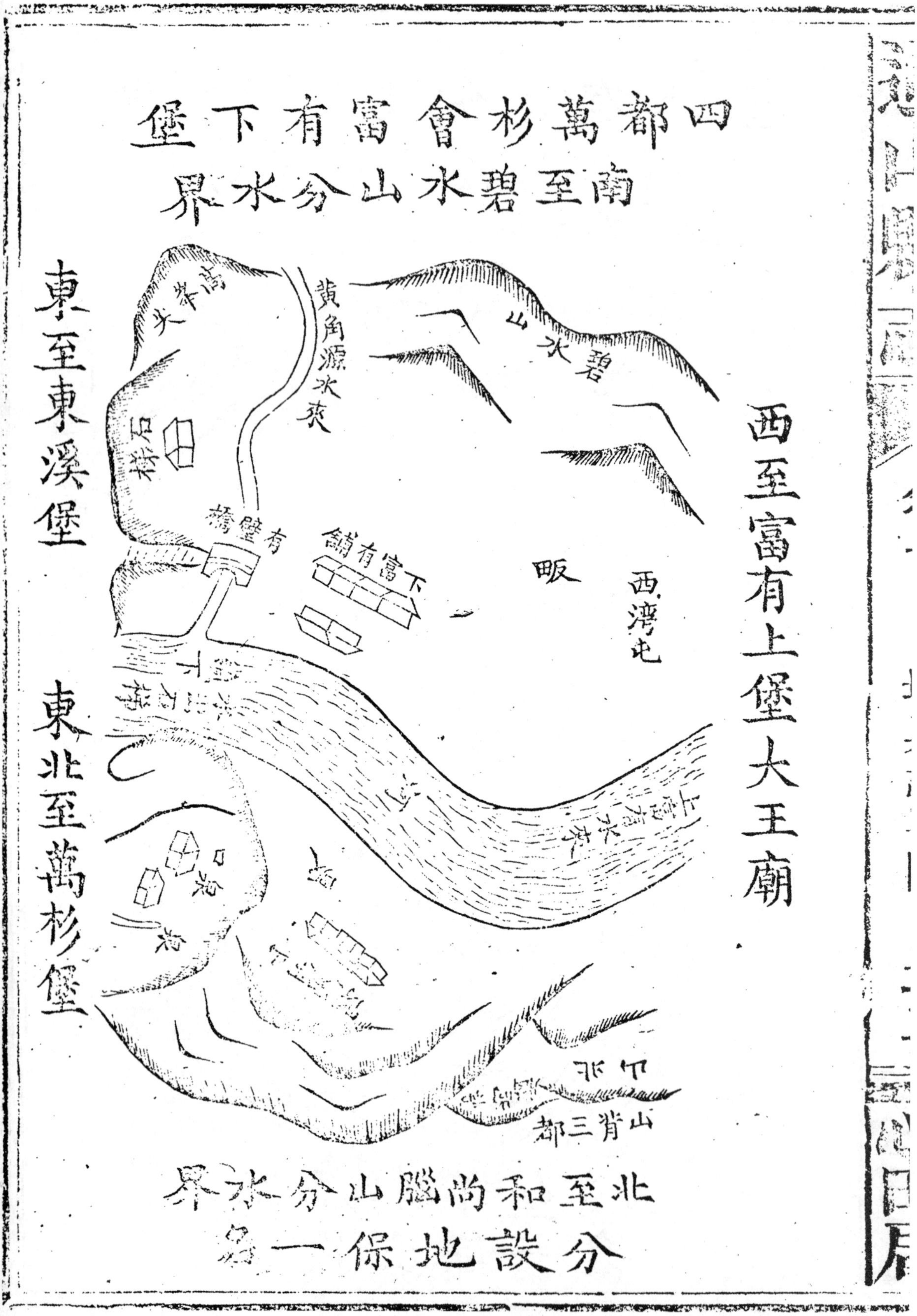
四都萬杉會富有下堡
南至碧水山分水界
東至東溪堡
東北至萬杉堡
西至富有上堡大王廟
北至和尚腦山分水界
分設地保一名
高茶尖
黃角源水夾
碧水山
石橋
有璧橋
下富有舖
畈
西湾屯
山背三都

四都萬杉會宣泥堡

北至馬鞍山分水界

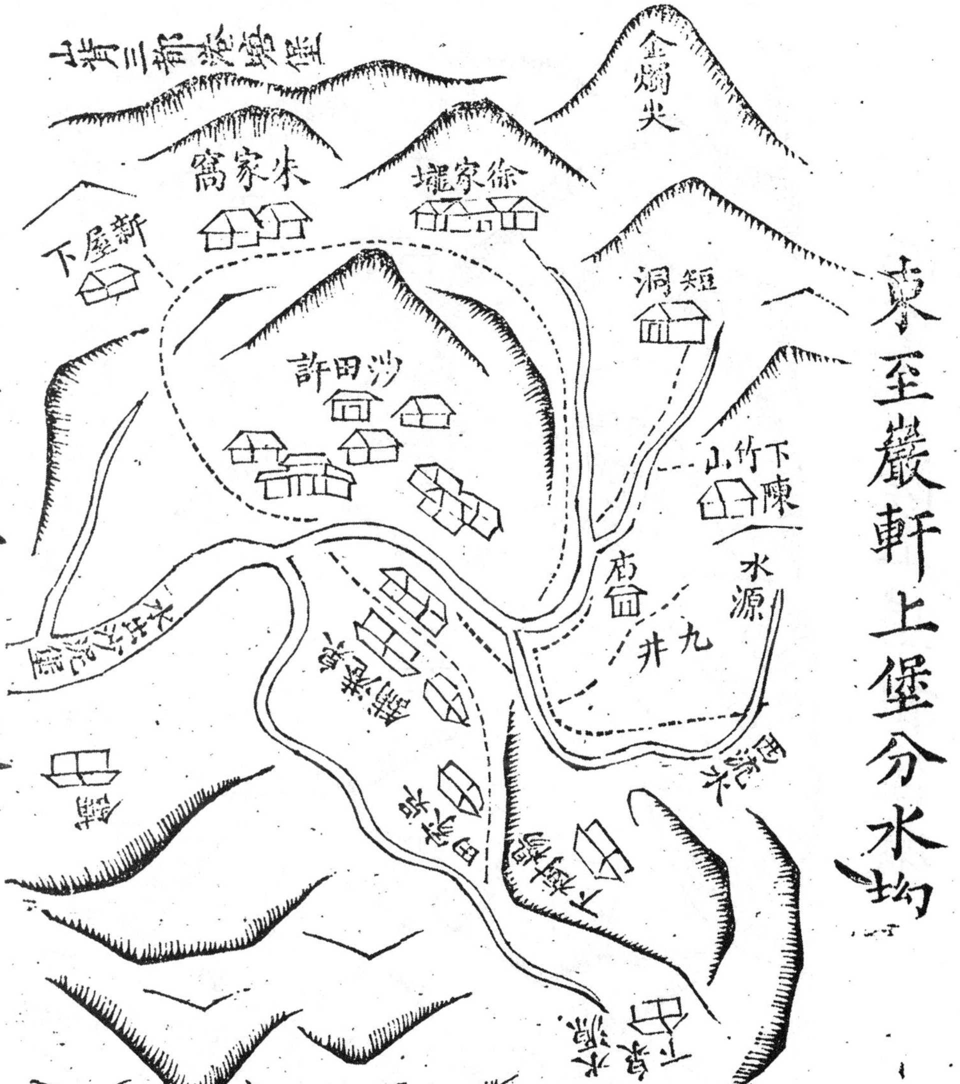

西至沙泥堡大泉寺

東至巖軒上堡分水坳

南至沉水山

額設地保一名

四都萬杉會沙泥堡

北至石航山頂分水界

西至豐隆上堡祖佳墩

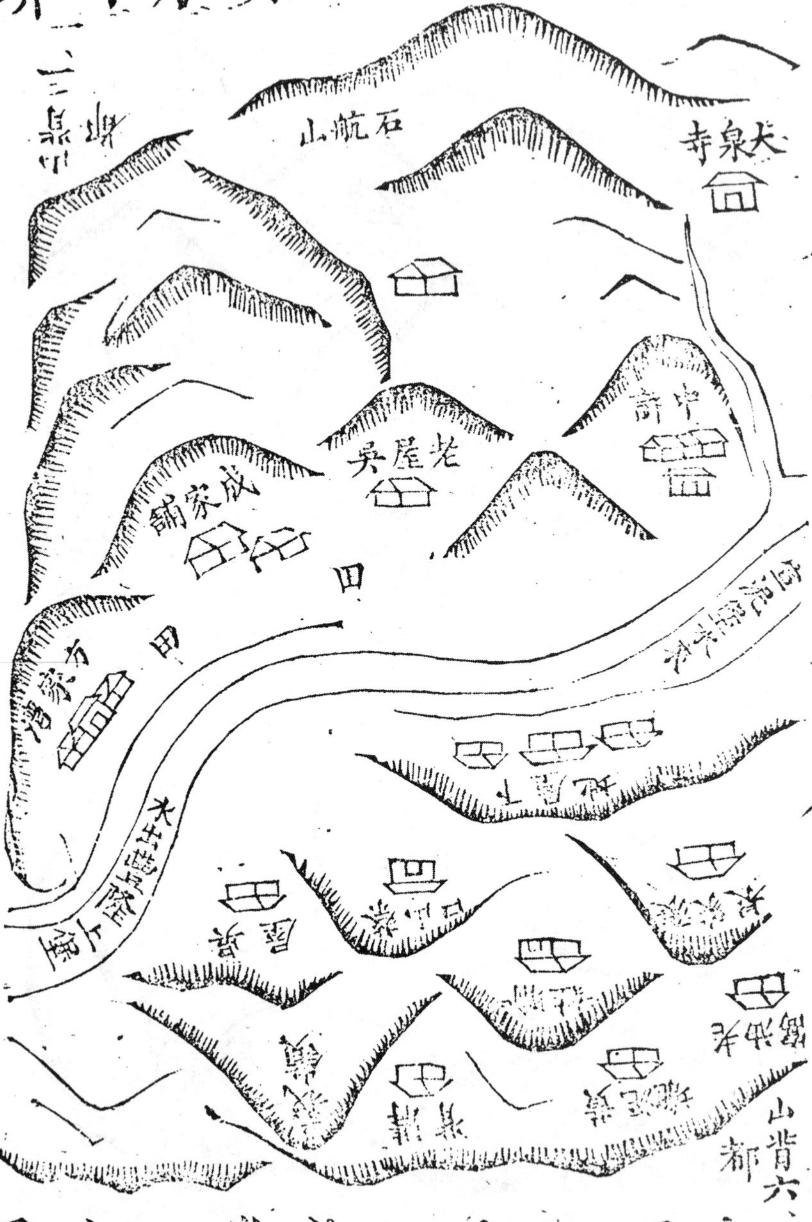

東至豐泥堡沙田舖

南至沉水山義嶺分水界

額設地保一名

四都望江會豐隆上堡

北至石航山頂分水界

西至下五堡李渡壠分水界

東至沙泥匯方家灣

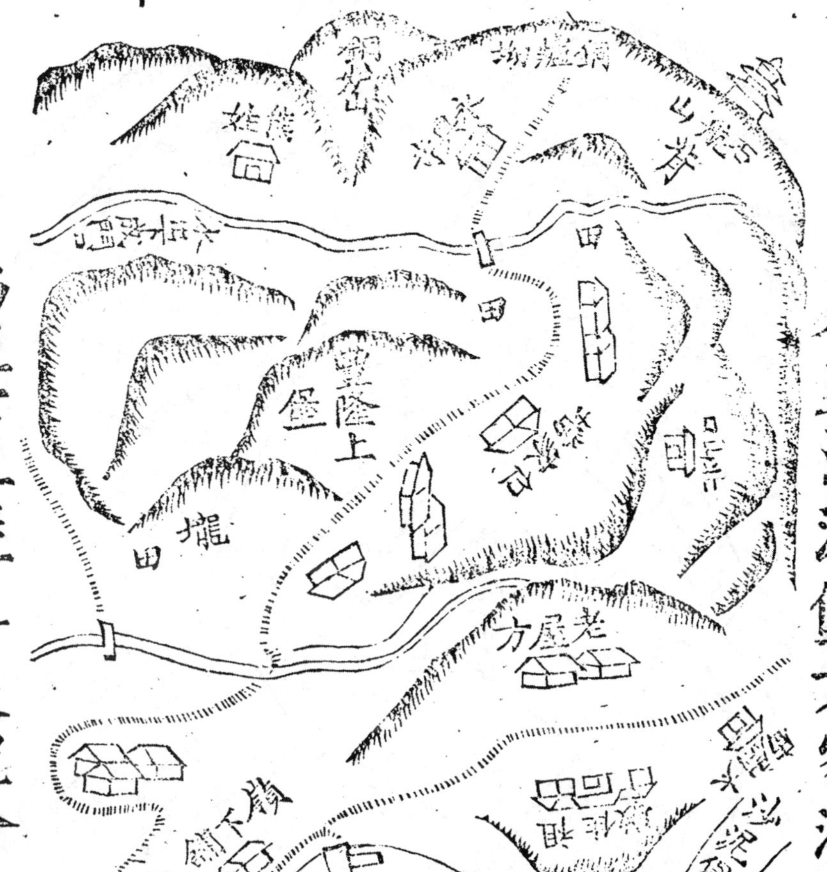

南至下匯下成

額設地保一名

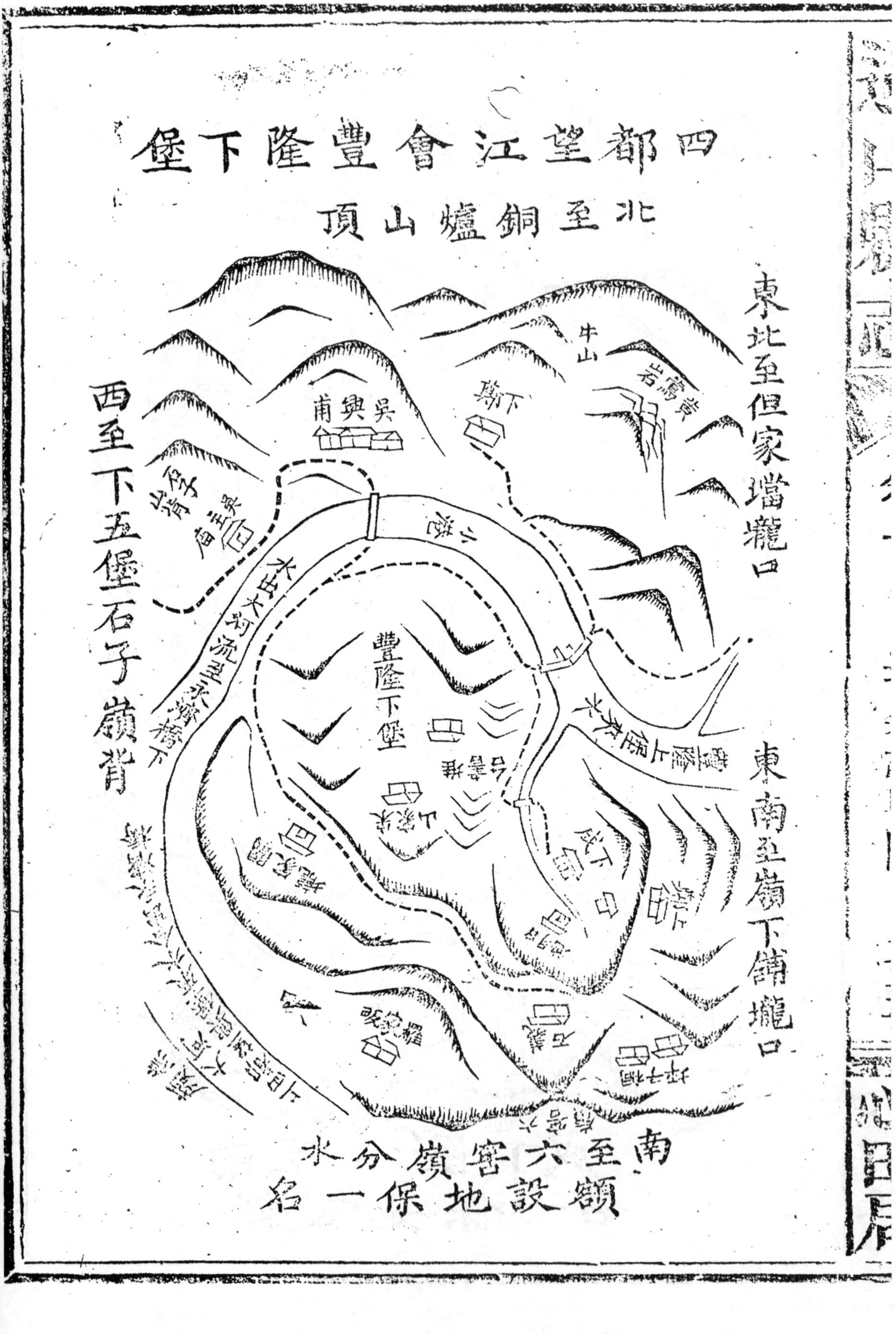
四都望江會豐隆下堡
北至銅爐山頂
東北至但家壋壠口
西至下五堡石子嶺背
東南至嶺下舖壠口
南至六審嶺分水
額設地保一名
牛山
黃鶴岩
吳興甫
下新
豐隆下堡

四都望江會耒陽上堡

北至闕山上堡

東至旺興堡望江嶺廟界

西至五都甯張上堡

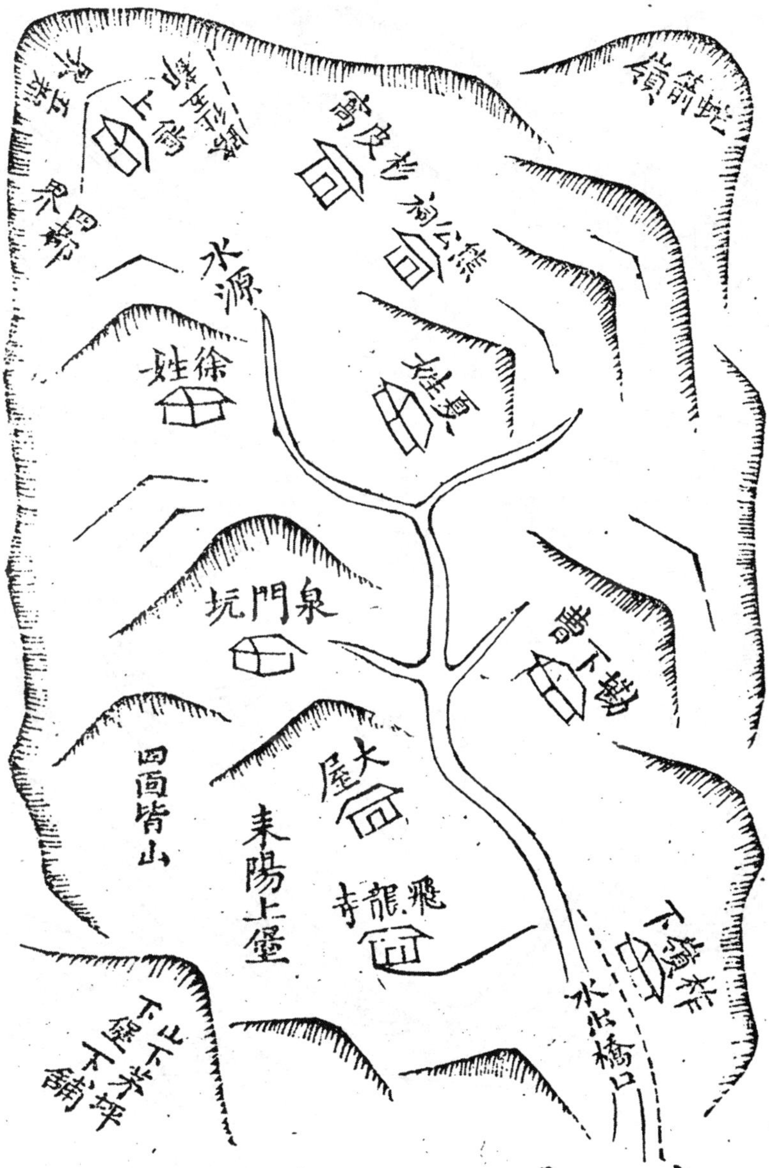

南至茅坪下堡下舖

分設地保一名

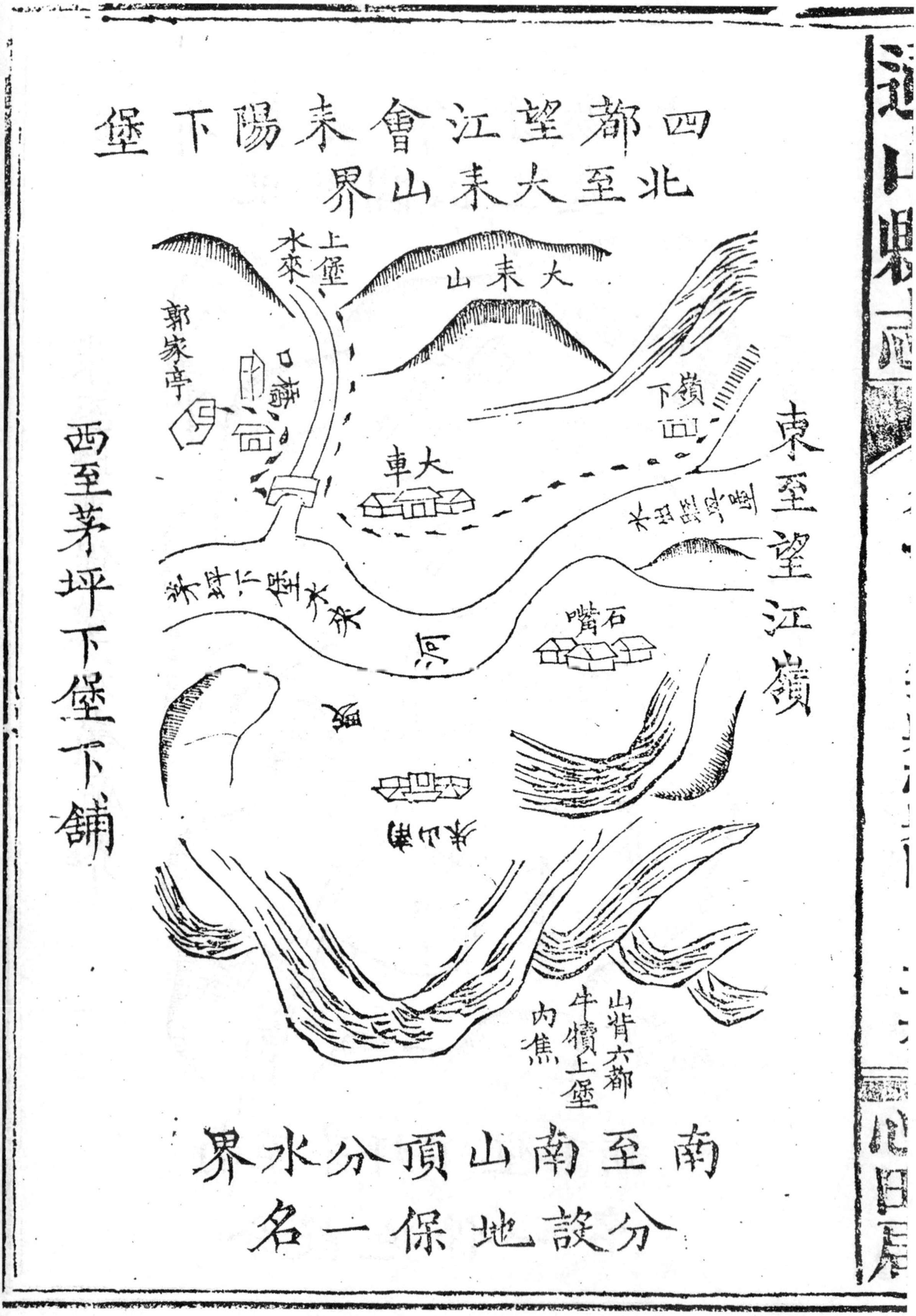
四都望江會耒陽下堡
北至大耒山界
大耒山
上堡水來
郭家亭
橋口
嶺下
大車
東至望江嶺
石嘴
河
西至茅坪下堡下鋪
山背六都
牛犢上堡
内焦
南至山頂分水界
分設地保一名

四都望江會旺興堡

北至閑山上堡柞嶺

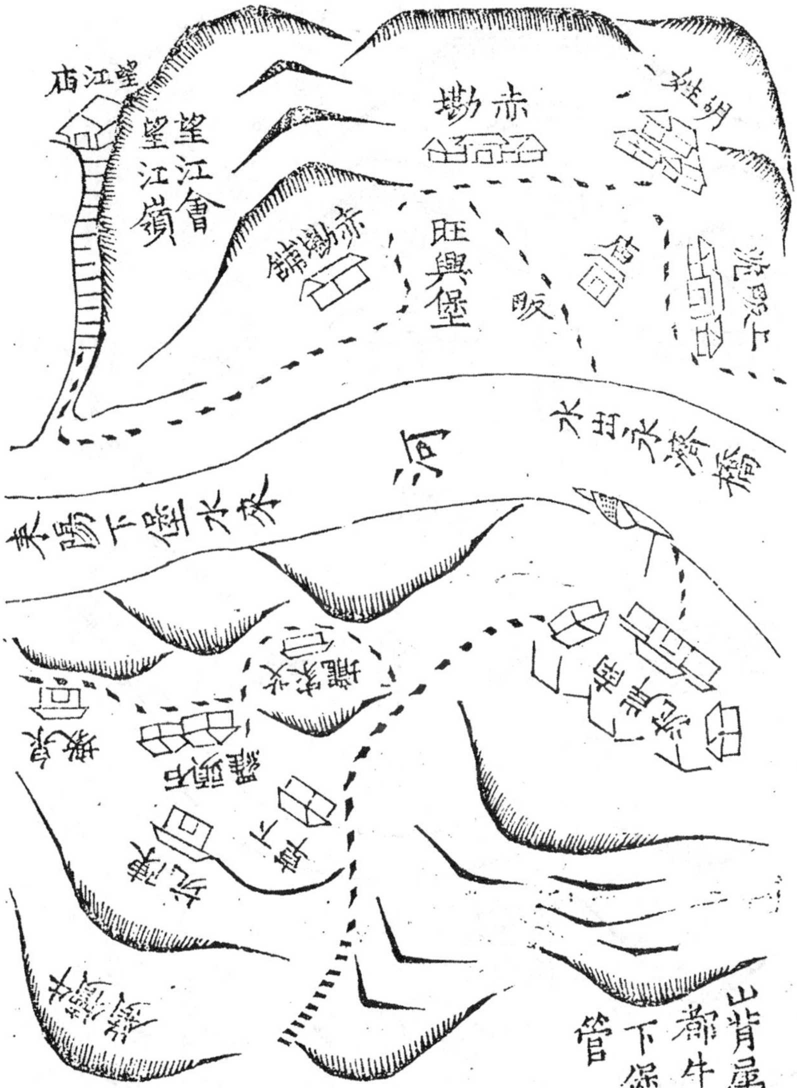

西至牛犢嶺頂分水界

東至豐隆下堡羅家畈

南至六都花墳前後山分界

嶺設地保一名

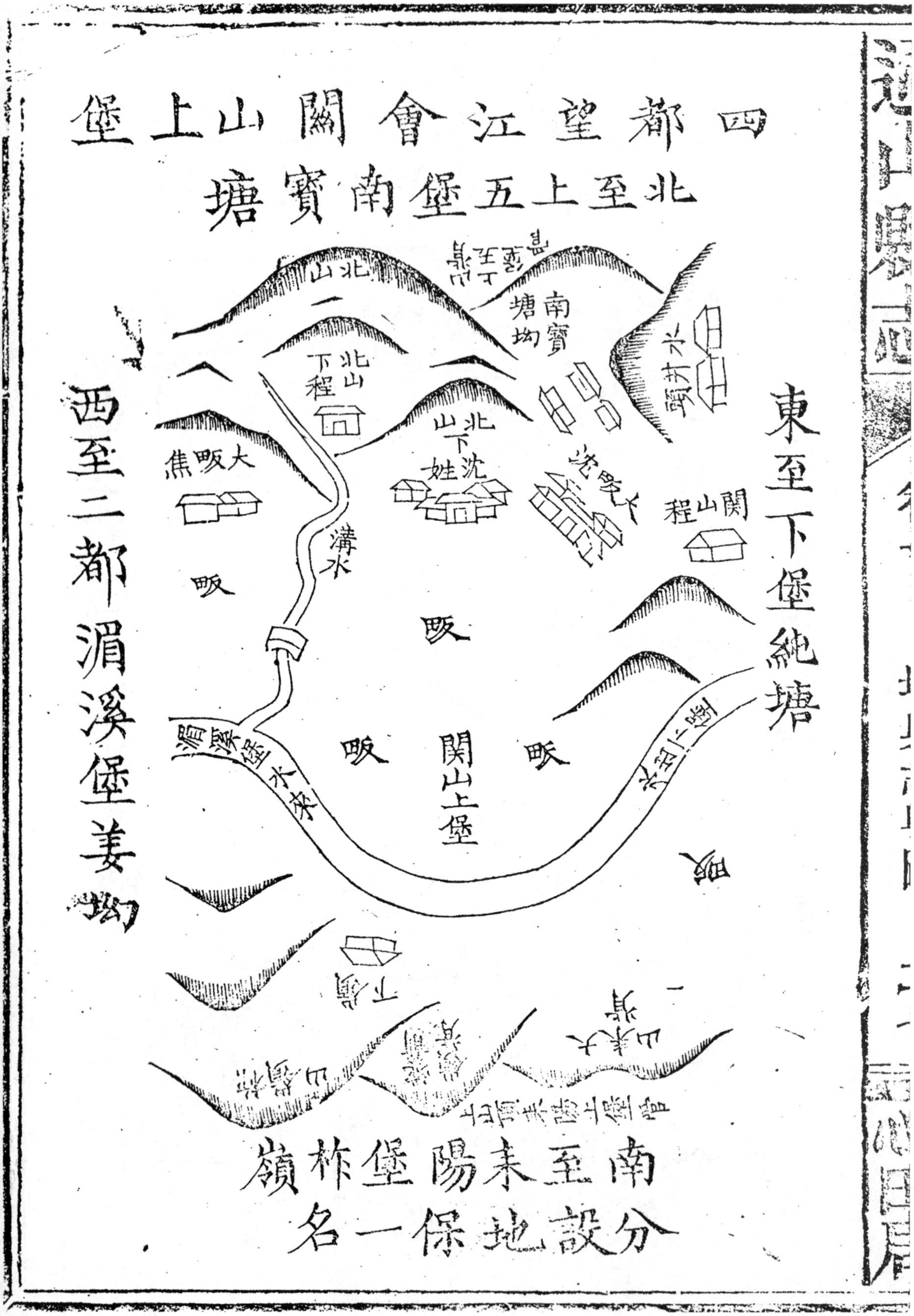
四都望江會關山上堡
北至上五堡南寶塘
北山
南寶塘坳
北山下程
北山下沈姓
大畈焦
關山程
溝水
畈
畈
畈
畈
關山上堡
畈
西至二都湄溪堡姜坳
東至下堡純塘
南至耒陽堡柞嶺
分設地保一名

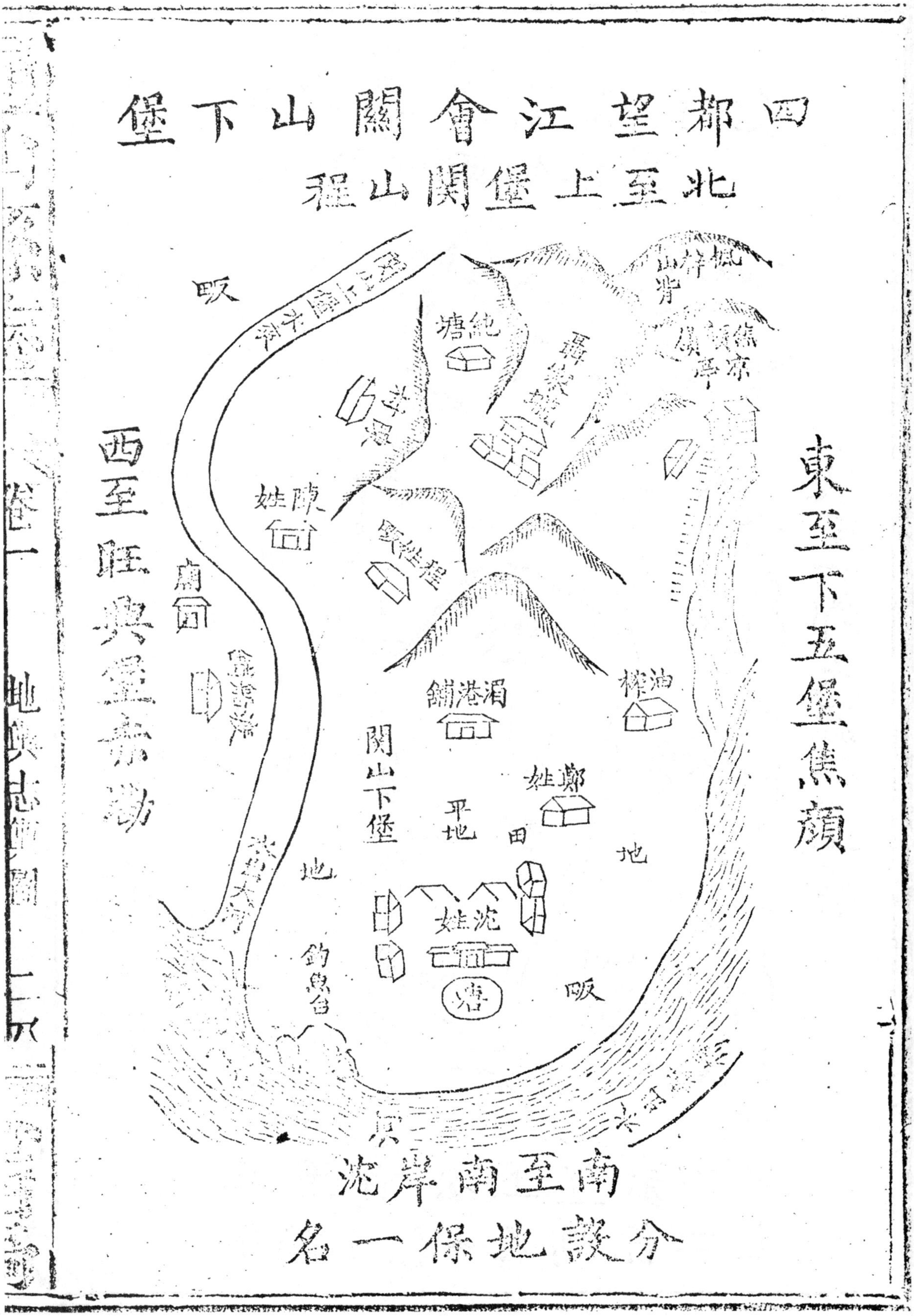
四都望江會關山下堡
北至上堡關山程
東至下五堡焦顏
西至旺興堡
南至南岸沈
分設地保一名
絕塘
陳姓
湄港舖
油榨
鄭姓
關山下堡
平地
田
地
沈姓
釣魚台
塘

四都翠屏會聚哥堡

南至江西分水界

東至六都大源堡上梁

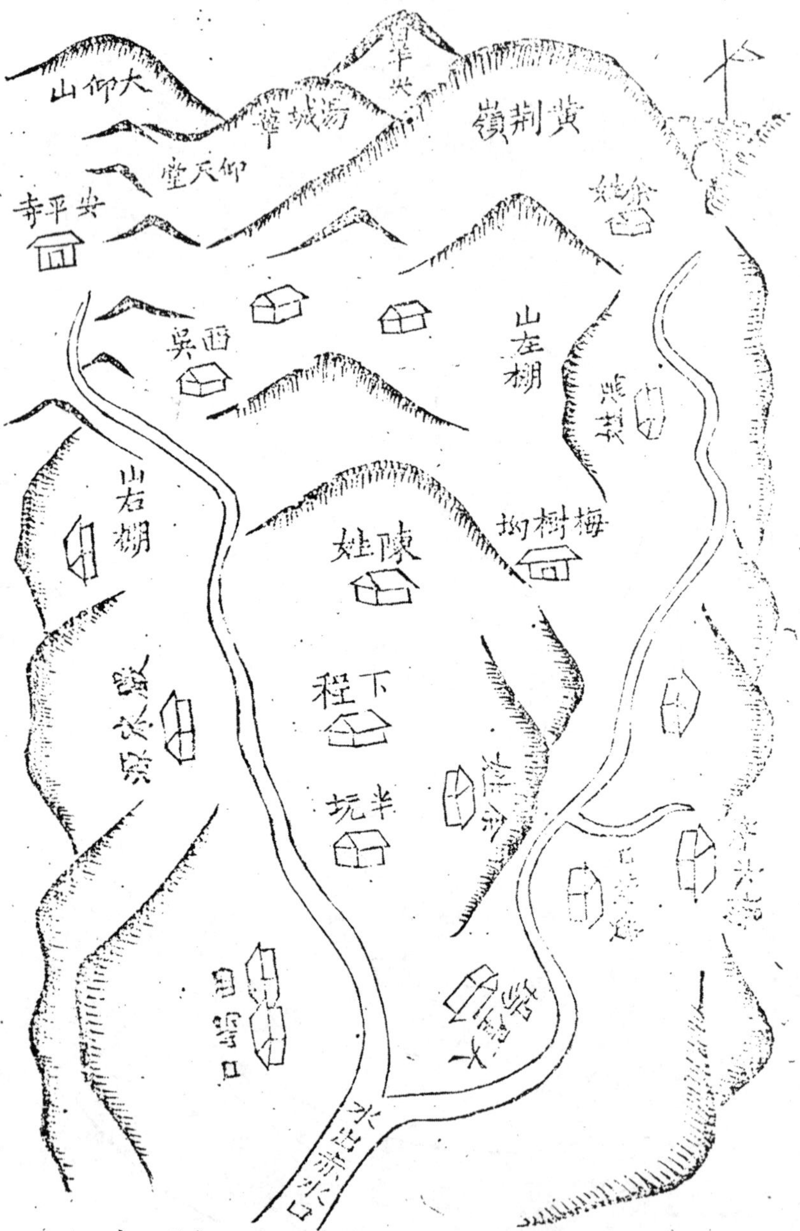

西至萬家上堡冷水坪

北至黄公上堡赤水口

分設地保一名棚保二名

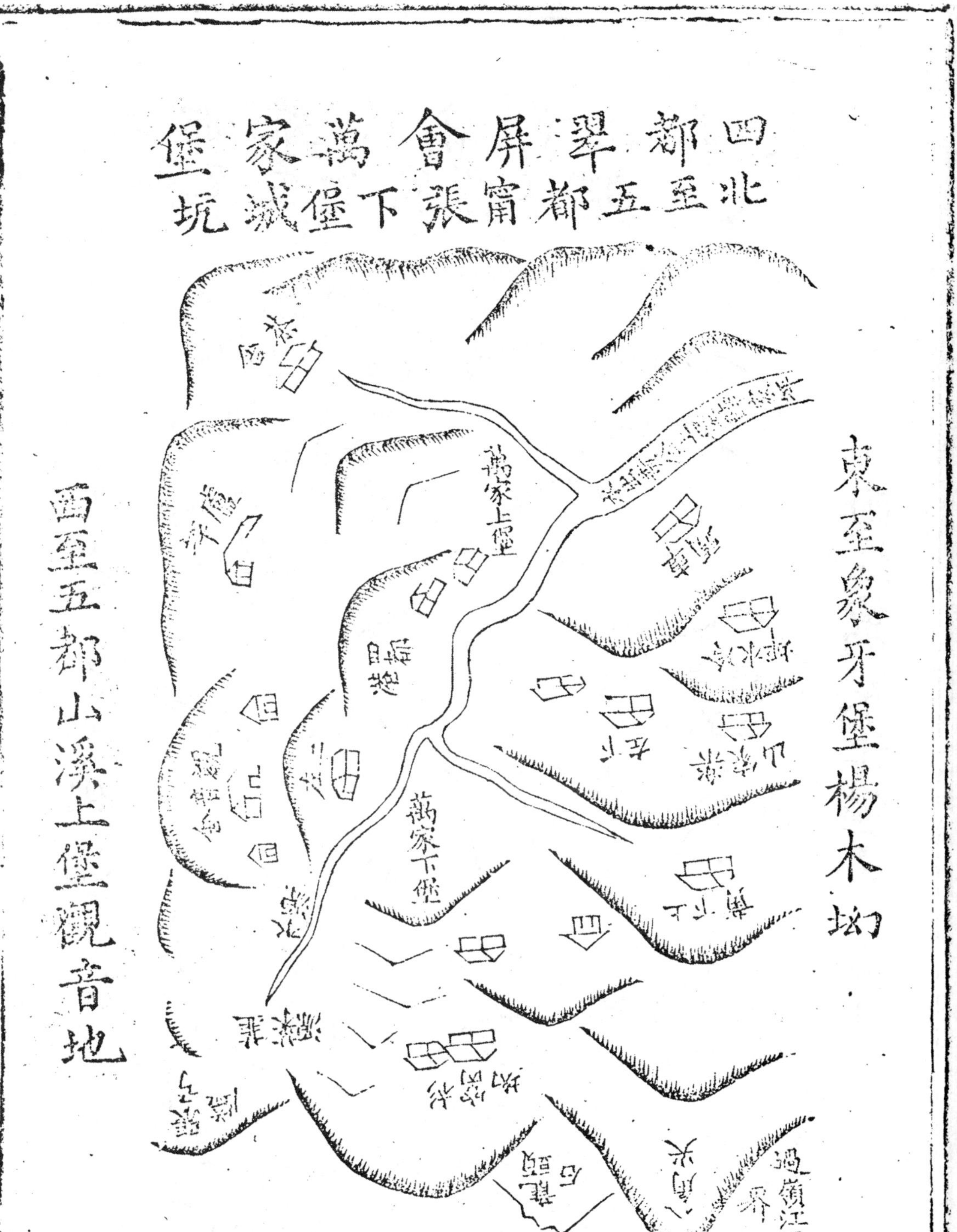
四都翠屏會萬家堡
北至五都甯張下堡城坑
東至象牙堡楊木坳
西至五都山溪上堡觀音地
萬家上堡
萬家下堡
南至山頂分水界
分設地保二名棚保一名

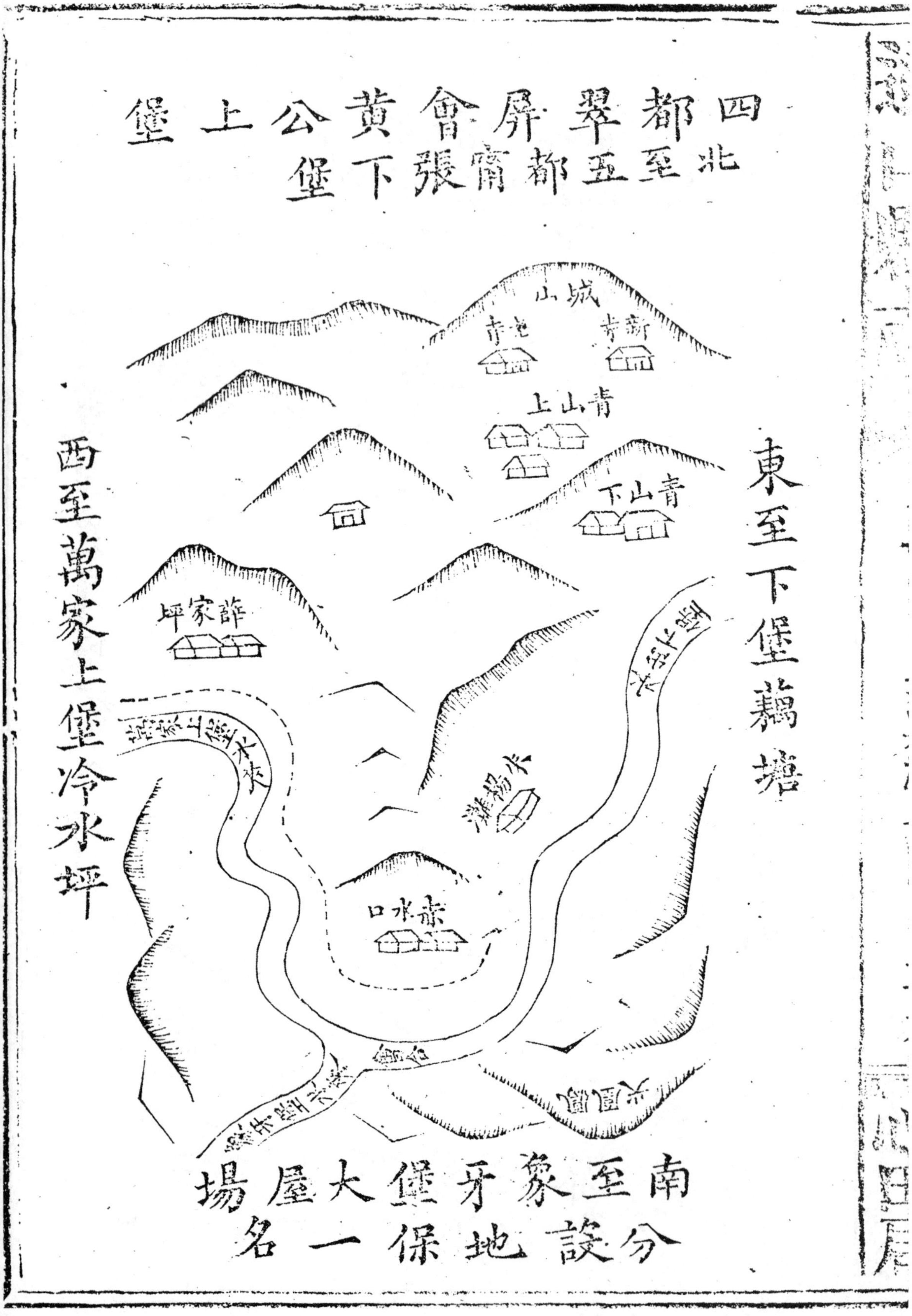
四都翠屏會黃公上堡
北至五都甯張下堡
城山
老寺
新寺
青山上
青山下
許家坪
赤水口
東至下堡藕塘
西至萬家上堡冷水坪
南至寮牙堡大屋場
分設地保一名

四都翠屏會黃公下堡

北至茅坪上堡七里岡

東至六都牛犢上堡筆竹坑

西至上堡青山

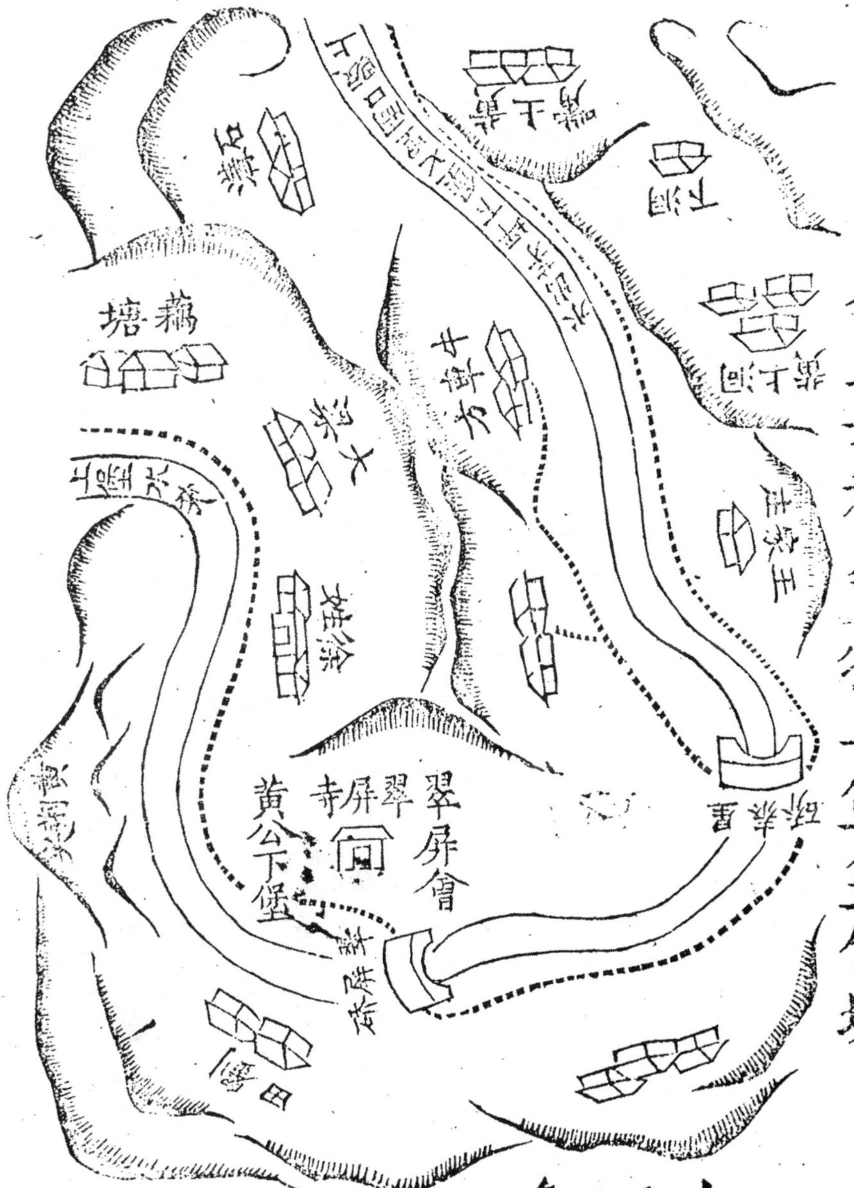

南至象牙堡西嵎

分設地保一名

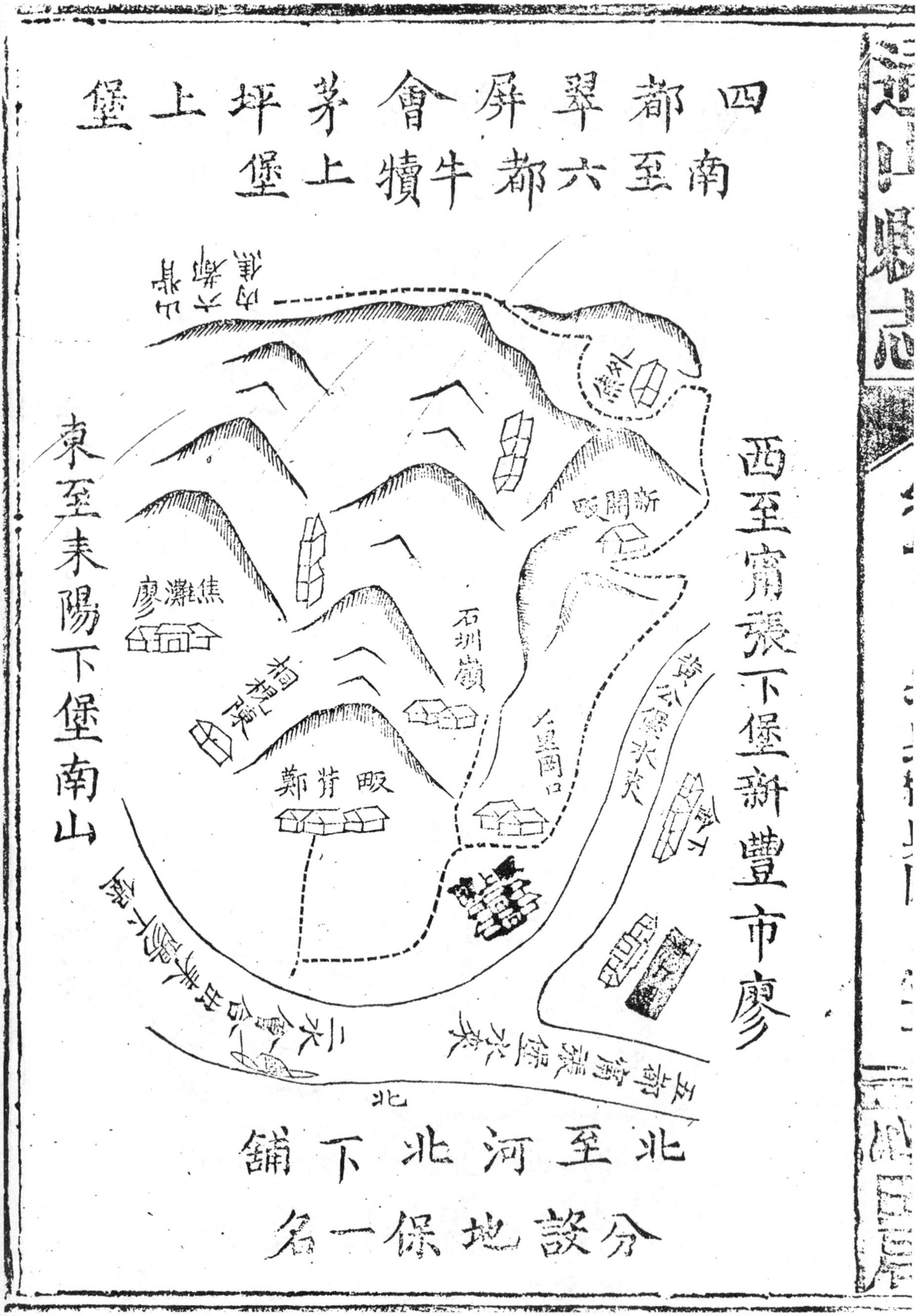
四都翠屏會茅坪上堡
南至六都牛犢上堡
東至耒陽下堡南山
西至甯猿下堡新豐市廖
焦灘廖
新開畈
石圳嶺
畈背鄭
北至河北下舖
分設地保一名

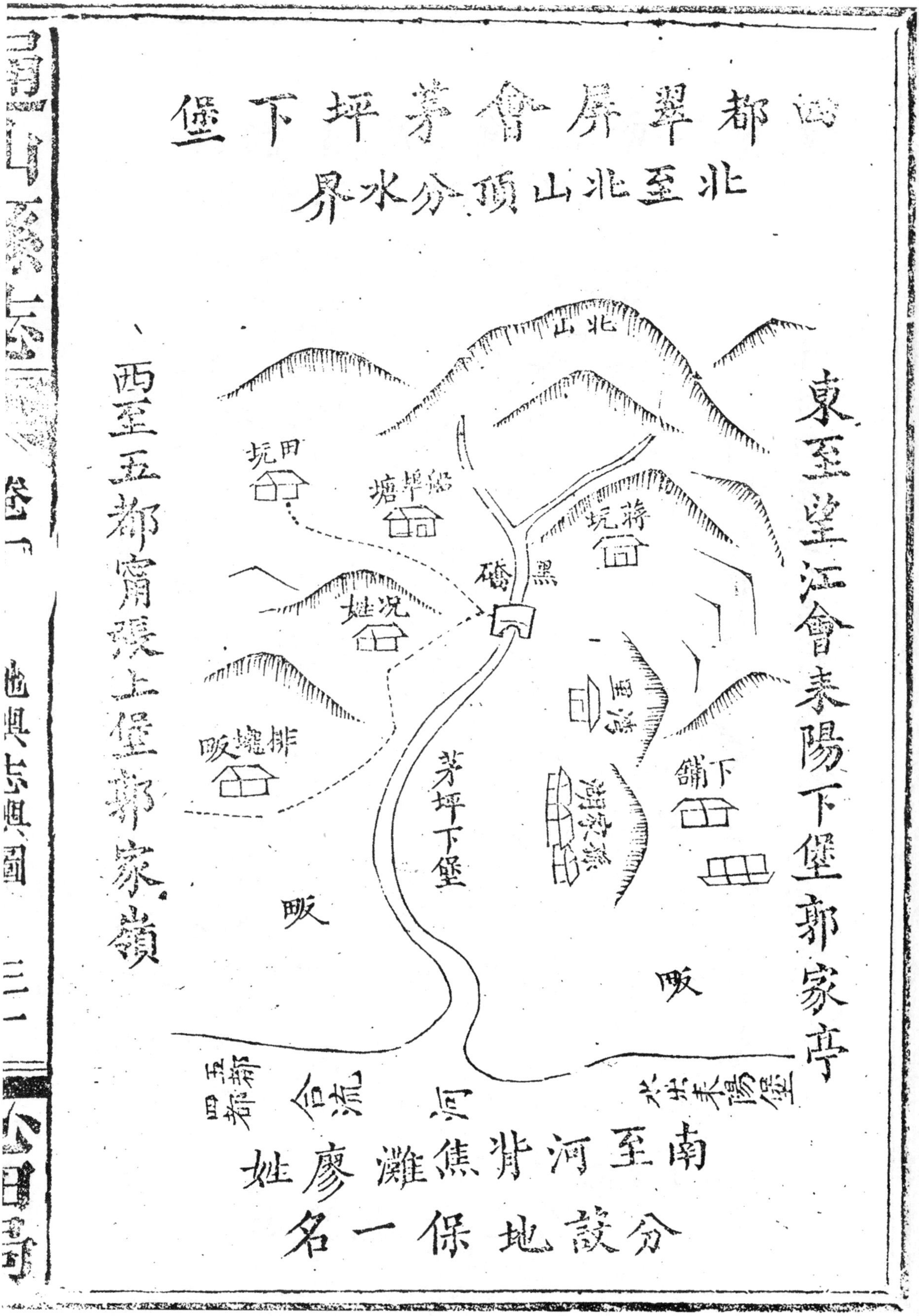
都翠屏會茅坪下堡
北至北山頂分水界
東至望江會表陽下堡郭家亭
西至五都甯張上堡郭家嶺
南至河背焦灘廖灶
分設地保一名
北山
田坑
蔣坑
况灶
黑磜
茅坪下堡
下舖
畈
畈
畈
河

五都郭城會龍會上下堡

北至二都雨山堡

東北至山溪堡塘坳下

東南至山溪上堡老屋朱

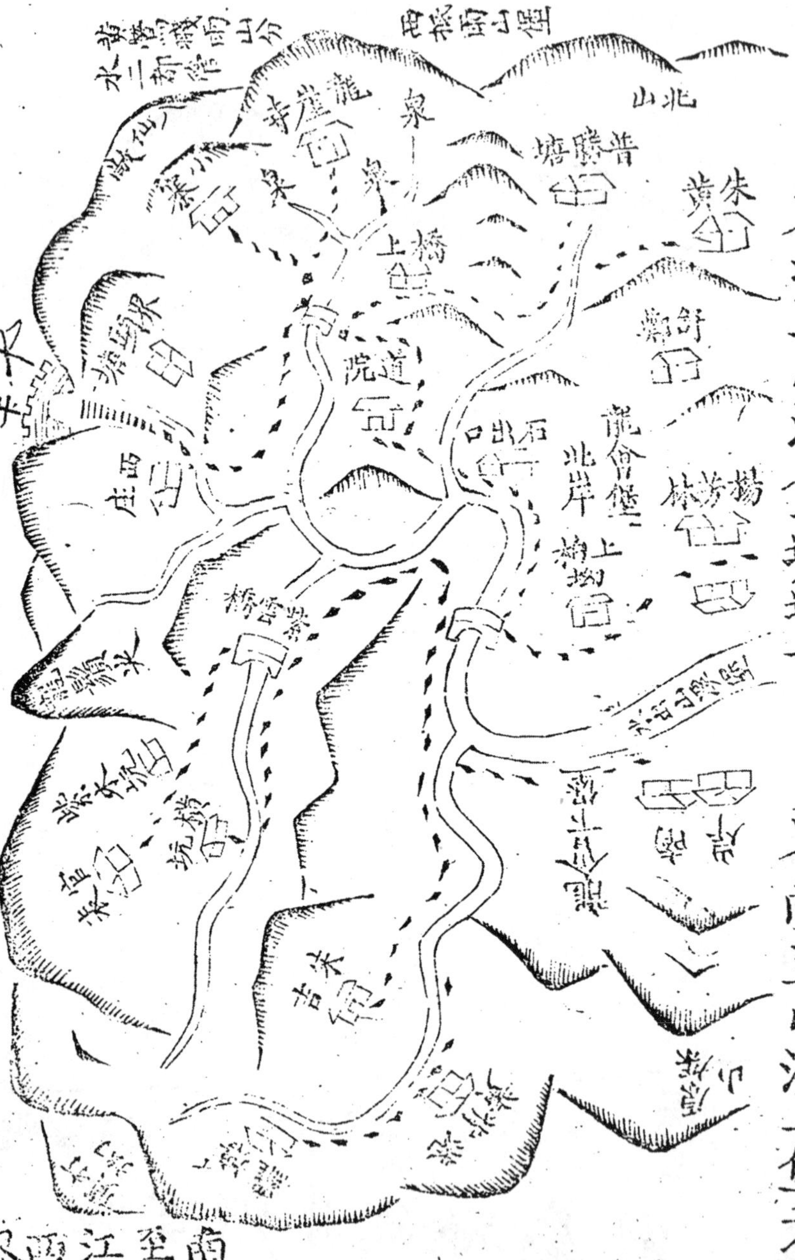

卡外自西至北崇陽縣界

西南至崇陽界

南至江西界

分設地堡二名

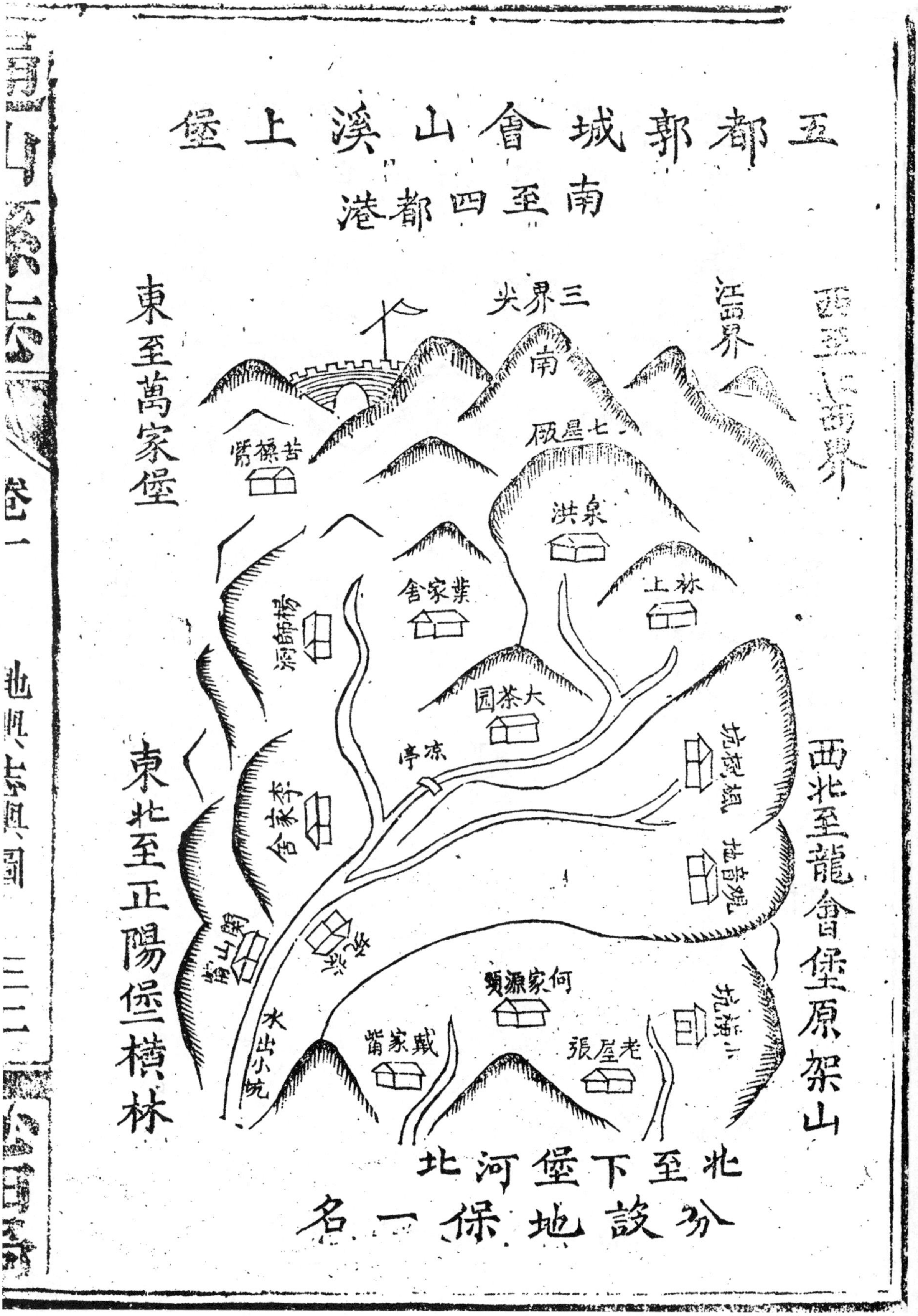
五都郭城會山溪上堡
南至四都港
三界尖
南
洪泉
林上
葉家舍
楊師洞
大茶园
涼亭
李家舍
何家源頭
老屋張
水出小坑
東至萬家堡
東北至正陽堡横林
西北至龍會堡原架山
北至下河堡北
分設地保一名

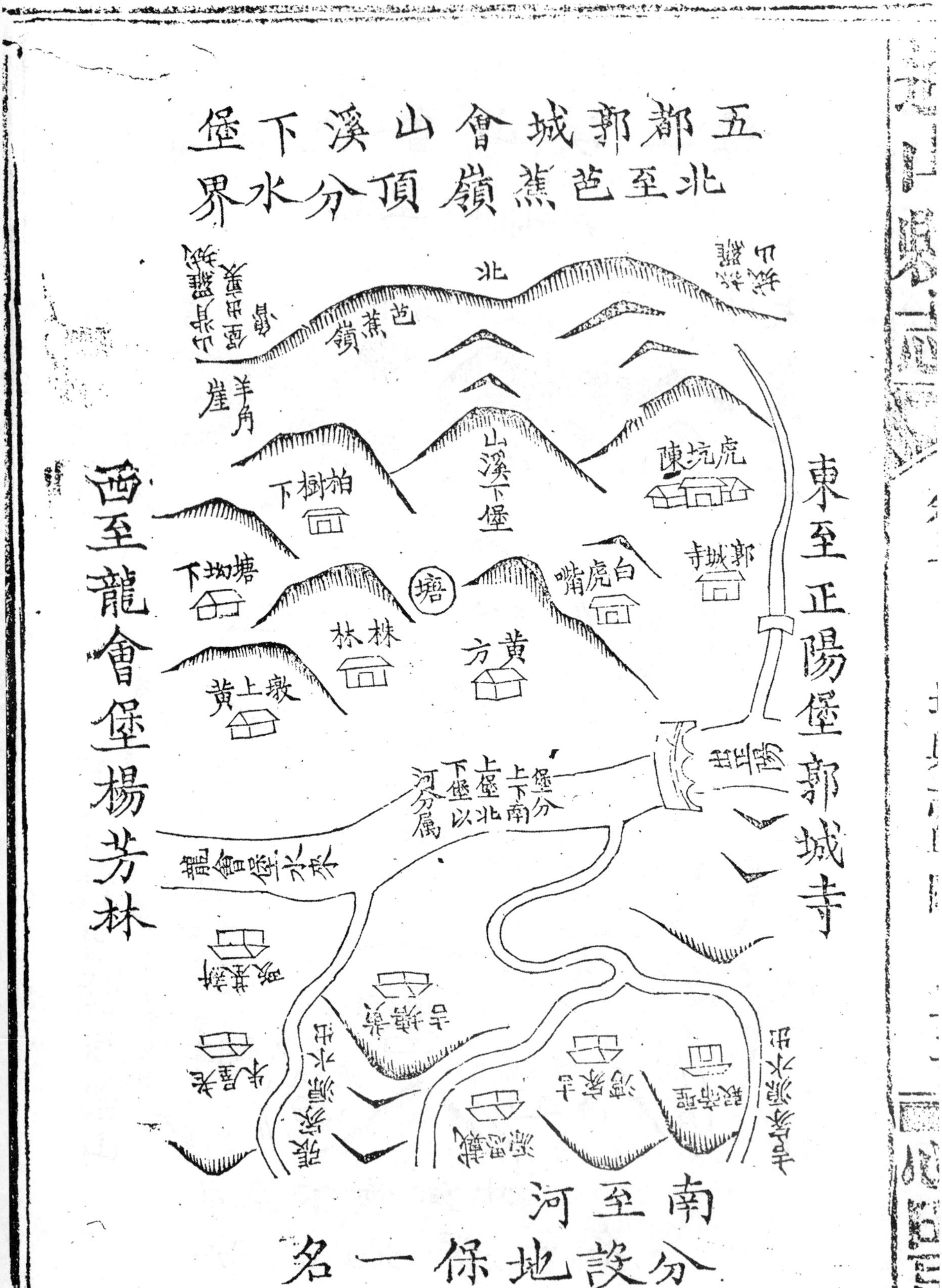
五都郭城會山溪下堡
北至芭蕉嶺頂分水界
東至正陽堡郭城寺
西至龍會堡楊芳林
南至河
分設地保一名
北
芭蕉嶺
羊角崖
柏樹下
山溪下堡
虎坑陳
郭城寺
白虎嘴
塘坳下
塘
株林
黃方
墩上黃

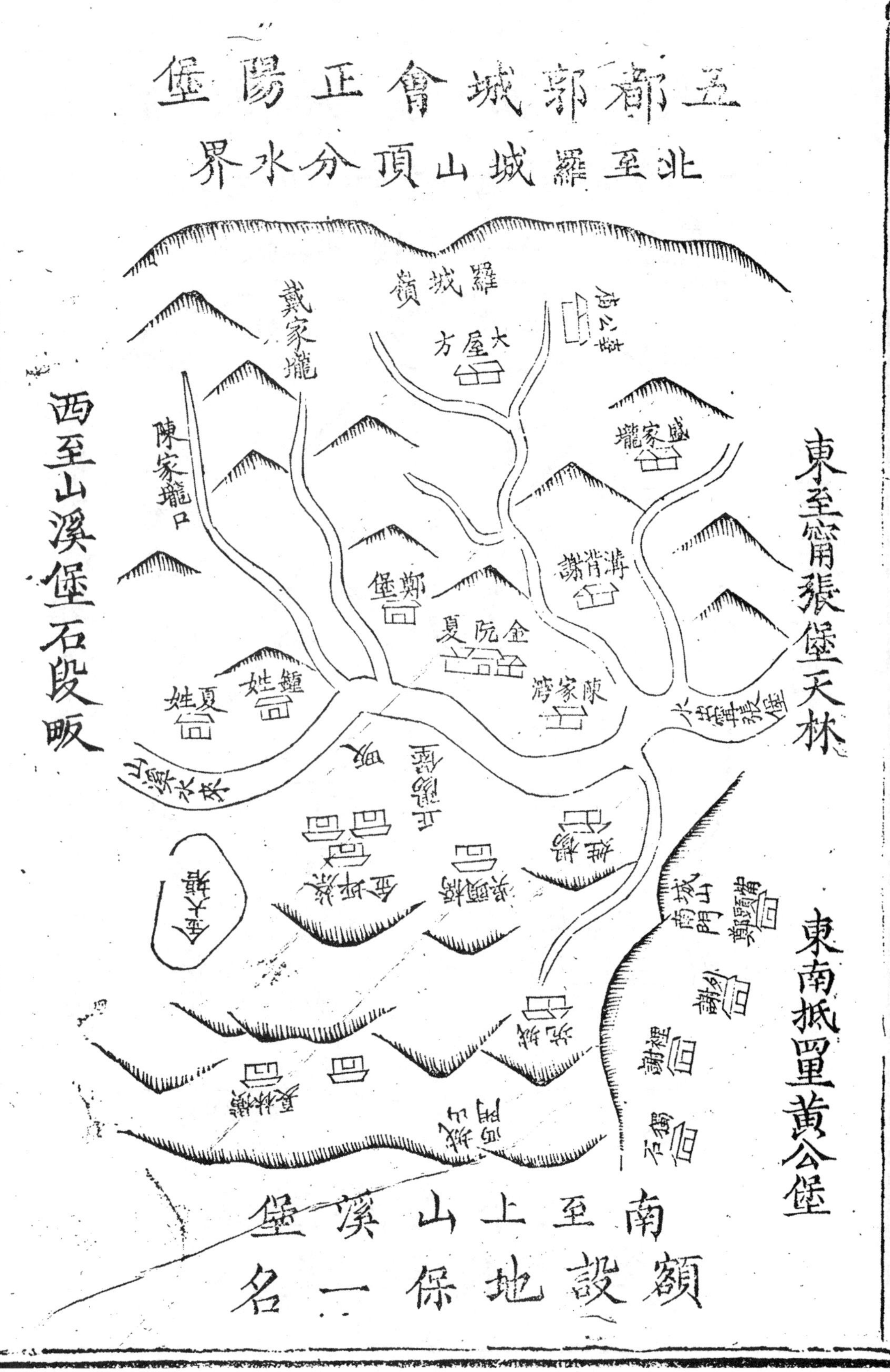
五都郭城會正陽堡
北至羅城山頂分水界
羅城嶺
戴家壠
大屋方
陳家壠口
盛家壠
鄭堡
金阮夏
鍾姓
夏姓
顧家灣
西至山溪堡石段畈
東至甯張堡天林
東南抵罝黃公堡
南至上山溪堡
額設地保一名

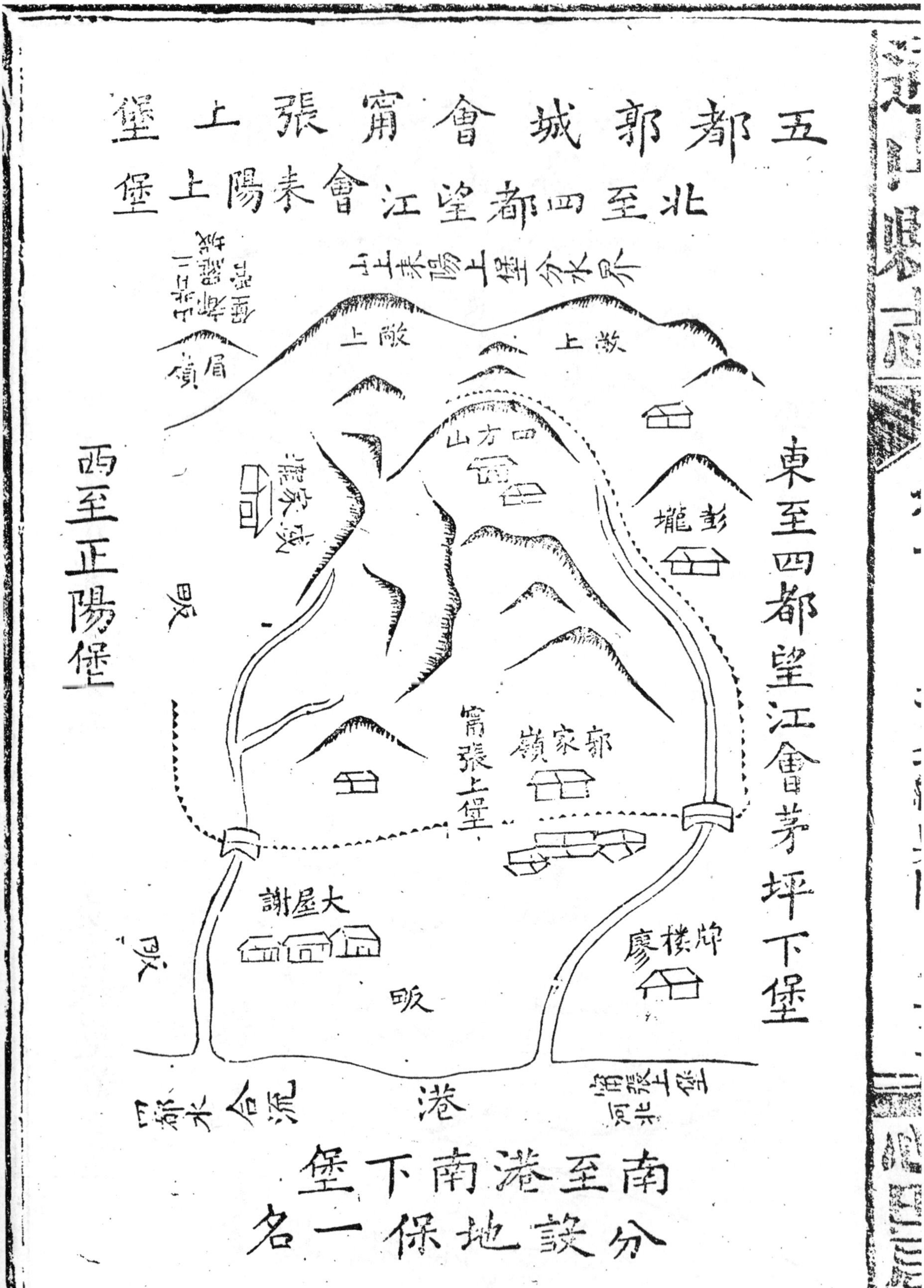
五都郭城會甯張上堡
北至四都望江會耒陽上堡
西至正陽堡
東至四都望江會茅坪下堡
南至港下堡
分設地保一名
甯張上堡
郭家嶺
大屋謝
港

五都郭城會甯張下堡

南至四都黃公上堡山下金

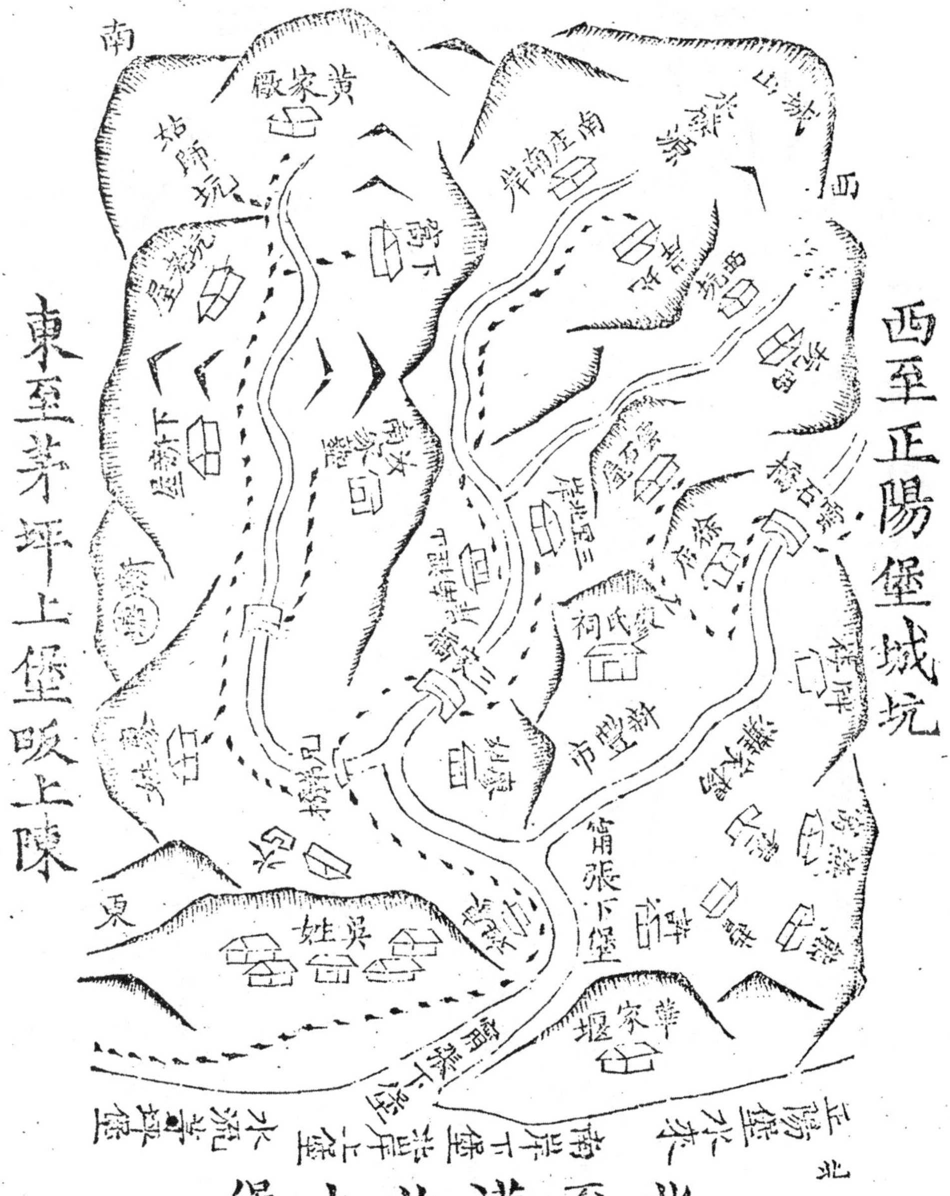

北至港北上堡

分設地保一名

六都雲梯會牛饋下堡
西至上堡櫃子坳

北至四都豐隆堡長石

南至大源堡

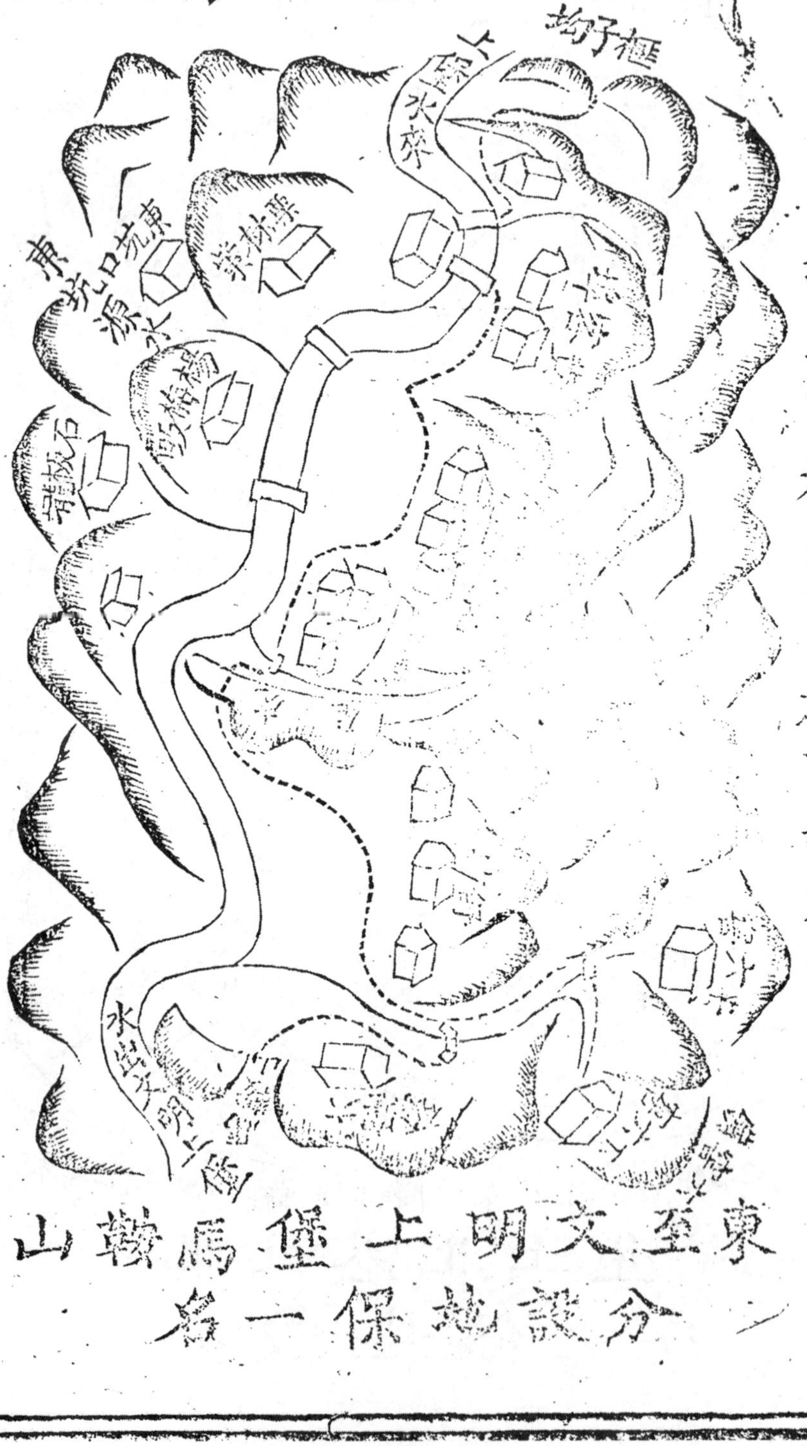

東至文明上堡馬鞍山

分設地保一名

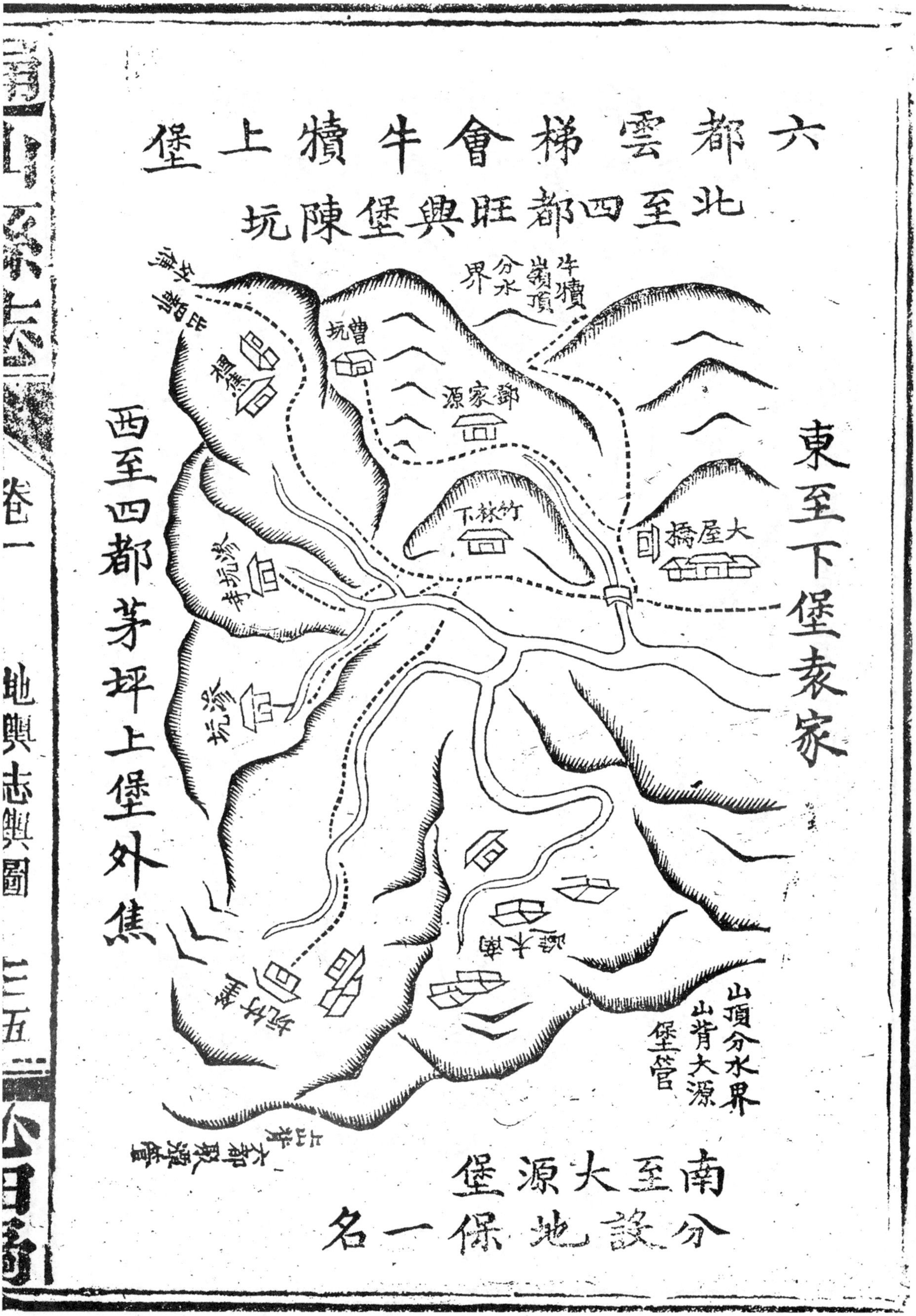
六都雲梯會牛犢上堡
北至四都旺興堡陳坑
牛犢嶺頂分水界
曹坑
鄧家源
竹林下
大屋橋
東至下堡袁家
西至四都茅坪上堡外焦
山頂分水界
山背大源堡管
南至大源堡
分設地保一名

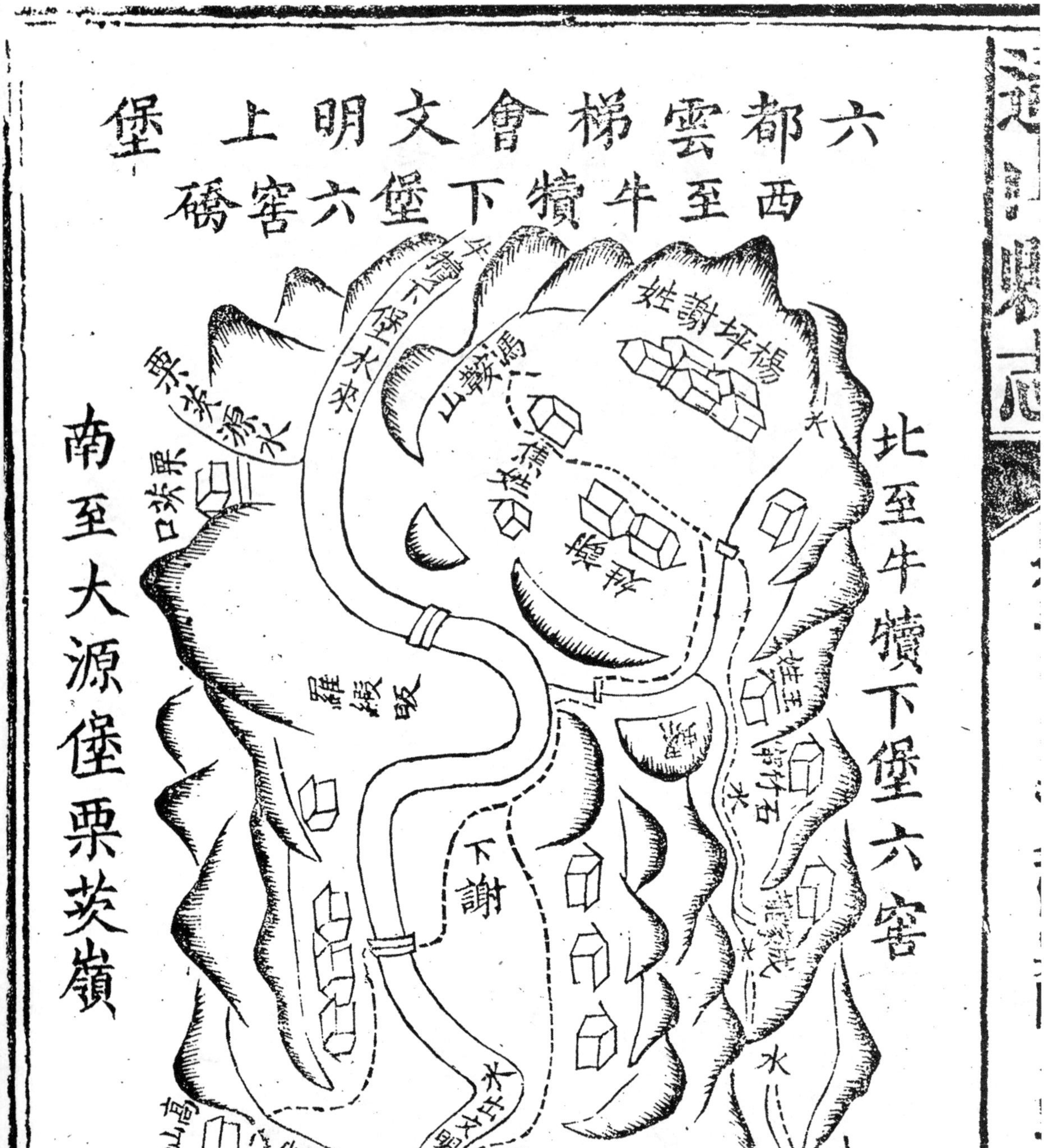
六都雲梯會文明上堡
西至牛犢下堡六窖磅
北至牛犢下堡六窖
南至大源堡栗茨嶺
東至下堡白土嵛龟墩
今設地保一名
楊坪謝姓
下謝

六都雲梯會文明下堡

北至沅水山頂分水界

西至朦朧嶺頂分水界

東至砲石堡楓樹橋

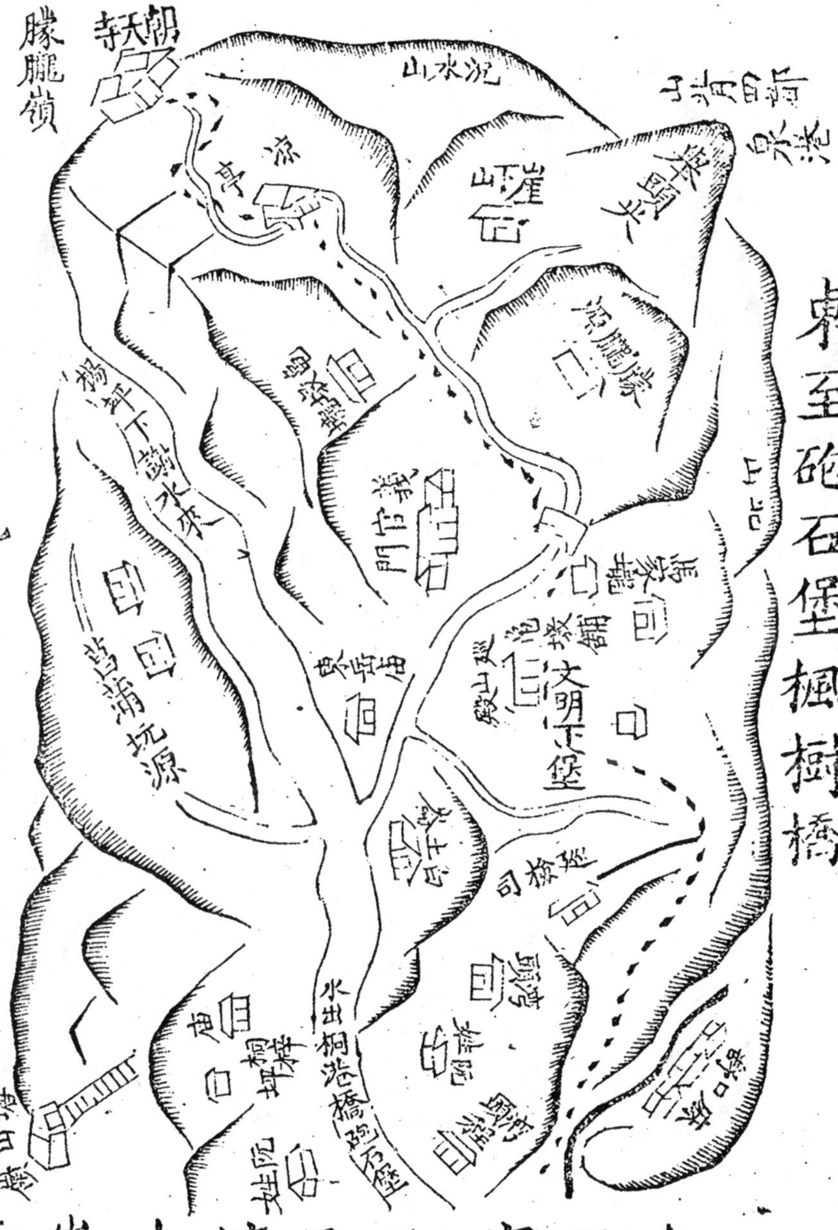

南至寶石下堡塘山嶺頂

分設地保一名

六都崇福會聚潭堡

北至大源堡楓橋

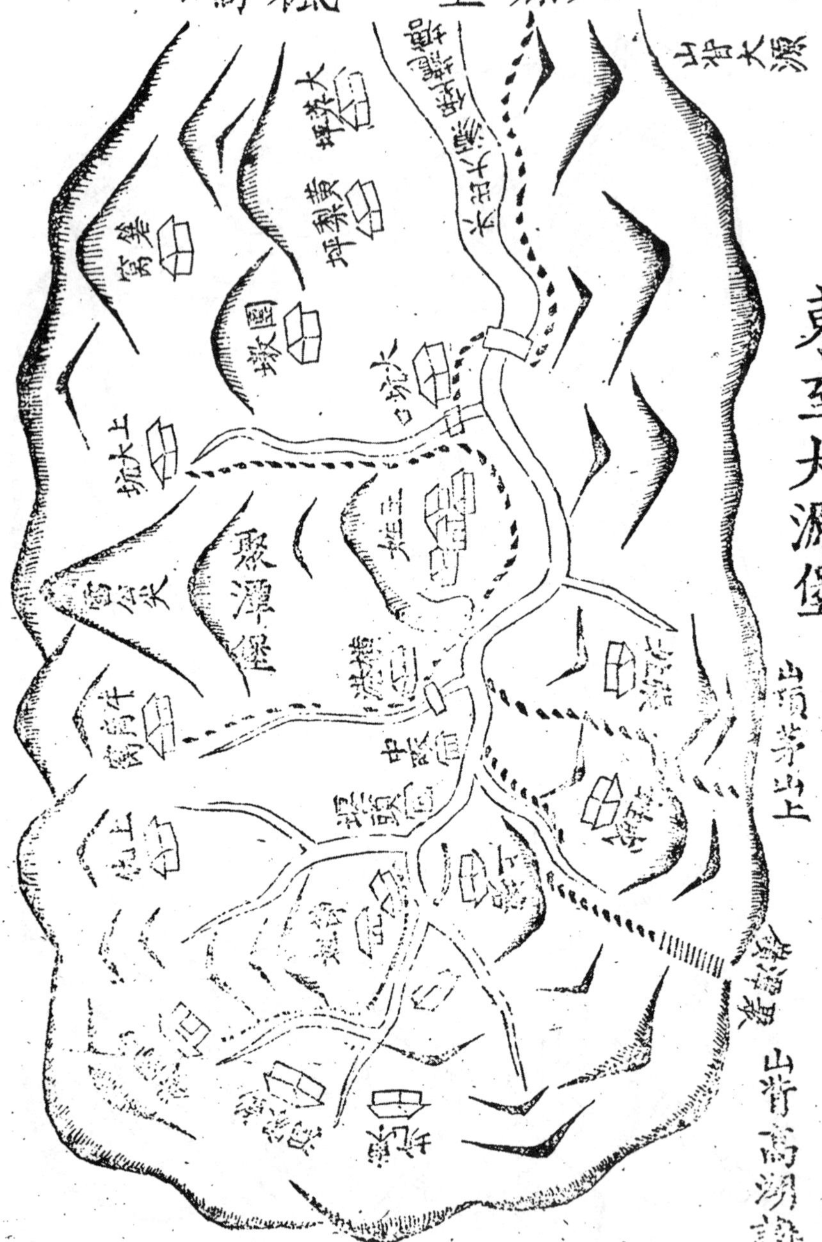

東至大源堡

西至四都象牙堡

南至江西黃沙

領設地保一名

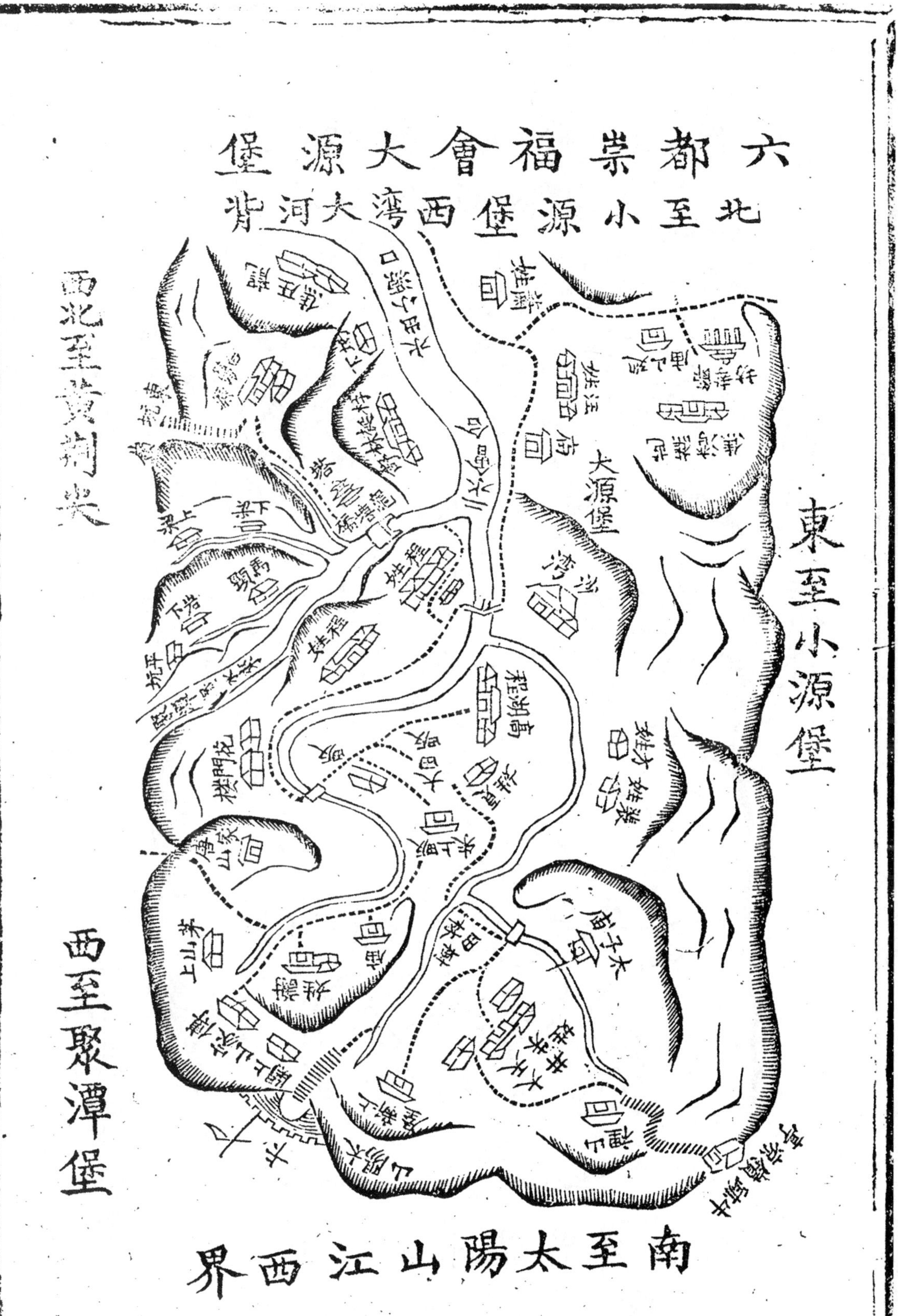
六都崇福會大源堡
北至小源堡西灣大河背
東至小源堡
南至太陽山江西界
西至聚潭堡
大源堡

六都崇福會小源上堡

北至梅山隊頂分水界

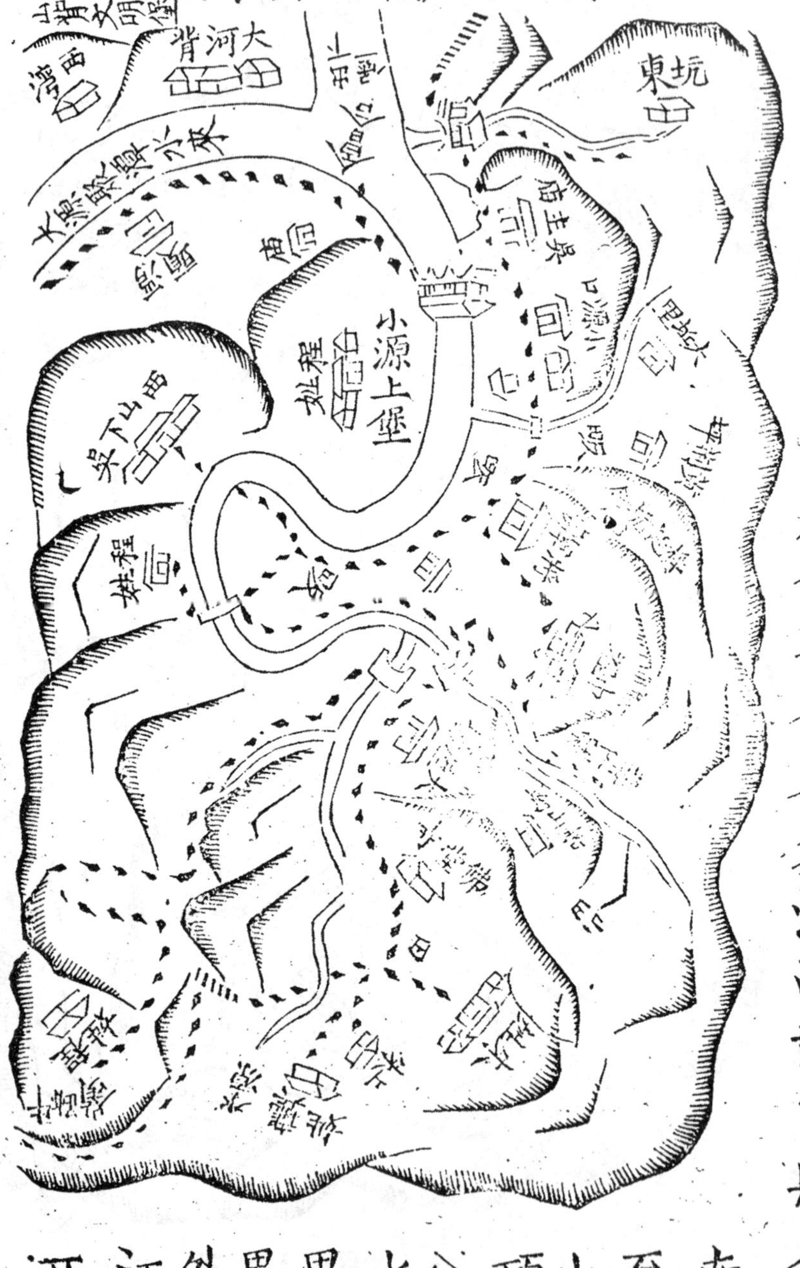

東至臨頭吉老廟分水界界外江西武甯縣界

西至大源堡

南至山頂分水界界外江西

分設地保一名

六都崇福會小源下堡

西至上堡東坑橋

南至沙坪堡

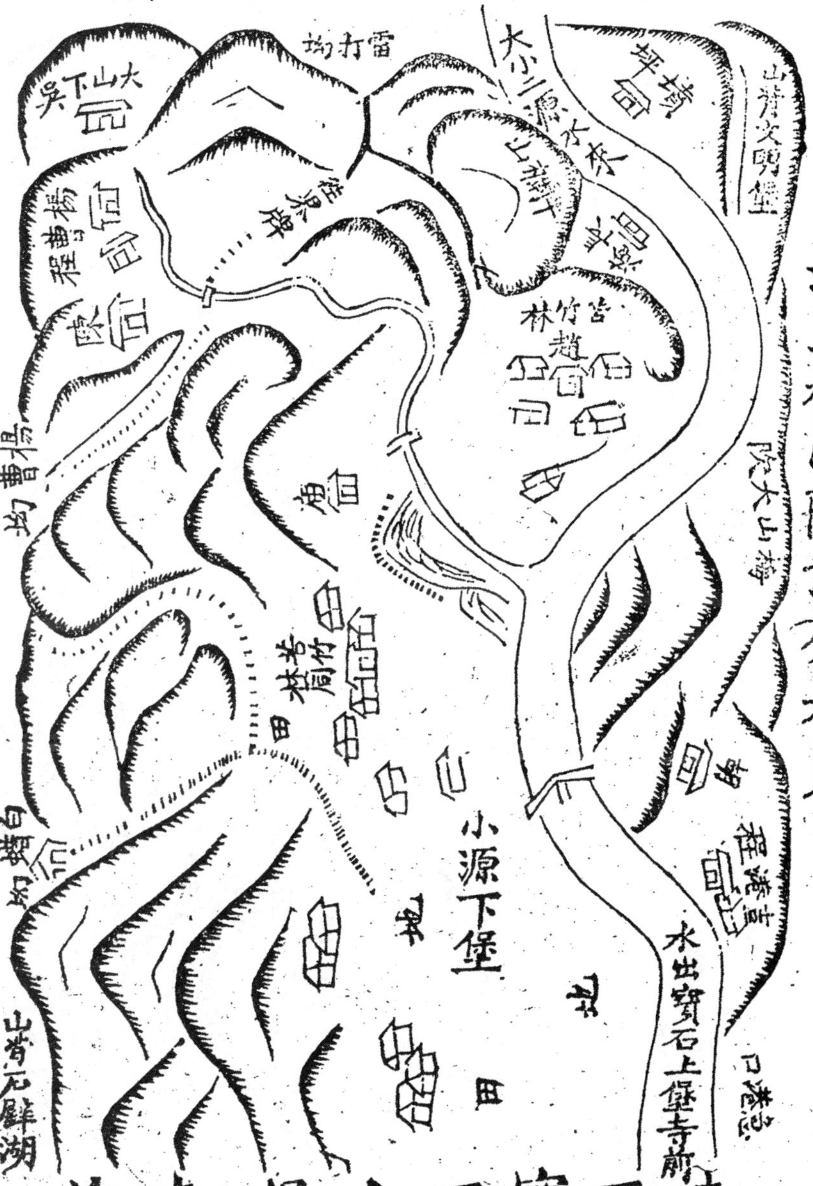

北至梅山隘頂分水界

東至寶石上堡寺前

分設地保一名

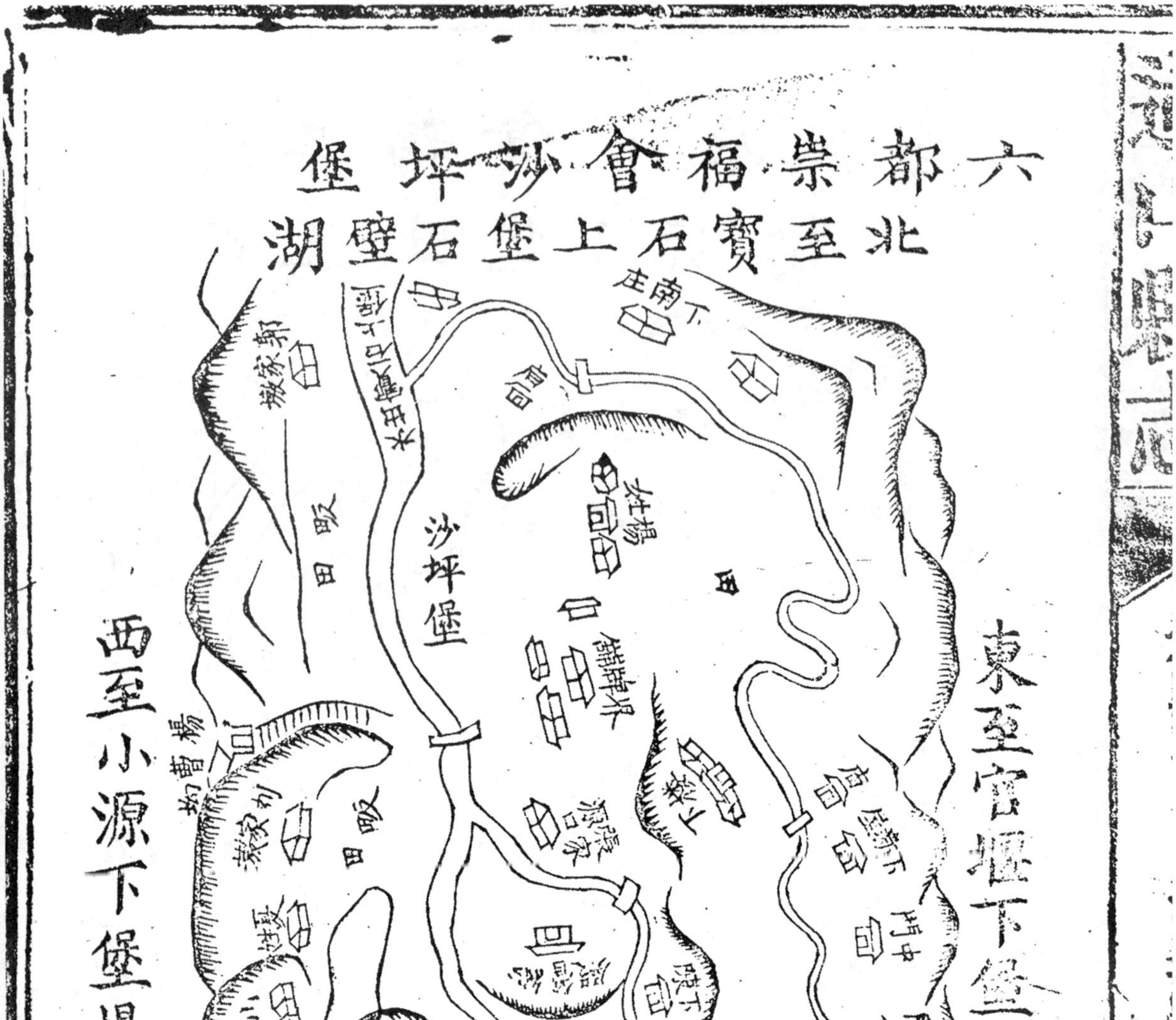
六都崇福會沙坪堡
北至寶石上堡石壁湖
東至官堰下堡石灰坳
西至小源下堡楊曹
南至江西界
額設地保一名
沙坪堡

六都崇福會寶石上堡

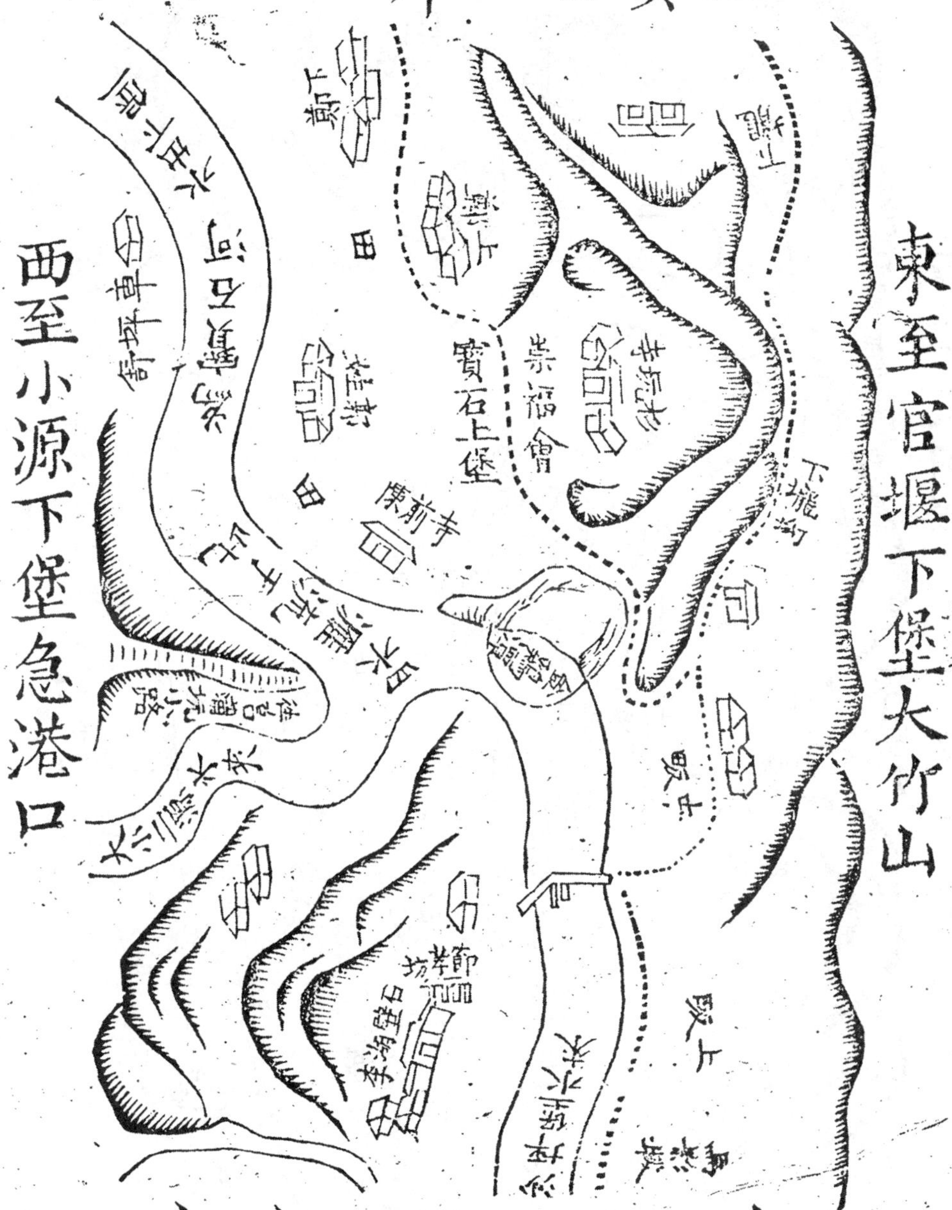

南至沙坪堡下南庄
額設地保一名

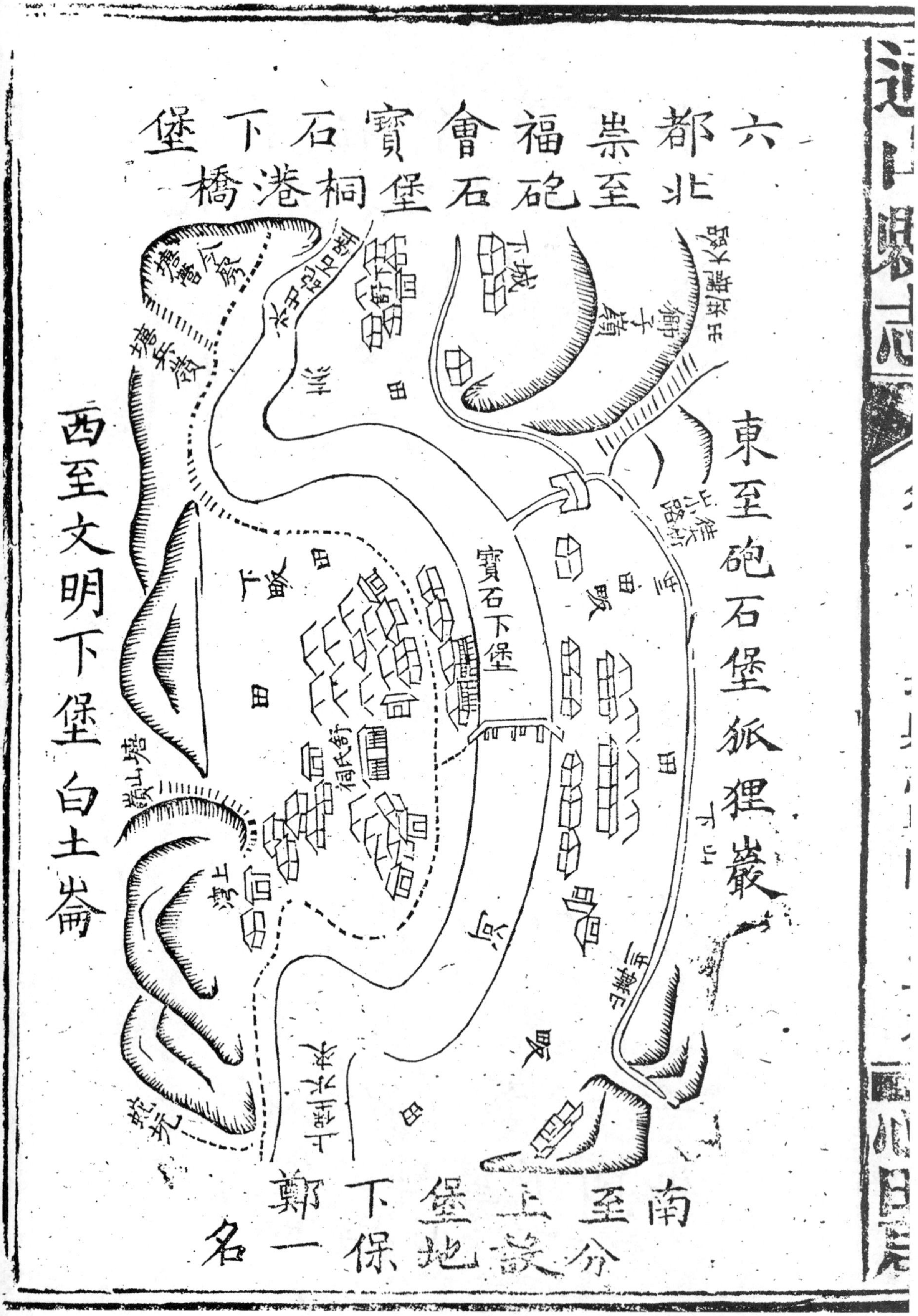
六都崇福會寶石下堡
北至砲石堡桐港橋
東至砲石堡狐狸巖
西至文明下堡白土崙
南至上堡下鄭
分設地保一名
寶石下堡
下城
獅子嶺

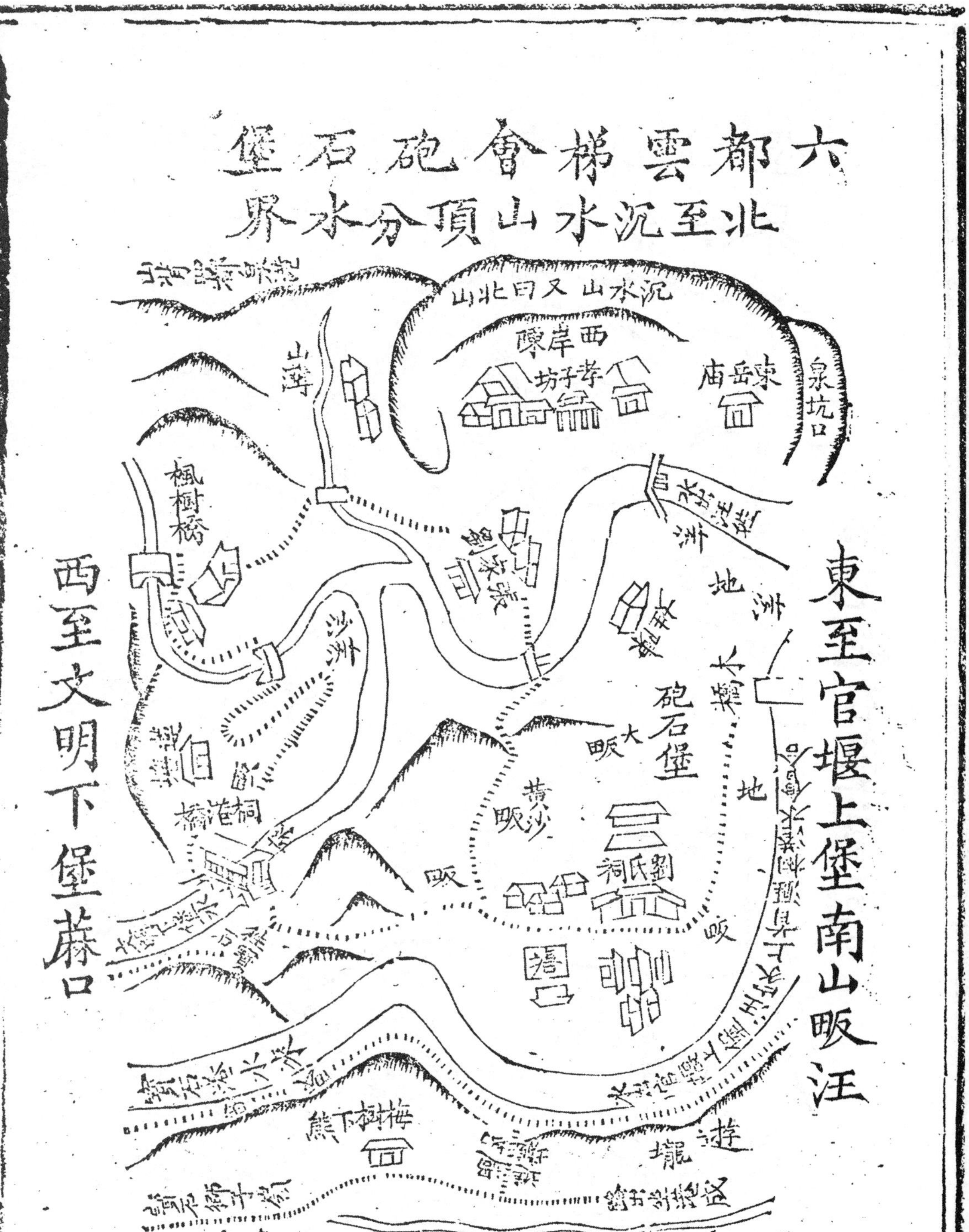
六都雲梯會砲石堡
北至沉水山頂分水界
沉水山又曰北山
孝子坊
東岳廟
泉坑口
楓樹橋
沙洲
砲石堡
大畈
黄沙畈
劉氏祠
梅樹下熊
東至官堰上堡南山畈汪
西至文明下堡藤口
南至官堰下堡張家田
額設地保一名

卷一

地輿志輿圖

四十

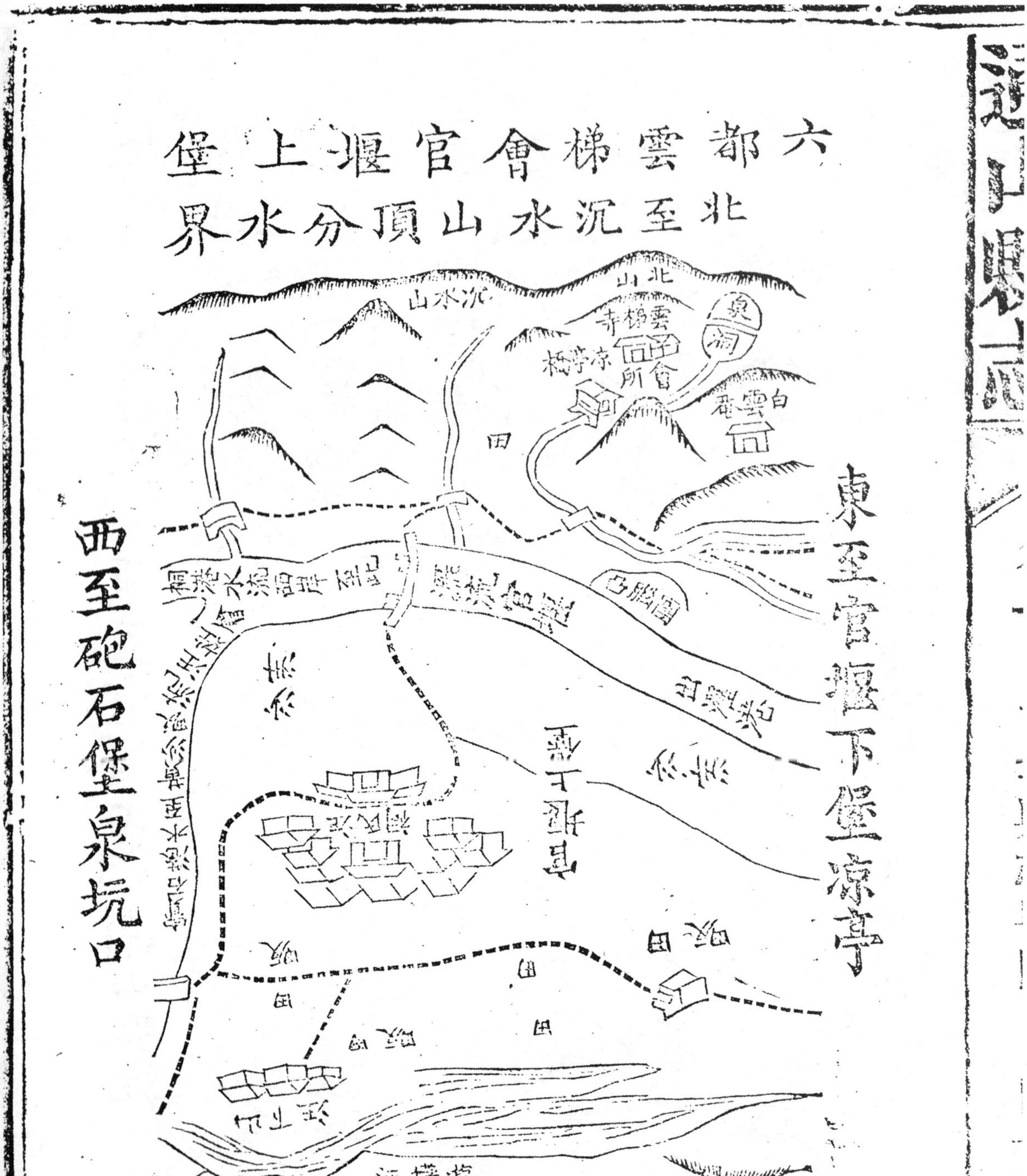
六都雲梯會官堰上堡
北至沉水山頂分水界
沉水山
北山
雲梯寺
會所
白雲庵
東至官堰下堡凉亭
西至砲石堡泉坑口
南至下堡濯港壠
分設地保一名

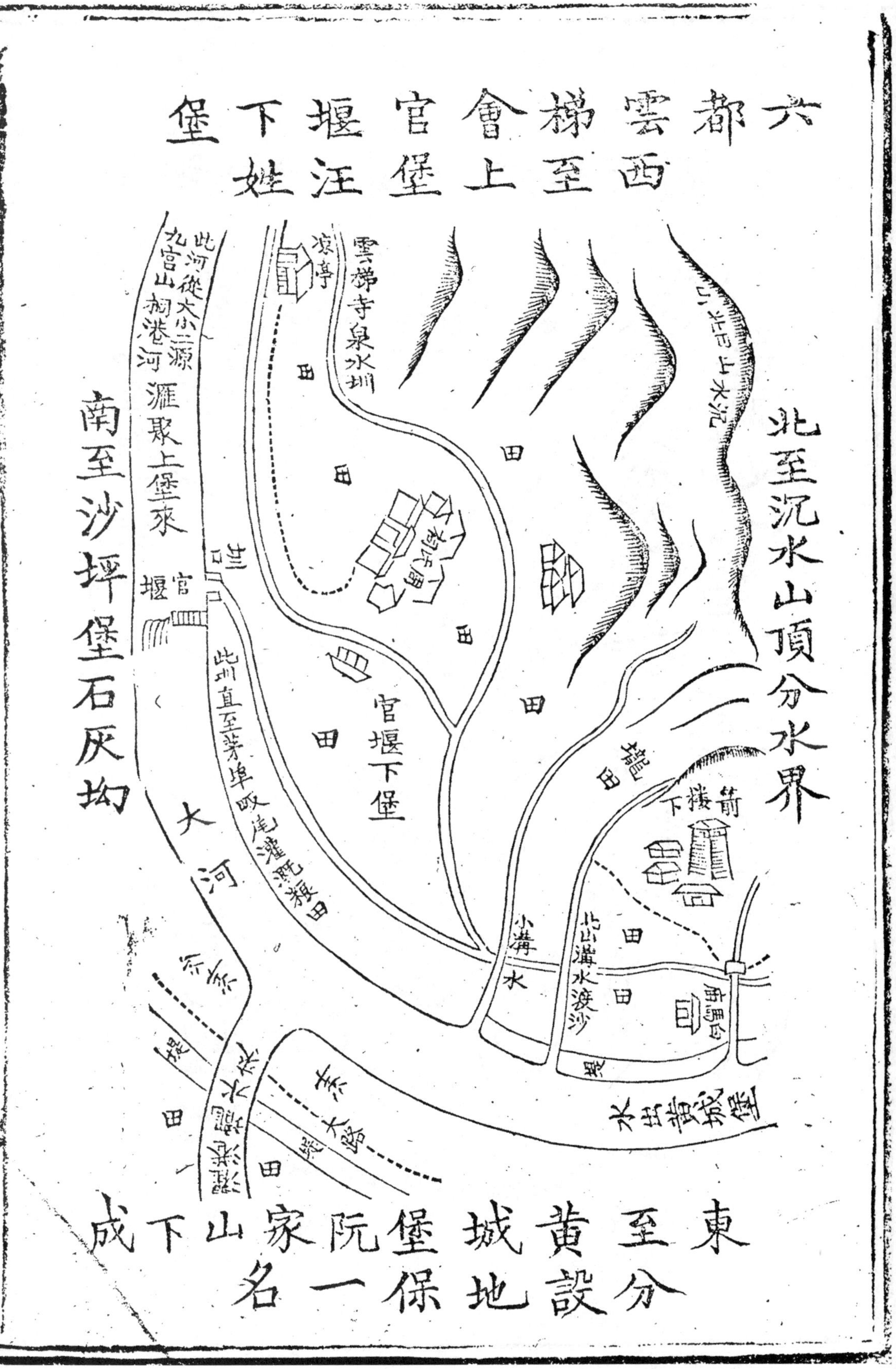
六都雲梯會官堰下堡
西至上堡汪姓
北至沉水山頂分水界
南至沙坪堡石灰坳
東至黃城堡阮家山下成
分設地保一名
此河從大小二源九宮山桐港河滙聚上堡來
涼亭
雲梯寺泉水圳
官堰
官堰下堡
大河
小溝水
田

卷一　地輿志輿圖　四一

官堰下堡黄城堡相連附圖

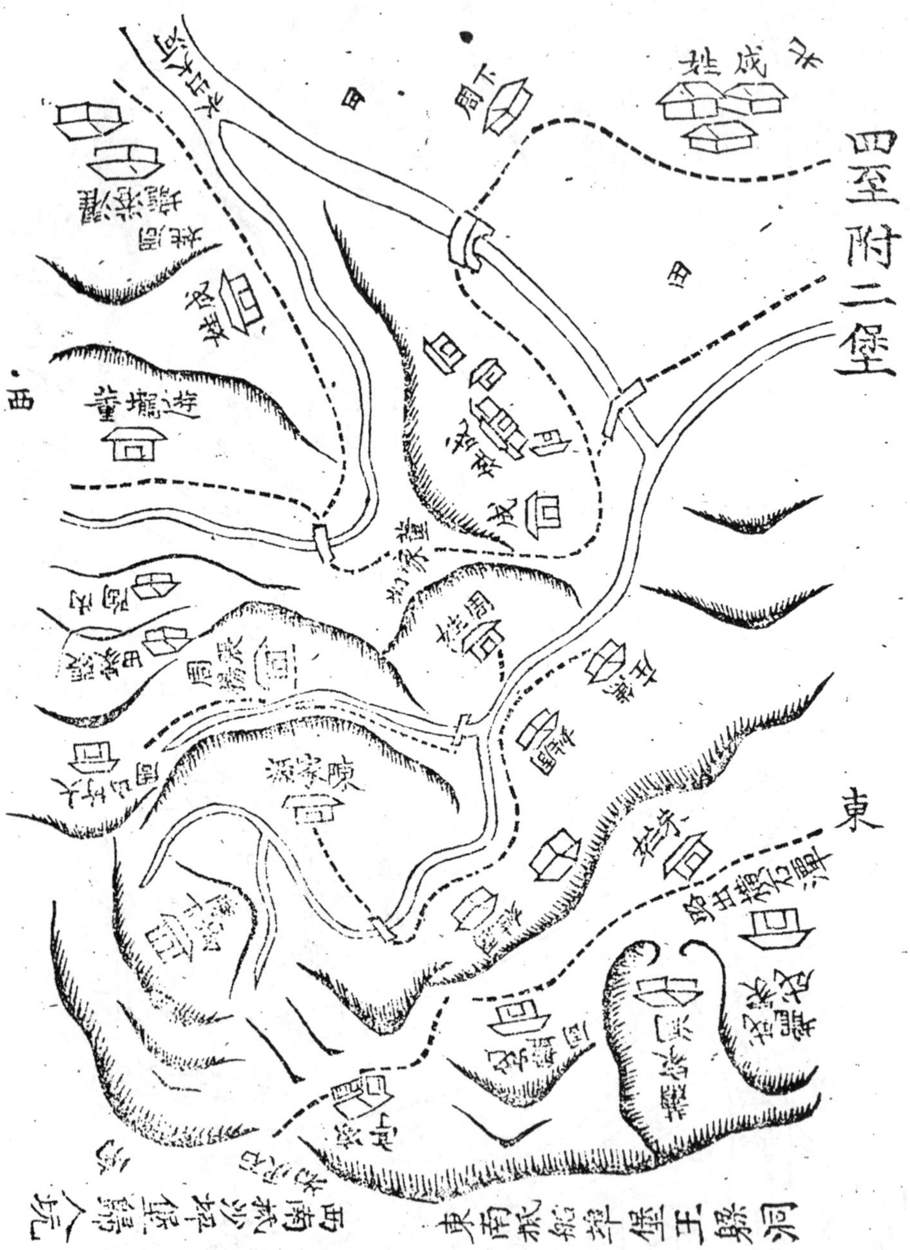

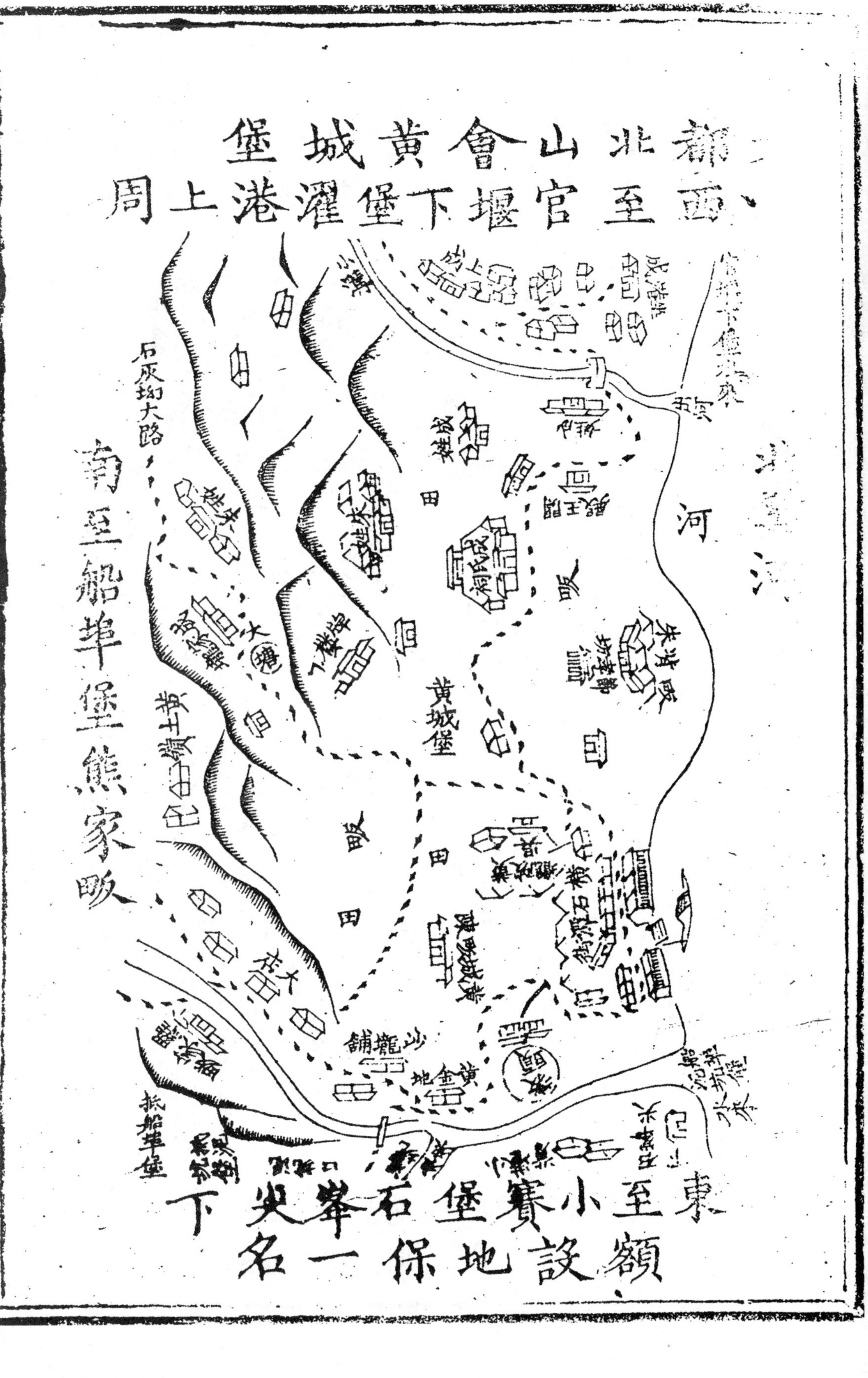
都北山會黃城堡
西至官堰下堡濯港上周
南至船埠堡熊家畈
東至小賽堡石峯尖下
額設地保一名
河
黃城堡
石灰坳大路
小港
大塘
山龍舖
黃金地
振船埠堡

六都北山會西港硎堡

南至核桃洲大山頂分水

東至船埠堡東港茅窯頭

西至沙坪堡轆轤叢火山分水界

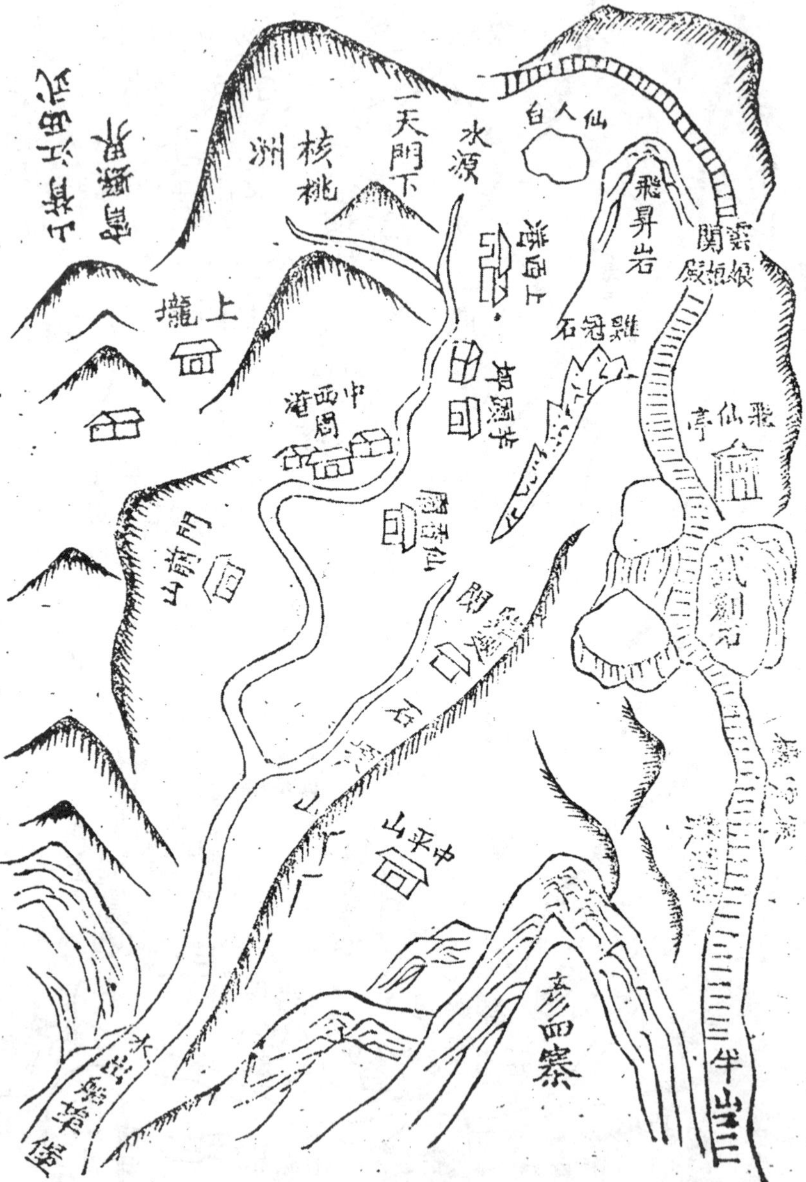

北至石埂山抵船埠堡

分設棚保一名

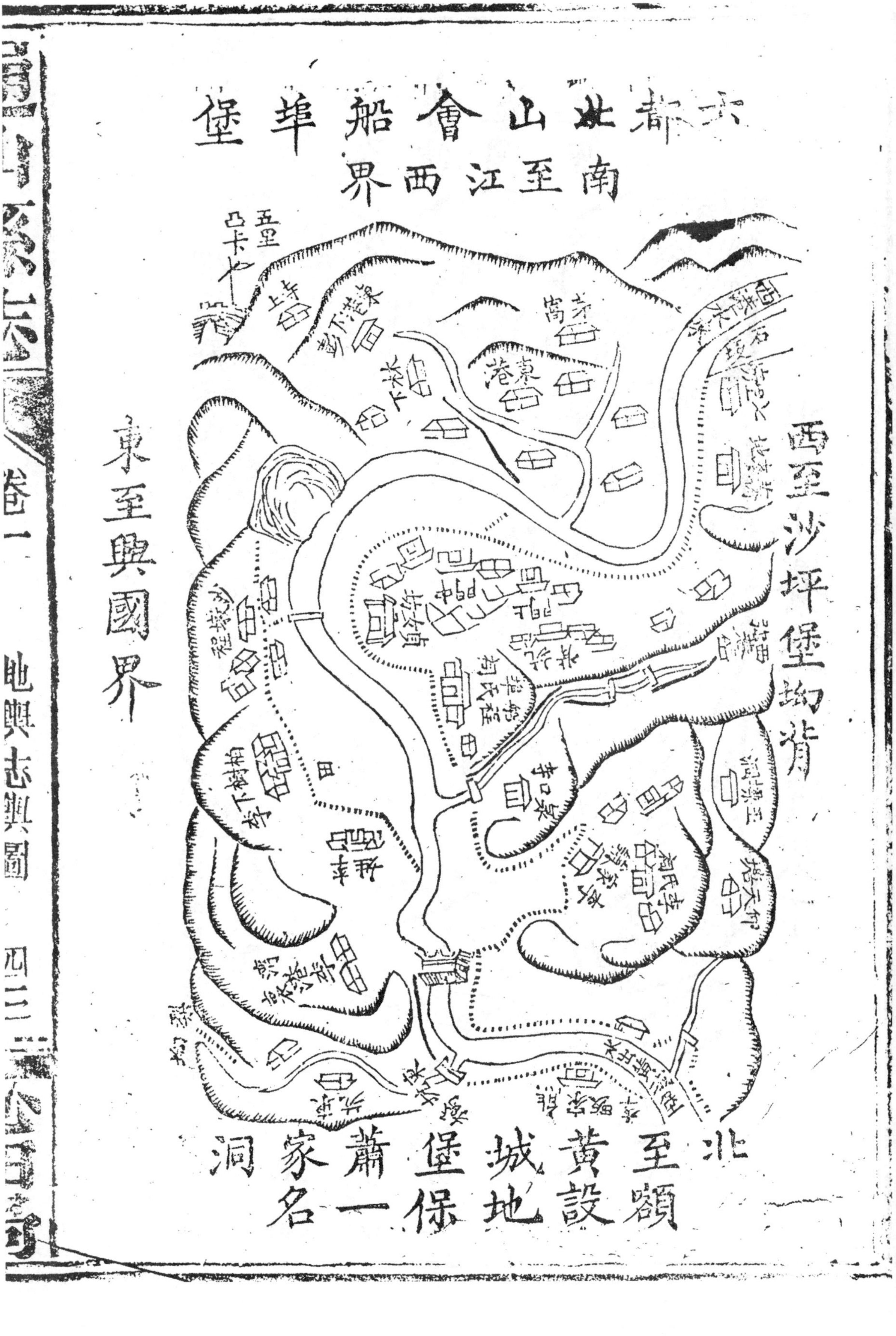
南至江西界
東至興國界
西至沙坪堡
北至黄城堡蕭家洞
額設地保一名
地輿志輿圖

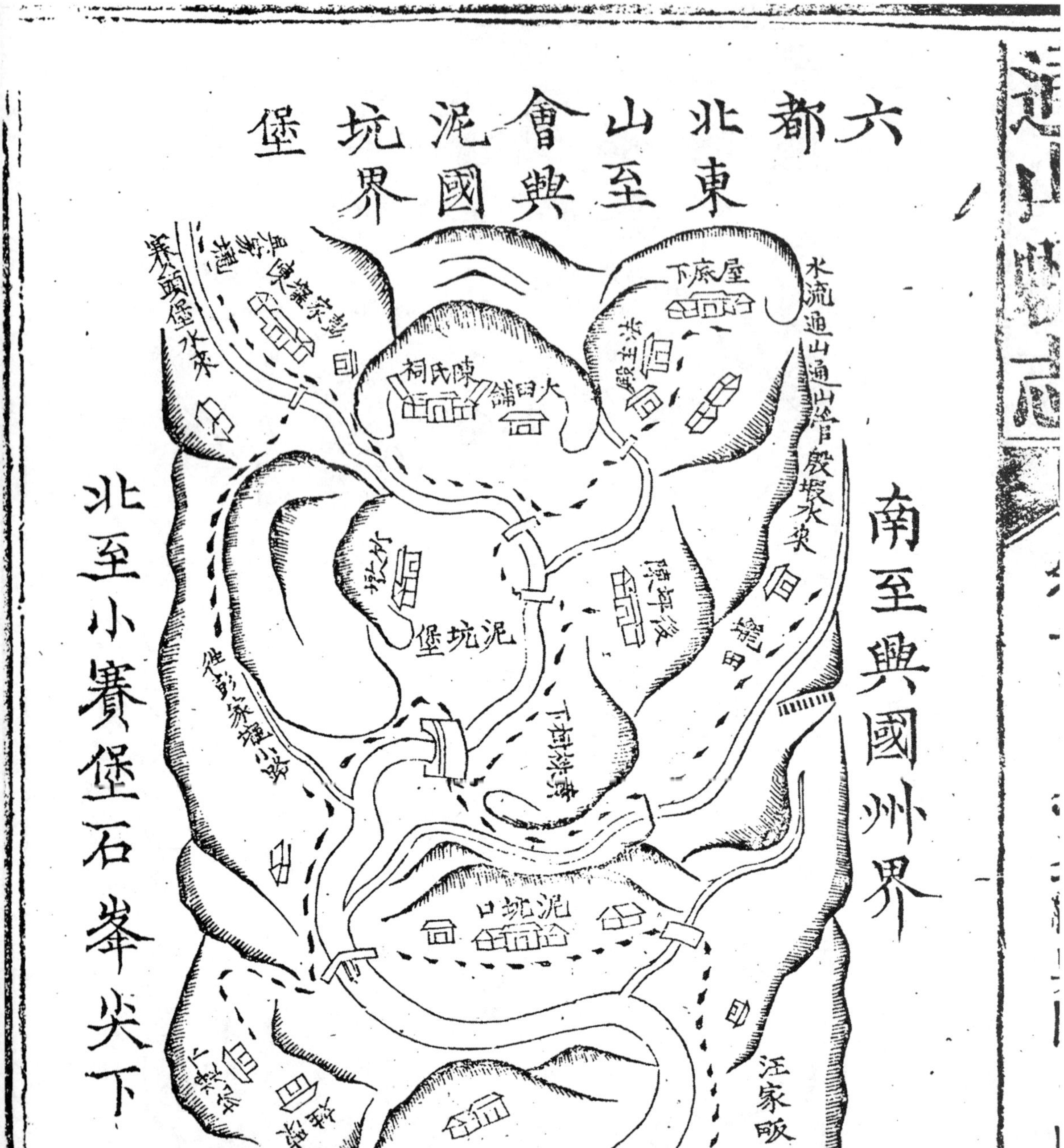
六都北會山泥坑堡
東至興國界
北至小賽堡石峯尖下
南至興國州界
西至黄城堡大店
額設地保一名
陳氏祠
大田舖
屋底下
泥坑堡
泥坑口
汪家畈
畈

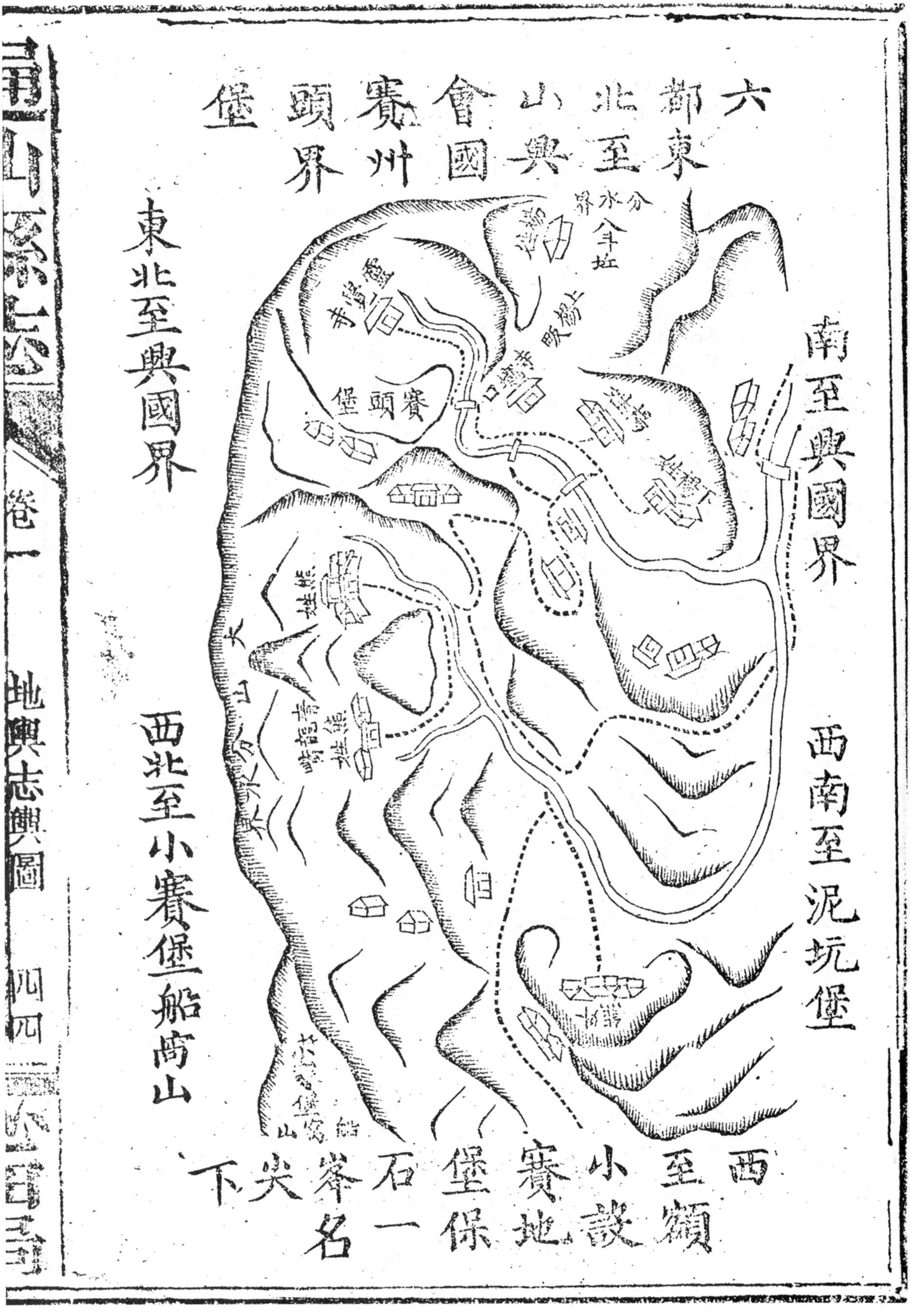
六都東北至山輿會國賽州頭界堡
東北至輿國界
南至輿國界
西南至泥坑堡
西北至小賽堡船商山
西至小賽堡石峰尖下
嶺設地保一名
賽頭堡
分水界

六都北山會小賽堡

東至興國州界

東南至興國界

東北至四都萬杉會上富有堡

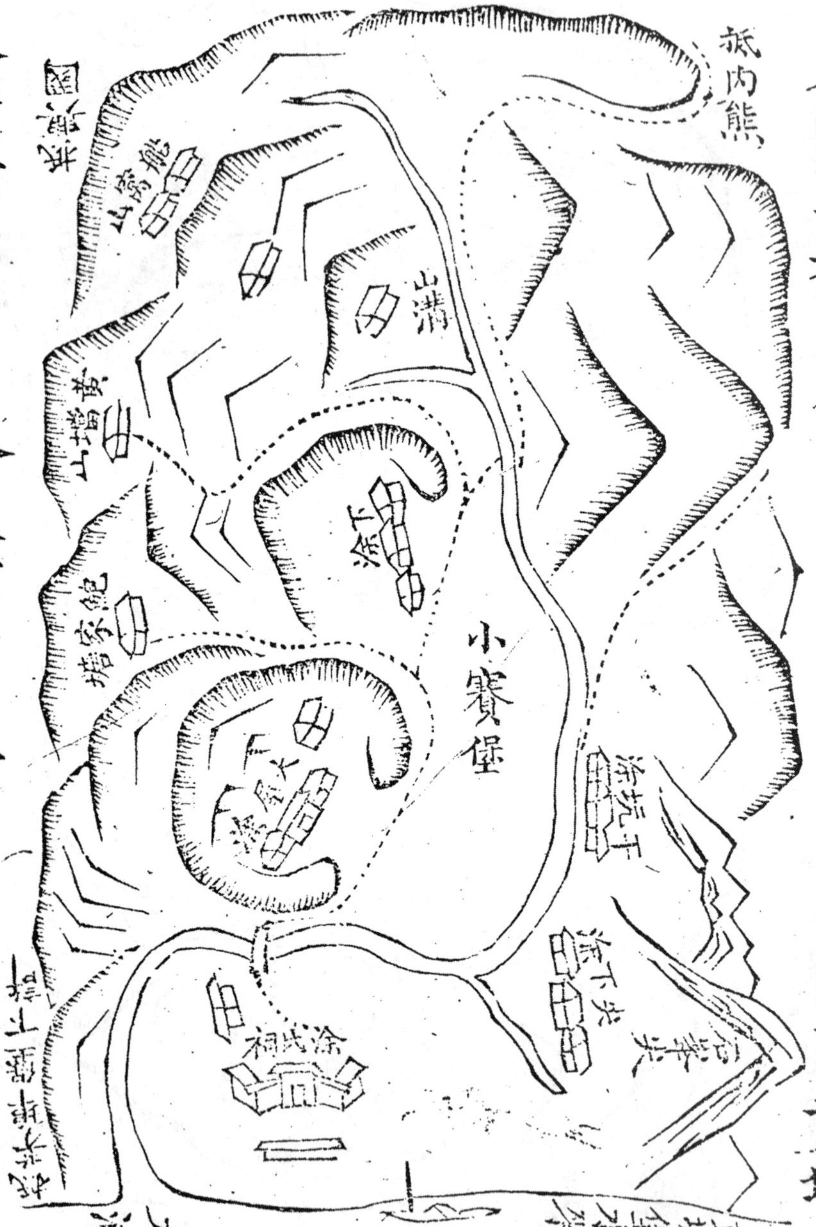

西北至茅坪下堡

西南至黃城堡

西至黃城堡小港背

額設地保一名

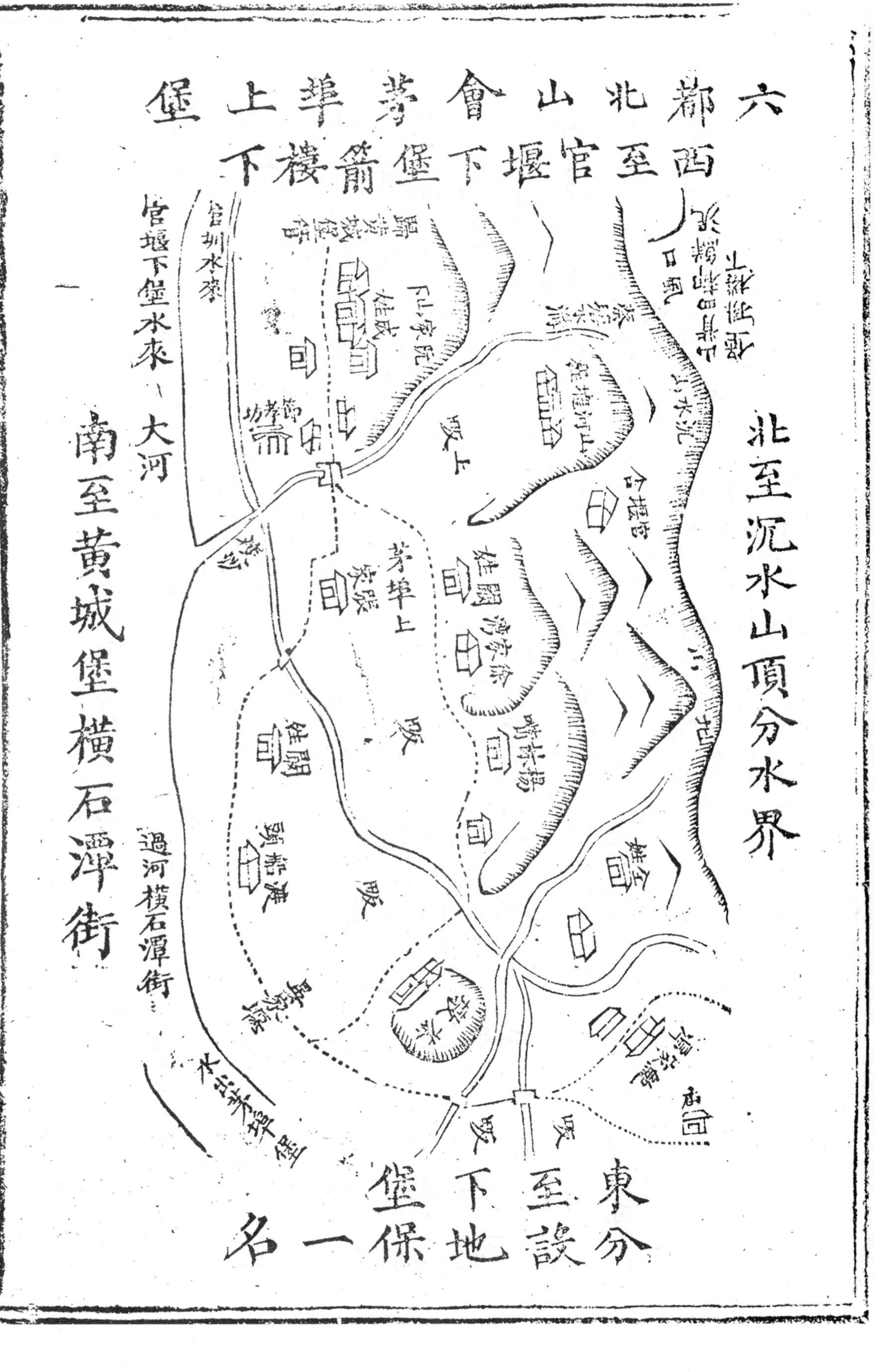
六都北山會簪華上堡
西至官堰下堡箭樓下
北至沉水山頂分水界
官堰下堡水來
大河
官圳水來
南至黄城堡横石潭街
過河横石潭街
東至下堡
分設地保一名

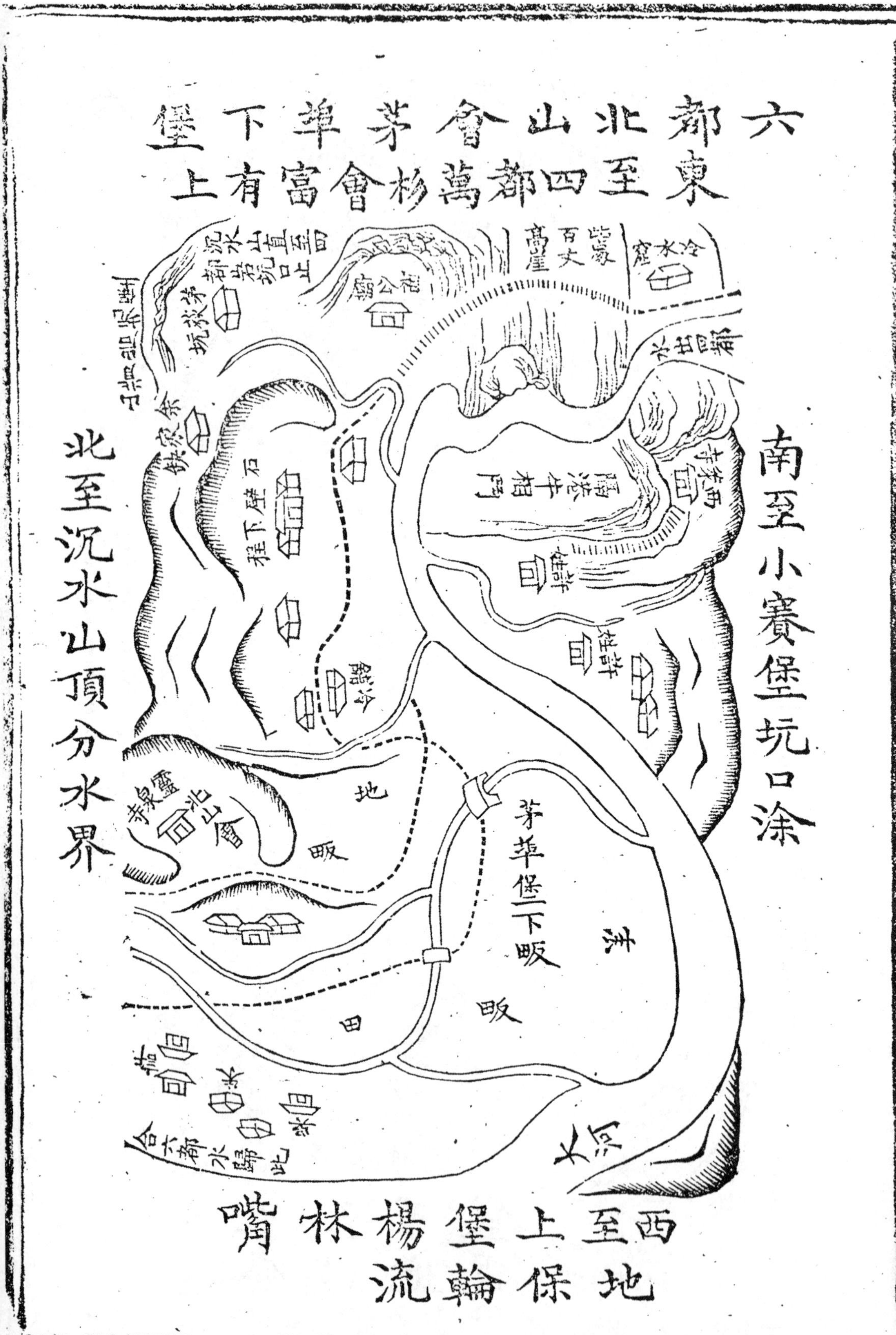
六都北山會茅華下堡
東至四都萬杉會富有上
南至小賽堡坑口涂
北至沉水山頂分水界
冷水窟
祖公廟
地
畈
茅華堡下畈
田
畈
大河
合六都水歸此
西至上堡楊林嘴
地保輪流

卷一　地輿志輿圖　四六

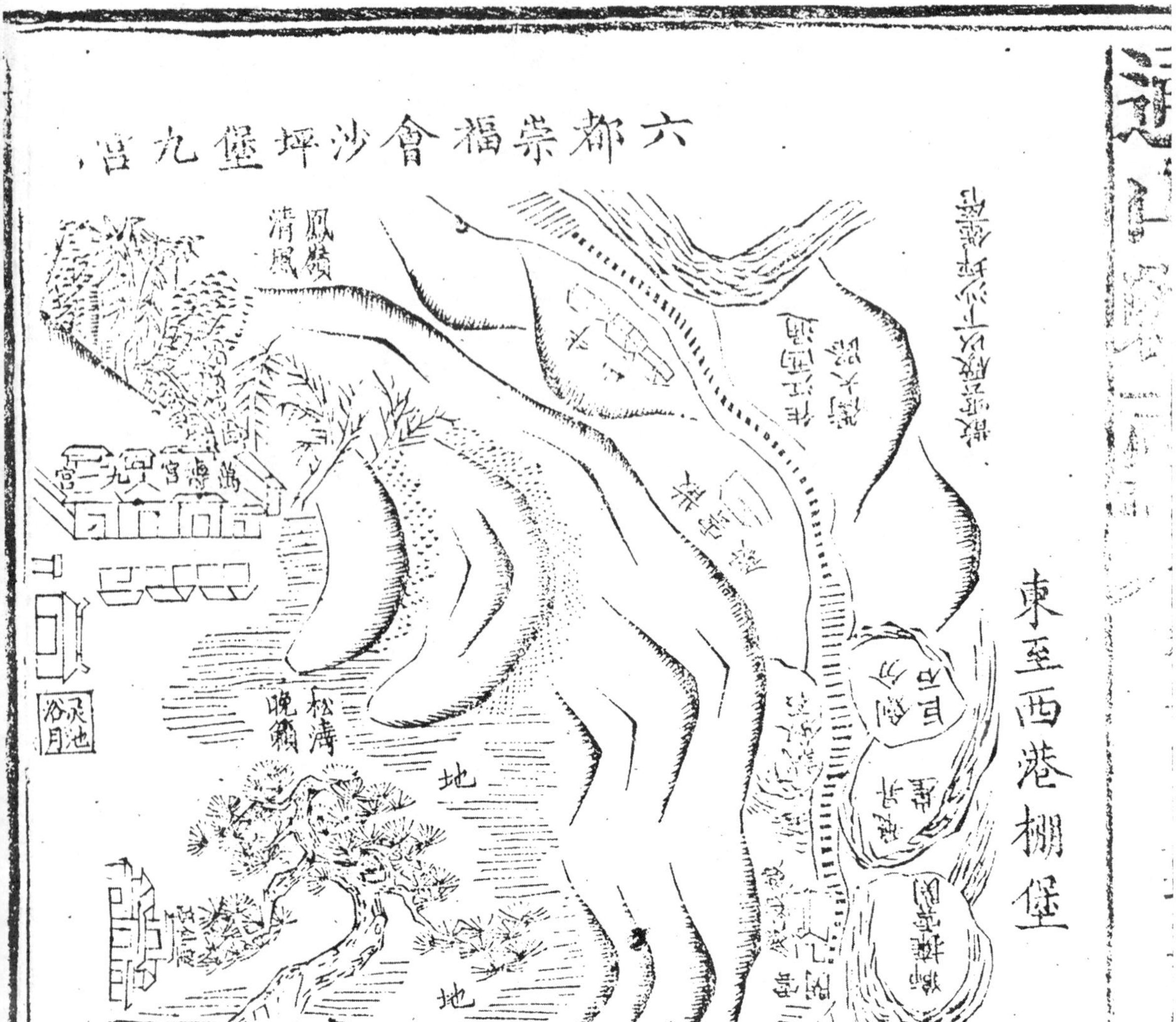
六都崇福會沙坪堡九宮
鳳嶺清風
松濤晚韻
地
地
東至西港棚堡
設立住持道人一名
抵江西武甯界
以山頂分水為界

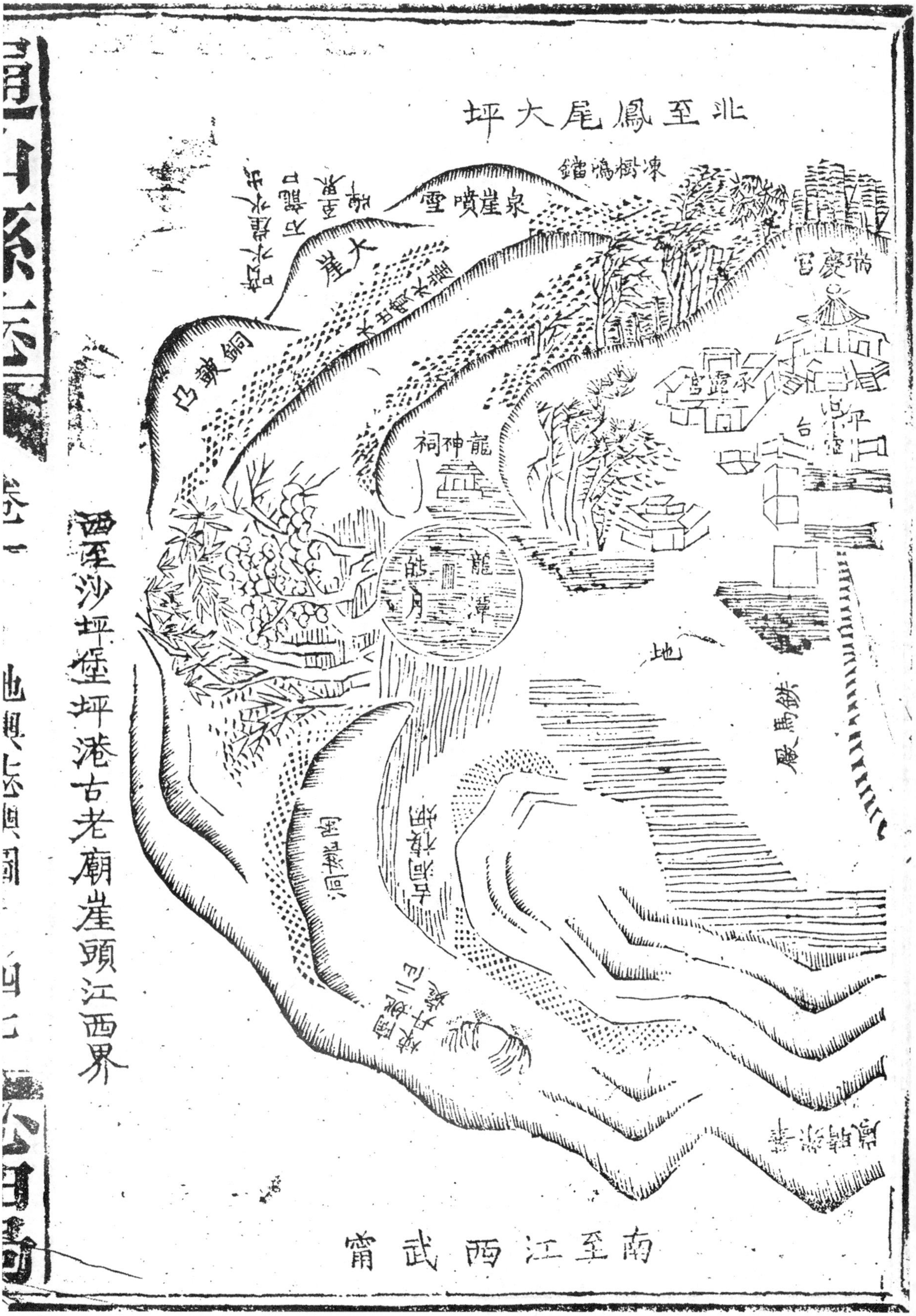
北至鳳尾大坪
泉崖噴雪
大崖
龍神祠
龍潭
地
西至沙坪堡坪灣古老廟崖頭江西界
南至江西武甯

通山縣志卷之二

地輿志

形勝

縣治後枕羅阜前列翠屏左挹石航右控白鶴雖武郡之下邑據興國之上游大城山巍峙南橫散水嶺崇岡北阻白羊列西方之障馬鞍跨東面之雄九宫崒嵂於東南石門鎖鑰於西北林巒鏡秀泉石增奇審勢者共稱巖疆憑高者可覽勝概矣志形勝

八景（有詩見藝文）

羅阜嵐光　翠屏塔影　石橋秋月
雙溪春水　犀港晨耕　焦巖晚渡
新嶺樵歌　衢潭漁照

後八景（康熙間易）

羅阜嵐光　翠屏塔影　牛潭舟唱
鶴刹鐘鳴　兩巖仙室　雙渡迴瀾
花飄桃洞　月滿石航

荆陽之界翼斗之墟奄茲包絡山川縈紆（見王星耀羊山賦）通邑上下百餘里丹巖矗翠碧澗澄鮮靈異攸鍾名賢接踵三台八磚之上向有其人（見翰林院檢討鄭之謙奎光閣記）

通邑躔分南極遥瞻翼尾斗頭域界西江素著地靈人傑（見知縣蔡上宰觀風告示）

牛軫之巨鎮吳楚之大觀（見九宫山志武昌殷必玲序）

峯巒娟妙參錯列峙日月蔽虧煙雲吞吐（見白鹿洞學諭謝一聞部九宫山記）

山川

通山有名山無大川然有山卽有水爲渟爲峙脈絡天然況古人云山不在高水不在深雖蕞爾邑其可忽諸志山川

山總崖嶺尖峰洞附

環通皆山也故名通山來自湖南平江幕阜山東行至黃龍山綿亘百餘里歷通城抵義甯起九曲嶺過錠子邱起三界尖爲義甯崇陽通山三邑界由三界尖起龍栖尖西行過界頭墻起八仙廠由黃鷹豯石涼亭起雨山伏行過界頭起白羊山爲通邑西障由白羊山過壕頭坳分支起咸甯小嶺西行北折數十里起潛山舊志及興國州志云通山白羊諸山自潛山而來皆誤東折起闖家山接起楚王山歷栢嶺亭起散水嶺及楊城山隨起北山爲通邑北障由北山分支起細石嶺南行發縣龍起岳州尖左馬王尖右戴帽尖中支伏行過烏石嶺起玉屛山西行起上會嶺蜿蜒至羊都馬槽東折起中會嶺南折起下會嶺伏行起羅阜山爲縣治主山其北山東角起大墓

山別阜起隱水山界興國由北山東行起分龍樓分三支中出大冶右興國左武昌北山之陰起桃花尖爲省龍正幹入咸甯境此皆北條之山也南條之山自三界尖東行過沙子坪分支起大城山其正幹由八角尖歷黃荆嶺起大仰山及太陽山界武甯爲通邑南障由太陽山東起九宮山過五里包入興國境起紐絲嶺爲吳楚通衢東行起太平山趨九江結匡廬山自五里包分支北行起鷄籠尖過烟斷界興國起靈覺崖西折起熊家崖由熊家崖北折起蛇嶺蜿蜒數十里起王官山興國界爲通邑東障自大仰山分支北行起鳳凰尖及黃荆尖過裏焦東行起牛渡嶺至六窖嶺隨起朦朧嶺又東北起沉水山伏行起金獨尖旋起馬鞍山溯流而上起石航山立縣治東與白鶴山對峙爲縣治兩掖其雨山分支東行歷銅盤嶺起望法尖過蘆坑起貪狠山下趨起天馬山過南堡塘起白巖山東北折起翠屛山列縣治前通邑之

山分而復合不啻外城而內垣矣
羅阜山一名龜山在縣治北高大峭拔青
石層疊成紋山麓爲縣署市廛民居悉
依之一峯秀出其後卓立如筆曰羅峯
尖洵一邑之主峰也山南有雞公洞老
虎坪蝦蟆跳井桃花泉諸勝西北有北
斗山俗稱金龜朝北斗又有三星伴月
諸小山列其旁邑人山東布政使司朱
志先有記
翠屏山在縣治南隔溪排列署前形如屏

風中有翠屏亭翠屏塔塵外亭炯然亭
又有石城三面本名石城山唐天寶中
改今名載輿地廣記
白鶴山在署西里許爲縣治右掖象類鶴
故名前人結醉雲亭於其巔山麓有多
寶寺夜半鐘聲響徹遠近鶴刹鐘鳴爲
後八景之一
石航山以形名在署東二里許爲縣治左
掖自下流綿亘而上壁立水口山陰之
雪至春不消古八景有石航積雪之勝

楓梓山在翠屏山之陽多楓梓故名
馬槽山一名新牌樓在縣治西二里山麓
有勸農亭故址明知縣秦初教諭周華
勒石於右
獅子山一名獅子岩在縣治西二里許上
建來爽塔
兩崖山在縣治西南里許山右爲會仙崖
俗名明岩有洞通明如屋冬煖夏涼山
左爲賀仙崖俗名暗岩洞口如門初入
須炬後漸明上懸數石如鐘鼓扣之聲

各肖下有石和尚又有寶蓋天柱伏獅
蹲獅旋螺盤髻棊枰石榻等形內洞深
不可測投石有聲相傳有樵子見一人
拄杖坐石床自云地仙忽不見宋縣令
蔣之奇明侍郎朱廷立有詩唐瓏朱承
臯有兩崖記李夢陽有兩崖行見藝文
蝦蟆山一名黃蝦蟆嶺在縣治東里許壁
臨溪澥嶺高數十丈形如蝦蟆邑人知
縣郭夢道大鐫升字於石
虎腦山在縣治東五里如伏虎飲澗狀爲

縣治水口河濱有二洞相通高丈許明
季邑人知縣郭夢道避寇洞中七日得
勺水應活因號勺安
以上縣治環列諸山均關縣治風水
歷經封禁不准墾挖耕種鑿石燒灰
開礦取煤碑據案據見雜志
玉屏山在縣西北八里
眠犬山在縣西八里
白崖山在縣西八里中有將軍洞深數重
長林山在縣北十五里有古松長丈餘濃

陰可憩
青山在縣北田東堡
仙姑山在縣北十五里相傳有仙姑過此
一名紫姑山又名覆地鐘山麓盤曲而
入如登層樓山頂石扣之作銅聲
龍冠山在縣北二十里
楊城山在縣北三十里山環如城西連散
水嶺
北山在縣北三十里界咸甯
筆架山在縣西二十里湄溪堡以形名

蛇山在縣西二十里以形名
石門山在縣西三十里兩山對峙中夾澗
水當途巨石離立爲門明侍郎邑人朱
廷立有詩
牛角山在縣西三十里
小泉山在縣西三十五里
楚王山在縣西三十八里相傳楚王曾獵
於此
四角山在縣西四十里界崇陽
闞家山在縣西北四十里界咸甯

石磴山在縣西四十里
白羊山在縣西四十五里界崇陽世傳東
晉永昌中有三人乘白羊入此山因名
黃鷹山在縣西六十里一名黃鷹獵山勢
盤紆而上若鷹飛而漸高也
雨山在縣西六十里
覆鐘山在縣北七里以形名
隱水山在縣東北三十里
北山在縣北三十五里
大墓山在縣東北三十八里東界興國北

界咸甯上有三十六峯世傳唐李靖塟母於此有讀禮堂墨池遺跡又有靈泉禱雨輒應

石壓山在縣東五十里

玉屏山在縣東五里虎腦山側

銅爐山在縣東八里石色如銅上有青石如煙故名一說昔人取石煉銅於此下有濟渴亭遺蹟

眠犬山在縣東十八里

漁翁山在縣東十八里下有撒網形

馬鞍山在縣東三十里形如馬鞍高十里許中有雙泉浴月萬壑眠雲白象埋牙赤兎環窩鯉躍金盆鶴守丹竈木筆題春榆錢買夏諸奇景建有雙泉古刹

金燭山一名金竹尖在縣東三十里拔地而起高聳青峯西行結馬鞍山石航山東行抵興國

張弓山在縣東二十六里形如張弓

沈水山在縣東三十里多石洞積雨水聚大龍塘號仰天湖晴數日水自沈中有

揮劍坪相傳張道清始居此揮劍削平一名仙坪又名仙人洞內懸石鐘石鼓扣之有聲舊志云李靖馭龍行雨入此崖中

列屏山在縣東三十五里高列如屏中有石洞可容數十人昔人嘗避寇於此又名寨屏上有白水泉泉頂有石室俗呼龍王殿

對屏山在縣東三十五里方正如屏與列屏相對

長虹山在縣東三十五里列屏山下頂平而彎袤半里許俗名馬影山

筆架山在縣東四十里富有之南

萬杉山在縣東四十五里形若萬杉抵大河無陸路鑿石為徑高百數十級呼曰石梯旁有萬杉古刹

二牛山在縣東南七里兩山對峙名隔港牛相鬭東向牛山下有小泉俗呼牛鼻水出有牛滃氣

大城山在縣南四十里圓整高峻周圍六

十里上有四石門壁立如城郭中平衍寬廣數百畝昔人嘗避兵其上耕鋤者每得劍戟古兵器內有龍王尖石和尚娘娘泉老君洞棲雲洞試劍石諸勝蹟緇流結宇曰雲巖寺東三里有張平子讀書宅故址又有鐵船廠舊志云張平子造鐵船至永興迷潭船沒廠卽造船處也明侍郎邑人朱廷立有詩見通志

寶蓋山在城山西門外

九鯉山在縣南三十七里形如九鯉故名

青山在縣南五十里大城山之陽山麓爲邑侯陳大夫殉節處旁有陣亡家丁栗寅張行宗兵勇李廷邦李尚賔等二十四人墓

獅子山一名北山距縣三十里形如獅子上有獅子洞山陰有飛龍寺

大耒山在縣南二十五里

大寶山在縣南五十里俗呼大凸山

席帽山在縣西南六十里一名木魚山

張公山在縣西南五十里

八仙山原名八角尖在縣南九十里

西臺山一名西來山在縣東南四十五里

石龍山在縣南六十里中有石龍觀

北宸山在六里茅埠畈北下有北山寺卽下靈泉古刹

大仰山在縣南九十里

太陽山在縣東南九十里高數千仞絕頂可視日之出沒如泰岳之日故名

石壁山地爲第六里諸水出口吳楚往來要衝危崖倒懸與西臺山隔河對峙形

如兩牛相角麗水僅有鳥道水落始見行者苦之昔傳設彴橋利渡嘉慶年間貢生程懋德出資鑿險開道所費不下千金初上截路較下尤險自程施功後忽墜石拒水上截頓以永保咸謂有神助焉今下截路屢經懋德孫相繼修理旋修旋汨恐終阻步特揭前修以爲後修者勸

九宮山在縣東南九十里按湖廣江西通志云晉安王兄弟九人造九宮於此故

名武昌記太平御覽所載皆同輿地紀勝謂其山自下而上高峯九層一云伏虎禪師道場又云山應長沙九江廬山九十九峰之數又有九宮觀崇奉九眞以應九宮之名山志又云曾有九龍降於此此傳聞之互異也其山廣八十里高四十里分自平江之幕阜黃龍下爲九江廬山山之陽屬義武甯山之陰屬通山奇特甲於兩省其先人跡罕到自張眞人道淸入山修道仙蛻存焉宋甯宗

飭建欽天瑞慶宮元至正間又建妙應殿朝謁者衆遂爲吳楚通衢由萬竹山松關散雲廠歸雲橋盤折而上至一天門登平壺台寬平如掌瑞慶宮在焉前有三峯名筆架山後有鳳凰嶺天尊崖大士崖東有龍關崖伏虎崖獅子崖五老峯慧鵝峯淸風嶺白石嶺駱駝嶺赤松洞靑猿洞西有攢雲峯雷公崖陶姚洞寶陀嶺西北有噴雪崖瀑布數百丈觸石飛散如雪又有南泉東井聖泉黃

符井利濟井白龍潭放生池煉丹池怪松坡試劍石試心石眠雲石諸勝旁有方丈殿天堂朝元閣龍神殿仙遊殿通明殿天聲樓朝眞館虛皇壇御碑亭壺天亭飛仙亭觀瀑亭兩崖行窩諸結構異卉奇葩四時不謝信非人間景也宋謝枋得元翰林承旨趙孟頫大學士歐陽元虞伯生明學士宋濂邑人侍郎朱廷立副使陳宗夔及歷朝名士題詠俱見藝文並九宮志

二仙巖在縣西二十五里木魚山上有泉山腰有寺相傳有楊郭二眞人煉丹於此址猶存寺前石上有古柏圍丈餘

觀音巖在縣西七十里宋紹興間居民萬俊見雲氣異常跡之則一洞窈然有石磬石盞石果石觀音諸像侍郎朱廷立有記御史王應斗有詩

仙人巖在縣治東石航山之陽崖窩深邃如室內有石棹立石如人形

雙獅巖在縣東四里兩岩夾岸形肖雙獅

風雷巖在縣西六十里八仙厰中
八仙巖在縣西七十五里一名八仙厰中
有八仙寺列有八景
天雞唱曉　野鶴鳴陰　勒馬廻岩
渴獅飲水　達摩面壁　昭君琵琶
芽仙觀斗　果老飧霞
龍巖在縣西南八十里有龍泉
噴雪巖在九宫山北瀑布數百丈觸石飛
散如雪羽客甞於其上結觀瀑亭
龍鬭巖在噴雪岩兩山對峙狀若龍鬭

天尊巖在九宫山伏虎岩亦在九宫以形
名一云伏虎禪師嘗降虎於此
獅子巖在縣南三十里
靈覺巖在縣東七十里中有石屋數間下
建靈覺寺
熊家巖在靈覺巖西
羊角巖又名雲石在縣南五十里以形名
獅子巖在縣南八十里界義甯
新開嶺在縣北二里險峻殊絕宣德間始
鑿嶺通道爲居民芻蕘之所新嶺樵歌

列八景之一
烏石嶺在縣北八里縣龍過峽怪石森立
如拱立狀
上會嶺在縣西北五里大馬山上有僧寺
凉亭
中會嶺在縣北七里上有中峰亭
下會嶺在縣北五里上有凉亭與中會嶺
皆縣治來龍
細石嶺在縣北十七里界興國係省龍過
峽縣龍發源處

散水嶺在縣北三十里界咸甯往省通衢
銅盆嶺在縣西三十二里由兩山分支嶺
頭石窪注水如盆中有應龍洞東行三
十里結翠屏山
芭蕉嶺在縣西南五十里
羅城嶺與芭蕉嶺相聯
石梯嶺在縣東北二十八里入隱水山徑
石梯嶺在縣東南四里上有思龔石喜韓
崖明侍郎邑人朱廷立春遊記有過石
梯詩

朦朧嶺在縣東南二十里上有朝天寺知縣林金張書紳邑人舒之烈有詩見藝文明有朦朧塔成化中建見通志今廢

義嶺在縣東三十里沈水山上

蛇嶺在縣東五十里界興國

望江嶺在縣南十七里上有寺明侍郎邑人朱廷立縣令褚鳴鳳有詩見藝文

栢嶺在縣南十八里上有涼亭

石圳嶺在縣南三十五里

六窖嶺在縣東南二十里中有祿壽菴

黄荆嶺在縣南九十里界甯州

郭家嶺在縣南三十五里

牛犢嶺在縣東南二十五里上有寺

牛跡嶺在縣東南七十里九宫山北相傳老子騎牛過此其跡尚存故名上有古廟昔闖賊李自成竄入此嶺爲邑人程九伯所誅因葬於此山下見通志

東坑嶺在縣南六十里

岳州尖在縣北二十里爲縣治來龍尖高可望岳州山故名

大木尖在縣北二十里一名戴帽尖

馬王尖在縣北二十里

望法尖在縣西三十里

揚眉尖在縣西三十里石門村

高廟尖在縣東北二十里其上舊有廟

擂鼓尖二一在縣東十里銅爐山之陽一在縣南三十五里

老鴉尖在縣南十三里俗名烏鴉撲地下近大溪

報雞尖在縣南大城山之西

龍王尖在縣南大城山之南

卓筆尖在縣東二十里泉港之南

列峯尖在縣東三十里崖軒之南羣峯排列十餘里

美斯尖在縣東三十里崖軒之北

揚鷺尖在縣東三十里沈水山之南

南山尖在縣南六十里山溪堡之南

三界尖在縣南九十里南界甯州西界崇陽拔聳雄峙爲通邑諸山之祖亦省龍發跡之處昔産雲霧茶入貢今免茶亦

不生

龍鬚尖在三界尖北

舉頭尖在縣東南三十里有舉頭天外之
槪俗又呼猪頭尖中有古刹

雷公尖在縣南三十里

香爐尖在縣東南四十五里

石峯尖在縣東南三十五里卓立爲華表
係都水口

黄荆尖在縣東南四十里

鳳凰尖在縣東南六十里以形名中有山

田可耕

白沙尖在縣南七十里大仰山下

鷄籠尖在縣東南八十里

馬脊峰在山口上堡下有鵝公凸

鷓鴣峯在縣東四十里富有境內高聳秀
麗常有鷓鴣羣集其巔故名

三峰在九宫山一名筆架山晴明登其巔
一望數千里通邑高峯以此爲最

擬雲峯在九宫山之西

五老峯在九宫山東北

慧鵝峯與五老峯相伴

齊雲峯在縣東南三十五里沈水山之東
高剡雲表邑人知府韓履祥有詩

猴子洞在縣東里許雙港口內多飛蝠人
不敢入上有圓石特懸扣之如鼓名曰
石鼓

大泉洞在縣東五里石航山下舊志名石
航洞又名石含泉高敞幽深石門數重
二重有百畝田形石壁有天狗食月形
又有仙蝙赤色三重門上有宋縣令蔣

之奇詩刻三重入丈許有隙地可透日
光更入則泥深不可步矣明侍郎邑人
朱廷立有詩俱見藝文

穿泉洞在縣東七里庭至湖下手內有龍
潭石床石室諸勝寬五尺許

東坑洞在縣西二十里門西嚮高大宏敞
入數武窄小如竇僅可一人蛇行入五
六尺許豁然如小廳堂燭以火上下四
壁皆石深青色寬廣約三四丈行立坐
卧裕如也咸豐乙卯春邑舉人夏慶恬

與其胞兄廩生慶墪避亂洞中凡兩日
夜乃出有詩存家塾
仙人洞在縣西四十二里洞有石柱二有
水常滴又有石馬形入西三里許有出
路昔人曾避寇於此
朝真洞在縣東泉上有崖容數十人攀援
而上載輿地紀勝
大賢洞在縣西南十里有詩見藝文
石屋洞在縣南坑源內其中如大厦寬平
有石鐘石鼓百畝田諸奇蹟內又有一

洞可容數十人傳有避賊於其中賊覺
以烟逼死今有骨存
仙人洞在馬鞍山頂中有石鐘石塔之形
又有一石如人
獅子洞在縣南二十五里獅子山頂凡五
重首重門陡自上而下有竅可透日光
二重門平入者燭以火四壁紺色有石
如獅如獬如疽瘤三重門低可蛇行入
有石如壽星四重門高中如百折帷帳
五重門圓外有石柱如龍蟠內如層樓

高閣倒挂石筍數十枚
老君洞在城山之東懸石有蛟蛇竹筍肝
膽諸奇狀相傳導引者多居此內有二
穴深不可入
仙源洞在城山南內有土田數畝水一池
棲雲洞在城山之西雲霧吞吐深邃莫測
棲猿洞在棲雲洞旁峭壁中猿猱多集此
又有山蜂釀蜜其上時或流溢崖下色
如金
鳳洞一名風洞在縣東五十里界興國州

十景有石馬嘶風海螺啣月鳳洞停雲
象鼻捲草大士坐蓮仙人結網雨沐蛾
艤舟泊獅子石壁樵歌丞潭漁火諸勝
晉勝洞在縣南五十里晉勝菴後山
花泉洞在縣南五十五里龍會堡之北
龍牙洞在縣南六十里又名龍岩泉洞內
有石筍石馬石凳石几石床石棹石觀
又有白沙塘遊魚往來其中時或湧黃
水俗稱爲龍洗泉
陽獅洞在縣南七十五里上山溪堡內

石壁洞在石壁山上路極險人跡罕到洞兩房如刻普陀岩狀有白柱一大合抱高丈餘峙貫其中

泉洞在縣南四十里雲梯寺左口朝南大如堂入數丈即昏黑再以火進半里高如屋上有口橫透天花下有塘深無底流入官堰歲旱祭之每得雨

外有田東洞山口洞吳田洞石宕洞高坑洞西坑洞吳公洞砦下洞石洞白水洞魯公洞短洞皆山夾澗水內有民居俗名爲洞

川總 港潭泉井灘溪附

通山之水無巨浸大澤溪澗之有源者可指數焉一水發源二都白羊山下靈泉東流過湖江販會南林港北折至墩上會石門港東至於寺下山口蒜田兩水北注之又東北至於犀港吳田石宕兩水北注之又東至於羊都田東水北注之爲通羊港東過翠屏山下曰琴水遶縣治出雙溪口會淯港水一水發源二都雨山東流至黃田芭蕉源南注之又東過筆架山爲淯溪又東至於淯港四五兩都水會焉一水發源五都八仙畝下鄭家漕左會龍岩泉右會界頭塘合出西莊東流出石窟口梓木坑頭橫坑頭水南注之歷楊芳林至郭城橋吉家源水南注之又東過新豐市出港口北會四都藕塘諸水一水發源三界尖之東至蘆坪出小坑大茶園水西注之黃荆水南注之又東會西隅港北流至赤水口瓜坪西注之繞青山過藕塘至港

口西會五都水北折經峻灘過橋口大耒山水西注之繞望江嶺出赤堈會湄港東至於焦崖泉港水由吳興甫東注之由李渡出雙溪口會翠水合流東至於衢潭砦下高坑兩水北注之又東至於花橋茅田水北注之又東至於西坑潭西坑源水北注之又東至於茅洲南坑水南注之隱水北注之又東至於板橋過方塘下五里逾石壁塘入興國界繞河坪趨大畈與四六都水會六都水

源二一源發聚潭彭家洞流龍潭橋上梁白箬源兩水西注之至大源口高湖水南注之又至大河背小源水南注之又至吉港口界牌水南注之流寳石河北折至南山畈一源發滲坑至白土嵛北納龜墩水爲桐港至南山畈二水會一名濯港流横石潭緇竿河東納泥坑彭家壠水南注之至四都馬溪灘岩軒水西注之會流富有東溪水東注之至萬杉山出鳳洞入興國界至河坪與通羊諸水大會轉頭山下其山壁立河干爲闔邑水口下流曰雞口港爲富川之源東行二百里出富池入大江

諸港

山口港發源散水嶺至橋碑灣受小坑水經中村畈出寺下

楊獅坑港發源九嵩至沙畈會均上小水經蒜田出寺下與山口港同入大港故名雙港口

吳田港發源南山崖陽城山水東注之出洞口繞畈上楊林山下畈水西注之南流滙犀港

犀港在縣西興善里靈泉水所經中有大

小牛跡世傳昔有犀牛涉此舊志兩岸多
平田居民最勤於農事犀港晨耕爲八
景之一
石宕港發源大小二洞出七阿至中畈會
宋家橋陳家橋二水下長湖仔入犀港
田東港其右發源田東洞出楊林其左發
源岳州尖繞鄭家坪會於倒掛金鉤雙
河橋歷羊都入通羊港
南林港發源白羊山出楊家畈繞大坪過
南林橋至湖江畈會靈泉水

石門港發源蹲獅泉東流金山泉至石壁
下會荆林港出石門關至墩上流官堰
會通羊港
通羊港在縣治西源出靈泉羊都以上聚
泉流繞縣治而東中有大石緜亘爲鄉
城坡可灌田千畝下流爲琴水出雙溪
五都河發源三一自八仙敞下鄭家漕一
自龍岩泉一自界頭塘合出西莊東流
涯石窩口繞梓木坑橫坑頭流楊芳林
至郭城橋吉家源東過新豐市出港口

北會四都藕塘水
藕塘河發源三一自三界尖東至蘆坪出
小坑一自大茶園一自黃荆源會西隅
港北流赤水口納瓜坪繞青山下藕塘
至港口西灘五都水北折經蛟灘過橋
口納大耒山望江嶺水出赤坳會湄港
城港發源城山灘郭城藕塘諸水北流三
十里合湄港
湄港發源雨山上游爲湄溪南滙城港東
北流繞焦崖會泉港水過李渡橋至雙

溪合琴水
泉港在沈水山之陰出宣泥堡西流繞豐
降堡涯焦崖灘湄港水焦崖晚渡爲八
景之一
砦下港發源北山出朱家橋繞沙堤下衢
潭入板橋河
高坑港發源北山出衢潭入板橋河
茅田港發源北山出花橋入板橋河
西坑雙港發源有二一從石屋坑一從杉
木窩合流會雙港出西坑洞繞楊家橋

滙西坑口入板橋河
隱水港在隱礲堡皆石山水無去路東西二澗合隱山下石洞中伏流六七里出茅洲入板橋河洞有深潭黑魚潛其中人不可得明侍郎邑人朱廷立有詩
南坑港發源南山經祝家樓入板橋河
板橋河會聚眾流過方塘逾石壁塘入興國界繞河坪與四六都水合趨大畈
大源河發源四一自聚潭堡彭家洞一自上梁羅綢一自白箬源一自太陽山注高湖四水合流大源會小源水出吉港
小源河發源老崖尖出佛堂流中程注小源會大源水出吉港
界牌河自九宮龍潭發源出噴雪崖瀑布萬丈流石龍逾石壁湖出吉港
吉港口會大小源界牌諸水繞崇福寺出寶石
寶石河接吉港水港中石白而圓纍纍如珠故名流砲石堡會桐港水出濯港
龜墩港發源二一自舉頭尖一自朦朧嶺

合繞龜墩出白土崙會桐港
桐港發源滲坑東流會筀竹坑南木嶐諸澗過竹林下繞花墳前趨楊坪經白土崙北納龜墩水東出砲石堡繞西岸滙濯港
濯港會寶石桐港二水出橫石潭合船埠水流石壁下至四都富有
船埠港發源二一自東港五里凸一自西港一天門下合繞船埠流沙壠會彭壠水出橫石潭
泥坑港發源二一自靈覺寺一自熊家岩合流黃株樹下繞泥坑口會船埠水
分流港發源金竹尖下分水均西流入泉港東流繞崖軒兩堡會富有
東溪港在縣東南四十五里發源蛇嶺西流出富有
富有河西滙崖軒水西南接六都水東滙東溪水合注萬杉山下過鳳洞入興國界出河坪與三都諸水會趨大畈
闞王殿潭在西門外即通羊港所經端午

競渡龍舟多集於此
衙前潭在翠屏山下環縣治如帶爲舟筏棲泊之所
蝦蟆潭在東外蝦蟆嶺下雙溪注焉
石牛潭在縣東三里潭中有石如牛開其頤世傳南唐洪都稟米常耗占者云石牛所啖當在武昌之南因索得之鑿其頤米不復耗見舊志牛潭舟唱爲後八景之一
汾陰潭在縣東七里朱家壩上

衢潭在縣東八里波流瑩淨民居常把炬捕魚其中前八景有衢潭漁照
西坑潭在縣東二十里爲西坑水入大河之所
茅洲潭在西坑潭下五里爲隱水入大河之所
吳洞潭在茅洲下
牛灣潭在板橋上三里
方潭在縣東三十里板橋下
石壁潭一名石壁塘在方潭下五里過此乃興國界
七公潭在縣東四十五里
石壁潭在縣東三十里岩軒口爲吳興要津里人捐設義渡俗呼渡船塘
蛟灘潭在縣南三十里世傳有蛟起於此故名
古老潭在縣南四十里正陽畈
蓮臺潭在縣南四十里正陽畈
横石潭在縣東五十里溪水瀠洄中多奇石横過潭上聯房列肆商賈就貿其間

今戍鄉鎮
金雞潭在寶石上堡金雞山下
白龍潭在九宮山上中有樹樁直立不腐相傳宋時張眞君構造瑞慶宮買樹江干從潭湧出留此奇蹟
桃花泉在縣治後舊志云山多桃樹石竇出清泉繞洞淵觀後曲折而下明知縣孫溥吳堯獻侍郎朱廷立教諭張禮俱有詩鐫於石今沒詩見藝文
白公泉一名流水泉在羅阜山下白公橋

側涼甘可汲四圍甃石成二井近泉民居官禁不准穢井蓋屋白公不知何時人然泉橋俱曰白公其媳又有賽公橋則白公亦通之巨族矣惜不可攷云

阮婁泉在翠屏山西會仙崖下中有魚目尾皆赤色藏於石竇不可得水出南市

石含泉在縣東五里又名大泉洞水出石崖中流數十丈有四足魚長二尺許時出時沒

井灣泉在縣西五里大小有二一出山麓石隙水下流一出田畔水上沸

湧泉在田東洞尾石罅內

吳王廟泉在田東下堡

靈泉在縣西三十五里上有寺泉口置大磨二世傳昔有高僧以此鎮龍寺前龍塘時浮泡附近民屋中亦皆有活水潺流東流爲長溪舊志云一縣水源

萬家泉在二里小泉山下

金山泉在縣西三十七里爲石門水源

大泉在縣西三十二里出山腰石壁中

雨山大泉在縣西五十里湄港之源雲深即有雨

蹲獅泉在縣西四十里金山泉西

泥湖泉在縣西四十五里銅盆嶺西

觀音泉在縣西六十里觀音崖下

寒泉在西坑潭其水清涼可解暑

溫泉在縣東二十里西坑潭畔夏涼冬溫

梅花泉在縣東三十里板橋下水似梅花翻出

白鹽泉在縣東三十里北山橋下

白泉有二一在縣東二十三里茅洲堡三星橋下一在縣東二十五里山石色赤而泉白故名

庄尾泉在縣東三十里西坑洞杉木窩下

西庄泉在縣東北二十六里與庄尾泉合流

出水泉在西坑堡東崖

大源泉在南坑碧山下入溪與龍潭合流

雙泉出馬鞍山腰石穴方圓丈許有片石橫其中不涸不流味甚甘下建雙泉寺

普菴泉在縣南二里楓梓山下
泉港泉在縣東二十里沈水山陰
大泉二一在縣南三十里北山麓一在縣
東二十里馬鞍山下宣泥堡北旁有大
泉寺
小泉在縣南四十里北山麓
白水泉在縣東三十五里列屏崖下
普勝堂泉在縣南五十五里北山腰
雙清泉在縣東三十里岩軒堡北山下兩
泉對出並注金盔山麓

戴師泉在城山北　王老師泉　毛泉
游老師泉　楊四泉　俱在城山東之左
細源泉在城山東之右
娘娘泉在大城山上
戴家泉在縣南四十四里正陽堡北
馬家泉在縣南四十里正陽堡內
菰泉在縣南五十五里
照砂泉在縣南五十八里山溪堡南
龍巖泉在縣西南六十里爲五里水源
芝泉一名靈池在九宮山頂遇旱禱雨輒

應宋理宗時有封九宮山龍君敷澤侯
詔下流龍潭
雲梯泉在縣東南四十里旁建雲梯寺
雙泉在縣南六十里大源口東岸有兩石
竅圓如寶內有白鱔油魚出其中味甚
甘美
三井在西坑堡西岸
郭城古井在郭城寺中
黃符井在九宮山壺天亭前清冽可療病
有異藻從井生隨水淺深爲長短亦靈

氣所毓也
聖井在九宮山壺天亭下世傳歲旱禱雨
以兩端背節竹筒插其中而水自入至
旱處筒自裂則降雨
東井在九宮山萬壽宮東
利濟井在九宮山罕壺臺右
祝家灘在西坑潭下二里
茶灘在縣東三十里
馬溪灘在縣東三十里岩軒堡
朱楊灘在縣南五十里昔名朱張河爲吳

楚往來要路建有石梁後爲水齧因置
渡船春夏山鳥雜鳴獨無布穀諺云陽
雀不過朱楊灘
楊家灘在縣南三十五里新豐市
雙溪在石航山下羣水自西而滙湄水自
南而滙交流瀰漫方折圓渦或兩地晴
雨不同溪水邊清邊濁截分涇渭前八
景曰雙溪春水後八景曰雙港迴瀾
謹按通山縣治上游不通河道下游長
溪沙灘石瀨二百餘里始達大江糧米
難於水運故通山糧餉素係折徵春夏
水漲小船可達城下秋冬水落貨物惟
以竹筏有扶運之且兩岸多山雨多則
溪澗難消易受水災水源皆泉雖有小
泉數十處晴久則細流多涸又易受旱
災每當大旱時居民皆從港中淘井汲
飲此通山之大勢也

關隘附塘汛驛站鋪遞

國朝車書一統何分畛域然周禮有掌疆
司險之官無事則開鑿其山林而津梁
其川澤有故則藩塞阻路行者必以節
所以愼封守戒不虞也通山嶺峻山崇
足當武穆長城一面尹斯土者更能藉
人和而守地利則衆志成城而四郊安
堵矣志關隘
九宮隘在縣東南九十里九宮山明萬歷
中知縣張書紳立
黃泥壠在縣東三十里舊有守兵今省
羊都堡在縣西五里以上見舊通志
咸豐二三年設卡十一座列後
散水嶺卡縣北三十里界咸甯
界頭卡縣西四十里界崇陽
西坑洞卡縣東十五里界興國咸甯
板橋卡縣東三十里界興國
黃荊嶺卡縣南九十里界義甯
太陽山卡縣南九十里界武甯
蛇嶺卡縣東七十里界興國

界頭塘卡縣西南六十里界崇陽
三界尖卡縣西南八十里界義甯
九宮山卡縣東南九十里界武甯
五里凸卡縣東南九十五里界武甯
以上憑險設卡可資守禦惟板橋地勢
寬平
大小洞隘縣西北三十里界咸甯
壕頭坳隘縣西北四十里界崇陽
觀音堂隘縣西六十里界崇陽
石屋坑隘縣北三十里界興國

鳳洞隘縣東六十里萬杉堡界興國
東溪隘縣東五十里界興國
煙斷隘縣東七十里界興國
以上皆往來險道

塘汛

分防通山縣汛兵二十九名陸塘二處
車田畈塘兵五名
寶石河塘兵五名

驛站 鋪遞

鋪遞共五處設鋪司兵十三名俱係循編

總鋪鋪兵四名
花橋鋪縣東十五里鋪兵二名
界首鋪縣東三十里鋪兵二名由界首鋪
三十五里達興國慈口鋪
民安鋪縣西二十五里鋪兵二名由民安
鋪三十五里達崇陽雙路鋪
山口鋪縣北二十里鋪兵三名由山口鋪
二十五里達咸甯白沙橋鋪
以上俱見通志

古蹟

楊梆樓臺梨花院落非不豔絕一時然而訪古者每過而不問獨至前賢芳躅名士遺徽雖荒烟蔓草中往往尋殘碑斷碣憑弔徘徊不能去非好古多癖古者之入人深也志古蹟

張平子宅在大城山東漢張衡號平子西鄂人隱居於此故宅遺址瓴甓尚存 載舊志及輿地紀勝

鐵船厰亦在大城山東舊志云張平子好機巧造鐵船至永興丞潭船沒大城山即其開鑿之地

按後漢張衡傳衡字平子南陽人少善屬文安帝聞衡學術徵拜郎中出爲河間相後拜尚書卒又氏族譜載衡博學兼通術數拜太史令南陽去通不遠平子遊此當可無疑然衡本文人入仕路嘗作兩都賦不應有造鐵船事蓋以精術數而附會之歟今山寺供平子像配以娘娘且傳娘娘泉水可療病則妄誕不經矣

煉丹池在九宮山南崖相傳陶姚二仙避秦亂覓九宮深處爲池以煉丹址猶存見九宮志

平壺臺在九宮山石坊下即陶姚煉丹處取乾坤一壺之義　國朝康熙十年湖廣督理驛糧儲道許大定建

飛仙亭在九宮山相傳鄭仙飛昇於此元學士趙孟頫有詩見藝文

歐陽碑在九宮山元世祖賜九宮山欽天瑞慶宮勑翰林侍講學士歐陽元撰文見藝文

試劍石二一在九宮山雲關下其石一豎一卧如劍劈形相傳張眞君試劍處上鐫曲曲入勝四字旁構萬山亭又鐫萬山二大字一在城山西門外

試心石一名喝斷石在九宮山試劍石上相傳張眞君至此見大石橫路喝而斷

漢松在九宮山怪松坡世傳漢時所植圍合抱高三丈許枝結如車蓋葉短如鍼

青龍池在九宮山之東

放生池二一在九宮山方數十丈一在雙
溪南岸今廢
李靖壘池在大墓山上
日月池在縣東南十五里後漢工部侍郎
明冕留寓處
十詠堂在縣治東雙溪口吳季札廟內今
廢址存宋慶歷間紫微舍人王淇由守
通山有望江南十詠刻於石以名堂紹
興甲戌知縣黃仁榮建放生池時堂圮
至紹興癸丑知縣趙善宣復建堂於水

際倚雙溪岸以十詠舊刻置堂中在季
廟北因名北園且賦詩附於後
按通志將十詠堂入興國州志或王淇
先令通山後擢興國亦未可知然宋時
通山屬興國明進士邑人吳伯通懷十
詠堂詩確指通山則堂之在通明矣
雙山堂在縣治西宋紹興二十八年縣令
祖建取前令蔣之奇詩以名詩見藝文
翠屏亭在縣南翠屏山上宋時建今廢
塵外亭在縣南翠屏山上宋時建今廢又

有東西二泉載名勝志
宿雲亭在縣治後宋時建今廢
乖崖讀書堂在縣南三十里宋張詠號乖
崖爲崇陽令時避讒讀書於此扁曰休
心又有釣月臺遺址俱存有詩見藝文
志通志載入崇陽併紀楚北題箋
九井在縣東二十五里金燭山下元知興
國軍陳天祥寓茲鑿焉其後遂以九井
名家宅址井石尚存
眞君石在白沙尖頂相傳許旌陽以劍斬

蛟連石分爲兩斷又呼眞君隙
堆書臺三一在吳興甫一在牛跡嶺一在
望江嶺曹國公墓畔石俱層疊成紋如
堆書狀
閣老寨在縣東十五里豐隆堡內山高險
一峯秀雅俗呼大士坐蓮下有泉久旱
不涸世傳元季有翁閣老晉避寇於此
故名
宰牲池在縣南十里舊傳係通羊鎮故址
遺蹟猶存

釣臺在縣南十里湄港溪畔
牛郎石在隱水牛郎山上山側有石牛其
巔一石聳立如牧童俗傳爲牛郎石又
與石牛雞口山相對一名牛雞石
龍骨石在西坑洞白石如骨俗呼龍骨頭
果老石在馬鞍山石上有足跡
胎龍石在縣南八十里石長二丈劃然中
開五尺許兩面龍形如印鱗甲爪鬣皆
備相傳龍胎於此又名雷打石
揮劍坪在縣東三十里沈水山龍潭北山

圓正頂闊而平世傳張道清始駐此揮
劍削平中有揮劍石
續光閣在湄溪上明洪武間山東布政使
邑人朱志先讀書處後以名其文集有
記見藝文
青雲館在縣治西明宏治間知縣秦初建
爲迎送科舉所今廢址存
勸農亭在縣治西馬槽山麓明宏治己卯
年建知縣秦初教諭周華皆有詩勸石
康熙初知縣任鍾麟省方勸農有春郊

勸農詩亭廢石詩尚存
醉雲亭在白鶴山巔明王府典膳朱廷輔
建　國朝乾隆癸丑孝子朱尊爵封職
朱兆祿監生朱兆芳重修有記今圮
步虛亭在翠屏山明知縣夏紀建
炯然亭在翠屏山麓明侍郎朱廷立從王
陽明講學聞炯然良知之說乃於兩崖
書院構亭賦詩談道其中提學許宗魯
篆額祭酒鄒守益有記亭今廢
嬾谷書院即兩崖書院在翠屏山麓明侍

郎朱廷立讀書處今廢址存有詩
銅肝鐵膽在縣東里許石牛潭北岸水滸
懸崖怪石倒垂若肝膽狀明侍郎朱廷
立鐫銅肝鐵胆四字於石邑人知縣郭
允楨有詩
蝦蟆跳鼎在縣後羅阜山腰巨石盤結如
鬥有石穴平仰水注其中涓涓不絕旁
一石類蝦蟆頭昂向水如將跳躍亦名
蝦蟆跳井邑人知縣郭夢道題詩於石
曰石一卷水一勺左挹嵐光右控鶴羅

　阜山峯得趣多仁者壽兮知者樂
思龔石在縣東南四里石梯之東康熙初
縣令龔在升多政績士民爲鐫思龔石
三大字於峭壁間上海知縣邑人朱萬
　錦有記
喜韓巖在思龔石上康熙間縣令韓武有
　善政民戴其德鐫石誌之
預備亭在縣東北六里明縣令張書紳建
　今廢
柏嶺亭在楚王山中

去思亭在白鶴山麓爲興國州令楊士元
　建戶科給事中顧問記今廢
崇勅樓在羅阜山麓明禮部仕郎朱廷立
　建以崇奉誥勅崇禎辛未文林郎朱寶
　璽重修有記
兩崖行窩在九宮山明侍郎朱廷立建教
　諭林大珠記
大士讀書菴在縣東二十里宜泥堡北山
　下舊名大泉菴今建大泉寺　國朝江
　南副使許立達讀書於此乾隆八年重
　修縣令裘兆緒記
愼獨軒在縣署內　國初縣令任鍾麟建
　有詩今廢
聽月樓在縣東四十五里西灣之北乾隆
　間邑庠生鄧蕎溪建縣令楊兆杏教諭
　汪德謙俱有詩興國進士沅江知縣鄧
　射斗記
石蝦蟆在西坑洞以形名有詩刻於石
仙人鉢在二都泥湖崖有石鉢出水道光
　辛丑忽有物漂焉病者禱之即愈故名

藩封附

自前明衆建親王分守各處通山居其一裂上之封非徒虛號之襲惜兵燹之餘王府未詳其地惟二都楚王山世傳爲楚王獵處且查各家乘有楚王駙馬三人謹將通志藩封始末著於篇

通山靖恭王孟爚昭庶六子永樂二年封正統九年薨

莊簡王季埄靖恭庶一子正統十二年襲封成化六年薨子鈞鑅先卒榮瀧襲

溫定王榮瀧鈞鑅庶一子成化九年襲封正德十一年薨

端穆王顯槁溫定嫡一子正德十六年襲封嘉靖十八年薨

莊懿王英炊端穆庶一子嘉靖二十二年襲封萬歷元年薨子華埧先卒蘊鉉襲

蘊鉉華埧庶一子萬歷七年襲封薨

盛漢蘊鉉嫡一子萬歷三十一年襲封薨

容柟盛漢嫡一子萬歷三十九年封長子既而襲封　俱詳通志

塋墓志

塋墓所在多有何足志然一士之壟王公禁採樵五人之塚名士勒碑碣果其人有可傳則一抔之土四尺之封皆足令後人景仰也卽無關輕重而舊志所載者亦不容沒志塋墓

李靖母墓　在大墓山詳山類

曹國公墓　在望江嶺下堆書臺畔

李後主墓　在翠屏山世傳南唐主李煜以五十二棺同日出葬爲疑塚而舉屏

山其一也今墓不存舊志

劉青田墓　在安平寺佛堂內碑載禪師實吉辭墓吉辭劉太保之子明太祖舅氏但太保與太祖年相上下其子稱舅氏或訛又近世興國州牧某因疑此塚將啟視電雷大作遂懼而止邑舉人謝廷樹有安平寺古墓辨疑此爲妖僧僞托以固其骸又恐未然

劉會望墓　號蜺菴世傳塟在龍岩寺下手山係江右人明進士建文帝時告假

家居隱此削髮爲僧碑據

黄廣文妻吳氏墓　廣東海豐人學訓黄澄妻塟犂屏山獅子腦寄祀東關郭宅嘉靖二十六年七月有記並詩 舊志

李闖墓　在縣南七十里上六里小源堡牛跡嶺下相傳李闖敗竄至此爲程九伯所殺遂塟於此

國朝

楊廣文墓　訓導楊盛典保鶴峯州人歿塟犂屏山下有碑

李廣文側室墓　教諭李郁煥側室歿葬喜遷橋畔陳半嶽墳山有碑

陳邑侯諱景雍墓　在雨崖側左附叔夢漁弟必存右附妻張氏妾聶氏合塋有墓誌其塟地係邑紳陳書紱獻

二十四人墓　在四都青山下係陳邑侯家丁兵勇詳山類

風土志

太史采風輶軒問俗輿夫土會土宜之法均以辨醇澆而資教養也我通沐

國朝水土之恩漸摩之德耕鑿是安人敦古處由來久矣宰斯邑者因地制宜明倫教稼恒產恒心胥於是乎賴志風土

風俗

通邑在萬山之中民醇俗樸明提學韓陽有記

士尚剛毅民多樸野 通志

訟牒一二庭前止有棲鴉額賦五千倉内從無壯鼠 學穎齋集

婚姻多遵家禮但有親迎不親迎者新婦入門必請有福命而習於禮之婦人導入房中行合卺禮謂之牽轎娘晉謁祖先舅姑及家長姻婭謂之拜堂三日後壻往拜岳家謂之謝親喧鬧房内三日夜謂之鬧新房

按夫婦爲人倫之始婚姻之禮正而後家道昌遠嫌疑以端壼範古人所謂化

起㑹中也挽頹風而正敝俗是所望於
秉禮之家
喪亦多遵家禮初喪哭踊盡哀大殮分孝
白以服制爲長短成服衣冠杖皆遵
制訃報外戚弔者備賻儀塟之前一夕
請禮生贊引致祭俗謂堂祭厥明設奠
於堂族戚分祭無服者皆免七期夜奠
焚楮錢至七七止或齋醮數日追薦箱
簀虞祥禫亦然雖不盡合於古禮而不
儉其親亦俗之厚也

大族各建祖祠置祭產立祭會淸明寒食
閒合族老幼衣冠輿馬詣墓所掛楮錢
殺牲備物以祭鼓吹聲不絕於道祭畢
而歸計口分胙紳者倍之秋冬聚族於
祠以序昭穆遵行三獻禮招優演劇以
燕或百數十席不等亦敬宗收族之一
端也
鄰里親故閒有無緩急相通歲時伏臘相
饋問食貧居賤亦不輕去其鄉
儺雖古禮近於戲亦閒有行之者以爵顯
而有功於民者爲像遍行同姓少長咸
集儀衛甚都演劇盡歡而去或一年五
年不等
南方多溺女通亦延此惡習近則地方官
出示嚴禁好善士復聚金成會將養濟
院爲育嬰堂遺棄者公雇人乳之赤貧
者報局月領錢一千文至三月止此風
漸息
按故殺子女非但犯　王法更干天怒
種種惡報歷有明徵倘四鄉皆存此不
忍之心體好生之德則保赤之術更無
窮矣

每歲元旦爆竹之聲盈里巷族長率族人
整衣冠擇時與方之吉者出行曰出方
旋入家堂禮神謁祖卑幼拜尊長互相
稱賀曰拜年拜畢具五辛盤飲屠蘇酒
曰年酒立春前一日宰官迎春於東郊
田畯執耜鞭擊土牛曰打春上元前數
夜鄉城皆放花燈以竹爲之若龍若獅
製造工巧最勝者爲故事燈週闤裝造

入物數百層砌而上煌煌如銀山如火
筍或十臺三五臺不等鑼鼓隨之曰戲
燈新年爲酒招親朋集飲盡歡而散曰
春酒元夕祀竈神曰接竈望後擇吉以
蒙童就外傅曰起館
二月上戊日祭社以祈穀十五日曰花朝
又曰撲蝶會十九日俗傳爲觀音生男
女祀之
三月上巳日踏青禊除清明掃墓浸穀種
穀雨前採茶細如雀舌曰雨前茶又曰

白毛茶
四月八日爲浴佛節浮屠有烏米飯會是
日穫麥芬秧有布穀鳥鳴宛成割麥插
禾四字音
五月五日爲端午節插艾掛蒲飲雄黃酒
爲角黍饅頭饋送親友手腕束五色線
製香包綴蒜枚以爲飾造五色龍舟競
渡曰奪標又云以弔屈忠烈公城東演
劇於三閭祠
六月六日俗傳爲土地生各就附近之祠

祀以牲醴是日晒衣晒書云不生蠹月
之卯日嘗新造新米飯及新菜以獻天
地祖宗二十日爲漢馬伏波誕期城西
演劇於祠
七月七日世傳爲牛女會是夕乞巧十五
爲中元節前一日祭祖先焚紙錢僧道
沿河放燈作盂蘭會是月穫早稻
八月十五爲中秋節設酒果玩月兒童訪
初孕少婦以綵緞瓜鼓吹送諸其室曰
宜男瓜二十七日

先師聖誕都人士衣冠入廟行釋菜禮鄉里
間亦設位以祭戊日祭社報秋成
九月九日重陽佳節登高爲樂更爲張
眞人誕期城西演戲以祝
十月修橋梁收蕎麥蘿芋
十一月冬至日官司賀長至
十二月稱爲臘月以二十三日祀竈神曰
送竈二十四日爲小年除夕換桃符懸
先祖像於堂薦以盛饌設酒肴少長聚
飲曰團年爆竹鼓吹夜坐分更曰守歲

時令

堯授人時夏頒小正周紀月令示以應候急功重民事也下至田家俗説諺語方言其於歲時豐歉之徵旱潦之兆樹藝遲早之宜口師耳學亦足以識氣候察陰陽課雨占晴屢有明驗採其言附每月後用當農桑之譜蒞斯土者關心民瘼亦得隨時度務以爲勞農勸稼之一助焉志時令

孟春正月爲陬月斗建寅日在虛律中太簇曰履端曰端月又曰孟陽元日曰上元又曰新日曰四始曰三元曰元旦諺云元旦宜黑四邊天大雪紛紛是旱年但得立春晴一日農夫不用力耕田董勛問禮俗云一日爲雞二日爲狗三日爲猪四日爲羊五日爲牛六日爲馬七日爲人八日爲穀其日晴所主之物育其陰則災西清詩話子美詩元日至人日未有不陰時此東方朔占書也元宵初日占百果中日晚稻末日早稻諺云雨打元宵燈早禾一束稿

仲春二月爲如月斗建卯日在營室律中夾鍾朔日曰中和節是日不宜晴諺曰二月初一晴山林樹木兩度青又曰雷鳴驚蟄前農夫好種田社日雨曰社公雨提要録云社翁社母不飲舊水陸龜蒙詩云幾點社公雨一番花信風又以驚蟄日占二春晴雨

季春三月爲寎月斗建辰日在婁律中姑洗三日聽哇聲午前鳴高田熟午後鳴低田熟唐詩云田家無五行水旱卜蛙聲又諺云清明宜明谷雨宜雨

孟夏四月爲余月斗建巳日在昴律中仲呂曰朱明又曰景風立夏日青氣見東方吉否則歲多災立夏與小滿宜雨諺云立夏不下高田莫耙小滿不滿芒種不管

仲夏五月爲皐月斗建午日在參律中蕤賓夏至得雨豐稔諺云芒種無雨山頭無望夏至無雨碓頭無糠又俗以五月

為插蒔天望雨有三八之説謂初八十八二十八也蓋蒔必分幾度而揷非雨不能雨亦往往應期而至又曰五月壬子破洪水穿山過

季夏六月為且月斗建未日在東井律中林鐘曰煩暑曰溽暑曰隆暑六日曰天貺節以是日晴陰占秋成旱潦俗於是月常望雨以閃電占之曰東閃日頭西閃雨南閃浮雲開北閃連夜來立秋日在月晦則早稻遲

孟秋七月為相月斗建申日在箕律中夷則大火西流曰白商素節七夕以後占河影後三日而復見則穀賤七日而復見則穀貴十五日為中元節

仲秋八月為壯月斗建酉日在翼律中南呂秋分一日不宜晴中秋重雲則知次年元宵多雨諺云雲掩中秋月雨打元宵燈

季秋九月為亢月斗建戌日在軫律中無射曰飛霜迎節自一日至九日凡北風

則穀價賤以日占月可知又是月十三宜雨諺云重陽無雨看十三十三無雨一冬乾又云重陽戌過一冬晴

孟冬十月為陽月斗建亥日在房律中應鐘曰良月曰正冬荊楚歲時記天時和煖似春謂之小陽春月朔曰陽朔十五為下元節

仲冬十一月為辜月斗建子日在箕律中黃鐘曰暢月冬至日青雲見於北方吉應來年豐稔否則主旱災又以是日占晴雨諺曰冬至無雨一冬晴

季冬十二月為涂月斗建丑日在南斗律中大呂曰窮陰又曰一陽換節大小寒多風雪損畜又正月以前宜雪諺曰要宜麥見三白謂三度見雪則熟麥

氣候附

通山居吳楚之交壘嶂回環山氣磅礴無平原曠野巨澤大湖足以舒洩時或積而為霧春霧晴夏霧雨秋霧陰冬霧則雪降霧夜滃而晨散則天清氣朗塵

瘴一空春分土膏上騰磚礎皆潤四月梅雨鬱蒸尤甚若西北風起則霧瀰頓收莫春首夏之間寒暖不時或晨衣重緜而午宜單裌或晴方握扇而雨又圍爐五六月驟雨時行村尾村頭陰晴各異蛟騰龍起則雹秋初熱甚防旱八九月暑退凉生嵐氣多人易患瘧十月晴煖日漏春桃李重放不爲異隆冬霜重氷堅則晴久朔風緊則雨雪林木皆凍如燦瓊花大抵四時寒熱氣隨候轉候

與氣爲夏多雨冬多晴春秋多陰翳謂之乍寒乍暖其占間有不合者特一時之少變耳茲悉舉其常而錄之

通山一邑之中氣候亦有不齊西北地稍平而氣燠故刈穫最早東南山叢峭而氣寒故耕種較遲郊原則草木先芽岑嵓則花卉後謝高山多雪平地多霜九宮太陽諸山夏無蚊蚋三伏亦可挾纊彈丸百里而剛柔異宜寒暖異候較之江濱大邑實相懸殊

祥異

聖世不矜祥瑞而災異之説亦人情所不樂聞特春秋二百四十年中有年必書災異一百四十二皆直書不諱非使人恐懼修省知天道之由人事乎通志自歷朝以來祥異悉紀夫亦倣編年之體也通山何獨不然志祥異

明英宗天順十四年戊戌夏大旱饑　秋大水通志

成化十四年夏六月旱饑舊志

孝宗宏治八年乙卯冬十一月大雪至十二月止積深五尺彌旬不消牛馬凍死無算野獸舉手可捕見通志

正德四年自五月至八月不雨大饑見舊志

武宗正德六年辛未夏五月雨雹水平地數丈人畜溺死多見通志舊志

世宗嘉靖二年夏大旱秋久雨又大水通志舊志

七年夏大旱秋雨舊志

二十三年夏旱饑 舊志
二十四年夏旱
三十七年戊午夏五月水入市
三十八年己未十月大饑蕩結實民採
食之 見舊志
隆慶元年五月月光晝見月下有二星
隨之 舊志
萬歷三年七月大火自分司前起至西
關樓外止燬民舍二百餘家
五年丁丑夏五月大水入市漂去民舍

十年壬午秋九月大火自東城起南城
止燬民舍五十餘家
十一年十二月夏秋大旱歲饑知縣張
書紳賑恤民始安 以上見通志舊志
熹宗天啟三年癸亥夏六月初一溪水
暴漲壞民居官廨數百餘門入民溺
死田土衝廢不計 見通志舊志
十六年十月朔日午大晦如夜相視不
見途人奔走失措雞犬驚喧踰五刻
始復 見舊志

國朝
順治四年大荒穀價高騰多饑死
九年五月初旬雨後至七月十四日方
雨四野焦枯途中逃竄者累日不絕
米貴如珠
十年四月初三天雨雹狂風偃仆民居
山林大木多拔 以上見舊志
康熙元年壬寅慶雲見 通志
十四年乙卯秋大有年
二十三年甲子秋大有年

二十八年己卯旱
雍正六年戊申春麥大熟
七年己酉春麥大熟
八年庚戌大有年
十年壬子秋大有年
十一年癸丑大有年
乾隆十四年己巳大有年
五十年乙巳大旱人食樹皮 以上通志
五十一年丙午城西火延燒四十八戶
至孝子朱尊爵宅止 縣册

嘉慶六年辛酉大有年
七年壬戌大旱
八年癸亥大有年以上見通志
十六年辛未大旱
十七年壬申大有年
十八年癸酉芝草生孝子樂太希家
十九年甲戌旱
二十五年庚辰大旱自五月初四日雨
至八月十五夜乃雨大饑
道光元年辛巳春大雪

三年癸未夏水秋有年
十年庚寅五月朔大雨至端午日止大
水災
十一年辛卯四月初四日狂風壞民居
大水
十二年壬辰夏大疫死者甚衆
十四年甲午四月初五夜疾風甚雨大
樹多折壞民居壓死人畜甚衆
十五年乙未夏大旱饑
二十一年辛丑冬十一月初一日大雪

三晝夜深五尺經冬不消
二十三年癸卯正月地動
二十五年乙巳大有年
二十六年丙午大有年
二十八年戊申夏大水蕩廬舍禾苗無
算是歲大饑米騰貴
二十九年己酉五月初六大雨至初十
日止市上水深丈餘衝覆廬居無算
馬槽山崩三十餘丈各鄉山多崩裂
泉港泉口兩山崩合堵水數日始瀉

出沖民居數十人畜死者甚衆
三十年庚戌春麥大熟
咸豐元年辛亥三月初十日午大晦如
夜旋大風雨
二年壬子三月天雨豆色黑煑之不熟
種之地發葉似烏桕
六年丙辰彗星見於北夏旱秋蝗
七年丁巳七月下旬蝗蟲自崇陽大至
穀未收者食盡飛入竹林竹爲之屈
十一年辛酉十二月二十七日大雪五

日夜平地深五尺許麂多困斃松柏凍死
同治元年壬戌春麥熟
四年乙丑春三月初十夜烈風民居屋瓦牆垛多被折
六年丁卯夏五色祥雲見於西
七年戊辰春多雨
閏四月十八日大雨六都大水淹死居民十餘人衝廢田地禾苗無算米價甚高

五月十九日午後大雨一三都大水寨下山崩數十丈二十一日復雨蛟中水深八九尺鄉市民房多壞

土產

昔聖王之處民擇瘠土而居之使其勞而思也楚土多塗泥其穀宜稻禹貢周官可稽矣通則田少山多稻不足食土甚瘠也幸有山糧之可療飢且有山貨之可利用居是地者可不知土物之愛而心臧乎志

土產

穀類

稻有早晚二種黏者爲糯　麥有大小二種又有米麥一種　蕎春秋二種

粱　粟　豆有黃黑紅青綠白諸種又有豌豆蠶豆米豆榛豆豇豆諸種

芝麻有黑白二種　藷有紅白二種又有叢藷一種乾隆間始興藷今極多民仰食者十之五六　芋有水芋乾芋　玉蘆一名包穀　高蘆

貨類

茶有紅黑二品隨人自爲　麻　藷粉　棉花　紙即火紙

草紙　水皮紙　課紙俗名潛港紙　引線紙

石灰　煤炭　白炭　桐油　茶油

木油　菜油　家機布紡織自用者鮮出售者　土絹間有織者不多

酒有米酒穀酒高粱酒麥酒葛酒蕎酒藷酒　醋　醬豆醬麥醬

豆豉　麪　蜜　黃蠟

蔬類

白菜　冬白菜　芥菜　扯根菠　萵苣

蘿蔔　莧菜紅白二種　冬筍　春筍　油菜

蕌頭　蒜　韭　薤　蕨　葱　芹菜

藕　山藥　甜菜　百合　葫蘆　石耳

大胡椒　苦蕒　黃瓜　南瓜　冬瓜

絲瓜　苦瓜　茄子　瓠子　桐蒿

豇豆 扁豆 刀豆

木類

松 柏 檜 桑 栢 棠 槐 椿

皂角 榆 桐 櫟 楮 楓 楝 株

櫪 杉 梧 烏桕 檀 冬青 楊

椰 櫃 棕櫚 黃楊 萬年松 千歲

松 欒樹

竹類

南竹 水竹 筀竹 苦竹 紫竹 叢

竹 高筒竹

花類

牡丹 芍藥 桃 杏 梨 李 紫荊

桐 薔薇 蘭 荷 蕙 菊 山茶

木槿 桂 雞冠 臙脂 蓮 月月紅

白梔 金鳳 芙蓉 葵 萱 玉簪

紫薇 蠟梅 玉梅 木筆 刺梅 一

丈紅 洛陽錦 繡毬 海棠 望春

杜鵑 水仙 天竺

果類

桃 李 杏 梨 棗 橙 橘 柑

枇杷 櫻桃 葡萄 落花生 花紅

石榴 栗子 榛子 柿

草類

葛 芭蕉 艾 蒲 寄生 藍 蘋

蘩 蒿 蓼 藻 鈴兒 蕭 鳳尾

禽類

黃鸝 布穀 雞 鴨 鵝 燕 賀雞

竹雞 鵓鴣 鵪鶉 鴛鴦 鸕鷀 雁

鴝鵒 鷺鷥 陶河 禿鶖 鸛 鵲

鴉 毛雀 鶯 鷹 鷗 鴿 雉 梟

提壺 百舌 杜鵑 鶺鴒 畫眉 鳩

鴛 鵁鶄 野鴨 戴勝 鸂鶒 鴿

啄木 讀書必有貴 翡翠 一名魚虎

獸類

牛 馬 騾 驢 羊 豕 犬 猫

狐狸 兔 狼 貉 貛 鹿 虎 豹

豺 野猪 麞 香貍 獺 有山水二種 猴

狐

鱗介類

龜 鼈 螺 蛤 蟹 山龜 在山林土內

陽歸（此處惟通有至興國陽辛郎歸故名） 鯉 鯽 鯿 鰔
鯵 鰱 鮎 黃鰷 紅翅（身短而備五色） 鰕
鰍 鱔（有黃白二種）

蟲類

蠶 蛙 蟾 蛇 蠟蟲 蜂 蝙蝠

藥類

鳳凰草 金銀花 威靈仙 天花粉
仙遺糧 鍾乳石 天仙藤 益母草
金櫻子 玉竹蔆 淫羊藿 藜奴根
白菊花 青葙子 劉寄奴 夏枯草
萬年松 八角㮔 一見風消 無名異
雞冠花 鳳尾草 骨碎補 內紅消
循骨風 散氣丹 地骨皮 天門冬
淡竹葉 明黨蔘 外紅消 香紫蘓
望月砂 含水石 家藿香 土硫黃
松花粉 海風藤 白土苓 黑山查
黃精草 白頭翁 夜明沙 何首烏
石菖蒲 苦桔梗 鮮石斛（有金釵珍珠石竹三種）
厚樸 薄荷 天丁 地榆
細辛 防已 辛夷 甲珠

香附 苦蔆 石耳 皂角 白芨
烏葯 石韋 穀精 貫衆 半夏
瓜蔞 桃仁 芫花 桑皮 鈎藤
杷子 滑石 乾葛 荆芥 木通
風藤 胆草 前胡 獨活 牙硝
艾葉 貫栢 紫桂

建設志

國家分建郡縣立之司牧使各有土宇遠邇相維上下相安其城池公署廨舍坊廬以至津梁臺榭凡所建置以時修飾所以資政理宜民人疇創於前既修於後歷歷紀之使當時籌畫千百載猶頌其德而樂其成非徒示壯麗表大觀也作建設志

城池

昔楚以方城為城漢水為池恃地險也

通山前翠屏後羅阜右白鶴左石航四面山環中開縣治螺峯百疊何殊雉堞千重犀港西來牛潭東去翠水流繞縣前如帶斯誠不鑿之池况乎得民以為捍衛衆志成城固於金湯矣志城池

通山無城舊設土城防禦二（一在白公橋畔　一在城隍廟下）歲久湮頹嘉靖二十八年知縣林金於縣治東西擇地各建重樓東曰吳楚首闕西曰荆湘要道萬歷十一年樓燬知縣張書紳同建重樓四座東曰暘通山谷南曰薰風解阜西曰通羊闤闠北曰北門鎖鑰嗣後八十餘年興廢不一至國朝順治十八年知縣任鍾麟重葺四門城樓東曰升恒南曰絃歌西曰卿雲北曰景星四時防守民賴以安（舊志）今則東門在龍神祠下南門臨通津橋西門臨青雲橋北門在後山廟側前之創建無考咸豐二年壬子知縣鍾榮光諭令重葺諸門東曰寅賓南曰引薰西曰成寶北曰拱辰前則臨河後則負山無所謂城池也又於鶯遷橋頭新建一門奎光閣下新建一門聖廟左右各建一門同治二年癸亥知縣易光蕙因土匪增修三門一在馬槽山下曰六安一在會緣橋上曰順德一在通津橋上曰景陽各有闔闢可備不虞

公署 轄屬附

仕者爲國不遑家以官爲家出而敷治必有聽政之堂退而節勞必有攸君之宅通邑若縣若學若廳皆署也居是署者爲官爲師爲尉皆無私地公署也勿以傳舍視則事民事如家事千室胥庇宇下矣志公署

縣署

通山縣署在羅阜山麓自南唐壁鎮肇建元季兵燹明洪武三年知縣任昂創修

宣德間知縣劉剛成化間知縣戴謙嘉靖二十三年知縣張一拱相繼重修其制中爲正堂曰忠愛嘉靖四十四年圮知縣陳乾重修嘉慶甲戌年知縣田穗題聯爲俗吏敢傲烟霞赤子關心但願年豐滋雨露望吾民全消雀鼠青山對面好看日夕下牛羊後爲後堂曰清白隆慶庚午年燬知縣譙龍田重修後圮崇禎壬申年知縣張世涵重修至

國朝康熙二年又頹知縣任鍾麟重修題曰愼獨軒軒右建樓廳一所軒後東西豎

哨樓二座又後重築圍墻左爲收藏庫又左爲知縣廨右爲架閣庫又後爲儀仗庫　正堂右爲幕廳東西兩序爲六房東南爲典史廨稍西爲吏舍堂前爲戒石亭亭前爲儀門明季規制失舊至順治十七年知縣郭如儼改正尚未告竣辛丑知縣任鍾麟續成其功道光丙申年知縣蘊蘭第重新之復修戒石亭儀門西爲獄舍東爲寅賓館爲土地祠明萬曆元年知縣譙龍田建後圮

國朝康熙元年知縣任鍾麟重修又前爲譙樓明侍郎邑人朱廷立有記天啟癸亥暴水冲廢丙寅知縣王廷鉞重建頭門規制亦稍失舊順治十七年知縣郭如儼改正尚未告竣十八年知縣任鍾麟續成其功道光乙巳年知縣張中孚題聯得一時閒且勤爾業無十分苛莫入此門門外爲屛屛東有旌善亭西有申明亭嘉靖年間亭圮萬曆七年知縣王嘉相重修今廢中有承流宣化坊明萬歷十三年知縣張書紳建今廢崇禎

庚午知縣潘張改建仁知樓上有扁二一曰省耕一曰高山流水今廢址存

國朝道光十七年知縣蘇蘭第於屏左右建轅門扁曰山城重地武郡偏隅咸豐甲寅年正月二十一日紅巾破城公署盡燬咸豐辛酉知縣王靜一就署後右偏足民倉址建住宅假考棚聽政同治甲子年知縣易光蕙於署右序建科房五間丁卯年知縣羅登瀛重修署後園垣并前屏餘待重修

教諭署在羅阜山麓縣署之左宋元以前修者無考明洪武庚戌年知縣任昂即舊址創焉永樂間縣官惑於謬術以講堂抗逼縣治移建於文廟左景泰元年知縣吳蒙教諭陳詮改仍舊處修於禮燬之後提學韓陽有記正德間文廟火壞堂齋亦就傾頹學官借居民舍嘉靖癸卯朱少卿廷立倡修學官併教諭署修之其制未詳見舊志今則無專署寄居羅峯書院

訓導署在羅阜山麓文廟之右明正德前修者無考嘉靖丁未知縣林金建於學宫右其制前爲堂匾曰國家元氣後尊道堂又後爲宅前門臨街牓儒學亦由黌門出入

典史署在縣署頭[illegible]門內東偏其制有內外廳內廳之東爲宅西重俱堂一房二後有圍垣外廳左爲吏胥房廳前圍廠東有土地祠署之前門西向牓曰鎭南佐治咸豐甲寅賊燬同治乙丑知縣潘

滋複典史張文開倡修復其舊制

城守營在北門外大園上今廢址存前有教塲後里許有煙墩基

布政分司在縣治西後改爲察院今廢

按察分司在縣治東後廢明崇禎知縣潘張查明給帖納稅有記見舊志今無考

府館在縣治西今廢

轄屬

陰陽學在縣治西南今廢

醫學在縣治西今廢

巡檢司在縣治東三十里六都黃泥壠內
今廢址存
道會司在縣治西古洞淵觀
僧會司在縣治西郎多寶寺
山口舖舖基一所　安民舖舖基一所
板橋舖舖基一所　花橋舖舖基田一坵
官舖塘一口
鄉約所通邑向就鄉分會附近之處設立
鄉約有正有副有講每月或縣令或教
官循行鄉里則約正先期傳諭鄉人聽

講謂之下會講約後廢約正而鄉約所
亦歸烏有矣
倉厫
倉藏也乃求千斯倉藏於民也社倉與
常平預備足民之設藏於官而以濟民
也視歲之豐歉以時斂散資賑貸救荒
之政莫善於此志倉厫
常平倉在縣治西載通志今廢
足民倉舊設於縣治內側後廢康熙元年
知縣任鍾麟捐俸改建於縣署西積穀

備賑繼任者歷經增益遇荒則貸出陳
入新至道光間積穀五千四百餘石乙
巳年知縣張中孚就署右創建考棚因
倉礙乃移倉於考棚東北隅重新之咸
豐四年甲寅春紅巾賊犯境毀倉散穀
使一百九十二年之儲蓄而齎盜糧可
慨也夫倉遂廢
預備倉五一在縣治內一在茅埠一在吳
田一在長田一在焦崖俱久廢址存舊志
官倉在五都郭城寺下手明時社倉積粟

備賑今廢址存
倉厫在三都板橋之西今廢址存
社倉分存南城及各鄉共十二處載通志
今廢

綽楔

榮褒一字名重千秋旌於朝者固足增蓬蓽之輝表於鄉者亦堪樹閭里之望發潛德闡幽光酬庸顯勳銘金勒石藉以型方訓俗壽於鐘聞矣志綽楔

輸助天朝坊　爲元監察御史阮道全建在東街今圯

叢桂坊　爲明洪武己卯舉人焦雍永樂庚子舉人焦以正建

繡衣坊　爲洪武恩貢任江西監察御史陞都察院右都御史徐儉建

攀桂坊　爲永樂庚子科舉人吳瑢建

易魁坊　爲景泰庚午科舉人曹瑛建

五馬坊　爲景泰癸酉科舉人任太平府知府韓廷彧建

登雲坊　爲景泰丙子科舉人聶茂建

鳳翔坊　爲天順己卯舉人四川戎縣知縣吳原哲建

桂林一枝坊　爲成化辛卯舉人思明府同知吳原正建

飛漢坊　爲成化癸卯舉人廣東廣州府推官朱伯驥建

進士坊　爲宏治庚戌進士江西餘干知縣熊伯通建

虎榜題名坊　爲正德丁卯舉人蘇州通判熊伯峯建

御史坊　爲嘉靖戊戌進士授監察御史浙江按察副使歷任巡撫陳宗夔建

主政坊　爲嘉靖癸丑進士授兵部主事熊坦建

以上外圯

少宗伯坊　爲嘉靖癸未進士歷陞禮部侍郎朱廷立建萬歷十二年巡撫都御史李江檄知縣張書紳重修在署左

玉堂青瑣坊　爲萬歷癸未翰林授吏科給事中舒宏緒建在署右

承流宣化坊　在縣署前明萬歷十三年知縣張書紳建今圯

父子科第坊　爲康熙庚午舉人謝庭樹與子乾隆甲戌進士謝得煥建

棠棣聯魁坊　爲乾隆庚午舉人任江西安遠知縣舒道宏與胞弟乾隆壬申經魁舒道光建在引薰門內

匾額

鶚薦匾　爲嘉靖庚子舉人河南陳留教諭夏祚丙午舉人廣昌縣知縣郭允楨各牓其宅今存

功勤可嘉匾　明世宗嘉靖賜兩淮鹽院朱廷立今存

欽賜殊勳匾　爲東鄉知縣朱之柽往播州有功神宗特賜金字匾額陞夔州府同知

萬年永濟匾　明溫州府知府朱之楫修永濟橋建寺置田以守喝荆王題此匾牓於寺門

保障山城匾　康熙間知縣任鍾麟爲前明文生陳學耀牓於堂以其剛正持國才堪佐治接經知縣張斑牓以言行堪垂又經知縣龔在升牓以世德遺英

普濟宏功匾　康熙間知縣任鍾麟爲邑縣丞熊山崇牓於堂

月旦重光匾　康熙間知縣龔在升爲吳季玉牓於堂以其晉調永濟橋詮并遇事善解

文行兼優匾乾隆間湖北學政淩如煥爲郡歲貢工正牓於堂以其奉延甯文深可器重

榮頤豈韡匾乾隆間知縣彭震發爲城東吳孫氏百歲坊題

慶延期頤匾嘉慶辛酉兵部尚書汪承霈爲羅容祿耄閱五代牓於堂

七葉衍祥匾爲六都孝子陳堉建

五世同堂匾道光己酉知縣黎首鈞爲二都監生夏文暢建

雜置

萬壽宫在縣署之西古洞淵觀爲官紳慶賀迎詔之所

翠屏塔在縣前翠屏山上縣堂學宫皆正對創建未詳頹廢者久雍正辛亥年知縣井浚重建邑君子題三十景詩刊於石後爲雷震其頂道光戊子年知縣楊兆杏修葺甲午夏又震於雷塔頂復崩其塔近映翠水恍如筆蘸溪流故翠屏塔影爲八景之一

石航塔在縣東石航山上高三丈餘係學宫巽方乾隆八年知縣吳世臣以教諭蕭惟煜青烏之論創建斯塔培植文峯疊發科甲丙子三月爲雷震巳卯邑紳謝開堅周秀波等修葺庚辰七月復崩於雷己丑秋教諭黃璵率諸首士重修之比舊高七尺有記見藝文道光間又爲雷震盡圮同治二年癸亥知縣易光蕙諭團局紳首朱美燮汪淩雲夏慶恬

徐體乾陳書紱石文甲焦炳麟阮榮品唐遠芳等重修高三丈六尺共七層

獅子塔一名來爽塔在縣治西獅子岩上係學宫兌方乾隆壬申邑紳樂鳴韶黃大凱周光桂等倡修道光間爲雷震崩其半同治甲子知縣易光蕙折而重修

團墩塔在縣南七十里六都聚潭堡團墩山上

龍潭塔在縣南六十里六都大源堡龍潭橋北

矜恤

發政施仁必先無告後世善師其意乃有育嬰養濟藥局義塚諸設黃口何知幸免一盆禍水白頭奚託苟延半局殘生藥囘春以扶傷園漏澤而掩骼不忍之政原於不忍之心擴而充之無待呼籲志矜恤

育嬰堂前之建設無考道光年間邑人虞國幹捐貲於白鶴山麓創此堂通俗貧戸多溺女近則同人解囊爲會稍給乳

哺之需縣城以此堂爲局各鄉亦有立局救嬰者難於博濟願民父母設法彌補則保赤恩周矣

養濟院在縣治南通津橋久廢址存康熙四年奉文復給孤老月糧布花知縣任鍾麟重建今廢

惠民藥局在署東南今廢

漏澤園明萬歷十一年知縣張書紳捐俸建於縣治西三里馬槽山麓方廣四丈

義塚現在縣治翠屏山麓樂施數處願好善者隨時度地相繼佈施

津梁

除道成梁王政也通邑僻處山谷險阻歲時山雨水漲則四野瀰漫行者患之邇來道途修飭凡津涯所隔皆建橋梁施渡船民始不病涉矣署其姓名使觀者有所興起而廢墜有所修補云

通津橋在縣治南門外元工部侍郎邑人阮仲發建明正德六年水衝圯邑人朱廷文廷輔唐玉倡捐重建侍郎朱廷立記崇禎辛未復衝廢邑人宋承佑募修

知縣馬負圖記橋砌以石高數丈長十餘丈寬一丈有奇傍置石欄每值秋夜市人踏月放歌其上聽溪流漱玉石瀨涓涓氷輪倒影光彩四射故石橋秋月居八景之一

桃花橋洞淵觀桃花泉流瀉之處甃石爲橋與街平

白公橋縣治西古克讓坊今三多廻恩二坊界跨小澗爲橋與街道平世傳白公所建故名明萬歷十二年知縣張書紳

重修置亭其上今廢而旁俱立石欄

多寶橋西門外多寶寺南邑人焦子由建

明隆慶間知縣譙龍田重修

青雲橋縣治西架木爲之明宏治中知縣

秦初率邑人阮福俊築以石爲跳樁當

溪中橋則用木繫以鐵鍊可解而撥便

舟之往來也主事周貝記後復修邑舉

人朱兆貝記

喜遷橋一名鶯遷橋縣治西致和坊外舊

名坑口明正德元年邑人徐伯岳樂有

芳建萬歷十三年水衝圮知縣張書紳

重修建亭三座給事中常居敬記

會緣橋在縣治西馬槽山麓通羊港水所

經春夏漲滿渡以小舟秋冬水落編木

爲梁道光戊申年邑人徐赴張大來樂登超徐熙吳任衡程立德等倡捐建石橋礅二泊岸二因己

酉大水停工架木以濟咸豐己未邑人樂鳳翥阮榮品陳日崋程立德阮炳光黃省庠汪耀三阮賜典唐逵芳樂紱甫張輝萬等倡捐成功寬廣與通津橋相等

行遠橋縣西五里舊名洋都橋明正統間

知縣吳芸建後水衝圮萬歷丙申年邑

翰林舒宏緒重修順治乙未又衝廢丙

申里人黃心鏡等募衆同修歲久復决

道光間復修

登高橋縣西七里舊名犀港橋創建未詳

明萬歷十年水衝圮知縣張書紳率民

重修置亭其上歲久復圮順治戊戌年

里人黃明宇等募衆重修仍建亭

車橋在縣西北十五里吳田畈相傳昔爲

車姓居此創建併傳有車知府今無考

道光間邑人嚴鍾麟重修

種子橋在田東下堡里人樂渭璜建

樂善橋在田東下堡里人樂仲純建

雙河橋在田東下堡以二水相合故名里

人樂映蘭建

丁字橋在田東下堡雷家堤邑庠生樂鉉

後裔建以鎮墓水出丁故名

鮎魚橋在田東堡張姓建

陳家橋二一在一都石宕堡邑人樂映蘭

朱孔瑞樂登之等建一在三都杉木嵛

通咸甯要路上修凉亭俱陳姓建
清河橋在田東上堡張姓建
石路橋在山口下堡邑人阮舉明建
嚴家橋在山口上堡里人嚴鍾麟建
山口橋在山口鋪下里人朱俊徵建
碑灣橋在山口洞一連二橋晉省通衢
必如橋在山口洞半坑一連二橋
集福橋縣西八里下西頭向有木橋及渡船同治乙丑年邑人募金建石橋高廣如會緣橋

雙港橋縣西十八里寺下畈支流入大溪處通崇陽要路漲泛時行者每臨涯而返昔有舊橋石墩二在西岸田間不知何年水遷而東橋亦不知何年廢咸豐戊午年道人夏支郁募於衆伐石鳩工越三年橋成構亭其上行者便之
寺下橋在縣西二十里寺下鋪
太保橋在縣西二都
舉橋縣西三十里邑人徐觀建其子適鄉舉故名

太平橋在縣西三十五里
南林橋在縣西三十里
靈寺橋在縣西四十里
韓家橋在縣西五十里
黃家橋在縣西五十四里
金家橋在縣西五十里
嶺背橋在縣西五十里
朗口橋在縣西三十里
石門橋在縣西三十二里張常賛建
石倉橋在縣西二十八里昔爲畧彴水漲則沒咸豐六年鄉人擇地建修石橋

通濟橋在縣東北七里今廢 舊志
花橋在縣東十五里通興國要路
保興橋在縣北九里上有最宜亭邑人金映春建
新河橋在縣北八里向有朱家橋道光辛卯水沖上數丈是爲新河橋方姓公建
永濟橋在寨下堡上段全寶珠建
凉亭橋在縣東七里衢潭堡小港口上有凉亭故名里人李含光建

永福橋在縣東北八里寨下堡公建
新福橋在寨下洞黃福明建
三星橋在三里茅洲堡
永興橋在花橋上手一里卓姓公建
西坑口石橋在三里通興國要津里人李
含光建
楊家橋在西坑堡內四石墩上有涼亭楊
姓建
象鼻橋在港潭堡南坑離獅子岩里許以
地形如象鼻故名向有木橋咸豐丙辰

年邑庠生李之燮募衆易石最爲堅固
福興橋離象鼻橋半里許
雙港橋在西坑洞石屋坑杉木窩二處水
所經故名
上土橋在西坑塘市上手
下土橋在西坑塘市下手
飯橋在縣東三十里王新運設卡防堵處
興通橋在縣東三十五里往興通衢
茅洲橋在西坑塘下三里
吳洞橋在三都

西泉橋在茅洲堡有涼亭一名涼亭橋
永濟橋在縣東五里昔爲李渡明萬曆間
邑人溫州府同知朱之楫建康熙甲寅
年五月水衝圮乙卯九月知縣龔在升
重修庚申四月又崩於水冬十月知縣
韓武復爲修葺俱有記見舊志橋當吳
楚通衢夾岸危崖壁立溪水泛溢橋之
建也於水落時掘沙築石爲基層砌如
梭者四抱兩岸如半月者二中分水道
五高四丈有奇長十八丈餘上架木爲

亭往來者憑欄下瞰如身跨長虹人在
天半邑中之要津亦邑中之勝景也
毓靈橋在縣東十五里朦朧嶺下通吳要
路舊建石墩架木爲亭道光己酉水沖
亭廢今編木以濟
泉港橋在縣東二十里泉港泉口舊有石
橋上置涼亭道光己酉龍水沖廢今架
木橋
泉山橋在縣東二十六里下泉山口架木
爲橋並置涼亭

雙泉橋在縣東三十里雙泉窩口
接濟橋在縣東岩軒下堡里許四橋爲吳
興要道堡中公會修理
有埜橋在縣東四十里富有下堡爲東溪
源水所經吳楚要津道光乙未歲里人
陳有埜捐建上置涼亭且施橋之左右
田地十餘畝但爲修整
樂豐橋縣東四十五里東溪堡道光間里
人公建江西翰林楊本沃過此題其柱
云樂善羣然謀利濟豐年自是起良圖

大来橋在縣治南二十里爲大来源水所
經故名
福壽橋在四都茅坪堡雍正年間金必安
建修
通洋橋縣南五十里昔名朱張河今名朱
楊灘爲吳楚要津雍正間四都舉屏寺
僧西爽募衆建橋乾隆間水衝圮僧星
參復募重修舉人朱兆奐有序道光庚
寅年又以水廢道光丁酉置渡
紫雲橋在縣西南五十五里

郭城橋縣西南四十五里爲吳楚要津舊
以木爲梁里人陳丹桂倡捐易石後水
沖南岸其子大英協力補葺
字藏橋在五都山溪堡橋左有石字藏故
名均陳丹桂建
雲石橋在五都下甯張堡石墩四門三
普濟橋在新豐市下半里石墩四門三上
建涼亭乾隆間城山僧慧矩募修嘉慶
間水沖東埠徐勝秩復募修補道光戊
中水復沖僅存三石墩

松竹橋在下甯張堡兩岸多古松翠竹
鳳儀橋縣南六十里龍會堡嘉慶辛未年
里人張文奇張朝等募建
紫雲橋縣南五十里乾隆甲戌年里人黃
萬選程金聲建石埠丙戌年修涼亭壬
子被水沖廢癸丑黃志堂程茂華募修
又沖廢道光丙申龍會堡人重修
郭嶺橋縣南三十五里甯張堡通崇陽甯
州要路雍正間里人金必安建旋圮乾
隆時金書策以必安遺貲重修道光戊

申水又沖咸豐庚申心安後裔復修
寶石橋縣東南六十里爲吳楚要津昔有
渡今架木橋極寬平
尚書橋在六都泥坑世傳甘尚書建後水
沖里人陳鳳翥重修
永安橋在泥坑里人陳鳳翥建
石船橋在六都船埠堡石墩架木爲亭
橫港橋在六都聚潭堡里人公建
豐橋在聚潭堡中源里人公建
高湖𤄷橋在大源堡里人募建

龍潭橋在六都大源進士謝得懷有記
雙河橋在六都小源大屋場
小源橋在六都小源口上有亭程吳募建
東坑橋在小源下首上有亭
六窖橋在六都牛犢堡
桐港橋在六都文明堡有記
楓樹橋在六都文明堡
南畈橋在六都南山畈
沙壠橋在六都沙灘
黃株橋在沙坪堡界牌

渡

雙溪渡縣東二里許雙溪口有碑
寶公渡在縣西
方家渡縣東七里
花橋渡縣東十里
牛灣渡縣東二十八里
方潭渡縣東三十里
鯉渥渡縣東二十二里
下埠渡縣東二十四里
泉口渡在西坑潭南岸過港潭

永濟渡縣東二十五里南坑港岸上建有
涼亭一名渡船頭有會
李渡縣東五里吳楚要津前以船濟自建
永濟橋遂除
焦崖渡縣東南七里夾岸居民彼此來往
每値牛山夕照谷口樵歸而一葉野航
如梭拋水面故焦崖晚渡居八景之一
湄港渡縣南十里
赤墈渡縣南十五里
厦鋪渡縣南三十里張乖崖釣月臺側

港口渡縣南三十五里
七里崗渡縣南三十五里
岩軒口渡縣東三十五里向有渡夫官費
自里人捐置義渡遂未領取邑人郡庠
吳臣煦有義渡碑
馬溪灘渡縣東三十五里里人置義渡
朱錫灘渡縣南五十里
鳳洞渡縣東四十五里萬杉堡往興要津
黃沙渡縣東南三十里
寶石渡縣東南四十里通江西要津邑人

翰林舒宏緒申請置官渡船今架木爲
梁而船則備溪漲
礄溪渡在六都灌港口春夏渡以船秋冬
編木爲橋有會
横石潭渡置有義渡會水平架木以濟
石峯尖下渡里人捐置義渡田產有會
坑口渡在六都有會

塘堰　筒車水碓附

自井田廢而水利之說興魏起昉之鄭
白繼之所以蓄瀉備旱澇者經制日益
詳焉明洪武末遣國子生人才分詣天
下郡縣集吏民乘農隙修治水利開天
下郡縣塘堰凡四萬九百八十七處陂
渠堤岸五千四百十八處資農功也通
山田多磽瘠小旱則易於焦枯溪皆陡
急積雨則易於衝決雖殫開築之力難
濟暵潦之災食其力者宜慮患預防先

時修理志塘堰

陂堰

鄉城官堰陂在一都灌田數百畝四時水
源不竭
田東陂在一都灌田數百畝水有時涸
祝丞陂在二都
官陂在五都
羊都堰在一都有大小二處
石宕堰在一都大小洞口上下兩堰一水
灌東畈田有圳一水灌西畈無圳晉上

流下接

吳田堰在一都

新田堰在二都引靈泉水順流漸浸至張氏門首圳頭立石坎二其一寬水坎闊陸寸伍分濟河東田壹百餘畝其一圳水坎壹尺三寸灌河西田貳百餘畝

隱水堰在三都朱侍郎修成向壅塞田畏旱今膏沃矣

茅坪白堰在六都茅坪畈

塘

南壁塘上下二塘一四都界灌田數百畝

羅山塘在二都

焦崖塘在四都

中開塘在四都

石門塘在四都

龍塘在四都沈水山

蛟灘塘在四都相傳昔有蛟起於此中有石穴深不可測

船泊埠在四都昔為泊船之所

梅塘在五都

古老塘在正陽堡

石公平塘在五都

界頭塘在五都遂莊為通山崇陽分界之所其塘水浮積其中則左右分流一出通山一出崇陽亦奇景也

金大塘在縣治南四十里正陽畈之南

吳家塘在六都

黃沙塘在六都

筒車　近港高田桔槔難及則造筒車其制如車輪高三丈許圓稱之周圍斜安竹筒當車之中以橫木為軸置於急水邊水衝車轉晝夜不息若紡車然竹筒入水自汲旋轉至上則水傾木梘中瀉於長圳近圳之田皆可灌濟可省農力

水碓　鄉民造紙必於急瀾之濱蓋一小屋安碓中用橫木軸造一雙輪周圍安梘板為齒如風車之葉於上流築堰開圳引水傾瀉入車其輪旋轉輪側用撥帚踏碓則碓自舂臼中竹麻粉碎矣

通山縣志卷之三

政務志

古之良吏政成化理則戶口日滋輸將恐後故積儲豐裕軍國攸賴凡所興革次第釐舉蓋政務之視乎其人也作政務志

戶口

民數之盛衰原自無定故周禮掌民數之官歲登下之特前朝間有藏丁匿戶之弊

國朝屢頒

恩詔民生日滋具詳冊籍迺因兵燹之餘民人寥落每歲攷造猶可得其大畧

宋治平年戶九千八百三十六口一萬五千一百三十五

嘉定甲申戶(三)千四百三十八口無考

元缺

明洪武八年戶九百三十五口五千一百三十二二十四年戶九百八十五口六千四百四十九

永樂八年戶九百四十七口七千三百十九官戶九民戶六十八軍戶四百七十四貼軍戶二百九十九雜役戶八十八匠戶一十

宣德　正統　景泰　天順俱缺

成化戶八百五十五口萬四千五百有四

宏治缺

正德七年戶八百八十口一萬六千六百二十五

嘉靖十一年戶九百二十口一萬七千三十九二十一年戶九百三十口一萬七千四百六十一民戶一百三十四軍戶四百四十一貼軍戶二百四十六匠戶一道戶一僧戶六雜役戶七十一三十一年戶九百四十三口萬三千五百七十六

食鹽鈔二萬三千八百二十六貫

萬歷十一年知縣張書紳奉例查勘清審
實在人戶九百四十三實在口一萬六
千五百七十六男子八千七百四十二
婦女七千八百三十四民戶二百軍戶
三百九十四貼軍戶二百雜役船站力
士校尉匠戶畸零共二百一十六
泰昌　天啟　崇禎　缺
國朝
順治十四年實在戶口共一千二十二內
正軍戶四百一十貼軍戶一百八十八

雜役船站力士校尉匠戶畸零共二百
四十三實在口共一萬五千四百零七
男子八千一百六十五婦女七千六百
四十二
康熙二年知縣任鍾麟奉例查勘清審實
在人戶共一千二十二內正軍戶四百
一十貼軍戶一百八十一民戶一百八
十八雜役船站力士校尉匠戶畸零共
二百四十三實在口共一萬五千八百
零七男子八千一百六十五婦女七千

六百四十二
咸豐四年以前戶口冊因兵燹盡燬
同治五年知縣羅登瀛奉例清查土著大
男婦十二萬五千一百十丁口小男女
十一萬四千一百六十五丁口大小男
女共二十三萬九千二百七十五丁口
流寓一百五十二戶大男婦一千二百
六十七丁口小男女一千五百六十六
丁口大小共二千八百三十三丁口
合土著流寓二萬二千三百九十九

戶大小男女共二十四萬二千一百
十八丁口
外武昌正左兩衛軍戶二千四百三十
七戶實男六千零七十丁徐州津貼軍
戶二百四十五戶實男七百一十丁

田賦

楚北本澤國惟通山則屬山鄉雖土瘠民貧維正之供凡服先疇者無不踴躍輸將恭沐

洪恩疊經大憲酌定折納章程薄賦之規遠軼前代矣志田賦

宋嘉定甲申米六千一百一十二石九斗四升八合三勺五抄

元缺

明甲辰秋糧正米四百七十九石八斗一

升七勺絲一千四斤十五兩九錢一分

永樂八年官民田地塘六百二十五頃九十五抄五分賦四千二百四十一石六斗六升五合八勺秋糧正米四千二百一十三石八斗一升五合七勺秋雜黃豆二十三石一升二合五勺夏稅小麥四石八斗三升七合六勺絲一百三十二斤七兩一分折絹九十八疋二丈二尺五寸二分

宣德　正統　景泰　天順俱缺

成化八年官民田地塘七百四十七頃一十四畝三分賦四千八百四十一石二斗一升有奇

宏治缺

正德七年官民田地塘七百五十二頃四十九畝賦四千八百石八斗五升有奇

嘉靖二十一年官民田地塘七百五十三頃一十四畝三分賦四千八百七十五石八斗五升有奇兩京絹一百一十八疋八尺九寸

萬曆十一年知縣張書紳奉例丈量田一千一百一十頃一十八畝四分六釐四毫七絲八忽地一百五十三頃五十二畝九分四釐六毫一絲四忽塘四十頃四十二畝二分五絲四忽

田賦條編

上田一千八十七頃五十六畝七分三釐五毫八絲八忽科秋糧米四千三百二十八石五斗一升八合八抄八撮二粒　帶科夏稅桑絲一百三十一斤四

兩三錢四分四釐一毫五絲

山鄉田二十二頃六十一畝七分二釐八毫五絲科秋糧米八十一石四斗三升二合二勺四抄四圭　帶科桑稅絲二斤七兩五錢九厘

地稅條編

秋地四十頃四十畝七釐四絲秋糧米一百三十五石八斗二升六合八勺一抄四撮四圭二粒　帶科夏稅小麥二石七斗三升七合六勺　桑稅絲四斤

三兩二錢四分一厘一毫

稅地一百一十三頃一十二畝八分七厘五毫七絲四忽科秋糧米一百六十七石五斗九升三合一勺三抄六撮一圭　帶科夏稅小麥二石一斗桑稅絲五斤二兩三錢四分八毫五絲

塘賦條編

塘四十頃四十二畝二分五絲四忽一則科秋糧米一百五十七石六斗四升五合八勺三抄一撮六粒　帶科桑稅

絲四斤一十二兩四錢九分八釐一毫

以上共科秋糧米四千八百七十一石一升六合一勺

二斗以上起科官米二百三十二石七斗六升九合一勺以上起科官米一千石六斗九升八合三勺民米并一斗以下起科官米四千六百二十七石五斗四升八合八勺近奉例清丈不分官民一體編差　帶科夏稅小麥四石八斗三升七合六勺　桑稅絲一百四十七

斤一十三兩九錢三分三釐二毫

泰昌　天啟　崇禎俱缺

國朝

順治四年奉例丈量原額田一千一百一十六頃二十七畝三分四厘二絲內上田一千九十三頃四十四畝六分二釐九毫八絲

山鄉田二十二頃八十二畝七分一厘四絲　地一百五十六頃五十三畝二分七厘三絲內秋地三十九頃九十九

畝一分四釐六毫七絲　地稅一百一
十六頃五十四畝一分二釐三毫六絲
塘四十二頃五十畝七分六釐八毫六
絲
康熙四年原額田一千一百一十六頃二
十七畝三分四厘二絲內上田一千九
十三頃四十四畝六分二厘九毫八絲
科秋糧米四千三百一十四石七斗九
升三合七勺六抄四撮二圭三粒三粟
科夏稅麥米四石三斗一升九合一勺

一抄二撮八圭七粒七粟帶科桑絲一
百三十斤十五兩八錢一分四厘八毫
二絲　山鄉田二十二頃八十二畝七
分一厘四絲科秋糧米八十二石九升
五合三勺九抄四圭科夏稅麥米八升
二合一勺七抄七撮帶科桑絲二斤七
兩九錢四分二厘九毫一絲　地一百
五十六頃五十三畝二分七厘三絲內
秋地三十九頃九十九畝一分四厘六
毫七絲科秋糧米一百三十三石八斗

三升七合四勺三抄四圭科夏稅麥米
一斗三升三合九勺七抄一撮帶科桑
絲四斤一兩一分二厘四毫四絲　稅
地一百一十六頃五十四畝一分二厘
三毫六絲科秋糧米一百七十四石八
斗八升六合八勺一抄七撮帶科桑絲
五斤四兩八錢九分八厘二毫塘四十
二頃五十畝七分八厘八毫六絲科秋
糧米一百六十五石四斗二合六勺三
抄七撮九圭科夏稅麥米一斗二升七

合五勺二抄五撮帶科桑絲五斤二錢
七分六厘一毫七絲
以上共科糧米四千八百七十石一
升六合一勺
二斗以上起科官米二百三十二石七
斗六升九合一勺以上起科官米十石
六斗九升八合三勺民米并一斗以下
起科官米四千六百廿七石五斗四升
八合八勺奉例清丈不分官民一體編
徵　帶科夏稅小麥四石八斗三升七

合六勺桑稅絲一百四十七斤一十三
兩九錢三分三厘二毫
康熙四年知縣任鍾麟奉例丈量原額田
一千一百一十六頃二十七畝三分四
厘二絲內上田一千九十三頃四十四
畝六分二厘九毫八絲　科秋糧米四
千三百一十四石七斗九升三合七勺
六抄四撮二圭三粒三粟　科夏稅麥
米四石三斗一升九合一勺一抄二撮
八圭七粒七粟　帶科桑絲一百三十

斤十五兩八錢一分四厘八毫二絲山
鄉田二十二頃八十二畝七分一厘四
絲　稅秋糧米八十二石九升五合三
勺九抄四圭　科夏稅麥米八升二合
一勺七抄七撮　帶科桑絲二斤七兩
九錢四分二厘九毫一絲
地一百五十六頃五十三畝二分七厘
三絲內秋地三十九頃九十九畝一分
四厘六毫七絲　科秋糧米一百三十
三石八斗三升七合四勺三抄四圭

科夏稅麥米一斗三升三合九勺七抄
一撮　帶科桑絲四斤一兩一分二厘
四毫四絲
稅地一百一十六頃五十四畝一分二
厘三毫六絲　科秋糧米一百七十四
石八斗八升六合八勺五抄四撮　科
夏稅麥米一斗七升四合八勺一抄七
撮　帶科桑絲五斤四兩八錢九分八
厘二毫
塘四十二頃五十畝七分六厘八毫六

絲　科秋糧米一百六十五石四斗三
合六勺三抄七撮九圭　科夏稅麥一
斗二升七合五勺五抄五撮　帶科桑
絲五斤二錢七分六厘一毫七絲
以上共科秋米四千八百七十石一
升六合一勺內
二斗以上起科官米二百三十二石七
斗六升九合一勺以上起科官米一十
石六斗九升八合三勺民米并一斗以
下起科官米四千六百二十七石五斗

四升八合八勺奉例清丈不分官民一
體編僉　帶科夏稅小麥四石八斗三
升七合六勺　桑稅絲一百四十七斤
一十三兩九錢三分三厘二毫以上舊志

明萬歷

夏稅

起運

南北京絹一百一十八疋八尺九寸共正

扣銀一百五兩七錢零五厘六毫

存留

本縣倉小麥抵米四石八斗三升七合
六勺折銀二兩四錢六分六厘八毫

秋糧起運

兌軍南京倉本色米二千一十三石一
斗每年遵照派單加耗解運折色正扛並南兌盤纏
等銀一千五百七十四兩三錢一分一
厘四毫

丁糧額辦派辦起運

南北藥味曆日段疋等項正扛銀三百
五十七兩一錢四厘四毫例不優免丁三米七攤派

段疋遇閏加編

戶口

起運

南京戶口鈔本折正扛共銀二十五兩
九錢六分五厘五毫三絲七忽四微八
塵六纖九渺

撥運

本府戶口鈔銀三十七兩四錢四分九
厘一項遇閏加編例不優免八丁攤派

驛傳

起運

南京濟川衛水夫工料銀一百三十一
兩四分

撥運

本府遞運修船牌州驛站夫官塘驛中
馬共銀一百七十八兩除優免外丁糧攤派

民壯

扣解濟邊練兵應役共一百六名工食
衣鞋七百八十二兩七錢除優免外丁三米七攤派

均徭

銀力二差共銀九百六十八兩五錢四分除優免外丁三米七攤派

里甲

夫馬銀四百六十八兩除優免外丁三米七攤派

公費供應備用共銀二百一十八兩八錢四分八厘例不優免丁三米七攤派

班匠起運

南京人匠除逃絶開除外實在納班一十三名四年一班該班每名納銀一兩八錢遇閏加銀六錢

軍政

明萬曆南北軍士五十四名

遼東直隸山東廣西等衛共四百六十六名

泰昌　天啟　崇禎俱缺　以上舊志

國朝

順治十五年淸查軍戸實在軍丁

南北軍士五十四名

遼東直隸山東廣西等衛共一百八十二名

康熙二年知縣任鍾麟奉　文淸查軍戸

實在軍丁共一百八十二名

夏稅

起運

南北京絹共一百一十八疋八尺九寸共正摃錢一百二十八兩七錢三分六厘六毫七絲五忽

新加絹價銀四十兩七分一厘一毫四絲五忽

秋糧

起運

兌軍南京倉本色米一千九百一十六石六斗

丁糧額辦派辦

起運

南京藥味曆日叚疋等項共銀三百四十八兩二錢一分五厘一毫四絲一忽一微七塵六纖

戸口

起運

南京戸口鈔本折正摃共銀二十六兩八錢三分一厘五絲五忽四微八塵三

織一渺
撥運
本府戶口鈔奉裁充餉
驛傳
起運
南京濟川衛水夫工料銀一百三十二兩二錢一分九厘三毫六絲
撥運
本府遞運修船牌州驛站夫官塘驛中馬并裁本縣夫馬充餉共銀七百一十

七兩五錢二分九厘七毫
民壯
扣解濟邊練兵應役糧餉共銀四百八兩四錢三分五厘三毫四絲奉裁充餉
均徭
銀力二差除夫馬外舖兵一十三名額編銀七十兩一錢四分九毫七絲
里甲
夫馬銀除奉文扣裁協濟並充餉外存銀四十二兩九錢二分

公費供應備用共銀八十兩於順治十四年十六年奉裁充餉外存銀二十五兩九錢
班匠起運
南京人匠除逃絕開除外實在納班匠十名每年每納銀六錢并帶運在內
軍政
南北軍士
遼東直隸山東廣西等衛班操城屯舍餘共一百八十二名以上舊志

通戶口數千田不下千頃有奇歲徵稅亦以千計編戶六里籍與戶佃田者居其一往年人丁隱漏田賦不均間有民田重供軍實者頃者奉例均丈清其人戶履畝定稅故催科不煩督責往往應期上供於是貧富適均軍民各得其所邑稱樂土矣
徵收
本縣徵收每戶各結易知由單一張逐戶開立前件限期註完仍責里長稱收

二門内每里各設棹一張木櫃一個原
定天平於棹上每日示諭納戶及里長
秤收庫吏註簿照前粘封計數投櫃封
收庫内其需索加耗之弊一切屏斥於
是民樂輸納不至逋負矣舊志

通志田賦

一土田田地塘一千三百一十五頃三
十九畝四分一厘實徵銀六千六百七
十三兩八分八厘丁銀在内更名地田
地十七頃四畝三分四厘實徵銀八十
四兩九分五厘

一應解地丁條餉銀四千五百九十四
兩三錢四分七厘

一官俸役食銀六百三十九兩七錢七
分三厘

一撥運銀八两一錢三分二厘

一均徭銀七十一两六錢七分四釐

一祭祀等項應支銀二百八兩七錢四
分八釐

一添撥銀五十八兩四錢八分

一驛站走遞夫馬銀七百二十五兩五
錢一分八厘

一隨漕正耗贈貼米隨漕實額銀陞墾
派徵丁銀米二千二十五石七斗六合
八勺銀七百一十四兩六錢二分一厘

一乾隆十九年墾派丁銀一分二厘

一雜税茶税銀八十五兩　田房税銀
一兩二錢三分

現在核實新章

一閤縣土田一萬六千四百二十六石
九斗五升六合一勺
合正米四千九百二十八石八升六合
九勺
扣正銀七千八百六十五兩二錢二分
六厘
内有更名屯田銀九十兩四錢
自咸豐四年兵燹之後征册屢經散失
叠次清理計有額缺正銀九十九兩六
錢四分由征收官墊解

一應解地丁正銀四千八百四十兩七

錢八分

一應解支存晋正銀九百三十九兩三錢五分

內除留縣坐支官俸祭祀役食共銀七百五十四兩八錢四分實解銀一百八十四兩五錢一分

一應解驛站正銀七百二十五兩五錢一分八釐

一應解隨漕正銀三百九十七兩四錢五分

一應解鹽脚正銀一百三十八兩三錢九分二釐

一應解南折正銀八百七兩二錢九分八釐

一應解淺船正銀一十六兩四錢三分八釐

以上共應解地丁等欵正銀七千八百六十五兩二錢二分六釐隨正征解秏羨銀八百六十五兩一錢七分一釐

縣屬征餉於道光二十九年定章每正米一石征收錢三千九百文刋碑署前

一閤縣應征漕米八百七十二石四斗二升四合三勺折解銀一千二百六十五兩一分五釐

縣屬征漕向係每石征收錢五千文於咸豐八年胡撫憲　奏減每漕一石征收錢四千八百文刋碑署前其缺額漕米九石九斗六升七合亦由官墊解

通志鹽法

通山縣額行三千八百七十引

舊志積藏

積藏天下大命古者三年耕而有一年之積九年耕而有三年之積所以備凶荒爲軍國之需也通倉廪空虛賑濟不給任侯遵奉上行照依舊額捐俸糴藏每年積穀一百五十石而足民倉自此充盈矣

舊志興革

通邑僻居邑治頗多廢弛任侯菘任修
公宅暨厥倉篩廟宇設鄉約立保甲新
學宮其他則除常例釐宿蠹禁火耗清
舖役此皆其興革之大校也

舊志招撫流移

通山地瘠民貧一遇凶荒則移徙江右
躲避差役蓋氓庶去墳墓離鄉曲者至
十之二三矣任公來縣慰恤招撫於是
流民復還土著者近百餘人自此黃鳥
無此邦之悲鴻鴈有安宅之歌矣

兵事

通不當衝且無兵舊志於兵事缺焉宜
也但自元迄今亂輒被擾古詩云任是
深山最深處也應無計避征徭其即通
之謂乎而團練有功於桑梓郎佐蓋於
國家輯而錄之俾知加學額得獎敘之有
由云志兵事

元季賊寇蠭起土匪全式臣等蹂躪城鄉
世家望族多爲殄滅明初方子貴集衆
保守奉勅鎮通山

隆慶四年十月礦賊七十餘刼庫燒燬堂
廨十餘間

崇禎十一年六月初一白晝大盜入城殺
人掠物諸民驚散

國朝

順治二年五月初四日闖賊數萬入縣燬
戮四境人民如鳥獸散死於鋒鏑者數
千蹂躪三月無安處幸
王師蕩除百姓如解倒懸漸復故土秋冬復
多病死十家九泣通民之災莫甚於此

康熙甲寅江右寇警直逼九宫山知縣龔
　在升親往隘口團練鄉勇卒賴保全
嘉慶元年陝竄教匪孫曰華鳩衆滋事知
　縣李鍾白諭方銘榜等募勇防守旋平
道光廿二年壬寅正月初一崇匪鍾人傑
　遣匪千餘撲縣南門知縣顧羹梅率紳
　士練勇助官兵敗之初三復遣匪數百
　至一里石宕畈聞城中有備引去初十
　復遣匪數千分二股一由馬槽大路一
　由馬槽山上撲縣城兵勇大敗之旋平

咸豐四年甲寅正月二十一日粵匪僞總
　制吳由興國大畈入境襲縣燬公署
　常平倉及城鄉廟宇民房三月二十七
　日知縣陳景雍自江西義甯招義勇克
　復與賊戰於四都藕塘不克死之兵勇
　陣亡者二十餘名十月二十一日臬憲
　胡自崇陽帶兵克復諭合邑團練五年
　乙卯正月二十一日賊目僞丞相鍾率
　賊數萬仍由大畈入境增生王新進奉
　委起勇與賊戰於三里板橋不克死之

　兵勇陣亡者二百餘人焚殺三十里遂
　入城被虜者數千人恣掠三日立僞監
　軍汪鎮之
六年十月王觀察自崇陽領兵克復仍起
　團練人民安堵
七年丁巳十一月本府嚴札散練勇十二
　月中旬興國州城警知縣王頌三仍起
　團練諭局紳帶勇札花橋禦之
十一年辛酉五月初二顏匪自義甯竄縣
　殺掠較輕因四鄉團練月餘復竄江右

　六月候補道唐帥兵追賊札數日移營
　興國
同治元年壬戌六月本府黄帶兵至縣清
　查土匪
四年乙丑四月初八聞咸甯警知縣潘滋
　模諭起團練二十七日劉軍門帶兵札
　縣城次日移營興國
五年四月張觀察至縣諭令舉行團練次
　年三月復自興國來巡

粵匪兵燹團練紀畧

通處萬山中錢糧數千學僅八名武弱
小邑也素無城郭且無兵沐
國家重熙累洽之恩不識兵革久矣咸豐二
年壬子冬粵匪犯省垣通遂警邑侯鍾
諭邑紳捐輸團練修城門築隘卡募勇
把守匪下游竄金陵逝以僻處無患癸
丑暮春以洽土匪功遷通城新進士陳
侯接任雖省垣已復而卡益密勇益衆
費益多甲寅正月匪破興國州集諸無

賴漸過三里界侯因本邑有土匪由什
諭之二十一日吳賊乘虛入城燬官署
灰文卷由常平倉積穀焚殺擄掠無所
不至侯奔省不得入復奔江右募勇且
請兵克復適羅協戎率師援武昌經由
通山進期日與會約邑人張銘等內應
初駐五里楊芳林遇賊生擒數十名斬
之時羅協戎兵札大沙口距通百里張
銘在縣城距侯五十餘里賊偵知有備
即裂殺張銘三月二十七日賊鳩匪黨

飛奔四里黏塘侯雖率勇百餘人而外
援未至內應已虛戰大敗死之陣亡者
二十七人餘勇盡散賊轉城中地方民
歛侯尸而殯並瘗諸官親兵勇等於青
山下郡庠生王新運慮賊之猖亂無紀
仝邑紳起局陽爲奉賊陰實制賊陸續
畧戮以數百計又默奉上札苟安數月
九月崇邑廖賊目因官軍將至率賊衆
數萬由崇來卽逐出境適上司有偵探
者目擊聞其事深嘉之十月　臬憲胡

文忠公撥通訪有名者悉殺之又於數
日內捐資四萬解赴行營乙卯正月運
隨　臬憲由興轉通鍾賊日率賊數千
追之至大畈而數萬邑侯龍有川勇數
十名自度不支懇以守卡事委新運當
是時傾合邑之衆不足以當賊鋒運既
感知己之恩又狃於樂廖賊之故智身
率局勇數百守板橋卡並起六里鄉勇
接應有奸細輒殺之賊駐大畈相距十
里三日不敢進卡左山右河二十一日

賊大股由板橋接戰分股由隱水入擊
運後鄉勇後至者不得進又分股由板
橋下過河擊運右運腹背受敵死之守
卡勇鮮有逃者一路焚殺直入縣城恣
掠擄取次日焚王新運宅及諸團長宅
無敢禦者五日始去斯固通山一大刼
也去後賊往來如織借偽監軍汪之名
以賊治賊蹂躪幾二年幸在局者做新
運之故事時於官軍洪山大營請命且
與咸邑親睦會聯團又與崇邑互相往

來巳　丁一月邑紳至崇迎　王道憲
入通亦不煩血刃而復憲諭邑紳等起
局復捐輸團練共立局七長勇數百年
穀時熟賊不復擾四鄉安堵丁巳十二
月中旬興國州賊警王邑侯命邑紳帶
練勇數百守花橋終以有備無患迄辛
酉夏五月初一顏賊目由江右陸道入
通亦以團練故未受大害事平報銷實
在練費捐費錢一十有四萬有奇仰沐
聖恩學額永加八名又以十三名分三次取

進外得奬敘者百二十三名奏明藕塘
板橋打仗陣亡之官紳兵民祀昭忠祠
者三百餘名近自壬戌年土匪作難支
用浩繁尚未報銷現在清釐造册申賫
茲當縣志初稿已成承　邑侯羅之命
而爲之記

學校志

上八生千載下而猶得爲聖人之徒者特有學耳三代以來累朝皆立學校州縣之儒學即古鄉學之遺學立之官職專於教曰廣文曰司鐸膀其堂曰尊道曰明倫賴以造就人才儲爲世用非徒曰名號焉爾已建文廟崇祀

先聖奉爲萬世師表儒者誦其詩讀其書

朝考夕究以講明其道務實踐而尙躬行列今日之膠庠無異侍當年之函丈

顏之四勿曾之三省皆吾人日用間所有事勿謂古今不相及以自外於聖賢之門牆則處爲純儒出爲良吏無負

朝廷作人之至意若徒以文藝爲工以記誦爲博以饔飧爲梯徑以經籍爲筌蹄獵科名弋聲譽其視古人爲已之學相去遠矣然則教者之所以爲教學者之所以爲學當知所從事也作學校志

廟制

聖域賢關咸切宫牆之望禮門義路共登美富之堂通之有官也由來久矣瞻屏山之拱揖如仰東山帶翠水之迴環宛游泗水因思堂開絃竹千秋尙有遺音戸外絃歌罔每祗流芳澤知

聖靈之廣在宜廟貌之維新

舊志載通山儒學自宋乾德二年建縣至慶歷四年始詔郡邑皆立學遂於是年建址在羅阜山麓縣治左自慶歷辛卯迄今五百年不易其處宋元以前修者無考洪武庚戌詔天下府州縣各立

學通稱爲儒學知縣任昂始卽舊址創焉永樂間縣官惑於謬術以講堂抗逼縣治移建於文廟左景泰元年知縣吳萊教諭陳銓仍改舊處從而新之韓提學陽記見藝文成化宏治間知縣戴謙秦初相繼修之後廟廡久壞堂齋就頹官師至借居民舍嘉靖癸卯朱少卿廷立圖新之因縣無羨帑乃捐己資百餘金倡邑之贏於財者勸助有差於是鳩材號工悉撤其舊闢後山空地爲明倫堂若廟若

齋若廡堂左教諭宅皆鬨新矣會紹人都憲嘉靖丁未知縣林金纂修之建文廟次櫺星門次儒門建啟聖祠於廟右建訓導宅於堂右垣繚以磚煥然宏敞規制俱存（禮部侍郎朱廷立修學補遺見藝文）學署中為先師廟東西為廡前為戟門門闢為神廚為宰牲房（廟廡儀門知縣任鍾麟重加修葺）門前為泮池池前為櫺星門（舊門阜夾知縣張書紳建石門三座記見藝文）門前為屏屏前為鯤化天池坊（今廢址存）廟後為明倫堂（久廢址存）東為

崇德齋西為廣業齋左為教諭宅右為訓導宅二宅後為倉（俱廢）宅前為名宦祠為鄉賢祠堂後為尊經閣（今廢）為敬一亭（即閣舊址今廢）堂東南為龍門（明萬歷癸酉知縣譙龍田建）門右為叢桂坊（今廢）坊前為大門扁儒學（學宮左側挨市圳導衙一所後止山前止街東止泮宮牆四止縣基衙今廢址存因學宮重地正基向來不敢任住）四桂（在明倫堂前左右各二叢）兩槐（在櫺星門內左右並茂係古植）

國朝康熙十年辛亥知縣龔在升捐俸重修博士宅壬子置木主建講堂癸丑葺

聖殿次啟聖名宦鄉賢三祠又次大成櫺星兩門煥然改觀自有記乾隆二年丁巳知縣陳鈞見前所修者日就傾頹率邑紳重新之閱八月落成亦有記歷年既久頹圮益甚嘉慶癸酉知縣田穠暨兩學李郁煥王崇斅同邑紳移修

大成殿歸舊址後復為明倫堂為崇聖祠為尊經閣前為月臺為鐘鼓樓為東西廡臺前為大成門為月宮橋為名宦祠鄉賢祠橋前為櫺星門為鯤化池為東西

黌門四圍繞以高牆內外更新金漆如式七年告成侍講陳崑谷記邑人徐閎記並見藝文

鯤化池垣外臨河左右各有門向外榜曰禮門曰義路向內榜曰聖域曰賢關邑孝廉黃泰交書咸豐壬子知縣鍾榮光建

位號

君相以人爵為品級師儒以天爵為等差人爵之顯榮在一時天爵之推崇在

百世
至聖先師尊無與並矣他如四配十哲先賢
先儒或陪正殿或列兩廡別稱號序位
次崇卑之際名分秩然七人以時駿奔
執豆習禮其間庶幾見羹見牆有由士
希賢由賢希聖之感乎謹遵
熙朝所定次第條列於編

正廟
至聖先師孔子

東配
復聖顏子漢永平十五年祀七十二弟子顏子位第一魏晉祀孔子均以顏子配唐貞觀二年以孔子爲先聖顏子配享
述聖子思子宋大觀二年從祀端平三年陞列哲位咸醇三年配享

西配
宗聖曾子唐開元八年從祀宋咸醇三年配享
亞聖孟子宋元豐七年配享

以上配位宋以前皆稱封爵元至順元年贈顏子兖國復聖公曾子郕國宗聖公子思子沂國述聖公孟子鄒國亞聖公明嘉靖九年改稱復聖顏

子宗聖曾子述聖子思子亞聖孟子
國朝因之

東哲
先賢閔子唐開元八年從祀
先賢冉子唐開元八年從祀
先賢端木子唐開元八年從祀
先賢仲子唐開元八年從祀
先賢卜子唐貞觀二十一年以經師從祀開元八年以十哲從祀
先賢有子唐開元八年從祀國朝乾隆三十年陞列哲位

西哲
先賢冉子唐開元八年從祀
先賢宰子唐開元八年從祀
先賢冉子唐開元八年從祀
先賢言子唐開元八年從祀
先賢顓孫子唐開元八年從祀宋咸醇三年陞列哲位
先賢朱子宋建炎四年生慶元六年卒年七十一醇祐元年從祀國朝康熙五十一年陞列哲位

以上哲位宋以前皆稱封爵明嘉靖九年改稱先賢某子
國朝因之有子朱子陞列哲位從一例

東廡先賢

先賢公孫僑 左傳魯襄公八年始見昭公八年卒 國朝咸豐七年從祀原西廡擬移東廡

先賢林放 唐開元二十七年從祀明嘉靖九年改祀於鄉 國朝雍正二年復祀原西廡擬移東廡

先賢原憲 唐開元二十七年從祀

先賢南宮适 唐開元二十七年從祀

先賢商瞿 唐開元二十七年從祀

先賢漆雕開 唐開元二十七年從祀

先賢司馬耕 唐開元二十七年從祀

先賢梁鱣 唐開元二十七年從祀

先賢冉孺 唐開元二十七年從祀

先賢伯虔 唐開元二十七年從祀

先賢冉季 唐開元二十七年從祀

先賢漆雕徒父 唐開元二十七年從祀

先賢漆雕哆 唐開元二十七年從祀

先賢公西赤 唐開元二十七年從祀

先賢任不齊 唐開元二十七年從祀

先賢公良孺 唐開元二十七年從祀

先賢公肩定 唐開元二十七年從祀

先賢鄡單 唐開元二十七年從祀

先賢罕父黑 唐開元二十七年從祀

先賢榮旂 唐開元二十七年從祀

先賢左人郢 唐開元二十七年從祀

先賢鄭國 唐開元二十七年從祀

先賢原亢 唐開元二十七年從祀

先賢廉潔 唐開元二十七年從祀

先賢叔仲會 唐開元二十七年從祀

先賢公西輿如 唐開元二十七年從祀

先賢邽巽 唐開元二十七年從祀

先賢陳亢 唐開元二十七年從祀

先賢琴張 唐開元二十七年從祀

先賢步叔乘 唐開元二十七年從祀

先賢秦非 唐開元二十七年從祀

先賢顏噲 唐開元二十七年從祀

先賢顏何 唐開元二十七年從祀明嘉靖九年罷 國朝雍正二年復祀

先賢縣亶 國朝雍正二年從祀原西廡擬移東廡

先賢牧皮 國朝雍正二年從祀原西廡擬移東廡

先賢樂正克 國朝雍正二年從祀

先賢萬章 國朝雍正二年從祀

先賢周敦頤宋天禧元年生熙甯六年卒年五十七醕祐元年從祀

先賢程顥宋明道元年生元豐八年卒年五十四醕祐元年從祀

先賢邵雍宋大中祥符四年生熙甯十年卒年六十七咸醕三年從祀

西廡先賢

先賢蘧瑗左傳魯襄公十四年始見卒年無考史記定公十四年孔子猶主蘧伯玉家其卒後於公孫僑蓋三十餘年唐開元二十七年從祀明嘉靖九年改祀於鄉國朝雍正二年復祀原東廡擬移西廡

先賢澹臺滅明唐開元二十七年從祀原東廡擬移西廡

先賢宓不齊唐開元二十七年從祀

先賢公冶長唐開元二十七年從祀

先賢晳哀唐開元二十七年從祀

先賢高柴唐開元二十七年從祀

先賢樊須唐開元二十七年從祀

先賢商澤唐開元二十七年從祀

先賢巫馬施唐開元二十七年從祀

先賢顏辛唐開元二十七年從祀

先賢曹䘏唐開元二十七年從祀

先賢公孫龍唐開元二十七年從祀

先賢秦商唐開元二十七年從祀

先賢顏高唐開元二十七年從祀

先賢壤駟赤唐開元二十七年從祀

先賢石作蜀唐開元二十七年從祀

先賢公夏首唐開元二十七年從祀

先賢后處唐開元二十七年從祀

先賢奚容蕆唐開元二十七年從祀

先賢顏祖唐開元二十七年從祀

先賢句井疆唐開元二十七年從祀

先賢秦祖唐開元二十七年從祀

先賢縣成唐開元二十七年從祀

先賢公祖句茲唐開元二十七年從祀

先賢燕伋唐開元二十七年從祀

先賢樂欬唐開元二十七年從祀

先賢狄黑唐開元二十七年從祀

先賢孔忠唐開元二十七年從祀

先賢公孫蕆唐開元二十七年從祀

先賢顏之僕唐開元二十七年從祀

先賢施之常唐開元二十七年從祀

先賢申棖唐開元二十七年從祀

先賢左邱明唐貞觀二十一年以經師從祀

先賢秦冉 唐開元二十七年從祀明嘉靖九年罷國朝雍正二年復祀

先賢公明儀 國朝咸豐三年從祀原東廡撥移西廡

先賢公都子 國朝雍正二年從祀

先賢公孫丑 國朝雍正二年從祀

先賢張載 宋天禧四年生熙寧十年卒年五十八醇佑元年從祀

先賢程頤 宋明道二年生大觀元年卒年七十五醇佑元年從祀

一

以上先賢宋以前皆稱封爵明嘉靖九年改稱先賢某子周張程邵五子嘉靖時稱先儒崇禎十五年改稱先賢位在七十子之下漢唐諸儒之上

國朝俱稱先賢不稱子

東廡先儒

先儒公羊高 子夏弟子唐貞觀二十一年從祀

先儒伏勝 秦博士唐貞觀二十一年從祀

先儒毛亨 年無考受詩於荀卿以受毛萇按史記楚考烈王二十五年荀卿廢居蘭陵距漢興三十二年太平御覽引毛詩正義云荀卿授漢人魯國毛亨則是秦漢間人國朝同治二年從祀

先儒孔安國 漢武帝時爲博士侍中唐貞觀二十一年從祀原西廡擬移東廡

先儒后蒼 漢宣帝時爲博士明嘉靖九年從祀

先儒鄭康成 漢永建二年生建安五年卒年七十四唐貞觀二十一年從祀明嘉靖九年改祀於鄉國朝雍正二年復祀原西廡擬移東廡

先儒范甯 晉咸康五年生隆安五年卒年六十三唐貞觀廿一年從祀明嘉靖九年改祀於鄉國朝雍正二年復祀原西廡擬移東廡

先儒陸贄 唐天寶十三年生永貞元年卒年五十二國朝道光六年從祀

先儒范仲淹 宋端拱二年生皇祐四年卒年六十四國朝康熙五十四年從祀

先儒歐陽修 宋景德四年生熙寧五年卒年六十六明嘉靖九年從祀

先儒司馬光 宋天禧三年生元祐元年卒年六十八咸醇三年從祀原西廡擬移東廡

先儒謝良佐 宋元豐八年進士生卒無考與楊時同稱程門四先生國朝道光二十九年從祀

先儒羅從彥 宋熙寧五年生紹興五年卒年六十四明萬歷四十二年從祀

先儒李綱 宋元豐六年生紹興十年卒年五十八國朝咸豐元年從祀原西廡擬移東廡

先儒張栻 宋紹興三年生醇熙七年卒年四十八景定二年從祀原西廡擬移東廡

先儒陸九淵 宋紹興九年生嘉定三年卒年五十四明嘉靖九年從祀

原西廡擬移東廡

先儒陳醕宋紹興二十三年生嘉定十年卒年六十五國朝雍正二年從祀

先儒眞德秀宋醕熙五年生端平二年卒年五十八明正統二年從祀原西廡擬移東廡

先儒何基宋醕熙十五年生咸醕四年卒年八十一國朝雍正二年從祀原西廡擬移東廡

先儒文天祥宋端平三年五月二日生元至元十九年卒年四十七國朝道光二十三年從祀原西廡擬移東廡

先儒趙復生卒無考故宋端平二年至北庭嘗列元儒之首國朝雍正

二年從祀

先儒金履祥宋紹定五年生元大德七年卒年七十二國朝雍正二年從祀原西廡擬移東廡

先儒陳澔宋景定二年生元至正元年卒年八十一國朝雍正二年從祀原西廡擬移東廡

先儒方孝孺元至正十七年生明建文四年卒年四十六國朝同治二年從祀

先儒薛瑄明洪武二十二年生天順八年卒年七十六隆慶五年從祀原西廡擬移東廡

先儒胡居仁明宣德九年生成化廿年卒年五十一萬歷十二年從祀

先儒羅欽順明成化元年生嘉靖二十六年卒年八十三國朝雍正二年從祀

先儒呂柟明成化十五年生嘉靖二十一年卒年六十四國朝同治二年從祀原西廡擬移東廡

先儒劉宗周明萬歷六年生國朝順治二年卒年六十八道光二年從祀原西廡擬移東廡

先儒孫奇逢明萬歷十二年生國朝康熙十四年卒年九十二道光八年從祀原西廡擬移東廡

先儒陸隴其明崇禎三年生國朝康熙三十一年卒年六十三雍正二年從祀原西廡擬移東廡

西廡先儒

先儒穀梁赤子夏弟子唐貞觀二十一年從祀

先儒高堂生秦末漢初人唐貞觀二十一年從祀

先儒董仲舒漢武帝初以對策爲江都相元至順元年從祀原東廡擬移西廡

先儒毛萇漢河間獻王博士當武帝時唐貞觀二十一年從祀

先儒杜子春漢永平初年年九十唐貞觀二十一年從祀原東廡擬移西廡

先儒諸葛亮漢光和四年生建興十二年卒年五十四國朝雍正二年從祀原東廡擬移西廡

先儒王通 陳至德三年生隋義甯二年卒年三十五一作開皇二年生年三十七明嘉靖九年從祀原東廡擬移西廡

先儒韓愈 唐大歷三年生長慶三年卒年五十七宋元豐七年從祀

先儒胡瑗 宋醇化四年生嘉祐四年卒年六十七明嘉靖九年從祀

先儒韓琦 宋大中祥符元年生熙甯八年卒年六十八國朝咸豐二年從祀原東廡擬移西廡

先儒楊時 宋皇祐五年生紹興五年卒年八十三宏治八年從祀原東廡擬移西廡

先儒尹焞 宋熙甯四年生紹興八年卒年七十二國朝雍正二年從祀

先儒胡安國 宋熙甯七年生紹興八年卒年六十五明正統二年從祀

先儒李侗 宋元祐八年生隆興元年卒年七十一明萬歷四十二年從祀原東廡擬移西廡

先儒呂祖謙 宋紹興七年生醇熙八年卒年四十五景定二年從祀原東廡擬移西廡

先儒黃榦 宋紹興二十二年生嘉定十四年卒年七十國朝雍正二年從祀

先儒蔡沈 宋乾道三年生紹定三年卒年六十四明正統二年從祀原東廡擬移西廡

先儒魏了翁 宋醇熙五年生嘉熙元年卒年六十國朝雍正二年從祀原東廡擬移西廡

先儒王柏 宋慶元三年生咸醇十年卒年七十八國朝雍正二年從祀原東廡擬移西廡

先儒陸秀夫 宋端平三年十月八日生祥興二年卽元至元十六年卒年四十四國朝咸豐九年從祀

先儒許衡 宋嘉定二年生元至元十八年卒年七十三皇慶二年從祀

先儒吳澄 宋醇祐九年生元元統元年卒年八十五正統八年從祀嘉靖九年罷國朝乾隆二年復祀原東廡擬移西廡

先儒許謙 元至元七年生後至元三年卒年六十八國朝雍正二年從祀原東廡擬移西廡

先儒曹端 明洪武九年生宣德九年卒年五十九國朝咸豐十年從祀

先儒陳獻章 明宣德三年生宏治十三年卒年七十三萬歷十二年祀原東廡擬移西廡

先儒蔡清 明景泰四年生正德三年卒年五十六國朝雍正二年從祀

先儒王守仁 明成化八年生嘉靖七年卒年五十七萬歷十二年從祀原東廡擬移西廡

先儒呂坤 明嘉靖十五年生萬歷四十六年卒年八十三國朝道光六年從祀

先儒黃道周 明萬歷十三年生國朝順治三年卒年六十二道光五年從祀原東廡擬移西廡

先儒湯斌 明天啟七年生國朝康熙二十六年卒年六十一道光三年

從祀原東廡擬移西廡

以上先儒位明嘉靖以前從祀者皆稱封爵嘉靖九年改稱先儒某子

國朝稱先儒不稱子

崇聖祠正位

肇聖王木金父公

裕聖王祈父公

詒聖王防叔公

昌聖王伯夏公

啟聖王叔梁公

以上正位明嘉靖九年於

大成殿後立啟聖祠祀叔梁公

國朝雍正九年

詔封孔子先世王爵合祀五代更名啟聖

祠爲

崇聖祠

東配

先賢孔氏孟皮 國朝咸豐七年配饗

先賢顏氏 名無繇唐開元二十七年從祀明嘉靖九年配饗

先賢孔氏 名鯉宋咸淳三年從祀明嘉靖九年配饗

西配

先賢曾氏 名晳唐開元二十七年從祀明嘉靖九年配饗

先賢孟孫氏 名激明嘉靖九年配饗

東廡先儒

先儒周氏 名輔成年無考明萬曆二十三年從祀

先儒程氏 名珦宋景德三年生元祐五年卒年八十五明嘉靖九年從祀

西廡先儒

先儒蔡氏 名元定宋紹興五年生慶元四年卒年六十四明嘉靖九年祀

先儒張氏 名迪年無考國朝雍正二年從祀

先儒朱氏 名松宋紹聖四年生紹興十三年卒年四十七明嘉靖九年祀

以上先賢先儒位明嘉靖時稱先賢某氏先儒某氏

國朝因之

名宦祠在　大成門左祀既往名宦亦
有未經申請而因功德以奉祀者
宋縣令蔣之奇舊志　縣令王　洪
縣令蔡仲舒
明縣令王克中　縣令鄒　翀
縣令蔣通甫　縣令戴　謙
縣令秦　彻　縣令劉　謨
縣令孫　溥舊志　縣令吳堯猷
縣令林　金舊志　教諭陳　銓舊志
縣令譙龍日　縣令馬負圖

國朝知縣任鍾麟　知縣龔在升
知縣韓　武　知縣佟　季
知縣金廷褒　知縣陳　鈞
知縣裘九緒　知縣褚鳴曦
知縣田　穠　知縣蘊蘭第
知縣張中孚　知縣陳景雍
知縣王頌三　教諭周攀鰲
教諭黃　瑛　李郁煥　汪德謙
尚有政績卓越者未請入祠載秩官
志本紀

鄉賢祠在　大成門右祀鄉先賢有德
業行誼者
明湖州府知府韓衡　山東布政朱志先
工部主事黃天性　思明府同知吳原正
廣州府推官朱伯驥　右都御史徐　儉
西甯知縣卓朝用　禮部侍郎朱廷立
浙江巡撫陳宗夔　廣昌知縣郭允禎
南昌知府謝子彰　處州經歷夏大用
盧山訓導舒　彥　北城指揮郭喬埈
光祿少卿舒宏緒　溫州知府朱之楫

夔州府同知朱之柱
國朝江南副使許立達　延平府經歷黃鐘
德山教諭孝子汪宗溥
郡庠孝子樂太希　國學孝子朱尊爵
國學孝子陳　珀　儒士孝子沈達瑛
邑庠孝子陳清策
尚有居官清正品行端方未經申請
入祠者不録有小傳詳人物志
通山無忠義孝弟祠凡膺旌表孝子
附鄉賢未申請者有小傳載孝義志

學規

國朝

列聖龍興崇儒養士廣設學官且爲

欽定卧碑重申訓飭宜示頒行

天語煌煌不啻耳提面命誠宜恪恭佩服愼乃

儒修以端士習仰荷

栽培之德永懷

綸綍之音

順治九年禮部題奉

欽定教約八條頒刻明倫堂之左謂之新卧碑

列於後

一生員之家父母賢智者子當受教父母愚魯或有非爲者子旣讀書明理當再三懇告使父母不陷於危亡

一生員立志當學爲忠臣清官書史所載忠清事蹟務須互相講究凡利國愛民之事更宜留心

一生員居心忠厚正直讀書方有實用出仕必作良吏若心術邪刻讀書必無成就爲官必取禍患行害人之事者往往自殺其身常宜思省

一生員不可干求官長交結勢要希圖進身若果心善德全上天知之必加以福

一生員當愛身忍性凡有司官衙門不可輕入卽有切己之事止許家人代不許干與他人詞訟他人亦不許牽連生員作證

一爲學當尊敬先生若講說皆須誠心聽受如有未明從容再問毋妄辨難

爲師亦當盡心教訓勿致怠惰

一軍民一切利病不許生員上書陳言如有一言建白以違制論黜革治罪

一生員不許糾黨多人立盟結社把持官府武斷鄉曲所作文字不許妄行刊刻違者聽提調官治罪

康熙四十一年

御製訓飭士子文頒行直省各學

國家建立學校原以興行教化作育人才

典至渥也朕臨御以來隆重師儒加意庠

庠近復慎簡學使釐剔弊端務期風教修明賢才蔚起庶幾棫樸作人之意乃比年士習未端儒效罕著雖因內外臣工奉行未能盡善亦由汝諸生積錮已久猝難改易之故也茲特親製訓言再加儆飭汝諸生共敬聽之從來學者先立品行次及文學學術事功原委有敘汝諸生幼聞庭訓長立宮牆朝夕誦讀寧無究心必也躬行實踐砥礪廉隅敦孝順以事親秉忠貞以立志窮經考業勿雜荒誕之談取友親師

悉化驕盈之氣文章歸於醇雅毋事浮華軌度式於規繩最防蕩軼子衿佻達自昔所譏苟行止有虧雖讀書何益若夫宅心弗淑行己多愆或蜚語流言挾制官長或隱糧包訟出入公門或唆撥奸猾欺孤凌弱或招呼朋類結社要盟乃如之人名教不容鄉黨勿齒縱令脫穎撲濫竊章縫返之於心寧無愧乎況夫鄉會科名乃掄才大典關係尤鉅士子果有眞才實學何患困不逢年顧乃標榜虛名暗通聲氣夤緣

詭遇罔顧身家又或改竄鄉貫希圖進取囂陵騰沸網利營私種種弊端深可痛恨且夫士子出身之始尤貴以正若茲厥初拜獻便已作奸犯科則異時敗檢踰閑何所不至又安望其秉公持正爲國家宣猷樹績後先疏附之選哉朕用嘉惠汝等故不禁反覆惓惓頒茲訓言爾等務共體朕心恪遵明訓一切痛加改省爭自濯磨積行勤學以圖上進國家三年登造束帛弓旌不特爾身有榮即爾祖父亦增光寵矣

逢時得志寧俟他求哉若仍視爲具文玩愒勿儆毀方躍冶暴棄自甘則是爾等冥頑無知終不能率教也既負栽培復干咎戾王章具在朕亦不能爲爾寬矣自茲以往內而國學外而直省鄉學凡學臣師長皆有司鐸之責者並宜傳集諸生多方董勸以副朕懷否則職業勿修咎亦難逭勿謂朕言之不預也爾多士尚敬聽之

書院

羅峯書院在署西羅阜山麓乾隆四年己未知縣陳鈞建乾隆癸巳典史朱香谷重修後爲樓房五大間左右廂樓各二間前有屏牆牆前爲敬業堂左右樓房各一間階下廂樓各三間又前爲屏門門外爲大門有記見藝文今教諭暫寓此道光乙巳知縣張中孚允教諭李繩武之請諭考棚紳首因修考棚費重修敬業堂并堂之左右

膏火田八斗五升每歲徵收租穀壹拾叁石五斗見周丞桂記又國學葉含露捐田貳斗五升每歲徵收租穀肆石知縣褚鳴曦批刊碑據附藝文

同治六年春知縣羅登瀛籌備膏火經費銀叁百兩付紳首陳書紱焦炳麟夏錫璋陳大英按照時價易錢陸續置產收租備用培植士子不准他事挪用紳首等請有印簿登載產業及租息出入案據

同治六年冬知縣胡昌銘斷令武生黄龍劍與黄巡橋吳定成互爭一都豐田畈墩上田貳坵計種貳斗五升充作書院膏火公業諭紳首陳書紱等經理每歲可徵租三石二斗五升案據

試院

考棚在縣署大堂右建龥俊門入內東向建雲路門南向建龍門外左右建譙樓中建奎光亭後建考舍三間計壹千餘號考舍上建至公堂堂右建衡鑑堂左建內供給所考舍西北隅爲厮舍道光二十六年丙午知縣張中孚諭紳士汪鼎陳兆熊方家畢陳書紱樂象成焦炳麟陳國浩徐聯桂唐又贊陳丹桂等首領其任而合縣士民踴躍經營規制宏敞且堅固三載而功成

四鄉有因考棚捐費兼起賓興會者已各修譜總局置買城東名壽坊坐河屋壹座前至街後止河左止朱宅右止吳宅共在界朱宅後有向東横屋貳座俱抵永港横屋間挨港厮舍一所正屋後園園庇舍圍外止河餘地及庇舍右側餘地俱屬公業亦謂之大賓興館招租修補考棚

學額

學校人才所由出通本武郡下邑拔取有限

聖天子雅意作人准

上司奏請加廣學額嘉會士林者至深且遠士生其間宜如何束脩自愛以副

德意與恭録學額於左

舊額設廩增各二十名歲科兩試各録取文童八名歲試録取武童八名 通志

加額歲科兩試各録取文童十六名歲試録取武童十六名係咸豐十年　奏准加一名又同治三年　奏准加七名永爲定例案據自同治三年科試始外府學一名同治三年復加文武學額十名分兩次取進自同治四年歲試始

祀典志

國家尊崇
聖教
文廟之祀獨隆而羣祀亦各有典禮郎古八蜡報功五祀亜典之意況風雲雷雨社稷先農城隍之重乎其他或王文武或著官績忠孝節義皆足令人興起非淫祀可比也志祀典

•風雲雷雨山川壇在縣南三里知縣張世涵改建於縣治西北羅阜山麓見舊志

今仍建壇於縣南通津橋之南三間祠左側

•社稷壇在縣治一里許知縣張世涵改建於縣南翠屏山麓今仍建壇於縣治北門外

•先農壇在縣西鶯遷橋之南壇前距河左抵小港右止徐墳山後籍田二坵田北大地一塊俱屬公業定有官界

•城隍廟在縣治東明宣德二年知縣劉剛宏治間知縣閔元相繼修之中為正殿嘉靖間知縣萬全修 國朝康熙元年知縣任鍾麟重修後為聖母殿明萬歷知縣譙龍田建東西為廡前為拜亭明萬歷六年知縣宋承殷建 國朝康熙元年知縣任鍾麟重葺匾曰代天宣化亭前為儀門門前為坊明萬歷十二年知縣張書紳建紀見藝文 國朝修葺不一制極宏敞咸豐甲寅遭賊燬同治六年知縣羅登瀛諭紳首夏承志陳書敍程立德朱美福領修正殿功未成接

經知縣胡昌銘籌發經費付紳修之

•文昌廟在縣治東門外明萬歷間知縣邱獻可建殘圯 國朝康熙元年知縣任鍾麟重建高閣雕繪神像并刊刻化書藏板閣上匾曰紫極有記有詩見藝文以上舊志道光間漸傾壬午知縣楊兆杏遷建於大成殿之左諭紳首樂元勳黃在鎔等督修乙酉告成門匾聖域宏開有記見藝文咸豐間知縣王紹薪善堪輿相 文昌宫不得地欲移建於縣治東

街豐宮之巽方有志未遂

關帝廟在縣治西明萬曆五年知縣宋承般建都御史劉景韶記見藝文中爲正殿後爲寢殿左右香火房三前爲大門門前爲坊明天啟五年知縣王廷鉞建崇禎庚辰知縣馬負圖重修大學士賀逢聖撰碑　國朝修葺不一咸豐甲寅遭賊燬同治甲子後知縣易光蕙潘滋模羅登瀛相繼諭紳首陳書紱等領修

奎光閣在縣西康熙元年知縣任鍾麟鼎建高閣雕繪魁星像匾曰星聚邑庠陳世耀書有記有詩後補葺不一道光辛丑知縣彭惠疇諭紳士徐登榜徐赴陳名材唐又贊陳書紱樂懋聰阮材品葉上林等拓基重修有記俱見藝文

龍神祠在縣治東門外卽文昌閣故址咸豐甲寅祠遭賊燬道光十六年知縣孫斗山斷有下城尾老港湖成地一所永爲龍神祭資後瀆禀請變賣價亦無存同治六年因修志清釐激控在案邑尊

胡斷令蠱買公地之管姓繳錢七十五千文并籌添罰欵錢貳十叁千文諭飭置產備祭勷詳雜志

昭忠祠在縣西　關帝廟右咸豐庚申年建祟祀故縣令陳景雍及殉節諸士民詳忠義志

劉猛將軍殿在縣治西古洞淵觀

邑厲壇在縣治西北見舊志

忠烈祠在縣治東　聖廟右祀殉節知縣邑人許立達

節孝祠在縣署右祀已膺　旌表申請入祠諸節孝婦

三閭祠在通津橋南元延祐五年戊午秋加封楚三閭大夫屈原爲忠節清烈公邑人建祠以祀明嘉靖庚子邑侍郎朱廷立重修正殿後圮　國朝康熙二年知縣任鍾麟重建自後城鄉士民修葺不一殿前建拜亭左右各建廂樓五間亭前建綵樓咸豐甲寅遭賊燬旋經城東士民重修悉如舊制更加華麗

新息侯祠在縣西 關帝廟左祀漢伏波將軍馬援康熙二年知縣任鍾麟建咸豐甲寅賊燬庚申年城西士民重修開拓基址華美逾昔邑人知縣王明璠有功蓋雲臺匾

精忠祠在縣西多寶寺祀岳武穆亦同治丙寅邑士民捐貲鼎建

東嶽廟在縣西新息侯祠之左

寺觀附

洞淵觀在署西一名元天觀創建莫考明嘉靖乙丑侍郎朱廷立倡修殿宇萬歷九年知縣王嘉相邑人知州姜時棠有記見藝文即道會司

多寶寺在城西北白鶴山下即僧會司明永樂間僧宗乘同山主焦伴修建大雄殿萬歷間僧惺台葺而新之 國朝乾隆三十四年僧得解等易木爲石知縣劉可考有記殿右爲觀音堂明嘉靖間侍郎朱廷立建雲水居有額與詩副使陳宗夔亦有詩左爲雨花樓庶吉士舒宏緒有額與詩俱見藝文又乾隆三十九年寺僧得解濟達呈獻雨花樓房一座詳充丞館見周永桂碑文

後山廟在北門外

翠屏寺二一在翠屏山上今廢一在四里城山下

龍船廟在縣治西三里

普蔭寺在縣治西北五里上會嶺咸豐甲寅年賊燬

九山寺即世興會丞所在縣西北十五里

永豐寺即新興寺在縣治西二十里

瑞慶行宫即山口廟在縣西二十里邑人嚴鍾麟建

東頭廟在山口下堡今廢址存

靈官殿在縣治西二十二里

雨霖寺在三都去縣十五里舊爲鄂王武穆廟徐伯崖有詩見藝文寺碑云岳武穆提兵過此遇雨故名雨霖

靈泉寺在二都御史王應斗夜過靈泉詩
韓衡廻文詩俱見藝文
獅子觀在二都石門內
相公殿在二都石門內
福壽寺在二都
卓洪寺在二都
晉潤菴在二都
朱家廟在二都
道興觀在縣治西五十五里韓本善建
雨山觀在縣治五十里

福龍菴在縣治西五十里
觀音堂在二都雨山堡邑侍郎朱廷立崇
陽御史王應斗俱有詩
二仙殿在二都蘆坑山上倚石爲屏吳漢
池父子建
元眞觀在二都黃田堡小湄港徐智妙建
石蓮菴在二都黃田堡方家嶺對門山內
芥田寺卽中靈泉寺在三都有詩見藝文
灡潭廟在縣治東七里衝口
祝家菴在縣治東十五里港塘堡山麓又
名紫竹菴
眞君殿在縣治東二十里世傳許旌陽追
孽龍至此建殿祀之
財神廟在板橋東
雙泉寺在馬鞍山上多勝景詳馬鞍山
翠屏寺在四都城山下
永濟寺在四都永濟橋頭邑人溫州同知
朱之楫建置有香火田數十畝
大泉寺在四都卽許大士讀書菴
太尉廟二一在四都泉港源同治三年新

建一在六都石壁下
東溪寺在四都眞閣源明嘉靖御史譚魯
建後以寺名堡
望江嶺廟在四都
銅爐坳廟在四都
富有廟在四都富有河邊祀佃忠烈公
朝天寺在縣治東南二十里朦朧嶺上舒宏緒建
萬杉寺在四都富有下流石梯之側後以
名會知縣陳　詩見藝文
安平寺在四都縣治東南七十里朱廷立

詩見婺文寺有僧劉伯温肉形在龕中亦有詩見舊志

飛龍寺在四都茅坪壟之西縣治南三十里舊名雞籠菴邑人姜時棠舒宏緒讀書於此發蹟因前有石如龍形更號飛龍寺又舒宏緒鑄大鐘一口猶存

城山老寺在縣治南五十里甯張堡舊志載張平子遺址

城山新寺在黄公堡乾隆間老寺僧雲山崖谷移居建修又名雲崖寺後頹壞邑

人金翰藻金典常鄭位北徐國名夏恒春梁步勝夏桂林等相繼募修

郭城寺在縣治南四十里明洪武間江右慈化寺僧郭城募建至永樂五年告竣故名

國朝道光己亥邑人盛胡昇金蘊典謝曉寰陳占元募化重修同治乙丑金榮甲陳曉林陳大英金秉楚金紹鳴黄文巾黄永定等相繼募修

聖帝殿在縣治南四十五里乾隆丙辰年重修後圯道光戊申年吉應瑞吉廷遂等募修

華公廟在縣治南四十里正陽堡雍正間重修

龍巖寺在縣治南六十四里明江右進士劉會望隱跡於此創修

普勝菴在縣治南五十五里

普福菴在五里舊有小菴乙亥尼僧禮得住持咸豐戊午陳曉林陳大英阮國禎等募修

元都觀在五都甯張堡之南

舉頭尖廟在六都

滲坑寺在縣治東南四十里慶和里牛犢堡滲坑嶺下

禄壽菴在縣治東南二十里牛犢堡六窖嶺半

杉坑寺在縣治東南四十里實石堡金雞山麓右有金雞潭左有石壁湖計大雄殿觀音閣關帝殿文昌閣及左右禪堂客舍共十重爲慶和上里鄉約會所昔

張道清往九宮山曾宿於此見九宮志
朱侍郎手書杉坑寺額猶存有詩見藝
文又名崇福寺

雲梯寺在縣治東南四十里官堰堡北山
下前有木魚凼後有雌雄龜山左有香
爐尖尖下有瀑布十餘丈右有游魚山
計大雄殿觀音閣文昌閣關帝殿及梵
堂共六重爲慶和上里鄉約所

佛堂寺在縣治東南七十里小源堡

石龍觀在縣治東南六十里沙坪堡石龍

山下世傳張道清往九宮先寄居於此

總管殿在縣治東南五十里沙坪堡張道
清往九宮山其徒楊宗華立香火於此

老師殿在縣治東南六十里沙坪堡九宮
山下

靈覺寺在六都賽頭堡明成化時陳景萬
施山建寺

欽天瑞慶宮在九宮山宋淳熙中建以宸
翰賜故名元至治間重修大學士歐陽
元記詳山類

仙香閣在西港雲關下府經廳周道全施
田助金提建

西來寺在西台山

泉口寺在船埠堡

關王殿在黄城堡灌港口

彥九殿在賽頭堡

三聖殿在六都游龍地

武當宮在泥坑堡

北山寺在六都北辰山下一名靈泉寺明
成化間涂伯恭兄弟捐施基址僧大權

募建向爲北山會鄉約所又於寺左置
義倉改造文昌閣咸豐甲寅賊燬僅存
横屋二三重

三聖殿在六都高湖

太子殿在六都高湖

廻爺殿二一在六都芭蕉灣一在龜墩

將軍殿在六都中程

朝龍殿在六都大屋橋

東岳廟在六都龜墩

通山縣志卷之四

秩官志

國家故事內外大小官職皆得題名貞珉以
垂不朽名列諸石曷若名列諸志其傳
更遠而久然名可欣也亦可懼人頌其
名而慕之感之口自有碑人指其名而
怨之詈之腹亦有誹月旦緣官方而起
風聲隨姓字而流筮龜鑑衡俱在仕版
志秩官題名

設官

知縣一員
儒學教諭一員
儒學訓導一員明設訓導二員康熙三年奉文裁減止留訓導一員
典史一員
城守汎外委一員由興國營分防
陰陽學訓術一員
醫學訓科一員
僧會司僧會一員
道會司道會一員
縣六房司吏各一名典吏各一名承發房典吏一名

儒學司吏一名
捕廳廳書一名
營汛營汛書一名

知縣

宋

蔣之奇字穎叔宜興縣人熙甯間以監察御史□通山縣知縣多善政歷官至觀文殿學士從祀名宦有傳
王洪江南人朱紫微舍人慶歷間知通山縣事有堂江南十詠刻於石見藝文
程京金華人建炎丁未年任後家於此
朱朝鮮紹興甲寅年任
顧立紹興戊辰年任取蔣穎叔我愛通羊好詩爲建愛山堂
黃仁榮紹興甲戌年任
李漸淳熙丙午年任
鄭偉淳熙壬子年任
趙善宜紹熙癸丑年任有題十詠堂詩見藝文
蔡仲舒新昌人景佑間由崇陽縣主簿陞任通山後以弭盜有功加太子中允有傳

元

達魯花赤
脫歡西京人至正己卯任
王淑宜碭山人

仇祥　山東歷城人

明

任昂　洪武己酉年任建學宮縣宇

王克中　洪武丁巳年任舊志云清廉有聲有傳

鄒狆　新淦人字子翬洪武己巳年任操潔政平訟務畢治辛未上司舉六廉而公稱首邑人山東布政朱志先有賀鄒邑侯愛奨序

蔣通甫　無錫人洪武甲戌年任舊志云多政績祟祀名宦祠有傳

王子芳　金華人永樂甲申年任

殷珪　字彥圭吳縣人監生永樂戊戌年任

藍清　四川舉人永樂間任

劉剛　泰和人監生宣德丙午年任

葉茂　仁和人監生宣德間任

陳曾　錢塘人監生正統丁巳年任

吳芸　星子人監生正統辛酉年任

盧滄　桂林人監生景泰庚午年任

吳萊

褚潭　天台人天順戊寅年任

劉傑　安福人舉人天順甲申年任

賈迪　沛縣人監生成化辛卯年任

戴謙　山陰人舉人成化庚子年任知縣事久有惠政祟祀名宦有傳

楊栗　崇明人成化乙巳年任

劉錦　慈谿人舉人宏治己酉年任

秦初　臨桂人舉人宏治辛亥年任勸課農桑勤於政事

閔元　南昌人舉人宏治丙辰年任重修城隍廟

盧愷　祥符人舉人宏治戊午年任

張文　壽光人監生宏治辛酉年任

陳京　餘姚人監生宏治乙丑年任

馮沆　江陰人監生正德丁卯年任

童瓚　於潛人監生正德辛未年任

岑衡　順德人正德丙子年任

劉謨　如皋人監生正德戊寅年任有善政祟祀名宦祠有傳

孫溥　貴池人舉人嘉靖癸未年任縣賴以治登名宦有傳

馬思仁　沛縣人監生嘉靖丁亥年任

范汾　會稽人監生嘉靖己丑年任

龍銑　望江人監生嘉靖壬辰年任

周應龍　武進人監生嘉靖甲午年任

沈馴　山陰人舉人嘉靖丁酉年任

吳堯獻　字雲屏雲南泰和人舉人嘉靖己亥年任有治行考績得奨勸以終養歸侍郎朱廷立兩贈以序

張一拱　海康人監生嘉靖壬寅年任重修譙樓儀門有記見藝文

吳道夫 崇安人舉人嘉靖甲辰年任

林金 連江人舉人嘉靖丁未年任治邑七年多善政陞河池州民不忍其去脫靴以誌不忘祀名宦有傳

陳乾 滕縣人舉人嘉靖甲寅年任

萬全 江西人監生嘉靖庚申年任

洪朝璋 鄱陽人舉人嘉靖癸亥年任

柯一鳳 貴池人舉人嘉靖乙丑年任

戴昊 大足人舉人嘉靖戊辰年任

朱廷芝

譙龍田 南充人舉人萬歷辛未年任文章政事兼優治邑四年陞興國守去之日民爲攀轅感激泣下祀名宦有傳

米承殷 鳳翔人舉人萬歷甲戌年任捐修武廟有碑見藝文

王嘉相 嵊縣人恩貢萬歷己卯年任重修萬壽宮有記

張書紳 九岡中江人恩貢萬歷辛巳年任重修櫺星門有賦并序俱見藝文

俞臨吉

路九同 舉人

徐浩

虞瑶 舉人

陳可耕 廣東選貢萬歷二十七年任

朱紘 四川眉山人解元

邱獻可

謝祥 舉人

羅以旌 孝感人萬歷己酉年任陞本府緝捕同知

熊唐夫 江西人舉人萬歷壬子年任

謝雲駿 當塗人舉人萬歷甲寅年任調廣濟縣

夏可雷 涪州人萬歷丙辰年廣濟調任

劉仕鎮 金谿人舉人天啟庚申年任

王廷鉞 金壇人歲貢天啟癸亥年任

潘張 雲南鶴慶人舉人崇禎戊辰年任

張世涵 江西臨川人舉人崇禎壬申年任

馬負圖 四川敘瀘人歲貢崇禎丙子年任有政聲陞衡州府通判重修武廟有記見藝文去後人於武廟右立馬公祠祀之久圮今改爲昭忠祠

趙向宸 廣東東莞人舉人御賜進士崇禎甲申年任

國朝

知縣

胡士遇 歲貢山東冠縣人順治丙戌年任

王之蕃 貢生江南清河人順治丁亥年任

宋一贊 貢生江西奉新人順治戊子年任

王有志　貢生遼東人順治壬辰年任

葉冲斗　貢生遼東鐵嶺人順治甲午年任

陳國治　歲貢生山東蓬萊人順治丙申年任

郭如儼　進士陝西涇陽人順治戊戌年任

任鍾麟　舉人四川蒼溪人順治辛丑年任治通十年百廢俱興提修縣志登名宦有傳

張斑　進士山東濟甯人康熙庚戌年任

龔在升　進士浙江嘉善人康熙辛亥年任治通七年興利除弊民不能忘爲勒思龔石於道左至今頌之崇祀名宦有傳

韓武　貢監京兆大興人康熙戊午年任多善政通民思之爲勒喜韓崖三字於思龔石之右有傳

吳翩思　吏科給事中　賜進士出身

佟季　康熙己未年任有善政因其叔祖任按察避嫌離任通人不忍其去多贈以詩

金廷襄　康熙壬辰年任好賢樂士有善政

井浚　字叔明號臨滌舉人陝西白水縣人雍正庚戌年任有政聲調知巴東縣事

劉　失名

李敬熙

許鼎新　康熙五十六年任

李埂　雍正二年任

吳飛九　雍正　年任

陳鈞　字天樂號陶菴進士黔中遵義人乾隆丁巳年任重修文廟創造羅峯書院好文重士後調知潛江縣事

徐彩

沈　失名

閆人炳南　舉人

吳世臣　乾隆壬戌年任

陶鈞　進士乾隆乙丑年任陞山西霍州知州

黃國楹　舉人乾隆庚午年任重修武廟奎光閣記見藝文

蔡上宰　進士乾隆壬申年任

溫伯魁　號旭齋進士廣東加應州人乾隆乙亥年任稱能吏

金傳世　乾隆戊寅年任

曹承宣　景州人乾隆庚辰年任

姚世勳　朔方人乾隆乙酉年任

劉可考　定陶人乾隆戊子年任

張作翰　乾隆己丑年任

王鐙　乾隆丙申年任

蔣　失名　乾隆　年任

龔允緒　字守之號梅亭舉人新建人乾隆癸卯年任有惠政

郝 失名乾隆 年任

譚廣掄 舉人廣東人乾隆年任有惠政著有公餘四書文行世

李鍾白 江西人乾隆 年任

王永鎮 直隸天津人乾隆 年任有善政

樊鍾英 拔貢雲南人乾隆 年任

秦樹森 解元

彭震發 乾隆 年任

平 失名

褚鳴曦 字觀亭選拔舉人江蘇人嘉慶年任仕通山最久有善政

田穰 字可田進士錢塘人嘉慶癸酉年任治行廉明士民共戴卒於

任重修學宮有碑

高士志 嘉慶丙子年任

劉佳璜 號寅士拔貢江西人嘉慶年任

楊兆杏 號晴園選拔舉人湖南黔陽人道光元年辛巳任任通山最久

文藝 號蕉農進士鑲白旗人道光年任

孫斗山 號立亭舉人河南襄城人道光癸巳年任

夏廷樾 號穗亭監生江西新建人道光乙未由縣丞任任至湖南巡撫

蘇蘭第 號香楣進士陝西府谷人道光丙申年任淸廉明決有政聲

蔡學清 號穆和舉人福建福清人道光己亥年任和惠愛人好文尚行

彭惠疇 號雲牧進士江西奉新人道光庚子年任因告近調利川

顧羹梅 號衡堂監生江蘇吳縣人道光辛丑年任壬寅春崇匪滋擾督鄉勇護官兵奏捷欽賜六品藍翎

金寶樹 號吟香進士江蘇上元人道光壬寅年任仁民重士有政聲陞知州後殉節六安州

張中孚 號藹人舉人浙江烏程人道光甲辰年任勤於課士捐建考棚

皇甫長庚 號少白一號西堂拔貢山西高平人道光丙午年任

海順 號蒼山舉人滿州人道光戊申年任仕至襄陽府知府

黎道鈞 號衡夫舉人安徽宿松人道光己酉年任

岳昇環 號紫蕃舉人直隸靖海人道光庚戌年任陞同知

鍾榮光 號靈臯進士山西長甯人咸豐辛亥年任癸丑春因治土匪有

功陞通城

陳景雍 字熙堂號希唐進士河南商邱人咸豐癸丑年任廉明剛決政簡刑清甲寅殉節失印奉旨卹知府銜崇祀昭忠祠

龍瑞 字伯雨生員四川人咸豐甲寅冬任用團防乙卯正月二十一日賊破城奔大營尋卒

李鶴

劉元慶 本兩學咸豐六年丙辰冬十一月王道憲帶兵復通委署縣事三月用團防

孔繼廉 號簡卿生員山東人咸豐丁巳春任用團防

王頌三 號篠華拔貢江西興國人咸豐丁巳秋任淸廉明決士民咸頼冬月接新印後殉節來鳳

孫寶田　號心農舉人直隸清宛人咸豐戊午年任

單復梓　號敬餘監生山東黄縣人咸豐己未年任

徐芝　號實銓舉人湖南湘潭人咸豐庚申年三月任措勷助決圍圍發空上民頌之冬十二月陞興國州

王紹薪　號撫臣拔貢山東人咸豐庚申年任

王靜一　號敦亭生員貴州綏陽人咸豐辛酉年任

易光蕙　號㯋舫生員湖南澧陵人同治元年壬戌任初政能平大獄卸事後卒於通

潘滋樓　號仲美監生山東人同治甲子年任欽加同知銜

羅登瀛　號仙可癸卯亞元湖南益陽人同治丙寅年任欽加運同銜

胡昌銘　號又新江西南豐人咸豐庚申進士翰林院庶吉士國史館協修原任宣恩知縣同治丁卯十月任調補黄岡縣知縣補用知州

教諭

宋

廖福

明

張濟叔　永興人洪武己酉年任

吳仕賢　舉人宜春人洪武丁巳年任

陳倉眞　舉人德慶人洪武甲戌年任

廖謹　儒士南海人永樂甲申年任

丁泰　監生貴池人宣德丙午年任

楊昌裔　舉人侯官人正統丁巳年任

陳銓　舉人崐山人正統辛酉年任造士有才稱賢帥表登名宦有傳

羅璣　高安人天順戊寅年任

舒濬　監生貴池人成化戊戌年任

簡昂　成化間任

周燁　舉人吉水人宏治癸丑年任

劉用　監生蘇州人宏治辛酉年任

詹泗　監生連江人正德戊辰年任

張倬　監生鉛山人正德癸酉年任溫厚純篤有長者風

陶乾　監生臨海人正德丁酉年任

謝表　舉人桂林中衛人嘉靖癸未年任

劉綸　舉人雲南人嘉靖戊子年任陞興國州知州

黄淑　監生海豐人嘉靖甲午年任

林大株　監生漳浦人嘉靖甲辰年任

劉光震

張禮　舉人龍里衛人嘉靖丁巳年任

卞穀　歲貢江陰人

徐之葵　歲貢都昌人

曹梓 歲貢什邡人丙寅年任
沈復賢 舉人墊江人辛未年任
孫獻 歲貢宿州人癸酉年任
劉應斗 歲貢武岡人萬歷丁丑年任
柳東作 號暘谷歲貢武陵人壬午年任
楊鳴鳳
劉仕賢
雷芳
王純仁
徐敦典

柳耀
王鼎臣
鄒江
蘇九垓
談明瀛

國朝

譚桓 舉人景陵人順治間任
郝昱 康熙壬辰年任
鍾惟聲 雍正年間任
汪夢甲 乾隆戊午年任

蕭惟煜 字仍齋環水人乾隆壬戌年任善堪與創建石航塔邑中甲科始盛士人咸頌其德陞江南東鄉縣知縣
潘世道 舉人乾隆間任
汪若氷 舉人漢陽人乾隆辛未年任善文
王路坦 沔陽人乾隆戊寅年任博學好文著作宏富
黃璵 號旦亭舉人古晴川人乾隆庚辰年任
鍾魁音 乾隆間任
萬方
周攀鼇 乾隆壬子年任
葉繼雯 舉人漢陽人後官中書

蔣松 舉人天門人
蔣祥荅
李郁煥 號炳齋舉人蘄水人嘉慶間任
周章憲 舉人黃陂人
汪德謙 號吉六恩貢隨州人
郝文楨 拔貢應城人道光辛丑夏任九月丁艱歸
郝廷楷 號翠園廩貢監利人道光辛丑年任
盧廣振 副榜蘄水人道光壬寅年任送科考卒於省垣
熊繡 舉人道光癸卯年任
李纒武 號芑泉拔貢南漳人道光癸卯夏任歷九年推陞知縣

劉逵菘　漢陽人咸豐辛亥年任

李　鶴　號夢仙道光乙未舉人蘄水人咸豐壬子年任卽陞教授欽加府同知銜

訓導

明

仇　毅　字孟武儒士東平人洪武己酉年任

林伯達　本州人

郭　觀　舉人如皋人洪武丁巳年任

倪　端　舉人江都人

符　洵　南豐人洪武甲戌年任

封　興　舉人贛縣人

余　華　舉人餘干人

李繼從　舉人新喻人永樂甲申年任

謝　善　舉人新建人宣德丙午年任

奚　銓　監生無爲人

劉齡春　舉人鄱陽人正統丁巳年任

劉　訓　吉水人

王　銘　正統辛酉年任

陳問行　吉水人

周光浩　成化戊戌年任

鄒　珍

周仕學　長壽人宏治癸丑年任

耿　淵

尹　誥　烏程人宏治辛酉年任

郝　亮　漢州人

李大章　四川人正德戊辰年任

凌　洪　四川人正德辛未年任

王　信　光山人正德癸酉年任

莊　旻　江浦人

李　岳　彭縣人正德丁丑年任

徐　鋭　永嘉人

汪　瓛　宣城人嘉靖癸未年任

孫　瑶　監生海州人

周邦彥 監生宜城人嘉靖戊子年任
朱蕃 監生漢川人
甯鋭 監生蕪湖人嘉靖甲午年任
牟佐 監生納溪人嘉靖丁酉年任
陳相宸 監生諸暨人嘉靖甲辰年任
余龍 監生長壽人
沈勳 監生蒙自人嘉靖丁未年任
汪台 監生宜良人
張應舉 歲貢鶴慶人嘉靖壬戌年任
楊柱 歲貢四川人

李依仁 歲貢宜賓人
張中 歲貢彰明人隆慶戊辰年任
古嘉表 歲貢酆都人隆慶壬申年任
唐宗堯 歲貢平溪衛人
劉承教 歲貢仁壽人
周頤 歲貢綏甯人萬歷間任
彭都 歲貢安義人
趙時舉 歲貢桂林人萬歷戊寅年任
邱尚夔 歲貢黄岡人萬歷己卯年任
蔣士元 拔貢沅州人萬歷辛巳年任

黃卷通 字愛竹拔貢龍陽人萬歷甲申年任
李鴻恩
李權
賀應表
唐之賢
姚潤
陳國治
文可奇
龍一道
傅太受 膚陽人陞貴州新貴知縣

馬師顏
黃正通 天啟間任
章斐然 廣東新會人陞夔州衛經歷
鍾鳴遠
劉世偉 崇禎間任
胡汝礪
肖正色 長沙人
龔恩宏 漢陽人崇禎庚辰年任

國朝

李起梅 康熙乙巳年任

陳式訓 康熙己未年任
曹承宣 舉人
丁永琪 字佳樹古章臺人雍正癸丑年任
游藝 雍正間任
吳旭 漢川人雍正間任
吳正芴 乾隆戊午年任
張仲華 乾隆庚申年任
李潛 字亦昭襄陽人乾隆甲子年任
柳友梓 歲貢均州人乾隆間任
姜綸濱 乾隆己巳年任

劉滋生 乾隆己丑年任
曹全忠 乾隆間任
王崇斆 號覺人拔貢廂藍旗漢教習官黃陂人嘉慶間任任二十二年陞監利
張攀梅 廩貢廣濟人
張本
李大經 歲貢宜都人
楊盛典 貢生鶴峯人卒於學署塟南市
岑廷珍
何文質 號樸園舉人漢陽人道光戊戌年任卒於學署

曾繼蘭 號漢台廩貢雲夢人道光己亥年任
周國城 號意園舉人黃陂人即教諭章憲子道光己亥年任壬寅軍功加六品銜
張詠棠 漢陽人
蔡以儲 舉人監利人道光乙巳年任己酉冬與其子舉人忠詔同入京會試庚戌夏仍回任後遷鄖西縣教諭殉節
潘大鏞 號六平廩貢蘄水人
劉元慶 號雲書甲午舉人漢陽人咸豐元年任同治五年陞武昌府教
林維藩 號价人均州人北闈舉人同治六年任

典史

明

劉　恭　永樂戊戌年任

楊　整　魏縣人

楊　謙　雅州人

廖　信　井鹽人宣德丙午年任

翁支端　莆田人

李榮貴　夾江人正統丁巳年任

牟　坤　遂甯人正統辛酉年任

沈　澤　常州人景泰庚午年任

張友剛　巴縣人天順戊寅年任

朱　讓　上海人成化庚子年任

方　興　貴溪人宏治辛亥年任

徐　望　武穀人宏治戊午年任

趙　杲　章明人宏治辛酉年任

李　學　四川人宏治乙丑年任

陳　鑑　河南人正德辛未年任

劉　亥　曹城人正德丙子年任

張　舉　梓橦人嘉靖癸未年任

何　珊　六安人嘉靖丁亥年任

林　岳　三水人嘉靖己丑年任

陳　朝　內江人嘉靖壬辰年任

朱　佩　崇德人嘉靖丁酉年任

洪　壽　慈谿人嘉靖丁酉年任

張公服　嘉靖甲寅年任

嚴　紀　揚州人嘉靖庚申年任

李廷珍　江西人嘉靖乙丑年任

林伯和　浙江人隆慶戊辰年任

楊　沂　鳳陽人

劉　振　高安人萬歷甲戌年任

徐　瀾　豐城人萬歷戊寅年任

袁惟震　易州人萬歷辛巳年任

楊時茂　義烏人萬歷乙酉年任

徐養正　萬歷己亥年任

周廷賦

汪希賢

袁九恩

唐承聘

熊士登

陳獻策

劉　域
吳國相
劉惟雄　天啟間任
毛志和
方時佳　崇禎間任
朱萬策
林秉賢
俞士奇
鄭秉忠

國朝

張元楨　浙江山陰人順治丙戌年任
鄭英龍　江西金溪人順治丁亥年任
穆王臣　北直大名人順治壬辰年任
沈作霖　浙江山陰人順治丁酉年任仕通十餘年
穆先春　山西臨縣人康熙壬寅年任勤於蒞事有傳
翟　儒　桐城人
朱家煦　休甯人
張　斌　雍正戊午年任
高大受　乾隆庚申年任
高　儁　乾隆甲子年任

柳　玠　乾隆辛未年任
朱　號香谷乾隆癸巳年任重修羅峯書院
黃　盛　乾隆間任
白應鵬　嘉慶元年任
陶星馳　浙江人嘉慶間任
吳臣悌　嘉慶間任
馬大受　嘉慶間任
葉　書　道光間任
孫惟完　道光間任
杜　晉　道光間任
梁耀宗　浙江人道光間任
朱恩祿　道光間任
梁　捷　道光間任
李廷樺　號小湖金陵人道光十七年到任二十二年卑功加一級咸豐二年卸事
黃　湘　咸豐間任
徐臣夔　江西清江人咸豐四年任
劉垂佩　江西南豐人咸豐七年任
周源宗　湖南道州人
童恆春　浙江紹興人

巴詒綬 江西人

竇寅 滿州人

康豪傑 四川酉陽州人同治元年任

張文門 號仲友浙江仁和人同治三年任

黄肇敏 號秋宜安徽歙縣人同治六年任

經制外委

國朝乾隆丙申以前缺

吳國良 乾隆丙申年任

張萬年

蔡彩雲

何文蔚

王有賜

龔明爵

明鵬翥

李德春

石登甲

黄龍甲

李發元

蔡功烈

柯登烈 號玉林興國人同治丁卯年任

陰陽學訓術 附

吳廷輝 宜泥堡人道光十九年任

金秉文 字咸德正陽堡人道光間任

醫學訓科 附

陳繼韶 嘉慶十五年任

夏孔才 號華軒補齋

樂文甫 號樵嵐宿儒兼精醫道光戊戌任著有百春詩及亦鳴集待梓

郭生中 字兼巽號奎彝宿儒兼精醫道光癸卯年任

夏定鍾 字扃鼎石門堡人咸豐辛亥年任

僧會附

開黄　四都雙泉寺僧嘉慶壬申年任

定禪　一都新興寺僧道道光任

翠林　一都亢山寺僧道光間任

達菴　一都新興寺僧道光間任

静傳　四都大泉寺僧咸豐辛亥年任

澈三　陞綱司　五都郭城寺僧咸豐戊午年任九

達經　四都雙泉寺僧同治壬戌年任

靄雲　二都靈泉寺僧同治丙寅年任

道會附

張衍三　元天觀道嘉慶間任

曹純真　元天觀道嘉慶間任

劉石泉　元天觀道嘉慶間任

陳瑞羽　元天觀道道光間任

謝雪崖　元天觀道道光間任

周振坤　九宮山道道光間任

祝炯亭　元天觀道道光間任

張育才　九宮山道道光間任

潘定璋　元天觀道道光間任

朱洞安　元天觀道道光間任

石崧如　元天觀道道光間任

陳鳳文　九宮山道咸豐壬子年任

蔡體三　九宮山道同治壬戌年任

郭瑞麟　九宮山道同治乙丑年任

名宦志

士君子雞窗勵志燕處談心皆欲建白當時垂名後世及一行作吏或耳目蔽於胥役而蠱其聰明骨力奪於苞苴而喪其操守自宋以來仕於通者後先相繼而登名宦饗廟食家尸而戸祝俎豆千秋代不數人摭其實政列之傳後之覽者其甘讓美於前人耶志名宦

宋

知縣

蔣之奇字穎叔常州宜興縣人神宗熙甯間以監察御史令通山措置隨宜百度整肅爲治行第一士民懷其德請入名宦祠公有我愛通羊好絶句九首紹興間縣令顏立取其詩以建愛山堂

國朝康熙初知縣龔在升多識前言往行刊有學嚴齋集行世蓋欲學蔣穎叔也知縣金廷襄亦有頴叔高風未可攀之詠

初之奇擢進士第中春秋三傳科至太常博士又舉賢良方正試六論中選及對策失書問自報罷英宗覽而善之擢監察御史神宗立轉殿中侍御史上謹始五事曰進忠賢曰退姦邪曰納諫諍曰遠近習曰閑女謁神宗顧之曰斜封墨敕必無有至於近習之戒孟子所謂觀遠臣以其所主者也之奇對曰陛下之言及此何憂不治後坐他事監道州酒稅歷淮東轉運副使歲惡民流之奇募饑修水利以食流者如揚之天長三十六陂宿之臨渙橫斜三滿尤其大也

用工至百萬溉田九千頃活民八萬四千轉江西河北陝西副使之奇在陝西經賦入以給用度公私用足比其去庫緡八十餘萬邊粟皆支二年移淮南擢江荆所副使元豐六年漕粟比常歲溢六百餘萬石錫服三品請鑿龜山左肘至洪澤爲新河以避淮險自是無覆溺之患後以擒岑賊有功加寶文閣待制南海饒貨寶爲吏者多貪聲之奇先取世牧守有清節者吴隱之宋璟盧奐李

勉等繪其象建　賢堂以祀冀變其習
徙河北都轉運使知瀛州遼使耶律迪
道死所過郡守皆再拜致祭之奇曰天
子方伯奈何爲之屈滕耶奠而不拜人
戶部侍郎未幾復出知熙州夏人論和
請畫封境之奇揣其非誠心務守備謹
斥堠常若敵至終之奇去夏人不敢犯
塞累官翰林學士知樞密院事後以觀
文殿學士知杭州以疾卒録其嘗陳紹
述之言盡復官職之奇爲部使者十二

任六典會府以治稱且孜孜以人物爲
己任在閩薦處士陳烈在淮南薦孝子
徐積有文集百餘卷行於世登名宦
蔡仲舒字正臣新昌人景祐間進士初
調崇陽簿遷通山以弭盜有功加太子
中允

明

王克中洪武十年知通山縣事清廉有
政聲
蔣通甫無錫人洪武二十七年知通山

縣事多政績
戴譓山陰人成化十六年以舉人知通
山縣事操履勤慎平易近民凡廢墜無
不修舉而案牘積弊爲之肅清久於任
士民懷之
劉謨如皋人正德十三年以監生知通
山縣事政尚和易愛惜百姓稱良牧焉
孫溥貴池人嘉靖二年以舉人知通山
縣事以才學飭吏治扶善鋤惡遇事敢
爲疆禦歛迹監司以不阿抑之遂浩然

致仕去登名宦
林金連江人嘉靖丁未年以舉人任執
官勤敏有決斷裁抑豪右拊循善良葺
修學宮撤毀淫祀每公暇賦詩有愛山
堂集傳於邑七年陞河池州去通民
大泣脱靴以志去思登名宦
譙龍田南充人隆慶辛未以舉人任雄
渾磊落博綜古今蓋文章政事兼優並
長者居通四年陞興國守攝崇陽事兩
縣士民戴之去之日脱靴扳轅至有感

激泣下者

國朝

知縣

任鍾麟字玉波四川保甯府蒼溪縣人順治辛卯舉人辛丑春三月履任秉性慈祥居心廉潔撝謙追碩膚之度明決揮游刃之才施政則平易近人詮公則夙夜匪懈愛民造士剔弊鋤奸剏建義倉提修縣志數年以内百廢俱興上臺交薦

欽加紀録通民戴如父母爲作實頌圖一册以公紀之

龔在升號聞園浙江嘉善人以積學登順治己亥科進士授蘇州司理三年薦人徐元文稱其剛而不劌寬而不弛吳中士大夫及父老百姓無不歌舞謳祝康熙辛亥改補通山令爲政七年均糧役汰陋規新學宫修橋梁築塘堰息訟獄除羨耗軍需雜派凡不便於民者詳請概行蠲免撫循勞來婦孺銜恩公爲諸生時著有三才彙編經緯天地組織古今皆明體達用之學故取而措之於政裕如也初至通慕宋令蔣穎叔之爲治乃書學穎齋集邑人士採其實政紀而附之丁未秋以夏太孺人憂謝事民於公之去也祖道感泣爲鐫思龔石三大字於李渡通衢之絶壁間往來瞻仰至今猶墮淚焉豁頭一壑雖殊峴山公且壽於羊叔子矣祟祀名宦邑人朱萬錦有思龔石記見藝文

韓武號公亮京兆大興人康熙壬子貢監丁巳年繼前令龔在升任於通德優才練民之休戚一體痌瘝凡諸措置皆以龔侯爲法通民感之爲刊喜韓崖三大字於思龔石之右登名宦

金廷襄號鐵嶺遼陽人康熙壬辰由進士任通山居官清廉恤民勤政蒞通八以卓異引見官囊蕭然邑庠生朱懋德爲育其妻孥去之日通人攀轅脱靴謳歌載道以上見舊志

自康熙四年修志後中多賢侯已於秩官題名下分註矣復將所目覩者詳載數員以志公好云

蘇蘭第陜西府谷進士治通效子產之爲政猛以濟寬一時猾吏土豪爲之斂跡後以事去惜哉

張中孚浙江舉人署通二年善教得民邑有兄弟爭訟者歷數官不能決公廷訊吾涕泣勸之訟遂釋刱修考棚士不知艱民不知費至今德之

陳景雍河南商邱人英年進士初任通山有善政適粵匪猖獗破城悔未即就義作寄生草以見志由江右募勇復通戰於藕塘不克死之腰帶間有絕命詞事詳墓誌

徐芝湖南舉人署通八月案無留牘結案免費每月課士捐廉重獎廩膳銀諭照時價給領保正大小費共裁作錢五千文著爲令囹圄空虛士民咸頌

選舉志

選舉之法歷代各異三年大比本於周官自有明立鄉會兩闈遂爲三場定制而貢士亦各有定額蓋風會所趨不得執古法以相繩也通山與科第者前明爲盛近則少衰或氣運使然與然有志者事竟成士果互相砥厲未有不邀
熙朝之拔擢也志選舉

選舉

明

涂萬鍾　明洪武二年辟舉任廣州府州判

朱志先　恩貢任山東布政使

張勉　以人才舉任驛丞

黃天性　舉人任安徽廣德州同知歷工部都水司主事

韓衡　洪武五年舉春秋任興國府訓導後舉文學赴都作鍾山應制詩稱旨除蘆州府改授湖州府知府祀鄉賢

宋

進士

咸醇甲戌王龍澤榜

韓　温 字叔和 見通志

徐　楷 宋建炎時翰林院中書後陞集賢院學士 補遺

元

天歷丙辰科

邢仲發 字鴻業原姓阮避愚從母姓由大同別駕遷工部左侍郎

至正丁丑科

阮道全 號菊坡仲發子任山東道監察御史 以上二名通志缺補遺

明

宣德八年癸丑曹鼐榜

廖　洵 瑾子任員外郎

天順八年甲申彭教榜

吳伯通 籍四川廣安官至副使

宏治三年庚戌錢福榜

熊伯通 號丹岩任江西餘干縣知縣

嘉靖二年癸未姚淶榜

朱廷立 字子禮伯驥子禮部侍郎兼兵部侍郎前工部侍郎大理寺卿都察院副都御史提督北直學院兩淮鹽院四川撫部院著作 詳 佚

嘉靖十七年戊戌茅瓚榜

陳宗夔 字惟一興賢子任浙江按察使司轉授兵部前監察御史陞福建巡撫部院己酉科鄉試監臨歷遷浙江廣東巡撫

嘉靖三十二年癸丑陳謹榜

熊　坦 字履道伯峯子任廣東省新會縣知縣後遷陞兵部主事

萬歷十一年癸未朱國祚榜

舒宏緒 字崇孝號悅齋彥孫翰林院庶吉士改補吏科給事中戊子科典試廣西省後贈光祿寺少卿載明紀祟祀鄉賢

國朝

乾隆十九年甲戌莊培因榜

謝得悏 號明菴舉人庭樹子任漢陽府教授

乾隆二十二年丁丑蔡以臺榜

樂鳴韶 字夔典號澹夫郡庠生而樂子先任雲南省鎮甯知縣後授楚雄縣知縣歷署南甯分府曾主講漢陽晴川書院及黃州書院

以上姓名科分見通志

舉人

明

洪武二十九年丙子

李　榮　實授北直真定府安肅縣教諭

建文元年己卯

焦　雍　工部主事

永樂三年乙酉

陳　慶　任交趾縣知縣後陞知州

吳錫佑　任山東兗州府滕縣知縣陞滄州府判

李茂成

永樂十五年丁酉

吳　敏　推官

永樂十八年庚子

通志載入通城

吳　瑞　初任四川經歷改授光祿寺大官署丞

焦以正　任兗州府同知

永樂二十一年癸卯

洪伯艮　通判

廖　洵

熊茂林

景泰元年庚午

曹　瑛　推官

景泰四年癸酉

韓廷彧　任廣西太平府知府

景泰七年丙子

聶　茂　任上高縣知縣　通志誤作冉茂

吳伯達　通進士

天順三年己卯

吳原哲　四川戎縣知縣

成化七年辛卯

吳原正　原哲弟廣西博白縣知縣陞思明府同知入鄉賢

成化十年甲午

吳原聰　原正兄任山東濟甯州知州復任嵩明府知府

成化十九年癸卯

熊伯通　進士　兄舊志　通志遺

朱伯驥　信孫廣東廣州府推官　通志誤載通城

正德二年丁卯

熊伯峯　任蘇州府通判

正德十四年己卯

朱廷立　癸未進士伯驥子

嘉靖十三年甲午

陳宗夔　戊戌進士

嘉靖十九年庚子

夏　祢　河南陳留縣教諭

嘉靖二十五年丙午
郭永正 號明臣禹輔孫初任保定府蠡縣知縣改授建昌府廣昌縣知縣祀鄉賢
嘉靖己酉科
姜時棠 號龍崖元任霑益州知州進階朝列大夫
嘉靖三十一年壬子
熊坦 癸丑進士
周存象 任連州通判通志缺照舊志補入
嘉靖三十四年乙卯
陳以訓 字元峯

萬歷元年癸酉
舒宏緒 癸未進士庶常吉士
萬歷四年丙子
全其眞 號闇山任南京潛山縣知縣
萬歷三十一年癸卯
程士奇 初任陝西襄城縣知縣遷保安州知州行取戶部員外轉郎中
徐昌時
萬歷四十三年乙卯
郭喬竣 號龍門允正孫任廣東徐聞縣知縣行取北城兵馬司正祀鄉賢以上見通志

宋舉人補遺
方宗勝 字耀祖宋寶佑丁巳科舉人開慶乙未進士先任清河縣知縣陞海州知州轉陞常州府知府咸醕癸酉九年循賜朝議大夫
元選舉補遺
曹福起 護佐元世祖有功勅授國公御埜曹公樓堆書臺畔
陳極 號南溪任鹽政
陳格 知始興事
元舉人補遺
順帝三年丙子科
陳眞五 宋文館博士

至正辛卯科
李糾萬 字宏千
明舉人補遺
洪武九年丙辰 恩科
陳秉崖 字永章號載石
成化 科
全盛 號隱龍任江西吉安府廬甯縣知縣
宏治壬子科
劉楚年 號靜菴正德丁酉年任雅州知州後署重慶二府
萬歷乙酉科

陳汝寶 字燮山

天啟辛酉科

胡太澄 任陝西華陰縣知縣陞四川重慶府知府

崇禎

陳思介 字于石壬午科舉人任浙江奉化縣尹著有易經學庸解

吳英敏 任江南盧州府推官

廖智軒

吳際熙 穀城司訓陞任光任縣

楊士榮

鄭思恭 任長沙經歷

以上悉按家乘補入

國朝舉人

順治十一年甲午科

吳孟桂 字子丹漢川縣教諭遷安陸府教授保舉江西省固安縣知縣康熙辛酉科江西鄉試同考官陞義甯州知州

康熙八年己酉科

朱萬錦 授江南上海縣知縣

康熙十一年壬子科

馬翰如

姚之年 通山籍黃岡人

康熙二十三年甲子科

朱寶瓚 任荊州府江陵縣教諭

舒其超 授黃安縣教諭

康熙二十九年庚午科

謝庭樹 號疊峯郎用知縣著有詩文集待梓

康熙五十九年庚子科

全　淵 號慕顏揀選知縣

雍正四年丙午科

徐承謨 任安徽來安阜陽太和等縣知縣陞蘆州同知又陞江南省甯國府知府

乾隆九年甲子科

通山縣志　卷四　選舉志舉人　四三　心田局

全　漁號復齋繆魁淵胞弟考選教諭

乾隆十二年丁卯科

謝得懐甲戌進士

乾隆十五年庚午科

舒道宏號梅峯實授江西安遠縣知縣癸酉壬午鄉試同考試官

乾隆十七年壬申科

舒道光號實堂經魁道宏胞弟

乾隆十八年癸酉科

樂鳴韶郡庠生丁丑進士

乾隆二十四年己卯科

朱顯甲大挑知縣借補孝感教諭

乾隆三十九年甲午科

謝開堅號樸齋揀選知縣

乾隆四十二年丁酉科

謝開圭號瑞林即選知縣

嘉慶三年戊午科

朱兆巽乾隆辛亥歲貢揀選知縣以上見通志

嘉慶十五年庚午科

劉文炯號肖山選授酉陽州教諭陞任四川太平縣知縣

道光五年乙酉科

朱美恕號勿菴本科選拔大挑二等選授宜昌府長陽縣教諭陞襄陽府教授

道光二十四年甲辰恩科

黃泰交號純初丁酉拔貢揀選知縣

道光二十六年丙午科

夏慶恬號福駢揀選知縣加同知銜

程　雄號鳴大

咸豐八年戊午並補乙卯科

王明璠號璞夫分發江西試用知縣歷署樂安上饒廣豐城縣知縣同治壬戌丁卯兩科江西鄉試同考官欽加同知銜

同治六年丁卯科

王明賜號芝田

明　恩拔優副歲貢

洪武

朱志先　丁卯拔貢戊辰朝考　御賜進士授山東布政使

陶鑄　號皎彩癸酉授南京左布政使

盧文瑛　御史

徐儉　字節甫恩貢任江西道監察御史都察院右都御史加授資德大夫祀鄉賢

卓朝用　恩貢任廣東省羅定州西甯縣知縣祀鄉賢

永樂

聶銘　工部主事

焦翕　通志作焦翰任山東德平縣知縣

宣德

姜遜　知縣

正統

黃鍾　推官

景泰

姜福　知縣

正德

舒有年　廣西南甯府推官

郭進忠　墊江訓導

楊慶　吏目

湯順　知縣

韓添相　恩貢任夔州府檢校

汪傑　癸卯恩貢

吳興　縣丞

程添澤　恩貢奉直大夫

姜友高　縣丞

陳仕興　舊志作嗣興拔貢任四川綿州州判

陳克己　四川綦江縣縣丞

姜思恭

周志遠　拔貢任德陽縣知縣陞南京兵馬指揮司正勅授承德郎

孫竽　任四川成都府通判

嘉靖

陳恕　知縣

鮑闡　候選知縣

夏紀　廣西梧州府容縣知縣

徐堂　通判

陳克智　肄業國子監

孫輅

程宗韶

全以昂 任四川潼川州知州誥封奉直大夫

謝子彰 任江西南昌縣知縣署南昌府知府

張必敬 主簿

徐仲淵

夏勝先 吏目累官府同知

葉芳春 經歷

萬歷

周綬 恩貢順慶府通判陞保寧府同知

姜恕

熊威

韓連 恩貢任褒城縣知縣陞均州州判

瞿文

宋興隆

魯政

沈猶括 己酉歲貢授京山縣司訓陞光山縣教諭壬子陞郾陽府教授舊志作猶括崇禎年貢

楊璉

徐定

嚴守貴

沈繼約 字一我壬子拔貢授四川蓬州知州署順慶府知府丙辰

謝職縣主謝公贈養望東山堂匾 勑世國棟刻見墓碑並勑立承德郎路碑舊志入崇禎年

徐邁 江南檢校

陳環

樂芳春

焦紳 以正子南京太學

許浩 任四川蜀府典儀

涂仲貴 選舉孝廉任河南潁昌縣知縣

汪應林 知事

陳伯耀 號蒼山歲貢

徐瑄 訓導

朱原玘 吏目

吳孟正 推官即孟楨

余仕琏 通判

宋滋

涂伯昆 任四川松潘州同知

劉觀 吏目

周仲英 恩貢任長沙府教授

熊伯智 教諭

聶元 太湖縣縣丞

楊聪　縣丞
周淇　斷事
陳琉　號静菴肄業國子監見傳
吳從敬　光祿寺署正
夏大用　恩貢浙江處州衛經歷
汪仲濂　戊寅　恩貢任南陽府訓導

天啟

方員
金仲賢　字肖崖任南京太僕寺主簿
朱伯鵬　恩貢任四川大足縣知縣

陳端誠　通判陞任江南上元縣知縣
涂臯　任真定府阜平縣教諭
孫本
鮑閣　授江南萍鄉縣知縣
徐伯鋮　知縣
吳文言　主簿
陳文乾　拔貢先任四川經歷後陞建昌縣知縣
陳文藎　通志作文盖拔貢任福建南靖縣教諭
陳興賢　字泰山拔貢授湖口縣教諭候選雲南知縣
宋守約　學正

焦蘭　紳孫任南京教授
徐伯山　任四川雅州學正陞嘉定州知州
熊蟠　訓導
樂有律　號橋東拔貢任桐鄉縣主簿
張義德
徐旦
周希雯　舊志作希文任四川重慶府同知
涂宗儒　任四川大甯縣教諭
徐仲書　主簿
舒彥　號十峯任盧山司鐸屢攝務

朱之來　授辰州府訓導以母老終養不仕
許詔　任真定府趙州分州
徐棠　任平涼府通判
涂宗夔　恩貢任山東博平縣知縣
汪沐濟
周書　恩貢任河南淅川教諭署淅川縣知縣
陳季豐
焦默　任都昌縣知縣
吳萬甲　號西泉授太和縣知縣
陳志雄　任浙江盧城縣知縣

崇楨

吳　澧　選貢任山東鉅野縣知縣遷濟甯州知州陞汝甯府知府

朱之楫　選貢廷立子任建平縣知縣陞溫州府同知轉陞正府進階朝列大夫

舒吾素　縣丞

徐　棨　任南昌府訓導改授石門縣教諭

宋　東

胡伯賓　拔貢任四川南川縣訓導陞長沙府安化縣教諭

焦宗會　拔貢黙子任四川龍安府推官

余淑貞　岳州府訓導

陳　瀓　號豸山由歲貢中萬歷乙酉副榜任河南汝甯府羅山汝陽縣知縣

許仲讓　詔子任德化縣訓導陞光化縣教諭

周懋官　任南京常熟縣縣丞陞德州同知舉鄉飲大賓

張日昇　任河南鎮平縣訓導陞四川江安縣教諭復陞江西南康府教授

朱之杜　廷立子任四川東鄉縣知縣陞夔州府知府同知祀鄉賢

夏爲霖　任江西彭澤縣教諭

舒宏績　資陽縣教諭

羅　選　承天府訓導

焦養重　宗會姪興甯縣教諭

姜一梧　黃岡縣訓導

黃希范　長沙府教諭

祝應舉　號松如南康府奉新縣教諭陞南昌縣知縣勅封文林郎

舒宏抱　新甯縣教諭曾署縣事

熊士驥　州判

葉春揚　黃岡縣訓導陞廣西南臨府教諭

宋之奇　監利縣教諭

胡　侗　蘄水縣教諭

夏德立　江西撫州府陞京山縣教諭

沈襄明　恩貢浙江宣平縣知縣

嚴中寬　監利縣教諭

郭夢道　選貢喬梭子廣西平樂縣知縣著有勺菴草家禮十儀行世

熊　飛　選貢江西吉安府判

陳幼學　江西瑞昌縣訓導

譚大元

余文士　桐柏縣教諭

程懷珍

韓師瑜 號九山六安州州判

夏雲霓 通志作雲電拔貢四川丹稜縣知縣陞習州知州

方燦 王傳

陳宗器 號甘井福建泉州照磨陞淮安府尹

郭喬圻 字青之允楨孫漢陽府訓導

宋極 號魯山州判

以上見通志舊志

明恩拔優副歲貢補遺

朱仲鼎 洪武副榜候選教諭

方子英 永樂丙戍

陳以文 號志六永樂丁亥恩貢

陳以賢 號志八永樂庚寅歲貢

陳以能 號志九永樂丙申歲貢

陳仲才

陳秀二 拔貢

吳遜 廩生中三次副榜

陳之魯 拔貢任江西德化縣知縣

陳文恕 拔貢

謝倧 子彰子候補訓導

郭九宮 候選訓導

樂正美 字鳳沚候選訓導

焦耀吾

焦養浩

焦鳴庭

吳楚魁 副榜

胡孟陽 恩貢

宋原穀 宣德歲貢候選訓導

朱原紀 選貢姚州州吏目

阮福常 宣德壬子歲貢

朱伯椿 考授訓導

羅之化 拔貢

羅之進

羅之工

陳志大 正統歲貢選授成均博士

方庭玉 宏治歲貢任四川敘州府南谿縣知縣

陳學倫 號九龍己酉科副榜

朱之翰 嘉靖副榜候選教諭

朱廷文 號兩彬優貢 廷立兄

周良卿 拔貢任德陽縣知縣陞南京 兵馬指揮司正謚安愍

陳南傑

陳南魁 拔貢

熊民依 隆慶丁卯 恩貢 候選儒學

羅定道 萬歷戊戌歲貢任山東濟南 府

周繼道 優貢揀選主簿後舉孝廉

吳占百 乙卯科副榜

鄭受仁 字錦泰任浙江 儒黄縣知縣

陳以謨　胡良嵐

吳匡秀 己卯副榜

吳光宏 拔貢萬歷丙戌副榜

陳南嵩

譚守一 號克敬任竹山縣教諭

金文曦 仲賢孫 恩貢

金文吩 仲賢孫拔貢

譚學閔 號北峯肄業國子監考授翰 林院典籍陞大理寺正卿

沈干先 歲貢　沈于芳 歲貢

舒宏育 壬子副榜

沈泗約 猶括子天啟辛酉拔貢崇禎 丙子謁選浙江宣平縣知縣

陳都言 兼攝松陽縣事 天啟甲子科副榜

朱萬都 崇禎丙子己卯兩科副榜候 選教諭

楊發時 號玉臺崇禎戊寅委義甯州 銅鼓營又委防崇陽通城通 山縣總鎮勅賜黄堂牓 幕圖

吳岱興 崇禎庚辰拔貢

郭金逵 選貢任平樂府平樂縣知縣 勅授文林郎

嚴士淮 德安府應城縣教諭

陳以誥 號南石恩貢

陳以棨 號南元

陳萬本 號仰齋

陳文仲 號暘谷

陳以誠 號省三

陳以諤 號濟川拔貢

吳崧 恩貢宜都縣教諭

吳原傑 德興縣教諭

吳河 候選訓導

陳敏 號瑞峯甲辰科

楊啟昭 廣西思安縣縣丞陞山東 同知

胡龍谷

夏茂槐 歲貢任湖南長沙府教授
胡盛隆
黃尙有 恩貢候選教諭
舒韓間 拔徽州婺源縣主簿坐陞知縣
吳泉塘 恩貢授順天府判
汪如璽 福建古田縣教諭
涂文邦 河南桐柏縣教諭
謝福楨 四川乾昌縣教諭
程子貞
宋志瓚
宋鎔堂 荊州府通判　勅安仕官
王興諒 拔貢丹徒縣知縣
孫志權
徐昌國
徐昌岐
徐貞陞
宋正洹 歲貢
楊　紹 號玉屏選授德安府訓導
徐仲貫 選舉孝廉任河南穎昌知
鮑時聘 由優秀任四川州判歷任縣後陞成都府尹

以上悉按續採補入

國朝選舉　恩拔優副歲貢

順治

舒其忠 恩貢
羅萬里 選子
沈于印 俊約子舊志作于先繼約子 康熙己酉科拔貢
譚學忠 號省齋歲貢任廣濟縣教諭
阮先聲 號燕村戊子恩貢授耀州同知
譚學瑀 號介卿歲貢任孝感縣教諭陞浙江仁和縣知縣勅封文林郎
朱承煜 之楫子戊子副榜任江南桃源縣知縣

許立達戊子拔貢廷試一等第一授江南江浦縣知縣殉節贈江南按察副使節祭有文廕子其繼

黃獻宸郎黃蓋京山縣訓導龍陽縣教諭襄陽府教授改遷武甯縣知縣陞吉安府知府未任致仕歸

吳光位辛卯恩貢

舒羅臣長沙縣訓導後舉鄉飲大賓

徐思昇

朱寶三恩貢

吳朝舉穀城縣訓導

譚學瓊號友尼肄業國子監康熙丙子年任四川昭化縣知縣

朱寶璐拔貢中己酉壬子兩科副榜以上見通志舊志

補遺

阮芳聲辛丑歲貢

康熙

譚學尼府貢

陳介恩貢

唐振烈蘄州訓導復陞教諭致仕有邱月詩文集十五卷讀史筆畫十卷行世餘著作未梓

阮金聲號子宣麻城縣訓導

朱上士己未歲貢麻城縣教諭

舒清臣字永必宏緒孫

謝宇士

謝榮樸字佑敍竹山縣教諭

黃鐘長沙府攸縣訓導陞福建延平府經歷

朱萬仰拔貢朝考分發知縣主講羅峯書院

徐承珪戊辰任石首縣訓導

焦滌頎通志作天眷

陳正策

黃志湆

阮亮聲號惠齋癸酉歲貢授鄖西訓導

謝彬

戴天恩

岳生麟

朱正台

朱萬裕候選司訓

黃詔

朱正咸戊子拔貢任德安府應山縣教諭

夏雲龠

朱萬錫恩貢候選教諭

黃志洵候選訓導

彭一楷
焦璟
謝開昇 舊志作士昇長沙府湘鄉縣教諭
程雲 字子翼丙子澧州訓導
管學舟 壬午通志缺學字
米懋修 拔貢候選教諭
徐永伋 癸卯拔貢甲辰考授宗人府教習任宛平縣知
朱之楷 應城縣訓導 以上見通志
補遺
譚學思 號北崖甲辰歲貢候選縣丞

陳大來 庚戌歲貢
鄭問元 壬子副榜
徐承璋 丙戌歲貢著有家訓勸世文行世
吳琨 己丑副榜
管元律 乙未　焦我待 庚子
謝士修 號獻廷候選教諭
黃以安 鄖陽府竹山縣訓導
雍正
張璡 恩貢
朱懋治 號谷菴丁酉任德安府訓導

李湘　李濬
潘藻　段仕倧
舒而茂 己酉拔貢 以上見通志
補遺
陳易
鮑遠模 乙卯年貢
王槐 號晉三乙卯恩拔貢揀選直隸州州判
夏先英 歲貢任漢川縣訓導
謝士儀 恩貢任荆門州教諭
乾隆

周永桂 己未恩貢任雲夢縣教諭主講羅峯書院
朱開忠 任鍾祥縣訓導
王正 號文岱甲子府貢
方正廷 庚午隨州訓導
朱襲衮 恩貢候選教諭
唐鍾甲 號書黃辛未恩貢羅田縣教諭
徐鰲 壬申任石首縣訓導
程希道
陳典 號玉音丙子歲貢候選訓導舉鄉飲大賓
陳應運 己卯歲貢任漢川縣訓導

方啟秀 號平軒歲貢任黃陂縣訓導
吳明鶚 明通志作名辛巳　恩貢候選教諭
朱顯家 候選訓導
謝茂顯
黃之榮 甲申歲貢候選訓導
黃之烑 己丑歲貢候選訓導
阮士婓 號孔裁壬辰歲貢
朱兆庠 壬辰歲貢候選訓導
韓隆津 丙申歲貢分發潛江縣訓導
徐遇春 己亥歲貢

陳信燦 號炳寰庚子府貢
王萬年 正子號濟東辛丑府貢
吉興文 號石堂乙巳恩貢
程　洪 字錦浪　恩貢均州訓導
陳遇新
謝得悟 號魯菴任保康縣訓導
黃錫章 己酉拔貢選漢陽縣教諭
周永琪 甲寅　恩貢候選教諭
成光謨 恩貢州判
黃龍躍

葉楨開 號雨軒任枝江縣訓導
徐子榜
王之燦 鄖陽府竹谿縣訓導勅授修職郎
阮士潮 字錦濤任荊州府宜都縣
戴紹槐 號芝山　恩貢部選雲夢縣教習
樂鳴盛 號滌泉部選光化縣訓導主講羅峯書院　以上見通志

補遺

黃志洪 丙辰　恩貢候選教諭
朱襄翰 庚申歲貢歷任竹谿竹山縣訓導
舒　湧 字景邵號文在己卯歲貢著有怡情詩傳世又有石和尚

龍崖洞詩九首山雜咏八首
樂應逢 號亦軒丙戌歲貢
方祖新 號通渠甲午歲貢
謝得禮 號誠菴癸卯歲貢候選教諭
徐之樸 乙巳歲貢任襄陽府光化縣訓導
吳本坦 郎吳超丙午歲貢
朱陽亨 歲貢候選訓導主講羅峯書院
朱兆與 辛亥歲貢
焦宗盛
吳飛騰 康熙時入年十六入武庠不就奮志詩書越一載入文庠

後由恩貢歷署餘阜丹陽
縣丞貲授金山衛

黃執　號子諒　恩貢候選教諭

謝榮植　號今野　歲貢任郎陽府教授

謝廷謨　號非草　歲貢

謝開埰　號先伯　歲貢

吉遠紹　癸未歲貢

唐宗直

嘉慶

黃望　恩貢

黃大鯉　恩貢

楊顯功　任穀城縣訓導

汪宗溥　選授應山縣教諭　旌表孝子

王之瑞　壬戌歲貢

以上見通志

嘉慶修通志後恩拔優副歲貢

阮國材　號仕楚　歲貢

吳印霖　甲子歲貢

舒鳴臯　乙丑歲貢

陳銓　丁卯歲貢

全善猷　號過亭　歲貢

章漢雲　號曉塘　戊辰恩科副榜吏部看驗以教諭選用

王道清　字泰階　己巳歲貢

方嗣嘉　號理齋　辛未歲貢

劉青雲　號活泉　壬申歲貢

葉元芝　號紫山　茂承子　癸酉拔貢

黃世典　號首幹　甲戌歲貢

宋大勳　歲貢

曹大鳴　戊寅歲貢

徐其泰　庚辰歲貢

道光

徐觀光　辛巳恩貢

陳詩翰　號半嶽　辛巳歲貢

黃榮甲　號　選教諭　辛巳恩科副榜候

葉茂承　號鶴軒　植開子　壬午歲貢

黃品中　癸未歲貢丙戌年就職候選教諭

徐閎　號海嶼　甲申歲貢候選訓導

朱美恕　號匆菴　乙酉拔貢本科舉人

夏魁南　號左溪　丙戌歲貢庚寅年就職候選儒學

王家幹　號有菴　己丑歲貢候選訓導　貤封奉直大夫

成章　庚寅歲貢

唐祖燦　號雲錦　癸巳歲貢

曹崧臣　號木齋　乙未歲貢

徐登榜　號雙溪　乙未恩貢

汪　翥號玉池丙申歲貢

黃泰交號純初榮甲子丁酉拔貢候選州判

朱孔陽號郴齋戊戌歲貢丙午年署漢陽府教授咸豐丙辰年任黃州府麻城縣教諭辛於學署

樂懋聰號韻樵己亥科副榜候選教諭

王國掄號元圃之爍子辛丑歲貢候選訓導

王啟元號阜嵐癸卯歲貢候選訓導

程行琪號還癡乙巳　恩貢部選復設教諭

楊春華號　乙巳歲貢

朱桂馨號聖言丁未歲貢

徐　赴號覺于己酉歲貢軍功六品保舉訓導

朱美爕號曉林己酉拔貢軍功六品候選知縣主講羅峯書院署荊州府松滋縣訓導

咸豐

劉紱麟號愷珊爻炯子辛亥　恩貢國子監肄業選授鄖陽府房縣教諭團練出力咨部六品頂戴

黃世臣號樹人辛亥歲貢

王家爕號理臣壬子　恩貢

徐聯桂號蘭亭癸丑歲貢

熊兆璜號賓溪乙卯　恩貢候選教諭

焦成材號煥亭乙卯附貢候選教諭

徐銘鉞號雪園丁巳歲貢

成德蘭號酉山丁巳歲貢候選訓導

吳煥極號廷建戊午　恩貢

闕　成號丹九己未應貢未考而卒

徐鳴珂號可人己未歲貢

王傳炳號軼齋國掄子辛酉　恩貢

夏慶墀號丹崖辛酉歲貢

同治

徐鎮南號衡岳壬戌　恩貢

阮爕煌號曉帆壬戌年補考辛酉拔貢試用訓導

樂純青號雙橋癸亥歲貢

孫　蘭號芳陔甲子　恩貢

許日昇號雲軒乙丑歲貢議敘州同知銜

舒松林號瑞圃補出乙丑歲貢

鄭顯庸號仙岩丁卯歲貢議敘翰林院待詔

朱定邦戊辰支出歲貢

國朝恩賜

許軒　嘉慶戊辰科副榜

吳臣提　嘉慶癸酉科副榜

成俊　嘉慶癸酉科副榜

朱榮　道光戊子科副榜

朱執宜　道光壬辰科副榜

程際雲　同治丁卯科副榜

國朝補遺貢士

阮愈煜　歲貢德安府訓導

阮步忠　歲貢荊州府宜都縣訓導

汪朝秀　歲貢德平縣教諭

吳應昌　恩貢荊州府宜都縣教諭

吳原谷

吳愛蓮

焦遠湖

黃資生　候選訓導

陳作霖

以上俱歲貢

明

正途貢

舒問

韓履吉

朱之梅　廷立子由增廣生兩應本省鄉試

韓逢吉

朱實和

熊名選

熊名世

朱承燿　之梓子

以上見舊志

補遺

周仲卿　小試三元以明經揀選主簿後舉孝廉

韓紹先　教授

張志衡　教諭

余龍岡　教諭

舒卜麟　訓導

陳九桐　授江西瑞昌縣教諭後陞龍門縣知縣

國朝 正途貢

劉聯甲 號渾泉廩貢肄業國子監歷任南漳監利二縣教諭選任德安府教授

徐彬 號凱登廩貢

徐海鯤 號北溟廩貢

胡漢表 廩貢

胡存吾 廩貢

謝開堂 號魯存廩貢任襄陽府棗陽縣教諭著有詩古時文待梓

謝開埜 號六圃廩貢肄業國子監選安陸府潛江縣訓導

謝庭樞 號斯闕賠貢

胡承魁 附貢

舒敬 號慈雅增貢

舒望道 廩貢

謝頂芳 號紫岩任長沙府茶陵州司訓

朱正言 號湖山

汪永清

汪正平

汪一源

黃玲 增貢

樂應榮 號蘭坡廩貢肄業國子監銓選訓導

朱俊溥 號醉雲附貢歷任四川渠縣縣丞敘州府經歷慶符縣知縣竣簡州州判代理簡州事

朱俊鴻 號雙軒廩貢試用訓導選署蘄州訓導以親老辭著有皐山房詩草

朱高第 號小峯附貢

夏日棪 號繡菴增貢

陳炳南 附貢

謝炳文 附貢

謝觀瀾 號心泉附貢

謝連城 號曉山附貢

譚誠禮 號道軒附貢

朱英 號厚卿附貢分發江西縣丞

沈達和 號郴村增貢

朱協柏 號翠巖附貢、

石文甲 號介于附貢

夏鵬翥 號北溟增貢加中書科中書銜

方惟一 號小谷增貢

沈起文 號蔚卿增貢

夏夢麟 號仁卿附貢

陳應遴 乾隆附貢

焦寶仁附貢
陳弼宜附貢

國朝例貢

金漢紀
舒榮聘
程懋德
張洛元
方家舉
陳榮國
舒榮考
陳　榮
陳鼎元
謝月旦號邵菴吏部議敘州同
舒　文號簡齋吏部議敘中書科中書
陳立方號曉巒吏部議敘中書科中書
譚炳珪號月卿吏部議敘州同
李錫璜
陳　章
方觀瀾
王元愷號虞卿
吳騰瑞
艾裕豐

夏錫璋 號煦秋
黄京如 號禮門
汪兆桂
陳鳳書 號雅樓
沈源清
陳奎文
徐燮珊
程纘伊 號敬岐
徐　鳴
程大鵬 字遠齊 號種桃

謝紹安 號勝初
王嘉福 號綏之
余濟川 號自唐
鄭國溥
鄧復亨
王光緒
王榮陞
焦應武
舒步雲
阮樹金

武科

元

至元丙子科
曹祥林 福起子解元
以前俱缺

明

崇禎癸酉科
阮　嘯 授都指揮使銜

補遺
沈奇男 繼約子由鄉魁授南京巡城兵馬司

國朝

順治辛卯科
余夢斌
程大智

順治甲午科
桂士泰

雍正丙午科
徐永棟 守備府銜

康熙丁酉科
吳應周

乾隆丙子科

方學比

乾隆壬午科

吳馥泰 雙月選用漕務府

乾隆庚寅科

譚伯臺 號聽溪部選漕務府

乾隆乙卯科

譚廸甲 號月池候選漕務府

道光辛巳　恩科

夏德純 號楚山兵部差官郎補守備府

道光辛卯科

舒闞應

道光庚子科

汪凌雲 號騰舫任兵部差官郎補守備府

道光丙午科

曹治國 撫標千總咸豐甲寅年殉節 省營

咸豐辛亥　恩科

朱逢泰

同治壬戌　恩科

朱憲章 考取兵部差官

朱青選 考取兵部差官

同治甲子科

陳定國 號彬村亞元

廕生

元

陳思清 天祥子　贈通議大夫

明

朱仲信 志先子授河南按察使檢校

朱之楨 廷立子廩監部試元士

陳廷欽 宗夔子

舒漢策 宏緒子廩監　欽授知府辭 不就職

朱寶科 考授主簿

程雲龍 士奇子

沈于凡 繼爵子

周宏昌

國朝

許其繼 立達子考授知縣

許其組 立達次子補詹授山東濟南府臨邑縣知縣

許文燮 乾隆壬子年奉旨徵查許立達後裔於乙卯年報部承襲騎尉

徐遠俊 國與子字月高承襲雲騎尉恩頒督標左營守備委德安府總府攝督標左營遊府

許名城 文燮子道光辛卯年承襲恩騎尉

徐　榮 遠俊子字廷楷世襲雲騎尉

曹世臣 治國子承襲雲騎尉

王復衍 新進子字用九承襲雲騎尉

張懋欽 銘子 恩邮恩騎尉

國家例給冠戴所以別章服示榮寵褒殊異至渥典也故士有好修而未仕者民有好義稱耆碩者皆許尊榮此亦所以敦尚節義表厲風俗也

選舉鄉飲

明

阮　斌 字吉甫永樂戊子年選舉孝廉方正

阮愈煜 字南英舉耆賓

阮　濳 字少陶耆賓生成化戊戌歿萬歷乙酉享年一百零八歲

周仲得 舉大賓 南京常塾縣縣丞陞授同知

周宏盛 耆賓

朱之棠 鄉飲二次

樂友智 太學生舉介賓

吳曉村 太學生舉介賓

吳臣耀 太學生舉介賓

涂本通 舉鄉賓

劉吉明 舉大賓

謝宏時 字湘一岂舉耆賓

謝眞吾 舉大賓

朱之未 國學生舉大賓 [illegible]本朝乾隆間入

舒鼐臣長沙縣訓導舉大賓
陳興孝字高泉舉大賓
沈天繩號會溪附監生舉介賓
陳　琰舉武昌府大賓
沈天璵號近台舉耆賓
舒良甫舉大賓
沈定國號魚山耆賓
舒穢蘊舉大賓
沈定盛號隆吾耆賓
周懋官舉大賓

沈炳約字文所耆賓
陳白竹鄉賓
沈智約字慧生耆賓
黃巍堂鄉賓
黃鳳瑞三舉鄉賓
沈永曰號北溪廩生舉介賓
沈定鯤號汝濮廩生舉介賓

國朝
方日長字名夏庠生品行端方康熙甲申舉大賓邑侯李贈一鄉善士匾學師贈香山尚友匾
張應馥字芬渠廩生立志中正處事不阿康熙己酉舉介賓學師贈道重授几匾
舒而謙大賓
陳允亮康熙丙辰鄉賓
黃金石縣丞銜舉僎賓
程勝所舉大賓
黃志濟舉僎賓

陳開傳雍正間耆賓
金思南雍正間耆賓
陳　典歲貢候選訓導舉大賓
黃　樽庠生舉介賓
沈之經號盛齋舉耆賓
陳六垣舉大賓
成海山乾隆癸未舉僎賓邑侯姚贈達尊有二匾次年邑侯曾贈碩德耆年匾
叅志淩乾隆辛卯舉耆賓
吳臣耀字煥亭監生舉介賓

周嗣潤 庠生舉介賓

朱萬錡 舉正賓

周秀波 舉鄉賓

邱潮銓 舉大賓

阮愈熤 舉耆賓

王者聘 廩生舉介賓

王以修 太學生舉介賓

陳詩玉 號灼齋道光乙巳年舉僎賓邑侯張遺有贈詩封奉直大夫

陳家福 字錫五耆賓

陳長卿 舉介賓

陳正直 字共訓耆賓

朱黃甲 號春晴孝親弟長志潔行芳舉孝廉方正皇恩獎賞六品頂戴

李振勲

李奠魁

明

奉例榮身

祝惟清 儒官

陳家相 引禮

舒中蘊 儒官

夏元輔 儒官

楊君槐 儒官

吳仕秀 儒官

吳 洵 儒官

陳宗蕃

吳 柱

朱之相

舒 講

姜本立 義官

舒宏猷 典禮

曾孟資 壽官

陳端源 義官

夏之節 壽官

劉 佩 壽官

周一龍

焦　巖壽官
周文郁儒官
熊民謨典膳
葉承露號仙掌
以上見舊志
補遺
陳道銘奉訓
陳雄可宣議
陳道廣壽官
徐士芳儒官
程學諭學正

陳本泉義官
陳本傑壽官
程　紳義官
徐　甯義官
韓師琦典膳
吳　樞義官
吳能秀儒官
郭元信字敬夫

國朝
樂友德壽官
黃志治壽享百歲有零知縣金詳請旌表
羅容祿贈登仕郎五世同堂
陳秀攀享年一百零三歲
謝劍鋒號谷亭
夏文暢號者恕監生五世同堂
朱俊修年過百歲

通山縣志卷之五

人物志

通邑負山臨水風氣異於大都然環峰秀麗川流瀠洄瑰瑋磅礴之氣往往鍾之於人其間輔毗文學侍從之臣後先間出所謂地靈人傑者非耶卽忠孝節義與山林隱逸之士亦時時有之不獨大小薦紳諸家也作人物志

三代而下鄉舉里選遞變而爲制科後世遂以科目取士乃得人亦於是爲最盛云

國家取士之法益詳且審矣通自設邑以來前後俊偉瑰琦之士各斥其才調乘時自見其大者以科目位臺鼎陟華要爲國家名臣次之則皆得寄民社列薦紳冠裳楚楚簪組輝煌登姓名於乘傳垂休光於無窮豈皇皇乎盛哉

明

掾職

葉　謨 典史

鄭愛仁 主簿

朱原茂 巡檢

韓師武 典史

朱廷輔 [illegible]典[illegible]驛丞

鮑時聘 經歷後陞四川成都府尹

周　峰 巡檢

吳仲善 巡檢

陶　顯 巡檢後遷陞司馬

楊　學 典史

周存嘉 典史　贊楚王府郡王

程　翔 典史

張　吉 修職郎後陞山東爵林府知府

鄧林木 四川臨水主簿

朱承祐 省祭

樂朝憲 高郵衛經歷

張日耀 貴州酉陽衛經歷

補遺

陳興學　字雲峯雲南知縣
全以謙　考選通判
全成花　江西布政使司經歷
陳本暘　字東白由吏舉任吏部驗封司後陞北直金推府
方文惠　臨江府推官
陳本固　號白崖經歷
吳萬濟　贊楚王府郡主
韓立時　庠生肄業國子監候選知縣
陳秀五　南康府尹
張子貴　滕縣知縣
陳貞八　黄州巴河巡檢
朱洲茂　鶴慶府通判陞夔州府知府
朱飛燿　太學生內閣中書
張漾潭　重慶府太守
張署谷　酉陽衛經歷
陳時憲　宜山縣尹
方啟益　縉雲縣知縣貽有歸田詩二章
吳言　雩都縣主簿
成玉奇　中書舍人
許均惠　經歷

陳文枕　京城典史
陳楚瑜　字起凡理藩經歷
謝朝卿　巡檢
謝福通　號添錫南昌府吏員
焦淵　滄溪縣典史陞巴州吏目
吳蘭溪　勅授著作郎
舒用忠　通政司經歷
韓本　號半醉指揮使著有詩集
涂自謙　運糧主簿
吳止亭　廩生任贛州府雩都縣主簿
陳伯聚　號大用禮部文苑官
陳懷文　字栽輔由吏舉任安徽當塗縣知縣
程學訓　銓衡
孫覺之　上猶縣主簿
程榮易　元授廣西桂林府太守
焦志策　號義菴奉詔輸粟利及三縣勅封議事大夫
陳元甫　明庠生分發嵩州
陳南巖　太平縣知縣
朱正行　號閒齋廩監分發山東縣丞

國朝

文職

舒其章 考選縣丞

謝廷櫨 布經歷銜郎選知縣

謝廷植 布經歷

舒而龍 兵馬司副指揮

謝開蜒 號迴亭分政司

舒大成 候選布理問

陳世泰 監生分發四川直隸州吏目任青神縣縣尉

黃廷簡 監生議敘州判

黃聲遠 任福建延平司

黃羣輝 號庭霞候選縣丞

舒榮成 候選州同

羅上遴 號卿林議敘直隸州州判嘉慶丙辰分發福建歷署高才杭東岱雁石車田清流等處巡檢龍岩州判代理清流縣事調楓亭村厦陽分司卒於官

朱清選 嘉慶年間分發福建署理興化府經歷永春州州判特授福州桃源竹崎五虎等處巡檢代理大田縣事

朱遠生 道光間分發福建署連江縣典史補發江東二處巡檢咸豐八年奉委防堵東路姑田地方身故咨部奏准世襲

嚴鍾凰 布經歷

樂騰飛 字孔昌縣丞降就巡檢分發四川試用

朱俊澂 號秋雯議敘鹽知事

朱遠齡 從九就巡檢職分發福建署江林縣分司

朱美桐 號少秋優廩生海江軍務欽加六品職銜

陳源螓 號晴巒監生分發江西補用知府欽加道銜同治丁卯科鄉試龍門彈壓官現奉委總理省城七門保甲事務

朱鴻 分發福建試用府經歷

王新進 號左臣郡增生以團練功保舉訓導拒賊陣亡蔭子復衍

朱藩 監生議敘縣丞分發福建代理福州府司獄

黃炳南 候選縣丞

嚴繩武 號爵亭由布理問雙月選用同知隨帶加一級

陳正南 監生加縣丞銜

李含光 布理問銜

徐體乾 吏部議敘同知銜

陳書紱 號仁圃吏部議敘州同加一級隨帶加一級授奉直大夫

夏錫圭 號半秋吏部議敘同知

焦炳麟 號端崖由同知隨帶加一級陞授知府銜勅授朝議大夫

阮經邦 布理問銜

王肇基 號芳亭州同銜加一級隨帶加一級

樂希韶 吏部議敘州同加一級隨帶加一級授奉直大夫

陳曉林 號屺浦吏部議敘州同加一級隨帶加一級授奉直大夫

朱斌 吏部議敘州同加一級隨帶加一級授奉直大夫

阮紹甲 號紫閣由府經歷加州同加一級隨帶加一級

舒恒吉 吏部議敘州同

吳方翥 吏部議敘同知銜加一級隨帶加一級

焦炳燻 號陶軒布理問銜

陳鳳翥 號蘭溪由縣丞加同知銜

楊宗震 縣丞

程禮 縣丞

成安國 號金泉由布理問加同知銜並隨帶加一級

成德 號愷亭州同銜

夏文炳 布理問

夏鵬遠 號靖臣中書科中書銜

夏國鈞 號禮臣縣丞銜

樂振清 縣丞

成謙 布理問

成大才 吏部議敘縣丞

成式 吏部議敘縣丞

周道全 號慶餘府經歷銜

周可鈞 號羹梅吏部議敘縣丞

程大本 號彬軒州同

夏禹謨 按經歷

金振玉 吏部議敘州同銜

吳登皇 縣丞

成守善 號金林吏部議敘州同

陳鴻翥 號藹人吏部議敘州同

夏定陞 號桂亭吏部議敘州同加一級隨帶加一級

阮恢炳 號堯臣吏部議敘布理問銜

鄭和春 吏部議敘州同加三級隨帶加一級

舒璜 縣丞吏部議敘州同

劉森雲 吏部議敘布理問

劉高雲 吏部議敘州同

朱錦光 吏部議敘州同

樂成志 吏部議敘州同

王爾祿 號溪麟吏部議敘州同

阮遇亨 吏部議敘縣丞

李瑞芝 縣丞

李竹齋 縣丞

成開元 由鹽大使加州同銜

陳藝林州同
吳開緞布理問
陳書相縣丞
楊錫紅布理問
李國恩州同
成行義縣丞
成康義州同
成　瑩縣丞
成經邦縣丞
黃明興縣丞
夏聯元號覺軒布理問
夏定祥號柏亭縣丞
焦炳煌縣丞六品藍翎
焦青雲縣丞
劉步雲州同
汪寶善縣丞
朱明德布經歷
朱可欽縣丞
朱繼賢布經歷
朱樂山縣丞

姜梧桂布理問加二級授奉直大夫
徐鎮江號緯泉議敘布理問
沈漢西吏部議敘州同
阮燮榮號禹門縣丞軍功奏獎六品
吳承浯吏部議敘州同
陳先甲吏部議敘州同
吳定亭吏部議敘州同
程美石縣丞
樂純甫州判
徐培榮縣丞
樂懋森號實卿吏部議敘縣丞
徐殿馨州同
熊飛龍縣丞
吳毓文吏部議敘州同加一級隨帶加一級
程守伊號貞齋布經歷
李大昌縣丞
吳和聲縣丞
劉慶元州同
鄭芳芹縣丞
夏逢辰縣丞

徐日書 字濟南庠生任廣東歸善縣平政分司
熊獻廷 縣丞
謝樹生 號玉階光祿寺署正加二級
王海波 號水三布經歷加二級
彭學章 任山東聖公府知印署典籍
岡君恩 布照磨
樂鳳岐 號韻坪吏部議敘縣丞
徐　昶 號煦嵐吏部議敘州同
曾開甲 號文山監生吏部議敘州同
魯洪治 號嵩林監生加縣丞

唐慶雲 吏部議敘州同
陳先甲 州同
張登雲 布理問
陳德純 布經歷
夏鏡聲 縣丞
陳希廷 縣丞
馮獻朝 縣丞
程　芬 吏部議敘中書科中書

武職

元

張甘棠 三邊總鎮

明

焦　鎮 號南莊庠生受守禦所千戶分發四川
沈以溫 授千戶
陳正禮 字從東任江西銅鼓營守備
程榮照 守備

國朝

吳八際 字遵周授鄉官千總
夏曰奎 號星大武生加衛守備
朱玉輝 武生加衛守備
樂體萱 監生加守禦所千總
夏曰恕 號心如監生加守禦所千總
朱科甲 武生加衛千總
焦雲龍 號芝田由舊勇歷保參將分缺先遊府現督水師駐黃州
成家善 號漢之監生加衛守備
夏作賓 監生加衛守備

樂堯定 江西九江營千總
程立言 監生加守禦所千總
夏錫璋 號煦秋貢生由衛守備加遊擊
嚴定陞 號春山兵部議敘遊擊
周文第 號鳳樓監生加都司
汪兆椿 號丹亭守禦所千總兵部議敘都司
焦騰驤 號慶餘武生兵部議敘千總
焦淩驤 號雲門武生兵部議敘都司加一級
舒兆楠 守禦所千總
焦聯第 號純圃武生加營千總

焦雲驤 號楚璜守禦所千總陞授營守備銜
舒春芳 都司銜
陳時傑 都司加一級
夏安邦 號寶卿武生衛千總
汪海瑞 守禦所千總
朱茂桂 守禦所千總加一級
朱會 衛千總
舒兆楷 都司加一級
舒曉林 守禦所千總
舒尚林 都司加一級

朱應庠 營千總
李紹楠 守禦所千總
張魁榜 號雲峯兵部議敘守禦所千總
王爾壽 號仁垓都司
譚楚材 守禦所千總
焦駿驤 守禦所千總
陳耀國 武生兵部議敘守禦所千總
黃龍劍 號曉帆武生兵部議敘營千總
徐公蔭 號仙嶼守禦所千總
王森林 守禦所千總

夏善元 衛守備
朱發凡 號小峯兵部議敘守禦所千總
朱心正 都司加一級
朱飛能 都司加一級

封典

國家令甲自一品以至七品凡歷一考者郎
賞貤典其三品以上遂並其曾祖祖父
母而追封之若夫大慶
覃恩則又不在是數通之以殊勳叨渥典者
前朝爲盛其誥命不及備紀
國朝推
恩錫類在官者固承光寵遵例者亦有榮施
謹將姓名備錄以表揚休徵也志封典

明

韓　銓以子廷彧任廣西太平府知府
贈中憲大夫封知府　舊志
朱添貴以子志先任山東布政使
贈通奉大夫　妻郭氏封夫人
朱志先任山東布政使
誥授通奉大夫　妻李氏封夫人　舊志
徐志旼以子徐　僉任右都御史
贈資德大夫　妻陳吳氏封淑人
徐　僉任都察院右都御史

誥授資德大夫　妻陳氏封淑人
黃子高以子天性任工部虞衡司主事
贈承德郎　妻李氏封安人
吳志淵以子吳　瑞任光祿寺署丞
贈徵仕郎封署丞　妻陳王氏封孺人　舊志
吳愈奇以子從敬任光祿寺署正
贈儒林郎　妻徐氏封安人　舊志
吳從敬任光祿寺署正
敕授儒林郎　妻嚴氏封安人　舊志
朱志銘以子仲茂任夔州府知府

贈中憲大夫　妻何氏封恭人
朱原璁以子伯驥任廣東廣州府推官
贈承德郎　妻陳李氏封安人
朱伯驥以子廷立任禮部侍郎
贈嘉議大夫　妻吳氏封夫人　舊志
仝　盛任江西蘆甯縣知縣
敕封文林郎　妻蔡氏封孺人
朱廷立任禮部侍郎
誥授嘉議大夫　妻韓氏封夫人　舊志
陳興賢以子宗夔任浙江巡按御史

贈資德大夫封御史　妻吳氏封淑人舊志
陳宗夔任浙江巡按御史
誥授資德大夫　妻宋氏封淑人舊志
郭煥然以子喬埈任北城兵馬司指揮
贈文林郎　妻汪氏封孺人舊志
郭喬埈任徐聞縣知縣陞北城指揮
敕授文林郎　妻方氏封孺人舊志
朱廷立庶妻瞿氏以子之楫任建平縣
贈孺人舊志
朱廷立繼庶妻余王氏以子之桯任東鄉縣

贈孺人
朱之楫任直隸建平縣知縣歷陞知府
誥授朝列大夫　妻楊氏封恭人舊志
朱之桯任東鄉縣知縣陞夔州府同知
誥授奉政大夫　妻沈氏封宜人
全以昂任四川潼川州知州
誥授奉直大夫　妻華氏封宜人
謝穀明以子子彰任南昌府知府
贈中憲大夫　妻陳氏封恭人
方庭玉任四川南溪縣知縣

敕授文林郎　妻吳段氏封孺人
朱原琦以子伯鵬任大足縣知縣
贈文林郎　妻徐氏封孺人
朱伯鵬任大足縣知縣
敕授文林郎　妻謝氏封孺人
朱廷文以子之來任辰州府外史
贈文林郎　妻徐吳氏封孺人
全其真任江南潛山縣知縣
敕授文林郎　妻鄧氏封孺人
張　吉任山東鬱林府知府

誥授中憲大夫
陳道銘以子本暘任北直金推府
贈奉訓大夫　妻張喻氏封安人
夏以仁以子勝先任江西南昌府同知
贈奉政大夫　妻袁氏封宜人
夏勝先任江西南昌府同知
誥授奉政大夫　妻葉張氏封宜人
譚守身以子學閔任翰林院典籍
贈文林郎　妻李氏封孺人
譚學閔任翰林院典籍陞大理寺卿

勅授文林郎　妻韓欒氏封孺人
吳　珪以子原聰任雲南嵩明州知州
贈奉直大夫　妻孫氏封宜人
吳原聰任雲南嵩明州知州
誥授奉直大夫　妻阮氏封宜人
聶華卿以子聶銘任工部主事
贈奉訓大夫　妻金氏封安人
舒　彥以孫宏緒任吏科給事中
贈朝列大夫　妻劉氏封恭人
舒礼蘊以子宏緒任吏科給事中

贈朝列大夫　妻汪氏封恭人
舒宏緒由翰林任吏科給事中陞光祿寺少卿
誥授中憲大夫　妻熊吳氏封恭人
金志高以子仲賢任太僕寺丞
贈徵仕郎　妻舒氏封孺人
金仲賢任太僕寺丞
勅授徵仕郎　妻舒焦氏封孺人

國朝
朱承煜任江南桃源縣知縣
勅授文林郎　妻熊氏　封孺人
朱寶瓚任荆州府江陵縣教諭
勅授修職郎　妻袁氏　封孺人
朱寶璽以子萬錦任江南上海縣知縣
勅封文林郎　妻熊吳氏阮氏俱　封孺人
朱萬錦任江南上海縣知縣
勅授文林郎　妻阮氏　封孺人
譚學瑀任浙江仁和縣知縣

勅授文林郎　妻舒羅氏　封孺人
朱萬美以子懋治任德安府訓導
勅封修職郎　妻楊氏　封孺人
朱懋治任德安府訓導
勅授修職郎　妻郭氏　封孺人
徐承珽以孫永謨任安徽甯國府知府
晉贈朝議大夫　妻朱氏　贈恭人
徐學勳以子永謨任安徽甯國府知府
晉封朝議大夫　妻　氏　贈恭人

徐承謨任江南甯國府知府
誥授朝議大夫　妻　氏　封恭人
樂而樂以子鳴韶任楚雄縣知縣
勅封文林郎　妻舒氏　封孺人
樂鳴韶任雲南楚雄縣知縣
勅封文林郎　妻舒氏　封孺人
謝頂芳以孫得恢任漢陽府教授
貤封文林郎　妻阮吳氏　封孺人
謝庭樹以子得恢任漢陽府教授
勅封文林郎　妻陳方氏　封孺人

謝得恢以子開堂任襄陽縣教諭
勅封修職郎　妻吳氏　封孺人
方良彥以子止庭任隨州訓導
勅封修職郎　妻陳氏　封孺人
舒而茂以子道宏任江西安遠縣知縣
勅封文林郎　妻　氏　封孺人
舒道宏任江西安遠縣知縣
勅封文林郎　妻　氏　封孺人
徐承伋任順天府宛平縣知縣
勅授文林郎　妻　氏　封孺人
勅授儒林郎　妻　氏　封安人

徐學功以子承伋任順天宛平縣知縣
勅封文林郎　妻　氏　封孺人
黃孟宣以子以安任竹山縣訓導
勅封修職郎　妻鄭氏　封孺人
朱懋仕以子襄翰任竹山縣訓導
勅封修職郎　妻樂氏　封孺人
朱襄翰任竹山縣訓導
勅授修職郎　妻袁氏　封孺人
朱襄鼐以子顯甲任孝感縣教諭
勅封文林郎　妻鄭張氏　封孺人

羅光照以孫上遴任福建龍岩分州
貤封徵仕郎　妻吳氏　封孺人
羅秉智以子上遴任福建龍岩分州
勅封徵仕郎　妻皃氏　封孺人
徐日書任廣東歸善縣平政巡檢
勅封登仕郎　妻　氏　封孺人
王大經以子之燦任竹谿縣訓導
勅封修職郎　妻徐氏　封孺人
黃隆遇以子錫章任漢陽縣教諭
勅封修職郎　妻郭氏　封孺人

闞萬占以孫玉貴布理問職加二級
貤封奉直大夫　妻吳氏　封宜人
闞珍仰以子玉貴布理問職加二級
誥封奉直大夫　妻祝氏　封宜人
朱逢泰以子清選任福建侯官縣巡檢
敕封登仕郎　妻黃氏　封孺人
夏象賛以孫德純任兵部差官加守備
貤封武畧騎尉　妻阮氏　封安人
夏定華以子德純任兵部差官加守備
敕封武畧騎尉　妻阮氏　封安人

朱聞達以孫俊溥任四川簡州分州
貤封徵仕郎　妻嚴氏　封孺人
朱兆祿以子俊溥任四川簡州分州
敕封徵仕郎　妻張劉氏　封孺人
朱俊溥任四川簡州分州
覃恩敕封徵仕郎　妻李氏　封孺人
劉曾材以子文炯任四川太平縣知縣
敕封文林郎　妻阮氏　封孺人
劉文炯任四川太平縣知縣
敕授文林郎　妻　氏　封孺人

朱兆榜以孫美恕任襄陽府教授
貤封文林郎　妻羅氏　封孺人
朱俊高以子美恕任襄陽府教授
敕封文林郎　妻方氏　封孺人
徐德新以遜俊襲雲騎尉任營守備
貤封武德騎尉　妻　氏　封宜人
汪曾堂以孫凌雲任兵部差官加守備
貤封武畧騎尉　妻陳氏　封宜人
汪行之以子凌雲任兵部差官加守備
敕封武畧騎尉　妻譚氏　封宜人

譚時泰以子覺先任山東聖府齎奏廳
敕封儒林郎　妻阮氏　封安人
譚讓禮以弟覺先任山東聖府齎奏廳
貤封儒林郎　妻程氏　封安人
嚴鍾麟以子繩武布政司理問職
敕封儒林郎　妻焦氏　封安人
嚴繩武布政司理問加同知銜
誥封奉政大夫　妻徐氏　封宜人
舒孟道以子榮成州同職
敕封儒林郎　妻謝氏　封安人

王叶吉以孫明璠任江西知縣同知銜加二級
誥封中憲大夫　妻楊焦氏　封恭人
王恢治以子明璠任江西知縣同知銜加二級
誥封中憲大夫　妻朱氏　封恭人
夏茂齋以孫慶恬揀選知縣加同知銜
貤封奉政大夫　妻程李氏　封宜人
夏瓊林以子慶恬揀選知縣加同知銜
誥封奉政大夫　妻王謝氏　封宜人
程蟠川以子立言守禦所千總職
勅封武德騎尉　妻陳氏　封宜人

程立德以弟立言守禦所千總職
貤封武德騎尉　妻鄭氏　封宜人
朱兆樂以孫美爕試用教諭候選知縣
貤封文林郎　妻黄氏　封孺人
朱俊鎰以子美爕試用教諭候選知縣
勅封文林郎　妻徐氏　封孺人
汪凌雲以子兆椿都司職
誥封昭武都尉　妻朱吳氏　封恭人
汪鵬翥以姪兆椿都司職
貤封昭武都尉　妻周氏　封恭人

夏之梧以子文炳布理問職
勅封儒林郎　妻黄氏　封安人
夏文炳布理問職
勅授儒林郎　妻張氏　封安人
曹治國以子世臣蔭雲騎尉
勅封武德騎尉　妻李氏　封宜人
焦旭晃以孫炳麟同知加知府銜
貤封朝議大夫　妻曹江氏　封恭人
焦遇泰以子炳麟同知加知府銜
誥封朝議大夫　妻王劉氏　封恭人

陳詩玉以子書紱州同加二級
誥封奉直大夫　妻吳氏　封宜人
陳書紱州同加一級隨帶加一級
誥授奉直大夫　妻吳氏　封宜人
樂潤韶以子體萱守禦所千總職
勅封武德騎尉　妻沈氏　封宜人
樂文炳以弟體萱守禦所千總職
貤封武德騎尉
樂觀德以子雲韶翰林院待詔職
勅封登仕郎　妻方程氏　封孺人

李愼五以孫含光布理問職
貤封儒林郎　妻張氏　封安人
李宏義以子含光布理問職
勅封儒林郎　妻吳章氏　封安人
焦炳壎以子淩驤都司加一級
誥封武翼都尉　妻沈氏　封淑人
焦炳熙以姪淩驤都司加一級
貤封武翼都尉　妻謝李氏　封淑人
阮榮品以子紹甲州同加二級
誥封奉直大夫　妻焦氏　封宜人

阮善品以姪紹甲州同加二級
貤封奉直大夫　妻陳樂氏　封宜人
朱美桐以子朱斌州同加二級
誥封奉直大夫　妻陳氏　封宜人
朱　斌州同加一級隨帶加一級
誥封奉直大夫　妻阮氏　封宜人
成　禮以子安國同知加一級
誥封朝議大夫　妻舒氏　封恭人
成履中以嗣子安國同知加一級
誥封朝議大夫　妻汪氏　封恭人

夏慶雲以子錫璋衛守備
誥封武德騎尉　妻吳吳氏　封宜人
夏映堂以姪錫璋衛守備
貤封武德騎尉　妻周氏　封宜人
陳瑞龍以孫鳳翥同知銜
貤封奉政大夫　妻李氏　封宜人
陳廣泰以子鳳翥同知銜
誥封奉政大夫　妻成氏　封宜人
朱炳榮以子憲章授兵部差官
勅封武德騎尉　妻成氏　封宜人

朱憲章授兵部差官
勅授武德騎尉　妻吳栢氏　封宜人
陳睿舒以孫時傑都司加一級
貤封武昭都尉　妻李氏　封恭人
陳　榮以子時傑都司加一級
誥封武昭都尉　妻舒周氏　封恭人
舒　文以子兆楷都司加一級
誥封武昭都尉　妻黃氏　封恭人
舒兆楷都司銜加一級
誥授武昭都尉　妻朱氏　封恭人

舒榮考以子尚林都司加一級
誥授武昭都尉　妻程焦氏　封恭人
舒尚林都司銜加一級
誥授武昭都尉　妻汪氏　封恭人
焦鳴皐以子炳煌縣丞銜
勅封修職郎　妻徐楊氏　封孺人
劉端鰲以孫步雲州同加二級
貤封奉直大夫　妻焦氏　封宜人
劉大椿以子步雲州同加二級
誥封奉直大夫　妻成氏　封宜人

舒敦堂以孫兆楠守禦所千總職
貤封武德騎尉　妻劉氏　封宜人
舒春林以子兆楠守禦所千總職
勅封武德騎尉　妻陳程氏　封宜人
阮廣大以孫經邦布理問職
貤封儒林郎　妻劉黄氏　封安人
阮應選以子經邦布理問職
勅封儒林郎　妻曾氏　封安人
陳丹桂以子曉林州同加二級
誥封奉直大夫　妻黄氏　封宜人

陳曉林州同加一級隨帶加一級
誥封奉直大夫　妻阮氏　封宜人
楊應瑞以子錫紅布理問職
勅封儒林郎　妻萬氏　封安人
楊錫經以弟錫紅布理問職
貤封儒林郎　妻夏氏　封安人
黄步陞以子明輿縣丞職
勅封修職郎　妻王氏　封孺人
成　禧以子經邦縣丞職
勅封修職郎　妻曹劉氏　封孺人

成　鳳以子行義縣丞職
勅封修職郎　妻程氏　封孺人
夏仲山以子作賓衛守備職加一級
誥封武昭都尉　妻程氏　封恭人
夏寅賓以弟作賓衛守備職加一級
貤封武略都尉　妻朱氏　封恭人
夏琳潤以子禹謨按經歷職
勅封文林郎　妻焦氏　封孺人
程列五以子大本州同職
勅封儒林郎　妻成氏　封安人

程大猷以弟大本州同職
貤封儒林郎　妻成氏　封安人
吳華珍以孫方藹同知加一級
貤封中憲大夫　妻余氏　封恭人
吳炳輪以子方藹同知加一級
誥封中憲大夫　妻夏氏　封恭人
陳訓智以孫藝林州同職
貤封儒林郎　妻曾吳氏　封安人
陳守管以子藝林州同職
敕封儒林郎　妻程氏　封安人

謝輝夏以孫月旦州同職
貤封儒林郎　妻舒氏　封安人
謝盛三以子月旦州同職
敕封儒林郎　妻焦氏　封安人
金極明以子道平廵檢職
敕封登仕郎　妻孫氏　封孺人
吳賦南以孫開綬布理問職
貤封儒林郎　妻程氏　封安人
吳憲懷以子開綬布理問職
敕封儒林郎　妻戚氏　封安人

程廣益以子源右九品職
敕封登仕郎　妻樂氏　封孺人
阮步元以孫恢炳布理問職
貤封儒林郎　妻吳氏　封安人
阮燮榮以子恢炳布理問職
敕封儒林郎　妻夏氏　封安人
金鴻易以曾孫振玉州同職加捐
貤封儒林郎　妻徐氏　封安人
金顯鏞以孫振玉州同職
貤封儒林郎　妻阮鄭黃氏　封安人

金榮甲以子振玉州同職
敕封儒林郎　妻盛梁氏　封安人
金貢榮以姪榮甲從九職
敕封登仕郎　妻黃氏　封孺人
金軼羣以姪國輿從九職
敕封登仕郎　妻徐氏　封孺人
樂德滋以子希韶布理問加二級
誥封奉直大夫　妻姜氏　封宜人
樂希韶布理問加一級隨帶加一級
誥授奉直大夫　妻朱姚氏　封宜人

樂爲御以子成志州同職
勅封儒林郎　妻鄭陳氏　封安人
樂成志州同職
勅授儒林郎　妻徐氏　封安人
王宗文以嗣子肇基州同加二級
誥封奉直大夫　妻阮氏　封宜人
王家幹以子肇基州同加二級
誥封奉直大夫　妻蔡氏　封宜人
聶紫玉以孫炳圭州同職
貤封儒林郎　妻陳氏　封安人

聶學源以子炳圭州同
勅封儒林郎　妻朱氏　封安人
鄭錦輝以孫和春州同加三級隨帶加一級
貤封朝議大夫　妻曹氏　封恭人
鄭淩霄以子和春州同加三級隨帶加一級
誥封朝議大夫　妻徐方氏　封恭人
夏文瑶以孫定陞州同加二級
貤封奉直大夫　妻孫氏　封宜人
夏日明以子定陞州同加二級
誥封奉直大夫　妻徐氏　封宜人

樂應義以姪純甫州判職
貤封徵仕郎　妻朱氏　封孺人
張登第以孫林芬布理問加同知銜
貤封奉政大夫　妻　氏　封宜人
張鴻儀以子林芬布理問加同知銜
誥封奉政大夫　妻　氏　封宜人
〔夏〕日暘以孫聯元布理問職
貤封儒林郎　妻吳氏　封安人
夏鵬翔以子聯元布理問職
勅封儒林郎　妻譚氏　封安人

夏日璉以子定卿翰林院待詔銜
勅封登仕郎　妻陳氏　封孺人
焦克繩以子秉元九品職
勅封登仕郎　妻徐氏　封孺人
朱樹栢以孫青選兵部差官
貤封武德騎尉　妻胡余氏　封宜人
朱聲宏以嗣子青選兵部差官
勅封武德騎尉　妻謝氏　封宜人
朱應庠以子青選兵部差官
勅封武德騎尉　妻陳氏　封宜人

朱眞光以孫茂桂守禦所千總職
貤封武德騎尉　妻焦氏　封宜人
朱樂山以子茂桂守禦所千總職
勅封武德騎尉　妻程氏　封宜人
舒春藻以子舒　璜州同職
勅封儒林郎　妻劉氏　封安人
舒　璜州同職
勅授儒林郎　妻朱氏　封安人
姜秦山以子梧桂布理問加二級
誥封奉直大夫　妻魯氏　封宜人

姜梧桂布理問加二級
誥授奉直大夫　妻黃氏　封宜人
晁德輝以孫毓文州同加二級
貤封奉直大夫　妻阮氏　封宜人
晁元亨以子毓文州同加二級
誥封奉直大夫　妻焦氏　封宜人
李光本以孫國恩州同職
貤封儒林郎　妻楊氏　封安人
李竹齋以子國恩州同職
勅封儒林郎　妻朱氏　封安人

唐又贊以孫慶雲州同職
貤封儒林郎　妻涂黃氏　封安人
唐遠芳以子慶雲州同職
勅封儒林郎　妻陳氏　封安人
謝月旦以孫樹生光祿寺署正加二級
貤封奉直大夫　妻焦氏　封宜人
謝洪漠以子樹生光祿寺署正加二級
誥封奉直大夫　妻楊氏　封宜人
謝以真以子洪瀚九品職
勅封登仕郎　妻汪曹氏　封孺人

王岱秀以孫海波布經歷加二級
貤封奉直大夫　妻程氏　封宜人
王道炳以子海波布經歷加二級
誥封奉直大夫　妻程氏　封宜人
劉學勳以子慶元州同職
勅封儒林郎　妻何朱氏　封安人
劉廷甲以弟慶元州同職
貤封儒林郎　妻周戚氏　封安人
金振玉州同職加捐
勅封儒林郎　妻黃氏　封安人

王靜軒以子森林守禦所千總職
誥封武德騎尉　妻徐氏　封宜人
王盛宏以姪森林守禦所千總職
貤封武德騎尉　妻吳氏　封宜人
朱萬光以孫必正都司加一級
誥封武翼都尉　妻焦氏　封淑人
朱久成以子必正都司加一級
誥封武翼都尉　妻程氏　封淑人
朱必正都司加一級
誥授武翼都尉　妻李氏　封淑人

焦淩驤都司加一級
誥授武翼都尉　妻成氏　封淑人
朱玉輝以孫飛熊都司加一級
貤封武翼都尉　妻程氏　封淑人
朱　會以子飛熊都司加一級
誥封武翼都尉　妻汪氏　封淑人
朱飛熊都司加一級
誥授武翼都尉　妻舒氏　封淑人
陳廣成以子德純布經歷職
勅封儒林郎　妻鄭張氏　封安人

陳德純布經歷職
勅授儒林郎　妻　氏　封安人
趙曜東以子會生府知事職
勅封登仕郎　妻舒氏　封孺人

鄉賢列傳

凡在官有善政善教彼處爲名宦本邑總曰鄉賢有曾經申請入祠亦有未申請入祠者而文章政事卓越一時不容湮沒列傳言簡意賅後人庶知鄉大夫鄉先生之有真也志鄉賢列傳

明

韓衡字克佐六都人洪武五年以春秋任興國府學訓導舉文學赴京作鍾山應制詩除盧州府知府後改湖州府明經博覽才堪時用

朱志先號湄仙　二都人洪武十九年以拔貢入國子監授山東布政左遷鶴慶郡判陞徽州府知府復補臨安行修政理歷著芳聲

黄天性字大本四都人洪武三十年以賢良薦任廣德州同知尋改工部都水司主事修漕河駐節於沛沛人建德潤堂祀之李時勉諸公俱贈以詩文

徐儉字節甫一都人華除間以恩貢入監

任江西道監察御史多所建白

卓朝用永樂間任西甯縣知縣以清謹著節政聲赫然久之則奉丞檄董民夫赴太和山疾作卒於途從者莫不悲慟同事吏鄭以敬護其喪歸家見甯州志見楚紀

吳原正字復初五都人成化七年鄉舉授廣西博白知縣築城設堡民賴以安陞思明府同知經畧有方士酋懾且懷之疾卒於官弟原聰濟甯知州調雲南嵩明州剛介自持人謂吳昆仲賢於官云見楚總志

朱伯驥號溪南爲諸生時山陰薛之綱督視學政獨奇之與蒲圻㑅紳江師古廖漢一時並稱成化癸卯同鄉舉試禮闈下第乃築室溪南臨水而山專精墳典脫去俗紛後起爲廣州推官往從白沙陳獻章遊浩然有歸志退而上書論古今人才不相及者古之待士也甚恕故士之自爲也甚通今之待士也甚刻故

士之自飾也甚周自爲之逼者伸縮弛張由乎我也而光明俊偉之業成自飾之周者舉動視聽從乎人也而消沮閉藏之念作此人才所由分而事業所由異也且夫人之情忌人之得譽而幸人之得謗舉十人焉九人者我譽也一人者我謗也夫以九人而我譽斯亦賢矣然九人之譽不足以敵一人之謗譽難信而謗易入也苟非中流砥柱如陶士行松柏獨秀如胡康侯幾何不爲其熏灼而波蕩之也白沙故爲知言遂棄官歸日課其子擴然講學時放歌山谷自適其志見楚紀

陳　琉字重器二都人宏治十八年貢入監歸即養恬不仕謹厚雅飭鄉里敬之見楚紀

夏大用字朝佐二都人正德六年貢授處州衛經歷歸即杜門謝事狷介絕俗居喪執禮有古人風一時士大夫咸推重云見興國志

朱廷立字子禮號兩崖伯驥子與徐曰仁鄒守益錢德洪同受學王陽明先生登嘉靖癸未進士其爲學閎深奧衍雄渾博大性溫醇器度豁如君然長者至進退可否動以古道自律晷不脂韋時好人亦肅然敬憚之初令諸暨暨民健訟作訟誡民爲罷訟又作海塘議歲省夫直百金既去邑人立祠祀之少傅木齋謝公遷爲之記己丑權兩淮鹽政作巡鹽御史誡及商誡釐奸剔蠹歲課增百七十餘萬肅皇賜璽書褒之曰功勤可嘉辛卯巡順天督修河道功成會四川土酋聚衆萬餘作亂圍長安堡甚亟廷立督衆力戰平之捷聞上嘉歎良久賜之金幣未幾忤時宰遂閒住乙未石塘潘公疏其賢詔復其官督北畿學政倡正學精藻鑑人稱朱夫子云丁酉陞南京太僕卿勤於牧政尋以老母乞疏歸養癸卯見學官甚廢捐數十金兼力修成一改而新之甲辰南北科道復交章

薦之丙午遂起都察院右僉都御史持風紀人不敢干以私丁未陞大理寺卿條陳三事曰慎刑名清吏習正士風上嘉納之陞工部右侍郎轉禮部右侍郎已復蒙恩謝事歸閉門著述日坐烱然亭賦詩論學不輟公內外行備尤篤於孝友撫兄孤如己出至讓以田產宗黨貧乏者輒周之不少顧惜家居二十載一字不抵政府一時臺臣陸石涇署竹墟馮貞所伊三泉涂華源輩薦剡屢上己未淸理鹽法員缺僉議欲起之會疾卒於家時年七十五矣立所著有鹽政志馬政志家禮節要行於世兩厓集淸朝疏草藏於家塾見楚總志公卒其子孫斌斌多文學士皆清白約素渾厚蓋克世其家聲云登鄉賢

陳宗夔字惟一號少岳二都人興賢子嘉靖甲午領鄉薦戊戌登進士邃理學學者翕然宗之居官邸雖政事旁午有執經問者輒亹亹解說不倦己酉鄉試夔爲福建監臨官所品評士百不失一累官至浙江兵備副使駐嘉興會倭寇猖獗夔設方畧身先士卒力戰敗之寇知有備始引一方賴以保全與鄉人處油油然無所忤有犯之者終不之校人稱爲長者

舒彥字楚傑號十峯六都人由歲貢任四川盧山縣訓導性樸茂言事曾不出口至講論義理則洋洋灑灑遠近士爭負笈從之一時科第多出其門下云訓盧山時數捐俸給寒儒其誨人以忠厚正直爲本當道知其賢委署縣事卻常例秋毫無所取於民解官之日行李蕭然而怡然自如不色愠歸家杜門課子幾二十年非公事未嘗輕至公門氷蘗之操老而彌篤蓋其天植之性然也

郭允楨號大泉四川合州知州禹輔孫由舉人才學宏深會試兩中副榜初授北直蠡縣知縣欽委修葺邊牆有功調任江西廣昌縣知縣力拒流寇士民交頌

有平西保障之詩册抑強族撫善良卓
有治行邑感而祀之有郭公祠
舒宏緒字崇孝號悦齋六都人彥孫甫生
時父中蘊棄之不育竟日賴彥收養之
長隨彥赴四川盧山任解官時貧不能
歸間關險阻至於相失旋得歸受庭訓
甚謹弱冠就童子試縣令譙公拔置第
一雅契重之知爲科第中人緒事親孝
貧益篤譙公廉知其狀因字曰崇孝爲
諸生甫八月即舉於鄉登萬歷癸未進

士授翰林院庶吉士改授吏科給事中
慷慨陳言務盡其職彈劾權戚直聲著
於當時戊子典試粤西後因光宗年長
猶未册立東宫抗疏力請攖神宗怒落
籍歸杜門謝事放志詩文山水之間著
有行意草堂敘武蜀同登癸未科者江
夏郭正域咸甯孟養浩大冶胡應宸文章
節概一時齊名忠孝雖其天性蓋亦家
學有本云
朱之楫字斯濟號巨川廷立第四子由恩
選貢初授南京建平縣知縣多異政兆
五瑞建平人繪圖頌之立祠祀陞浙江
温州府海防同知禦倭有功轉進階朝
列大夫告歸恬退孝友謙敬訓弟教子
以紹述先人爲事性好善喜結陰果鼎
建永濟大橋暨大寺置香火田數十畝
供僧迄今橋寺如新行人歌祝無不曰
此朱公之德也
朱之柽號石齋侍郎廷立第五子由歲貢
授四川東鄉知縣居官清勤方正不阿

削鋤强暴東鄉士民戴之時播州寇亂
督糧征勦有功當道交薦神宗特賜欽
賜殊勲金字匾額陞夔州府同知告歸
養母孝友傳家見鄉黨孺子亦改容而
禮之訓子弟以勤耕讀守本分其性樸
茂甘淡薄至老督僕灌園以自適壽七
十五終
郭喬埈號龍門萬歷乙卯舉人十赴棘闈
五上公車初任廣東徐聞縣知縣莅十
六社之陋規蠲三十里之科派邑人戴

之大書民之父母四字立碑於滙濱墟
置登雲館爲多士肄業之所勤政節愛
歷六載如一日勅授文林郎行取任南
京北城兵馬司正二載風清華轂致仕
歸訓子以廉潔居官詩禮傳家且助貧
舉柩許僕還宗恂謹之度里人則之

以上舊志

補遺

金仲賢志高子歲貢任太僕寺主簿經明
行修御勅西京學者匾額解組歸田年
八十五卒

國朝

謝得懋六都人持身謹飭爲文戛戛獨造
與其姪開堂名噪江漢書院歸家後山
長每得佳文有不愧通山二謝之評甲
戌成進士惜未大用終漢陽教授

樂鳴韶字夔典西城人學有本源才堪時
用登乾隆丁丑進士任雲南楚雄等縣
事所至多政聲後奉諱旋里士民皆泣
送將起復卒於家

舒道宏號梅峯六都人文行兼優中乾隆
庚午科舉授江西安遠知縣學道愛人
士民歌頌爲泐德政坊以誌不忘請假
歸卒

忠義

忠義之心生而自許非爲名也況
國家有難臣民孰不當竭力効忠哉特揭
患禦災例崇祀典通自元明季屢遭蹂
躪近則紅巾竄擾甲寅春陳邑侯首蒙
大難從死多人乙卯春板橋卡破士民
殉難尤衆奏聞
勅建昭忠祠慰忠魂激義氣也名且不朽矣
志忠義

明

方子貴四都人元末盜賊蜂起人無安居
子貴集衆保鄉里盜不敢犯援兵馬驍
勇有膽畧勅鎮通羊管軍萬戶見舊志
生員樂縉秩闖賊入城同妻鄭氏盡節

國朝

程九伯六都人順治二年五月闖賊萬餘
人至縣蹂躪燒殺爲虐民無甯處九伯
聚衆圍殺賊首於小源口本省總督軍
門佟嘉其勇畧劄委德安府經歷舊志

通志作獻賊首於總督羅繡錦
陳學耀字俊明文生明大體通大義　國
初流寇未靖勤團紓難人賴以安然志
行高尚不干甄叙知縣任鍾麟張璵冀
在升相繼贈匾詳綽楔志
許立達拔貢順治時官江浦令海寇陷城
死之贈江南按察司僉事嘉慶六年補
給恩騎尉世襲罔替
御祭有文蔭子其繼復蔭子其組見通志城
東建許忠烈公祠

附在各郡殉節兵勇

邵　貴　范登雲　陳立萬
徐永和　夏興清　熊士春
曹文恩　焦立高　樂贊魁
陳加虎　陳華有　黃世武
謝士珍　張學周　郭立元
陳才玉　陳添盛　阮文通

以上皆通山縣人已入各郡昭忠祠
饗祀見通志

王邇在號道懋康熙時廩生以征勦土匪

隨營參謀有功捐貲助餉　恩授藍山
縣知縣
方銘榜原名鄉宣邑增生方魁南邑庠生
方希儒士三都人嘉慶元年陝西逃竄
教匪孫日華鳩衆滋事城內居民逃避
殆盡榜等捐貲募勇防守縣城鄉市安
堵縣主李鍾白詳申督憲畢奏准部議
鄉宣訓導魁南縣丞希巡檢在籍候選
遇缺即補
余憲典號秩倫九品職員嘉慶元年與同

里鄉官羅上遴防堵教匪有功邑侯李
鍾白詳請獎勵督部堂畢加八品州判
銜咨部議敘直隸分州遇缺即補典不
願出仕隱居縣令褚鳴歲有過望汀嶺
訪余隱士居詩見藝文又贈以聯云茶
香幾度留行客竹翠頻來問主人
黃錫勳武生城內人嘉慶元年勷團防匪
保舉六品
章　文三都人往陝西團練助勦白蓮教
匪授守備

鄭令貴嘉慶元年隨廣州明將軍征白蓮
教匪有功奏保五品職銜歸家後有札
選用以親老辭不起
徐國興諱以牆四都人遊陝西平利縣於
嘉慶三年白蓮教匪猖獗　上命（德倪白）三
大人勦賊被圍興率鄉民奮勇殺賊圍
解後隨德大人營勦賊六載陣亡德大
人題奏於嘉慶十八年奉
旨照把總例准給雲騎尉世職因興無嗣以
徐以型之子遠俊承襲在湖廣督標効

用嘉慶二十年復奉
旨給葬祭費　諭立昭忠祠祀之
徐遠俊字月高嘉慶十八年承襲十九年
蒙督部堂馬看驗發標下左營學習二
十二年給咨赴部蒙兵部帶領
乾清宮引見領守備府
勅書一道在督撫効用道光十年委理荆州
城守營總府十二年署理標下中營千
總十三年委巡黃梅縣大碼頭獲盜四
名奬督標左營守備記大功三次十七

年委德安總府二十一年署理標下左
營守備攝遊擊印務遂卒子徐榮承襲
張開南廪生二都人道光辛丑冬崇陽鍾
人傑集衆滋事大兵進勦駐咸甯南勦
諭開卡導官軍旋平督部堂裕奬六品
保舉教職壬寅九月授鄖西縣訓導
樂則韶邑增生號懷山一都人壬寅春崇
匪屢擾通山則韶佐父監生倘和倡練
鄉勇護官軍獲勝縣主顧申詳因擢則
韶以六品職

徐甘棠號芾林縣城人由從九品銜保舉
巡檢奬六品頂戴
朱美桐廪生號少秋一都山口人起勇護
官兵火藥奬給六品後籌海疆捐輸就
六品職
陳隆泰由兵弁奬給軍功六品以縣丞歸
部候選
樂家登義勇陣亡奏　勅給銀伍拾両
曹治國六都人由武生入撫左營効用授
外委中道光丙午武舉赴原標當差歷

隍千總咸豐甲寅年委派督勇巡省城
六月城陷鏖戰遇害撫部院胡具奏奉
旨照守禦所千總例給銀二百兩贈武騎都
尉並給其子世臣雲騎尉世襲罔替
王新運號左臣郡增生一都人咸豐甲寅
西匪竄入通邑奉羅觀察札同邑紳辦
團務賞六品銜十月臬司胡帶兵復通
奉　論清匪並接濟軍餉保舉訓導乙
卯年正月臬司由興轉通委在板橋防
堵二十一日與賊戰賊勢猖獗衆寡不

敵死之鄉勇殺傷數百焚殺三十餘里
詳報在案上憲申奏
勅賜雲騎尉並襲其子復衍恩騎尉世世罔
替其同時殉難者飭令並與運入昭忠
祠享祀
張　銘號理坪一都人咸豐甲寅三月陳
邑侯往江右招勇克復通山約銘及邑
紳起勇接應事洩銘被害奏聞
恩卹其子張懋欽恩騎尉
成　珠字星聯武生四都人佐王新運防

堵陣亡

昭忠祠正祀

皇恩賜進士出身知通山縣事欽加知府銜誥授朝議大夫陳景雍字希唐

從祀

皇恩優卹殉節庠生陳　鏻字夢漁
優卹殉節儒士陳福增字心存
優卹殉節儒士吳　超字濵生
優卹殉節管帶四川虎翼營軍功五品儘先把總盧騈陞
優卹殉節武舉撫標千總曹治國

優卹殉節軍功六品保舉訓導郡增生王新選號左臣
優卹殉節武生成　珠字星聯
優卹殉節監生張　銘號理平
優卹殉節撫標右營步軍曹道忠
優卹殉節庠生汪學海字崇光
優卹殉節太學生夏日明字光兩
優卹殉節從九章榮柏
優卹殉節勇目陳會朝
優卹殉節儒士樂文扶字孟典

優卹殉節儒士夏之雯字霞照
優卹殉節儒士葉宗權字智衡
優卹殉節儒士祝金榜字丹墀
優卹殉節儒士祝梗楠字秀蓮
優卹殉節武童程日高字祖耀
優卹殉節經書龔長元字敦善
優卹殉節義勇闕福棖　石長發
方美馨　吳佃六　楊咸贊
闕福盛　葉宗桂　焦光祖
吳宗文　闕又生　成康萬

方泰和 薛雲 闕至廣
徐鳳才 胡啟成 許得勝
闕佃恩 王明發 胡老九
劉美城 闕承法 陳佃富
樂茂林 鄧盛清 全瑞林
萬占高 黃一然 楊立炯
全亮彩 舒世德 方正文
吳耀武 全慶榜 周望喜
全秀茂 張國聘 全家珠
管會清 全渭川 全從文

方旺生 焦立和 焦應宏
全承長 管正攀 方先耀
吳恒鑑 方佃應 吳二喜
吳三喜 吳啟發 朱盛高
敖輝彩 吳步高 王德茂
范武臣 李倫貴 吳茂霞
張昌明 楊建勳 范繼義
吳啟遂 樂阿長 吳永煜
徐世茂 蔡冬喜 羅事攀
吳佃先 陳相灉 周佃曉

范守寬 吳比南 陳相堂
陳安開 汪正蘭 方榮發
陳才禮 李佃五 王阿貴
方兆祥 朱隆明 楊霞贊
張昇平 朱隆輝 王佃發
朱美模 張文凱 朱隆槐
冀景清 趙啟桂 吳啟厚
朱隆清 朱阿吾 陳光宇
楊經魁 周之祥 羅永玉
沈定禮 王顯清 方善興

羅思攀 黃用賓 陳詩璜
陳承剛
殉節義民 朱映阜 朱位東
全朝品 章效蘇名秀坡 樂步之名慶雲
章裕林 羅巨舟 鄭佃心
全承升 全盛發 闕如茂
全發棣 全發强 吳萬有
程理泰 王之功 闕宏升
闕宏長 程理申 程效陶
程煥高 沈應四 闕占魁

闞宏勝　闞世珠　闞宏興
闞宗元　劉士本　劉朝焰
王義純　劉士國　劉士贊
劉士栢　劉朝元　全興遠
夏位钊　管士賢　石輝煌
王效文　朱盛高　石連三
劉朝栩　朱輝霞　石宗富
李倫瑾　朱偭保　吳煥棣
章榮恩　章榮裕　章六二
全剛義　章榮雄　唐會文

朱望生　劉士珀　李玉台
吳吉平　王文明　章榮邇
吳銘中　吳偭喜　王念玉
王玉桂　王名代　王明亮
王恩文　王名順　王勝然
吳功義　闞宏棖　黃勝保
劉偭三　沈盛國　朱美大
朱偭保　王萬興　羅福中
吳德會　羅仲柏　羅太仁
吳茂膺　吳茂清　吳功桂

吳宗會　吳功森　王光彩
王棲梧　吳永淮　王成一
王輝林　吳功佳　王名緒
王爾進　吳明殺　王紹祖
王貢品　王名喜　石偭四
吳承棟　王名揚　羅偭甲
陳德元　王盡美　阮先壽
吳功有　王大光　石宗佑
吳偭三　石遠之　王世登
成志高　熊選魁　王福田

王名志　王爾煦　王名貴
王爾惠　王名元　王德盛
王敬盛　徐務孝　徐華國
闞玉明　吳步青　吳功預
吳森茂　吳三元　吳功遂
吳則之　吳紹珍　吳宗和
吳功翼　石宗雲　石宗甫
石宗騰　石秀品　石發榮
石恒柏　石以成　石宗蓮
石志進　程士登　吳宗譜

吳勝堅　程學章　吳茂煌
吳永江　程學詩　吳茂林
吳士高　吳士周　吳茂鐘
吳志先　吳宗魁　吳倫高
吳席品　鄭光盛　樂家禮
章榮甫　鄭玉林　樂梁保
章榮先　鄭緇佑　樂永興
章榮鏡　章新瀍　章新發
章榮興　章新榜　章新泮
章新虎　吳森林　張相廷

黃德生　劉朝煌　陳國元
方秉聰　徐秀仁　石宏茂
黃定隆　王阿惠　王盛易
王阿富　王秉義　王中之
王阿俊　王隆發　吳宗天
吳功遠　方先登　殷佩珍
吳國清　王德仁　朱協進
吳尊三　徐日昇　劉士賢
闞兆泰　張新其　李耀海
闞承華　陳光坦　劉立和

闞承榮　夏之和　許輝亮
闞承富　闞承高　闞承生
闞承樹　鄭祥發　劉義成
吳新富　夏阿有　曾正明
阮光華　阮盛遴　張新富
王輝濤　吳玉書　鄒盛清
闞鳳翔　闞宏主　朱步三
金進開　廖獻廷　廖帝賓
以上義勇義民均蒙
恩卹入祠饗祀

孝義

人生大端無過忠孝古孝義傳與忠義傳並著雖孝甚難盡而宗族稱孝聖人許爲士之次舊志已載前明數人自聖朝以孝治天下獎勵孝行給銀建坊士皆知修厥子職即凡民亦多至性纏綿以得父母歡心則移孝可作忠不得曰小善不足錄也志孝義

孝子

明

葉　相一都人父任山東鹽運經歷卒於官六年不能歸相時猶童子間關百狀扶柩歸葬於羊都廬墓側三年更好學從遊李大厓之門白沙陳獻章少保李承勛俱贈以詩御史翁仰韓觀風至縣單騎詣其家亦賦詩遺之俱載藝文見興國志

熊　岵六都人進士伯通子自幼即願棄舉子業奉侍其父父卒親負土石爲墳廬墓三年有芝草練鵲之祥事聞當道表其門曰孝行侍郎朱廷立爲之紀諸士大夫贈詩盈帙

陳昌言邑庠生祖父相繼早喪遺祖母吳氏及昌言母焦氏婦姑孀居家故貧甚昌言鬻衣備棺養吳焦常並日減餐而二母甘旨不缺

陳懷瑾懷斑俱邑庠生同胞兄弟一割股以愈父一割股以愈母後父母死廬墓

六年行歲時慶祝平時奉養之禮於塚上事之如生孝行上聞兩院嘉之贈以匾　以上見通志舊志

國朝

樂太希郡庠生號煦菴一都人父邑增生鉉早世侍母氏方不離左右年四十餘告終養夜侍床笫四更始退就寢母年登大耋中書葉繼雯爲之序嘉其孝奉諱廬於墓五年供養如生時後子舍產芝三本異香不散道光丙戌詔旌其門

祀鄉賢邑侯楊兆杏有傳

朱尊爵監生西城人事親盡孝　旌表建坊祀鄉賢乾隆丙午夏城西人不戒於火延入朱宅孝子捧木主號泣呼天反風火竄於河邑侯徐　彩贈以慶餘匾前輩汪承霈蔣祥墀贈以詩

汪宗溥字贊韓六都人歲貢生選應山縣教諭幼得親心長敦子職至老未嘗少懈親歿則廬墓三年誠孝倍至詔旌其門祀鄉賢祠

陳　堉太學生字仁既六都人附貢生應魁次子孝德克全人言無間八旬享壽七葉衍祥道光丁酉年　旌表建坊入鄉賢祠饗祀

陳清策邑庠生六都人舉止端方言笑不苟事親盡孝廬墓終制前撫憲胡文忠公廉得事實奏聞准　旌祀鄉賢有傳

沈達鏌四都宿儒係庠生沈閶九次子幼失怙苦志攻書數奇試不售必跪墳前以告母嘗病咳日夜侍側以手承唾母歿守靈衣不解帶者三年　旌表准入鄉賢

趙科進太學生六都人父早歿事母能孝母病五年湯藥時勤母歿三年廬墓　旌表建坊

陳鳴皋邑庠生陳汝光之父事母孝邑侯井贈有孝友可風匾

王翰書字月潭號墨池廩生三都人少失怙依母先意承志不失其身尤慎母疾煮藥進湯必侍以待旦候疾愈始復初

及母歿哀毀循禮廬墓三年宗族皆以孝稱之

金玉聲八齡母歿越四十年猶設靈行禫服禮以補幼不諳喪禮之缺恨不逮事母終身恒泣下事父依依膝下分財產聽兄弟自取父病侍湯藥不脫冠帶七旬父以所居房與之今咸謂之孝子房

沈映玉太學生四都人事親先意承志就養無方父歿喪葬盡禮尤體母心愛幼弟推田廬卒年五十八母存如有依戀

形　學憲孫獎有孝思不匱匾
焦秉文一都人孝由性成親沒廬墓三年
遺址尚存城西馬槽山
陳式璜郡庠生六都人幼失怙事母以志
養母沒廬墓三年歸遂卒　學憲朱獎
給孝順堪嘉匾璜生平誦習聖經上明
新論萬餘言知縣譚廣掄甚器之謂有
功於聖學
成
章歲貢六都人賦性明厚居喪守禮
悲哀三年如一日道光七年　學憲王

贈譽洽鄉評匾
程鳴鑾號鳳陽六都人性懇摯篤慕真誠
母病中風參苓五載親喪廬墓苦塊三
年知縣潘申詳請　旌
焦遇春封職六都人有孝行知縣金寶樹
贈以文
朱懋德字懿孩邑庠生三都人性孝友母
沒廬墓三年好善樂施
全遠珍三都人善事父母母病割股和藥
以進病愈咸以為誠孝之感

朱俊浩字光遠三都人性孝友父遠館外
沒浩家貧千里間關負父骨歸葬事孀
母以孝聞
方正一字重青邑庠生三都人秉性溫和
事親左右就養孝敬之心始終如一
黃聯第廩生二都人四歲失怙即知哀慟
盡禮事母盡孝後應試遵母命勿履險
乘船母病思梨遍覓不得遂終身不食
梨母病嘗糞母沒廬墓著有兩山曉齋
詩集

吳南有六都人事母孝人無間言年逾古
稀溫凊依然母沒守墓三年
王光榮六都人幼敦孝行竭力奉親親沒
廬墓六年宗族聲稱至今不歇
汪茂青六都人孝由性成母病百計求治
不愈默禱竈前割肝和羹以進母嘗欲
嘔青懇告此艮方母乃强嚥病若失已
而人見其胸痕致詰終秘之此亦愚孝
之可矜者雖例禁傷生不忍不志
朱科甲武生衛千總銜六都人親沒廬墓

三年

梁品五監生四都人事親溫凊定省居父喪不入內室母壽八十九承歡五十餘載如一日也且友于昆季毫無間言

朱栖梧四都人宿儒未售事父母色養不衰居喪毀容飾衰服不辭廬墓七載宗族勸之歸不得乃焚其廬始還每逢生日必伴墓側涕泣盡哀

陳鴻榜四都人一歲喪父事母能得其歡心家赤貧傭工得錢以供甘旨母沒營

葬盡善傭工償債忌日必哀竟日始止俗有鴻榜哭娘總是一日之説

吳開鉞監生四都人少失恃事父溫凊定省晝修子職父沒廬墓三年

方念斯二都人道光丁亥年建坊

隱逸

古今巖穴之士懷瑾握奇砥節勵行鬱抑而名不彰者何可勝道所貴發潛德之幽光表懿行於衡門不令之泯沒而無聞此亦足以激勵士風勸誘鄙俗其所關係者豈淺鮮哉

明

吳志淵五都人學行修整隱德壽終景泰元年以子瑞贈光祿署丞

焦志文六都人居鄉不苟壽九十餘

韓本六都人知府廷彧子倜儻有氣節重信義敬賢恤貧有半醉詩集藏家塾

熊贇二都人古樸整肅教子皆有成立鄉人稱之

陳愈六都人貧能事母志行可嘉見興國志

國朝

葉承露庠生隱逸不仕邑侯吳剛思贈有一鄉善士匾

陳湘友文生躁釋矜平恬然自適自乃祖以及子孫皆名宿人稱世德不渝

諱諭禮儒士四都人武舉迎甲子事親孝臨財廉行已恭有古君子風

徐近仁品學兼優放情山水邑侯楊贈有隱士七律四則

吳文井五都人酷愛經史制身謹飭不以名利嬰志

石希賢生平心田廣厚氣象雍容奉父母則敬養竭誠友昆弟則和樂且孺治家克儉勤待人以寬恕致鄉舉司鐸化導宣揚知縣曹詳給八品額題杖國英者

明儒士附

朱承皐

陳士亨

朱承庸之桂子

朱承蔭之桂子

夏日耀德立子　以上見舊志

流寓遷徙附

自古碩俊瑰瑋之士有寄寓茲土者其行跡彰明較著自足以垂休光顯後世去後人亦往往嚮慕之今特爲紀之流寓不令之泯泯而無聞亦所以表揚標致風勵士行也

明冕字玉道原籍靖州青山縣仕後漢爲工部侍郎乾祐三年棄職攜眷下鄂抵通山日月池感地名與姓合遂寓焉其後籍與國者多顯貴

陳天祥字吉甫當晉人元至元十三年爲復州招討參軍從買和省渡江論事深爲倚重時興國軍亂命守軍政設施皆符民望用民兵收李必聰寨不戮一人羣寨各散由是流移復業鄰郡來歸者伐茅斬木結屋以居見通志民心既安軍境悉平遂留家屬寓居軍之西隅金竹尖下開九井以名家見岩軒陳譜御史商琥薦爲天下名士擢居臺諫大德五年以集賢大學士假病致仕屢徵不起至

大四年以諳練老臣召顧問不至卒年
八十封趙國公謚文忠俱詳元史臺諫本紀

廖
恂教諭瑾子隨任通山中湖廣鄉試
尋中進士任員外郎舊志

胡正南字周山自祖胡子祿寓居四都東
溪堡落業南以興籍中嘉靖癸未科舉
人丙戌成進士任江西興安縣知縣
勅封文林郎並詳州志解組後仍居東溪入通
山籍

遷徙附

陳德文係學士陳天爵後元季乃祖宦遊
廣東聞家遭寇滅遂寓始興德文於明
洪武中以文學舉任監察御史陞北平
按察使出使西域至撒馬兒罕通大路
淹留十有二年永樂五年始歸其後一
支仍還通

吳本義原籍通山遷江夏於嘉慶辛酉
恩科成進士授內閣中書

管
滂原籍通山其祖遷陝西西安於
咸豐己未成進士授刑部主事

仙釋附

仙釋之說虛無寂滅君子何取焉然自
聖人以神道設教後世修煉者史不絕
書以彼淡然寡營尚勝於紛華從志者
也況陰陽不測歷載通志豈盡不經耶
志仙釋

宋張道清鄞州人光宗時於九宮山修道
光宗召治疾以符水進輒愈賜號真牧
真君一統志

王妙堅者本興國軍九宮山道姬也嘗

以符水呪棗等術行乞村落疏䟽無他
異既而至杭參遊西湖兩山中一日至
西陵橋茶肆少憩適其鄰有陳生隸職
御酒肆其妻適見之因扣以婦人頭髓
不可梳者還可禳解否姬曰此特細事
命市真蘇油半斤燒竹瀝投之且爲持
呪俾之沐髮甚是時恭聖楊后方誅韓
必有所疑而髮髓不解意有物祟以此
禳治之術會陳妻以油進用之良驗頗
神之遂名妙堅入宮賜予甚厚日被親

幸且爲創道宇賜名明真俾王之累封
真人齊東野語

黄尊師者雙井人涪翁八世孫也弱冠以
門資襲爵爲固始尉患風痺棄官有神
師金花君者曰吾能療汝疾愈當爲道
士尊師許諾金花君以帛黏其背爇灼
之七日而起乃之九宫山爲道士王欽
天瑞慶宫其徒千人太祖西平江漢尊
師迎於鄂渚應對稱旨後八年召至南
京命儀曹設醮享之静志居詩話　以上通志

附
宋理宗加封真牧普應真人誥
朕涓休元日稱慶慈寧後釐典於邦家
覃殊恩於幽類真人揚靈千里被遇三
朝誕逢壽域之開爰保封函之請申榮
名於芝檢發潛德於藥宫倚晉法施式
應凡禱可特加封普應真人
又加封妙應真君誥
朕聞真人靈異之跡著於通山之九宫
山凡水旱疾疫之災求靡不應而江湖
淮漢亦有不遠千里而來者則民感其

應共加崇奏朕安得靳之爰肇新於徽
號以綏寵於眞游庶幾一方永蒙道蔭
可特加封妙應真君
大封龍君誥
朕聞九宫山神應龍廟君能吐雨濟旱
祈禱輒應其著靈也昭昭矣所宜褒崇
爰肇封於侯爵以慰答於輿言尙迪恩
光益宏德施可特加敷澤侯
度宗加封晉興眞君誥
古之眞人其出不數翛然而往翛然而

來名號莫究妙應張眞君生而穎悟志
在濟人靈跡浸彰積行彌廣識慈顔於
未顯起齊安於篤疾阜陵賜真牧二字
以褒之自嘉泰紹定以至寶祐寵命三
錫名秩益崇水旱疾疫有禱必應能如
其靈者有年載嘉利澤申衍徽稱尙稱
朕爲民之意可特加晉興眞君
又加封眞君父誥
眞牧之生夙有道骨肇建靖宇實啟茲
山積善有源功歸於父錫之侯爵庶表

其報親之心可特加封儲英侯
又加封眞君母誥
積善之慶生子不凡克顯眞風行功及物錫以小君之號尙稱其報德之心可特加封毓德夫人
加封通慧先生誥
江州壽聖觀通慧先生楊宗權廬阜之陰眞仙所宅結宇瀟灑靈跡昭彰至若弭災庇民雨暘響應禱及波浪舟載獲全皆其感應之餘事也錫之徽稱朕何

靳歟可特加封孚惠眞人
加封本山神應君誥
九宮之山龍神所依噓氣成雲沛爲嘉澤申衍美號以彰神庥其庇我民以晉德施可特加封晉濟侯
元仁宗加封宏道眞君制
朕聞神仙伏光匿景豈有跡之可稽山川舒翹揚英惟炳靈之攸在睠茲異蹟宜衍眞風通山九宮山欽天瑞慶宮太平蘷國眞牧妙應普興張眞君粹然天

倪淵然道妙誠明格物達性命禍福之源功行濟人弭水旱札瘥之沴蓋地位實司於下土豈江漢獨被其仁風既霑嚮之夙彰宜嘉名之申錫於戲至人遊方外雖亡有不亡者存妙德被寰中此元而又元之謂其鋪景鑠以迓洪庥可特加封太平蘷國眞牧妙應普興宏道眞君主者施行
加封楊眞人制
朕聞積行異功大道所由以濟禦災捍

患祀典之著則宜剟其患利之孚靡或顯幽之閒江州路壽聖觀通慧孚惠楊眞人行全素履心契鉉圖坐忘神馳槁立掌於甘雨麾揮氣使去來皆助以順風靈跡累彰嘉名聿著屬廷臣之申請肆綸誥之渙頒於戲稱秩無文既優沾於寵渥對揚休命期普福於含靈往者有知服之無斁可特加封通慧孚惠仁佑眞君主者施行

以上十誥並見舊志

列女志

婦人貞吉從一而終婦道以貞爲吉惟苦節者雖貞亦凶然奉翁姑貞而孝撫孤兒貞而慈殉丈夫貞而烈終處子貞而靜皆足植綱常維風化已　旌者
固受
恩榮未　旌者先登邑乘遍採鄉曲用闡幽光志列女

節婦已請
旌表

明

朱之彥妻劉氏年十八夫夭誓死守節清謹寡言笑雖中庭亦少履詔旌其門

庠生沈思文妻陳氏夫喪氏年廿二舅姑早歿子三歲誓自守撫院交章旌之

熊氏懷妻焦氏年十八嫁氏懷纔八月氏懷死以死自誓養翁孝以上見一統志

阮興妻全氏年十九夫亡遺腹生子繼姑奪志不從守節終身見興國志舊志

國朝

邑庠朱萬鐸妻王氏年十九夫亡遺腹生子舅姑早歿無伯叔兄弟祖姑年老王自減饔餐以奉之康熙丁丑年旌見一統志

夏天晛妻阮氏

朱正動妻舒氏

邑庠朱萬祿妻劉氏康熙庚辰年旌

庠生熊宗珍妻夏氏雍正甲寅年縣王井詳請建坊

陳元學妻朱氏雍正乙卯年旌

焦遠桂妻韓氏

黃　裔妾朱氏

程文炳妻阮氏

太學生樂　澐妻徐氏澐子縣丞樂賛松妻舒氏邑舉人安遠知縣舒道宏之女詮選訓導樂應棨母建雙節坊

熊之鸞妻李氏乾隆甲寅年旌以上見通志

邑庠阮　貞妻朱氏貢生朱正言女乾隆甲戌年旌

儒士樂欽士妻范氏邑庠樂大雅之母乾隆辛巳年旌

陳效宜妻鄧氏監生陳應甲之母道光辛巳年旌

儒士方正鵠妻全氏道光丙申年旌

章佩英妻徐氏徐漢卿之女
章清臣妻阮氏阮潤石之女
劉萬揀妻吳氏吳宅國之女
儒士黃錫瑕妻譚氏邑侯楊中祥
儒童吳繼楹妻黃氏文生吳承志之母嘉慶辛未邑侯褚贈風清鋏骨區道光丙戌詔建坊學政王題淑節誠孝區丁亥教諭李郁煥贈月印氷心區訓導王崇敎贊
儒士陳景鐘妻汪氏年十八夫故遺腹生子守制不渝
州同李芳華妻朱氏舉人朱光與之女

監生李勁達妻程氏
朱之虞妻汪氏
汪驗八妻吳氏年十七夫故守節
監生焦智堂妻程氏
程浴日妻焦氏
儒士成履中妻汪氏誥封朝議大夫成安國之母道光壬寅旌
儒童朱美成妻楊氏千總楊開紐女道光乙巳年旌
方滌駟妻宋氏道光年間旌
方萬青妻徐氏道光年間旌
庠生方致和妻徐氏

聶昭賢妻徐氏
夏之鼇妻熊氏此係烈婦
程文堅妻焦氏州同程倍功母
吳轉園妻徐氏監生吳承浩母
監生程萬里妻陳氏咸豐丁巳年旌
儒士朱美涵妻方氏咸豐辛酉年旌
金達昭妻方氏咸豐辛酉年旌
生員方其本妻張氏咸豐辛酉年旌
方兆翼妻徐氏咸豐辛酉年旌
方先第妻黃氏年十九夫歿引兄子甫九月撫養成立咸豐辛酉年旌

周開鼎妻王氏
黃發文妻張氏庠生張達文之女
儒童陳信義妻郭氏郭立梃之女同治乙丑年旌
許顯達妻成氏州同成守善之女同治丙寅年旌
以上俱建坊

節婦已請匾額

監生周允楷妻夏氏嘉慶五年學院陳給範彰節孝匾

陳憲卿妻林氏孝子鳴皋母邑庠汝光祖母知府王給金堅玉潔匾

樂璉堂妻熊氏知縣馬祥給貞節之門匾

庠生樂世鼎妻金氏知縣張給陶孟遺風匾

監生周允櫟妻焦氏嘉慶五年學院陳給勵節維風匾

周允榦妻吉氏嘉慶五年學院陳給節孝可風匾

縣丞熊哲士妻夏氏士子監生開鎮妻朱氏鎮子儒士惠珍妻阮氏皆青年守制學院王閔其三世守節給世節揚徽匾

周允橋妻謝氏嘉慶五年學院陳給孝光節著匾

徐六裔妻孫氏廩生傳珍母學院李給冰玉同清匾

徐曰馨妻王氏邑庠奪標母學院李給節孝可風匾

朱兆楷妻袁氏興邑庠生袁源之女學院王給淑節幽芳匾

儒士吳升甫妻管氏管品堅女學院王給瑞靄冰桃匾

儒士王萬育妻徐氏時聖女道光七年學院王給砥節懷清匾

監生黃交聘妻方氏孟淑女學院王給節孝可風匾

劉士渡妻聶氏監生劉縉母學院王給節孝可風匾

陳青山妻曹氏增生桂林祖母學院王給砥節懷清匾

譚周選妻陳氏道光六年學院王給節孝可風匾

鄧風從妻陳氏學院王給節比松筠匾

鄧枝宏妻陳氏學院王給清標彤管匾

鄧成瑞妻全氏學院王給節孝可風匾

黃際興妻金氏孝子廩生聯第母學院王給節孝可風匾

羅洪文妻阮氏道光七年學院王給砥節懷清匾

陳維鈞妻許氏道光六年學院王給節孝可風匾

蔡德餘妻狄氏道光七年學院王給節孝可風匾

許樹棠妻方氏學院王給節孝可風匾

儒士吳象南妻王氏學院王給節孝可風匾

謝聚成妻陳氏孝子陳垍女學院王給匾大源堡人

汪功行妻劉氏學院王給匾官堰堡人

汪浚明妻劉氏貢生劉青雲女學院王給匾官堰堡人

成品衡妻吳氏年十九夫故嘉慶己巳知縣羅給靜節遺徽匾

增生成光讀妻朱氏知縣褚詳給冰桃春暖匾

成世及妻涂氏年十九夫殁撫嗣學院王給節孝可風匾

朱翘鮮妻周氏夫故子甫一歲後其媳程氏曲體姑心全婦道學院王給姑節婦孝匾

朱聖惠妻陳氏學院王給砥節懷清匾

朱榮建妻程氏學院王給節孝可風匾

朱悉平妻汪氏教諭汪給節壽重輝匾

朱松亭妻吳氏 教諭李給玉骨常貞匾
生員程石蘭妻周氏 學院王給節孝可風匾
儒士程之斗妻曹氏 學院王給節孝可風匾
儒士熊品題妻涂氏 學院王給節孝可風匾
黃文錦妻朱氏 學院王給節孝可風匾
沈益彰妻朱氏年廿二夫故遺腹生子事姑以孝聞 知縣劉給貞節匾
吳彩文妻李氏 學院賀給柏舟矢志匾
程質文妻陳氏 道光己丑學院賀給松筠勵節匾
儒士陳必升妻程氏 監生先泗女學院賀給節孝可風匾

生員李尚炘妻管氏 學院方給砥節懷清匾
吳相國妻劉氏 學院朱給匾 沙坪堡人
儒士楊定品妻焦氏 學院朱給匾 沙坪堡人
李暢懷妻程氏 學院朱給匾 沙坪堡人
舒達杏妻程氏 學院朱給匾 寶石堡人
吳伯瑞妻程氏 庠生谷宇女學院朱給匾 小源堡人
吳品珍妻程氏 學院朱給砥節懷清匾
陳榮照妻程氏 道光丙申學院朱給砥節懷清匾
儒士涂居依妻林氏年二十于歸甫六月夫故立嗣苦守 學院朱給潔節芳型匾

陳展萬妻譚氏 道光丁未學院江給貞同壽永匾
儒士楊昇平妻朱氏 學院江給匾 沙坪堡人
阮立華妻舒氏 學院江給匾 文明下堡人
焦玉輝妻劉氏 學院江給匾 文明下堡人
程安禮妻李氏 學院龍給節孝可風匾
武生朱世英妻江氏 道光庚戌學院杜給砥節懷清匾
陳光架妻成氏 監生以發母學院杜給柏舟矢志匾
陳禮盤妻劉氏 咸豐九年學院俞給匾 砲石堡人
監生陳象周妻曹氏 學院俞給匾
朱極兆妻程氏 學院俞給匾 大源堡人

儒士許昇廷妻方氏年十八夫故撫嗣守節 歲貢方嗣嘉孫女咸豐九年撫院胡給守身爲大匾
儒士夏定隆妻唐氏 增貢夏日校媳撫院胡給匾
陳德懋妻汪氏 同治元年學院賈給匾 砲石堡人
儒士謝世讓妻朱氏 漢陽府教孔陽女學院賈給匾 文明上堡人
儒士成美光妻陳氏 學院賈給砥節懷清匾
陳介圭妻李氏 同治四年學院孫給匾 砲石堡人
陳步鰲妻楊氏 學院孫給匾 砲石堡人
監生吳鴻翥妻陳氏 學院孫給匾 沙坪堡人

陳肇川妻涂氏學院孫給匾
儒士涂鴻吉妻劉氏學院孫給節堅金石匾
武生吳照三妻方氏同治二年知縣易詳給節孝可風匾
管　沂妻徐氏同治四年知縣潘給匾
管祖裕妻樂氏郡庠樂贊育女知縣潘給匾
陳承年妻管氏逢玉女知縣潘給節孝可風匾
儒士程鶴岩妻劉氏同治五年知縣羅給匾
梁學桂妻謝氏庠生鳴鳳媳知縣羅給匾
程允升妻陳氏同治六年知縣胡給松筠節茂匾
封職阮步元妻吳氏年廿三夫故撫嗣守節貢生阮國選媳縣丞六品封贇榮母同治七年學院張給畫荻遺徽匾
李炳蔚妻戚氏學院張給節勁心慈匾
以上俱請匾

各採訪舉報節婦
朱元周妻謝氏邑庠謝宇金女
儒士樂経徽妻郭氏邑庠之本之母邑庠贊美贊襄贊育之祖母進士鳴部之曾祖母
邑庠樂理経妻陳氏
管達元妻許氏許榮耀女
管凱南妻張氏張發黃女
儒士朱俊甯妻樂氏樂文登女
儒士黃錫晉妻袁氏
儒士黃錫福妻方氏方正彬女
儒士劉乾禮妻許氏許篤育女
儒士樂應有妻黃氏歲貢黃執女副榜懋聰母
儒士樂懋适妻楊氏一梅女
儒士樂懋斂妻徐氏
恩貢徐登榜妾王氏
以上生員樂豹文郭金鎔朱協海廩生王賓樂音和朱協乾採訪
監生胡啟發增生葉榮採訪
儒士夏位南妻嚴氏
夏之昇妻徐氏
封職王佩治職員嚴定升採訪

焦用庭妻余氏年十九守制
夏協和妻宋氏
焦高攀妻張氏
歲貢夏慶烊採訪
徐承三妻范氏
生員徐昶鳳採訪
姚贊朝妻王氏年十九守制歲貢家幹姪女
王容玉妻宋氏
樂燧聯妻朱氏
職員王肇基　貢生王氏韡採訪
儒童樂家詒妻王氏廩生大謨女

樂炳萬妻張氏
廩生樂振玉　從九阮芝田採訪
黄華林妻羅氏邑庠羅震女
宋協梭妻徐氏
生員黄吉元採訪
徐紫泥妻楊氏
生員錫祥雲採訪
張錫圭妻羅氏
張達秀妻陳氏
職員張顯波子聯採訪

楊瑞柏妻宋氏
增生楊瑞光妻朱氏舉人美恕之姑
楊瑞堂妻嚴氏庠生洢達女
羅興良妻楊氏
監生楊春暐採訪
王映柏妻徐氏
陳天才妻夏氏
陳得永妻方氏
歲貢徐鳴珂　廩生金德望採訪
封職夏日暘妻黄氏封職鵬翔母

殷仁山妻夏氏
增貢中書銜夏鵬翥　附貢夏夢麟採訪
儒士王式如妻姜氏庠生姜英女
儒士李文忠妻王氏
廩生王憲章採訪
陳學志妻程氏年十八守節
陳步照妻焦氏
王志和妻羅氏
生員陳雲翥　曾山採訪
夏可清妻胡氏職員日大媳

儒士夏定達妻方氏例貢金臺媳　監生夏定鼎採訪

金步階妻徐氏

夏映采妻黃氏遺腹生子苦守五十年

金振教妻夏氏　儒士夏之鼎採訪

夏玉成妻阮氏

儒士朱美廉妻張氏　增生夏開甲　增貢中書銜夏鵬翥採訪

金應會妻管氏

金炳煥妻葉氏

監生全啟桂妻朱氏訓導開忠之女于歸四年夫故遺腹生子守制

方先以妻朱氏

方哲士妻闞氏

朱俊品妻石氏

徐成甲妻阮氏

朱美文妻邰氏

朱致和妻全氏　增貢方惟一　生員方兆驥朱協理採訪

吳榮發妻何氏

吳嗣榮妻郭氏　附貢石文甲　監生方登瀛採訪

張遂陶妻徐氏　監生張觀漢採訪

儒士徐　亮妻張氏　生員卓龍翔採訪

廩生王莘三妻鄭氏

儒士王觀文妻徐氏

李來儀妻闞氏

樂思泉妻王氏　監生鄭義和　生員王能一採訪

樂合浦妻楊氏年十九守制遺腹生子

樂步藻妻沈氏

吳勝以妻周氏

楊輝乾妻陳氏　以上增貢沈達和採訪

陳挹波妻廖氏江西即補府源軸母

陳佐品妻鄭氏

夏執恭妻黃氏

徐映夏妻黃氏
梁悅青妻陳氏
陳顯忠妻廖氏
劉廣聰妻謝氏
朱朝佐妻鄭氏
以上廩生陳學詩採訪
曹譜臣妻吳氏年十九守節
譚法禮妻陳氏
儒童曹夢花妻成氏
儒童曹純熙妻吳氏

鄧繼柏妻王氏
陳善藹妻曹氏
陳繼泰妻曾氏
陳明安妻江氏
以上增生譚森林 州同陳鴻翥採訪
陳希雲妻許氏
陳繼絧妻李氏
陳繼綣妻譚氏
儒童陳繼震妻朱氏年十九守節遺腹生子
陳繼綿妻蔡氏

陳璐智妻方氏
蔡寓正妻曹氏
羅克光妻吳氏
陳詩洛妻王氏
陳國德妻許氏
陳廷寬妻許氏
以上生員陳聯元 增生陳延俊採訪
許清漣妻吳氏
許高明妻陳氏
儒童許景堂妻熊氏年十八撫孤守節

許慶瑞妻陳氏
熊士宜妻許氏
儒童方元定妻許氏
儒童方善琮妻詹氏
以上州同成守善 武生許黃甲採訪
廖又恂妻方氏
廖敦實妻夏氏
廖敬堂妻程氏
舒魁俊妻張氏
廩生吳國琦採訪

舒輝燿妻吳氏
黃禮堂妻徐氏
阮省習妻周氏
阮尚明妻張氏
張世陞妻金氏
吳新宇妻謝氏
朱謂韶妻王氏
金顯鏈妻謝氏　郡庠茂堂孫媳
監生黃龍鼎妻舒氏
儒士黃廷簡妻金氏

儒童黃保赤妻張氏
儒童張一桂妻金氏
謝季修妻黃氏　以上生員舒文翥採訪
吳若思妻曹氏　年十八守節
廖美玉妻謝氏　職員廖傳清採訪
夏隆典妻陳氏
吳道杞妻張氏
舒佩偕妻黃氏　式謨女矢志清貞事姑至孝

監生金宮崧妻徐氏
儒士金宮杜妻謝氏　職員金振玉採訪
謝遠煦妻汪氏　庠生功定女
謝遠煥妻汪氏　儒士功嵎女
監生焦允忠妻陳氏　年廿四夫故遺腹生子誓守不二
焦暘菴妻舒氏　監生步賜母
舒如海妻葉氏　以上牛犢堡人
舒修文妻陳氏
阮行健妻焦氏

阮敦還妻許氏
阮貞祥妻汪氏　以上文明堡人
楊正坤妻陳氏　監生永光女生員陳煌妹　沙坪堡人
舒世玉妻朱氏
舒巨川妻汪氏
武生舒大統妻周氏
舒定泗妻焦氏　以上寶石堡人
陳德華妻曹氏
陳本清妻焦氏
劉懋修妻王氏

劉文翰妻吳氏 以上砲石堡人

儒士程志堅妻楊氏 增生雲發祖母年廿二夫故子甫二齡歷盡艱險矢志不怠

程敍致妻謝氏

程景春妻謝氏

舒文式妻焦氏 以上大源堡人

朱亮清妻程氏 年廿四夫故越月生男守節取義

朱占先妻謝氏

程志純妻謝氏

汪祖梁妻周氏 年廿三而孀遺腹生子矢志柏舟 以上小源堡人

汪功慶妻周氏

汪宗焜妻謝氏 進士得懷堂妹 以上官堰上堡人

以上鄉紳 舒文陳輝榜 汪淩雲朱黌谷朱河清 焦炳麟吳學宏舒君爵 謝洪謨劉步雲 採訪

成任棟妻陳氏

成用彰妻周氏 職員成鳳祖母

成亮明妻趙氏

成一幹妻汪氏 增生近禮母附生汝昻祖母年廿六守節迄七旬歿

成盛甲妻許氏 年廿八因夫遠貿姑病革割肺醫姑姑頓愈比經族人無閒言

鄉紳等呈報縣主劉親臨察實賞銀六兩申詳請旌例禁未准越歲夫故甘貧守義七旬餘終子一媳一俱歿夭擕其幼孫寄食於兄弟及女家者十數年處之晏如

儒士成一聲妻曹氏

成高標妻許氏

成聘賢妻周氏 增生燮理母

陳登九妻汪氏 年十九夫故守節 以上黃城堡人

陳映川妻董氏

陳志煌妻程氏

陳仲明妻吳氏

周昇萬妻吳氏

儒生汪秀品妻譚氏 監生汪浩媳職員正平母

儒士董交璧妻成氏 以上官堰下堡人

闞位南妻龔氏

許國聘妻陳氏

許效五妻陳氏

許對南妻涂氏

儒士許仁宇妻吳氏

監生許國棨妻朱氏

封職程列五妻成氏 以上茅埠堡人

涂建畧妻江氏 武生逢舉祖母武生掄甲增生以嵐曾祖母年廿八夫故時翁姑與伯俱先歿子一亦先天所依惟伯姆居數月姆又卒氏撫二歲姪苦守成家衆共欽之

涂瑞祥妻陳氏 以上小賽堡人

陳肇曨妻成氏

陳以道妻徐氏 以上[illegible]坑堡人

陳宏河妻成氏 青年守節[illegible]祖姑程氏後先輝映

程訓孚妻劉氏

程克紹妻成氏

程河清妻陳氏

李得勝妻陳氏

李錦文妻周氏

李科第妻朱氏

陳以呂妻李氏 以上船埠堡人

以上鄉紳周可均成安國董理明涂懋醋許兆蘭陳錦雲程大猷成登林採訪

周德峻妻許氏 廩生陳廷瑞採訪

廩生焦　鋭妻程氏 生員黃吉元採訪

范秉謙妻阮氏

范玉章妻黃氏 廩生樂振玉採訪

王榮賡妻周氏 職員王肇基採訪

陳家謙妻程氏

徐湊世妻吳氏

湯長春妻程氏

儒士曾懷義妻徐氏 廩生徐逢治　監生徐聯芳採訪

管成武妻袁氏 生員卓龍翔　監生徐廣大採訪

吳定元妻張氏 生員李應煌採訪

劉忻中妻吳氏

章復煒妻吳氏

全北南妻章氏

章幹庭妻劉氏

章月仙妻鄭氏

劉士梯妻吳氏 職員劉　易採訪

吳進賢妻祝氏　廩生李之變採訪

夏東川妻陳氏年十八守制遺腹生子　從九祝殿選採訪

陳源領妻黄氏

庠生陳萬諫妻朱氏　廩生陳學詩採訪

黄榮渠妻焦氏　職員陳大英採訪

吉承志妻阮氏

吉端玉妻金氏　職員陳曉林採訪

吉正翰妻焦氏

熊經繡妻許氏　職員廖傳詩採訪

阮榮煥妻謝氏　生員舒文蓊採訪

焦萬鰲妻熊氏　監生焦金臺採訪

儒士程盛鳴妻管氏　廩生樂音和　生員朱協海採訪

烈婦

明

義士邑庠生樂晉秩妻鄭氏闖賊入境與夫同日殉節

國朝

方先以妻朱氏邑庠生方友超媳年廿二夫故誓曰手未亡即亡耳含淚殯葬畢不數日水漿不入口遂卒

周之用妻程氏孝廉程雄從姊年廿八夫故一子甚幼姑與伯因家貧欲奪其志

氏不願暗謀奪之將近醮期投繯死

義士樂慶雲妻范氏孝子樂太希孫媳咸豐乙卯年正月廿一日紅巾破城雲罵賊不屈死氏聞時自縊同治元年蒙旌表建坊於城西獅子塔下

儒童樂家誌妻許氏增生樂則韶四媳年二十歸樂四年無出夫病故誓以身殉殯葬畢匝一月自縊同治六年請旌

貞女

成姑庠生程大年嗣母年未笄程故立志
守貞道光丙戌年　勅建貞女坊督學
王給守貞全孝扁知縣楊兆杏贈聯
堅操勵飲氷淑女曲全貞婦節
奇智歸完璧撫孤祗盡事夫心

蔡姑幼受夏盤碩聘夏年十九夭姑年十
七父母欲另擇壻姑聞之隔夏八里許
冒雪奔夏守貞撫姪福大爲嗣道光庚
子年請　旌建坊

陳姑幼受儒童朱印綿聘姑年十八聞朱
病篤奔侍湯藥越七日朱歿矢志守貞
撫嗣繼祀道光壬午年請　旌

王姑興國王全隆女幼受曹元漢聘年二
十未嫁聞曹歿欲奔喪父母阻之遂哀
毀不食七日死臨死囑柩歸曹合葬曹
迎柩成其志已請　旌建烈女坊

方姑幼受儒童許羣華聘自幼歸許姑年
十二許故事舅姑撫子姪貞守五十餘
年卒道光六年督學王給守貞全孝扁

胡姑幼受鄧倚栢聘年十歲歸鄧次年鄧
故孝事舅姑撫養子姪貞守六十餘年
道光七年督學王給節貞孝摯匾

劉姑武生劉光第女幼受儒童朱俊錦聘
年二十將嫁前三日朱病故聞訃嘔血
數升憂鬱成疾卒督學王給匾

劉三姑幼受儒童朱守一聘年十七朱故
聞訃奔喪誓死守制撫姪爲嗣督學王
給匾

成姑幼受儒童陳勳遠聘襁抱歸陳年十
二翁姑逝惟祖姑在堂年十六未笄陳
故時陳之弟及弟婦均幼姑以一身任
其事貞守三十餘年卒

徐姑幼受陳漢萬聘姑年十七陳故撫嗣
貞守六十四年言笑不苟不脫裙布不
出戶庭鄉里靡不欽恤

焦姑監生焦獻瑞女幼受孝廉朱兆與長
子俊群聘辭天登門守貞

程姑程旭光女幼受儒童吳苑華聘聞吳
病篤苦求入吳門父母從之甫半月吳

殞撫姪爲嗣苦守以綿吳祀
劉姑南漳訓導劉聯甲女幼受儒童曹守遺聘姑年十四曹故奔喪守制
朱姑幼受曹勳臣聘年未及笄曹以疾卒聞訃奔喪貞守五十七年卒
焦姑幼受儒童嚴國廷聘年十六聞嚴故登門守貞
熊姑熊兆萍女幼受儒童焦萬鰲聘年十八焦故登門守貞四十八年卒
朱姑幼受徐恢菊聘未嫁聞徐歿奔喪盡

禮不食而卒
陳姑稟生陳國成女幼受儒童成恢先聘年十七未婚而成歿矢志守貞撫先兄子定時爲嗣雖艱苦備嘗無怨意
劉姑幼受蔡賢加聘甫九月其姑抱養年十七未婚而蔡故誓以貞守事翁姑撫嗣子孝慈兼盡
郭姑幼受陳國瑞聘八歲歸陳未笄陳故家貧姑及伯姑殘廢奉養曲盡其道撫姪承祧貞守三十八年卒

阮姑幼受儒童金宮論聘年十八聞金病篤奔金未旬日金故貞守五十餘年奉姑至孝撫嗣承祀
阮姑封職阮應選姪女幼受儒童陳雍玉聘年十二聞陳故踵門守制人無間言後嗣蕃衍

孝婦

儒士陳定魁妻蔡氏廩生陳國成之母事舅姑至孝道光七年督學王奬給聿修婦職匾

儒士汪曾堂妻陳氏陳文珀女武舉任兵部差官汪凌雲祖母事舅姑至孝舅病哽難飲食氏摘其數月嬰兒之乳蒸以供舅且百計求舅之飽三年不懈督學王給孝順堪嘉匾

庠生劉泉之妻廖氏性至孝姑病輒稽首籲天願以身代嚴冬姑思青菜冒雪覓之手凍裂舅見喟然曰此巾幗中之王祥也督學朱給孝順維風匾

儒士謝盛三妻焦氏儒士笏交女性貞靜英年失天親老子幼凡潔饈馨膳百計承歡靡不兼盡子職尤能礪節氷霜以繇宗祀督學賈給孝由節著匾

王作卿妻唐氏善事舅姑姑病默禱竈神潛割右股煮食病卽少痊後一月復割股一臠進遂全愈

壽母

吳孫氏 庠生吳廷佐妻年逾百歲知縣彭給匾見綽楔

許陳氏 許則攷妻年及百歲閱五世子孫多遊庠序

謝舒氏 武生大英母年過百歲

管吳氏 管祖佑妻現年百歲

通山縣志卷之六

藝文志

文所以載道也爲文不務根極理致無關於世教卽非文今藝文歷載宋元以來詩賦紀敘並據武昌興國二志及近時諸公所撰述皆取其有關於通山者而備紀之志藝文

朱廷立鹽政志十卷 明史藝文志

廷立通山人嘉靖癸未進士官至禮部右侍郎嘉靖八年廷立以河南道監察御史奉使清理兩淮鹽政因博考古今鹽制以成此書凡分七門曰出產曰建立曰制度曰制詔曰疏議曰鹽官曰禁令每門各分子目凡三百九十有四蓋制詔疏議每一篇立一目故其繁至是也 四庫全書 唐龍鹽政志序曰侍御史朱子廷立作鹽政志予讀之憮然嘆曰天下之政未有無弊者

也天下之弊未有不緣乎利者也蓋利廣斯嗜嗜斯競競斯赴赴斯規規斯偷偷斯姦由是弊若蝟毛纍纍焉叢而聚矣孰知利之可節而不可偷也孰知利之可正而不可姦也我朝酌古定制京邊調度與諸師供億胥給於民賦懼其傷也又興鹽筴以佐之因天地之產以充國家之需借商人之贏以補百姓之乏法亦若是已矣厥初散斂之方準平盈縮豐約之節隨乎登耗以法制利不以利姦法國需其用商操

其奇民貧其食未始不善也夫何法令既斁姦利日滋於是乎有竊販者矣弊在齊民於是乎有占中者矣弊乃在勢要於是乎有鬻窩者矣則俛然而濡其迹者又非但齊民而已也是故始引鹽米斗有奇而後則五倍之而猶未已始爲商中之而後則貲八巨室私據焉始商赴懼不先而後則耗而轉徙始額盈課羨而後則徵逋欠矣利以滋弊弊以戕政司國計者竊憂之嘉靖己丑春二月朱子奉天子命清理兩

淮鹽政其至也崇彝憲肅明軌力修釐革之效自警有九誡修法有五事戢姦有十五要訓商有九令皆可述也尤督學官弟子員之才者自夫出產與建立與制度與制詔與疏議與評論與鹽官禁約遴蒐博綜舉綱分目而志成焉上下數千餘年炳若指掌豈惟昭古今之制哉周官具法度斯彰坊記作民欲以止夫有志則諸所姦利者咸曰法昭昭若斯乎犯之者殃觸之者亡吾見其凜然而不敢也憂末流者務

修其防以救之緝度以正利正利以蠲弊蠲弊以興政志胥有在防峙而末流可遏矣是可爲敘

朱廷立兩崖集八卷

是集凡詩四卷文四卷其門人兵部尚書劉體乾撰墓志稱其學出於姚江而擠之者復出自姚江之流今其文集內推尊王守仁甚至而詩集中東鄰女西鄰婦二首詳其詞意實有所托諷意即指所謂擠之者與講學而至相傾軋不知所講何學也四庫全書

以上見通志

儒學記

提學韓 陽撰

古者上自王宮國都下及閭巷莫不有學所以重學校爲政化之源人才之本也人才政化之盛衰每視學校之興廢何如耳故泮宮一修魯人頌之鄉校一廢鄭人刺之蓋以政化盛衰人才隆替有關於學校不小也肆惟

聖朝紹美唐虞比隆三代尊崇先師孔子之道以化成天下萬方九有文教大興廣之以學舍聯之以師儒彬彬乎盛矣哉通山爲

武昌屬邑邑在萬山之中民醇俗樸儒學距縣治不百步而近舊有殿堂乃洪武初年所創永樂中縣官非才者藏於衙人之謬以學之講堂與縣治相抗遂以其堂遷於禮殿之左遠今將五十稔未有能改而正之者正統辛酉匡南吳芸來宰縣事拜謁之頃即以堂居廟左於制匪宜況前遷民居後臨山麓隘陋局促殊爲弗堪卽欲遷而正之正統戊辰適姑蘇陳銓來典教事而茲堂歲久將覆諸生講授何琚相與力排羣議鳩工度材治地於禮殿之後鼎而新焉基即曩時故址也曾不數月其堂巍然其齋翼然弦誦之室厨庫之房與夫祭器射圃之類旣廢者復之舊無者增之旣成之後官不知費民不知勞是皆吾宰用心之勤處事之宜也始事於正統戊辰之冬十月畢工於己巳之春二月未幾典教陳銓等具以其事謁予行臺再拜請文以記嗟乎學校之興所以明倫理毓人材政化以之而興風俗由之而美豈細故哉

惜乎邇年以來爲郡邑官者惟簿書期會是先率以美教化移風俗爲不急甚則視學校殿堂頽毀以爲泛常恬不加意于恒病之亦有致予嫉之而告之者焉今觀吳芸氏之宰通山拳拳以學校爲念不惟修而理之剏又能正其前人那術之謬而上體 朝廷尊師重道毓材圖治之盛心也予故次第其事俾勒諸貞石以爲將來之居官者勸云

修學備遺

侍郎朱廷立撰

通山學宫舊而新之不知凡幾矣成化間山陰戴公諶爲令新焉至於今復舊且壞先師廟猶足蔽風雨廡與門風雨莫蔽也餘其蒿萊鳥鼠場矣學師借居民間生徒來即散去咸太息曰嗟嗟是學宫耶安得如戴公之爲令也時有司者曰即如戴公者來能伸空手張虛牒濟事耶公帑無銖積而興重役雖有志者將退然矣時廷立以少卿家居聞而笑之曰是果於無志者

也如有志乃田舍翁弗若耶田舍翁無露居者豈盡足乎其財存乎其志焉耳嗟乎有司無志矣士夫居是邑者第旁視之莫出一力學校非根本地哉奈何獨有司笑而不知衆人者士夫笑也廷立始不自量而爲修學之議私曰顧安得所藉乎乃其時巡撫都察御史陸公杰發帑四十金爲廷立修少卿坊廷立即藉是爲酒殺費邀致諸鄉之嗜義者先後至舍至則勸之曰諸君何予聽哉事以義起不必於舊財以義取不徒於積其各量力捐貲新我學宫共成厥美庶亦不虛於義聞僉應之曰盛事盛事其誰弗先生聽皆盡歡醉去已則或以金或以布縷或以穀粟或以木植相率來助矣縣吏曰宜白當道縣以牘白當道乃巡按御史史公褒善曰此吾輩事也煩鄉官耶盍以州帑百金於是立管長鳩百工取衆材闢舊地爲明倫堂爲兩齋爲兩廡爲儀門爲號舍甫既蓋矣廷立起官都御史協理堂政諸所修葺未及也北上

至楚城藩臬諸公以百二十金爲起中丞坊廷立以狀致之府府以致之縣爲是役費已言之巡撫姜公儀巡按高公節賈公大亨亦曰吾輩事也煩鄉官耶發府帑盍以二百金且移文趣之矣是時邑令林公金至曰有司事也煩上官趣耶乃亟修葺前所未備者完整矣謂先師廟且壞弗稱撤而更新之爲櫺星門易以石爲儒學門啓聖祠舊未有也相地爲之諸所規制視昔益軒厰宏大飾以金碧環以垣墻砌

以磚石堅好美麗瞻顧有嚴翼乎煥乎甲他邑矣崇祀典育人材庶其奉國常乎工起於嘉靖之壬寅訖於己酉計費叁千餘金焉尋常瑣細不在也夫濟事者財也處事者人也主之者志也始廷立之剏議也何嘗以財足也而事竟以財濟存乎其志也志以立義義立而上下交助之厥美之所由成也所謂存乎其志焉者顧不信哉嗟乎學問之道亦如是矣凡我士人聚於斯學於斯將以日新其德殆亦如今之新學宫乎乘時駿發以敷茂猷以樹鴻烈上以副國家建學之意下以昭鄉邦錘材之美亦曰存乎其志焉爾矣孔門之學以不踰矩爲極功其始在於志學固士人所服膺者乎是舉也當道諸公適崇文教林公區畫經度如家事然心思所及罔有間於夙夜教諭林君大珠訓導陳君相宸余君龍龔願其成亦罔不盡其贊助之力工成三年矣其勞績未有書俟名筆也廷立愚瑣偶爲吾黨先驅根本之地義無容辭奚勞

績焉乃若諸鄉耆士則何與哉一旦聞義而捐己資共美不可以無書後有名筆不暇悉矣乃備其名於後

櫺星門記　　通城按察使舒大猷撰

古稱善政自人才始人才原於學校學校者賢士之關而教化之所由出也政而不始於人才人才而不本於學校漫焉耳已奚補於　國家乎通之學自有宋以來至於今幾四百年其間修而圮圮而修不知凡幾文廟堂廡尚觕、、然獨櫺星門若卑且隘令尹張侯下車甫謁感文物中希科目間有或此之由遂慨然捐俸以倡邑人卜期告廟相山採石擇匠而更理之標之

華表鋟之法象繪之王度始事於萬歷十
二年訖功於　月門以外立坊門以內開
池砌甬與文廟堂廡稱功竣謀於學博命
諸生焦宗奇等執幣頓首懇余曰侯之修
若門匪以壯觀將以造士也其請記匪以
志形將以開入聖之途端士習也先生曷
昌言以慰之余曰昔子貢慕夫子宫墻之
高而歎得其門者寡侯之修是門也將無
謂多士得其門也乎吾知侯之意始有進
於此矣何以明其然也夫門也者升堂入
室之端不容以徑造者也世之迷於中路
者亦多矣或失則內或失則外皆不得其
門而入得其門者惟心乎心也者生生不
息之機藏乎一動一靜之間包乎天地萬
物而無所不備者也夫苟志於默識凝神
翕氣非幾之入即如雷電之灼而迅掃之
掃垢脫塵以復乎虛靈不測之體存存之
久將洞如廓如凡人倫庶物功業文章自
此中出譬之天無聲無臭尸其柄而四時
日物自流行乎其際有無渾一隱顯合真

夫是之謂孔氏之門也與世之主靈明而
忽誠敬事枝葉而遺根本者藐乎其不相
及矣多士出入是門也其尚知向往哉誠
不以余言爲迂而允蹈之則人才迭出王
國永昌庶不負侯修建之意也已是舉也
王之者侯張書紳贊之者邑人知州姜時
棠助之者朱之相綜理之者許仲謨郭炳
然阮大時李懋學夏申甫夏會陽悉記之
石以垂不朽云

欞星門賦有序　知縣張書紳

通學宫始宋慶歷四年建於羅阜山麓左
聯邑君蓋數百步許乃於今五百年往矣
國初詔天下郡縣各立學時縣官任公因
舊址創焉永樂間有議講堂迫縣治者遂
易置文廟後及景泰而星子吴公與邑博
陳公者議復之其後山陰戴公臨桂秦公
及邑宗伯兩崖公前後相繼修葺於是堂
廟廊廡煥然巍然規制翼翼大備矣頃年
以來積歲彌時漸就頹圮寻來通慨然竊

嘆曰學校賢士所關入臣爲國家儲材待用即建學設教此不謂今日急務耶余於是爲捐貲重葺之前塋櫺星門門成而爲之賦賦曰

伊羊山之巍巍兮拓黌基於羅阜萃靈淑於磅礴兮撫巇宅之奇奧而翠舁之崔巍兮聳儒閣於層霄造石城而對峙兮瞻羣山之迢遥攬勝概於文峯兮據上流而遠眺遂鳩工而集財兮隆曼碩於名膠勤教䕫於方新兮堊丹蘿於炳煙新堂宇而冏

廡廊兮煥宣廟於孔昭宏懿規於閶闔兮熙鴻號於譽髦育菁莪而歌棫樸兮藹多士之清標維天祐於羊山兮誕文教其皇皇曰橋門其有侁兮雄壯觀於一方遂端規而肅矩兮示儀型於宫墻峙橫經而論道兮發聖門之寶藏摎遺響而鈎隱跡兮期入室而升堂講道德而總統仁義兮探先哲之橐囊啟扃鑰而握元樞兮登吾道之康莊闢晴門而芟蹊徑兮起衰頹於咨昂剖藩籬於大家兮燦櫺星之煌煌耀圖書於東壁兮紛玉券之洋洋窺翼斗之宿直兮振人文於通羊

重修學宫記

邑貢　黄志洪

自古文教之廢興關乎運會而視乎人事吾通邑自雍正十三年前任邑侯遵奉
諭旨勸令士民量力捐資卒難修舉因而傾圮益甚風雨不蔽怵惕久之乾隆二年夏六月邑侯陳公蒞茲土甫下車晋謁
文廟他務未遑遂慨然以建修爲己任徐聚士民計議倡捐冰俸數十餘金命余偕諸生者庶持簿示鄉里余不敢辭而士民等亦體我侯至意踴躍樂助不旬日間捐

貲五百餘金蓋輿情之響應皆德化之流行也於是我侯欣然戾止擇期興作於咨歲八月之吉鳩工庀材首修大成門次建崇聖祠　文廟整飭如新其東西兩廡以及明倫堂鄉賢名宦祠俱經重修木石甎土必親必戒丹黃藻繪盡善盡美八閱月告成棟宇輝煌垣墉周備巍巍翼翼觀者起敬夫以數十年久壞之規一旦廢修隆舉此非吾邑文運之振興係於賢侯一人者乎凡厥士民樂觀成功徵言於余竊思

古者造士之法黨有庠國有學中年考校三載賓興不惟以其文也大都以明倫爲重以修身爲本德業兼優文行並著則三升而登進之典云重已今通人士果敦實學重品行黜浮華士習益端文風益盛

國家兩闈取士將必有人焉應運而起於以發皇事業黼黻休明學術經濟爲鄉邑光則是多士崇奉之必與

先聖佑啟之必有默相感召而蔚爲英華者乃不負

朝廷棫樸作人之化暨我賢侯重培根本之必吾知運會之與人事當有其必然者也謹壽之貞珉以誌不忘侯諱鈞字天樂號陶菴貴州遵義府遵義縣人癸丑科進士

旹

乾隆三年孟夏月穀旦立

重修儒學記　禮部尚書龔鼎孳撰

余初筮仕令黃州之蘄水嘗修起學宮以文學爲多士倡茲我閒園之宰通亦有斯役問其告成之期自辛亥迄癸丑三年始竣也問其版築幾何官廟堂室靡有不周修而兼創也問其費所自出則捐貲俸不斂民間一錢也嗟乎賢哉思

國家甫韜干戈卽訪求彝典臨雍講藝自漢以下莫隆焉宜天下郡國響應學校一時改觀然在通邑則有甚難者通故武昌最

下邑蕞爾山谷㡌在下下兵燹後戸口之存者無幾其於庠序之事固有未遑且累累百堵沒在草萊中已無片椽可恃欲謀更新百用毛起廢始者不綦難乎是卽稍稍謀諸閭閻暨二三邑大夫士集狐共勷厥功已偉而況節縮匕箸出自俸薪也哉我閭園之治通邑因其困憊之餘專事休息栽清栽靜民以甯一殆如古之　盡公者至不忍以學校之故而擾民則復有何事肯出於擾民者哉而學校則已煥然矣

嗟乎賢哉古者政與教無殊司今則守令以治其民博士官以教其子弟間此中司鐸者亦有如胡安定之治湖學者乎夫通山之人士重農桑尚志節然崎嶇僻壤少文而輕剽誠以吾閭園之賢而獲偕良博士如胡公其人者春秋絃誦磨揉而樂育之馴至風移俗美被服中和甯僅僅如余往歲之治蘄已乎余望焉昔呂文穆號知人獨以宰相器許穎州司李吾閭園理吳閭卓有政績知非百里才今宰通其猶烹小鮮耶余不多贊唯是職在秩宗而學校則禮官之所有事爰綴數辭喜先後之同心也

重修儒學記　知縣龔在升撰

我

國家定鼎以來首重儒術與天下更始興起

太學親行饗射禮濟濟洋洋誠開代之盛典也而又申修學之令天下各省會上自郡庠下逮鄉校莫不重加改煥表示尊崇以稱

朝廷風旨通山故武昌屬縣地界邊徼宜其學宮整新與他邑等乃余攺令茲土下車謁

廟則官宇傾頹齋室圮廢博士塊然抱一氊寄居廡下曾不得聚廬而托處焉嗚乎何其陋也蓋茲土壤地偏仄僻在萬山之中又歷遭兵燹瘡痍未復僅矣昔之泮水芹宮幾與瓦礫並峙苟坐視其廢而不加葺治懼無以爲俎豆光且學校者人材之所自出也余考通邑自萬歷癸未後罕有奏捷南宮者錐鹿苹一席亦落落若晨星焉學校不興則人才無所自出欲望多士振藻騰英聯翩鵲起固不可得夫漢文翁之治蜀雖遠遐陬其民未嘗知有文學猶能興起學官於成都市中以教成其子弟矧茲邑庠其故基猶在其規模制度尚存竊乃日就廢弛置不問雖興作維艱要非儲養人材之計也余蒞通甫朞月即諮博士暨諸文學圖所以更新者鳩工庀材三年而告竣今總計是役最先構數楹於學之坤隅俾博士得就宅焉閱壬子修兩廡置木主先賢先儒次第妥侑重建講堂爲鼓昕地癸丑始獲葺

聖殿又次啓聖名宦鄉賢三祠又次大成櫺星兩門最後則齋房相繼就理繚以垣墉飭以丹艧通水道甃磚石學宮於是乎鼎新是舉也因念民貧土瘠募輸不能派助滋擾乃捐俸薪惟力是視不以銖兩爲邑累告成邑人咸喜顧在余則殫力經營兢兢惟恐隕越冀免鄭人之刺譏以無負

朝廷儲養人材至意而敢竊以爲功乎余觀通邑人士固孝悌力田文雅不絕然往往習於剽悍而未嫻禮讓即風氣使然要亦長吏之責今者廟宇一新復其地者肅然起鐘鼓之思當有睹几筵而惕志習衿佩以修容者則僻壤而鄒魯之於此舉當有其漸亦俟後之君子常修舉而無廢焉維時博士則高灔邑尉則穆先春實贊厥成僉謂不可不勒諸石以告來者是爲記

重修通山縣學記

父母能食之不能教也師保能教之不能養也惟賢邑令兩兼之令古小侯爵綰符百里壹切得行其志董江都所謂民之師帥所使承流而宣化也兩漢吏治好飾以經術故多可紀後世法不師古而傳舍其官士有聰明樸茂之質而不圖所以化誨之方斯材降而俗以鮮成

國家厚澤深仁淪浹肌骨

聖天子加意作人士無不喁喁向學武昌屬之通山故小邑自有宋立學以來迄今五百年修廢者纍纍棟圮垣傾

崇聖祠有故址而無專祀夫以博習親師樂羣敬業之地廼至上雨旁風棲神靡所而士氣爲之不揚可謂細故與遵義陳子陶菴調選通山以乾隆丁巳六月視事首倡修復之舉邑紳士響應而圖之慫後經始於是年八月凡五閱月落成門堂廡宇煥乎改觀役巨而民不勞君子謂陳子急所先務得父母師保之義矣夫士人學古入

官廉不從芹宮來者一旦奉

天子命宰一方簿書筐篋劾長而已將以宣

德教而著薰陶人材之升降風俗之隆污胥令責也陳子蒞事未幾慨然以長養化誨爲己任亦猶行古之道者南豐先生作宜黃學記謂使一人之行修移之於一家一家之行修移之於鄉鄰族黨則一縣之風俗成人材出矣繼自今吾願陳子益厲立志不懈推移愈廣漸被愈長而父母師保之職愈盡書曰邇可遠在茲語云千里之途起於足下詎誕也哉余與陳子忝一日之雅爲記其修復本末而更推南豐未盡之意以勗焉知其所存者遠不徒區區以兩漢循吏自爲已也

提督湖北等處學政國子監司業加三級

通家友生韓江開　奉題於鄂州使院

重修儒學記

通山縣建學肇於宋之慶歷四年至明嘉靖間規模始備我
朝定鼎以來悉仍其舊迄今五百餘年矣余謬以菲材承乏茲土於下車之次日祗謁
先聖因見棟宇傾圯廊廡不修垣墉不治且
崇聖祠僅存其址
神主安奉於明倫堂者已經數年嗚乎學校典禮所關致令風雨不蔽非所以妥
神靈而肅觀瞻也先是雍正十三年前

撫憲吳　以遵
旨勸修
學宮通檄至縣邑宰劉君隨協同儒學會集紳士勸令士民量力捐貲共襄其事甚盛典也顧通邑素稱貧瘠民間殷實者甚難其人即士之爲孝廉明經列俊選入黌序者類皆單寒力薄是以議捐數年而所得僅五十餘金欲以新制度而垂久遠無能爲已夫
國家右文愛士重道尊師盛典屢頒有加無已而　各上憲奉行德意所以委曲籌畫培植斯文者數年以來亦既至再而至三矣然則連屬羣情修舉廢墜非我有司師儒之責而誰責歟爰不自揣量欲因士民前日之義舉而擴充之用是布告我縉紳先生暨樂善好施之士益當振厲精神轉相勸勉努力贊襄以期成功毋疑有司之奉行故事事也抑有說焉通山雖彈丸邑然覽志乘所載有明時士之捷南宮與館選以至歷官卿貳者類不乏人何今未之聞

也得毋
學宮根本之地摧殘剝落而士氣亦爲之不振歟昔邑之鄉先正朱兩崖先生力捐己貲爲都人士倡一時宮牆之勝煥乎改觀至今稱爲盛事茲紳首黃志洪朱襄謨黃樗陳汝光諸君子慷慨慕義不讓古人尚其希蹤前哲共輸杖頭用以輝煌我泮宮崇奉我
先聖將培植元氣人文蔚起所以鳴
國家之盛而增桑梓之光者正未有艾矣是

又余之所厚望也夫

乾隆三年歲次丁巳孟秋月上澣之吉

賜進士出身文林郎知通山縣事加三級

陳　鈞薰沐敬題

明倫堂遺教訓諸生　教諭柳東作[illegible]

先師道林蔣先生甘泉湛先生門人也自貴陽督學歸來靜坐桃園精舍嘗示門人曰孔門之學祗在求仁仁者以天地萬物爲一體緣人從軀殼上起念所以隔了許多藩籬今欲復之從何入蓋知天地萬物爲一體方能以天地萬物爲一體學人輩須收拾亥子之中邃然靜坐忘助間無順其自然不容絲毫人力有一點己私起卽於幾上迅掃之如將克敵以默識本來大公頭面識得後時時刻刻慎獨而緝熙之由此日就月將漸入熟處恍然見宇宙一身工夫卽本體矣如此方是知止方是默識方是默成方是博約同功敬義一齊俱到視民如傷老安少懷中和位育實用從此流出合內外而一之與天地合德者也舍乎此則二氏矣何也蓋吾儒之覺體萬物以爲公二氏之覺外一身而守寂其公私大小不同故耳太極定性西銘等書備言此意白沙甘泉陽明諸先生話頭雖不同總是一旨學人輩口耳曾論不達此義不知欲立立人欲達達人孔子已示人真頭面他如車裘共敝願無伐善施勞與夫一貫忠恕修己安人之說何莫非發明一體之義夫先師靜坐數十年超然神悟欛柄入手舉其自得之宗旨以示門人愧不肖立志不真至今負之竊思孟子謂人之所以異於禽獸者幾希又曰放其心而不知求哀哉吾人安可不惕然猛省況此學一明發之文章則爲道藝措之事業則爲

德行可以繼往開來至易至簡何憚而不爲哉不得白首尚期與同志共勉焉幸人各識其真心而愼獨以造其極庶學術不差矣

重修

學宫碑文

粤自魯作　廟闕里以祠

孔子遂開萬世盛典秦漢而下迄東晉孝武康甯有清河李遼表請敕兖州建　廟不報論者惜焉厥後梁武帝天監二年乃初立

廟唐高祖武德二年立之太學而僅以配食周公洎太宗貞觀六年詔府州縣皆立

廟十一年從房喬孫議停周公祀天下遂得以專　廟祟奉至今莫易通羊之　廟始創於宋慶歷甲申繼葺於明嘉靖丁未蓋其由來者遠矣我

朝乾隆壬寅更諸其後而往制胥湮嗣是歷三十年漸就傾頽邑紹叔愼都人士甚爲劇心屢議重修而未克舉事遲至嘉慶癸酉得兩學李炳齋王覺人方爲聳踴逵之縣令田君欣欣然爲疏以倡擇士之有品望者若干人爲之董理若干人爲之勸捐章程既定合邑風從教卜是秋八月興工籌畫經營矣亟矣越載經七稔告蕆於己卯年嘉平斯　廟也

大成殿歸舊址正位居中如陵如矢其後爲明倫堂爲　崇聖祠爲尊經閣前爲月臺爲鐘鼓樓爲東西廡臺前爲大成門爲月宫橋爲名宦鄉賢祠橋前爲櫺星門爲龍化池爲東西黌門四圍繚以高垣內外更新金漆如式堂哉皇哉皇哉堂哉洵一大傑構也辛巳秋邑諸生樂應焞徐登榜徐赴楊春華以應鄉試客省垣謁余請敘余思郡邑　聖廟儆則改造守土者之責也是

故唐李楊泳韋宏機宋朱澡江滋明辛皋
輩分符所在咸以是先圖史乘題之茲於
樂生之來得稔其事於以識田君克盡厥
職而兩學亦相與有成也因敘而勒諸石

賜進士出身翰林院侍講副都御史
江漢書院掌教愚谷陳　詩撰
道光二年壬午孟春月上澣之吉　敬立

移修大殿明倫堂尊經閣碑　邑人歲貢　徐　閥

聖廟宮殿門廡原有定制定位至於明倫堂尊
經閣等構則須因其地之所宜有定制無
定位也今我通重修學宮中大殿前廡門
池如舊址殿後明倫堂堂後
啟聖宮宮後尊經閣雖曰鼎取新猶非革去故
也初明永樂間惑於謬術移明倫堂於殿
左景泰元年改仍殿後舊處厥後屢廢屢
修未之敢易人才迭起稱望邑焉乾隆庚
子年閣廢久不舉移殿於故址之上遷堂
於西齋之前山向又易艮坤爲丑未自是
天星差謬淵岳無靈不利於科名者蓋三
十餘年矣歲乙卯閥偕咸均進士樂聰榮
選進士黃錫章倡移署後常平倉而文風
一振擬移修殿堂未果嘉慶癸酉歲邑侯
田公可田諱穮矢志倡修召閥於九宮山
館委以董事卜吉之任乃審度於殿前十
數武闢土開基深至丈許得覩先年
聖座磚臺如故爰是依向選期因磚蒙石經營
區畫以授匠師而堂閣亦還如故址尤賴

共事多人戮力同心煥然而備其制焉夫
陰陽消長之機剝極而復復以見天地之
心語云久睡思起塞極必通其在斯乎抑
亦
聖之靈邑之福也第恐後之視今或不如今之
視昔將踏覆轍而不知落成日學師炳齋
李郁煥覺人王崇燉囑閥備陳端末誌之
於石後有作者可以觀其得失矣經云知
止而后有定亦即可以窺至善之旨

敬一亭記

都御史饒仁侃撰

城山子曰古今之言學者一於敬、、若聖學之成始成終者也自蕭皇著敬一箴頒示天下學宮無慮數百言所在類勒之石而覆之亭通獨缺乎哉予己卯歲以簡命越通山通士環相告曰願借言久矣通山舊置尊經閣嘉靖戊子人敬一箴碑閣建自宏治乙卯後以歲久就圮歷今四十載所碑蕭然露荊棘中以其地在明倫堂後有司卽問視學不涉目而所爲朝夕其地者責又有所諉緣是莫有議其役者萬歷丙子歲武岡劉師應斗自德安學來攝教事學博教勤引誨諸士嘗鑿鑿可據至其要領歸在敬一惜此亭爲通山廢典志復焉廼令匠石計費若干收學租得其半自捐數月俸益之購木料瓦石旣而請諸當道悉嘉其議遂鳩工舉事而亭因以成亭成而敬一昭昭矣功不偉哉願垂以示不朽予曰兹舉也其善不旣多乎蓋位儒官而能建立者有幾知建立而急先務者有

幾知先務而急出己俸者有幾爾師創斯亭以敬一而捐己俸焉君子可以觀興衰補敝之功繼往開來之志輕利重道之心矣顧亭以紀敬記以紀亭記弗可已矣諸士其繹敬一之義乎夫天命之性精明真純一而已矣充其精明真純之本然而使二三之見不得以雜之則敬而已矣敬何居懲忿窒慾敬於心也飭躬勵行敬於身也敕幾愼動敬於事也惟敬故一惟一故純敬一之義大矣哉勿二以異端之空寂勿參以俗學之汎濫毅然冲然以存諸心措諸躬而見諸事如孔子所謂居處恭執事敬與人忠者夫是之謂敬夫是之謂一庶無負於爾師無悖於聖訓而學其始終云諸士曰然請以其文而登諸石

儒學祭爵引　　副使陳宗夔撰

此爵乃文廟祭器也惜無年號歲月莫知所始然觀其型古與今制大不類蓋必宋元時物云予始得之表弟許汝彥汝彥得之鄰人謂爲焦崖河濱所獲以予好古是以貽之予得之喜不自勝然又不敢自用也謹送之學宮以備酌獻焉因而嘆曰夫子之道其誠萬世無敝矣乎器所以載道也君子觀器卽可以知道矣然道之顯晦有時而器之遇合有數此器埋沒久矣而

一旦顯出於聖朝隆盛之時豈非吾道將行之兆乎然又幸而不落莫於俗夫之手迺歸於予以送學宮仍備夫子酬獻之用是誠有數存焉已夫時以經之數以緯之器存而道亦存焉夫子之道不信其爲萬世之無敝乎聞民間尚有存者使皆不自秘如彥不自用如予相與同送之學宮以備祭器之闕焉不可不謂之奇事而可傳者也彥也讀書崇禮鄉士之嘉者其先亦庠生蓋源流於吾道者因表之以爲好事者傳云

祭爵後引

初得此器卽送之學宮以備祭器存古也且引以貽練亭曹君圖志之曹君得之喜遍訪其道無存者偶吳生濂以其續得者送上焉其形似非爵亦必用以盛祭器況其概題爲通山縣儒學祭器字尚未磨滅也喜而晉之以俟續考會縣尉林伯和督運之南遂捐俸託以鑄之林重其託仍助其工費而鑄其爵者二焉雖不及其餘然亦其漸也比歸出示曹君喜其以漸而成

也適上丁行三獻禮每獻有專爵焉同僚司訓鏡山古君龍岡唐君相繼至亦樂先生陶鑄之功大也遂相與磨石紀之以述巔末使後來者有所考見而陶鑄人材者更相砥礪亦猶夫子之鑄顏焉則材之盛其亦猶古之盛乎不但禮之可復也已曹君復爲之贊古唐二君亦謂當紀之石俾司祭者有所守焉

祭爵贊　教諭曹　梓撰

祭爵三邑八副使陳宗夔爲之引薦諸廟矣梓懲其不謹前而奠後以務全之也廼謀諸同寅礱石爲碑引於上立諸戟門之外復拜手稽首而敬贊之於祭爵雲昭灼奠靈聖清醑託繫何時兵燹作疇塵諸壖焦塄百一存果之碩晦復昭明期朔大夫夔璧完學二爲三和尉懋逺春秋字奐若隱煌煌奏格酌今以俎禮儀度萬斯年承有恪隆慶辛未

明倫堂記　蒲圻副使魏　裳

譙大夫爲通山逾年行治有聲百姓饗其利至庠序之事尤加意焉學官弟子無不人人德之乃言魏子裳曰邑學自宋慶歷至今五百餘歲勝國興廢無論已高皇帝詔郡邑立學及明倫堂如制故今葺之者數輒能計長遠哉乃譙大夫治民無傷事急先務易其材而新之垂久遠願得一言以彰令名余惟孔子道在萬世諸生誦法無窮何嘗不以倫爲重哉明乎此則小民

親爲禹稷契皐陶伯益無難其義在孟氏告滕文公語中然非孟氏始也書言明德慎徽易乾坤家人詩三百篇春秋禮樂皆是孔子告哀公達道則彰明較著爲孟氏善學孔子明其意使天下後世則古昔稱先王所謂有功於聖門者非耶故曰入孝出弟守先王之道以待後學則明倫急也宋儒朱子輯爲二篇皆古聖賢之言曰以訓蒙士嗟乎蒙士所能乎然聖功在此矣紹熙中朱子書堂額於閩士人多所興起

巳而薛舉巖榜於黔陽佗郡邑風之今朱子書幾徧天下矣士升其堂豈違其訓哉先王之教篤行爲上講習次之學者幼童受經白首而終自蔽非講習難也語聖則談天尊王則功令譁衆取寵則事功豈非躬行而未有得乎大夫政先學學先明倫所得非淺尠已諸士習於古訓豈無庶幾乎此哉堂成因繹其義於石大夫名田龍字在甫蜀中人也蓋繼文翁而作者歟

新建羅峯書院記　知縣　陳鈞

余以乾隆二年丁巳蒞任通山甫受事謁學宮見諸生於明倫堂觀其辭受舉止皆渾厚質直無浮華佻達之習故知通邑人士最爲近古而琢磨淬勵之可與有成也越月餘集多士於庭試以文藝皆能各抒性靈發明經義元元本本質有其文蓋守先民之遺軌而不染世俗之鉛華者從此而充實光輝歸於大雅則親師取友正業居學之方其惡可不講耶余不佞思所以鼓舞而振興之顧風塵一吏民社初膺方祿碌簿書鞅掌未遑及明年戊午鄉試屆期奉檄同考試事徧覽楚省文風之盛珠淵玉浦美不勝收及放榜而邑之士無獲售者乃愧予以簿書塞責於此邦之士習文風毫無裨益負茲多士不淺事竣迴署歲稔民和政有餘閒欲構屋數椽延師儒相授受與諸生程課以觀其成爰就縣西遺跡捐薄俸數十金併得邑紳士後先相助積至三百五十餘金擇吉於己未夏五月興

工先爲樓房五大間左右廂樓各二間前有屏牆牆外爲敬業堂左右樓房各一間又前爲屏門其外爲大門規模宏廠結構完密齋廚几席靡不備舉閱朞年落成督學使者題曰羅峯書院蓋至是而師生游息有地肄業有所余將計日以俟多士之有成矣先賢之言曰百工居肆以成其事君子學以致其道今諸生之在書院也專心致志以渾厚質直之姿爲崇實務本之學則其近道爲甚易由是文行並修明

體達用處爲真儒出爲純臣是乃
聖朝作人養士之意而長吏亦與有榮施也已
余更欲於前後餘址增修數十楹以待夫
繼踵而來學者且多方措置爲脩脯膏火
計顧力有未逮將漸次以成之爾蓋所望
於多士者有甚厚則士之自待宜不薄其
務相勉於道以幾於古之學者豈僅爲三
楚文壇增勝已哉因記之以誌余望

羅峯書院記　朱襄翰

書院之設何自昉乎自文翁王蜀郡以振
興文教爲事漢武廣其制於天下於是郡
縣有學官之建唐元和間李寬於衡陽創
立書院以爲讀書之所宋初賜額曰石
鼓書院於是州縣有書院之設若白鹿鵝
湖岳麓城南諸書院尤其彰明較著者也
顧學宮之設猶命於朝而書院則州縣各
有剏建學宮專於進取成材雖嚴董率勤
督課猶非朝夕觀摩之地書院則無論成
與未成兼錄焉離經辨志敬業樂羣尤爲
親切之地蓋上而黼黻皇猷下而倡導風
俗皆由此出是書院雖由州縣自置實與
學宮並重甚盛典也我通舊無書院往藉
李侯生祠爲義學苟且成事棟宇局促湫
隘弗堪與村塾不大相遠　仁侯陳太父
師才優天人學富古今以妙年登高提丁
巳歲奉簡命來治茲土急急以興教育材
爲事甫下車即捐俸倡修文廟不數月功
成己未夏旋謀所以建設書院於是正陰

陽定高下庀材計功親爲籌畫至庚申夏
而告竣蕣棟梁榱桷門堂墻壁巍然煥然
成一巨觀　侯銘其堂曰敬業督學錢塘
張夫子錫羅峯書院額視前此之棟宇局
促湫隘難堪者其恢廓何如也方　侯之
首倡此舉也議者羣難之謂　侯廉潔之
操比於冰玉衙齋清冷且未暇自治乃能
力構此舉乎乃　侯於萬難措置之中勉
力經營通人士亦踴躍以襄此事功成之
日　侯來此院聚諸紳士於堂曰有志者

事竟成天下事無輕於棄置也諸公其共
勉之　侯喜甚通人士亦喜甚昔文翁以
興學報最人踐台閣李寬以立院錫寵垂
譽於芳名　侯蒞任甫三載而百廢俱舉
二事尤加隆焉以此報政
天子之廷其膺上考蒙顯擢豈指顧間事耳夫
振興文教作育人材將來必有名賢輩出
多士蔚起上可爲廊廟增色下可爲風俗
倡導者要皆於書院之成卜之是不但我
侯幸亦通人士幸也　侯諱鈞字天樂號

陶菴亦號衡菴貴州遵義人成雍正癸丑
進士

重修羅峯書院碑

主講　周永桂

少府香谷朱君以長才隱末吏克盡其職
蒞通之明年即請事於書院工竣都人士
顧而樂之僉曰此盛舉也當垂諸不朽桂
時諗于講席竊謂事之成敗興廢各有時
焉先是進士陶菴陳公宰斯邑見館閣科
名之盛不古若改築書院於縣治西今之
式廓而增華者其遺制也公暇每進多士
課之勤勤懇懇恩義並至一時人文蔚起
科甲蟬聯迄今仰文治者咸頌公之德勿

衰歷三紀棟宇垣墉日就傾圮朱君志切
慕古輒不禁慨然曰是矮屋中獨不可爲
政耶因請於邑侯張公董其事閱月餘集
金數百鳩工庀材晨夜展力共規模宏廠
綜理精密視前有加方君之起事也左右
者難之謂我邑雖多慕義而土瘠民貧君
豈欲爲堂正所難爲耶朱君曰不然有志
則竟成耳已而聞風樂輸者遍及深山窮
谷中其得人之深感人之速所由來者漸
也第見整葺補苴復舊制也增修創造煥

新猷也膏火次舉計長久也公館別設防蘘越也區畫如故誌本始也將於是觀成矣獨計數十年來賢侯接跡使漸次葺理今日可無更張之勞而新聚貲物得握全算於薪油脩脯中其爲書院宏遠模者又何如耶顧陳公慎厥始朱君成厥終所謂廢興成敗各有時非與管子云聖王之處士也使就閒燕則父與父言義子與子言孝其事君者言敬其幼者言悌繼自今嗜學好古之儒羣萃州處共相砥行立名澡

身浴德行見易所學以行所學與前館閣科甲諸名公後先輝映庶不負我少府贊政之雅並以慰我前侯陳公之志桂竊陪講席亦將幸叨末光得廣其傳於天下也詎非吾道之大幸哉是役也起於乾隆癸巳二月中旬訖於秋七月爰撮其巔末而書之

朱公捐買李佳樹一都范秉剛門前畈田一坵三斗胡門一坵一斗麻車堝塘半口自塘下至鐵羅坵五坵二斗五升計共六斗五歲輸租九石並里民周茂廷呈獻六都船埠塘頭田二斗（內生員程敦魁助價錢八千文）歲輸租四石五斗共租十三石五斗湊原息錢以資膏火又以多寳寺僧得解僧濟達呈獻兩花樓房一座詳充公館例得備誌

聖會序碑

邑人候選教諭　周承桂

事有其舉之莫或廢焉而慎厥終者要惟其始前雍正甲寅夏杪適庠中有公事宴會咸念

先師聖誕允宜薦馨爰各捐貲付店生息爲久遠計幸耆儒懷洪陳公躍肩厥任至次年八月計本息錢數同原事先正六人公付兩城紳士輪息辦理邑博章華丁公記序其始事蓋數十年於茲矣每屆誕辰官師畢至俊髦咸聚雖采藻獻芹不腆將事而

趨蹌拜贍揖讓燕私肅如也不虞繼起規畫未周屢廢屢舉舉復幾廢余硯友文林郎樂君鳴韶郭君太陳君汝光偕桂商曰此我輩先君子志也狐埋狐搰是先人之無成勞矣盍繼諸於時樂君清暨乃弟瀛唐君三新夏君揖諸同學聞而是之復酌出銀十兩以蔵前事夫公事而公之反以僨公公事而私之適以濟公是役也太學樂君鳴玉郭君鉅鰲郡庠士陳君世燿與桂四人者守先訓悉心籌辦十數年來公

會也若私據之息取其薄人擇其可不狥私不避怨抽息帮公銖積寸累始得搆買一都良田四斗歲取租六石惟供正賦餘備會儀費雖未敷而本實先固後賢輩出宏此遠模引之勿替未必不精此爲之權輿也近者兩城公會買田已有定議事成行將并此田悉歸公管公議公收矢公濟公仰副我

聖天子尊師養士至意雖千萬年可也此復立會意也亦即先正志也慎厥終矣又何

嫌私之與有先正者何明經黃公志洪陳公典士公槐文學樂公而樂傅公巖先巖諱嗣洪公者是備誌之禮不忘所自始也

原買一都下西頭大塘下田三坵計種三斗租四石五斗

一都馬家畈李家門首田一坵計種一斗租一石五斗

兩城續買一都楊家壠口碓下田一坵計種一斗五升租二石五斗　管名二都二甲孔上疇正米一斗六升五合

共租八石五斗

乾隆五十九年仲冬月　兩城紳士公立

創修考棚記

歲貢　樂純青

道光乙巳秋通山創修考棚閱二年落成人咸頌　張侯德於不衰夫考棚重地也創修宰職也振興文教嘉惠士林上副
聖天子作人雅意賢侯之夙心也奚頌爲特以數百年未修之舉一旦創之費將累萬工經數年非政成民和未有翕然從風者侯之德大矣哉始之經營也買城東管姓屋一座價一千一百金因地勢低且與署遠暫作公所仍於署內右側審其地得天然基後稍促移常平倉故址足之今之至公堂以上皆倉基也爲號舍三間大致倣武昌府考棚可容千餘人棹櫈皆石脚又過之時則有總理者若而人經費者若而人鳩工庀材者若而人矣公矢愼任怨任勞旣成各里復以費之餘起賓興會雖諸紳協力同心總以宣　侯德意耳夫新沐者必彈冠考棚旣修賓興復起通之氣象煥然一新士孰不彈冠相慶昔道光癸巳冬府試通應試者不滿三百人　裕太尊

獨獎通山謂十年後必有文人蔚起二十年後必有達人今縣試近千人學額加八名斯言不有徵乎抑亦張侯與作興運會適相合也特天下事創業難守成亦難自咸豐甲寅賊入城公署盡燬而考棚獨存宰是邑者不居公所卽居考棚號棹號櫈每不無損壞之憂所望後之賢侯以張侯之心爲心不負
熙朝作養之意則通人士之福也已夫前明有二張侯皆賢能所建修列諸志矣今侯並峙爲三烏可不記遂作頌曰海庸張侯重修譙樓儀門備制式煥新猷九附張公整頓泮宮櫺星門闢學校尊崇今之賢尹起自烏程民情允洽乃建考棚事爲其創象取諸壯爰暨諸紳經營意匠廣廈千間庇士歡顏昔惟大邑今見通山栽培士類惟侯之賜後來賢宰善繼斯志　侯諱中孚號藹人浙江烏程舉人

文昌閣記　翰林院庶吉士譚　篆撰

今夫治民事神宰職也彰往察來神司也神之最著者莫如文昌帝君嘗考天文志文昌六星在北斗魁前爲六府主集計天道周禮春官以槱燎祀司中司祿重其典也蓋上帝簡命帝君儲精張宿炳耀奎光法力能廣嗣續而彈追孤辰德化能煥圖書而芥拾青紫綜桂籍掌仙籙注鸞書賞功進爵禦災捍患罔不禀之原其初起自巴郡廣漢世爲大夫統以忠孝爲先因而

陰騭下民式享上祀蜀楚尤加崇焉通人士尸而祀之維時仕籍接武家發聯鑣之秀黎赤繁衍邑有成幃之風神隆祉而人獲福有年於茲迨兵燹後像返太虛宮鞠茂草雖禋薦如故而近於瀆宕渠任侯奉
新天子命來蒞茲土展拜之餘愴懷良久廼進紳衿聚耆庶而咨之是可新乎僉曰然遂捐俸庀材募賈鳩工以壬寅仲春三月肇修閱數月而告成且帝容絢日聖父聖母聖嗣仙庹莊嚴丹堊掩映巍然爲一邑之冠若另闢一洞天福地善哉斯舉治民事神兩得之矣董事者徵言於余以爲記噫通固文獻名區然非賢侯鼎新未易得此侯西蜀世家簪紱蟬聯科第鱗集現宰官身而爲說法其治通簡而廉寬而栗剔奬釐奸撫善安良一時白叟黃童靡不塗歌而巷舞意者帝君默誘侯衷而代宣其化乎從此榮擢樞要慶洽螽斯壽躋岡阜侯闡帝君之靈以福通人士通人士送帝君之庥以祝侯將九十餘變化之身敎翊

長存千百年樂只之誦永永勿諼矣紀其事以勸貞珉侯諱鍾麟號玉波辛卯科舉人四川保甯府蒼溪縣人

重修文昌廟記

北斗戴匡六星曰文昌其象亘古爲昭其神於今爲烈自司中司命之祀肇於周禮厥後俎豆馨香弗替

聖朝文教昌明欽奉

上諭列入春秋祀典有其舉之莫敢廢也文昌廟屢遷其地年久就圮昔之堂皆今爲茂草乃祀

神像於奎光閣閣故規模狹隘堂不滿筵階不盈尺當夫春秋有事率畧成禮非所以妥

神靈而對越也余憲商諸兩齋司鐸召合邑紳耆而詢謀焉僉曰是固議修久矣而創始實難所望有力者倡之耳余乃諭紳耆分勸六里量力輸金以襄是舉余亦捐廉以助聞者踴躍不數月而樂輸纍纍爰遴老成明幹之士董治其事計工程量資費度基址擇建於黌宮之東偏卜云其吉茲焉允臧於是庀材鳩工簽日興事材取其堅工取其固爲宮三重厚其垣墉高其閈閎屏門之內兩廊翼如於其旁階兩齒拱於其下由是而升庭宇軒朗堂室閎深有隆其棟有覺其楹櫨桷錯以分承碝碱極其審緻不窮雕鏤之華昭其樸也不侈黝堊之巧昭其質也盥洗有所拜獻有位樂舞有容櫝椸几筵煥然一新廟後祀

先代堂宇深嚴悉如前楹之制翠屏高聳於其前羅阜厚擁於其後左挹望江之秀右歛泮水之清占既叶於大壯象實符乎文明蔵事之日牲醴敬告歆福落成神人歡洽余既與紳耆交相慶悅乃進而詢之曰諸

君子之所以事神者徒事之以貌乎抑事之以心乎僉曰以貌不如以心之誠也維

帝君忠孝立身即以忠孝垂訓利濟溥及世有功德於民今之饗祀不忒詎敢云報哉誠能以

神之心爲心念念不忘忠孝時時有懷利濟出則爲名臣處則爲純儒可質諸神明而無愧黍稷非馨明德爲馨而躋濟拜跪之末固不足言也抑又有慮焉者是廟之成將新於一時乎抑期之以久遠乎僉曰固願

歷久而如新也夫事莫難於慮始亦莫難於守成今合六里之材力以圖事其剏修也頗難而或一時之經理少疎其就圮也亦易則當齊一六里之心善爲持久之計不但春秋匪懈掃除必潔已也必綜理有人啓閉有司檢飭有章補葺有費庶乎久而彌固維

神主人文權衡桂籍果其事之誠而守之敬來格來歆默佑斯邑自此文運日開人材蔚起掇巍科而登顯仕其發祥豈有量哉是

舉也經始於壬午仲冬告成於乙酉秋初費無虛糜工無曠惰襄事者樂元勲黃克山等皆殫心竭力綜理有方摩石既成乞誌於余余以建修之時日六里樂輸之姓名捐金之多寡首士諸君子之有功皆宜識之謹記而泐諸石

勅授文林郎知通山縣事壬午乙酉科同考試官晴閣楊兆杏撰

道光六年歲官丙戌仲冬月上澣吉日立

文昌廟鼎建并　奎光閣南門塔頂東齋記

邑治治一邑政令所出教化所興人文所啓將培而植之時與人若相待焉邇來丕建

聖廟罕有倫比此外嘗修者實繁而

文昌廟尤重且急前之爲祠爲宫基地莫考惟

康熙七年邑侯任公鍾麟建閣東關外乙辰方並捐廉購田三石餘地若干畝爲久遠奉祀計其欽崇

帝君而嘉惠斯邑者宏矣不虞世遠田土遺失今但存一碑仆荒草閒去塵埴讀之爲深歎息乃移嵌廟壁誌遺愛焉先是嘉慶壬戌年

上諭天下州縣皆立廟頒圖式增祀事時邑令甫議建而解任閣亦旋圮於風

帝君倚處奎星之閣春秋有事踧促難行道光辛巳

聖天子臨御之元年　賢侯潭陽楊明府甸蒞吾通下車之初即以

文廟未建爲憾是年冬捐廉設席請兩學師及諸紳士商議給簿勸捐因原基地隘方位未善屢經選擇乃卜遷
聖殿左方得吉出是諸友踴躍從事戮力同心選材鳩工中建正殿當
聖殿與方坐艮向坤與翠屏塔正對前修拜亭旁作兩廊又前立大門又內爲屏門外及
天必甃以石後爲後殿因地漸高作石階十餘級殿亭中地皆甃以磚樸斵雕鏤宵漆黝堊糞稱輪奐焉乃工甫及半兼苦費

艱而奎光閣朽腐將頹又南門臺圯樓傾翠屏石航獅子三塔雷皆震其頂僉曰修不宜緩也爰復商同志僕僕各鄉勸歛貲財數事具舉且慮乙辰方舊址遺失就建東齋夫
帝君爲人文之主而　奎星之炳耀實輔之南門納文明之氣而石塔之聳秀亦助之以吾邑人稠土瘠力絀舉贏而勉强支持寒暑數更而莫敢謝者所以體
聖主之必重　賢侯之命而康
帝君之靈也其於政教庶少有裨乎人文庶奮而興乎顧培植之方猶賴興賢之會屢議將成輒被沮撓豈時尚有待亦如辛方之塔歟後之君子於已集者修理之於未就者刱爲之是吾邑之厚幸也夫
道光八年歲官戊子仲冬月上澣吉旦立

關王廟碑　崇陽都御史劉景韶撰

宋侯爲通山二年其所在事實殫夙夜念茲瘠土之民將以遂百嘉廣蕃育於是乎修職業舉廢墜使各有常守用昭明德乃祀融相繼爲災侯內自訟曰夫吾旣已稱民父母矣乃令赤子不免於水火吾之辜也厥咎何繇伊胡爲厲將死者之無歸乎捐俸爲漏澤園掩骼焉未也抑淫祀無福九宫瑞慶不足以受釐成民事其武安王乎夫祀國之大節也而節政之所成也夫

吾不愛衣食於民不愛牲玉於神由欲靖民也苟民之能靖何恤乎爲民請命因卜廟白鶴山山去縣治一里廟有正殿一後殿一門三從屋三丁始端月終臯月不擾民一材不費民一力悉資諸俸羨無勤百姓以爲己名蓋食民之奉不能庇民是將移其奉以奉王求助其所不逮庶幾哉其猶足以自解也或曰王昔浮江漢未有以及茲邑無功而祀越哉臧孫之爲政也苟求利民何必祀王抑徼福也則不可侯曰

夫聖王之制事也法施於民以勤事以定國能禦大災能捍大患非是族也不在祀典夫武安王自受漢壽亭侯以有今號天下之奉壯繆舊矣在昔勤事定國無所徭勞於當世而效之今時以禦災捍患提若桴鼓環海內孰非王之所馮神乎吾茲以民請薦其馨香將祝史陳信無愧辭豈有所不能得於王免茲水火錫以嘉惠不腆敝邑如在宇下與其禱祠畀鬼不可致詰孰與王精忠正氣日監在茲是則典之大

者吾又惡能卽精士自解哉其所以厲我爲民者以重愧王哉博士劉應斗周頤彭都典史劉振適觀成事諸生朱之楫夏瀹以告所示來者聽侯斯言無忘爲民更使雪霽於水火入將重得罪於王以負侯建廟之意猶爲功德乎侯要之明神而質以祀典也作迎饗送神辭三章俾歌以祀並刻爲侯諱承殷字伯賢陝西鳳翔人戊子科鄉貢進士其辭曰厥夭兮將將佇神靈兮洋洋假新廟兮翼翼凝悃愊兮望予森

威靈兮颯颯光戾止兮儼斂壁明信兮酒清殽芳右迎神

仰神顏兮紫玉耆修髯兮高厲擊肝轡兮下節載雲旗兮逶迤靈靄霭兮來至風泠泠兮享皇[illegible]兮君歆懸我人兮降福穰穰右降神

佇騶[illegible]兮雲霧排閶闔兮言旋騁驂怒兮逸實揮大刀兮騄赤驃衞天帝兮搖翹帷精忠兮不磨亘古今兮長存翊朝家兮社稷庇蒼生兮萬國茲血食兮下雉五風兮十雨庇我氓兮屢豐年右送神

重修關聖廟碑

文林郎知通山縣事西蜀馬負圖重修
賜進士及第東閣大學士江夏賀逢聖撰
賜進士出身戸部郎中主事前行人司行人峯
陽汪桂書丹
賜進士出身戸部郎中前中書舍人興國梁招
夢篆額

明興三百年敦尚祀典咸秩無文獨漢未
義勇公關帝赫濯千秋於斯爲盛先朱侯卜於
西治白鶴山麓建祠祀焉嗣奉
勅加帝號丙寅春金壇王君復增後殿被冕服
易舊坊飭爲聳矗迄今春秋惇獻禮不懈
厥靈昭此茲土尤章章著矣而庭楹兩翼
歲久剝蠹仁侯勵精撫此幾及四稔今始
議葺予有以識侯之惇大明作競緩有權
而美報之深思閎遠也方今
聖天子辨邑勤治督繭絲飭保障驅殄妖氛以
裕清盛咸和之理凡蜀意守牧文法嚴謹
故凡有其舉之而順成不足逕帝錫見事
不足播仁聲君子議而弗任予聞侯之治

通仁恕爲輪忠厚爲御僑之言曰惟有德
者能以寛服民不縱於催科勢也乃不忍
勤歲私家竭其涸澤一意蠲廉枝梧緩緩
求紓日籌肉好而環供之分憂師徵而百
室綏靜民若樂其成額不知繁重丁丑之
秋鄰盜嘯作燎原不可嚮爾蜀郡懍懍無
所出計且薄矙門者諜數至是時震疊倡
義帥其兵民越疆殲巢俘其渠魁兩地歌
頌咸揚於鄰昔
帝殫壓蜀鄂名振華夏茲之晏然豈其神助耶
所以地不設險而安民不舍穡而嘗繇斯
以觀是邦之人繭絲之易理乎抑保障之
艱虞乎侯會輟其温良慈惠之德而爲嚴
酷武勇乎其他訟獄衰息政廢舉不容殫
列會期奏績陳明懋簡豈非
帝佑茲土不欲奪其慈母而孺抑擬載錫之篆
以久渥澤乃得優暇與士民議新斯廟博
通衆志民大和會前後殿楹左右墻垣悉
新之夫以數十年鮮克舉者維新一旦闔
邑殊常則知神所憑依將在德矣其不汲

汲事修者乃共念敬我衆不以美報貽羞
誣之過使其愛人深入之思陟
帝左右而帝之嘉祥丕顯其道相輔有自者以
俎豆
聖帝而俎豆　仁侯甘棠之愛云乎哉仍武之
思云乎哉峴山貞珉斯其誌不朽也夫
侯諱負圖四川敘溪人文初其別號
崇禎庚辰年　四月吉旦立

重修武廟奎光閣記　知縣　黃國楹

白鶴之陽崗奉　關帝右峙　奎光高閣
蓋武聖文星重地也廟肇前明之季閣建
我　朝之初年久蠹朽棟桷俱即傾頹無
以妥　神靈崇祀典公餘聚都人士擇老
成者首倡新之廟竪中廳增演戲臺恢門
閣前後砌丹墀十數丈閣擴舊制易四隅
爲六窻櫺百扇環築牆堵費金五百有差
二年而咸告竣此雖人心樂善而
聖天子揆文奮武之化通邑經文緯武之休於

是乎徵余忝司牧圯修廢興職也見廟宏
閣峻必甚懋爰勒珉石以誌通人之共勷
盛舉而有成
乾隆十六年歲次辛未冬月立

奎光閣記　翰林院檢討鄭之諶撰

嘗觀山川之秀蔚爲人文此得乎天地之
自然者也乃山川之秀亦既自若矣而後
構以危欄傑棟挺峙其間一日之規爲遂
成千古之壯麗此又足以助山川而使之
益秀聚天地之英華而適符其自然者也
通邑上下百餘里丹巖矗翠碧瀾瀠鮮靈
異攸鍾名賢接踵三臺八礴之上向有其
人今其盛則少減矣　任侯玉波辛丑春
三月奉

命撫茲慨然追憶昔盛間之故老曰邑前茲獨無勝概足爲文風潤色者乎故老曰西關舊有青雲館其頹廢也久矣侯聞之遂欣然聚邑之紳衿耆庶卜基勢之尤上者新其構焉隨捐俸鳩工於壬寅夏四月鼎建一閣易青雲而以奎光名之蓋取文章騰達光華上國初無異乎五星攸聚爲國家啟斯文之兆也噫侯之屬望於邑者切矣未幾閣成而侯又當報最之會邑人以侯居上上考則內擢在指顧間前此竹馬遥迎而喜其既來後此卧轍堅留而不能必其不去凡自侯蒞邑以來之深仁厚澤以暨一堅構一圖維悉欲勒之石篆鐫諸梨棗以留不朽之遺愛誌不忘也侯西蜀名儒　富胸繡掇巍科抱鹽梅鼎鼐之才鳴琴百里靡利不興靡廢不舉教化洽民必悅業已

九重識名六卿推善矣侯何必以一閣傳哉然侯不必以閣傳而閣不得不以侯傳也閣以侯傳則異日之登斯閣者不徒以爲

凭欄賞適之奇觀而直以爲培植人材之勝覽不徒以爲點綴城闕之傑構而直以爲翼助山川之偉圖是故觀寒潭而思侯之清潔焉望高山而思侯之靜鎮焉對蒼松而思侯之勁節焉坐春風而思侯之教育焉是邑以一閣煩侯以無限之經營而侯以一閣留以不盡之思慕也夫河嶽固已有靈朱甍亦自吐氣行見孕精毓秀英奇輩由方且柱礎朝家文章事業巍煥千秋則茲閣可以爲萬年不朽而侯亦與之不朽矣是爲記

重修奎光閣序

知縣 彭惠疇

人之功名事業人之精神意氣爲之也精神所注功無不成意氣所專事無不就而精神意氣之蘊於中者人不得而知也則嘗於興造動作之間見之通邑之有奎光閣也昉自康熙二年屢經補葺後益傾圮邑人謀所以新之培文風也其卽精神意氣所見端與余於道光二十年承乏茲土甫下車接見諸紳士談論之餘卽以奎光閣之修見請曰前之倡是議者爲蔡仁侯

穆如欲得公踵其成爲且屬一言以勒石余曰善足見諸公精神意氣之所向而斯邑文風之有厚望也爰捐俸錢二百千以爲一邑樂輸之倡擇吉興工未幾而奎光閣巍然特峙矣夫有志者事竟成地靈者人必傑古今來哲士挺生不以爲河嶽之英卽以爲山川之秀往往而然余觀通邑山川盤鬱綿亘數十里類多峻嶺奇峯皆扶輿磅礴之氣所結而成意必有偉人傑士生於其間今奎光閣之修旣有裨於地

靈而其精神意氣之志在培文風者又復殷勤不倦是其功名事業之顯達未可量也且奎宿之光聯於璧而實射於斗按通邑分野適在斗之一度正與奎光相激射則茲閣之在通邑其應驗當較他邑而倍捷從此煥天文以蔚人文功名之與事業之顯必有不負諸公精神意氣之所注者則匪獨通邑之幸也亦守土者之有厚幸也已維時董其事者徐登榜徐赴唐又贊樂樾聰陳書紋阮材品葉上林陳名材八

人余嘉其同心共濟贊襄有成俱列芳名於石至若不吝貲財好義從公之士則另有碑記在不能備録是爲序

道光二十五年歲次乙巳季夏月穀旦立

通山縣志卷之七

重修譙樓儀門記　少卿朱廷立撰

古今之建官也有公第勢存焉制存焉情存焉夫民非官罔理官非公第罔以治事是可已乎故曰勢存焉貴賤有等宮室有式將以辨上下定民志也是可已乎故曰制存焉守令者爲民親者也令親其民民親其令民爲令治第情也是可已乎故曰情存焉乃今剏葺公第費出公帑懼傷民也如取之民則假是以自利者孰踪跡之

由是法密而情微矣通山有縣舊矣廨宇歲久就壞大門四壁立且隘陋又無儀門齊民直視聽事堂蕭然無威也縣故有譙樓亦壁四落敗柱欹倚風雨中然猶懸巨鐘焉過者趨步恐墜嗟乎陋矣嘉靖辛丑冬橋東張侯來治吾通見而嘆曰嗟乎若是其敝也不圖新之吾能一日居乎乃謀諸士人耆老咸曰費侯曰吾處費曰力曰吾率力曰上官疑疑弗成曰吾治私第乎即疑之吾不避於是度地給費鳩材號工

不數月而儀門而左右門而左右路整整矣徹門與樓之舊伐石爲臺臺上起樓不數月而臺崇崇矣而樓翼翼矣樓之上東設鼓聲讙讙矣西懸鐘音鏗鏗矣夫是費也豈公帑出哉民之情役之而弗怨其所以親我者如是也則予所謂情存焉者非汪濶矣夫以數十年之陋悉一新之期月爾巳然則侯之爲是也仰承

德意以爲理人治事之地者不謂速乎吾聞之新沐者必彈冠新浴者必振衣繼自今

豈惟從政者新其政理巳哉凡我通人出入是門由是路者咸慎厥履無自輕焉則所由者皆義路矣所出入者皆禮門矣聞鐘鼓之聲而致思焉惰者以勤迷者以覺息者以興放者以收則鼓信可以遂業矣鐘信可以立武矣然則侯之爲是也以貽我通之人不謂厚乎嗟乎吾能爲所當爲人曷疑焉欲所當欲人曷奪焉弗是之思而顧諉曰人我疑也人我奪也則凡經久之政俱廢閣矣是惡在其爲民親也然則

侯之爲是也以告新令尹不謂遠乎予感
而記之侯名一拱海康人橋東別號也

一

城隍廟記　　刑科都給事顧　問撰

聖朝於一邑之建必隸之賢有司而於城隍之
神式隆廟祀詎信愚然事幻妄哉蓋民之
生令全之民之止令甸之民之威福令作
之而然後宏贊則於城隍之神有攸賴焉
通治多火災且也山谷峯岸水泉瀠洞歲
時湯湯苦滸沒雖極卬禁宇鉒官茫然無
稗益而於城隍之禱歷著響應則神之有
庇於民昭昭也此廟之敝而新者吾不知
其凡幾矣迨九岡張侯以辛巳蒞通侯鍾
蜀凱頴秀仁愛廉敏遇事津津亭亭志切
救民厥明年歲大祲禾盡槁侯惻焉民禱
於城隍霶然霖作歲沾大有又明年民居
失火延燒數十餘家侯蹙然曰昔禱雨而
神爽允孚則是災也必有神可殄乎乃率
民羅拜其廟隨而反風火滅而凡鑿昭禍
淫民畏之而自不敢爲惡福善民慕之而
自不敢不爲善其以陰教助令勸懲者亦
大矣則所以崇廟貌答神庥者敢後衆祠
爲之乎廼曰居以棲神靈頃茲堂宇復敧

倚圮墉頹圮級砌剥落風雨且不蔽惡祈
神佑哉則捐俸躡民以隆修飾維時民之
好義者則有二三輩奉令義章爰追神涇
唯唯相率趨事葺殿宇新拜亭甃井欄塈
戟門峻麗大門垣墻建坊牌蓋瓦級磚循
次就理且丹漆藻繪峩然煥然真可以妥
神赫祈鴻庥爲邑大觀僉曰是建告成侯
之美也無表建則何以彰美而盛傳廼砥
砟磋閒記於余余曰令秉陽樞神司幽握
茂建洪勳堅邑屛鄣式勒瑯玕用彰揮霍
永孚神靈永貽民樂昭哉令聲同此不磨

重修城隍廟碑文

聖朝制祀以爲國典通天下得祀者惟社稷城
隍孔子爲然蓋道德高厚教化廣遠與天
地參而四時同於是乎有孔子之祀殖百
穀平九土使民安君而足食於是乎有社
稷之祀禦民之災捍民之患福民之爲善
禍民之爲不善於是乎有城隍之祀方今
祀邑徧天下守令以時修祀事不敢怠爲
其有功烈於民者也非是不在祀典通山
縣舊有城隍祠在縣治之東宏治壬子歲
燬於火堂宇僅存亦且頹傾撓折漫不可
支外無門垣無以蔽羣畜荒穢不治禪慶
弗下居民行商惟滛祠是媚宏治丙辰冬
南昌閔侯元來令茲邑擇艮日先期宿廊
下以供晨祀進父老曰廟之敝若此其甚
不修而作之則靈德不振民無所承事也
明年政治民滋百廢以次興繪龍亭繕儀
仗營府館完倉廩修監室建圍舍經理布
按分司凡若干費萃於訟未嘗損上而剥
下也然規模宏麗視舊制益完美而尤於

城隍廟加意焉度材定制不踰年而廟成毁者易而壯卑者增而高隘者闢而廣設三門築四垣列東西兩序致齋有所克庖有次黝堊丹漆之飾光彩耀射工告訖功以羊一豕一祠於廟是歲冬十一月民居火作燬甚廟將燔及侯奔告於神既而風反火滅獲全數十餘家而廟賴以存雖侯誠感所致抑以見神之不可誣而淫祀之不可爲福也請書其事於碑以示邑之後人

鄉貢士通山縣教諭吉水周　煒譔文

奉議大夫雲南嵩明知州邑人吳原聽書

鄉貢進士邑人朱伯驥篆額

宏治戊午春三月吉日通山縣典史金華

武義徐　望立石

洞淵觀記

知州姜時棠

邑治西爲洞淵觀洞淵蓋通邑眞宇首地去邑居僅數百步歲時令節祝　聖壽拜賀則有司習儀於此一或兩旱祈禱亦必齋戒首告於元祠乃元天固茲邑重地也觀中殿宇東西二廂前儀門前三門甚舊志云嘉靖己未禮部侍郎朱公廷立嘗捐貲倡邑父老子弟重修之工未竟而公下世矣積歲以來益就頹圮萬歷己卯秋越剡王侯奉命來令茲土至觀則四顧逌然曰通洞淵壇始茲觀今湫隘卑陋乃爾則何以新祠貌妥神靈崇祀典壯瞻視哉於是捐俸鳩匠氏伐石搆材爲次第修葺之凡殿宇棟楹節棁榱桷煥然維新殿以外埤地宏廠悉甃以石宇舍廓然瑩淨其外墻壁黝堊垣赫瞻視規制大備其龍亭儀仗金彩燦爛蓋炳炳乎盛矣嗟夫茲豈非一邑勝槪偉觀哉侯至通甫二載興廢補缺起敝維風凡諸所創設有利於茲邑者悉爲舉行了無廢事而尤綜理周密織悉

動中機宜故雖時有興作而民不告勞財不虛耗即如茲觀所費蓋不下數十金而皆不以絲毫干諸民家侯之才調其可及歟是役也工起於萬歷八年十月之朔迄是年冬十二月而工告竣維時三學博君屬余爲之記余於是述其事而書之

侯諱嘉相字汝亙號艤海浙之嵊縣人起歲貢

重修多寶寺碑文

余初抵通寓多寶寺內見其寶館開敞禪房深邃非有曠如奧如之致寺僧鼎慈慈雲得解彌山來謁余嘗詢寺所由肪建自何年今大殿有傾頽之形修葺孔急寺僧承余意而請曰通山原名通羊邑西立石礄名多寶礄頭建修菴堂曰福壽後遷羅漢灣仍襲菴名永樂時菴僧宗秉同山主焦伴修商移於白鶴山麓建修大雄寶殿因佛偈有曰天雨寶華曇花帶潤爰以寺名曰多寶萬歷四十六年僧惺台復提緣主葺廟貌維新奈歷今久遠棟宇蠹朽佛像難安僧等有志重修竊恐工程無藉先年已各捐貲起會積至十餘年湊就五百餘金茲欲丕顯宏規光昭舊制猶慮精衛無塡海之力大廈非一木能支情愿苦志募化冀襄厥成周圍結以石牆環殿竪以石柱前後鋪砌庶幾風雨得避永垂久遠余聞言而壯之遂不禁喟然嘆曰世家子弟奉前人祠宇不克修葺往往聽其傾圯

甚有易磚瓦以毀基址者洵非光裕之
爵也今寺僧獨能捐貲募修立志易木爲
石億萬載廟貌猶存千百年磐石鞏固真
空桑之善述賢於世家子弟者遠矣余安
得不爲之歷述重修之由以爲序
賜進士文林郎署通山縣正堂加五級紀
錄十次定陶劉可考題撰
乾隆三十四年歲次己丑仲秋月吉旦立

九宫山欽天瑞慶宫記碑
翰林侍講學士歐陽元撰文　中書左丞
王懋德書丹　參知政事許有壬篆額
至元皇帝臨御五年歲次丁丑夏四月集
賢大學士臣哈剌八都爾等奏特進上卿
元教大宗師臣全節言今海內名山福區
道家祝釐之所宫觀圯而復新者五九宫
山欽天瑞慶宫其一也皆未有賜碑請勅
臣分紀其事以昭永久制曰可於是欽天
瑞慶宫之碑屬筆於翰林侍講學士臣元

申命中書左丞懋德書丹參知政事臣有
壬篆額明年本宫住持提點車可照具巔
末來京師臣元謹按九宫山爲古今名勝
岡巒綿亘數百餘里唐人陶姚二仙結菴
山中去迺綦茀宋純熙中真牧真君始墾
闢此山創建神宇既道法靈著於光宗之
晉儲恩昭陳於甯宗之在位畀以宸翰賜
以欽天瑞慶宫額詳見尚書長沙易公紱
開禧元年之記宋末己未燬於兵至前至
元十三年內附天朝住山大本封君復之

翰林承旨吳興趙公孟頫爲之記延祐甲寅山有災宮爲所燬今住山車可照復之垂成至治辛酉又災可照復之志彌堅經營十有五年始克落成首作真牧真君殿翼以御書巢經之閣傅以東西方丈次作法堂曰天光之堂傍列元真都仙真官山王四祠輪奐雄偉甲於諸方宗師嘉其隳廢續成改觀之美猶多其思致宏深規度開廓蓋方外智士元門之忠臣也於是奏請得旨申命詞臣鋪張厥功銘之藥石可謂盛矣系以銘曰吳楚之墟斗軫之交山名九宮靈氣孕包唐有陶姚結廬煉真上仍丹邱委於荆榛至宋真牧載剔菑栵行通於大夢協於帝以佐累洽時維光甯有赫靈既會於內廷命宅茲山作室千礎賜以奎畫照耀南土曾未百年歸我皇元我元熙風軼古羲軒德明惟馨媚於上下神來續續錫我純嘏順成之方民從如雲曾孫千億言壽靈君靈不遑處民用戩穀畢方爲妖不廢曷與乃作新宮乃設崇巘葺

石權木民足不斷靈君無爲孰主孰維惟此高士載謀載爲天朗日晶層雲疊霞列室鱗次真仙之家自下望之邈若霄漢林麓蔽虧金碧絢爛有烝者徒置塾延師學道之餘讀書誦詩元流之宗奏疏上前請紀嘉績垂示永年詞臣摛文陳述帝力神之聽之報効家國山連匡阜數應九九符我乾元天子萬壽

九宮山重建欽天瑞慶宮碑
元至元二十四年趙孟頫撰

九宮之山真人居之其山之高去地且四十里殆與人煙絕多壽木靈草幽花上藥蓊蔚蘙薈蒙籠蔓延於其上清泠之泉噴薄飛流於其下蓋遊仙之別所而棲真之福地也自真人之居是山禱焉而雨暘時祈焉而年穀熟故宋人築宮而嚴事之其事謝司業易公之記可攷矣己未江上之役兵既解而宮燬於盜沖隱大師封君大本與其徒思復於古昔拾瓦礫除榛莽度材鳩工作而新之廼作妙應之殿殿西南嚮爲淵靜之居東爲方丈殿南爲天光之堂其上曰朝元之閣閣西龍神殿東爲藏室皆南嚮閣之南爲仙遊之殿又南爲通明之殿殿西爲西廡廡西爲院其東亦爲廡東廡之東爲齋廚倉廩廡南又爲天聲之樓懸大鐘於樓中樓東西面又爲道院庭西東爲朝真之館中庭爲虛皇之壇壇南爲碑亭亭南爲三門門東爲化士之局

西亦如之三門之南爲華表其東西皆爲以周廊門南爲壺天之亭又南爲天上九宮之門合數百間皆雄傑壯麗儼若清都縹緲靚深疑出塵境雖仙靈之宅陰有相者亦不可謂非人力之極致也當封君時則有若某某同其勞封君既老藏君繼之最後得法師羅君希紅某某成其終由封君以來歷年三十更有道之士十數然後燬者復完廢者復興卑者崇之缺者增之百神之像粢酒之器養生之田鼓鐘幕帟供張之具視昔有加焉豈非難哉豈非難哉至元丁亥孟頫奉詔赴闕始識法師羅君於京師而又與余同邸舍居久之以記爲請辭不得乃敘其事而記之然余於此重有感焉使世之儒者不廢先儒之說以正誼明道爲心令議者不得以迂濶而非之則斯文當日新庠序當日興子衿之刺不作矣豈惟是哉使天下之人農桑工賈皆不墜其先人之業各善其事則家日以益富日以益厚安有壞家毀室者哉余於

此重有感焉故並書使刻之石後之人其
尙思余言毋俾其成之難者敗於易也今
天子崇信道德凡玆山之田皆已復其租
矣衣食於山中者盍亦思庶人帥子若弟
終歲勤動以供賦役而吾乃得優游逍遥
茹蔬飲水自樂其道宜何以報帝力哉羅
君方以道術受知聖明其必有以也

重修石航塔序 碑存文昌廟頭門內　黃　瑛

通山三楚武郡之岩邑也縣治後山而前
水山皆大石貌巉而頑然縱觀之下秀骨
存焉談風水者常往之故山川所鍾不乏
能文章士昔生童應試每沐
督學大人器賞獨異他邑而科甲寥寥按臨日
恒惜爲地靈不催故也乾隆八年前鐸斯
邑蕭帷煜先生孝邑名宿至任即向今謝
開採字視侯之父明經得慥者言山骨精
秀故文人多巽辛峯不起故科甲少邀請
前令斯土者福建蒲城吳公世臣建議修
塔培補公慨然以爲己任歲癸亥捐廉延
紳首領其事審方定位於縣治東南隅石
航山上係學宮巽位修塔一座高三丈餘
甲子六月告成九月榜發全君漁中第四
名矣丁卯則慥弟得懱庚午則舒君道宏
壬申　恩科宏弟道光以五名經魁雋是
歲城紳樂鳴韶黃大凱周永桂等憶蕭師
向所口授於治西獅子岩增修一塔雖未
及辛位明年癸酉樂君鳴韶捷於南闈又

明年甲戌謝君得雋捷於南宮嗚呼吳公之德遠矣功鉅矣蕭師之地學足挽回將逆天地之造化豈不比續古人哉乃丙子歲三月塔被雷震是科文歇而捷武爲方君望比丁丑樂君鳴韶成進士獅子塔之力也己卯歲𢢽次子開堂約義士周秀波等葺斯塔秋郎朱君顯甲膺薦庚辰七月雷復震連歇四科僅武經吳君履福天荒焉余掌教斯邑九載景慕蕭師金針轉移與諸生惓惓商確謝子覩侯契余說爰邀

周秀波方敵秀並其弟開璽等願不辭責憑潔白之心商諸好施君子鳩工庀材盡拆其故底依原位重修之比舊塔高七尺己丑七月始事十一月告成自言欲闡縣讀書人世世不扼抑焉斯慰矣斯言也是欲廣吳公之功德永蕭師之神術承乃父之素志者也吳公與蕭師及山川神靈其必相與默鑒而贊勷之乎至辛峯之建刻未暇及俟後有志者以竟成

乾隆三十四年歲在己丑冬月　立

登羅阜山記

邑人山 東鄉政　朱志先

羅阜中峯踞邑東北玉笋昂峙猶映雲霞前開大幕廣野展邑治𨫼臺亭閣環之翠水瀠宕左右後備射足十數各起小巒如拱揖貴主翁然麓足則咸止平地不藝麥連山岡惟北來一峽鶴脛蜂腰爲山度脈以渾山茸茸細草全少荊棘春夏微翠秋冬薄紅每日漾風催烟籠霧叠影搖拂如羅阜言高羅言色也嗟夫山距縣豈遥過市行道及往南麓者刻刻面覿曠親切賞識其異處譬高人逵士羣聞雅度英風矣而不與密共局旋侍談笑聆謦欬終未得所難攀望者安是則亦靡加於邂逅遭矣洪武丁丑九月九日余起將買棹入京爲邑侯雲翥翁要躋其上夫高盼重陽之舉余素以率故爲嗤欲爲破格者也及千折百迴躡其頂坐螺髻盤郎上覩一切陵歸俱伏此中遥遥莫極乃益信憑高放望必以秋中特不必呆定九日一觴耳蔣君謂予當記之予謂夫人一覽眺間徒作適目

快志覩乎置身岌兀讓峼嶁不使砠蜵蠑誰覺天地有礙耶君子可知所自處焉氣爽則清清則神炯炯洞闢奧撤藩籬不蔽遠遺近一紙千嶂之慮可釋矣君子可知所自潔焉得此意者將使龍山落帽與秋風憶膾菊園獨坐齊視共觀謂參軍一醉狂然偶爲豈知孟子嘉者哉時同遊者李子生大熊根二文學蔣君與子共有五焉

翠屏記　　朱之栴

翠屏踞白鶴石航間肇劍梁十形而南岳派在邑峙南渡滙水繡谷諸峻嶒九向也翠屏有二崖洞曰會仙曰賀仙丹巘青嶂玉筍森聳一空廓容可數百人一可炬火深入有古龍潭曲岸崑崙玲瓏形勝奇特不可狀蓋亦穴柱之通穴也先大人因號焉往使君入境輒問巖洞遂擁旄流覽也今年乙酉月軌朔乃郴廣文公暨蔣黄二公攜二三門人登其上余歸自村舍入闉城望見人影於懸崖曜靈明媚冠蓋亭亭四顧徘徊躊躇瞻戀已乃私心異之曰此非有東山勝[illegible]登高作賦眞樂自天遊者安得屐齒謝公馬跡周王乎既而攬輿歷莊馗則聞四野絃歌音在樵牧之間叉津津色喜曰通其山陰武城哉宓子調琴爲政風流今在茲乎越日乃升卿純卿二茂才至言三公遊洞崖事余有山水癖一聞二茂才遂乃陽陽渫溉彷然若及三公追陪遊衍者乃賦詩三公三公復拉余登翠

屏塔翠屏塔約高去洞崖三四里許明日則三公飛羽蓋在門呼余矣余命童子賫茗攜瓮酒追其後阮氏友人與五家弟相望至出南城樓徑從石梁南關直上石梁南關即翠屏塔山麓也復前至楓梓山諸公停蓋縱觀香馥襲人黃君曰此何以故也余曰山有芳草甘木風送其馨香乎旋即見黃白花沅澧蘭青菀向人苒苒盛命童子取其花可愛者把手香撲鼻頃之來有攜盒酒者取笋立飲逶迤而上迷共去處問樵者得路稍稍闢旋轉則豁然平曠城中樓閣層環東南在目遠近歌鼓又隱隱聞矣諸公直欲登塔絕頂余曰造化之美不可并乘興而往興盡而還何必九節玉巠而後爲愉快乎映波遠錦揷地長屏走亦足哉諸君遂返已而下阮婁泉泉聲瀑布與溪南炯然亭相望溪南家名余先大父御史君嘗與友人歌白沙三唐諸詩故館也炯然則宗伯先大人嘗與饒中丞郭令長諸君論陽明學其間蓋白沙先

生友余先大父而余先大人則實師陽明公人謂朱氏師友亭館云過阮婁泉下南市花樹繡錯時在夕陽矣所謂看山晚對翠屏益奇乃吳祝夏氏友人偶出溪上煙雲中則又一段雅景就揖皆大拆喜遂坐樹間取水盥手笑謔久之隨入五弟宅談文飲酒罷呼童子歌黃門白吳歈蔡謳一時梁孋至大議郎畏禍於竊命之臣而著蟠全黨錮也大史公少之尙知有後世歌黃門者黃門豈亦李風裁耶黃昏呼渡大張蠟炬由城西百尺長虹而還然而右軍觴咏品類有意也不空會稽矣翠屏謂乎

思龔石記

舉人朱萬錦

邑侯龔公治吾通者七年民懷思之已久康熙丁巳秋以　勅封夏太孺人憂謝事民於是時紀公政於學顯齋集又作別歌送之可以志其思而發其思矣及買棹將歸猶攀泣向余而言曰侯政平而施久口碑心銘僅足表目前之思耳若欲垂諸久遠何爲而可余曰頌政有禁矣祠繪丹青有禁矣雖然思以感德物以留思昔姬旦歸周思之者及衮繡南國越召思之者在

棠陰柏非寇也萊人思之碑誌叔子江漢之民思之感墮淚焉今惟勒石通衢令人望而泣泣而思思其性情思其德行思其威儀文詞思其治化思其清操雅度將風垂韻遠仕於通者思之通之仕者亦思之通民思之非通民亦思之通之後民思之亦爲通之前民思之猶未已也山壁晴光橋間夜月漁歌樵唱田鼓寺鐘無之非思以一侯係衆思而衆思各有一侯思甯有已乎衆謂然因南郊外五里地名李渡乃

吳楚要道渡有永濟橋上有寺公丙辰所重修也橋左山麓石壁峭聳寬廣如屛侯嘗遊詠於此遂大書思龔石而勒之以垂不朽云公諱在升號聞圜登順治己亥科進士初授蘇州司李改補通令浙之嘉善人也

觀音巖記　侍郎朱廷立撰

縣之西南羣峯秀異聳然直逼霄漢曰兩山云山多泉石神龍所都霖雨時行多自此起故名焉往余以侍郎御史閒住者三年以太僕少卿疏疾家居者將十年凡通之山水槩覽殆遍獨少玆山一遊然未知有觀音巖也嘉靖己酉余以禮部侍郎罷政復尋舊日工課明年友人樂橋東向余言巖勝不輟口余聽之宛然巖之在目也欲與俱往維時方春農事孔棘不果是年

十月望余往先大夫方伯公里九山韓子赤崖朱子犀溪郭子偶在焉是日宿湄溪明日指兩山形問訊水源兩山乃發跡處余望之興動欲了前約適路人有言兩山人知余等來者余四人慨然就道橋東惜不與豈去來人讓未去人耶路入羅城轉黃由皆余平昔所未跡山川初識瞻眺一新相逢村老悉古樸有前輩風令有遠想焉至福壽寺寺無佳處一味幽僻耳地主魯氏攜尊爲之少憩去寺宿程大本宅明

日行十餘里兩山漸近午日所望西南羣峯今在目前矣入山口渡石橋登山僧披衣倉皇下山迎穿林傍石隱現無定至曰不知尊客卽顧余笑曰余何尊客山林狂叟來與老僧借覽山勝耳時從者步健先登至山半驚咤歎呼若有追而獲者余乃知巖所在須臾至巖余等仰面羨曰以昔所聞詎能盡此巖哉奇觀奇觀玆來不徒矣巖高十餘丈異石纍纍珠聯星附無慮萬狀其獨出而下垂本渺而末巨狀如錦

囊孤懸虛空者視他石爲最異中露一孔其深隱隱金光一點灼然而外射者觀音像也造化委形自然之巧有如此者世所雕刻普陀巖何可及此巖端古木斜出如蓋其根抱石盤曲如蛇虺又不知其年數巖險不可梯僧曰村中人以金碧新觀音象則必呼山下金齋丞齋公至則拜巖下祝曰吾上巖取觀音祝畢攀援亂石迂折而上人望之猶猿之援木然至則從孔中入取觀音繫負於背而下又猶鳥雀出入

於其巢然其送觀音而上亦若是蓋十次矣嗟乎危哉設失手墮足骨粉如矣韓昌黎登華山至絕險處挽索悲號齋公反勝之耶蓋所恃者謂觀音必相之故其神全而無恐列子所述登高山履危石臨百仞之淵背逡巡足二分垂在外者是之謂矣覽畢由東復渡石橋而上至佛堂青山四抱如張畫幅鐘鳴四山皆響香飄散輕裊林杪若輕雲之過我也石下泉流淙淙有聲人云春來泉盛瀑布遇石而激如雪

片飛濺人衣夫以余所遊諸山此爲第一廼遊者則甚少豈其地僻爾乎使當衡劇則遊者月不知其幾矣世有負麗德而弗自耀又無有薦之者終老巖穴與此山何異也徘徊指顧肵腩清潤絕無渣滓竊此氣象始謂之大觀如徒曰是爲某山是爲某水胸中無得也何取於遊口占一詩書以貽僧日落下山至韓氏宴樓上劇談山勝惜未能一宿其上細覽其餘追憶嘉魚李大匡遊衡山與諸友約曰七十二峯一

峯不盡一日不遊七十二峯不盡遍不歸何其豪也余等所遊曾不浹時風流不及前輩遠矣明日由韓氏歙黃氏宅黃氏兄弟俱文雅兩山地主橋東內家也爲之盡歡去黃氏金齋公攜茗碗逆於路余笑之曰今復能上巖耶曰老矣余問觀音巖中寬隘應曰中容一几前容一人拜其高可立一人伸一手然余所見特拳石一孔耳人雖入恐不能仰且旋今若是耶物遠視則小可以知巖之高出兩山衆謂余宜爲

記余懼焉夫山川以人而勝茲遊也茲山增勝耶猶夫舊耶其人可知也窮不可以無懼是故君子於其所談笑嚴規存慮於其所遊樂警戒存焉何往非學業哉是不可以不勉

炯然亭記　鄒守益

炯然亭者吾友武昌朱子禮之所作也子禮爲諸曁宰受學於王陽明先生聞炯然良知之教以省其身以修其職政成入爲監察御史蓋思爲德爲民以充所學猶懼其弗習也作亭於所居以識不忘嘉靖已丑接洽於維揚誂訊金陵而論學因以問記守益嘗與聞良知之教矣天命之性純粹至善炯然在中隨感而應範圍天地曲成萬物而各中其則以言乎己謂之明德以言乎人謂之親民者執規矩於此而千方萬員率由以出是聖門一貫之蘊也子曾子發聖人之蘊而易之以忠恕中心爲忠而炯然之大本立矣如心爲恕而炯然之達道行矣大學一書擴忠恕之教以教天下者也天下之平亦大矣而不出於絜矩矩也者天然自有之中而千方萬員率由以出者也天生烝民有物有則孰無是矩者患在踰之而不能絜之耳如惡惡臭如好好色所以不踰矩而立忠也所惡於

上毋以使下所惡於下毋以事上所以絜矩而達恕也聖門之學以不踰矩爲極功然十五志學三十而立四十而不惑皆所以求不踰矩也故曰下學而上達達之爲義炯然精明行著習察者也行而不著習而不察舉方倣員而昧於規矩仁者見之謂之仁知者見之謂之知百姓日用而不知蓋知炯然之學者鮮矣莫我知之嘆傷夫終身由之而不知其道者也知我其天五十而知天命也知精明與天合德天即聖聖即天乎天之體本明也昏之以雲霧雲霧掃而炯然矣故曰浩浩其天水之體本明也昏之以潢潦潢潦淨而炯然矣故曰淵淵其淵人之良心本明也昏之以物欲物欲去而炯然矣故曰肫肫其仁曾氏之稱夫子曰皜皜不可尚仁之肫肫也江漢以濯淵之淵淵也秋陽以暴天之浩浩也嗚呼炯然之德也其至矣乎易哉朱君傳而習之夙興夜寐式克宏於遺訓則出門如賓承事如祭立參於前輿倚於衡是

炳然者將無待於亭而得之矣

桃花窑石洞記

邑人 敎職 程行珙

純洞皆石施設非人力舊有仙人名口高闊約近丈內前後中左右景有可觀者五日光透入一坪若堂容人可百餘頂垂石筍参差不齊左壁石竅嵌空玲瓏春初燕伏其中捉出悶然不飛不鳴返之仍伏不動近口壁角一牛露後臀蹄尾宛然此前及左有光可見景也餘皆黑暗籌燈右入橫洞如房蛙大小數頭有昂首鳴躍狀瓜數枚稜蒂畢具其圓若金星光閃爍眩目

此前右洞景也若暗甚者燎柴高照有若門者更高敞門頂壁間二鯉一長數尺縱飛帶斜勢一尺許直衝向上躍躍如活畫所不能描門內等下一塘莫測淺深從無敢涉投石擊水有聲隔水似菩薩諸像現壁上難悉數門左角而地穴口如數石甕一馬頭微露一龍從穴出火下燭後腿麓過枉雞爪儼然努向上身緣壁趨洞頂蜿蟺赴龍塘高處懸空回首向外耳目鬚髯準頷歷歷可辨望之如真龍咸豐甲寅夏

山農避暑偶入見淋水盡收潭亦涸惟有水尺許可揭過出告人羣駭異入觀潭邊壁下二小龍一見首不見尾一首尾畢具鱗爪森森身淋漓多潤澤此中洞之景也塘外有二洞曰一地窩無底且風謖謖炬揺揺無敢入左一横洞如廂房牕櫺半闌蛇行入盤盛圓石子若麻果然爭掬出爲翫前者掬盡後人復滿盤廂外更平曠有田幾百畝鼻壁又似觀音趺坐蓮臺足動難仰此後洞景也洞後猶有洞想愈進必

愈奇不敢更入留爲不盡觀及秋雨霖水滿後洞無敢復問津前則探奇者如故昔郴柳州鈷鉧潭小石城山諸記借文遺興實無其境茲洞有天造地設之奇處處引人入勝惜居人無能以文傳然景既實而有真謹據實紀畧以增山縣一勝

通津橋記

侍郎朱廷立

通山縣治之東故有通津橋元邑人邢仲發建明正德辛未之夏龍雨大作洪水暴起橋遂圮衆驚嘆至有泣下者曰安得復見此橋也吳楚要路人何以濟無何航山唐君倡諸衆謀再建之或曰是舉也工人費鉅子欲爲邢仲發耶其慎諸君曰吾不如仲發不休先是從議者十餘人率畏難相望去惟君與余兄南莊兩溪守前議曰彼去事亦去乎顧盍直前相謂曰今日之

事惟財斯成募財之道惟誠斯感當事之要惟勞斯勝使氣任情而厭勞事無成矣然而鼓舞人心要須自上乃狀其事於余師督學霞山蔡公公喜發贖金三十兩助之餘費悉募於衆募則衝暑冒寒遍歷深箐長谷之區望人之門而再拜焉主人出又再拜爲道其故主人如有難色又再拜焉申其請由是人感之各出貲以應計所募逾千金矣乃於正德癸酉冬興工明年冬橋遂成神速之耶橋石爲之高廣如舊

橋既堅且美蓋周道焉行者曰向謂不復見橋今復由之矣善事善事余廷立曰事之成也存夫其人人亦存夫其志哉志之所向衆難之弗聽窮歷險涉弗勞弗憩下衆弗恥志篤於善也事是以成彼志篤於利者亦猶是也志利而人怨之其視志善而人頌之者爲孰賢哉時航山未有子乃今子孫雅俊成行列矣此其平日嗜義利物致者然而爲橋陰功殆亦不少余兄子孫森立不詭於善即霞山公宦遊務惠政

所至道路關橋梁成後人振振尤顯晚年所生子息隱隱有作善字陰功之報不信然乎航山問記於余時余爲弟子員繼宦中外歸來因循未就也乃今蒼然翁矣令子文卿復以簡請余曰記之遲也余有過焉子成先志篤克孝余觀負良友爲弗信耶力辭弗辭退而爲記慨斯人之不作感日月之易遷贈念往事成陳跡矣愧非董子之筆稿比季札之劍補前過已耳書以貽文卿登諸石蔡公名潮臨海人航山名

玉南莊名廷文兩溪名廷輔文卿名之愈邑人師與兄名人代書之時嘉靖己未秋云

喜遷橋記　刑科給事當居敬

通治阻山其山迴廻峻列水泉發其下瀹瀹渟瀦遇屹巘則沸沸四出時雨集衝決瀰漫淤塞險不可涉凡津患迫治大都類是而地之坑口則尤劇焉古來懸木編竹渡之未逾時而守者隨告蕩析是宜厘尹茲者岌岌軫念粤考通治事畧至正德初年邑尹龍君始覆以石猶卑隘崎嶇未可以久迄嘉靖丙戌越丁酉邑尹閔君吳君迭相葺餙亦未有亭建不免歲久就湮䃉

石崩落幾不克渡已而張侯至平政用先捍患尤急而於濟涉要害處晉神防禦閘過此輒停車詢民曰茲橋接荊湘連吳越凡崦嵫俄景飛列西東一覽無際爲藩翰觀風者所必臨佳景也仰高明者人人咸喜遷之故名之曰喜遷橋志志趣也且爲民利涉王政要務可聽其敝而不爲之所乎乃命民之嗜義者五六人相度酌量因石建亭爲通垂不朽訊須貲俱出捐俸民亦趋趯從事計日奏功豈惟乘輿稱便卽露宿星馳者藉駐憩而擔負牛車逶迤若履坦途無滯矣利亦何溥哉嗟夫侯舉是役與庠序諸建同發約計徒傭無慮數百而民無咨咈豈侯威命使然哉亦濟渡與民共利捐俸則民不苦誅求分方飭工賦民不煩往役信而後勞雖勞不怨故也夫利涉則爲尹者風政捐貲則爲尹者風仁便宜訂會則爲尹者風信義矣卽是則是橋之修眞貽通喜遷所願名與思風韻在人無疆哉侯張姓諱書紳蜀凱人九岡別號民思考績喬遷請一言勒石以紀不忘

青雲橋記

邑舉人朱兆典

縣治西南隅當河水要衝澎湃汪洋不可渡前明邑人阮君福俊兄弟始築石架以爲利涉計號青雲橋時知縣秦初主事周弨爲之記見藝文利濟今三百年矣丙寅夏山水衝圮余同人輩倡修舊跡同人告余曰天道福善俊君後裔蕃衍第折簡修易若反掌夫何以我輩爲已而阮有衆等繼美前人鳩工庀材不一月而橋工告竣屬余作記余語於衆曰大丈夫舉事家不

論貧富人不論貴賤功不爭巨細但今存心濟人好行其德雖薄物細故於人皆不爲無濟於己皆不爲無補今阮氏祖孫始以利濟致蕃衍之盛茲以蕃衍終利濟之功則觀斯橋可以油然而興矣爰悉慂立石而爲之記貽厥孫謀利涉大川克繩祖武福果再圓善作善述阮氏有焉

嘉慶丙寅年　　冬月吉旦立

重修永濟橋記

知縣龔存尹

余蒞通六載凡所興革不敢以宦地不常目爲傳舍亦不敢以公私交匱苟且因循學宮而外業已次第具舉矣縣治南五里有李渡橋考舊志橋旁從無李姓聚處倡義建橋者自宋淳熙迄元明亦從無李令尹蒞事董修橋名李渡莫知所因邑紳朱巨川捐貲數千積歲十稔曾一修葺改名永濟前丙辰九月也康熙甲寅仲夏水衝橋圮里人病涉余因江右寇警直逼通之

九宮山親往隘口團練鄉勇取道李渡見溪水暴漲兩岸山勢峭立即鼓檝乘桴蔑由以濟輒思古人徙薪防患運甓習勞正貴綢繆未雨今非無事之日毋論商農輻輳藉爲通衢設趙桓之旅旦夕經臨而褰裳問渡非所以戒于掫資保障也遂集紳士父老而告之幸有同心踴躍惟命鳩工於乙卯九月竣事於丙辰五月長虹蜿蜒亭宇岩嵬孰謂通人性慳難與慮始哉先是天時霪雨工人方苦沾足及經營伊始

而三冬晴霽彷彿春溫迨大雨傾注河水汎濫斯橋業已落成僉謂茲橋更新似有天幸余之微誠何能格天毋亦好義者之願力宏而任事者之勸董敏哉夫橋成何足記特以通邑磽瘠時詘舉嬴且復修於搶攘之日乃趨事赴功不謀而合是役也指臂相使有官民一體之誼爰勒石記之

重修永濟橋記　訓導高澾

通邑與江右甯武接壤虢虢震隣人情風鶴僥焉如不終日斯時而談利濟鮮不爲迂而吾

冀公則異是公以名進士司李平江鐵面冰心由以和風甘雨始令人畏繼令人愛終令人咨嗟感念改授羊山宿士元以百里僉曰彈丸非公任也公曰職無崇卑地無廣狹要當隨在盡心耳下車以來念瘠邑不堪重困均糧役汰陋規勸息詞訟革除羨耗軍需雜派額　憲概行蠲免飲冰茹蘗焚香可告蒼天視百姓真如失乳兒百計噢咻必令其卽安而後已至夫循行勞來學宮黌序之建興道路塘堰之修築事事爲無米之炊庇其宇者靡不感泣邑治南不數里有永濟橋商旅繹絡爲吳楚要津野處而歸市者載笞而饁耕者無不倚爲周行奈河滙諸流歷久沖圮當溪水暴溢洪濤奔沸望洋難渡公用憮然捐俸倡始遴耆老而委任之親自巡省計口授

稍按晷刻直凡所經理本諸至誠規於時措而士民咸體公意爭先趨事千夫萬杵動若雷鳴捧石銜泥奔如雨集匠作精良封砌完固十倍於昔橋上亭屋綿亘數十楹旁建巡山殿矗矗鼎新俾衲子掛錫行人息肩與橋形勢相維自此水漲桃花永不病涉輪蹄履坦棟宇增輝非與公甘棠茂澤同垂不朽者哉竊思十月成梁長吏恒務獨是通邑家鮮蓋藏素乏蘊儲況當徵解檄餉日不暇給而能寸壤涓流共襄

厥美予唱汝和不日成功因公平日未雨而綢未饑而哺其感人者爲甚深故民無餘力而有餘心必乎愛矣豈敢憚勞其斯之謂歟是爲記公諱在升號聞園己亥進士浙之嘉善人

重修永濟橋記　邑人舉人朱萬錦

古燕

韓父母老年臺治吾邑之三年庚申歲夏四月永濟橋以洪水廢冬十月修之臘月功訖衆感焉記之石以文囑錦弗敢任也親其事毋容以不文諉遂言曰橋之扼諸衢爲吳楚要津如虹跨兩山李渡滙諸溪春夏濤洶怒吼川壅形勝載志中明若指掌觀奚容贅斯記特以紀異績耳夫濟涉王政也守者行之曷足異蓋於公之得衆

協隱有神助令政繼美識仁心之先後輝映士民拜舞聲動竊私幸不勝故異之也夫橋不嘗衝潰於前任龔父臺時乎竭蹶而舉之未嘗不以爲難然有不終日者公廵視再三輒慨嘆仰視曰吾力不及矣天其使後來者仁心善治百倍於吾以繕橋政乎懸其事以待嘗若莫必信也存民瘼己視邑事者不敷數見今果有公以竣厥事異也公族敵西晉之祁縣紛纓雲接都門棨戟森列

太翁敦仁行義利濟爲心公雖英年而德優才練民生休戚一體痌瘝値橋之初隊也余隨公往視感嘆爲不幸勢難卽安今之舉此正當大兵恢復滇黔之際供億莫支馳令羽檄民力殫貲空艱難盤錯春首夏杪調公赴軍前旨四縱徒涉覆溺爲累憂而時勢如此欲無墮前徽重啟後觀也實難乃公固謂橋不可須臾緩親製序文衆父老受任董事者方襟露是懼能不錢穀而金玉等乎何甫示下而或以錢帛或以粟米力役採料飭工封砌堅凝中貫以沙石灰泑階級浮亭悉新之不督戒而志學力一異也土石之功可慮者雨雪沾塗今三冬似春煦公得因時以展其經營調度之偉畧期不踰百日遂落成焉陶公之精勤公多之乎哉得天如是以迓神庥膺帝眷及民既多獲祉不少纖自今永伯慕誠河若之而鳴絃漱玉毋復漠玉山瀰漫澎激皆仁政感之使然橋特其一事耳事常而應可評異績也紀之以爲勸容虐乎

重修永濟橋記

知縣　陳鈞

通邑南引洪州北連鄂渚行旅往來趾相接也其間列岫緜延深溪湍激崖壑之會舟楫難施津梁之設由來尚矣城南五里許舊有永濟橋依羣屏之麓跨通羊之流闍道凌空長虹委地誠康逵通濟舉邑之要津也自執徐之歲囘祿不戒行者病涉數載於茲夫欲民之厚其生也尤必有以利其用除道成梁先王之教也今

天子子愛元元凡關民瘼百廢俱舉險阻不治民事係焉有司胥可不引爲己責歟丁巳夏余承乏茲邑切然念之顧類官義學繕治頗繁遲之久始克捐薄俸倡議修復闔邑人好義者踴躍襄事始於去秋成於今春不逾年而橋復其舊蓋舉廢址而新之余之願也集衆力而成之非余所能強也是役也豈惟去厲涉之難示周行之好且以彰王政之覃敷念民俗之敦厚而余恭承一命身在其間臨民宣化樂觀其成一舉而數善備焉詎不休歟時蔡漢以君萬

安遺愛王仲舒以寶帶畱名芳流史册福及子孫余雖治邈前賢若士民之樂善趨事固喜覩其效以爲之勸焉橋長一十九丈高四丈七尺廣一丈六尺梁宇二十八楹計用銀八百八十兩有奇併置田五斗五升歲取其租以備修葺旣落成因述其巔末勒諸片石以誌興舉兼旌善行云

乾隆五年歲官庚申三月

桐港橋記

邑人進士謝得懐

港以桐名奚取也源流廿餘里無支派殆謂龍門之桐高百尺而無枝歟然濶不二丈劃廵檢司於北介塘兵鋪於南吳楚步遞所病涉焉建以橋俾壞亦闕夫王政也厥後辨方除兵汰冗二處僅留廢址橋亦就頹噫興之者不知何年廢之乃獨當今日乎因復慫恿捐修砌石甃亭其上一如舊制余適成進士歸謁族於楊坪偶過之董事卽以記囑余曰功不鉅不足記也惟王體國經野政教不遺卽山陬如此督爲設廵檢立置郵今雖不存猶得於是橋記之

通山縣志　卷七　藝文志記　四六

龍潭石橋序　　邑人東陽縣教諭　謝開堂

橋之立自古著矣非以是橋成而創記也吾通之橋亦衆矣其大者或數倍於是橋亦非以是橋成而張大其功也凡能利民者雖小必紀凡事之難成而竟底於成卽可以爲功崇朗岐縣之地無論矣使於一鄉者利於一鄉爲一鄉之功便於一隅者利於一隅爲一隅之功一隅而扼要則其利與功不止於一隅卽併不止於一鄉也是龍潭也吾鄉之一隅也然而北通縣城

南通江右之甯武往來絡繹其水又爲羣山薈萃而出當雨霖泛漲之時舟楫不可用當暴雨暴晴之會覆溺不可知是無橋之害不可名狀則有橋之利固不僅龍潭之側近也明矣往者非無有心利物之人皆以其費浩大恐其功之難底於成也是以此水雖險自古無橋有亦惟木以爲目前計能爲無窮世世之圖無聞焉乾隆念二年吾兄視侯與陳君顏友倡首謀修始事於戊寅九月竣事於庚辰十月功何懋歟橋礅凡四自南至北長十丈自下至上高三丈左右闊二丈皆石石皆細鏤橋北鎭之以塔高二丈有餘總其費幾千金計丕休哉非獨利於一隅并非徒利於一時也功滋大矣橋有大於此者此何以足大大其利不止於一隅也大其心不止圖利於一時也大吾人之力均難勝於此橋而竟成也若推衆姓之樂助何橋不可成凡有水如龍潭者不必如龍潭者有首事人如此又何橋不可成哉其利其功誠當記

竣事予過記之以爲凡有水宜橋之鄉之好善樂施者勸焉諒無不可是爲記

岩軒口渡記

邑人郡庠吳臣煦

利涉王政也佈修善緣也然王政之行於古者今固難以遍及而善緣之隨人而結者或但結以一人未免有初鮮終又不若結以人人爲能歸其成而要諸久我岩軒口前此之有渡船由來遠矣近黃譚氏有力好施獨任其事並爲舟子計施屋與田俾得以居以養爲噫善矣無如九仞而尚一簣之虧千鈞而僅一縷之繫以致纔十餘稔而船傾莫葺致病涉者五閱月矣是豈爲善不終與抑亦負荷無人耳夫路當孔道地屬要津絡繹往來誰堪修阻遂僉以此爲余堡之責也於是倡首捐貲置船招守既立會以備不時修葺之需又於小溪叠木橋二座自是駕言出遊不至呼招招而莫應同登彼岸皆得望坦坦以前驅斯船殆將與斯河相終始矣所謂踵其成而要諸久者蓋如此然則以此爲善緣之有慶也可以此爲補王政之所不逮也亦無不可爰勒諸石以垂不朽云

横石潭渡記

邑舉人程　雄

横石潭一溪里中衆流所滙其始鄉先輩捐貲造舟爲梁買田宅雇舟子以時修補廢墜未病涉者久之歲辛亥余館文昌閣成公任軒攜簿丐言爲序余曰是會也乃祖雨溪先生覺軒朱先生序之詳矣奚以余言爲公曰自吾祖而船會成至覺軒先生而船與橋並建春秋迭換今則連年水患橋圮者數四費不支易而船矣而吾船尚仍其舊余曰橋既廢曷不以而船通焉而令外設橋爲曰懼不繼也嘗諸人鮮不躓者力不足而負重往事可鑒矣且會之設曩余一人領其簿今將告諸同事而分領焉息羣疑防侵蝕也余忻然曰公等此舉協於義矣前人創之後人守之不背本也既以此始亦以此終不忘舊也經費出入非衆弗視示無私也不貪近功而耗物力圖久遠也不背本仁也不忘舊信也無私忠也見遠智也公等此舉協於義矣抑余尤願諸君子堅而奉之固而存之毋恃

而怠毋畏而狃毋習而玩庶幾世不變會亦不變而船與是溪終古也故樂爲之記

募修雲關敘　　選拔朱懋修

雲關九宮仙徑亦異境也九宮爲吾通名勝自宋熙甯間　祖師張三峯建道場於上藏其遺蛻四方瞻仰之士動以萬計而茲關適爲之導關側有菴舊湫隘僅容數人中供　祖師神像謁者未睹真面先於此頂禮焉欲登九宮者舍此關別無徑可覓而九宮香火之盛衰亦恒於茲關覘之也關勢陡險下臨絕澗行者步稍縱即惴乎有失足之懼余初登臨時自山腰遠望

見羣峯攢簇矗起天半有似重門雲蹤倏聚倏散若以時司啟閉者因誦昔人洞門深鎖之句慨然久之以爲異日苟得功名稍遂飄然遠舉與黃冠羽客講龍虎升降之術逍遙於茲關上致足樂也奈世網久羈不克脫屣相逐迄今廿有餘載回思昔者攀絕磴俯幽潭履危蹈險觀噴雪巖訪陶姚仙洞靈區奧蹟僅得之彷彿間矣偶行者天竺持募修緣簿問敘於余詢其所自正雲關也夫九宮爲吾通名勝而茲關

又其所必歷精令室廬湫隘不加宏敞旣無以起人嚴肅之心而行者鮮憩足之地勢必往來漸稀香火寥落平壺仙境漸隱荊榛四方瞻仰之士卽欲頂禮皈依而遥望聖容如在天際譬之游四明陟天臺者阻以石徑之險而珠宮貝闕瓊樓玉宇五百阿羅之屬欲一尋其踪跡而不可得也今茲之募其容已哉余不佞夙負山水癖且距九宮密邇於　真人護國佑民之績晰之最詳因不揣固陋勉爲並以告十方共期我通人士各發宏願或輸紅粟或助金錢合力以襄盛舉於以擴其規制塗以丹艧雲闕片壤煥然與諸仙蹤並峙異日宜　真號至者攀援直上覲　仙靈於咫尺於紅塵鞿鎖中恍然有悟超入清涼世界則茲隴也卽指爲天臺之石徑也可

行意草堂紀事　　邑人翰林院庶吉士舒宏緒

崇孝子賦性庸拙而於世故頗疏然世累亦不深也其自處任性直遂不能兎合隨時且習懶成癖食罷輒思偃臥功名之志淡如也年甫廿一舉於鄉蹉跎歲月不力學三十始舉進士讀書中秘幾二載以外艱去起復授吏垣給舍拜官後以營謁過京兆郡治忽於馬上見西山蒼翠清爽若有所觸頓起故園之思返寓告諸友人曰余適出見近郊山翠雅似吾里吾鄉必勃勃思解組去若何友人曰士生而學期有表見於世今初受一官無故輒圖閑暇人其謂何遂止戊子典試粵西事竣反命會有本生大人喪請假還里自念性疏淡非享大爵厚祿器且觀今之世態同己者好異己者憎狡而善宦者始躋顯榮奔趨伺媚罔所底止可恥孰甚夫秉造物正氣幸而爲人俯仰天地快然自得總在正氣常伸見守皆定者貪位慕祿爲分外之獲而甘乞墦之行取寵當世驕人白日是天地

一彈入耳且人生光景百年瞬息馳逐風
塵日作馨折狀空自勞瘁其視深山夜靜
萬埜無雲月色照人山光映水清泉煮茗
絲樽浮白亭亭物表皎皎霞外所得孰爲
多少因掃茅齋一區窗櫺四闢置古書數
卷几案間名之曰行意草堂蓋取范蠡扁
舟去越之一語以明止足之分見幾之預
云非敢妄擬古人甘爲狂謬已爾

節尹陳公墓誌

知縣　王頌三

陳公希唐豫之商邱人也世爲望族
國初迦陵先生以鴻博入翰林名噪海內
高祖履中掌陝西道監察御史歷任甯夏
道著有西臺諫草直聲動於朝曾祖淮巡
撫江西以治績著祖邦燮令海康擊海賊
有功父薰宰樂平臨難殉節公童年遊跡
半海嶠英姿倜儻積學過人詩古文詞深
得迦陵衣鉢己酉選拔舉於鄉壬子成進
士籤分楚北癸丑春抵省檄署通山當是
時粵寇竄據金陵武昌新復濱江一帶州
縣盜賊蠭起人心危懼公蒞任銳意撫循
集邑紳耆謀擇隘防堵未幾賊泝江上安
慶九江相繼陷旋襲興國分股侵通山及
池口聞有備遂還通山向無城郭且無兵
民未經戰公慮不可恃度賊必復來疊請
援兵不報甲寅正月距賊數十里土匪起
公往諭賊瞰城中虛襲入據之公聞變憤
恨涕洟誓必滅賊奔省乞援而省城已被
圍數日不得入江黃郡縣皆爲賊有乃間

道繞江右至義甯募勇百餘人復乞江西道勇百名以助會羅協戎率師援武昌公懇由通山進期日與會約邑紳張銘等內應公率勇至楊芳林遇賊進擊敗之生擒數十人斬於軍賊偵知張銘謀裂殺之敵益衆公戰於藕塘時羅軍次大沙口距百里公自督戰衆寡不敵援絕力竭死之同時陣亡者公胞伯夢漁堂弟心存戚奐超僕栗寅張信宗李廷邦暨義勇二十七人邑父老聞公殉難無不慟哭失聲者殮公

尸得衣帶間絕命詞及勦賊節畧初公之宰通山也條陳時宜十策請增兵駐興國上司嘉其言以省垣兵力單弱事遂寢公歿後省城復陷賊勢披猖皆由興國麕集以進果如公言公智畧深沈慨然以身許國未得竟其所學卒成忠烈以致君子哀之始厝青山亂平公弟以公配張恭人喪來合塟爲卜兆於兩崖間歲戊午余權篆斯土清明祭於其墓邑紳思其忠義謀封樹之功竣　卹典適下羣懽然請敘其巔末爲之誌

公諱景瀚原諱凝逵字熙堂號希唐生於嘉慶二十五年庚辰二月初四日辰時歿於咸豐四年甲寅三月二十七日申時臨難作絕命詞少矜氣節世篤忠貞一官羈絆十月艱辛不怨上官忍責下民無愧師友有負君親葬兩崖側作六里人

匾　正氣凜然

對　節烈一門忠與孝

聯　馨香千載死猶生

知縣孫寶田撰

壟故邑侯陳公紀事　拔貢　朱美燮

公已成仁去三年失保障碎琴歌薤露埋玉就桐鄉爲壯山河色能爭日月光一門皆節義萬古重綱常永宅伊南市佳城異北邙同寅官並在知己恨偏長鶴弔頻搔首驢鳴欲斷腸如期來白馬小刼換紅羊神自歸箕尾名終繞許張遺詞人徧誦餘澤戶難忘哽咽懷鄒黍悲思蔓名棠中元焚楮帛寒食薦壺漿兒女英雄淚忠臣烈士傷感時多繾綣觸目總淒涼松柏含煙翠蒹葭浥露蒼官墳臨古道野老話斜陽六里衣冠集千秋俎豆芳崇封遷虎踞優郵荷

龍章史策傳身後碑銘表墓旁兩崖佳氣鬱草木亦馨香

籌備前任陳君祭貲碑　知縣　羅登瀛

祭必有義履霜露者生淒愴怵惕之心古今之大常矣況夫挈眷宦游捍禦時艱身家殞歿聚瘗異地豈非天地間傷心之故哉同治五年登瀛承乏斯邑側聞前任陳君希唐諱景雍之始卒六年清明節邑紳耆署中書役各醵金掛祭蓋陳君歿後通人士悲弔之歲以爲常也居日登瀛亦邀約李夢仙學師張仲友少尉柯玉林城守親往備肴酒酹奠纍纍荒塚觸目悽神爲低徊者久之通人士不忘陳君舊德歲有掛祭可謂厚矣登瀛等誼則同舟蹤如傳舍爰設措青銅足錢伍拾串交擬暫交邑紳焦君瑞巖夏君煦秋領放生息並請城紳陳君仁圃程君潤哉與焦夏兩君倡首經理壹是每歲掛祭則於各房房首內揀擇二名由紳首處請領息錢捌串承辦亦歲以爲常不增不減此項甚纖細庶幾掛祭有資永久勿替云爾焦夏陳程四君均許諾凡來蒞任通山之大令諒有同心或

有因時制宜增費充用之處統俟後之君子謹立案以備接鄉並附識建議之意如此

曾

同治六年　月　日立

政學篇　餘姚王守仁

子禮爲諸暨宰問政陽明子與之言學而不及政子禮退而省其身懲己之忿而因以得民之所惡也窒己之慾而因以得民之所好也舍己之利而因以得民之所趨也惕己之易而因以得民之所忽也去己之蠹而因以得民之所患也明己之性而因以得民之所同也三月而政舉嘆曰吾乃今知學之可以爲政也已他日又見而問學陽明子與之言政而不及學子禮退而修其職平民之所惡而因以懲己之忿也從民之所好而因以窒己之慾也順民之所趨而因以舍己之利也警民之所忽而因以惕己之易也拯民之所患而因以去己之蠹也復民之所同而因以明己之性也期年而化行嘆曰吾乃今知政之可以爲學也已他日又見而問政與學之要陽明子曰明德親民一也古之人明明德以親其民親民所以明其明德也是故明明德體也親民用也而止至善其要矣子

禮退而求至善之説炯然見其艮知焉曰
吾乃今知學所以爲政而政所以爲學皆
不外乎艮知焉信乎止至善其要矣

兩厓記

蘭谿漁石子 唐瓏

兩厓子訪予於射陽之干予問之曰何謂兩厓曰通山之縣厓左右拔而起而中洞焉盤旋其間必怡神懌因號喻志將終身居之焉爾矣於戲美哉矯乎澤乎秩秩乎比德也哉君子之道曰節曰量而已足以有執之謂節廓而大之之謂量節嶒而嶮量易而寬其理異也是故尚節者多子子之行而量或鬱崇量者多温温之氣論節或剋雖然宏毅合德任重之器也剛大竝用配義之功也節非量則隘而難居量非節則和而失則胥失之矣夫兩厓特乎起挺乎峙有節之道焉兩厓之間忡乎虛洑乎有容有量之道焉君子以之秉道履正直己抗衷禍不回禍不怵威武不震高官大爵不誘不奪南山之石巖巖然中流之柱屹屹然節斯勁矣蓄德納善愛物愛人靜以定操廣以去隘明以疏窒悅以蠲忿若谷之虛而無不通也若澤之大而無不容也量斯宏矣夫節易偏以量持之不驕不亢偏可以矯焉量易逝以節鎮之不隨不靡過可以洩焉是故量以持節則節彌固節以鎮量則量彌光剛柔相成同異相因和敬相須味有甘苦成和羹之用音有疎密全至樂之體兩厓固有取於斯乎予見兩厓子砥行貞度凝然有壁立之勢尤且居之以虛而不盈也執之以宏而不隘也是不惟取其名而且履其實矣而厓子曰節量竝宜君子之道備矣敢不終身居之

朱氏續光閣集序　梅浦金德嘉

春秋辭命例舉先大夫以告友邦重國故也然其時多世卿而鮮家學蓋立言而代以不朽聞亦難矣漢則龍門扶風中壘父子作述鉛槧之業爛焉晉之王謝唐之崔盧史所稱世家也然矜門第尚風流當時則榮耳宋蔡神與不事干祿而傳家以聖賢之學故易春秋皇極數各絀一經而西山九峰卓然爲名儒九峰之子抗擢進士第其言行亦有可觀考亭朱子嘗津津道

之然則家學之所重可知矣友人朱子樸愚負雋才爲江漢知名士詩文下筆千言如華岱嶙峋直薄霄漢又如大江滂滂奔瀉潴漠覽者往往洞心駭目以爲真楚材也往年握手京邸雄談驚四座余心韙之別後三易寒暑余適於役黔陽而朱子爲天官選人擔簦先至則有續光閣十世編函之刻迨余至屬爲之序余嘗讀君家翁子傳方始拜太守步歸郡邸時稍稍露其綬則上計掾吏若守丞推排陳列拜謁中

庭其氣燄熏灼若此今子剖符專城爲百里宰行有日矣廼未聞市輿馬飾傔從與遊人幕客相周旋而孜孜焉剞劂是務亦大異乎翁子之志矣夫編函而至十世則詩書禮樂之澤渥以深而淡泊甯靜必有不以富貴利達動其心者考亭之傳意在斯乎意在斯乎余於朱子之行也書是言以送之若以不腆之辭爲有當於古人贈言之義則即以弁諸篇端可矣

唐祖庚詩集序（集名華國詩髓） 江夏 蔡拨興

雍正壬子春實艇從余遊年少性敏讀書至五鼓不倦余戒其過苦彼慨然曰先君不幸早逝一綫家學惟庚是任且奉母命出就外傅恐無成以爲母憂未苦耳苦弗惜也余聞而器之秋暮實艇隨余泛梁湖登浮山夜謁三教祠祠範先師孔子像與佛老竝坐實艇一見仰天大哭聲如雷棲鳥皆驚起衆僧奔至誤觸小奚所挈瓦瓶瓶破酒傾小奚懿一堂閧然余亦失笑望

月光如水瀉簷角其一時意氣之盛爲何如也今十五年矣向之及門者皆棄我矣彼獨越數百里再三來問起居鳴乎豈不知行路之難哉蓋其性情過人遠矣傳曰詩以道性情實艇以己之性情爲己之詩余以余之性情爲實艇之性情而敘其詩未有不合者其壽諸梓俾吾兩家後嗣世世觀之知吾兩人之性情固如是也

謝子彰傳 邑人進士 謝得懷

有真才學必有真經濟經濟之見於仕宦者必真得民心而後民不忘大學止至善傳引淇澳詩釋之云道盛德至善民之不能忘也不忘在下不能忘在上也如我五代祖東山公之治南昌也南昌諸紳士上以錦帳文而公之才學經濟見其梗概矣報政後護南昌府印務以宦績顯厥後耄年告致而南昌士民刻像祀之非所謂民不能忘者歟公之子瑄祖等因刻像畱真並刻夏祖妣像以示久遠至今嗣裔繁興科甲相續登仕版者代不乏人謂非盛德之畱貽歟

樂鳴韶傳　　教諭　黃瑛

年翁樂鳴韶字夔典號淡夫由郡庠生膺
乾隆癸酉鄉薦閱丁丑成進士聰穎嗜學
凡所著作鎔鑄經史出心裁於時流餖飣
外行篤孝友重信義年伯庶齋公慷慨好
施不拘小謹悉婉曲承順伯仲三翁其次
也與兄維吉弟品石同居四十餘年無詬
誶聲子姪多遊庠自設教邑里暨齊漢黃
二郡山長聘課生徒必先以行己大閑相
朂勉多士出門下者如沘陽之劉邦𣪍以
觀龔慶曠衛天民黃城之周漢同里之朱
顯甲並登賢書豐𢡟膠庠者尤未易更僕
數歲乙酉任滇南甯縣事時軍需窘迫
到任措置有方送往迎來而民不擾見士
鮮經術卽捐金數百倡建曲陽書院敦請
昆州太史施公培應主西席一時多士雲
集人文大有起色後各大憲以翁才堪理
煩調補楚雄亦以軍務旁午邑人頗有差
役困翁至進紳耆於講堂採羣議均苦樂
凡興利除害善俗宜民與治南甯一也適

年伯訃音至士民弔者皆潸然泣下解任
回籍道經南甯邑之遮道攀轅流涕者累
千人其政教之得民有明徵矣庚寅冬因
本族祖祠宗譜二事未舉集族議身總其
成壬辰夏起復祠譜亦告竣治裝赴滇途
中以疾返閏月中元日端坐而逝嗚呼翁
生平懿行殊難殫述余叨同年誼秉鐸茲
土得以所聞見者志什一於千百云
乾隆壬辰年　仲冬月

贈孝子葉相　白沙陳獻章

一抱遺骸一慟深嶺危天險路逡巡昨宵鬼哭通山月會有人歌孝子必

贈孝子葉相　尚書李承勛

年年旌孝子不見有貧家恨我言無補憐君髮易華鄉評詩卷在苦節歲寒加莫負重泉下吾兄與白沙

贈孝子葉相　巡撫吳廷舉

僻遠通山縣卑棲孝子家心情憐楚橘名姓徹皇華邱壟風來卷荒墳土漸加也知

千載後身不墮長沙

贈孝子葉相　翁代巡仰韓居士

通山之山插雲起下有澗水清澈底葉生子然處其中節行郄與山澗比親終萬里獨扶歸墓側三年不見齒哀哀聲慘夜烏啼耿耿心懸風樹裏結茅靜坐讀古書朱門不肯輕曳履嗟予奉命特觀風馬蹄忽踏山城市坐令華縣挂高名封章還擬光閈里嗚呼至寶在高深豈可一得而遽止勉之勉之復勉之勿耄吾言斯可矣

贈孝子朱尊爵　菊叟汪承霈

鄂渚華宗媲詡朱輪推大雅妙能扶比鄰不戒風廻火絕路重生虎避隅自昔卧冰曾躍鯉於今廬墓亦啼烏從知錫類旌門日孺慕終身與道俱

贈孝子朱尊爵　丹林蔣祥墀

有客手持孝子傳勸我試作孝子歌白羊山邊播萬口表章庠序非私阿阿弟司鐸來茲土（印松弟適選通山教諭）幸有美俗資觀摩耳筆輶軒亦我職詠歎不足長吟哦孝子垂

髫宴嬉戲日依膝下歡婆娑攜歸鄰棗與懷橘烏情宛宛賽蓼莪塾中忽殷問疾念晨雞三號奔赴俄入門母心訝不測天隨神動關癢痾有時矯南漲兩發定省那畏陽侯波望父急思救父兄虎聞呼聲先遯河採藥九宮未易得齋心默禱捫枯蘿縋縋身幾再三隕危崖不顧峯嵳峩延醫肯辭跋涉苦迢遥千里求緩和呼籲無如數難挽哀毁盡禮悲輱輒三年廬墓如一日月落烏啼草長莎興哉誠孝格神鬼熒惑

爲災盪妖魔手抱雙主祝無恐六丁驅策
相護呵一時鄰舍盡餘燼無爇孝子哀樂
窩衆風使者下車至式廬表額光玉瑳欣
逢
聖朝孝治廣天下特開方正科孺慕依依曷可
沒　璇題彪炳頌鑾坡斯人允當祭於社
馨香千載垂不磨卽今明德衍餘慶名噪
泮水鳴佩珂仲容青雲亦偉器玉樹枝交
珊瑚柯嗟余先胥亦純孝閭黨至今傳述
多遺言不許列邑乘但展譜牒涕泗沱念
我春暉願長報升斗之養徒蹉跎筆底恩
寫瑰琦質胸中愧無星宿羅寄語世上衣
彩客門內修行深切磋從知活佛是父母
不須合掌持彌陀

集文選句　筆山喬遠煐

養真衡茅下南國有儒生所親一何篤慮
澹物自輕明發眷桑梓足蹇返柴荆積科
謝生慮寫心由中誠藥餌情所止褭露擬
其奐躧步陵丹梯以彼徑寸莖水深橋梁
絕皛皛川上平過澗旣厲急久立以升營

虎嘯山谷底行行重行行歸人望煙火歸
軫愼崎傾明發遺安寐思逝若抽縈匪親
孰爲寄鬱鬱望佳城褰裛墟墓間寤言涕
交攖哀禽相叫嘯孤魂自煢煢色頌被丹
弦豈爲誇譽名　帝暉膺順動涇渭揚濁
清懸茲區寓內甘與秋草并恩愛若不虧
誰能無慼情安得忘歸草駕言遠徂征不
見郢中歌對茲慚且驚

孝子欒太希傳　知縣楊兆杏

孝子欒姓名太希字載陽世居邑右田東
畈素稱望族先世皆有令德父邑增生鋐
生孝子天性眞慤幼卽異人甫三歲隨母
提攜誤觸地傷額祖母聞聲走問詭詞以
對母私問乃以實告恐祖母之憐其痛而
怒其母之疎也禮云孝子唯巧變父母故
安之此成人之事而出於甫離襁褓之子
時故以孝童稱洎乎成立孺慕如孩提時
朝夕祗事先意承志以得父母歡心食上

必在視寒煖之節中帬厠牏身親滌父常嬰膓疾親嘗湯藥衣不解帶禱祠求全之術誠懇備至奉諱之日哀毀骨立塋祭竭誠盡禮守墓悲慟聞者爲隕涕居常僾乎愾乎如見如聞其行己治家一守父之遺訓悼父旣見背罔極莫報特母年漸高望崦嵫而必惕依依膝下不忍少離午夜服事常漏四下始退就寢數十年如一日母年逾八十每見左右承歡輒亦自忘其老嗟乎以余所聞古之孝者鬐齡篤溫衾之愛白首博戲綵之歡身貴而滌腧必親井枯而甘泉自湧以今方古如孝子者奚不可並傳不朽哉生平力學不倦爲文精深純正補郡弟子員距父沒三年矣不忍讀父之書每執硯流涕宛然孺子泣也授徒十餘年從者日衆多所成就先是有志顯揚三入鄉闈繼而終養必切年四十餘以家政屬其弟謝退生徒絕意科名蓋孝思所迫視一切事無有重於事其母者遠失恃抱慟伴守殯墓五易星霜朝夕泣奠

茶酒膳羞必香必潔一如奉甘旨於生前適子舍產芝三本異香不散聞者以爲至誠所感祥和具集昔大鳥翔伯起之墓二鶴弔丁行之庭瑞爲德致理豈誣歟若其篤友愛睦宗族持廉履潔信友樂施皆本錫類之仁允協不匱之義課子弟諸孫嚴而有禮子姪均補上舍孫入邑庠書香克紹人文蔚起孝德之報彰彰可見晚年怡性養壽身益康强德容藹然可親望而知爲仁人孝子年七十有三端坐而逝所謂體其愛而全歸者斯其人乎聞其風者庶其有感而興動而化者哉

贈孝子樂太希 邑人襄陽府教授 朱美恕

人生有至性抒發在倫常出則勤丹陛處則效高堂卓哉煦菴翁愛日心彌長甘旨必親奉藥餌必親嘗喜懼日交集慢惡刻自防德音噓藹藹道範挹蒼蒼和風吹萬物衣被盡含光苫凷哀號日苫凷習青囊毛雛脫禹足牛已卧陶岡階前排玉筍蘭桂自騰芳六經傳舊德乃翁德可量

皇代崇忠孝
天詔語煌煌氷懷珠自媚山韞玉奚藏我邑貧
矜式鄉賢舊典艮允宜陞廟祀百世思不
忘

贈孝子樂太希　　醫學樂文甫

庭幃敦至性百行可兼賅養志師曾子承
歡比老萊夜臺三載淚風樹半生哀厥職
求無忝追邀錫寵來

贈孝子成章　　邑人應山訓導汪宗灣

大雅久不作古道悄淪亡要之真切地緊
豈無天良不見子孟數不素不見何曾責
誕狂丸藥令婢何嫌疑猶坐坎坷青史譏
衣俗雖云壞自置不詭隨衆濁而獨清衆
醉而獨醒豈爲懾國法豈爲弋虛名比絕
三節觀愛與理障百川以東之迴狂瀾而
中流砥

孝子陳清策傳　　富川恩貢王　楨

先生字書林諱智謹姓陳氏揭德振華士
也生而徇齊弱不好弄在兒曹如鶴立雞
羣束髮受書穎悟文若夙成師儒閱其文
者以大器目之道光己亥　　邑侯蔡公下
車試士拔取第一以是歲補邑弟子員然
先生非區區以制藝見也昔程子有言學
者須先器識後文藝士不立品雖日言孔
孟之言何益先生年未弱冠遽執親喪朝
夕不離靈次腸斷眼枯柴毀無人色既塟

廬墓空山三年足不入里閈門口不嘗芻
豢味孝行嘖嘖人口而性量宏遠閑靜少
言撝謙可王百谷潔已可飲貪泉與世酬
酢不知孔方爲何物非聖賢真種子耶何
命途多舛艱於嗣家貧不能復娶更無猶
子以繼餘塵悲夫況夙攖足疾居喪時受
寒所致癸卯疾大漸展轉牀蓐間無幾微
怨懟意甲辰卒年四十堂兄象以其子信
承祧又不踰時殤噫天之報施善人如此
豈昌黎所謂天者誠難測耶追讀少陵詩

但看古來盛名下終日坎壈纒其身又爽
然失矣

贈鄉賓陳詩玉　知縣張中孚

翠屏之山何方正定有端人秉之以爲性
湄溪之水何澄清定有潔士鍾之以爲情
我初下車深徘徊相期武城得澹臺暇日
循行集父老中有一老衆所推渾樸全其
眞恬淡完其神金石勵其節圭璧持其身
一朝紳耆躋堂請願得是翁主鄉飲舉行
賓禮皆歡騰可見鄉園重眞品里御都爲
翁須禱儀型足式期壽考何必麻姑芝何
必安其棗卽此古心古貌葆堅貞永膺天
錫應難老

贈孝子焦遇泰　知縣 金寶樹

先生諱亨遇泰台篆三年襁褓遽失烏慈一卷楹書常陪鯉對髫齡惇厚推梨讓棗之懷弱歲鑽研截竹編蒲之業馨膳饈於陔養奉必當心侍湯藥於寢門封還及股蔚莪盡瘁銜恤擗踴梧檟崇封絡聞弓冶肫肫至性承懷風木於千秋穆穆芳型堪法雲礽於百世寶樹鳧飛久丞治愧鳴琴烏助遥聞名堪改縣未上圖形之奏既負丁蘭然不由徑之行終推子羽用作數行之誦聊充肆好之風詒後人謀爲先生贈

贈節孝樂舒氏 時其子樂應燊以廪貢肄業國子監

兵部尚書順天府尹 汪承霈

鏡掩孤鸞正氣鍾家政嚴肅亦雍容婦能
代子高堂喜母可兼師後學宗自信此心
如止水羣欽勁節類貞松幽光不使終湮
沒棹楔旌門自有封

贈節孝樂舒氏　工部侍郎管理錢法堂事務 鮑桂星

四十餘年寡鵠吟蘭儀珩範一鄉欽嚴霜
夜壓飛蓬鬢皎月秋懸晝荻心棹楔榮施
垂後葉煒彤歌頌比兼金雙珠並耀東漢
彩長爲萱堂播德音

贈節孝樂舒氏　兵備道兼管山西陝西河南等處鹽法事務 陳中孚

宮舍離鸞日磨笄自結忱蕙蘭原是質冰
雪鑒其心弱息艱危撫衰顏慰藉深禮宗
緣夙秉不爲慕徽音

韋縿紗幔授母教卽嚴師詠就千言裏丸
和五夜時勉旃憑荻畫勗爾借機絲兼有

立身訓無忝式穀貽
道以家人正儀無內則違由來慈惠逮祗
覺勃谿非種德滋蘭砌晋題表竹孱克家
幸有子游學到京畿
膠庠螢英早橋門此譽髦師應逢郭泰望
巳重劉陶頻送慈烏喜終期彩鳳翔他年
邀
紫誥彤管荷榮褒

貞女程成氏傳　訓導 王崇斆

節孝成孺人者郡庠程大年之嗣母也生而賢淑許字程行榮適同乾隆癸巳生未及笄而行榮以庚戌冬十一月死矣孺人父若母念孺人素曉大義必將以身殉秘其凶問不令之知也越明年春孺人側聞其壻死已兩月於是飲泣嗚嗚僵卧床褥不欲生者累日父若母憐其哀毀屢勸慰之使起乃強起舁膏沐衣縞素若孀居然當是時孺人年才一十有九隱矣爲未亡

人終老於成氏已而父若母將謀改醮孺人若爲弗知也者而陰遣老僕踵程氏之門以歸程守志告諸行榮之母母與其子聞之僉曰能如是乎是我程氏之光也老僕還報孺人孺人慮有漏洩且成與程相距二十餘里非一蹩所可驟達也乃於黎明乘其父若母安眠托言採桑以青帕裹頭命老僕先行每去一里許折一標爲前導匍匐及午抵程氏之門入而拜謁其姑請擇所以後行榮者姑曰行灶之子大年可孺人遂集族人盟諸祖廟而立大年爲子卽日成服如禮洎父若母既起不見孺人偵之程氏則孺人已以弱女而作嫠婦矣父若母因曲成其志而不復奪也程氏家故貧孺人躬操井臼茹荼歡蘗奉姑以孝聞姑歿喪葬必誠勿之有悔其撫大年也慈而嚴母兼師道督以義方大年果得成立受室舉子旋補博士弟子員孺人色稍霽蓋孺人艱苦久矣迴憶數十年前能必其有是乎夫以余讀歷代史書列女傳

與夫近時士君子文章所載節孝事蹟夥矣其間或已嫁而以貞著或未嫁而以烈稱比比然也然求其如孺人之堅忍洸晦計出萬全卽骨肉至親朝夕左右如父母亦莫測其所爲者則曠世無有二焉嗚呼節孝庸行也而孺人獨以奇出之奇焉而適得其庸豈易易事哉然則如孺人者尤超出古今巾幗丈夫萬萬矣烏可以不傳且夫闡揚潛德外史之責也今者程氏重修譜牒余雖不文亦樂傳孺人俾大年附列其中以光家乘併後之採風者有所考據云

贈節婦夏黃氏贊　內翰　黃士瀛

節母宗老孺人者庠士夏承志之母也賦性幽閑秉貧貞淑于歸廿有餘載不易海誓山盟守義六十餘年永矢氷心柏操斷臂引刀旣媲美乎曹李和丸畫荻更匹休於韓歐所以

鳳誥榮頒題

旌則可坊可表

龍章寵錫垂裕則宜子宜孫仰懿範於慈幃摯生景慕覩莊顏於錦副共切欽承贊曰

賢哉是母節孝流芳躬同圭璧志凜氷霜勤奉箕帚敬事姑嫜鍾儀郝法貌古心臧肅而冠帔振而綱常旣耆而艾亦熾而昌螽詵燕翼桂馥蘭香傳之千載永式北堂

賻節婦汪周氏　邑人應山訓導　汪宗溥

從姪婦性如矢滿其名周其氏二八嬪於汪阿姑已北邨阿翁鰥居兩兒郎惟慶滿也匹和鳴韻鏘鏘嗟哉天道不可測廿二倏遭幽明隔數月孤兒抱在手搶地籲天減寢食翁曰滿家貧子幼身無依不見梁上孤燕燕婦曰嗟翁何言我生誓戴祇一天我若舍翁去何以慰九泉矧乃伯伯力硯田嗟哉而兒忽旋夢二豎子更復何人職間視下堂飭胆萩上堂奉甘旨兢兢翼翼惟怖古井波瀾起於今逢金饑斗粟匹絹為有衆譏冀支惟婺更何其嗟哉滿兮無與貽貽爾慎終如始一幅詞

節婦朱方氏傳　教授　朱美愬

弟美涵二胞叔玉台公次子也幼習詩書頗勤謹娶方氏庠生方文超公女在母家時即恂恂有度不苟言笑如乃父然及歸我弟敬事舅姑和睦妯娌族黨稱淑德焉詎意歸甫八月弟旋棄世弟媳茹荼啜苦勤儉操持二十餘年如一日今四十餘矣哀死者之在土承飈氷霜抱弱姪以承祧冀綿瓜瓞廉巾幗之完人殆朱門之矜式也堂伯勿菴氏曰節義之於人甚矣哉予讀古來烈女書信而有徵矣吾宗自劉太孺人後家傳頗詳焉語曰白首如新傾蓋如故他人猶爾而况夫婦哉詩傳于妃匹之際生民之本萬化之原斯禮廢而倫類幾於澌滅矣中庸不可能也匹夫匹婦一往之誠而天地之心生民之命賴以維持而不絕焉予故於貞烈之操尤往復不置云

贈孝婦陳蔡氏 庠生陳國成母　　訓導　曾繼蘭

太邱家法自雍肅廼有賢婦安貧促既賢
且孝慈且淑全家俱受閨門福夫子養志
謀饘粥饁餉褰裾種仁人粟胡天不弔翁不
祿枯淚莫止尊嫜哭白晝昏昏盲無矚安
得金篦刮雙目持危扶顛食與宿手婦之
手足婦足夙夜匪懈必無恧三十餘年如
一日婦道既完母道續膝下鳳雛用意畜
濟嚴以慈善斯勗易子而教黨有塾束脩
無羊機帛鬻邴原雖之僣石蓄便便自果
邊韶腹大器琢成玉韞櫝英才儕儕樂教
育母氏聖善報宜沃天廚分餘更分肉咫
尺蜚聲羽翩翩一鶚摶風入薦牘爾時陳
情懇栽沐詎止棹楔耀鄉曲我聞懿行必
肅穆颶芬殊愧彩毫秃有母亦似潁考叔
迄無羹遺重踟躕踏門墻桃李花簇簇遥想
護幃夜秉燭

通山縣志卷之八

愛山堂詩　　宋知縣　蔣之奇

我愛通羊好民居山作城眼前無俗事枕
畔有灘聲
我愛通羊好環回雲水間重巒與疊嶂真
是翠屏山
我愛通羊好清無半點塵峭山多洞戶樵
牧識仙人
我愛通羊好青山便是城白雲深處宿一
枕玉泉聲
我愛通羊好煙霞氷玉間不須乘羽駕飛
入翠屏山
我愛通羊好深山不染塵數家原上住疑
是避秦人
我愛通羊好樓高如錦城青山常在眼澗
水不聞聲
我愛通羊好雙泉咫尺間不須尋謝屐步
入九宮山
我愛通羊好宗英迥出塵文章與政事今
復見何人

會仙崖　　宋知縣蔣之奇

我愛蓬萊編復此會羣仙仙人笑拍手索我瑤華篇

十詠堂　　宋知縣王　洪紫微舍人

清夜滿西樓雲攀開時水吐鑑浪花深處玉沈鈎圓缺幾時休星漢迴風露入新秋丹桂飄香搖素影嫦娥應惜別離愁千古共悠悠江南月

雲雨半晴陰帆去帆來天氣爽潮生潮滅日還沈南北別離心與縻事千古一沾襟

山下輕烟濕市遠柳堤疎雨酒家深行客喜尋真江南風

風送滿長川碧瓦煙昏沈柳岸妍銷香韻入梅天飄灑正瀟然昏與暮長在楚岸前寒夜愁凝金帶枕暮江深背木蘭船烟鎖遠相連江南雨

輕素剪雲端瓊樹忽驚春意早梅花偏覺曉風寒襯佩想清歡蟾光迴清夜好迎香謝女聯詩褰翠幕子猷乘興泛平瀾惜憶歌舞殘江南雪

江路轉平沙雨潤作烟收素練風輕細浪旦寒花迎遞送星槎名利客飄泛未還家西塞山村漁唱遠洞庭波上鴈行斜孤棹宿天涯江南水

何處味偏濃醉卧春城深巷雨曉尋香旆小橋風竹葉滿金鍾檀板碎人面粉生紅青杏白梅朱閣上鱸魚箬笠玉盤中酩酊任醉攻江南酒

如種復如描深映落花鶯舌亂長迷南浦客魂消日日鬭青袍風欲轉柔態不勝嬌

尋遍天涯經夜雨冷澀池上帶昏潮誰夢與蘭苕江南草

清翠絕纖埃深徑欲留雙鳳宿後庭偏喜小桃開風月影徘徊孝泳寒霜信預相催紛淚空留斑點在竿重曾傍翠簾來龍鑲莫輕裁江南竹

煙藹拂人輕愁黛長空搖弗似舞腰纖瘦學難成大意與風情攀折處離恨幾時平已縱柔條縈客棹更飛狂絮撲旗亭三月亂鶯聲江南柳

輕颺繡幕風三月池塘新社過六朝宮內舊巢空頡頏從西東王謝宅曾在桂堂中烟逕落花飛遠遠曉窗鶯夢語匆匆偏占杏園紅江南

題十詠堂　宋知縣趙善宣

十詠名堂歲月深我來訪古闢荊榛依村結屋臨山址種柳尋花傍水濱珠玉舊傳清唱在滄浪初棹絲波新此心樂與邦人共要使渾如郡北春

過吳原聰續十詠堂詩寄通山　明天順進士由東治州同任遷四川吳伯通

江南書處是涓羊一百年來是我鄉邂逅多君詢往事緬懷遠祖熱衷腸世家感託雙遷里風物遥憐十詠堂未得披襟訪邱壟臨岐回首意何長

縣治八景　明教諭陳銓

羅阜嵐光

鍾儲英兹邑拔萃領羣山藍紫三千丈朝朝暮暮開

翠屏塔影

過林天柱斜蘸水獨龍吸高插翠屏巔雲梯畫中立

石橋秋月

跨水石梁駕照天孤月懸潛蛟凜秋合清夜抱珠眠

雙溪春水

春水雙溪足洪濤一夜生艨艟天上至毛羽鏡中輕

犀港晨耕

一犁天未曙百畝歲全收負看靈犀跡牽牛水上流

焦巖晚渡

到早立沙待過遲隔岸呼幾橫春雨後巖上日西晡

新嶺樵歌

峻嶺近時開歌樵日往來息有聲暫歇難上韻還哀

瞿塘漁照

塘在山深處名由峽口傳筲答入箇箇燈

火直年年

又

羅阜嵐光　邑人訓導唐振烈

孤峯突兀起山城立石眠雲點漢清離合
縹浮宜卿阜嵐煙一道鎖蓬瀛

雙峯塔影

列山翠靄送青來石瘦雲枯寄草萊豈是
適然離放眼又將文筆點高臺

石橋秋月

濯濯清光映碧潭飛觴送月出城南一橋

秋色無人取好召姮娥夜半探

雙溪春水

春漲桃花汎滿溪尋幽好共釣舟栖武陵
深處奇堪訪任逐飄紅載櫂西

犀港晨耕

靈犀古蹟久標奇正在瞻蒲望杏時治世
耕耘無外事好從莘野聞商伊

航山積雪

瓊瑤堆色壓東山玉壑呈奇又石斑青女
情深驅一去但教旭日破蒼顏

新嶺樵歌

野徑新驛古嶺雲嶺頭樵子日紛紛負薪
唱罷買臣調朝市勞人那得聞

瞿塘漁照

瞿塘明滅漁舟火照破溪煙數點紅安得
滄浪收釣老重來月下作詩翁

文昌閣詩　儒學教諭譚桓

飛霞碧閣峙城東天府圖書在桂宮世運
原同文運啟道心直與帝心通光浮日月
重霄外景入山河天地中共指登雲從此

處炳靈濟美躍蒼穹

文昌閣詩　知縣任鍾麟

聖朝文治兆精華東閣新開桂籍此日
銅符陪列宿當年彩筆夢生花看山若送
千尋碧憑檻長晉一片霞世蔚德馨膺上
祀帝星來往五雲車

奎光閣詩　知縣任鍾麟

巍巍丹閣聳雲端幾度登臨幾度歡歌引
清風披綺棟酒浮明月映雕欄西南山色
千年秀遠近居民一望安數載勤勞修邑

廢遷時城郭漸添觀

奎光閣詩　邑人知縣朱承煜

迥然高閣接奎光層搆宏開甲楚湘衆合屛山圍翠柳霞分帶水映垂楊試看丹艧新猷壯應有青雲舊業彰星聚自茲占太史湊空身到斗牛傍

奎光閣詩　余廷誌

特地乾坤闢聚奎文林上應木天齊翠峯捲雨羊君石白鶴軒星太乙藜桃浪遶闌光入畫棟隆聳阜景如擕千秋駿樹元元

發一望山川思自遂

奎光閣詩　武舉余夢斌

登閣舒眸應接忙奇山奇水怪爻章巒飛翠靄晴含雨容聚星躔畫引光窺壑雲藏仙子宅仙翠屏之陽有會仙賀仙二崖洞春城花散令公香四時色備供詩料不厭頻臨縱羽觴旋作北與諸友陪任邑侯同飲閣上即景

洞淵觀詩　朱廷立

山溪通道院海氣接蓬萊羽客逢人笑桃泉洗藥囘洞深花未見香滿水飄來留賞旋烹藻談元數舉杯松窻凝玉液鶴跡印瑤台巾袂雲常濕頭顱雪不催吾已棲林壑誰能復省臺養生還澹泊密意對君開

洞淵觀詩　知縣任鍾麟

古觀重門鎖市烟碧雲深處隱名泉苔封石上青牛跡芝老松閒白鶴田聚首喜陪山作侶舉杯長仰洞爲天元都清勝應如此莫信桃花異昔年

洞淵觀　典史繆先春

洞淵歷代觀如新三境岩遙迴出塵聲步

黃庭雲鶴繞元還丹鼎火龍馴壺懸闤市乾坤別桃放清泉冬夏勻我愧鳧飛沾藥液謾言仙尉匪伊人

勸農亭刻於石　知縣秦　初

案官慚政拙一遊非無事十月成徒杠二月躬耒耜但見桑麻登不見催科吏尋常六載餘勞勞之撫字題崖紀宦情却愧平生志

勸農亭刻於石　教諭周　華

玉勒嘶春風歷覽皆王事須磨萬丈崖刻

此循良志

慎獨軒　知縣 任鍾麟

靜對瑶琴敢自欺公餘補過怯虛糜晨興
掩卷思三畏夜坐焚香凛四知政拙必勞
慚撫字民安吏習免瘡痍平生所學惟如
此未信長懷實在斯

銅肝鐵胆　邑人知縣 郭允楨

石牛奇狀夙天成肝膽明懸顯物情炳赫
山川多異蹟登聞天表絶纖腥忠清不讓
英賢志鯁直當齊柱石名仰望題崖仙宦

者立端顏義重平生

蝦蟆山　訓導 黃卷通

爲惜春花片片飛蝦蟆山下濯纓歸可知
香汗浸仙骨不是瓊醪醉落暉

蝦蟆山二首　訓導 蔣士元

韶光虛度愧浮生偶爾招攜見不餘收得
餘春歸滿袖香醪聊對薜蘿傾

二

爲惜春紅萬點飛壯遊何異潞沂歸蝦蟆
山下忘懷處說甚香醪醉夕暉

羅阜山　知縣 張書紳

巍巍羅阜橫羊山隱隱高峯出雲端石航
疊秀聳層巒雨霽嵐生景象妍白鶴金壇
巠蜿蜒賀會丹池來羣仙諸孫羅列殊峻
嶒玉淵涓涓瑩瀠漩天成金湯何言言崇
丈丹崖不可攀依山臨水歌斯于鎮我邑
名百千年

朦朧嶺　張書紳

清風颯颯掃朦朧萬木蒼蒼一徑通霞綺
青霄籠翠聳瓊煙碧漢罩琦空白雲冉冉

思何極紅日昭昭色正曨憶昔愛山遺勝
蹟令人千載挹高風

翠屏山　知縣 戴謙

幾年薄宦寓通羊又喜新秋入夜涼才短
自知宜小邑心清誰復嘆空囊琴堂書靜
槐陰綠書館風飄桂子香目斷雲飛何處
也翠屏山外是扶桑

縣門雙柏　知縣 邑人 郭夢道

山深縣古樹亦奇恍是萊公植在茲鐵葉
同對千歲酒玉泉並採萬年枝後凋不借

松爲伴分社誰言栗可支若代化王宣雨
露低徊青孳壓餘恩

泮宮二槐　郭夢道

一天化雨長新枝半壁雙槐景最宜葉綠
不爭桃李豔花黃却笑橘橙遲開忙舉子
經多少斷續蟬聲助鼓吹莫問當年誰手
植聖門高蓋有如斯

倫堂四桂　郭夢道

紛紛桂子落崆峒東序西庠各二叢花落
俄驚天乍雨蔭繁不覺日方中吳剛利斧

何堪折玉女清歌試再逢仙友若還伸舊
約相看此地即蟾宮

泮宮二槐　武舉 余夢斌

雙槐勢與檜爭長幕地參天氣亦揚聖壤
雅堪相拱秀清華未忍獨爲芳側聆夜有
宮商韻謾謂柯能鄙國藏靜對不知煩暑
候秋來更喜說花黃

會賀仙二洞　朱之梅

兩洞桃花三月新玉八猶帶武陵春不分
白乳神仙飲輾破青山獨駕輪

桃花泉詩舊鐫石上　朱庭立

泉流混混石粼粼誤入桃源景一新可是
東君命意巧自然雅稱避秦人

桃花泉詩　知縣 孫溥

桃花泉瀲玉粼粼一掬雲英爽氣新落盡
春紅流不出仙家怕惹問津人

桃花泉詩　知縣 吳堯獻

羅阜山前重九日桃花泉上小天台官閒
亦有龍山興地僻曾勞驄馬來朵朵金英
浮玉斝粼粼白石點苔苔秋雲影落吟懷

遠來厭尊前酒量開

翠屏塔　熊展南

古塔沈銷不計年重新此日鎮山巔形超
萬壑騰雲漢影撼雙溪映碧漣差似巫峯
圓蜀郡恍如光筆照臨川題名擧起爭顛
頓永繼慈恩與並傳

登羅阜山　邑人知縣 涂宗鑾

羅阜山前列宿堂桃花流水過滄浪孤舟
蓑笠閒來往皓月清風遍九崗

咏通山諸峯　訓導 蔣元士

我愛通山好奇哉別有大翠屏環碧水羅阜鎖青煙白鶴凌霄立金蟾抱石眠閒來頻眺望恍若會羣仙

登會仙贊仙二首　朱廷立

巖洞青山裏何年藏秘藏神工無斧鑿物象自文章龍榻銘功就棋枰機事忘天根森欲下地竅暗通傍佛子懸空起仙旛次第張循梯初伏炬望闢漸生光古字猶堪辯幽花不斷香乍疑探武庫旋獲吸瓊漿鳳舉餘丹穴雲歸讓道場入虛神凜凜說

幻意茫茫嗟予方弱冠學道擬升堂感此慮深景因巖障礙坊雨厓并借號千徑總徒長臺省歸來日頭顱忽已蒼茲遊今卽昔夙志老當强高山與景行誰復問低昂

翠屏山　邑人朱之栴

峯頭縈蓋團青嶂晚日看山景翠屏誰見鳳龍飛漢栢尚知鳥鵲迴唐鈴十年樵牧風塵洗萬里烟雲金樹寘何似山行猶噴海總盧秋賦問天瓶

翠屏山　知縣張書紳

青山列畫屏石塔正嶙峋突兀煙霄起岧嶤雲霧深曉峯懸蝀穀莫汎聽瑤琴風景由來好韶華屬晚春

翠屏山　訓導黃卷通

翠屏山上綵雲生遊子探奇傍石鯨無限春光收未了高情尤向薜蘿傾

大賢洞　韓　衡

一徑藤蘿接遠村紅塵不到白飛雲擬驂鸞鵠尋仙跡共帶琴書避世喧老氏讓歸天竺國秦人空憶武陵源神仙久待烟霞

客春晚無心鎖洞門

石牛潭　朱廷立

茅齋舊在南山麓載酒移舟快病身經雨汀沙分淺碧得時花鳥自織新銅肝鐵胆名應稱銀漢仙槎此卽眞莫道歸來青鬢改青山合屬白頭人

題觀音堂 卽觀音巖　都御史王應斗

堂從五峰寺分立有普陀巖天造奇絕踞萬山中非人跡所易到也乙酉中夏流寇數十萬蹂躪武昌屬邑曾過茲堂

王僧僅以身免蓋滄桑大刼雖窮巖邃
壑無得脫者然而祖龍弗熖靈光巍然
安知非大士之力默有呵持乎余自金
陵返棹寄居山陬感慨登臨爰有是作
絕石通雲杪懸巖似海南寺連峯色五潮
送漏聲三曉樹含青旭香泉釀碧潭中原
無隙地從此得幽探
鬼斧經誰代鏤空八蔚藍勝爲天上界靈
搆海中龕洞口灰盈刼巖邊骨本函冠塵
隨石火不動老瞿曇

觀音巖　唐振烈

弱歲性癖愛搜奇古蹟仙踪頗不遺奈何
去山五十載今日始得登臨之絕嶠懸空
勢磊落從下縣窺膽半落嵌峩峴岏雲底
藏怪幻聳出石錯愕宛似海外真普陀又
如蓬萊現樓閣日月風雷常護呵鬼斧神
工遜雕鑿危藤百丈倒下垂老樹千尋橫
側着淚漏雲崩巨靈撐絕頂復縣广龕匣
龕中大士傳飛來不染香煙坐瞿曇鍾山
洞裂文殊出澗南石破法象胎誰謂人世
無仙境利名到此念都灰五丁何年闢此
門山靈法力兩情關生久皈依神光煥四
顧聆嘗逾增歎

大泉洞　趙若楮

通羊幾岩壑茲洞如修航泉聲轟鼓激澗
氣侵衣涼臨流網銀鯽艤棹觴桂漿此中
有真趣其樂良未央

大泉洞　蔣之奇

涓涓石含泉扁舟過其下大旱日望爾神
功一飛灑

朦朧嶺　知縣林金

山風吹霧破朦朧一笑虛聲萬壑通鳥外
斷雲分碎影竹邊流水咽寒淙倚天看劍
含霜白度嶺搴旗帶日紅直上孤峯高處
望不堪閩楚思無窮

遊大泉洞呈吳雲屏　朱廷立

獨羨神明宰風流迥不羣邀賓臨古洞鼓
棹出塵氛潭淨蘭舟集灘高野酌分園禽
窺異客山鬼避雄文日出浮龍沫波生蕩
石紋仙源何窈窕瑤草自繽紛巾舄樵

詵緌歌虎豹聞千崖晴滴雨萬壑午晉雲鐵石明心跡金蟬逐使君觴風騰八駿揮翰儼三軍碧樹妝青影滄溟弄夕曛迴颺吹短髮明月照微醺憶昔叨通籍逢時愧策勳中年辭漢闕遠志在河汾軒使吾何有封章草自焚一枝棲自足百感向誰云過爾滇中鳳嗟渠帳裏蚊探奇如啖蔗談藝似聞薰妙語新來得英聲舊所欣藉君多逸思裁謝寄慇懃

過望江嶺 訪余隱士憲典　　知縣 褚鳴巘

塵務勞形非一端徑危何處覓心安微行路角二三里信步縈迴六七盤霧散天雲羣岫列秋成穲稏野田寬茶烟寄跡幽人室門外清泉竹數竿

堆書臺　　朱俊鴻

書奇秦火不能焚疊疊重重按部分架似入鴛經模斷臺因天設淨塵氛何勞鳥跡添新字未許芸窗秘異芬黃卷可能容展讀石渠閣上補鴻文

城山　　朱廷立

縱目城山愜舊聞琪花瑤草自成文豈應塵外高僧占須與溪南野客分海內於今無戰騎石門終古有停雲他年結屋峯巒裏白髮青蓑臥冢羣

鍾山應制　　邑人湖州府知府 韓衡

富川三百疊山中秀出東南第一峯勢接匡廬分紫翠地連吳楚壓鴻濛從龍雲氣來滄海集鳳朝陽老碧桐深幸承平黎庶樂耕桑鼓舞自醇風

寄九宮山 提點蘭谷二詩　　虞伯生

九宮山高白雲深王子入山何處尋清香孤鶴自致遠大海蒼龍常在陰祝侯解作禁火井趙郎會鼓臨風琴自慚白髮歸最晚辜負故人招隱心

芳蘭谷中結茅屋期我不來松月高六月持書展江滸日午戴笠經山均登眞有訣問王許避地無術慚由巢誓將白髮濯泉石清涼谷口還相遭

三閭祠　　吳澶

一自汨羅沉沒後史詩褒美不勝書讒鋒

雖作當時害忠鯁猶留百世君朱玉有懷歌九辯賈生因感弔三閒古來肉食知多少歷數如公勁節疎

伏波祠　　歲貢王家幹

東漢賢豪馬伏波功高識遠本無過祇緣一拜周旋簡遂致羣猜謗誹多雖困壺頭悲末路終留銅柱界山河於今赫濯隆祠祀象繪雲臺可抗麼

多寶寺　　朱廷立

城頭隱隱漏疎鐘睡起山翁一拄筇古殿

尚留前度句年華易老後生疑憑誰下榻能分芋當暑移尊喜近松衣鉢相傳知已遠佛燈高燭白雲峯

其二

出郭兵留江夏騎登山偶借老松筇路斜修竹籠虛閣風送歸雲補斷峯學士俸錢緣酒盡郎官吟與為花濃相逢且向風前醉明發風烟知幾重

多寶寺　　陳宗夔

蚤從祝髮事齋鐘愛爾逃禪費拄筇偃蹇

已非前度客逢迎仍是舊時容坐深洗鉢延叢竹經罷焚香對古松自此上方思結社未應清磬隔中峰

多寶寺　　翰林舒宏緒

謀丕飛錫處白鶴已先棲卽席天花滿登樓法雨低升開崖阜北航渡石橋西爲問重來客今分太乙藜

多寶寺　　都御史李瀏

徙倚谿頭起暮鐘吁僧絕巘更支筇千竿碧玉深春色萬疊青螺過雨容鳥亂梵聲

催濁酒月隨人影下高松他年一衲棲身處知在烟霄第幾峯

多寶寺　　通判徐棠

風吹清韻寺樓鐘野興飄飄日抱筇恢廓才華瞻叔度周旋尊俎媿茅容花香酒氣渾交袂舟唱歌聲宛入松郢曲傳來皆古調不須江上數青峯

多寶寺　　邑舉人徐昌時

高僧炊熟即鳴鐘麗藻宜予遜短筇畢竹濃烟相掩映澄心欵語自從容袈裟雲染

身歸洞棋局風吟手斵松白鶴何年罷蘭
若不須飛錫住廬峯

安平寺　　朱廷立

醉罷壺觴門太空上方幽勝迴離同春風
雙屐十年約夜月千峯一徑通總爲探奇
多傍險便應揮翰與爭雄相逢何必論分
芋煮茗焚香思不窮

安平寺廻文詩和王波任邑侯韻　副榜知縣朱承煜

濺濴水內鉢聲潺雨墜花峰挂錫鐶圓影
月光揮棒喝散氣爐霜點雲斑泉流過石
松依繞嶺絕竅雲磴倚攀煙羣夔僧高勝
賞巔危闕宇寺銜山

安平寺　　余文鶚

曉發叢山路渾忘步履艱登高到天際過
險破雲關放眼乾坤外收春脈脈閒參禪
開一榻恁他得寬閒

安平寺　　王家幹

僧任安平寺人呼小九宮千尋巖噴白巒
嶂樹翻紅仰面看羣岫隨肩納遠風青田

胒遯處終古渉朦朧

飛龍寺　　貢正阮士楚

名山寂歷境如仙半作吾儒半作禪四面
青峯怡惠遠一林緑竹契陶潛虎谿笑別
時難得蘭若秋分恨暗牽未便破符留調
水回瞻故舊舞般然

鄴城寺次韻　　朱廷立

野情花事頗相關寺外周遭更好山杵臼
夜聽松樹裏盤飧春在草堂閒淡雲忽送
疎疎雨新水遥添淺淺灣漫說蓬壺浮海

上始知仙境亦人寰

書靈泉寺壁　　朱萬仰

波浮古寺寺浮烟門聽潮聲屋似船千尺
虹吞山外雨一痕月破水中天虛空終不
妨詩癖放浪還須署酒禪慧業鈍根了可
悟篝燈靜對佛光元

靈泉寺晚坐　　朱廷立

村舍酣秋酌山門坐夕醺鐘歸依稀鳥山
渡護龍雲蓬座遍泉脈珠林爍水文前遊
今已久問訊舊僧勤

遊雲梯寺和林焦涯韻　朱廷立

登覽原無約山僧何處歸郵酤呼可得禪
榻坐生輝野水園雲鑑寒花繪石衣諸君
有佳思揮灑迅如飛

茅田寺

夔幼隨　父讀書茅田寺有鵲巢　巡按陳宗夔
其上　父恐爲物擾命夔易位鵲
亦復易巢感而有賦

暫將書劍此中嘗理會先天性命悠物色
盡同春色好文光高映日光浮鳥覘徵應

還歸我鶚表朝陽占斷秋此處知曕紅日
近伊周事業擬同收

北山寺　邑人知州姜時棠

昔年從此借僧居琢玉山中二載餘憩石
不嫌蒼蘚滑捫蘿時愛紫雲舒春歸竹院
頻攜酒月轉松廊尚著書白首重來高因
穩等閒去住興何如

夜過靈泉寺　都御史王應斗

巳作逃秦計聊同過宋行岸煙迷古逕林
火映孤征處處防人語家家畏履聲那知

風鶴夜猶有老僧迎

二

衝寒依古寺聲影夜來稀嶺外占烽急村
前候息微對麗偏好事山鳥亦多機竟日
空皮骨誰言遯者肥

三

精舍重遊二十年水寒山老復依然靈濤
自泛松開兩香積時分竹裏泉承夜話禪
青草榻有人吹笛白雲天不緣避世尋幽
險那得逢僧學坐眠

四

敝帽青鞵信浪蹤溪光林影自重重雲開
蜃氣生樓閣山下靈泉聽鼓鐘近浦雨殘
朝看竹隔床風細夜聞松誰言惠遠疎靈
運亂後逃禪興亦濃

靈泉寺迴文　韓衡

蓮座寶光慈化風體如來即搭塵紅簾紗
捲處馳鳥兔錫杖飛時伏虎龍禪戒有元
談裏靜道心無慾色中空天生佛地靈泉
寺煙鎖關門山擁峰

萬杉寺　　崇邑知縣陳晉

攬轡天雲路登登上萬杉峰巒攀日月樓
閣插烟霞冠蓋層霄裏壺觴曲水涯喜逢
春正好十里杏林花

芎田寺　　孝子葉相

大化無停轉若車梵王宮境半儒家庭柯
百結還前樹山鳥數聲非舊霞雨裏忘情
入易任杖頭無挂酒難賒不知後日諸賢
曲筆跡何僧籠碧紗

龍巖寺　　朱廷立

明月清和夜攜僧見性靈窻虛樓滿白山
近樹交青尋洞歸龍護談經倦鳥聽詩成
多逸思短袂舞中庭

杉坑寺　　朱廷立

入夜尋名寺追歡集衆賢佛燈分照席村
釀買餘錢林暗傳花氣山空響石泉野雲
留樹杪春服舞風前舊榻甯須借高僧共
不眠笑予諸事懶妙賞一何便

翠屏寺　　朱廷立

古寺多幽勝尋遊思欲飄山横餘萬竹路

盡得雙橋雲濕衣裳潤林芳鳥雀驕況有
樓居好瑶琴自可調

九宫山　　宋謝枋得

真人何代結幽棲累世奎章煥紫泥日月
高奔黄道近衡廬傍出玉繩低

九宫山　　學士宋濂

崔崔九宫山翠巍倚層青飛觀峙後先宸
奎爛晶熒中有遯世翁霞衣佩蕙珩仙徒
一萬指執簡聽使令年來遭兵燹散足如
流星翁獨牽青牛尋雲自躬耕翠華幸江
漢扈從森幢旌儀伏黄鶴磯再拜陳自情
天日下照臨簪裳受餘榮今又奉璽書翩
然覲神京太官給珍膳法酒雙玉瓶祗因
逢景運重際泰階平致使方外士恩寵霑
鴻靈一旦賦歸歟行裾逐雲輕自言當弱
冠緑袍佐山城風露感末疾離家煉黄甯
藥烹日月鼎符沸龍虎經中氣昭象先元
覽極窈冥欲期敵泥丸翀飛出嬰兒名花
滿皇都春風語流鶯景物非不饒歸思竟
縈縈芳歲去如矢逝波日堪驚純陽一銷

鑠重陰遂相乘余聞重自愧顛毛類枯莖
逐物向役々棲身亦熒熒幸有一寸丹能
與萬化并何時滴秋露相期証黄庭

九宫山　　曾魯

我家羣山南厥君爲蒙頂最上頭相望
欲識嗟無由摇摇必若風中斿君從少年
慕遠遊誓驂笙鶴仍丹邱冠星佩月露爲
裘口誦赤玉靈書謡摩斥八極隘九州後
天不老三光調故鄉臨晚無停輈下視起
滅如浮漚九宫山高明挐虬眞牧之子世

莫倚君君其閉業焚修五十餘載無悔尤
翠華昔駐鸚鵡洲承恩召對黄鶴樓敷陳
屢沐天語酬太官持以白玉甌去年弓旌
復旁搜麻鞋徑入朝冕旒辰星繁麗不肯
留日夜稽首還山求山中之人寄書招雨
餘黄獨苗新抽芝草琅玕弄春柔不歸負
此巖壑幽龍江送别情悠悠鄉人歌作商
聲謳

九宫山詩四首　　郡人参政　吳國倫

拄杖尋眞去漸遥形雲片片起山腰金函

陰約朱陵闕貝闕氤氳絳節朝古蘚平封
雙劍石懸泉直瀉萬山橋關門喜遇黄冠
子指點仙宫在碧霄

天闕清都紫氣賒萬山靈勝矗仙家登壇
旋拾金光草漱水曾吞日月華見説至人
能羽翼總留遺像只烟霞由來九轉非眞
訣葛令虛傳勾漏沙

獨躡飛巒御八風逍遥萬里一冥鴻神仙
樓閣虛無裡吳楚山川指顧中間道欲窮
三景秘棲幽聊借九靈宫眞師白日騎雲

去天路入閒咫尺通

積翠凌霄俯四荒敎官曾自晉安王名山
終古留眞氣羽客何年返帝鄉黄鶴似迎
芝蓋轉綵雲偏映蕊珠光總知人世如棋
局那得逢仙七日忘

宿九宫山觀與阮子在田夜談二首　　吳國倫

共有登高興招攜九月來草荒迷藥井雲
淨出丹臺遶檻羣峰暝銜星古觀開投眞
人不見中夜坐銜杯

入山同阮肇采藥遇胡麻豈即天台路聊
尋羽士家老餘仙骨健狂盃酒懷睬一枕
黃粱夢浮生總未涯

登九宮和誌中諸公韻 行人 孟養浩

獨對仙峯作敬亭萬山深處竹枝青卧殘
物色松爲夢煉就丹砂石亦靈鐵履踏穿
塵世界金章飛下宋宮庭由來世主多崇
異一詔輪臺未忍聽

感九宮風景期符崇孝相業

崔嵬三徑道蕭瑟九龍途馬逐猿聲入車

從鳥跡驅數峯森玉燭千樹擁金爐鬱鬱
深山裡應知有鳳雛

登九宮感懷

我來謁至入至入羣峯頭地遠絕頂巔瀾
空泉樹幽瀑捲千江雨崖懸百尺虬鶴飛
雲影瘦鸞過石聲愁置身直天上諸物寡
所儔昔年山下人來此經霜秋重過怨初
夏草木含風流笑傀杖藜者感懷空悠悠
立志匪不高而與世道遊所期在功業王
衎空清修吁嗟行路難我嘗失其初古人

登泰山慷慨願爲徒

九宮山 教諭 柳東作

崑崙登萬丈仰見九宮仙法相原何代靈
光自亘天蒼巒香燭竦白瀑磬鐘懸朝罷
還丹壑遙疑鶴馭前

九宮山 逸士 陳家相

勝地眞仙跡應須到上頭萬山千古色曲
徑九宮幽鐘鼓聯天震烟霞並日浮塵緣
不受纖更復有何求

九宮山 邑人知州 姜時棠

九宮山聳白雲巔乘興來尋辟穀仙丹鼎
金砂看火候玉函實錄覓真傳煙霞徧歷
憐千癖山水重逢訶詆緣俗慮坐來消化
盡幾回吟咏碧桃邊

九宮山 知縣 朱綬 解元

南來欲向九宮遊今日憑虛到上頭聞說
飛仙天外去何緣遺玉此中留精靈如在
懷丹境宦業無心戀帝州我若浩歌歸去
好生平徒有濟時憂

九宮山 知縣 陳可耕

瞻拜神宮夙世緣渾如身世在諸天雲迷飛閣侵長鬟露滴林烏濕短肩念釋塵消心似水境光物化日忘年此生休歎還多事一到深山便是仙

九宮山　知縣任鍾麟

劃斷塵凡路不遥雲程迢遞躡天腰金容若溼晶清闕玉簡重封自宋朝叠磴一絲藤作結懸崖千仞鐵爲橋人間也有眞仙住却說眞仙在九霄

冒雪遊九宮山　邑人唐振烈

三尺銻竹雙不借冒雪破霧靈山宅靈山之宅雲作關大風高飂詩人攀瑞花鋪瓦鐵成銀玉塵飆戸石爲璁（瑞慶宮石室鐵瓦）老樹盤曲環玐燦龍潭潛瀵落虹伸摩巖穿澗覓泉穴前去百武巖噴雪飛夏當之骨髮寒況値冰柱垂嵽嵲素虬飛左衝波急隳蹬橫奔萬仞立雷轟霆怒風激濤珠濺布瀑落膚紋未及地半化作塵天河倒放下無滴歸來念及耳猶聾隔岸遥聞心膽恍悴迴路轉尋仙洞陶姚二仙古蹟通隱隱

石广半藏揭藥臼丹鑪倚明滅排空立階不疑人錯落騰驤馬耳擎縱目蕩漾銀海粘萬壑千嵒霧淞塞此時安得銀不律虎頭寫出空瓏色道上不逢葛三來洞中松膠憑誰得李勝厌錢媿術窮皴瘃足折行跛踣且就道人效陶家取水烹茶餐晚霞獻詩爲謝斗大花

九宮山行　侍郎朱廷立

嗟乎九宮山高不知幾萬丈神鰲移來自海上天地東南有偉觀鬼琢神雕誰可狀千巖萬壑何巃嵸東與蓬萊相雌雄至今海上羣仙會共羨中原有九宮兩厓山人頗好奇登賞每與茲山宜天風爲我吹陰翳白日爲我開心期捫蘿振袂歷茶寮古廟丹青鎖寂寥飛泉噴雪萬仞下而我髣髴聞風潮穿林下坡復上山雨峯雄立爲仙關凡夫到此不肯上恐驚天上眞人閒

歸雲橋轉萬竹遶石屋雲關生尋煙側身
已覺不在地仰面長嘆眞上天當關巨石
誰所闢云是仙人試劍石石上何人更作
亭奇字殘碑猶可釋千盤百折到宮門怪
松倒石驚人魂向來他山望不極爾今眇
小如兵屯巒迴徑轉忽平衍雲開隱隱聞
仙犬羣峯環抱中如村市造壺天與不淺
道人相見樸且野無乃桃源避秦於陶姚
仙臺日在眼花木當窗秀而冶東溪西溪
襟帶流龍厓虎厓佳氣浮地高鳥雀不得

過潭光隱見蛟龍遊入夜仰天天氣清擬
雲峯頭斜月明明朝山下人傳說昨夜瀟
天風雨鳴吾聞眞人昔棲此解道談元得
宗旨奎章遥下天子庭遂使玆山遍金紫
眞人乘雲不可尋蟬蛻猶存香火深謝公
詩句天下重我輩疎狂時一吟鳳凰山駱
駝嶺青猿洞白龍井眼前俱是空中影會
須揮洒璃瑶篇景物文章共馳騁君不見
周子著書南嶽側七十二峯皆變色又不
見晦翁鼓櫂武夷濱九曲之水皆精神

九宮山行　監察御史　陳宗夔

巍乎高哉九宮之山去天未盈丈青螺矣
兀蒼穹上雙懸日月弄奇觀掩映乾坤百
千狀日觀天柱稱巄嵸回看到此還崢嶸
龍岩虎谷總芝壑眞人遂詣開元宮我聞
眞人事亦奇幽棲宿與崇山宜黄精囁盡
却羽化祇今石室懸安期山前煮茶舊有
竈茶烟縹緲山寥寥更有虹泉向空落灑
灑雜樹流寒潮憶曾探歷登茲山步躡拔
特凌天關星辰灼爍手可摘白榆宛在空

中開西望崑崙山谷迷蓬瀛咫尺生晴煙
初從下看如尖削到頂忽訝平横天雲洞
風來自開闔刻岫呈奇貢花石懸梯纖鐵
寡行入稍稍逢人半仙釋嘯歌誰欲伴蘇
門蘇門臺蕪斷消魂何似玆山洞巘絶欽
崟珠樹長雲屯憑高曠望足游衍碧桃深
處藏雞犬道人種玉自何年開遍山雲未
云淺九嶷昔欽洞庭野九宫更寔超然於
潺湲流水如桃源爛爍丹爐似洪洽苔碑
蘚勒多名流羣峯杳靄朱虛浮雲中委珮

遁隱見芝童若下相招游、一時靈異通太清、琅函勅賜來承明、欽天瑞應此華嶺陰岩白日雷風鳴、東西勝跡應輪此、實籙仙符燕元吉、眞人今去幾千秋猶剩赧光賫山紫、兩厓夫子垂幽奪、攀躋直上雲山深依歌鐵石最高頂官潭清夜蛟龍吟、君不見李白游仙白閣峯綺園謝俗紫芝嶺、又不見少陵長憶金鰲山昌黎高歌玉蓮井、古來賢達各有趣不獨流連度光景、自余披策達故人夜夜車輪夢中勝、還思瑤草皆匡卿、人多採食嬌顏色、何當移置燕水濱獻之當代頤明神、

羊山賦　王星耀

遁志既成星耀乃撫其大校賦之以使省閱賦曰緊維羊山荆揚之介翼斗之墟奄苞色絡山川縈紆東屬富川南接武夷北界永安西隣雋溪鬱翠屏之蒼蒼兮瞪石塔之崔巍依羅阜爲金湯兮建峭拔之鴻基棲白鵠而懸金竇兮石航綿亘而纍纍龍塘仰天而舞遊魚兮緬張李之懿祺羨九宮之蜿蜒兮慕仙家之元壇於是躋太平橫歸雲踏含泉上天亭過三峯敵洞門立寶陀峙天尊伏試劍而蹲伏虎兮望松坡之崢嶸釣月臺於乖崖兮嘉平子之清貞憶疊山與虞白兮播往哲之休聲扶拄杖而坐石床兮鳴石磬之微音開新嶺而陟石梯兮見張公與陽城據兩厓而聳筆架兮飛山峯之鷓鷹乘白羊而跨馬鞍兮躡朦朧之嶙峋翫秋月於石礄兮咏雙溪於芳春歌漁照於瞿塘兮撫八景之良辰發書臺而眄白公兮聆泉聲之泠泠若乃祟姑阮婆七公普庵大賢長嵩焦巖吳田

愛山際雲衢聳飛仙雲館去思步虛烱然
犀潴丹池牛潭龍泉石壓石場大城高坑
行邅登高通津尋遷奇蹤異跡碁布星纏
於是山則瑞葩藍袍芳菲艷麗青茵緑綺
競爽爭奇含英帶雪霓裳霞裾誠可翫也
佳木葱蘢清風時鳴美景淑節萬鳥嚶嚶
調簧奏曲戛噪春吟實可喜也田則原隰
沃壤膏腴連阡黍稷重穋豐我囷廩亦可
樂也水則曲波塗流瀠瀠旋環鱗甲耀錯
煥爛錦班爍衆蛛蟋晃淵乘湍又足怪也

茲物產之繁碩洵幅員其溥長里六都而
戶千口兮田千頃而有奇遂履畝而定稅
兮課桑麻於蘭絲清里甲而平丈兮歌鴻
雁於流移亶茲土爲樂國兮遇太平之貞
期維貞元其會合兮長發祥於維湄協中
爽而沛靈潤兮誕頎碩於明時或頤情於
典墳憑汜濫於藝闈遂紛紜而揮霍爛雲
衢而揚輝或厲節於修姱每要練而幾羈
遂鄉舉而里選過軒冕於塗泥或誓志於
考槃甘邱園以遯肥時放情於山水日嘯

盃而賦詩於是大者策天府書秘局庭起
君秉鈞軸夔皋之儔也小者驅五馬朱輪
轂綬懸牘召杜之匹也至其高尚棲遲者
隨光之介也其抱樸導引者偓佺之流也
蓋其出處各殊窮達不齊登署名於青史
藹清標於里閭皆夫顯秩祓祿儒爵析圭
撫茲百里民之攸暨遡邃古之循良肇辰
棨於宋季爰登祠於名宦遂食報於百世
嗟天降祐於通羊兮畀賢宰於下雉伊宦
業其炳烜兮稱元元之師帥於是崇仁讓

而全忠信兮興孝弟而敦禮義尚廉節而
致謙和兮懸匾額於巷衢設鄉約而建亭
榭兮樹後世之宏規葺黌宮而創櫺星兮
曰髦士其攸宜維鄉賢其巍巍兮定千載
之黃雌至如耆儒碩老摟武承璩澡德浴
行雄渾瑰琦言爲典謨詞成蓍龜或雜出
於傳記或寄興於歌歈悉文繁而理當都
細大而靡遺綴下里於白雪並先哲於緗
草蓋茲邑之羣美總括吧於斯須鼻邑乘
之權輿修初服於今茲亂曰操觚牘兮下

蕭帷競秉筆兮瓌瑕瑜業經畬兮薄稗粃
震麗藻兮紛芳菲稽往蹟兮闕所疑囊今
古兮掘筌蹄百千載兮震鼓吹

翠外山賦　　知縣　韓　武

瞻彼翠屏、名同實二。一在北平之薊州、闢
跡今古傳奇事、一在通羊縣治南、雲霞變
幻日影含、迫遮當軒翠欲滴攀躋山頭色
已藍、蓊鬱蔽徑苔蒙茸映臺萊恍若華筵
開孔雀瑤池雉尾擁車迴金蟾氣吐遙相
繫北斗稜名朝百世石航虛其左方壺員
嶠游從我白鶴出其右蹁躚跨舞何人又
中有神仙洞玉筍嶙峋石床龍丹竈丹爐
杳無跡漁家煙火撼遠空夫乃天根月窟

蠢昂藏樹隙翹然回首望鶯遷橋上鶯飛
去鶯遷橋下水湯湯憑弔楚大夫三閭祠
一隅湘花湘竹暗嚦嚦夜啼烏

翠屏山賦　　教諭　廖　瑾

嗟翠屏之山兮根何自而盤旋肇元黃之
儀分兮引岷嶓之後先歷九疑而跨大別
兮迤江漢之南壖東北起伏兮脈絡蜿蜒
突然孤撑兮通羊之前圓峯不峻兮珠光
爛懸卧石不竦兮玉花靜妍依稀乎祝融
之天柱彷彿乎大華之金蓮徘徊顧睇孰
與比肩彤霞珣碧瓊崖氷田物實既萃鍾
英與賢乃地靈以鎮安想禹跡於當年

九宫山賦

邑庠廪　朱襄朝

維混沌之初開峯疊起而有九乃巉岩之環列勢盤旋而若宫歷千秋兮據吳楚之勝伊何人兮闢山形之穹或曰是晉安王兄弟之所托始或曰惟陶姚二仙嘗煉丹於其中然時既遠而莫考事多渺而難窮粤宋之湻熙丁未張真君曰三峯始結廬於此焉初遊中都識慈懿母后於晦迹之日繼召便殿療齊安郡主於違豫之年真牧號錫帝授壇緣洎定位於子午之谷旋晉號於平壺之巔天子遣工以營構詞臣灑翰而聯篇爲此山開一生面覺雞犬之皆可仙其間煙雨之所迷漫霽陰之所運綿變幻萬狀頃刻有千迴非等人世之光景是神仙之別具洞天其旁有池深潭千尺其聲澎湃其色蒼碧鮫人之宫龍魚之宅水流旋噴怒號曲折若懸河之倒傾若白練之光澤若返雪於風迴若建瓴於屋脊其環山一帶則怪松呈其坡伏虎顯其奇桃源有避秦之客獅子露搏捖之遺土

人傳誦仙跡不迷豺狼之所雜處風雨之所陰翳澗谷之中時聞磬欬馳驟之餘恍有人猗若遠若近若卽若離其自宫門而降則爲雲關關上有亭亭在雲間雲斷續以出沒鳥逡巡而思還東山之屐履罕至周王之馬跡維艱洵重門之壁立儼挹擊以披閉於是當關巨石或仰而伸或俯而伏試劍何人渺不可復鳥道紆迴層巖曲禿無嫵媚之可言惟蒼翠之堪掬時俗之所敬承高士於焉辟穀步厥後塵恍遊天竺識靜者機伊惟邛獨試開緘以陳詞抒短篇於尺幅料谷神以不死又何五子之不可六

松風閣賦

邑廩生　朱襄朝

聳彼高閣西山之雄峙寺之右厥名松風勢際天半旋盤地中據形勝則周環乎岷江之水巽巖壑則延眺乎樊山之峯控九曲之紆折倚百尺而玲瓏雖非等天祿石渠爲古今藏書之宅更遙遙邇英延閣爲朝廷名儒之崇然而幽芳雅致潭影心空步上乘抵禪叢洵蓬萊之島嶼恍閬苑之晶宮爾其蒼巒競秀亭亭直上覺澎湃而有聲擬秋濤之在望春日載陽惠風和暢

祝融司令披襟可當迨夫蓐收謝權朔風其涼百卉之鮮妍雖歛高閣之逸趣萬狀其旁有亭羊腸紆曲氣象崢嶸拔去一株亭遂以成亭附於閣閣以亭名遠而望之列岡巒之體勢迤而即之極棟宇之縱橫坡仙之所闢建山谷愛其幽清其下有泉其名曰寒冰聲潺潺泉流急湍襟帶南岡之湖迅通蜀漢之干時或風起水湧山鳴谷應洵耳聾而目眩儼人馬之騾讙雖吳王有避暑之名而冽風逼人借非元結輩

得不踞此而必酸乎則見乎闤闠斜通商民輻輳煙雲之所迷離風雨之所馳驟登斯閣也悄然以悲骨立形瘦彼飄若仙覺我穢俯此庸夫俗子之所絆縈未足達觀世宙者也武昌赤史楚之門戶爲八郡之要區與蘄黃而對峙實一帶之邇衢高人達士莫不登是閣而慨當以慷嘯歌自娛但恨黃鶴有詩滕王有序岳陽有記而此獨不與俱其或胸羅萬象學摉二酉有物是人非之思有憑今眺古之致登是閣而

左顧郢城知鬻熊之啟疆有自來矣弔鸚鵡之洲傷正平之死而惜其不習其右覽荊黃憶臨臯步雪堂緬道士化鶴之夢誦清風明月之章調子晉吹笙之管入陳思挾瑟之場抒發逸興遣詞若狂哀屈原之志小賈誼之量極馳騁於六合而横軼乎三湘迨其內瞻都邑形影若隻景物民人迥焉非昔聖賢邱陵逆旅過客陶都督之故君等坵墟於梓澤庾常侍之風流閲人世其遙隔何茲閣之猶存歷春秋而已百

苟藉不朽甯卬獨窄又奚必後結綺與臨春以驚心而動魄

縣治八景集句　　教諭　汪德謙

羅阜嵐光

出處殊途聽所安元好問　他鄉風景亦相關皇甫冉　公庭日夕羅山翠吳道師　拂石題詩滿袖嵐杜景熙

翠屏塔影

姑洗鍾搖塔上鈴韓偓　風吹仙翰入高寘楊汝士　凝雲不散常遮影陸放翁　三面青山列翠屏俞玫

石橋秋月

萬里風烟接素秋杜甫　月明多上石橋頭白樂天　闌干十二登臨後吳融　記得當年此泊舟孔平仲

雙溪春水

更邀詩客醉南樓曹唐　却羨雙溪解北流李白　金闕曉鐘開萬戶岑參　鳳池春報曲江頭楊巨源

航山積雪

飛雪初停猶未消楊士奇　尋芳不惜碎瓊瑤王英　偶逢遊客同傾酒姚合　絕勝騎驢在

瀟橋 顧潛菴

犀港晨耕

世間無水不朝東唐句 必有靈犀一點通杜審言 晨犇有人耕綠野高士奇 大田多稼屢年豐毛詞

新嶺樵歌

斧斤以時共入山孟夫子 上到巉巉第幾尖白樂天 肩荷曉穿雲外去陸放翁 數聲樵唱出林間惠仲捣

瞿塘漁照

半畝方塘一鑑開朱文公 風船解與月徘徊蘇軾 炊烟起處漁燈燦李嵒 白白江魚入饌來杜甫

八景合詠迴文 邑人歲貢朱開忠

浮嵐擁阜層羅綠翠點遥屏叠影圓秋夜一橋横月白碧流雙帶繞溪烟頭盈雪積航山石曉破犁耕犀水田幽谷載歌聲嫋嫋小舟漁照火綿綿

九宫山 失名

行行行至老山腰足踏元關萬慮消夜宿

煎茶然竹葉巖泉煑飯繞牙瓢重重叠叠雲千片曲曲灣灣路一條此去上方應不遠擡頭明月自家挑

謁九宫 富川翰林潘觀藻

印敕尊南宋樓臺闕上清松風激夜氣潭影淪星精一勺霑吳楚連峯各雨晴凝懷笙鶴下傾耳步虛聲

峻極三霄上凌虛一劍寒垣重朱鳥衛淵古白龍蟠團雪瀑簾晃醉霜楓葉丹何當卓茅屋灑掃侍經壇

大箬嶺行 邑人庠生謝盤石

行盡城南深谷裏有山突兀凌虛起吳楚往來行路難嗟無愚公感天徙攝衣昂首登羊腸扶搖直與風翱翔穿松傍竹緣所曲飄然但見雲開張綠蕘古菴在山半甘露門高接霄漢有客有客入座多息足爲平必氣亂地有險道何崎嶇於人那不爲畏途信必努力窮絕頂大亨從可何天衢

齊雲峯 邑人貢生韓履吉

一峯突兀楚天孤直上孤峯不倩扶擬際

風雲依日月那妨星斗碍頭顱更無荆棘
畱方寸惟有芙蓉入畫圖俯仰乾坤成獨
笑諸君何事惜操觚

過巖軒雨後卽景　訓導晉繼蘭

巖軒山勢何嵲屼一峯一峯煙際出雨色
霏微石氣涼雲隂破處露斜日斜日摇光
上列屏林巒炫惑眼俱青清心讀罷文忠
傳又聽泉流滚滚聲

石門歌有序　邑人侍郎朱廷立

余舊聞石門山勝矣秋爽動興肩
輿訪之徘徊日晡誦子美石門斜
日到林邱之句若爲言
者用爲韻作長句云

君不見石門奧區多異迹兩峯並如兩虎
搔千莽絕壁横當中風節誰能如此石絕
壁劈開曰石門神力渾無斧鑿痕伊余循
澗且直造始覺源頭還有村村中四處皆
人家爽道松杉鳥雀譁時和遍地熹禾熟
父老歸來日欲斜此中舊識情仍審一笑
相逢話平日自雲長揖謝塵網咫尺石門
嬾不出延余開尊對石林酒嚴力弱醉易
沉登輿一路放長句流水高山獨賞音此

心樂處卽丹邱客子何須慕遠游眼前有
景不知樂縱得丹邱意不投
朦朧嶺寄之烈詩失俟後補刊

覃恩勅封孺人徐母吳老太夫人八袠榮壽
序 承設之母 知縣 黃國楹
徐母吳太夫人　朝翁年先生萱堂也乙
丑歲　朝翁赴春闈 不佞 適在京候選獲
與　翁遇見　翁德性學問溢于容貌坐
論間俱是忠孝底裏溯其源始知爲東海
名裔通羊門族　翁以丙午科登賢書其
仲弟　仕翁以韜畧偉才於是科偕薦季
弟　紹翁俱以郡邑名儒早列黌序禮容
家風調元世業信有自來矣既而詢　太

夫人發跡則前輩宜都廣文
榮封吳老先生之令嫒也先生家世歷朝及
我
朝俱以科甲冠於通　太夫人生產名門夙嫻
姆訓自幼儀度莊嚴迥非尋常巾幗比長
適　弼翁太先生克敬克勤雖未及事舅
氏而事姑孝謹鄉里罕聞至今咸欽羨之
己酉歲　太翁以膠庠夙望促修玉樓而
太夫人愈嚴家法訓誨惟諄凡彬彬雅雅
卓然名世一望而知爲　太夫人孫子也

不佞 於戊辰秋膺　簡命蒞茲土與令嗣
諸年台輩晉接欵洽向所得諸耳者今盡
諸目睹而益卜　太夫人之福德靡涯也
是歲六月初吉乃　太夫人設帨之辰都
人士祈余一言以觴余躍然曰方今
聖天子以仁壽愛養天下風清禹甸人樂堯天
覃恩四方更賜諸老婦粟帛有差矧　太夫人
鍾仁壽之德秉雍和之休而令嗣　朝翁
現試用江南大和阜陽來安等縣華封寵
錫倍有異焉者其敢以不文辭自來祝嘏

者歷引南山東海爲詞 不佞 備員楚省思
岣嶁衡嶽與洞庭夢澤惟楚有之可以祝
太夫人而未也即如通邑之九宮翠屏天
門對峙而百川方至與長江表裏亦可以
祝　太夫人而未盡也 不佞 更有進焉聞
之壽者厚也世德厚積坤德厚載惟厚永
貞請爲　太夫人進一爵壽者酧也孝通
帝謂慈裕後裔如芳醑之獻而必醻請爲
太夫人進一爵抑壽者受也惟天善因惟
人能受如其人斯受之請爲　太夫人進

一爵況　朝翁年台歷任未幾而淸風四
播行見花封承寄虎符旋綰二難濟美佐
聖天子湛涵萬有民安物阜則天之壽　太夫
人者未艾而　翁之體慈闈以壽世而報
國者更無疆也不佞於此願偕諸君子躋
彼公堂並稱三爵爲　太夫人壽請即以
斯言進

雜記

志中所紀悉依類或以地志或以人志
其有義無所附事涉奇怪者亦足以昭
激勸資考據皆志家所不遺也志雜記

通山縣三都地方崇禎元年四月間洪水
衝出古銅鐘一口款係周朝製造上有
圖花篆三字重十八斤聲極淸遠初解
本府不收後解存藩司南中紀聞見通志

二里金右三往興國買花行中誤將客銀
數十兩裝入花中攜歸其妻楊氏揀花
見之勸送還適行中誣其媳竊去幾斃
命三至得免歸於途市一母猪至本里
寺下地方猪往刺叢下發一罈得銀數
百兩三將此銀作善事子孫繁衍

凡事興廢莫不有數存焉若通邑奎光閣
之修三值辛丑年石航塔之修兩值癸
亥年鄧紅巾甲寅乙卯之破縣城兩值
正月二十一日皆奇也

光十年庚寅五月朔至端午日霪雨不
[illegible]龍水陡起數丈沖覆田園廬舍漂沒

通山縣志　卷八　雜記　二　心田局

男婦無算有上四里余步尼者出沒波濤洶湧中六十餘里至三里西坑塘賴龍舟救起繞身蛇虺無數人呼為劉更生也

咸豐乙卯正月故歲貢王家幹家被賊焚棟宇悉成灰燼惟餘丞神主及一歲進士匾懸於枋纍纍不絕咸謂丞生平守正不阿盡心誨人之報

咸豐八年戊午秋上四里陳涉江家降紅雨色如桃花溝渠盈溢眷是者八年之間先後共七次或者以為不祥既而長次子相繼入武庠卒無他異云

咸豐庚申九月田東堡樂氏家塾有仙降乩不言禍福而詩多風雅最後請以八音冠首溪西雜齊啼為韻即書二律云

金城險不借山溪石載舟安取自西絲釣蜓飛旋戲蝶竹籬犬吠又鳴雞匏霜繫樹空留實土霧漫山不整齊革却煩愁隨處樂木林傳韻和禽啼

金鏡朗如月照溪石磯孤艇繫橋西絲

通山縣志　卷八　雜記　三　心田局

絃雅調非因鼠竹屋深藏只聽雞匏實秋零嫌露重土花春長與雲齊革除歲月催人老木板霜痕鳥乍啼

問其姓名云明季解元姓成號醉癡處士然此後絕不復至矣

張道清遺蛻素在九宮山供奉咸豐乙卯年五月二十四日賊目偽將軍林入山遍焚殿宇將遺蛻拽殿下幸未毀散賊退後造一六方桶斂之謀塞座下開井得一鐵鑽內有紅綾記云兔從火出兔見木藏但看六五月減精光歷刼非殃天命靡常運周九六吾道復彰八語再鑿得六方石窖適容斯桶遂瘞焉查九宮山志道清生宋紹興六年丙辰五月二十日午時殁於開禧三年丁卯七月七日午時可見神仙亦不能逃刼數也今塑像於殿祈禱者仍不絕云

明李金門四川棉竹人以秀士入都不第爲賀公逢聖記室已遷荆江司馬值獻賊亂勢力不敵奔通羊遂遇害咸憫其忠烈收亂骨而瘗於鶴山好善者嘗祀之同治年間邑人禱雨求晴屢驗遂爲重立碑於山頂新建祠於奎光閣之右

蔣邑侯審斷封禁縣治風水諸山讞語

査審得本邑獅子巖及蝦蟆嶺羅阜羣屛白鶴石航均屬官山未報開墾從前管郭兩姓互爭蝦蟆嶺山經劉憲前任勘明以蝦蟆嶺等山爲闔縣風水攸關歷年封禁保護士民不許私墾立斷嚴禁在案茲張升秀等胆敢在獅子巖塔下鑿山挖煤傷損地脈關礙通邑經縣紳衿黄之榮等詞禀前來對簿之下乃稱賃自阮以文家査環列各山俱係未經呈報起科完糧之地

阮以文焉能攘爲己有如謂契約是憑亦屬私相授受彼此私隱况開礦挖煤卽屬己產尚須報明詳准始許開鑿今以官山擅自私租私挖利己害人均屬不法本應詳究姑寬各責以儆嗣後獅子巖及蝦蟆嶺羅阜羣屛白鶴諸山永皆封禁概不得開挖如敢玩違許地方士庶公禀嚴懲地保狗隱並究不貸是爲案

乾隆三十四年五月十八日示

通山縣東城毓材坊國學葉含潤爲遵批
勒石以垂久遠事本年四月十一日因書
院膏火不敷情愿將嘉慶九年價買徐耀
朝洋都畈阮家壠水田一坵計二斗五升
新老印契二紙赴縣呈明捐入書院用資
小補當蒙　邑侯褚批書院膏火缺少難
以奬勵生童　本縣方爲籌策該生乃慕
義捐貲殊屬可嘉候飭戶房將米收入書
院管內完糧併候招募佃戶耕種納租新
老二契發禮房粘卷隨招佃戶阮兆貴當

堂承種酌定每年額租四石書立租劵其
原載正米七升五合亦卽過撥書院管內
在案夫捐田無多方自愧力薄不堪濟事
而　邑侯汲汲若此其培植斯文之意可
謂勤且摯矣是不可不有以傳之也爰鐫
碑一方竪之講堂以傳久遠並勸來者云
嘉慶十五年　歲官庚午四月穀旦刊

署通山縣事本任崇恩縣正堂胡　爲出示
嚴禁事據闔邑紳士王家治陳書紱夏承忠等
稟稱緣縣治周圍五里環列諸山爲闔縣
風水攸關歷來封禁保護士民不准墾挖
傷損地脉自於乾隆三十四年因地猾私
相授受擅自開鑿彼此私邀經邑紳黃之
棠等呈請前任　劉憲勘明撥蒙　蔣憲
斷令縣治環列各山俱係未經呈報起科
完糧之地未可攘爲己有如謂契約是憑
亦係私相授受今以官山擅自私租私挖

利己害人均屬不法例應詳辦姑寬究責
示儆併荷渺石永禁獅子岩蝦蟆嶺羅阜
翠屏白鶴石航諸山槪不准鑿石取煤燒
灰墾挖致傷地脉如敢抗違許隨時丞稟
嚴懲地保狗隱併究不貸勒石現存縣署
厥後雖被奸徒竊發曾經城紳稟請申禁
茲查不法之徒復行違禁開挖稟請示禁
差拿等情當因事遠年湮無卷可查批據
該紳等摹碑續稟前來查核所呈碑摹詞
語確與稟內情形相符除批示准呈飭差

保查拿外合行出示嚴禁　為此示仰闔
邑諸色人等知悉須知縣治周圍五里環
列諸山不惟係屬官山不准擅行開挖且
攸關闔縣風水久經刊碑示禁嗣後除各
山麓平地仍准耕播外所有護城環列諸
山只許栽蓄培植倘敢仍蹈前轍違禁開
挖一經拿獲到案定行盡法懲治決不姑
寬自示之後各宜凜遵毋違特示
同治七年二月十六日示

明萬曆十九年有徽民程湧呈撫批山田
六畝丈積正米二斗三升八合六勺三
抄詳准存學係佃戶邱林楚佃耕每年
額納租穀八石內除二石完納錢糧外
實納租穀六石發給貧生案據
嘉慶十六年監生葉含潤英兄弟捐獻四都
泉港田每歲納租穀二十餘石以作
學宮香燈翻蓋之費
同治二年邑紳夏承志朱美燮樂純青王
明賜徐逢治徐聯芳方先朗許日昇成
守善許曉初陳延俊鄭顯庸焦炳麟劉
榮甲朱子經等倡勸闔邑士民各捐錢
一千六文暫買四都祖君墩下首田四斗
許二坵每歲納租穀八石修名孔聖宮
永遠奉　學宮　正殿後殿東西兩廡
及鄉賢名宦二祠與　文昌宮香燈其
出貲姓名已竪碑名宦祠內餘錢發置
田畝另行刊碑

同治六年十二月十六日

正堂胡　審斷龍神祠祭產讞

審據首士陳延俊樂音和朱協海等禀稱管城等買補龍神祠田畝委係零星磽業飭令管城在該祠前後左右不拘或田或地買充公業如實無可買之田地即飭管城等繳錢七十五千文歸首士另行置買備再發畏抗繳定行重究此諭

十二月十九日管城等遵斷買得龍神祠前地二塊計一斗八升價錢四十八千文外找錢二十七千文又奉　憲發出罰欵錢二十三千文一併歸入龍神祠置產備祭

禁革報卒碑

特授通山縣儒學正堂黄　爲懇詳嚴禁以肅　功令　恩全寒儒事乾隆廿七年本學奉

簡命教諭斯邑邑人士之先後晉接者亟言歷來報卒擾害之苦次年二月生員王大經阮桂品等呈前事稱自報行通縣民每於科歲兩試覓伺案發借稱報喜名色人馬成羣列儀鳴鑼每到一家不分貧富先索下馬利市次索花紅縣脚銀兩然後再講謝儀頭報二報前後接踵稍不遂意盤踞鬧擾寒儒窘迫受累無窮等情到學　本學隨據情通詳奉　府憲批　仰候飭禁繳　守憲批候出示嚴禁繳　學憲批報卒勒索久奉嚴禁嗣後有精稱報卒等名色需索喜錢者即行嚴究按律重處仰通山縣即行出示嚴禁仍將遵行緣由報查繳藩憲批　仰武昌府議詳飭禁繳府憲錫　詳查得報卒滋擾久奉嚴禁

逐年以來復有遊棍不事恒業如遇考試之期輒行肆報藉稱提塘衙門官報勾串役地民人夥赴生童之家需索酒食勒取銀錢寒士受累茲據該學具詳奉批發查議查得歲科兩考生童拔置前列以及招覆入學生員考取優等以及補廪補增若非該學門斗傳知易致冒揑但不得糾眾鳴鑼致滋詐索之漸至文武鄉試中式舉人既經取中揭曉自能僻壤週知本無俟提塘之錄報茲

據該提塘覆稱並無前項情事則該教諭所詳明係附近地棍探聽消息成羣需索自應責成地方官嚴行禁止卑府臆見請嗣後無論歲科兩試及鄉會科場如有藉稱提塘人役聚眾鳴鑼需索酒食花紅責令地方官嚴拿枷責發落倘有聚眾滋擾釀成事端卽行還詳究治其門斗人役往來傳信在所不禁但不得恣意需索並移行各學教職一體禁約詳候

憲奪奉　批如詳飭禁繳

嗣於本年五月廿二日報卒王大周等赴院控控門役奉　學憲朱　批生童考試門斗傳知乃其耑司若因此遂例勒索賞錢經生童告發自應重處不貸爾係何物巡役膽敢架詞詐嚇希圖朦准則向來藉報勒索之積弊必係爾等糾踞所致仰武昌府嚴行訊究按律懲治　批呈到　府經　府憲責懲示儆申覆在案　本學誠恐日久弊滋報卒復行乘機擾害苦累寒士而各門役

於案役走信者亦宜仰體　各憲及本學垂念寒儒之心勿得恣意勒索致干禁例合行勒石垂禁永昭法守以肅功令

乾隆三十二年歲次丁亥夏月吉日候選知縣掌通山縣儒學教諭事黃　瑛刊

生員陳世燿書丹

荆楚文库

〔光緒〕通山縣志

〔清〕高震鏃　修
〔清〕樂振玉　纂

《荆楚文庫·方志編》編纂組

組　長：賀定安　陽海清（執行）

副組長：劉傑民（執行）　王　濤　謝春枝　范志毅（執行）

參編人員（以姓氏筆畫爲序）：

王　濤　李云超　宋澤宇　范志毅　柳　巍　馬盛南　陳建勛

梅　琳　張　晨　張雅俐　陽海清　彭余焕　彭筱溦　賀定安

劉傑民　謝春枝　嚴繼東

編　審：周　榮

顧　問：沈乃文　李國慶　吴　格

前言

《〔光緒〕通山縣志》三卷，清高震鑅修，清樂振玉纂，清光緒二十三年（一八九七）木活字印本。牌記鎸：『光緒丁酉年續修 通山縣志 興賢局』。

高震鑅，字雲仲，浙江山陰人，光緒二十一年（一八九五）冬知通山縣事。樂振玉，邑人，貢生，候選訓導。

通山自宋建縣而後，志乘闕如，至明萬曆九年（一五八一）纂輯成志，今亡佚。清康熙四年（一六六五）任鍾麟又修志，今有刻本流傳。同治七年（一八六八）羅登瀛、胡昌銘再補輯之，以木活字印行。後因光緒間湖北通志開局，『諭令六年以前采入通志，甲午歲（一八九四）又諭六年以後一併呈送』，高震鑅爰集邑紳樂振玉、陳繼遠、成燮理、樂權鐸等總司其事。自甲午（一八九四）以來，搜故實，考傳聞，閲數寒暑而成，本欲徐圖雕版，以垂久遠。二十三年五月，『忽奉催札云，須刷印成書，趕緊申送』。故簡易從事，『不及籌費付梓，僅僱手民以木活字排印』。

志凡十五目：城地、津梁、公署、倉厫、壇廟、學校、寺觀、公局、水道、祥異、秩官、選舉、人物、列女、藝文。樂振玉自稱『較同治復修則畧，視康熙初修覺詳』。其志距前志時間短，增補不多，僅爲三卷，訂作四册，因附送舊志呈覈，故每篇目後不立小引。

是志爲同治志續編，記事自光緒六年（一八八〇）至二十三年。内容取捨較爲務實，舊志已載者，概未重録，如建置志只登時近之聖宫、壇廟、寺觀、署局、學校、育嬰堂、賓興、學田、津梁、水堰等關邑中美舉者。

是志體例雖簡，其編纂於前志亦有改觀。如舊志圖繪雖繁，而山、水、路之方位眉目未清，此志圖説僅列縣圖，但俱經踩確，較爲明晰。秩官舊志以年分先後，恐尊卑交錯，此志仿史家表體，區分尊卑，既合例體，亦便翻檢。選舉志登録更爲謹慎，唯選有案據者方得列入。

此志卷中、卷下皆爲藝文，所占篇幅過半，文獻所取皆關係世道人心、民生日用者，其流連風景、題詠概未闌入。

是書傳世甚稀，僅湖北省圖書館、常熟市圖書館有藏。茲以湖北省圖書館藏本影印，版心偶有葉碼錯誤，尊原書順序未改。葉面毛筆描補如凡例葉三B、卷中葉三十九A、葉四十二A、卷下葉四十九B以常熟市圖書館藏本替換。（宋澤宇）

目録

光緒丁酉年續修

通山縣志

興賢局

續修通山縣志序

嘗謂志者所以積記其事行之當時傳之後世者也攷周禮外史氏掌四方之志作史之有志蓋本乎此我
朝重熙累洽率土向風
詔旨省各以其志上
宣付詞臣彙爲一册而各直省志又皆採輯各郡縣志成之是州縣之志即省郡之志亦即

一統志之權輿也所繫顧不重哉溯通自有宋建縣而後志乘闕如至前明萬歷九年纂輯成志
國朝康熙初始一修之同治間再補輯之編次八卷首地輿終藝文綱舉目張班班可考洵爲一邑之信史惟自同治丁卯至今又三十年矣凡政俗之變遷考鏡之得失非志不明即其間忠孝節義仕宦人文與夫財賦土田風尚物產有關乎治體之大者非志不詳是又烏得不急修之也爰集邑紳老成博洽之儒樂紳振玉陳紳繼達成紳燮理樂紳權鏵等總司其事在局及城鄉各紳虛心採訪協力贊勷續編三卷鑅披覽之竊喜此書之就一如前志井井有條秩然不紊將所謂積記其事者庶足行之當時傳之後世歟因不揣鄙陋追述其緣起而樂爲數語於簡端

光緒廿三年歲在彊圉作噩相月下澣
誥授朝議大夫花翎知府銜知通山縣事
山陰高震鑅謹序

續修縣志跋

通下邑也然傳曰國無小山川靈秀待人而開通自建邑而後得賢令尹數輩其政治之休嘉風俗之敦厚文運之昌明披閱舊志彰彰可考志固文獻所關也維繫亦重矣哉志既重而續修不以其時竊恐獻沒文殘雖訪遺聞於故老不免滋夏五郭公之疑矣故任侯初修於前羅侯復修於繼今侯續修於後

侯踵葉何兩公而蒇厥事是編也閱時短而歷事稀與建繁而紀文夥較同治復修則畧視康熙初修覺詳玉不敏謬荷總司之名祇盡採訪之力自甲午奉札以來所爲搜故實考傳聞旁羅而遠稽者已閱數寒暑矣今志書告成非敢云一邑之信史也聊効 贊侯之勞應上憲之命云耳謹述顛末以弁簡端

邑貢生候選訓導樂振玉謹跋

續修縣志凡例

一通邑志書在

國朝初修於康熙乙巳再修於同治丁卯踰二百年日久事繁故卷帙夥今自光緒辛巳開局 諭令六年以前釆入通志甲午歲又 諭六年以後一并呈送距丁卯只三十載歷時少而卷無多

一舊志大綱十一條細目近百此次大

綱十五條細目僅十餘條非故與舊志参差緣

上憲所頒條欵只此不得違例

一志書刊之棗梨方可垂久然前奉

諭時飭令繕本進呈今五月間忽奉 催札云須刷印成書趕緊申送不及籌費付梓僅僱手民排印非敢故爲苟簡

一地圖包舉一邑山川要隘非徒誇形

勝也漢蕭何入關收圖籍因知天下阨塞故班固漢書據之作地理志迄隋書志諸州圖經籍一伯卷是地圖爲志所必詳通邑四方界以山谿舊志圖繪雖繁而山水路之方位眉目未淸此次圖說俱經踩確較爲明晰令披閱者如親履其地

一建置舊志已登者概未重錄但邇來
聖宮壇廟寺觀署局學校育嬰堂及賓興

學田津梁水堰均關邑中美舉謹書之以備觀勸

一秩官舊志以年分先後爲序不免尊卑交錯今仿史家表體庶體例相符且便繙閱並非故示更張

一選舉舊志收錄過寬貽譏大雅今自
進士舉人
欽賜及五貢武舉外其應例者必已登仕版或詮註或署事或軍功保舉有案據者始分別列入宦蹟武畧

一列女中節烈貞孝舊例必已請坊方准入志茲得八十餘人未請坊者十居其七以其中多苦節奇行可以風厲末俗且年例相符雖未舉報均錄采訪姓名及保結存核若拘成格則無力舉報之家未免向隅今先採入册仍候彙案請
旌以符定例

一藝文文獻所關先正遺稿舊志業經採錄今復捃摭蒐羅所得無幾編內所取生存之作皆關係世道人心民生日用者其流連風景題詠概未闌入惟九宮山志係崇陽副貢傅燮鼎手著八征書存雖非本邑而九宮爲通山名勝實楚省福地且
眞牧以醫國佑民受宋元明褒封地靈神傑志可行遠故全抄附呈以資觀

覽倘因

上憲大力而

眞牧得膺曠典於

熙朝則幸甚

一續編書分三卷訂作四冊附送舊志呈覈故每篇目後不立小引避複也第可補舊志之未備作將來之底稿敢云成書耶蓋見聞未廣則罅漏必多匡其不逮是所望於博雅通儒

縣志目錄

通山縣圖

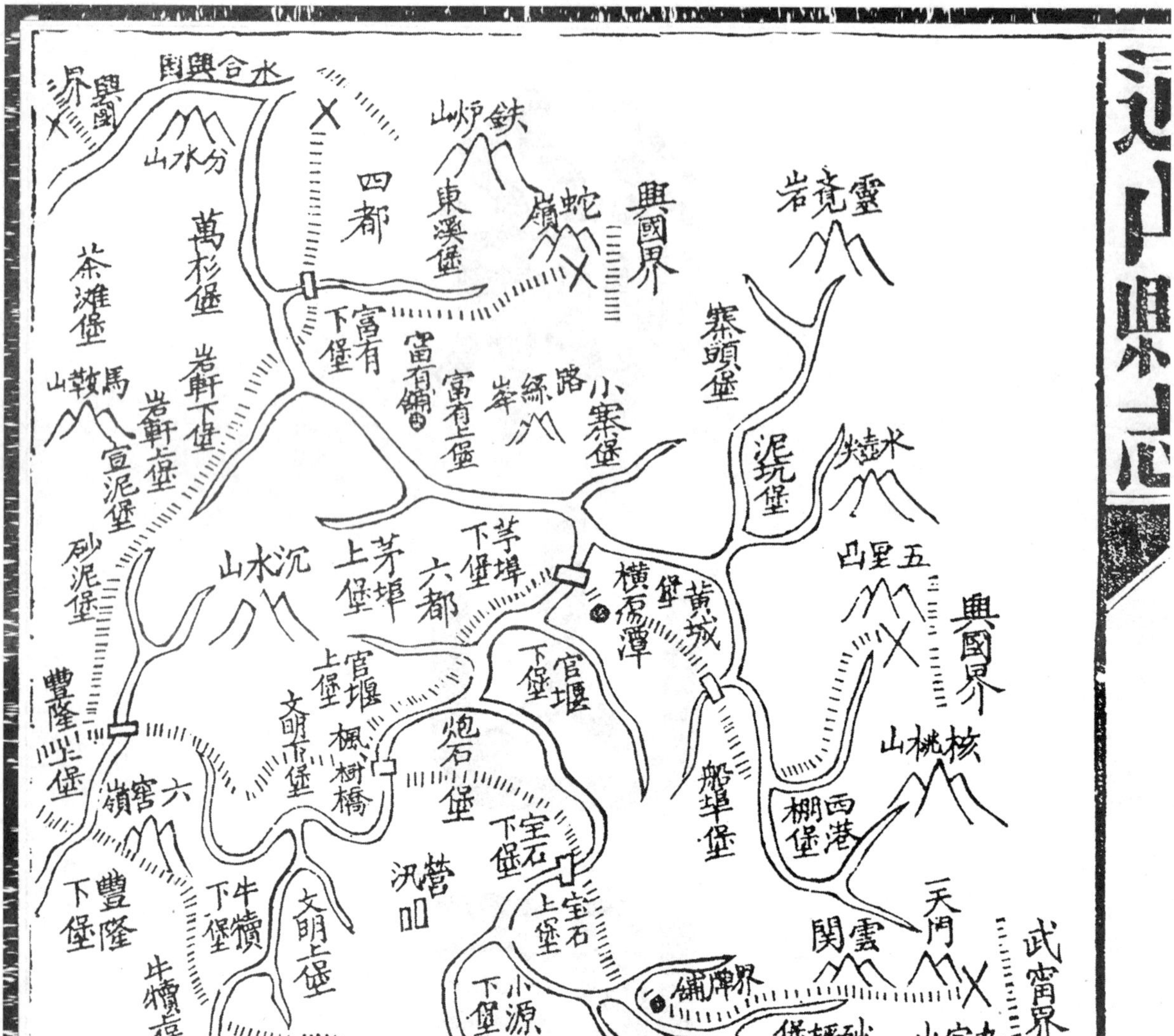

興國
分水山
四都
鉄炉山
東溪堡
蛇嶺
興國界
靈竟岩
萬杉堡
茶灘堡
富有下堡
富有舖
富有上堡
路絲岺
小寨堡
寨頭堡
岩軒下堡
馬鞍山
岩軒堡
宣泥堡
泥坑堡
水燒山
砂泥堡
沉水山
茅埠上堡
六都
茅埠下堡
橫石潭
黃城堡
五里山
興國界
豐隆上堡
官堰上堡
文明下堡
楓樹橋
官堰下堡
炮石堡
核桃山
西港棚堡
船埠堡
六窖嶺
豐隆下堡
牛犢下堡
汛營
寶石下堡
寶石上堡
文明上堡
一天門
雲関
武寧界
牛犢堡
小源下堡
舖牌界
砂坪堡
九宮山
苦坪上堡
東坑嶺
小源上堡
老岩尖
牛跡嶺
城山
黃公下堡
聚潭堡
大源堡
太陽山
寧張下堡
黃公上堡
傅家山
義寧界
萬家下堡
萬家上堡
象牙堡
大仰山
黃荆嶺
州寧界

通山縣志 卷上 輿圖 二

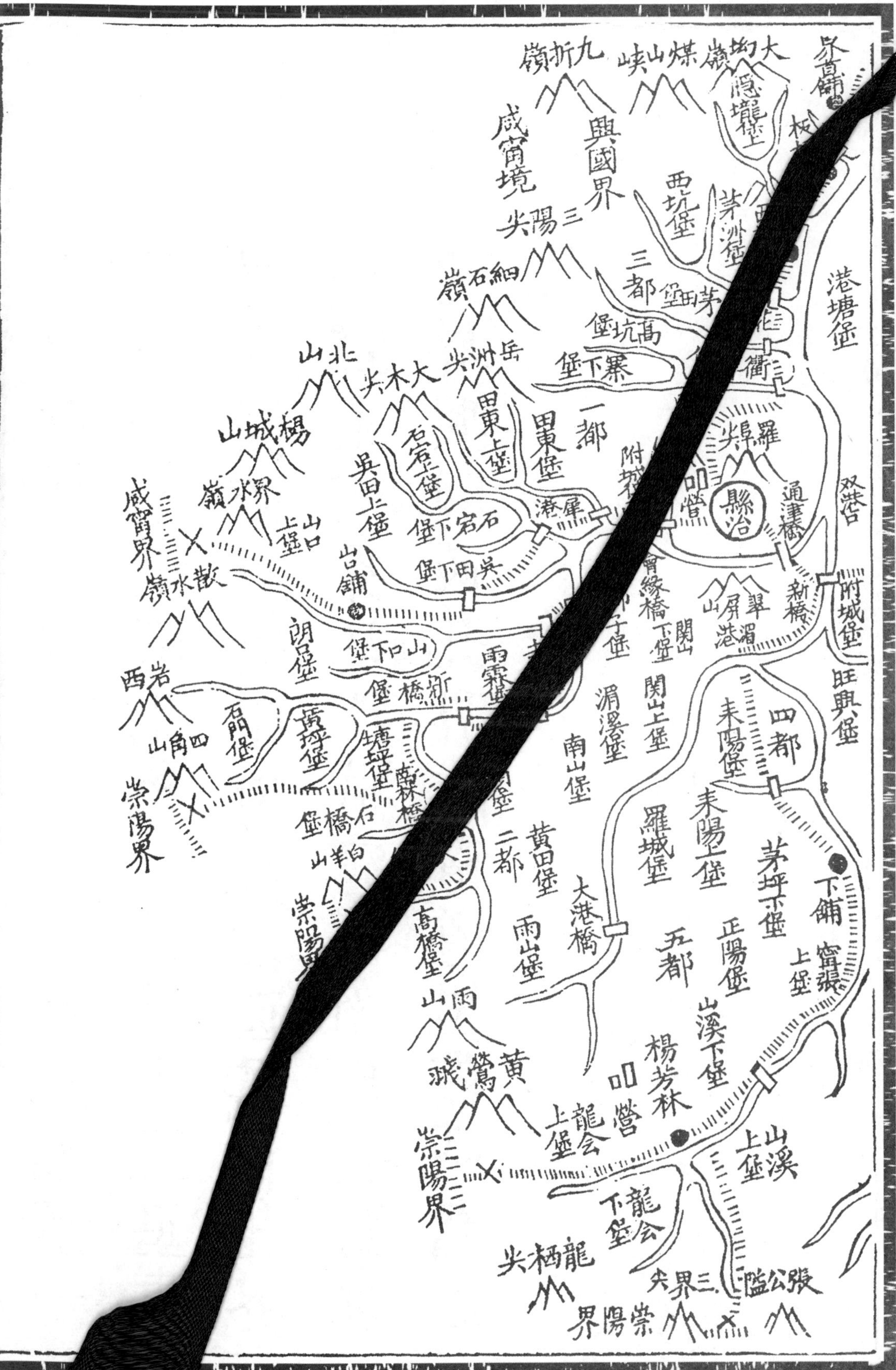

九折嶺
煤山峡
大坳嶺
咸甯境
興國界
三陽尖
西坑堡
茅洲堡
細石嶺
三都
茅田堡
高坑堡
寨下堡
港塘堡
北山
大木尖
岳洲尖
楊城山
一都
東里堡
吳田上堡
縣治
通津橋
双港
咸甯界
界水嶺
山口上堡
石宕下堡
吳田下堡
散水嶺
新橋
附城堡
會緣橋
山口下堡
西岩
旺興堡
石門堡
塘坪堡
湄溪堡
關山上堡
四都
崇陽界
南山堡
石橋堡
白羊山
二都
黃田堡
羅城堡
來陽上堡
茅坪下堡
下舖
大港橋
五都
正陽堡
高橋堡
雨山堡
雨山
山溪下堡
楊芳林
營
龍會上堡
山溪上堡
崇陽界
龍會下堡
龍栖尖
三界尖
張公隘
崇陽界

通邑疆域延袤二百里有奇東西廣一百一十五里南北袤一百三十五里東界興國西界崇陽南界江西義寧北界咸寧東南界江西武寧西南界義寧東北界興國西北界咸甯道里備載舊志

通山縣山圖說

環通皆山也故名通山山皆由上四都三界尖發蹟（居縣治西南方距縣治九十里）高十餘里周倍之界於通山崇陽義甯三屬故名三界尖由尖分南北二正幹其北正幹自三界尖分支北行十數里由打頂坳復起龍栖尖分大支至城山麓盡城山特立邑之西南隅爲邑支幹（居治庚申方距治三十五里）山之四隅懸巖壁立環繞如城頂上平衍可耕四門可通人跡高十里周十餘里分布五都西南北境諸山其正幹由龍栖尖至界頭塘跌斷過峽界崇陽北行十數里起八仙厰分大支東行起芭蕉嶺至分龍嶺右行上四里獅子巖至橋口大朱山而盡其上分布五都北境諸山由分龍嶺左行濱水起望江嶺至中四里赤勘而盡分布二里南境及上四里北境諸山其正幹自八仙厰

通山縣志　卷上　山說　一　興賢局

行數里經黃鶯殘起雨山（居縣治正庚方距治四十五里）高十里有奇分大支東行四十里經銅盆嶺歷朱家廟分布二都南北境諸山循湄溪住新橋西轉八九里泝翠水而上盡於翠屏山（右有鳳棲山左有獅子峰暨會仙賀仙兩巖係侍郎朱兩崖讀書處）山形如玉屏爲縣治前正案其上有塔日光月下倒影横斜遠映翠水八景中所謂翠屏塔影是也其正幹自雨山下伏行數里至二都界頭大斷過峽爲崇通往來通衢北行數里起白伞山爲縣治西嶂（居治西方距治四十五里）高四里旋伏行數里過壕頭坳亦界崇陽又東北行十數里起閻家山南折六里許過巖西其東爲楚王山以上皆二里西北境諸山其正幹東折十里至界水嶺爲咸甯界係縣治晉省通衢復起陽城山北折數里起北山東行十數里分布一都北境諸山爲縣治北嶂南折五里

通山縣志　卷上　山說　二　興賢局

起細石嶺（居治王子方距治十八里）高三里分布三都北境諸山又南行數里爲縣龍發蹟起岳州尖（左三里右一里）山麓爲寨下伏行五里至烏石嶺（左三里西境右一里東境）起玉屏山半里許西行分上會嶺至洋都東行起中會嶺分小支至白鶴山復由下會嶺南行二里許跌斷過峽（係三縣境）又西南行二里至縣治後起羅阜山高三里許周五里爲縣治主山一峰特出秀如文筆名羅阜尖每當初晴嵐光繚繞八景中所謂羅阜嵐光是也餘氣東行由蝦蟇嶺起新開嶺草木豐蔚採薪者夥時聞歌聲故新嶺樵歌爲八景之一其支麓盡於朱家壩爲縣治左關若治西之馬槽山則由上會嶺分二小支爲縣治右翼其北山東角諸山亦由細石嶺東行北轉經咸甯境入興國界旋南行七八里庋興國九折嶺東行數里經煤山峽（又名

煤水峽）旋南折經隱水東抵興國界首爲縣治東北諸嶂以上均北幹之山與崇陽咸甯興國毗連者其南正幹由三界尖行十數里起張弓隘又起龍頭石又十餘里起八角尖分布上四里南境諸山又東行二十里起白牟尖（俗呼白沙尖）度黃荆嶺畧低爲吳楚往來要路行三四里起大仰山（居治丁方距治六十里）高三十里爲邑南支幹祖山離祖後奔騰之勢綿亘委折約行百里東南爲六都西北爲四都其自安平峙跌斷過峽連起數大峰行二十餘里至分水嶺劈分梅山埂大支爲上六都南北境諸山盡於寶石山麓至黃沙畈尾止由分水嶺至大塘坳過峽乃四六兩都通衢起牛犢嶺旋起六嵒嶺復由新開嶺起朦朧嶺分布上六都桐港河北境及下四都南境諸山至沈水山綿亘十數里宛如城郭（山上之水

皆由石崖滲入山下故名沈水居治乙方距治四十里盡石壁下及四都馬溪灘爲下六都北嶂由沈水山北行至下四都坳頭大斷過峽爲縣治東境通衢起馬鞍山居治寅甲方距治二十里由馬鞍山左轉西上爲石航山山上有塔名石航塔居治乙方距治十里隆冬之際積雪凝寒故新八景中有石航積雪之致山高七里有竒鎭翠水下流亦爲縣治左關由馬鞍山右行東下爲下四都北境諸山復由大闇山居治甲方距治三十里分布三都南境諸山通界盡於盧泉山麓至興國洵坪而盡其正幹由大仰山至傳家山起太陽山居治午方距治七十餘里又十里起老巖尖居治丙方距治八十里又十餘里起銅鼓凸高五十里行數里起九宮山居治巳方高三十里宮爲張眞人道觀名勝著於吳楚中多勝蹟詳載縣志由一天門下雲關起大洞尖綿延五六十里分布下六都南境諸山其

正幹自九宮筆架尖東行二十餘里至五里凸起水壺尖分布下六都北境諸山行八九十里逆轉靈覺巖至橫壋山起鷺絲峰火尖闗閉六都爲通邑東南嶂分布下四都東南諸山由鷺絲峰東行入興國界盤行十餘里歷蛇嶺過峽爲通興往來要路旋東北行數里經鳳洞入興國境通界盡於興國魯家畈以上均南幹之山與興國州及江西武甯毗連者總之通邑之山分而復合不啻外城而內垣矣

通山水說

通山無巨浸大澤其源遠流長者有四一由縣西二都白伞山下靈泉發源東南流十里界頭乾港二水經南林橋由西流十里汪之又東流十里至墩上獅子觀水由西北流十二里汪之又東流十三里至寺下一都界水嶺水由北流十五里右會楊司坑水合汪之又東流八里至犀港夾岸多田土厚民勤故犀

港晨耕列於八景吳田水由北源十二里汪之又東流里許石岩水由北流十二里汪之又東流三里至洋都田東水由東北流十二里汪之又東南流三里許由上會嶺發源水至治西鶯遷橋南流五里汪之又東南流三里經縣治前繞翠屏山麓是爲翠水（水漲行舟水落行筏）城南門外架石爲梁名通津橋每當秋夜月映波心足供賞玩故石橋秋月亦列八

景至縣治下游與淯水合一由縣治西南五都打頂坳下發源南會横坑水北會界頭塘水東流三十里經楊芳林楊芳林近爲茶商春夏集貿之所新請營官彈壓秋冬則撤四時行筏至城山麓與盧坪水會合大河一由上四都三界尖下發源西北會大茶園水東流至大屋場南會黄荆源水可通竹筏又南合西隅水北流繞青山麓又繞城山麓西

流會界頭塘水又東北流八里至橋口犬耒山水北流八里汪之又東流十二里經赤勘至淯溪淯溪水由西注之是爲淯水（淯溪水發源雨山下南合小淯港水東流三十里至淯港會三界尖大河水）其下里許有焦巖渡焦巖兩岸戶客人勤薄暮呼渡者衆故焦巖晚渡爲八景之一又東流兩里泉港水由東西流十五里汪之又北流六里至縣治下流與翠水合春雨連綿桃花水漲故

雙溪春水亦爲八景之一又東流七里至衢潭潭深魚廣晝伏夜出捕魚之家張火偕來火光燭水上下空明亦奇觀也故八景中有衢潭漁照之勝而朱家橋高坑二水由北流八里合注之又東北流三里至西坑口西坑水由北流十五里注之又東流兩里經西坑潭至板橋又五里至界首繞盧泉入興國界又五里至河坪南合治南六都大仰山水

一由上六都大仰山下發源流十餘里至集潭傅家山水由南流十里注之又東北流十里至大源口與太陽山高湖水會合又東北流十數里至吉港口古老廟水九宮山水由南流三十里合竹林頭水注之又東北流五里經寶石繞唐兵嶺下至桐港口桐港水由西流二十餘里注之桐港水一發源滲坑寺東流二十里一發源朦朧嶺至龜墩合出桐港口會大仰山水及九宮水又東流十里濯

港水由南流十里注之又三里至橫石潭水漲行舟水落過筏東西港水由南流三十餘里注之西港水發源一天門東港水發源駱駝嶺至船埠合流抵沙龍合泥坑水西流五里出大河又東北流五里過茅埠畈乾坑下涂水由東流六七里注之又北流五里過石壁下至巖坑口巖軒水由西流十餘里注之又東流五里至下富有蛇嶺水由東南流十二里注之又東北流十五里經鳳洞入興國界抵河

坪與湄翠諸水大會東流二百里出富池入大江而朝宗於海云

通山縣路說

通山通鄰境者有大路亦有小路一由縣治出西門向西北行八里至犀港橋（跨石宕水下流）又七里至吳田港又五里至山口（爲一里鄉市舊有鋪兵三名）又七里至界水嶺（舊設卡今慶）入咸甯界水嶺上下二里許坡而不峻可通車馬爲縣治晉省必由大路（西距界頭界三十七里東距界首界五十二里）又由縣治出西門二里左過會緣橋（跨翠水上流）十六里至寺下（爲二里鄉市）又五里至神堂鋪又十里至南林橋（亦二里鄉市）左行十二里至界頭（舊設卡今廢）平坦通車馬入崇陽界此大路也右行十二里至壕頭坳通崇陽爲小路一由縣治出北門向東行八里至衢潭又二里至花橋（跨茅田水下流舊有鋪兵二名今廢）又五里至西坑潭（爲三里鄉市）又十五里至板橋（亦三里鄉市舊設卡今慶咸豐乙卯正月增生王新運奉札團練鄉勇與鍾賊血戰全軍覆沒因此卡）又五里至界首（舊有鋪兵二名）

（今廢）入興國界陸通車馬水通舟楫爲縣治達興國第一大路一由縣治出南門過通津橋（跨翠水下流）南行五里至新橋（又名永濟跨湄水工費巨萬）過新橋左行十里至朦朧嶺下由嶺下東行十里至泉港又十里至巖軒又十里至富有（爲四里鄉市）右行十里至蛇嶺入興國界左行十里至鳳洞曹亦入興國界通車馬皆大路也由朦朧嶺下南行度嶺十五里至龜墩又五里至楓樹橋由楓樹橋右行五里經塘兵嶺（舊爲寶石河塘有汛兵二名今廢）至寶石爲六里鄉市又十里至界牌又十里至九宮山下又三十里至一天門左行爲入江西武甯必由之路上下共七十里雖險峻難通車馬亦大路也（舊設卡今廢東距五里凸界二十里）由楓樹橋左行十五里至橫石潭（爲六里第一鄉市）渡橫石橋（跨太陽山九宮山來水可通舟楫橋之工費巨萬）又十五里至船埠又二十里至五里

凸爲通山武甯界難通車馬亦非小路舊設卡今廢傍新橋右行五里至湄港又五里至望江嶺又十五里至厦鋪爲四里鄉市由厦鋪左行度厦鋪橋跨界頭來水又名剗月橋工費巨萬十五里繞城山至藕塘爲四里鄉市又三里至青山下咸豐甲寅春邑侯陳公希唐起義勇討髮賊於此處盡節又二十餘里至黃荆嶺下上嶺復十餘里入江西武甯縣界舊設卡今廢險峻難通車馬亦爲要路由厦鋪右行二十里

至楊芳林爲五里第一鄉市又十里至界頭塘舊設卡今廢入崇陽界路雖平夷通車馬非由縣治達崇陽必由路亦小路也由楊芳林左行曲折二十里至橫坑嶺上下共二十餘里入江西義甯州界不通車馬爲小路舊設卡今廢又度新橋南行十里至義石又五里至六峹嶺又十里至花墳前又五里至東坑嶺又二十里至高湖又十里至太陽山入江西武甯界舊設

卡今廢難通車馬亦小路也其餘毗連鄰境者爲路甚多皆山僻小徑不及備載

通山縣志卷之上

城池

通邑環治皆山向無城郭而門則有四東曰寅賓南曰引薰西曰成寶北曰拱辰中僅正街一條長六里許由縣署前直下里許有岔街出寅賓門地皆幽僻又三曲而下里許出引薰門爲吳楚往來通衢由縣署直上至西北兩門均僅里許北岔街出拱辰門爲通興國大路南宋曾置驛站於此成寶門外尚有街長二里許爲晉省垣衝要引薰門上舊有樓閣歲久牆裂光緒十二年重加修補計費百餘金寅賓門舊址荒蕪十七年城鄉紳耆會議改建於東街口即東岔街也上建樓閣寬六丈厚七丈旁砌石十三級曲折而上計費錢三百餘緡成寶門於次年因其舊而補葺之地勢稍隘規模視東南兩門殆相亞焉費較寅

賓減三之一拱辰門待葺尚未興功

縣治街道自成寶門至引薰門長四里許歲久石多破碎光緒十九年二里耆民徐星垣捐貲礪砌費錢八百餘緡石工堅厚可垂久遠

津梁

通津橋在縣治引薰門外翠水經其下高數丈長十餘丈寬一丈有奇邊豎石欄光緒十三年水衝城東士民捐修復舊

桃花橋在洞淵觀門右橋上爲官街下即桃花泉水流瀉處光緒十三年水衝城西士民修復

多寶橋在縣治成寶門外同治初年邑人焦省安捐貲修葺加建石欄

青雲橋在縣治成寶門外青雲坊爲渡溪南要津兩頭向列石樁如雁齒中空架木以便舟筏往來歲久多壞光緒十四年邑紳程源右等重加修葺

鶯遷橋在縣治西致和坊光緒十九年邑士汪行林募修石欄

會緣橋在縣治西馬槽山麓去鶯遷橋半里許跨翠水上游高長寬與通津橋等光緒十三年水衝城鄉士民捐貲修復加建石欄

登高橋在縣治西七里舊名犀港橋其上架木爲亭光緒十四年秋孟水衝十五年邑紳王明璠王光業王榮陞同樂得

眞夏彌大方炳杰等捐貲重修石橋計費錢壹千五百緡有奇爲進省通衢

車橋在縣北一都吳田畈舊係邑紳嚴滙川建修光緒七年水衝邑紳程湄川重建約費錢五百餘緡

雙港橋在縣西十八里光緒十五年水衝士民聚貲復修爲通崇陽要路

西坑口橋在縣東北十五里光緒十五年邑紳李含光修葺爲往興國要津

彭窩橋在縣治南六里舊係邑紳沈步渠刱修光緒七年水衝其裔卽邀族捐貲修復爲往縣通衢

永濟橋在縣東南五里明温州府同知朱之楫建砌石爲墩架木爲梁上覆以亭行旅往來得以休息光緒十七年亭漏將圮其後裔文生朱協理等庀材改造

富有橋在縣東四十里富有堡上置凉亭補葺數次兵燹後水衝會廢光緒二十

年堡中陳高智暨興國章攀雲提修費壹千五六百金有記

通洋橋在縣南距治七十里爲通江右要路舊名朱楊灘道光庚寅橋圮往來必迂道丁酉置船以渡每值春夏驟雨水漲船不能濟行旅仍以爲病光緒十八年邑紳王榮陞等捐修石橋計費七千餘金

浙船橋在上四里闖山上堡向係木橋因

河流太急常被水衝邑紳沈達煌同王光業及眾姓等捐修石橋計費錢二千餘緡未及十年修整兩次爲吳楚往來通衢

湄港橋在縣南十里向係船渡光緒十六年里人捐貲修建石橋計費二千餘緡有碑記詳藝文

釣月橋在縣南三十里地名厦鋪有鄉鎮道通吳楚向渡以船光緒七年鄭錦輝

後裔捐貲甃石爲橋在張乖崖釣月臺側故名計費壹萬貳千餘金有碑誌詳藝文

郭城橋在縣治西四十五里舊以木爲梁里人陳丹桂倡捐易以石後被水衝南岸光緒十八年其子江西贛縣典史大英補葺爲往江西要路

郭家嶺橋在縣南三十五里水衝光緒八年里人金心安後裔捐貲復修

淩雲橋在五里甯張堡長十餘丈高二丈寬一丈六尺橋上覆以屋計費錢二千餘緡

永壽橋在三里寨下堡地名沙堤係往興國咸甯要路方姓眾建有碑

舉橋在二里石橋堡前明徐觀中鄉榜故名將圮光緒二十年其後裔修整橋上架亭

南林橋在縣治西三十里兩岸皆市西通

崇陽東通縣城南通江右北通咸甯有上下兩橋上橋嘉慶間遭火作小板橋因車馬不便迄道光橋上架亭寬一丈餘長五丈許有會並店屋下橋先亦小板橋光緒六年更修砌石建亭費三百餘金

長濟橋距縣治三十里向建小橋名長有春夏水漲非衝則漫行人多阻光緒十年韓陳二姓將橋會與家會並各姓募

捐錢文擇地砌石成橋費金三百餘濯港口兩石橋其水導源自南兩溪縈帶一西一東上石橋在西溪口下石橋在兩溪口內外皆成姓宅置有會田碑豎關聖廟內

石門橋在二里石門堡係張對載建修長三丈四尺高一丈八尺寬一丈二尺費錢千餘緡光緒七年其重孫寶謙等捐貲修整費錢三百餘緡有記里人夏曰忠有詠石門五律一首併詳藝文

望星橋在縣南距治七十里爲通江右義寧州要路溪內多巨石如星羅棊布春夏水勢險惡向無橋梁行旅病之光緒八年里人樂見龍獨力捌修石橋橋上兩旁均有石欄橋下如門者三計費五千餘金創舉亦盛舉也

橫石橋在下六里橫石潭街右舊渡以船光緒己卯邑紳成安國倡捐提修費近萬舉人王明賜記丁亥夏大水中墩半圮次比一墩亦裂吏部主事汪宗翰與成安國助陳成吳朱諸人修整前後約費緡錢一萬三千有奇汪宗翰有記詳藝文

顏軒橋在東四里顏軒下堡光緒十一年新建寬一丈五尺長三丈六尺下砌石高一丈九尺橋上有屋立有碑誌詳藝文

湄港兩渡在縣治南十里一西一東西係吳楚往來要津眾姓捐修東係邑紳沈步渠捐田創造後因產微同姓捐貲佽助今已成會立有碑誌

褋溪渡在六里濯港口關聖廟側春夏渡以船秋冬易以橋有會碑存廟內

石峰尖下渡在縣治東南五十里一峰卓立居桿門下如傘形渡爲吳楚往來要津里人捐田立會

鮑家渡在六里吳王廟前光緒丙戌居民新建有會

坑口渡在六里横塆山前有會

石壁下渡在六里許姓門前有會

顔軒口三堡義渡在東四里顔軒下堡舊有倉長會光緒十六年以會貲派幫義渡

公署

縣署前明迄國朝咸同以前舊志已詳光緒十一年知縣丁國楨捐貲修葺後圖嗣後歲加整理經費皆由各任自籌

儒學東齋舊在至聖廟之左頹廢已久歷任學官皆借居羅峰書院遂相沿以爲齋舍西齋舊在至聖廟之右出入由黌門之左同治間改由黌門之右光緒十一年知縣丁國楨諭紳者一並修葺

典史廨署在縣署頭門內東偏自咸豐四年兵燹後迄光緒十一年知縣丁國楨諭紳耆重加修葺

城守營舊在治北門外久廢光緒四年知縣徐鑾諭城鄉紳董籌欵就舊址修復遷右偏營房於社稷壇之前換左餘地今兵丁收課種菜處俱屬公業

倉厫

常平倉自兵燹後積穀無存僅遺廢址

壇廟

大成殿光緒甲申春科試各里士子齊集縣城見殿東朽敗桷析楹糜正門將傾崇聖宮明倫堂尊經閣等處幾圮頖池鯤化池前後牆垣皆須整理建議重修公舉邑紳汪保元董其事閱三載告成計費工料錢壹千三百緡有奇捐貲有碑

文昌宮原在大成殿左咸豐末年知縣王

紹薪詹堪輿謂宜移建縣東街黌宮之巽方其時兵燹未靖議遂寢光緒十九年癸巳二里封職王光業第五子肇修買東城名壽坊基址創修橫計六弓直從
崇聖祠至宮門外廠地抵街計二十五弓共費工料錢三千一百餘緡有碑記

武聖廟一在縣治西白鶴山麓咸豐四年兵燹後前歷任各縣尹相繼修整未及

三十年又復傾圮邑紳成禮門之子樹勲兄弟獨力捐修費錢六百餘緡有碑記詳藝文

一在六里鄉鎮地名橫石潭下街光緒辛巳年眾姓捐建門重舖房二所戲臺一座左右兩廊排樓右首廚房一閒中殿宏厰後重右首連三屋一座左側房二閒又厠屋二閒有記

風雲雷雨山川壇在縣治溪南翠屏山麓三閒祠左僅存舊址光緒十九年監生涂保元捐修亭宇計費工料錢一百四十五緡建壇三成除地爲墠繞以壝垣門內豎亭以便春秋祭期行禮壝垣內上下左右各計二丈五尺其餘基自西至東穿心八弓二尺南北穿心二十五弓

社稷壇在縣治北門外三里士民因舊址續修亭宇規模如風雲雷雨壇計用錢

一百五十緡其餘基自西至東穿心十八弓北南穿心七十二弓其直出及左邊地係壇外餘基泒兵營房菜園均係公地

先農壇在縣西鶯遷橋之南壇前柜河左抵小港右止徐姓墳山後有藉田二坵田北有大地一塊壇被水衝光緒十八年知縣劉焕章督紳踩勘前地周圍六十六丈四尺後田地周圍七十丈零七

尺俱屬公地定有官界

奎光閣咸豐四年兵燹廢光緒十九年癸巳二里封職王光業第四子循芳因舊基易木以磚高起樓閣建龕其上以棲
神計費白金壹千閣與文昌宮及鎮南書院相繼告竣蒲圻舉人廖顯融記詳
藝文

城隍祠兵燹後歷任邑尹各有修整光緒十七年知縣劉春生修葺正殿及中亭

邑紳葉文龍後嗣捐建後殿十八年胡富與丹蘐神龕戲臺補砌天井修補牆垣本年住持僧修竹募造右偏禪房次年道士汪行林募建左邊觀音堂

洞淵觀基址寬曠棟宇甚多兵燹後羽客勢漸寥落東偏房屋坍塌已盡西偏存者半就傾頹所存正殿三間僅蔽風露

通邑向無
上諭亭每值慶賀
萬壽聖節及宣讀
詔勅等事皆於殿前之拜亭行禮蓋重地也光緒十七年監生阮席珍捐貲修整正殿及兩旁祠宇並彩臺頭門等處費工料錢三百餘緡是年從九管之永修葺
拜亭

龍神祠兵燹後在蔓草中展拜光緒十八年監生阮席珍建修約費三百餘金祠位橫七弓半直十弓半祠外餘地自左

至右計二十六弓前後計六弓祠簷滴水至祠下地勘沿計九弓半

泰嶽行宮光緒十七年城內士民因圮捐修約費一百餘金

三山祠同治初邑隱士方坡因多寶寺東偏建祠祀岳武穆後邑人遷武穆木主於新祠是處之祠與龕遂虛坡又塑文山文公天祥疊山謝公枋得椒山楊公繼盛三像以祀之學教諭李鶴有記詳

藝文碑立文廟西廡光緒十年邑紳重
加修葺

學校

羅峰書院光緒十一年前縣丁國楨諭紳
董修葺

鎮南書院光緒十八年二里封職王光業
第五子肇修購基創修於文昌宮左横
二十一号直二十五号内修山長講堂
連三間一重並學舍厨房共二十六間

計費工料錢壹千餘緡教學箴十則並
知縣葉熙錕堂諭見藝文

劉姓族學六里黄沙畈劉榮甲等倡捐置
有田租貳百肆拾餘石又有倉屋一座
經學蒙學及試縣府院者幫貲不等

舒姓義學係六里寶石舒姓下畈尾有家
塾一所兩重連三間廂房二左腋蒙學
堂屋四大間右腋倉房厨房餘屋共八
間置有學田租穀三百餘石以爲經學
蒙學脩金試府縣院者均有佽助

寺觀

九宮山奇景不可枚舉崇陽副貢傅燮
鼎著有九宮山志共四卷今並抄呈

平壺臺在九宮山眞牧觀前向無門光緒
十一年布政使銜前福建按察使司策
通巴圖魯楚南平江張岳齡新建三門
吏部主事汪宗翰記詳藝文

來鶴亭光緒甲申秋張岳齡建並序云九

宮山東麓新建萬壽宮側有古松一株
不知植於何年殆眞牧祖師開山時物
也新枝古幹偃蓋婆娑攫龍虬嘯風雨
足擅一山之勝余作亭其下爲遊人列
坐觴詠之所額以來鶴庶幾有丁令威
千年來歸乎又自署其楹聯云策扶老
以流憩撫孤松而盤桓萬壽宮挹松道
人汪德純題其内柱聯云愛隱偏招陶
令撫棄官不受始皇封

望仙宮距山十五里在東南方建自前明正德閔將頽光緒癸未冬張岳齡重修經始本年冬越明年六月告成計費壹千餘緡自題堂額云彩雲天上

黄栢寺在山南三十里原名白雲菴建年莫考以廟側有古栢一株大數抱殆千百年物也因以名寺傾敗已久光緒二十年九月一天門羽士謝爲吉與鄉紳王東山提修十月告成計費錢二百餘

緡

普蔭寺在一里田東下堡會總嶺嶺上自兵燹後僅存右堂一閒房一閒境內士民醵金封職欒和之督修右堂供 文聖 宣聖 武聖三神位左堂供三觀音及諸神像左右兩厢房對面廻廊龕上供韋馱佛像右偏有厨房一所門外有凉亭三閒約用錢三百餘緡香火田産詳載碑記

雨霖寺在二里昔名扁石寺宋岳武穆統軍征勦楊太經此遇雨駐兵留宿遂易今名光緒二十年春文生鄭家清開拓基址增修殿宇僧舍裝彩諸佛像計費工料錢六百餘緡邑紳夏曰忠有謁岳武穆像七律一首詳藝文

北山寺在六里北辰山下一名靈泉寺明成化間涂伯恭兄弟施基僧大權募建向爲北山會鄉約所又於寺左置義倉

改造文昌閣咸豐甲寅賊燬僅存横屋前後二三重光緒丁丑僧快亭募修門重及神像涂姓建大雄殿

吳王廟在六里舒姓北岸下首光緒癸巳秋紳首舒曉林等籌費建修正殿合面兩重額曰朔南保障右有旁屋厨房乙未春告竣計費千餘金有碑

界頭寺一名古老廟在上六里吳楚交界處光緒戊子年重修正殿一重横屋一

重約費錢四百餘緡主事汪宗翰武生吳得臣提修

多寶寺乃縣治古剎光緒以前詳舊志歲甲申西偏觀音樓年久朽壞僧知我開拓基址立志改造功及半遂化去其徒拂塵踵成焉邑人樂權鐸有募化重修引詳藝文

公局

茶釐局在縣治名壽坊同治癸酉年由前

委員　禀請購買公屋一座修葺其屋後餘基換局左牆頭至右周姓界計八弓半自局後滴水至港塍邊計十三弓右偏基由周界外橫五弓半直六弓左偏基橫八弓抵路直九弓均係賓興局管業

賓興總局在東城承流坊光緒己丑公舉謝尊三陳蓋臣等因舊址改造頭門外有柵欄入頭門舖房一座中堂左二右三堂背有兩小天井二重由儀門進有屏門中長天井一左右兩廊各五間為堂者二為室者八庚寅春告竣共計費工料錢八百餘緡第三重中堂屋左倉及廂房右為外帳房由外帳房入有廻廊上有長樓房一間對面外廂房大樓一間俱為內帳房後重天井一廚房一廁屋一披廈一為扇轂之所屋後餘基直抵縣署後五聖廟舊址係乙未秋得

買去價錢八千文闔邑賓興會起自同治十三年修造縣署賸有餘貲置買田租百餘石並各戶所獻田租百餘石作為月課生童膏火之費厥後又派捐置田租四百餘石於是膏火益充始克延聘山長初道光間修造　聖廟六里紳首各將羨餘攜歸權子母置田畝購莊屋自為各里私會遇鄉會及文武小試均有佽助詳藝文記然文武小試寒畯初游

庠者每爲印卷費所苦兩齋廣文亦不免時盈時絀光緒癸未年邑人士始創學田之議因里之大小戶之貧富而等差之公派每年城內出租穀三十石一里百一十石二里百六十石三里九十石四里與二里等五里五十石六里二百石共八百石其穀仍寄貯各處倉廒無論穀價貴賤每石作定價錢壹串文繳入縣賓興總局兩學日各給錢壹串

文以代文武生入學卷費送考年分另送川貲錢三十串文此外別無支應永爲定例行之有年汪宗翰有勸捐學田引詳藝文

縣城育嬰局光緒十三年知縣劉燠章奉札勸捐邑紳程立言因先年存款於城西得勝坊舊育嬰所增買地基重加修葺其捐費錢八百緡存典生息每年由官舉紳董照章辦理一里附

三里育嬰局在本里衢潭堡廟內捐貲成會置有田租章程均照縣局

五里育嬰局在本里鄉鎮楊芳林下街局屋連三合面兩重旁屋四間首士朱晃臣黃玉振吳輝第黃駿標等倡捐仿辦

六里育嬰局在本里鄉鎮橫石潭後街購屋一座一連七間菜園餘基賃租四石各堡捐貲成會本堂爲合里總局救嬰均照須發章程

水道 水說詳藝文

一里鄉城畈官堰及田東下堡鄭家堰光緒二十年居民修理照田派捐

吳田堰光緒六年照畝捐貲修理並修石宕上下二堰

二里新田堰光緒七年居民修理並修石坎二處又塘坪堡鯉魚山下堰一座歷年修整

三里隱水堰光緒以來頻年整理邑紳朱

美變有遊隱水記盃歌詳藝文

下六里官堰灌濟上官堰下官堰黃城茅畢四堡北岸之田計一千八百餘畝歲産穀萬有餘石始於前明永樂七年

國朝續修不一光緒己丑秋奉諭重修計費錢一千八百餘緡每歲修整約用錢一百五六十串文有記詳藝文

中六里寶石上堰在舒姓大橋下首光緒癸巳年創修灌濟北岸田一百餘畝計

費三百餘金又寶石下堰接上堰水光緒甲午年創修灌濟城下上下兩畈田五百餘畝計費三百餘金

劉家堰灌濟劉家畈田二百餘畝光緒癸巳年重修計費二百餘金在河邉舒姓下首

汪家堰灌濟汪家畈田二百餘畝歷年修補在城下下首

祥異

光緒十一年秋七月初八是日晴霽薄暮三里寨下忽有物自田中騰起雲霧彌漫狂風大作人多站立不住其風挾山而西至一里洞口地方張姓屋後山素多竹木中有大樹數株高近十丈圍約二丈許連根拔起者二折斷者二竹則搗爛如麻近山屋瓦飛墮如霜後木葉風亦至此而止人畜無被傷者次日視其起處田僅半畝已低窪若深池矣

是年秋九月十六日申刻地震牆壁搖撼雞犬亂鳴老年人有眩暈者約四刻乃定

光緒十三年丁亥夏五月端午節酷熱異常人弗能堪本夜二更後忽迅雷烈風雨若傾盆僅數刻城內水深丈許其冷如冰有自睡夢中驚覺者人聲鼎沸亘至天明街道可行龍舟衝決田畝不可數紀石橋有被撼塌者次日水退始知

一里石宕洞起蛟

光緒十八年春正月庚申狂風怒號天雨黑雪逾時乃止見者無不咤異

光緒十九年癸巳秋七月朔四里鄉鎮厦鋪演劇酬神願以觔木暨臺於河干鄉人所謂草臺也是夜二更許人盡散場僅賸賣酒及貨點心者百餘人天忽雨水驟至均上臺避之不料水勢湍急來源又長臺被衝倒是夜昏黑覿面不能

見人無敢撈救有管衣箱者落水時信手撾得一箱隨波上下沿河喊救無應者衝至板橋地方天曉始泊岸相距八十餘里所過橋梁崖壁甚多性命肢體竟獲保全亦甚異矣次日有施棺掩埋淹斃者僅覓得數具餘皆葬於魚腹噫慘矣哉

光緒二十年甲午春三月清明節掃墓者揮汗如雨酷熱幾等三伏越一日忽降

大雪平地深數寸菽麥油菜盡皆萎是秋九月十四日天氣晴和衣單夾夜半朔風冷冽至曉雪深尺許十六七等日又加以霜草木黃落如隆冬此二事父老相傳爲百十年所僅見

光緒二十一年乙未六里孝婦舒吳氏偕女請旌　旨准建坊京報到日其家一犬周身忽如蘭麝香氣噴撲數武外衣裳黏之皆馥郁有以手試撥其毛與尾

者經日不散鄉人僉謂節孝之瑞

光緒二十三年丁酉自正月初間起至五月中旬霪雨連綿陰霾不開見陽曦者僅十餘日芒種後猶服重綿四月甲申天降紅雨色如淡血是歲疫癘流行

咸豐甲寅冬二里徐思敬移家之秦僅遺一犬嗥於門外七晝夜至於流血聲極悲慘鄰人憐而豢之不食而死

乙卯春粤匪劉宗坤率其黨自興國竄

八六里文庠朱子綱里中富紳也居宅慘遭賊燬時朱舉家驚避一守犬竟投宅前塘水溺死

是年四月十六日夜方二鼓天無片雲衆星燦爛月魄如雞子昏黃無光人立地不見影升至天中始皎如白晝

是年六月初旬夜半彗星見以指南定之在丁未之間尾長尺許與斗柄相射半月乃沒

秩官表

光緒六年

知縣　德潤　號溫璞滿洲進士五年二月到任七年七月卸事

教諭　訓導　吳朗　號星垣蘄水人副貢

汪濟漢　號雲橋[illegible]州舉人

典史　丁元熙　號純之直隸天津人

外委　孫萬勝　號敬亭黃岡武生

七年

劉寶善　候補通判七年七月署任八年八月卸事

八年

陳鑠　號仙舟舉人八年到任九年卸事

金浩

九

史悠慶　號越常江蘇陽湖人大年八月以同知署任十年十月卸事在任折獄廉平勇於剔弊盡心撫字培植士林邑人士追

劉崇基　號福田

年

頌惠政久而不忘

陳紀元

十年

林元茇

號炳如，山東歷城人，翰林庶吉士，十年十月實授，十一年六月卸事

丁國楨

號幹臣

王先立

號卓齋

梁仁

號覲臣，興國人

十一年

河南固始人，十一年署任，十三年四月卸事，在任蒞政甚多，九有去思碑，詳藝文

王尚彬

號梅笙，黃陂舉人

蔣桐

號仁甫

十二年

十三年

傅爲霖

號潤生，四川閬州進士，十三年四月實授，十四年七月卸事

王尚彬

兼署教諭

十四

劉春生

號子霖，順天通州人，十四年七月署任

左賢恒

號夢龍，雲夢拔貢

王保清

范大瀛

號仙舟，江西長寧人

年

十五年八月卸事

號問渠，黃陂舉人

十五年

劉煥章

號文卿，安徽潁陽縣人，廩生，十五年八月補授

十六年

陳經魁

號玲玉，興國人

十七年	十八年	十九年
王保清 兼署教諭	王道清 號笙陔	王保清 兼署教諭

二十年	二十一年
葉熙錕 號潤生安徽歙縣人二十年二月署任次年二月卸事	何厚康 號吉蓀山西靈石舉人二月署任
陳廷贊 號棣圃潛江廩貢	
貝錫恩	
王魁元 號雁門興國人	

二十二年	二十三年
高震鑠 號雲仟浙江山陰人花翎知府銜二十一年十二月到任	
姚昌瑩 號式堂羅田歲貢	
范大瀛	

陰陽學訓術 闕

醫學訓科

樂永貴 字尊賢城西人光緒七年授

阮紹松 字淡溪一里人光緒十年授

楊瑞臨 字春山江西人光緒十二年授

僧會司

僧激元 城西多寶寺

道會司

金覺元 六里九宮山

選舉 進士 舉人 五貢 欽賜 武舉 官蹟 武略 廕卹

汪宗翰原名耀祖號栗菴由附生中光緒己卯科劉寅恭榜舉人己丑科大挑二等庚寅　恩科會試中九十二名進士殿試二甲　欽點主事籤分吏部

吳懷清號蓮溪寄籍陝西山陽縣由廩生中光緒戊子科舉人庚寅　恩科會試進士殿試二甲　欽點翰林院編修

樂藴青原名純青號雙橋同治壬戌歲貢

生癸酉科鄉試闈曾榜舉人質性温和胸無城府品端學邃名重一時門下登贒書入膠庠者百餘輩授徒數十年家無中人産歷任各縣尹皆敬禮之詩酒文讌之外言不及私有澹臺滅明之風焉卒年五十六歲士林至今猶追頌之

管應桂寄籍陝西光緒乙酉科中式第三十五名舉人

五貢

吳國琦　光緒庚辰正貢

陳學詩　壬午正貢

陳廷瑞　癸未正貢

阮恢藻　乙酉拔貢

蔡榮杰　丁亥正貢

吳輝世　戊子正貢

陳書青　己丑　恩貢

殷聲琳　庚寅正貢

徐海瀾　辛卯副貢

葉如玉　辛卯正貢

樂以和　癸巳正貢

劉瑞臣　乙未正貢

陳繼遠　丁酉正貢

陳鴻儒　丁酉拔貢

欽賜進士

程際雲　光緒庚辰翰林院檢討

欽賜舉人

徐鳴珂　歲貢生光緒壬午　賜舉人

徐逢治　恩貢生光緒壬午　賜舉人癸未重游泮水督學高釗中贈聯云鸞旂再泳從公句鳩杖遲隆引養文

武舉

徐秉國　光緒壬午科

成利器　己丑　恩科

朱利甲　癸巳　恩科

汪龍元　甲午科

阮日華　甲午科

宦蹟

王明璠號璞夫咸豐戊午科徐宗一榜舉人同治初歷署江西樂安上饒南康等縣甲子在任母故丁憂回籍丁卯服闋仍回原省旋署瑞昌豐城庚午補萍鄉所蒞之邑實事求是卓著聲稱癸酉解任旋里養親甲戌父故在籍丁憂光緒甲申軍機處清查同治初年各省督撫明保人員開單移咨疆吏行查到縣本年以知府入都

陞見仍發原省補用次年到省歷辦七門城外保甲及義寧茶稅牙釐各差丁亥回籍初南康已為立傳歲丁卯南安續修郡志因於立傳體例未協又慮將來泯其政蹟遂低二格以附之今將原傳採入

王明璠號璞夫通山舉人同治三年知南康時因充公田產上控案積百十起前令無所可否惟將兩造收繫彌年積月而上控愈無虛日明璠下車日坐堂皇披牘按訊終日不杖一人而皆帖服以去數月間清釐積案囹圄一空有武弁鼓眾固踞把持各案已奉裁撤之局前令屢奉憲諭密捕終懼激變而無如何璠至若不為罪者設酒召諸紳飲而弁與焉衣冠迓之人無知其謀者酒數巡偵其黨悉散去突令健役就席擒之立寻正

法一境帖然孝感沈用增有彈擕江勇愍紀畧詳藝文尤嚴胥役給票拘人皆酌其路之遠近准給差費若干署明票尾押以朱印過索許民揭告卽爲懲革訟者知無抑勒皆隨票赴縣至則立爲訊斷歸業門丁綱紀人等惟日給錢二百畀其清嚴皆紛紛請去自奉尤儉約無仕宦之習嘗曰做清官必先清內署彼皆濁我者不能清之而欲清其官

也得乎在任六月以母憂去去之日蕭然空橐不能治裝邑人醵金帀之以資其行其政蹟固自卓卓可傳惟係見在之人與立傳體例未協爲附紀之

陳源輈號晴嵐咸豐末見粵匪猖獗憤塡胸臆適記名道王楨統帶湘軍勦賊江西遂投效焉隨至臨江吉安等處時有建白未幾楨卒於營次蒿目其時餉項支絀由監生報捐縣丞加捐知府分發江西並捐道員陞用銜同治丁卯庚午兩科文闈辦理龍門內差事記大功二次七年總辦七門城內保甲局事銷差後接辦陝甘雲貴四省捐輸局務十三年署南康府知府府屬四邑兵燹之後民氣凋瘵輈在任期年正己率屬撫輯盡心口碑載道久而弗衰

朱美燮號曉林道光己酉拔貢咸豐初因

粵匪竄楚境在籍團練出力議敘知縣並加陞銜同治五六七八等年歷署松滋訓導並主講鳴鳳書院提修縣志旋署襄陽府教授一時知名士多出其門所至誘掖後進孜孜不倦尤以敦品爲先解任歸士林稱道不去口壬申江夏彭太史于蕃延主西席時方伯孫公琴西觀察胡公月樵常與詩酒往還分韻唱和光緒乙亥　制科考取孝廉方正

次年鄉試中何煥章榜舉人丁丑試禮
部不第由孝廉方正　朝考一等以知
縣候補甘肅己卯署海城時海城立縣
未久規模簡陋地故多猓種與漢民素
不相洽在任期年盡心撫字遂各相安
壬午回籍癸未卒於家生平外貌謙和
而實有涇渭家素貧以授徒爲業雖無
隔宿糧淡如也每地方有大興舉縣尹
多與商定公事外無私謁品優學粹鄉

里稱賢著有翠屏書屋詩文集無力付
梓與體例相協者摘附藝文生四子伯
氏乾廩膳生仲叔季甲戌同游庠
鄭季春號蘭堂附貢生光緒乙亥　制科
孝廉方正乙酉以海防新班知縣分發
江西丁酉補餘干壬辰署任星子次年
以折獄功調補贛縣
王錫祉號介臣邑廪生光緒庚辰年任興
山縣教諭辛卯以海防新例選授湖南

臨遠知縣次年在任聞訃丁父憂回籍
乙未服闋八　都復選貴州修文知縣
程　芳號蘭賓廩生任施南府訓導
王開第號筆初廪生任竹谿縣教諭
阮燮煌號曉帆咸豐辛酉拔貢現任安陸
府訓導
李應春號少峰同治癸酉拔貢任當陽縣
教諭
阮恢藻燮煌子號次曉光緒乙酉拔貢現

任漢陽縣訓導
王立政任江西大庾縣赤石分司
樂騰飛號孔昌歷任四川榮縣洪雅典史
及嘉定府經歷
陳大英號省齋同治壬申補授江西贛縣
典史壬辰署吳城主簿次年仍回本任
陳治國光緒癸未由附貢加五品銜代理
江西贛州府長寧縣新坪司巡檢
宋鶴程號海雲光緒乙酉年以候補從九

署江西義甯州分州

武畧

范德元咸豐四年甲寅以武童充湘勇次年克復江西龍泉萬安等處湖南巡撫駱賞給六品頂戴八年以克復吉安府城功奏以外委儘先拔補並賞藍翎旋以功改把總十一年投兩江督曾洎同治三年克復金陵省城歷保至遊擊賞換花翎旋改投兩江督李委帶親兵小

隊以克復浙閩湖漳等城功保舉參將十年八關投效楚軍陝甘督左以肅清關隴功保陞副將借補涼州鎮都司光緒五年署理俄卜嶺遊擊六年以蕩平新疆攻克烏魯木齊吐魯番等城復將南路八城開復在事出力准補副將八年總督譚牌委接管涼州後營都司十年改補安遠營都司十六年八都陛見旨准給與花翎以副將補用十九年任陝甘補用總鎮涼屬安遠營副府

廕卹

許繼宗祥慶子承襲恩騎尉其先祖忠烈公祠歲久圮光緒十八年其族人醵金數百重修

張洪緒廕卹 懋欽銘子以文 恩卹恩騎尉

人物 隱逸 賈行

隱逸

方坡字半嶺號醉呆有至性豪爽尚節概

善飲精六法吟詠時有天趣年十五棄舉子業初其父貿田南頗小康道光末歲歉業遂歇有勸其索逋者可得千百貫坡曰人將啼飢號寒之不暇我何忍收責兒鬻女錢相繼嘆負者至焚其劵彭澤汪殿撰鳴相高其品遂從之遊授蘭竹相約八京師未幾殿撰卒髮逆竄金陵沿江皆烽火始奉父旋里日嬉笑彳亍於草堂以娛之令不知有貧苦

狀及沒卜葬居宅後日進饔餐如生前者數年於時江外匪氛不靖境益困而悲憫時艱常形辭色嘗爲人繪便面題云村南飲罷復村東誰向蝸廬覓畫工欲繪江城今日景鶴樓無迹白雲空平日寄意多類此可以想其胸次矣嘗至縣城僑寓多寶僧舍愛其地幽僻値花晨月夕即以斗方換酒餚聚同人作樂每見徐青藤黃癭瓢諸名人手蹟輒把

玩累日不去手曰非胸羅萬卷並得山川磅礴之氣曷克有此神味吾悔不十年讀書先是　邑侯岳紫藩有飲量工書相契洽爲酒友厥後歷任如　王侯檁臣潘侯仲美皆雅重之有題贈於李學博夢仙尤稱莫逆交雖數數往來官廨言不及私人有言其畫神而書不佳者時年已五十日臨坐位稿和尚碑數百字夜常伊唔如諸生無間寒暑曰吾之筆得臨古帖而愈健畫因讀南華秋水及赤壁賦而益奇人固可以不學哉同治間橐筆游鄂渚寓黃鵠山之仙棗亭一時相往還者雖多搢紳名宿（如彭太史崧毓張觀察炳堃無三日不至其寓者）未嘗以此傲睨人遇塵俗客則白眼矣然畫有定價若飲次與較錙銖多片片撕作蛺蝶飛故罵座名滋漢臯其實胸有涇渭非一味使酒者生平取與閒一介不苟然遇人之

急無疏戚輒竭力以周之故垂老無厚積題詠懶收拾慕之者搜遺稿不得年六十三無疾一笑終王邑侯目爲通之異人李學博稱以隱君子洵不誣也

徐鎭銓字展才性情嚴正文字精純試多冠軍僅兩取佾生年四十遂無志科名杜門不出士林羣仰道範沒世尤稱著有眞止文集待梓

質行

阮翠玉字琢成國學生父字行健品行端方純心好學著有言行箴卒年三十二歲鄉里惜之玉三歲失怙母焦氏時年二十七守制撫孤嚴慈並至遵母教篤於學爲鄉塾師教讀有法事親先意承顏侍疾不脫冠帶湯藥必親嘗母没衣冠不純采年至七十夢寐間猶哀號涕泣如稚子持身嚴正邪淫弗敢犯鄰里勃谿詈排解歲己酉荒甚家不中貲出

穀數十石以濟族中貧無告者年七十四以無疾終仲子尊美性和平凡事親守身處世克踵前徽父母相繼卽世服斬衰廬墓三年弗與宴會此孝子錫類之一端也季與奚齒稚父母早見背常以不逮事爲憾故事兄如事父焉兄塾去家二里許晝則力田夜則省視雖烈風雷雨弗稍閒不幸早溘逝鄉閭式其化不涉訟者數十年尤可異者尊奚女

幼字同里文生劉盛南之次子還本本殤女時年甫及笄奔喪守義誓以終身孝友節義萃於一門已歷四世非積累之厚曷克至此哉因備錄之以俟採風者旌其門焉

張愢夔字力行邑庠生敦品力學孝友性生父没與兄愢選廬於墓將及期母恐其廢學命歸塾涕泣不忍去事母始終如孩提居母喪言動以禮當母柩在堂

時有二草從棺之左右繞出長三尺許色深碧粗如筆管均匀勁直鄉先正以爲孝感所致光緒己丑歲試左王兩學博以優舉越四年甲午卒士林惜之

樂英華優增生幼聰敏好學性沖和能承祖父母及雙親歡受室不易母歿苫塊茹素蓄髮披麻三載不離墓側族黨賢之

方鳳舞字首鳴幼失怙哀毀如成人讀書

家貧不能卒業躬耕以養母雖菽水必誠敬母歿朝夕供養如生前終身無少異鄉里賢之先是其身有隱疾慮弗續宗祀乃撫期親子王其後並爲王父力行立義塾招聚寒畯肄業焉族鄰有緩急輒委曲以濟生平以少讀書爲憾故惜字如金每拾遺棄字紙必以香湯滌淨而焚之光緒癸未秋以無疾終

程眞品母故廬墓三年不茹葷不整容每

逢母忌辰與亡生期二日不食

夏崇鼎國學生孝事父母母故喪祭盡禮廬墓三年

吳開鉞監生少失恃事父温凊定省克盡子職父歿廬墓三年　督學趙尚輔奬給純孝可風匾

夏鼇號載夫初習舉子業郡縣試輒冠流輩數奇未售旋以助餉例待銓掾吏士林惜之有至性事親先意承志没則喪葬以禮訓子有方嘗曰士必簪纓而後報　國將終身無報　國之日咸豐甲寅粵匪入境其次子之雯以禦賊遇害事平附祀昭忠祠平日篤交游嫻吏事濟危困解難紛特餘事耳没後吏部主事汪宗翰志其墓

列女

朱少璞儒童文生朱協瑩之子業聘與邑阮治進之女爲妻女性聰慧幼讀曉大

義光緒甲申臘杪將于歸少璞故訃聞家人皆隱秘女以形迹揣知之欲奔喪父母阻之女恐奪志遂於乙酉元旦自盡有古烈女風是年瑩爲其子立後至阮迎櫬以歸與少璞合厝一時送殯及路祭者數百人觀者皆嘖嘖焉阮已請旌建坊

成利舟儒童妻程氏將及笄舟故氏聞訃奔喪遂以身殉光緒丙子　旨准建坊

周連城妻成姑自幼養於周共乳哺稍長知禮節坐立飲食皆有別年十三連城殀没矢志守貞事舅姑先意承志後舅姑相繼没如丁蘭哭泣者年餘引夫姪爲嗣教養兼盡光緒癸未 旨准建坊

劉金文生妻朱氏同治戊寅于歸時年十九洎光緒己丑三月夫故卽請於舅姑立夫弟次子爲嗣大殮畢越六日親奠於靈幃退入私室噴血而亡都人士

哀其烈呈請旌表 旨准建坊

夏逢杰儒童妻朱氏係封職朱奐桐之女幽貞穎悟無師解文十九結縭二十一破鏡慈撫猶子孝事老翁飲氷茹蘗弃月吟風節勵卌載年近六旬歲辛卯榮膺 旌表色壯石門鐫刻詩詞光生梅閣著有愛梅閣詩草

樂孟典烈士妻鄭氏咸豐乙卯正月粵匪竄縣城典被擄不屈遂遇害氏時年二十四歲長子儀鳳僅三齡遺腹生次子來鳳景况蕭條備嘗艱苦撫養二子成立相繼入泮克振門楣卒年六十三歲光緒己丑詳請建坊

周之用之妻程氏生六月其舅姑養之爲子之用婦比長琴瑟諧甚巹合居數年歆生子翼高之用父殁母存外餘弟婦氏待之如禮無何之用死時氏年二十有七哀毁骨立家徒四壁誓守義撫孤

躬操井臼力傭耕作勇健如男子其姑厚憂敦嫁之來氏涕洟辭不獲命假歸甯歸泣訴於伯叔兄弟曰未亡人已遭閔凶志豈以生死易哉吾夫死而子幼姑老矣其如之何所不終夫事者有如日僉察其志堅勸慰之以歸一日穫麥中庭焱一客過目頻覗氏怪之問之鄰嫗諗其爲己醮也來者於是恚恨輟業扃戶痛哭久之寂然衆壞户入則氏身

投繯死矣姑懼累閟之故里人忘其爲節烈婦焉其從弟雄名孝廉也志其墓

吳鴻翥監生妻陳氏貞孝撫孤振家邑從援例三遊泮二同治庚午奉　旨建坊

方有光儒士妻王氏文生方玉藻之母光緒癸巳　旨准建坊

楊錫紅例貢生妻阮氏光緒甲午　旨准建坊

成希賢儒士妻董氏武舉成利器之母

旨准建坊

朱定泰儒士妻夏氏光緒癸巳　旨准建坊

汪福興妻黃氏光緒丙戌　旨准建坊

成用貴儒士妻朱氏　旨准建坊

汪本節之妻陳氏　旨准建坊

焦永安職員妻張氏　旨准建坊

焦永德職員妻嚴氏　旨准建坊

焦秋田文生妻成氏生員成光斗之女吏

部主事汪宗翰奏請　旌表

阮元鼎生員妻張氏　旨准建坊

朱亮清儒士妻程氏光緒丁丑遵　旨建坊

朱翠廷監生妻汪氏　旨准建坊

朱文虎儒士妻李氏光緒己卯遵　旨建坊

朱耀明儒士妻程氏光緒十一年遵　旨建坊

黃保赤儒士妻張氏光緒十一年詳請　旌表

吳學庭封職妻金氏文生賡讓之母光緒八年詳請　旌表

舒金典五品封職妻吳氏孝事舅姑舅疾革姑刲臂療之弗愈氏痛姑窘默祝天亦刲臂進病頓瘳姑嘆曰渠誠過我舅歿姑誓相從氏曲解承歡歷四十年如一日姑八十有一終氏事靈如生三載

不懈從此終身茹素每生忌日祭必盡
哀鄉里稱之督學高釗中給美繼乳姑
匾光緒丙申奉　旨建坊翰院吳懷清
頌以聯王事汪宗翰贈以古
汪正明監生妻舒氏夫歿守貞撫孤成立
姑先卒翁嘗疾亟幸子女侍正寢衣不
解帶者數月後以禱灶封臂愈其他懿
行不勝舉鄉里賢之督學趙尚輔獎給
純孝可風匾光緒甲午同母吳氏　旨

准建坊
吳時傑儒士妻張氏係文生吳世卿之母
遵　旨建坊
陳佳璋之妻吳氏　旨准旌表
陳繼普之妻袁氏　旨准旌表
方啟運妻徐氏　旨准旌表
蔡希贊儒士妻許氏光緒十年督學高釗
中獎給苦志清操匾
舒孔彰妻劉氏督學高釗中獎給栢舟遺

範匾
朱心治儒士妻程氏光緒十三年知縣傅
爲霖獎給玉質氷心匾
成象賢儒士妻程氏光緒丙戌督學張仁
輔獎給節孝可風匾
汪欽典之妻李氏督學孔祥霖獎給節懍
氷霜匾
汪士奇之妻黄氏督學臧濟臣獎給節孝
可風匾

周篤仟儒士妻汪氏督學趙尚輔獎給節
勵松筠匾
周竹軒儒士妻李氏督學高釗中獎給苦
節可風匾
吳國相儒士妻劉氏督學朱獎給節孝可
風匾
陳萬鍾之妻許氏督學趙尚輔獎給貞心
化石匾
方賓贊儒士妻徐氏年十六于歸越二年

夫故無出痛欲殉時姑存命撫夫兄子廣祿爲嗣家貧俯仰不能給夜抱嗣子以泣於幃晝則和悅事姑先妯娌而躬苦積十數年家稍裕日益勤謹終姑身甘旨不少缺無何嗣子不祿媳鄭氏亦青年矢守撫三孫成立次孫漢雄食廩餼人謂美報正未有艾也光緒十七年督學趙尚輔題贈松筠勵節匾

樂懋适儒童妻楊氏幼聰慧嫻禮節結縭時年十九越三年夫故家貧窘舅姑齒漸衰夫弟懋通懋第未成立節婦以十指助家計歷數十年無少懈鬚眉男子弗若焉撫懋第長子文清爲嗣教讀完娶殫盡心力卒年六十七歲守節四十餘年未嘗見齒然亦無疾顛遽色族黨贈以慈竹高風匾非溢美也

成聘贄之妻周氏年十八歸成內行悉備生二子長燮理增生次奎恐道光乙未

氏年廿六夫卒次子復殤氏心若冰雪事舅姑以孝聞督子燮理受學歸必詢其功課有晝荻風子憚若嚴師故得無廢學而行義篤欲爲母請　旌氏謂從一而終婦人之義應爾堅不許其子重違母意不敢請然終以令典缺如爲憾卒年六十五歲江西補用府王明瑨爲立傳

沈鴻逵儒士妻陳氏監生陳岐鳴之次女幼穎悟讀書過目成誦年十八歸沈琴瑟甚篤後鴻逵以瘵亡氏誓不獨生舅姑知其意勸且守焉越旬餘守者懈氏服毒卒盡節前一日將借貸於人者還之巾服分贈諸姑曰未亡人安用是爲話別於舅姑之前曰吾詰朝歸甯將久住毋相念今氏往矣鄉里猶稱道弗衰

朱祖恩儒士妻程氏年十歲歸朱十四夫故父母憐之欲爲改嫁氏覺斷其中指

泣且誓曰願事翁姑無二志年二十姑
病割兩肱肉進病愈遠近嘖嘖稱孝婦
焉全貞而逝
王映伯儒童妻徐氏年十八未嫁映伯故
矢志守貞享壽八十四計守貞六十六
年
方公元增生妻徐氏矢志守節數十年如
一日享壽七十四歲
程定輝增生妻張氏年二十八夫故矢志

守節孝順翁姑享壽七十六撫孫程達
讀書入泮
程曙登之妻陳氏監生程鼎臣母矢志守
節孝順翁姑享壽八十二歲
王端人儒士妻夏氏舉人王明賜第三媳
年二十一歸王越七年夫故矢志撫孤
三十八歲全節而終
涂芝田儒士妻許氏增生許兆蘭之女撫
孤守義全節而終

吳德修妻陳氏家貧苦節人無閒言
夏定仁職員妻嚴氏
朱協復儒士妻吳氏
舒秀栢儒士妻謝氏
焦中任武生妻舒氏
涂蘭青儒士妻王氏
李鳳池監生妻程氏
舒秀瑩之妻謝氏
阮國名之妻謝氏

方義生之妻程氏
程象云之妻徐氏守志堅貞孝事舅姑嚴
訓嗣子享壽百又一歲
陳經邦之妻程氏
陳錫疇之妻譚氏
陳文欽之妻許氏
陳其羽儒童妻王氏
陳貫元儒士妻楊氏
陳艮玉儒士妻楊氏

陳炳南儒士妻徐氏年七十八歲
成　權儒士妻陳氏
全履太之妻陳氏
程周有之妻陳氏
程國鈞之妻成氏
周荆山職員妻全氏
陳養吾監生妻沈氏
涂書田儒士妻阮氏
劉光宇儒士妻汪氏　誥封朝議大夫汪

時泰之女吏部主事汪宗翰之姊同治乙丑氏年二十一夫故越八日生子撫孤守制

羅惟嗇妻陳氏幼養於羅年十六未婚嗇故矢志守貞歷二十九年如一日

陳書琥妻許姑文生許士培胞妹廩膳生祖訓嗣母年十三琥故矢志守貞已歷三十六年人無間言

樂　鸞文生側室張氏光緒丁亥夫故氏以身殉己丑遵　旨建坊

王慶生妻徐氏年二十四夫故無子氏矢志靡他家故豐奩貲亦厚一無所取盡與夫弟維文囑爲立後自還母家出紡績貲置田構屋貞守其中茹素終老

徐姑前明烈女幼字郭父翁皆軼名兩家殷實相當後郭貧其父母遂陰改配馬于歸前一日姑聞知自縊死迄今數百年其家室已墟而姑之芳名軼事鄉人

猶稱道勿衰封壟亦屹然如故蓋正氣之凝聚使然也墓在二里黃田堡湄港源頭高槐脊樵牧皆知冥冥中殆有呵護者歎里人方中矩有弔烈女七古一首載藝文

石壁下路記

增生成燮理

石壁山第六里總水門也其下爲吳楚往來要衝行人絡繹不絕危崖崱屴壁立倒懸雖晴久水滴如雨嶙峋千尺人跡難通只來仙侶與西台山對峙里人謂之隔港牛相鬬甲石重重坐立如千軍萬馬形常有猿猴豺虎棲走於其上同治中有獵者驅逐母虎生擭二虎子以歸又每當風雨晦明之時鷹啼鶻起

其聲凄切如怨如泣兩山合處獨留峽口中有百里長流大河河西乃通衢鳥徑崎嶇約一二里其下有深潭急湍比之蜀道難行者驚悸水石相搏難以船渡明正德十四年耆士周君同妻羅氏鑿巖修弔橋迄今石壁碑碣猶存雖模糊其名而可辨其年號姓氏以誌不忘厥後河遷而東橋遂圮　國朝嘉慶間河復西貢生程懋德及其孫列朝鑿險

開道動費數千金壁上鐫碑然畧而不詳也初上截較下截尤險方程列翁施功時鳩工砌石慮難下脚不可久端午後忽墜大石拒水咸訝神助昔人所謂至誠金石開者此也嗣是其子大猷大本兄弟繼志述事修理頻年奈巨浪衝激雖灰石相膠樹木橫欄不能及底以致旋修旋壞今墜石處復被冲頹行人裹足猷兄弟亦付之無可如何矣余嘗

慨富家大族歲時演戲頻年積訟皆一擲千金曾不少惜獨至造橋修路或一毛之不拔或分涓埃以塞口而坐擁豪華者如故乃懋翁父子祖孫以修要路爲己任不數傳而竟歸衰替豈天道忽焉無知耶抑將留以有待耶然其後雖微而其名足千古矣自咸豐以來全姓近居路下全顯名等幸其族人屢施補葺光緒壬午已修者缺已缺者崩崩缺

之所架木以渡只容一夫而車馬不能通濟顯名倡捐百餘金整理如舊行者賴之尚未勒碑然使無富室大家捐貲佽助恐終不免蜀道難之嘆也夫嵌巖爪徑空谷異途行不數武尚可迂道以相通而此則兩岸崔嵬陡絕望之怖悚欲舍此而他馳則四面重巒峻峭而届居行踪無岔路可尋所望懷永圖者慷慨傾囊勸成義會置買腴田勒碑壁上

作舍道旁不時修補則終古無滄桑患鷓鴣啼矣因記前修以勵後修者

釣月橋記

崇陽副貢傅變鼎

邑南三十里有宋張乖崖讀書堂堂右石山戴土高數丈屹立河干曰釣月臺蟾魄初升坐臨其上有近水樓臺之勝故名臺下當吳楚往來要津會四五兩里溪流同匯一川秋冬略徇可渡春夏大雨時行積潦泛漲洪濤駭目險於長江行人爲之躑躅近地居人曾倡建義渡而興廢不常未能久也封職鄭錦暉公者其先世元象公卜宅臺東岸傳十世至公爲鄉里所推重嘗有募修石橋之議未就其後嗣五房俱擁厚貲而樂於爲善期成先志光緒庚辰鄭氏諸君訪諸同邑王君璞夫爲指授規模並籌經費乃欣然議決王君以孝廉官豫省屢董鉅役問道於已經也諸君相度地

勢共登釣月臺俯瞷清流有青石露潭底淘沙探之横鋪如一皆大喜於是筮日鳩工伐航山之石筏載泝流而上羣材既集衆技呈能豎石墩於澄潭聳虹腰於空際形若弓者凡五彎計高三丈五尺有奇闊一丈八尺有奇長二十三丈有奇兩旁護石欄可凭可坐巍巍鉅觀甲闔邑矣經始於光緒辛巳年七月落成於壬午年冬月共費萬有二千金

一姓五房任之不募於眾名橋曰鈞月附昔賢之遺址也題曰鄭錦輝公建明先志之觀成也夫自乘崖至今將九百年而橋建於鄭氏錦輝公下世五十年而橋成於其後嗣諸君自有此宇宙卽有此山川而藻采潤色端賴人事蓋匪偶然此可以徵鄭氏之世善矣易曰積善之家必有餘慶公積善而獲慶又遺後人積善也是故有餘慶焉世徒知以

腴田美宅遺後人爲慶而不知以積善遺後人爲慶曾不轉瞬間而金谷平泉易姓改物彼所慶者安在哉而如公者信可風矣臺畔勒石僉謂諸君之賢宜鐫名於公後以勸來者且爲乘崖讀書堂添一盛典屬予記之亦與有榮云

湄港橋記

主事 汪宗翰

湄港口吳楚通衢也行人接踵雖風雨之夕不絕於道故有木橋當山水暴漲洪濤巨浪木無所施舟楫亦險而難渡病涉者非一日矣往歲橋船首士謀建石橋以費巨議而止者再光緒庚寅徐君漢卿王君春溪沈君翠溪鄭君潤亭王君質如慨然商曰是橋之修亟亟矣我輩盍邀同志分任之僉曰善旣得同志十餘人乃相基址諏日月購木石備器用以仲秋經始季冬落成橋長一十三丈高二丈八尺廣一丈七尺有奇橋

下爲水門三兩端歷級而升其上周護欄杆過者如履坦然當夫桃花浪暖梅雨波長里中志士穆然動高車駟馬之思焉不第壯觀游增勝蹟已也通計用錢三千二百七十二緡工作僅五閱月他處石橋多矣無如此成功之捷者蓋天下事人和爲上而天時地利亦缺一不可者也向使秋雨連綿涉深無底能保不事勞功半耶乃自秋迄冬無霖雨

自南達北皆石基天時助之於上地利成之於下而諸耆士和衷共濟謀畫則精愼也監督則勤勞也輸助則慨當以慷也以此倡率何善不舉自今以往橋與山河並壽創建者視此矣亦安得畧其事不紀耶是爲記

顔軒橋記

歲貢　陳繼達

顔軒舊名顔坑其水發源西金燭峰下繞軒東出口而入河河津舊有三堡義

渡將出口之地古壇前活石截然臨水邊正兩岸相對之路昔人於此建梭尖石橋名曰喜新歲久而廢我堡會成接修木橋者已久縣志所以載有接濟橋也然以雨露漬車乘蹂時或有不能堅完者歲己卯堡內議修石橋歛費以公會爲之主同人皆量力捐貲合得錢數百緡鳩工運轆轤下釘木纍砌石硼以成橋乃竣事未久而橋遂圮噫雖曰物之成敗有數我同事其能已乎因復取貲於我堡公會有力者加捐堡外亦捐得百餘緡共襄斯舉客歲推數人董其事畢岸則增舊石而疊之橋梁則採漢鎭饒杉以架之其上則修涼亭以屋之事畢同人咸曰斯舉也成而敗敗而成惟此區區之志得以圖其終欲使後之人知成事不易善保此橋於不朽則不得不述始末而貞諸石遂以堡内庚堂

居士誌之

横石潭橋記

舉人　王明賜

縣治東南五十里地曰横石潭爲吳楚往來孔道市廛鱗列商賈輻輳六里中第一鄉鎭也鎭之北阻以巨溪其下流出富川注大江其上流則寶石桐港九宮山三河之水咸滙焉每於大雨時行山潦暴發巨浪拍岸洪濤走邉望洋者往往臨厓而返其冒險褰裳者輒罹陽

侯之厄居人憫焉支以畧約遇漲則漂沒無存屢修屢圮後復醵金成會造小舟以濟人而水勢奮迅繫纜時解又或晨昏有急喚渡不應故所濟仍未遍成翁金泉里中好義士也意欲創造石梁爲一勞永逸計顧念功鉅費不貲逡巡未果適其族叔禮門與之同心願任修梭尖一座汪粟菴孝廉暨陳發育等亦各慷慨解囊慫恿興工翁義無可辭挺

然出而肩其任廼度地定基庀材具器屬徒鳩匠量能授工障上游以遏其源竭下澤以窮其底剷浮淤以固其址築堤岸以周其防其巨石之層累而周甃也則方其體而鋭其端纍纍乎如星羅而基布其大木之排比而鋪張也則經以椽而緯以板秩秩乎如絲連而繩牽其棟宇之覆於上欄杆之翼於旁也則又如海上之神山樓閣玲瓏而烟雲縹

渺昔之視爲絕險者今則視爲亭衢往來行人更得休憩徜徉於其上而是橋砥柱中流遂屹然與此潭亙終古矣先是潭闊且深方茲役之肇興也防旋築旋潰泉亦旋涸旋湧竭數千百工竟莫測其底衆惶惑勢且中輟翁獨忘餐廢寢勞心焦思乃手青蚨若干緡諗於衆曰有能汲盡潭水者受此衆皆踴躍讙呼曉夜併作桔槔雷動畚臿雲興不數

日而泥沙盡滌則盤石宛然如金鏞之鎔結由北岸橫過南岸衆詫爲神奇急下石以立梭尖之脚每梭尖一座計長三丈九尺濶一丈二尺均取石條之長且厚者鑄鐵錠以縮其中而罅漏補苴其平如砥惟中尖立石欹斜下凸上凹雖竭力彌縫而佈置未甚妥帖乃當水勢最急處砌石五層僉謂堅牢可恃及本年夏水暴漲諸墩如故而此尖竟被

衝坍不得已復過絕水源增培石脚陂者平之虛者實之所費又千百金而橋工始得一例告竣是役也經始於己卯之冬蕆事於癸未之秋凡五閱寒暑計費緡錢壹萬有奇既成諸父老以潭名橫石是橋適建於橫石之上爰顏之曰橫石橋而屬予紀其顛末予惟古人有言善作者不必善成善始者不必善終茲橋之建可謂志竟成矣然數千百年

後風雨漂搖波濤衝激保無意外之虞則夫隨時補葺多方保護是所望於好義之士預籌久遠之計以善其後也於是爲記

續補橫石潭橋記　吏部主事汪宗翰

皇上御極之九年橫石橋成河中疊石墩象梭者三連兩岸爲五架木成梁覆以屋行人小憩如風亭水榭然壯哉市東北隅一大觀也倡修者爲司馬成金泉公

其族通發禮門昆仲贊之宗翰承父兄志與有力焉越數年丁亥夏大水中墩半圮次北一墩亦破裂屋則破瓦頹垣冒險過者慄慄危懼宗翰與金泉公復助陳君創成吳君蘭谷朱君靜臣暨潭市諸同志修整之商賈販運咸樂抽千百中一二以爲助經營監督復得成朝陽公及其族漢之尊爵君而人舉事於庚寅秋孟水底用勞夜以繼日畚臿水

車鐵木諸器無不備也堵築挑濬撤引諸法無不講也至潭竭無底石乃啓排木樁鎖之閱數月始就廩白金一千有奇合前度計萬三千緡焉衆擎易舉亦足見善人之夥矣顧其始見者有難色謂潭沙彌漫雖傳底有橫石恐難必得倘再造再圮其如之何又謂開闢以來潭水如故支以畧彴濟者亦稀石橋實好事者爲之非急務也噫人之不與人

爲善亦至此哉夫人臨數尺之溪徘徊欲渡偶有負而過者且再三稱謝是橋當吳楚衝春夏水漲上下木橋盡廢甚至有迂道數十里而賴是以濟者謂非功德得耶且自鴉片流毒健訟成風歲計一鄉浪費何止巨萬而富室華屋連雲轉瞬化爲烏有者比比矣獨於一橋必欲終古無滄桑之患而後謂非浪費不亦惑乎且亦輕諒後人也人之好善

誰不如我前有金泉通發諸公今又得陳吳數君矣微論諸君深思遠慮尚當籌欵善後卽事過生倦遂無後來居上耶國家南北防河歲費帑金數百萬秋冬合龍春夏又報決口而河工無敢議停止者凡以利生靈耳縣治通津永濟諸橋元明迄今圮而造者屢矣主其役者何不以覆轍自儆耶士君子爲所得爲當作舟楫濟巨川區區一橋而貧不

助力富不輸財且竊竊焉慮其終而議其後良可慨矣吾非謂先後數董事必欲見稱於時吾甚慮助善者之稀而倡善之難其人也使董事者不廉明不勤愼草率苟且以虛糜衆醵之貲物議亦何足怪而是橋一造再造諸同志旣各盡所長矣想是河與天地相終古則億萬斯年仁覆之天庸詎知不常生樂善好義者彌縫罅隙俾斯橋得以永保無

虞乎謹誌之俾助力輸財者有所勸焉

石門橋記　文生 樂權鐸

石門去縣治三十里西鄰崇陽北通咸寧南之縣城爲通衢溪源長十餘里身亘而狹水勢湍駛出口處兩山對峙左山麓兩石壁立如門通人迹出入必由以之名地卽以之名橋入門至橋里許土地平曠村落星羅竒境幾與武陵源相防橋之西勢低皆隴畝東則石壁峭

削雖鬼斧神工欲鑿爲甃叢不可得同治戊辰楚王山夏氏延余主講席曾經此橋見堅石圜其岸巨材壯其趾脈絡貫穿勢侔坤軸犬牙相啣魚鱗密次蹋若鼇戴矗如獄壓蛟蚪蟠結若飛若動亘長虹邁康莊俯仰嘆咏者久之遂以詢之居停主人主人曰此固嘉慶間張公守菴平日崇儉約喜施與者所剏建也初支以畧彴淋則朽漲則漂石骨穿

溪底不可以舟筏遇驟雨山水暴至轉瞬洪濤濁浪奔放如江河行旅臨涯忐忑彳亍望對岸僅四十武若隔弱水三千焉公家相去八里許常遨遊至此惻然憫之解槖倩匠氏而甃之高丈八尺水門低二尺縱三丈四尺橫僅三之一工料費一千有奇數月工竣凡紫燕晨征藍輿晚度衣裳衆齊而步樵牧負擔而歸罔不快攸往之咸利也是鄉之人

思刊碑紀其事公不可記遂闕余聞之低徊稱善洎光緒辛巳幾歷八十年輪蹏轟厥頂陽侯齧厥踵日侵月蝕堅者碎碎者墮方之繩鋸木斷水滴石穿將不可以永年其重孫海門商之期功親屬繼先志派費補葺一木所榦千鈞惟輕片石之支層纍若鑄脆薄已剝甋饞均安共費三百餘金是橋庶可與石門並壽矣越丁酉海門索記於余弁爲述

顛末余嘉厥祖若孫無所迫而前無所冀而赴貽謀之善繩武之賢均足以風世矣遂以余之得於見聞者記之張公名對載守菴其字也海門名寶謙臨文得僭書

重修官堰記

增生 成燮理

孔子曰人存政舉政如禮樂兵刑之大者無論已卽水利之一端可見水利如河工隄防之遠者無論已卽我六里之

官堰可見該堰灌濟上官堰下官堰黄城茅𦍒四堡北岸之田合計一千八百餘畝歲産穀萬有餘石蓋通山第一水利也原其始肇自有明永樂七年暨

國初屢飭修治自乾隆十六年修築後雨暘時若經理無人遂啟侵佔然夾岸多成姓二十九年理高伯祖直隷州判光謨公偕生員朱中駿監生吳臣正等控周姓覇佔堰基蒙 曾縣憲按册定斷

退基還公蓋老册底本乃康熙五十五年理二十世祖鳳翔公所造也係規井井盧周謀遠詳觀所載其堰基自釣魚墩至崩土塝凡北岸沙洲俱係官堰餘地所以堵沙水備修築也該洲不准私耕堰頭有屋一座所以便時巡杜侵佔也其堰長二人必擇公正勤事者爲之自四月中至七月中親來田上督率酌給薪水銀十兩與一夫受田等也且堰水流通十餘里編分三十餘甲大甲立長一人小甲合二三甲立長一人照田畝取穀以償其勞亦周禮代耕意也其修築堰圳酌派工費放水灌田堰長責成甲長甲長責成田戸綱紀蓋秩如也夫堰之行水也以圳正圳空五尺塍各廣五尺不許侵削虞水漲致塍崩也有崩大則督令該甲修補小則聽田戸擇便修理謹隄防也其田距圳遠者過水

坵不得阻截免滯塞也其未上册之田不準車洱持蠻者叩懲杜偷漏也方築堰時鳴鑼示衆照田派工無故不至者罰有故缺工者補均役也至若放水則巡圳必用五六人息爭也水以漸進自上而下其甲數之先後田畝之多寡則懸牌以誌之時刻之長短則焚香以定之無先盈而後竭也無此壅而彼涸也周禮遂人所云蓄水防水舍水均水者

斯册殆周且詳矣是則官堰之歷嘉道咸同而無大壞者賴有此册也無如山河變易堰圳沖頽光緒己丑秋里堡紳奉　李蘅園太守水利諭舉新首克経同舊首及鋒理族叔也董治修理矢公矢愼庚寅春告成計費一千八百餘緡嗣後每歲修整約用一百五六十緡首人之用力用勞幾有過門不暇入者特記之俾世之勤民事者咸有所觀感焉

九宮平壺臺前建三門記

吏部主事　汪宗翰

太上曰禍福無門惟人自召是説也儒家作善降祥不善降殃之説也夫儒道各是其是別户分門久矣而非自求多福不能入儒門即不能入道門人謂孔子問禮老聃二氏之祖本同門理足據也九宮山平壺臺下有曠基縱横數十步左右有牆前無門户道人安之數十輩矣平江張錢瓶方伯儒者也曉陰陽晩年好道光緒甲申來謁　眞牧余同陳野舍吳淡如諸君晤於山門方伯指曠基謂宜仿官署式建頭門免齋沐不潔之人雜遝闌入且須排立三門平時閉右角由中左出入於陽宅法利道侶余謂方伯以儒生平劇寇其於三奇九星八門諸陣試驗熟矣是區區者甯不徵信遂分任醵金事逾年事集舉族姪

時義監工道人金覺源張鳳翔汪德純與有勞焉乙酉經始閲三月落成入山望之恍然洞府之有闔闢也夫善陽象也惡陰象也左爲陽右爲陰方伯謂闔右由左其隱示去惡趨善意耶雖然眞牧之心昔人所謂九重門洞闢者也其於天下士女善則福之雖不入此門猶入也不善則禍之雖入此門猶不入也初不關乎由左由右也則仍禍福無

門之說也求福者其知之

重修武廟記縣城

漢川教諭成可貞興國舉人

武聖之爲靈昭昭矣以護國救民之公心行福善禍淫之旨道其聲靈之赫濯有常其廟貌之成毀無定也通邑　武廟建自有明知縣事者爲民禦災捍患卜基於白鶴山麓宋公創修於前王公添修於繼馬公重修於後六十年間工興者

三而始則都御史崇陽劉公景韶序其詳終則大學士江夏賀公逢聖紀其實鉅典煌煌大文炳耀輝映千秋光茲簡册矣洎乎　國朝住持僧髮凡制產饒裕遺有坳上下朗田四石三斗三升計租六十四石勒石陷壁防侵漁圖久遠也歲收其租之入以時修補二百年來賴以不墜僧田之所係重矣哉自咸豐甲寅燹於兵壁石杳然經前任易羅兩公諭紳首陳書紱等領修乃未及三十年風雨飄搖棟折榱崩蓋因石失田空無背整理以致四壁空懸僅存門重三閑一小龕不蔽風日龕之外升降上下司事者竟不能展步也則斯廟之修其可緩乎爰會各里紳首集腋籌款有六里同宗邑紳禮門平日造石橋捐賓興輸學田好善士也其子樹勳來局謂其父夙存此願毅然以獨力捐修爲己任

衆稱善焉時近冬杪未遑興事庚寅三月樹勳來縣繪圖相商稍易前模惟門重仍其舊中殿則廓而大之後殿則拓而長之新立

啟聖王神龕於其上并於西偏廚房外添設小廳以爲春秋二祭更衣之所僉曰宏而廠周而密美哉始基之矣勳乃鳩工庀材諏日興作督率辛勤孜孜不倦凡三閱月而廟已落成煥然其改觀焉以

五月十三
聖誕日恭迎
聖像入廟敦請邑令兩學官暨城鄉諸紳舉
行獻禮簫管笙作徹饌飲福和樂且聞
暘如也可謂恪盡乃心者矣庸有冀乎
而勳卽於本年科試補博士弟子員雖
其妙年嗜學足以蜚英聲而騰茂實未
必非
武聖在天之靈有以默相之而然也書曰惠

迪吉惟影響樹勳年方弱冠家僅中貲
而仗義疏財克成其父未竟之志其食
報知未有艾特於此肇其端耳獨是會
始尤貴善終乃勳方深遠慮適於破瓦
頹垣中搜得僧制産碑銘雖僧之遺實
神之佑也既嵌入宮牆命囑將該田租
刊入志書擬照
大成殿香燈會例歸局紳帶管俾斯田與斯
廟相終古庶幾隨頹隨整可以永保無

虞乎雖然通邑之廢而待舉者獨斯廟
也歟哉而急公好義之風蓋自此倡矣
故記之

重修文昌宮記　蒲圻舉人廖顯融

夫繫斗戴筐六星並耀遷書班志紀載
畧同緯編所陳兼晰名義文乃聚精之
謂昌有揚紀之稱共處一宮厥云天府
用重光於辰極每示兆於史占者焉若
其職理攸分符驗各應司中司命司祿

先後鄭氏之詮經上能中能下能武陵
太守之立傳建位悉同於將相誕靈或
託於公卿是知帝車之前柄持魁宿泰
階之側座列貴人隨日月以比明會風
雲而誌慶幽宗與祭槱燎告虔祀典昭
彰由來尚已　國家觀象成化愔禮肅
禋閟彼壇規崇其廟享九州之內列宇
相望一歲之中實柴屢薦衣冠蹌濟檻
桷光輝有司奉行毋敢不恪通山南維

是附北拱非遥承赤縣之流風景紫垣之吉曜循墻達臭邱屋升煙於茲式憑多歷年所廼者餤張青犢運應紅羊炬起士焦刦過灰冷欃槍閃爍久遮翼軫之躔瓦礫縱橫無復靈光之殿遷近文廟未愜衆心邑中士林恒滋太息謀新之志佇待於改觀好偉之仁有需於浩費翹瞻霄漢遍告梓桑封君王公慷慨獨任築從龜契請爲堧壖之更事集鳧

緡僝睹奐侖之美軒楹排列樓閣矗空庭旋馬而門高石麗牲而堦正元精攸託神化斯存時值投戈講藝之餘並爲廣厦庇寒之計隙區旁拓學舍橫開附此末光萃茲多士圖書俎豆並成合璧之章翰墨馨香併結似珠之氣郁郁乎伓伓乎天文人文十世百世者也自頃叛圖參潤祠宇紛庬祭類髮披禮奇膜拜謬稱王教翻疑虜象應天誘煽愚氓

幾至祆神遍地尊奉過於二氏蒙翳及於三光凡屬名都競增淫祀何意羊山百里鵠尾一隅政懔舜齊學持孔戒賞功進士特隆報於所司崇正黜邪靡貽慙於奪享聖徒能距不其然歟顯融跡寄蝸廬識微螢火鼻比黍擁象緯虛窺昔年則絲筆曾干此日幸瓣香有在譬諸藜輝四照中壘親逢太乙之精亦如華蓋五雲並公欲棪子安之作緣留文

字道證宮墻敬述數言以諗同學至於考廿八宿之躔度兼主奎光溯十七世之淵源總歸陰隲靈宿不無偏屬明神或有夙因亶其然乎非所詳矣

重修文昌奎星兩閣暨鎮南書院記

吏部主事 汪宗翰

邑文昌閣前代故址無存

國朝康熙初年邑侯任公創建於東門外泊

道光時而楊侯乃遷於 大成殿左堪

輿家謂宜移於
聖廟巽方其地在東門右側久爲民居當任
侯之建閣也卽同建奎星閣於白鶴山
麓高四丈餘道光間重修者二歲久亦
傾圮而羅峰書院則建於乾隆初後乃
借爲東齋學舍宗翰禮居時意欲恢復
募膏火延主講卒以學舍未起肄業弗
便而中止顧此三者皆於邑之人文學
校科名相維繫者也山川靈秀待人而

開前輩王嵐峰先生毅然思興遺命其
子壽芳肇修昆仲爲之未幾壽芳獨修
奎星閣於縣治戌乾奎星本位方仍舊
址也封墻爲六方式起三層高過於昔
門臨大河對岸故宅明侍郎朱兩崖先
生讀書處也肇修則以文昌閣書院爲
己事於堪輿家所謂巽方者購民宅而
更張之爲室三重中祀帝君木主後則
三代祠樓閣亦三層高五丈餘登樓四

顧蒼莽空濶北聳白鶴西踞青牛南列
翠屏東跨石航羣峰環繞如拱如揖犁
山名勝又增一景矣書院則建於宮墻
左顏曰鎭南邑舊名也藏修所廿餘間
前宏廠後則一望平原亦雅觀也而閣
之高聳與奎星閣齊凡鳩工庀材諸役
則擇邑之廉能者董其事經始於壬辰
夏越癸巳秋日落成計三者費白金四
千有奇洵巨欵也夫素封之家以儉爲

傳世箴不思儉固能養君子之廉過則
濟鄙夫之吝凡遇公務之衆擎始舉者
匪惟曰於我無干竝曰於人無與其願
破囊成美者反以好大喜功譏之矣如
壽芳肇修合之成巨富分之則中貲乃
敬遵遺命動擲數千金而不之惜若宋
賢之舍宅基爲學校利一邑不徒利一
家斯非力矯鄙吝之風心慕賢聖之道
以挽囘文運爲己任善成先志者而能

若是乎通自建邑以來主持文教者因陋乘便積數百年得王氏父子兄弟一集其成而大其觀創舉也亦盛舉也後有作者虔祀事儲財用勤補葺以期於不朽將士林之絃誦其間者瞻戴匡之法象仰彩筆之靈光如陟降在旁肅然起敬於以洗心滌慮佩器識裕猷爲處則矜式鄉閭出則黼黻鴻業豈特山林生色樓閣壯觀而已哉 宗翰供職銓曹

鮮建白以副桑梓望而建造之原委專修之慷慨不可不壽金石以垂無窮因同人有操觚命不獲以不文辭於是乎書董其事者則陳蓋臣謝重熙兩國學是

建修武廟碑 六里橫石潭街

吏部主事 汪宗翰

天下義利兩途氷炭也逐利莫如市精義者莫如

武聖以逐利之市祀精義之聖非祈福則禳禍耳仍利心也其眞慕

武聖之義冠古今慨然捐重利以新廟貌隆饗報者或寡矣石潭市西二里許有

武廟神靈赫著市之人焚頂膜拜朔望絡繹於道雖風雪弗阻也溯厥廟建自有明規模樸素光緒初元成金泉先生議新之先武翼公曁鄉人士贊焉業鳩工庀材矣有梗之者事遂已木石纍纍

兩廡間越數年橫石橋成市人議建公所金泉公曰盍修 武廟以前所積木石爲一簣基乎衆曰善市前後及遠近商旅各視其貲息多寡以爲助卜基於市之東北坐巽向乾以光緒九年季春月經始閱二載落成前臨大河門牆高峻內則歌台齊雲排樓映月何其華也中殿堂皇石柱森立又何壯也由草創迄修飾潤色用錢千百餘緡夫石潭山

鄉一小鎮耳貿斯土者非有銅山金谷之雄也而數千金一呼立就謂非踴躍好義耶顧吾竊有幸焉廟貌在邇市之人朝夕瞻仰無事不祈無疑不卜知神之福善而善心油然知神之禍淫而淫心怵然雖猶是祈禳也而所以祈禳者異矣不惟是也潭市商旅輻輳四鄉衣食之源也市之肥瘠關鄉之盛衰自有廟以來凡鳴不平謀公事倡善舉者恒萃於斯使人人心目中有

武聖將貪者廉譎者正猜忌者化怨憤者平興利除弊者公而明好善捐貲者豪而毅懍懍焉重義輕利以默契

武聖與人爲善之心而仰副

聖天子神道設教之意從此商民相安價不二而不擾風俗蒸蒸日上利源亦滾滾不窮是以義爲利不言利而利在其中神之靈也市之福也未始非修廟者之力

也又安得逸其名不著耶是爲記

三山祠記　縣教諭李　鶴蘄水舉人

三山何三人也三人何人季宋右丞相信國公吉水文公江西招諭使知信州弋陽謝公暨前明世宗朝兵部車駕司員外郎容城楊公也何以謂三山也文公字文山謝公字疊山楊公字椒山也春秋之義貴則書官書爵賢則書字三公貴不同賢同因其字統稱之約之以三簡而當昭其合也祠何也塑像以祀之也曷爲祠祀之志敬慕之意也像肖乎未可知也然積誠生形又惡知其必不肖耶殷宗審象以求說尼父彈琴而見文非明徵歟祠烏在在通山縣治西關外多寶佛寺之西偏屋也屋雖隘幽靜可棲神故宜於祠也祠之者誰則邑之隱君子半嶺方君也方君生有至性隱於畫不屑以畫名於古忠義士心寫

心藏尤篤先是同治甲子歲僑寓斯寺手雕武穆岳公像爲龕尸祝之即此地也值歲旱衆舁公像禱雨像甫出而甘霖隨沛邑之人沐公之澤醵金於寺門內曠基構廣殿遷公像鎮撫之而此地之祠與龕遂虛方君廼復推崇祀岳公之義倩艮工塑三公之像而合祀焉顏其門之額曰三山義舉亦創舉也夫古忠義士多矣獨三公也歟哉即三公之

可以俎豆不誣者隨地皆宜然獨通山一邑乎哉不知方君之意以爲斯地也岳公之靈爽所曾憑式者也嗣亭斯祀者一不如岳公未易踵其後也今觀三公者或郎刑柴而盡節從容或畢命燕京甘心窮餓宋雖亡而心不忘宋以視魂依廟栢枝向南生者其忠藎何多讓耶若乃東竄暗害忤檜者既抱恨於前西市淫刑劾嵩者復含冤於後誠不解

權姦之肆虐毒兩朝一轍令後人太息痛恨若斯也是固均堪祀而無愧者也至於通山之祀則亦有說彼岳公之征楊太駐軍雲台山遺蹟在通固矣文山遭蒙元之難間關南北道亦必經歷乎通且通向隸興國軍疊山亦嘗安置於斯又流寓之可稽也椒山雖北人爲邑少宗伯朱公兩崖門下士尤有知遇之感者其祀於通也亦宜然此固私也非

方君意也余交方君有年見其所爲畫於漢蘇屬國牧羊事圖之至再至三益皆能寫其神氣以此知其篤於忠義者深也然則方君之祠三山意固不外乎此故記之以勗來者

萍鄉義倉記

知縣 王明璠

三代以前田皆井授民無甚貧甚富之分自井田既廢富者田連阡陌貧者至無立錐遇荒年富者復閉其倉儲昂其

價値不肯分勺米以濟貧民之急於是貧民怨之憤之嫉之妬之積其怨憤嫉妬之心一旦發洩遂羣起而攘之奪之此後世所以多饑民之亂也欲弭其亂莫若先事而爲之備欲爲之備莫若豐年而籌積穀嘗攷古人積穀之法有三曰常平曰社倉曰義倉三者各有利有弊而變通可以盡利者則惟義倉爲最常平始於耿壽昌其穀掌之於官賤則

增價糴入貴則減價糶出主於損上益下後失其意而多爲之制歲雖大饑縣令不得擅動於是聽其闕積遞相授受而鼠囓朽腐皆責縣令賠補則無益於民有損於官隋唐皆有社倉至朱子而法始密其穀請之於府擇鄉人士之有行義者司之春借秋還量年加息後世攺簽社長其弊也穀入貧民之手力不能償則責令社長代償以故小康之家視社長爲畏途一遇簽點多方賄脫保正里差因以爲利其不能賄脫者多至傾産破家久之而倉穀亦卒歸烏有則無益於貧有損於富義倉始於長孫平其穀捐之於民當社設倉歲荒則分賑之縣令無稟牘之勞富民無賠償之累而其弊則在有散無收倘遇洊饑勢難爲繼故旋行而旋廢然則居今日而講求荒政欲貧富均安官民兩便非卽義

倉而變通焉不可庚午夏萍鄉饑民聚衆攘奪
大中丞劉公因其地鄰楚南多伏莽慮乘機爲變適予於次應補萍令命協營馳往彈壓予以饑民意在得食當可理遣請緩兵迺輕騎赴任時饑民雖經駱郡伯解散而被擾之家紛紛訐告邑南匪首鄧炳朝者結盟拜會黨與四布乘民心未定將復煽亂予廉知其實思

有以殲之竊計團練以保境保甲以清匪積穀以安貧三者宜並舉集邑紳商之僉以爲善甫定議而楚南會匪已竊發於攸醴間倉卒兵餉兩虛始服
中丞識深慮遠迥非尋常所可及因一面請兵一面率諸紳團練守境未幾兩省大兵雲集鄰氛告靖炳朝等懼見縛亦幸黨潰去至是始舉行保甲而
中丞積穀之檄適至因以所餘團練經費買穀三千石積於城北之崇正書院顔曰福惠倉復諭保甲紳士於煙戶册附載田畝計畝捐穀擇各圖適中處建倉分儲歲荒減價平糶其鰥寡孤獨廢疾貧而無依者則竟賑之紳民之好義者復各捐緡錢以爲善後經費合計十鄉百有八圖暨鄉城各市共積穀五萬石有奇是舉也實師長孫義倉之意而加以變通因概名之曰義倉爲之記曰

易稱理財正辭禁民爲非曰義義倉僅義之一端似不足云大義然而每圖必立董其出入也有時經紀也有方則理財之義存矣每歲出陳易新鄉民咸集敦睦婣任恤之風以孝弟力田相勸勉則正辭之義寓矣且倉廩實斯民知禮節渾樸者固安業而守法浮僞者亦革薄而從忠則禁民爲非之義得矣不但此也共倉之民戶口必登之籍土著者固易清查外來者亦易識察雖有奸宄無從混匿則義倉行而保甲愈嚴矣所積之穀有無均得公共貧民之實受其惠者飲水思源皆將出死力以爲保富之計向之怨憤嫉妒者且變而友助扶持雖有寇盜無難捍禦則義倉行而團練亦固矣況義聲一倡人皆慕義將來積穀日增凡養老恤孤義學諸善事均可次第舉行卽謂義倉爲大義之全也

可區區救荒云爾哉惟是事莫難於創始尤莫難於圖終如常平社倉其初意未始不善及積久而弊滋遂名存而實亡今各圖義倉賴諸神悉力經營以底於成其法亦視古爲尤密然數十百年後其弊保無有出於所慮外者則補偏救弊實所望於後之君子

善後章程捐戶及原辦紳耆列後

一本倉原儲義穀　千　百　十　石
斗　升　合

一荒年碾米平糶經理紳士定期呈請開倉卽於義倉處設立公局擇諸紳中廉能者二人管總其餘各紳分日輪流幫辦并先督率里牌各長查明保甲册內貧戶酌量每丁口日准買米若干局中預給火印木牌書明各戶丁口米數執牌照買每升價以貳拾伍文爲率概用現錢毋得恃强賒

欠格外多買離局五里以內挨日照買五里至十里一次准買三日糧十里以上一次准買五日糧其有先居此啚後遷彼啚與先居彼啚後遷此啚者應向現居之啚買米不得向先居之啚歧買節婦家貧子幼及鰥寡廢疾貧而無依者優免米價倘倉米不敷卽將賣米之錢向本啚及鄰啚富戶採買通融接濟各紳等務須不

辭勞瘁親身經理毋得發給米鋪轉糶致有抬價射利之弊

一春借秋還雖屬社倉遺法第恐穀入貧民之手力不能還行之日久遂致耗散若終年封閉又不免朽蠹之虞嗣後義倉穀石每年至四月初一日若無饑荒情形該紳等呈請照價變賣一半至五月十五竟無饑荒再行呈請掃數變賣共得穀價若干交公

正富戶暫領仍出具領字送縣查核
俟新稻登場買穀還倉仍將買存穀
數造册加結禀報給發印條封倉概
不得借放生息
一萍邑升斗大小不一已由縣製造正
升分給各圖嗣後收穀賣米均用官
升如經手人於出賣時短少尅扣查
出究罰
一義倉善後經費仿照各堂成式由該

紳董等體察情形酌定錢數有能照
數捐輸者准於該倉公所入一木主
每年與祭與飲並與原辦首士輪流
經理倉務其有先貧後富及由外遷
來各戶無論年代遠近有願照章捐
輸者准其一體入主祭飲與先捐之
戶輪流經理
一各啚義倉尚爲救荒而設如非水旱
災傷無論何項公事均不准借端動

用其看守倉厫出陳易新及荒年平
糶人工火食均於善後經費內支用
不得開銷義穀以期穀數遞增將來
養老救嬰義學諸善舉皆可於義穀
取結
一各啚倉厫紳士督令值年保正看守
每年給工錢肆千文其經手人倉之
保正俟次年賣穀後方准交卸守穀
之責如有差失除嚴責保正外并着

輪充保正之甲賠還
一紳士經理義倉本因保全桑梓起見
無論創始經久皆須矢公矢慎如有
侵蝕等情一經發覺除責令賠還外
仍按輕重究罰其辦理認眞穀數遞
年增多者由縣優加奬禮如因事遠
出或年老難支准擧廉能自代
一義倉事務紛繁嗣後每年出陳易新
核計穀數多寡每義穀一石給本署

倉書紙筆錢壹文統於稟報收穀時隨稟附繳利之所在卽變賣後有延不買補者該倉書亦將送稿稟催不致遲誤平日各紳董因義倉公事來城具稟該倉書不得索取分文

書院戒條　知縣事葉熙錕

照得書院爲育才之地士風爲倡化之原果訓迪之有方自轉移之尤速

聖天子菁莪造士棫樸作人學校大其栽成庠

序廣其造就統智愚賢否澤以詩書合僻壤遐陬敦夫禮讓通邑鎮南書院矣輪奐堂皇已具規模淑世淑身懲誡尙須籌畫本縣自維寡學愧乏先資與其謀新何如由舊明義利之辨理剖象山防涇渭之淆規嚴鹿洞誠所謂提網挈領言淺而明萃薄從忠法周而咨者矣諸生學古有獲當思法彼先民主善爲師曷弗監于成憲下昌言之拜翼翼

彌恭傾景行之誠孜孜罔倦砥名厲節滌除舊染之汚敬業樂羣廣獲新知之益將見蟾宮步穩鏡兆芙蓉雁塔名標蹊成桃李盍勤蛾術共奮鵬程謹將鹿洞書院教條十戒節錄於左

一戒立志卑下凡宇宙內事皆讀書人本分內事孟子云人皆可以爲堯舜諸生毋以聖賢之道爲難幾忽近圖遠甘自暴棄只以工詞章博記誦爲

能

一戒存心欺妄忠信乃爲人根本卽使文章如班馬事功至范韓不過聖門中一好秀才弁非異能奇行諸生毋學爲人之學好爲大言互相標榜粉飾外貌專務虛名

一戒侮慢聖賢聖賢爲人倫之極贊化育之功古來帝王尙隆祀典諸生尤宜常存敬畏平時毋以褻衣入神廟

以格言作諧談當閒坐而恣行嬉笑未盥櫛而帶穢觀書

一戒淩忽師友誘掖切磋全頼明師益友之力諸生毋見而不敬退而詆毀責善不從規過則怒

一戒羣聚嬉戲書院爲藏修息遊之地諸生負笈偕來何嘗願招外事及至日久恐多牽引故凡同學者相見亦必有節至院外閑雜人等更不可濫

與周旋若呼引遨遊戲言戲動不惟妨廢學業亦且蕩害性情

一戒獨居安肆先聖云修己以安百姓篤恭而天下平諸生今在山林正當預爲廊廟地步毋貪戀洋烟沈湎麯蘖日高不起白晝酣眠裸體脫巾廢棄禮法

一戒好爭凡朋友聚處無非較讐討論固宜虛以受人久而益敬若以細故

小忿鼓唇鎗舌劍彼此爭鋒勢必至同類相殘貽譏陌路

一戒無恒有恒爲作聖之基小藝無恒尚不能成況學問一途原無盡境在院諸生非有急務不宜數數回家凡言動課程俱有定規毋得作輟無常朝更夕改

一戒穿窬之心詩家有三偷之說作文何獨不然若不出自心裁徒欲拾殘

唾以博奬貲卷多雷同尚不足責從此利心日熾蹠舜殊途甚且出入公門把持包攬踰閑蕩檢隳行敗名反在穿窬下矣以諸生之清雖不爲濁流所染而外人傳播槪謂之院規不謹後遇此輩諸生必鳴鼓而攻

一戒俠邪之遊博奕之習諸生欲建掀天揭地的事功須礪精金美玉的人品如有肺腸一穢荆棘叢生至以粉

白黛緑擾清夜之魂簧舌筆刀張白
日之械者卽行斥出以杜敗羣
以上戒條皆吾儒切己之學諸生
束身名教上達自期諒不視爲腐
談至若反道敗德桀驁冥頑及一
切爲吾儒所不齒者茲不屑贅

隱水記 長歌附

乙亥孝廉方正丙子舉人朱矣燮海城知縣

向聞隱水之勝未得問津咸豐元年春

將訪友於富川行涌衢過茅洲晈有港
南流夾岸垂楊卧虹橫跨上游不及半
里巉巖壁立港從何至爲溯源抵山麓
得一洞有若門焉石齒谽谺水從中出
落紅瓣瓣浮於水面自謂非武陵漁人
此內乃一桃花源耶詢諸田父知爲隱
水出處遂乘輿問途由西壠上石梯歷
千百級越山之巔曲折循樵徑而下中
忽開朗平曠別成村落田疇鱗次耕稼

及時蒼松翠竹間炊煙颺緑參差舍宇
男女皆儉樸無華雞犬桑麻自是雍熙
景象於時斜陽挂樹牛背笛聲先後來
歸居人袁氏者止宿其家月下把酒清
談令人有瀟灑出塵之想高卧神清蕭
然無夢晨起紅日銜山四面碧嶂丹崖
輕嵐淡靄曉色晴光皆堪入畫惜不攜
醉呆子同來飯後散步前村過板橋緣
溪觀遊魚逐落花唼喋爲戲俄而峰影

壓波青螺倒浸舉頭崇岡嶒峯峭壁巍
然山脚石洞如鑿開龍門東西兩溪合
流奔注其中洞高二丈廣倍之傍水有
小洲燃炬蜿蜒而進可行里許仰視鍾
乳倒垂類多奇狀再進則旁竅幽邃水
聲潺潺不敢深入村人謂水穿山腹中
六七里始出茅洲之北余笑曰斯遊也
幸有石梯得造仙境不然則終不許外
人問津矣乃爲長歌而去

歌曰通羊四境羣峰羅茅洲之北山嵯峩中有石洞穿山腹流出落花浮緑波此內定有避秦者相尋無奈高山何伊誰探奇爲鑿險五丁開路通巖阿從此內外相來往石梯萬仞扶雲過翠屏山人好選勝緣崖越壑捫藤蘿登臨絕頂忽下顧武陵勝境傳不訛幾處平林綠煙起一村斜日紅樹多步所未歷目先到無限好景難描摹谷口風飄牧童笛

山頭雲過樵子歌是夜宿投茅店月主人勸飲歡婆娑爲說居此數十代從古未嘗聞干戈種田自食足生計讀書不求取巍科春風吹發門前柳夏日暄開池邊荷黃菊未殘梅已放四時自序陰陽和不知世上有榮辱但喜此中無轗軻我聞已自滌塵慮高枕無夢遊南柯明朝相引縱登眺牛郎山下燕支坡指點周圍不計里山環四面如圍籬兩源流水何處去去處但見峰昂俄自昔神龍化巨石張牙開口吞雙河我來洞門一傾聽水聲潄玉鳴佩珂莫怪古來號隱水隱水中多安樂窩如此山川世有幾除卻桃源應無佗

賓興會譜原叙 縣城

乙亥孝廉方正丙子舉人 朱矣燮 海城知縣

周禮大司徒以鄉三物教萬民而賓興之賓興者德行藝三事告成鄉大夫以賓禮而興起之擅一長者皆得以進鄉之所以無遺才也賓興之典古矣而會則莫盛於今間嘗走通都過大邑入京師得與賢士大夫遊莫不謂其鄉有賓興會焉以爲歲科鄉會場費之助是以

登賢書成進士者接踵而興皆其鄉與有力也通山向無會大比之期寒畯難於資斧入闈者寥寥近數年來六里於其鄉各成一會蔚然有興起之意我縣城咸豐元年

孔聖誕期同人衣冠入廟謁

聖而退咸聚敬業堂爲賓興會籌僉曰吾爰各解囊註名於簿由是踵東西兩城暨附城諸戶量力勸捐不三日而會成特以縣城之會與各里異各里世居其鄉遷徙者少縣城則五方雜處百年聚族之家十無一二自城而徙於鄉者有之自鄉而入於城者有之即遠方商賈數十年後入籍於此者又有之使今日之會不立良方以垂諸久世遠年湮彼此遷移恐捐貲之戶以他徙而子孫或莫享其成與貲之家以後來而反食其利不兩失乎爰及同人將會內樂輸姓

名註造清册刋而爲譜俾各領一部後人應試者執譜領費以便查核庶無遺漏之虞侵冒之弊不但已也與是會者家藏是譜其必觸目警心日以德行藝教其子弟使之發名成業爲鄉

國光行見家絃戶誦人文蔚起則無負賓興之意也夫譜成同事鄉先生囑燮爲之叙

一里賓興會老碑文 歲貢 王家幹

賓興之有會體
聖主作人之意舒文人抑鬱之情贒才奮而
風俗厚胥於是乎卜之通邑科名不如
昔者得非作養之無資與道光壬午年年
遷建　文廟謂此會宜亟興屢約同志
皆首肯乃廟功未竣而各里首士星馳
雲散矣惟我一里特再捐囊繕完門墻
外計緡錢數拾串分領生息爲
文昌會虔事香燈補苴罅漏遇大小試稍稍

助費每年用錢貳叁拾串不等士林稱
善始議加捐成賓興會第土瘠人慳勸
諭之非易易也我同人權不屬望不尊
惟心迹之清見諒親友雖矢公矢慎任
勞任怨不避酷熱嚴冬然舌耕有責應
試有期散易而聚難又遇乙未年大旱
幾幾廢墜故閱六稔而始克就緒以爲
各里之倡彼大邑會成輒累千萬我通
微矣一里尤微矣區區數百金可不謂

微乎顧藉是以興賢育才黜邪崇正俾
上達者聯翩敦行者接武則此會之爲
功大而流澤長也置田勒石爲垂久計
綜理分給刊式左方其應捐不捐者列
諸會外亦迫衆議非故於小試中更劃
畛域也後之君子永維持之所深望焉
若英賢慷慨捐金而光大之則姑俟諸
異日

一里賓興會譜叙

縣訓導林維藩均州舉人

丁卯春余司鐸通邑甫下帳閱生童課
藝覺應課名數一里獨多文風亦較勝
詢厥由來是邑向無賓興道光初年一
里諸先耆做周禮大司徒賓興賢能之
意因派修　文廟羨資再行勸捐置買
田産刱爲賓興遇大小試各有佽助先
各里而成會越乙巳歲按里派修考棚
繼起諸紳復理羨貲另買田産又成一

會會分新老而總爲一里作養人才之資所以比年來入黌宫食廩餼列明經登賢書隸仕版者不乏人士習民風蒸蒸日上雖通都大邑不是過戊辰秋綜新老會纂修譜誌於舊會未捐者補之已捐應加者加之厥功未竣歲庚午更立會首而續完之諸君子質叙於余閱其譜紀捐名載莊屋誌田畝列條規法制詳且備矣尤願諸君子卽是會而擴

充之凡所以作養人才者更大其規模融其畛域除供給一里歲科鄉會試幫款外撥其滋長餘貲會同各里合增書院膏火厚培士氣以副
聖天子興賢育才之意將見受會賜者爭自奮興雖一邑科甲詞林名臣碩輔胥可於是會卜之爰樂爲之叙

賓興誌序　六里　舉人程　雄

賓興先王造士之重典也鄉里創爲會則所以助造士也其有誌則欲維於不敝也奚以明其然也周禮地官司徒以鄉三物教萬民而賓興之家塾黨庠術序國學正歲則考其成大比則貢其士其造之者至矣我
朝遠法唐虞三代近參漢唐宋明定爲歲試科試鄉試會試殿試法較詳備而凡
天下鄉望又有見於寒士每以乏貲而阻上進之志遂勸富者輸財賢能者董

事而賓興會於是乎起焉雖其制有大小施有多少量有廣狹其所以助造士者一也雖然吾見各州府縣之賓興矣寄貲於典商典壞而貲泯焉寄貲於富戶戶貧而貲泯焉至如公貯公放而事久弊生弊久弊生因循者有之惰窳者有之始未嘗不整肅而後遂瓜裂銷亡矣則無以維之之故也我里賓興會起於道光戊申因　邑侯張公藹人提修

考棚得羨金都人士復沿鄉勸捐寘田宅成會由戊申至今文武試縣府院者試鄉闈禮部兵部者悉有佽助今冬刻誌屬雄序雄竊披而讀焉誌各戸捐輸不忘本也誌各田畝數防滲漉也誌各款章程昭定式也誌經費出入示無私也歲則釐其數餘則存於公蓋又欲以無窮而應無窮也美哉始基之矣抑雄別有囑焉夫委巷細民擁高貲輙記籍

其所有以示子孫而又作爲戒辭然其子孫有守有不守也其家亦遂有隆而有替也孔子之言曰人存政舉人亡政息然則此會之立也創之者善矣其有賴於後人之維之也豈淺鮮哉是爲序

續修賓興誌序 六里增生 成燮理

賓興有會胡爲者鄉先達慨念夫自有明以至

國朝乙科甲第雖不乏人而掇巍科登顯要建殊勳者究屬寥寥而用以鼓勵人材扶掖寒畯也其立會之源委設法之周密嗚六程先生序之詳矣然先生之言曰創之者善而重有望於維之者蓋誠知創業難守成不易也原夫會之初起計修考棚之羨金與續補之捐金共得制錢三千七百緡有奇自道光丁未迄光緒丁丑置買田租六百餘石營舊舖搆新宅及倉房厨屋附宅左腋綽有餘

地而首人於是乎倦勤矣公舉新首成朝陽同舊紳首汪保元接理會事時光緒戊寅春也初會貲微薄故大比從厚而小考僅助卷貲及是歲而歲科之費增焉越歲而鄉試之費又增焉迄今戊子兩君子戮力同心十餘年間繼長增高租已逾千都人士嘖嘖稱善不置焉理嘗默計費用之繁熟窺積累之故則經紀有度也食用有節也勞頓有常也

不避怨而究未嘗招怨不狥情而又未嘗寡情也夫富室大家少年英鋭每當饑饉佃戸乞求巡行阡陌鮮不呼童僕効馳驅顧指氣使矣而兩君子以衰年筋力徒步數十里不令佃戸知盛暑之下奔波閲月一歲之中艱辛半載其不憚煩如是是前之創之者營而今之維之者亦善斯殆天將佑啟我里斯文之一大關局也今歲八月闔里紳耆集舘妥商擴充舊欵酌添新章續修會誌諸君子以會大任重不勝其勞囑各紳首舉賢能以代廼隨議隨寢想我里華宗望族自不乏人豈更無急公好義者乎倘後之君子亦能矢公矢慎克儉克勤他日土田陪敦規模式廓而所爲修書院延山長興鄉課作育人才培養風俗者將於此乎基也則前之創而待守與今之守而兼創厥功豈淺鮮哉故書之以勸能者

二里石門賓興譜序

安陸府訓導　阮燮煌　辛酉拔貢

賓興爲作養人材大典周禮自相保以至相賓其法遍於邦國都鄙而豈區區一隅已也然十室之邑必有忠信何地無材亦視作養何如耳我石門嚮無賓興近因闔邑有賓興之議分里捐貲上二里尚未畫一八堡各自成會石門一堡僅醵錢數百緡給公之外遂及我私其所以資助而作養之也有幾試思陳平須張負之齎淮陰賴漂母之飯自古英雄困頓借吹噓而扶摇直上者殆比比然烏得以一堡而少之況由此合之八堡合之二里并合之一邑他日庸可冀也顧吾有望於諸君子善立章程俾斯會孳息而長非惟嘉惠士林考試之得所藉手而一切教訓子弟之舉必合

沉潛高明胥砥礪於有成於是立義學
設社課酌量束脩膏火以圖激勵則弟
子之功駸駸日進鄉里之風蒸蒸日上
其所以豫爲作養者尤大而遠
國朝作養倣隆科歲兩試而外更有大比賓
興之典士之緝學能文高材異等者不
患進身無自石門山明水秀望氣者謂
當有偉人興至今列仕版者有人而登
賢書者尚罕意者爲無所作養乎然今

幸矣吾願亦償矣願與諸君共勉之且
錄其成會之由與期望之意以告後之
諸君子

五里龍會比堡賓興會序

副貢徐海瀾

自周官以鄉三物教萬民而賓興而三
年大比之典昉焉迨炎漢重選舉魏晉
尚中正而隋唐特立科目宋元明皆沿
而弗改我 朝鑒前代而損益之鄉會
三場歲科兩試優選拔萃以時舉行而
武科亦附焉士生斯世罔不爭自濯磨
以求觀 國之光矣顧窮鄉僻壤狃于

弇陋蹈故習常既無以恢其見聞擴其
志氣而瓶罄囊空貧斧無賴即有倜儻
非常之材亦皆阨塞消磨艱於上進學
校衰而人材絀職此之由同社諸君子
思有以振起之因仿古人社會之意醵
錢置產凡堡內應試者悉取給焉蓋爲
作養人材計者至深且遠而所以信今
傳後者端賴乎有以誌之也今夫士會
之興必以其時感於人之心而機應焉

而事乃旋效焉能會北堡之賓興會議舉者多歷年所而旋興旋廢迄無成效今一旦人心響應綱舉目張此固諸君育才樂善之意使然抑亦扶輿磅礴之靈鬱積而呵護者殆將於是乎發之吾意鄉人士當必磨礲砥礪矩先民勵實學以羽儀

王國不徒飾智驚愚浮華自喜藉科第以詫耀鄉鄰反爲鄉人樹之蠹斯內有以儲

德行道藝之精上有以副

朝廷賓興賢能之典豈特無媿父母之邦

而已哉是爲序

通山縣志　卷下　藝文　十二　興賢局

勸捐闔邑學田引　吏部主事汪宗翰

吾觀賓興會誌而慨然也我里有賓興社至今四十餘年一鄉之人不可謂不衆矣而登此誌者祇此數也當日豈無富而吝捐僥倖無名以爲快而反議豪於一擲之難乎爲繼者豈知培植學校造物輒報以書香其子孫多獲學田之助即不然而士林之得力學田者披其姓字猶將馨香祝之其視吝者之得失固何如耶且貧富亦各有數耳豪者不必至今遂貧吝者亦不必至今終富也就令豪者竟貧其貧要豈關一豪之故吝者終富其富亦豈關一吝之故豪而貧雖不豪亦貧也賴有此一豪而豪自足千古矣吝而富雖不吝亦富也徒多此一吝而吝貽笑千古矣學田作人者也禮讓之成風科名之增色人才之盛爲之也賊盜之日熾訟獄之繁興人才

之衰爲之也盛則地方顯受其福衰則地方陰受其禍而作養其子弟葢及他人之子弟又何憚不爲焉今與人遊廟院甃橋梁得殘碑斷碣摩而讀之偶見其祖先姓字輒詡然指示人曰此吾高曾也吾祖考也因歷數其高曾祖考之爲人謂生平好善樂施大抵如是而祖父之未列名者立其旁而索然矣故凡捐助義舉自本身出之惟恐其不少自

子孫觀之惟恐其不多人情類然學田則尤非廟院橋梁比也我邑學田籌費歷有年矣乃前以寓捐於糧得緡錢萬餘而事未集不得已爲寄存各里計闔縣派捐共租八百石各里分派不一而我里二百石賴眾之力一呼而集者三千緡今已購田數百畝矣歲歸常額於城而以羨餘彌補用度值本里賓興志成附刊此款於後嘉善也夫善人夥矣

而首事肫肫勸捐如不得已抑何屑屑不憚煩耶葢富者助人以財貧者助人以言首事亦自盡其力所能及耳而豪者喜其急公吝者或憎其多事首事其奚計焉雖然急公情之同也彼各里庸詎知不更勇於我里之好義乎是則翰之所厚望也已

東四里補捐學田誌 歲貢陳繼逵

文正范公義田之設爲一族也我邑之

有學田爲一邑也爲一族者貲出一人所以親親也爲一邑者不使入泮者苦於印卷無非激於義也蓋入泮之費有所謂堂規者有所謂書價者有所謂贄見者有給書門雜報不一而足者幾於應接不暇矣而印卷之費用代束脩禮在則然乃或漸至數十金或多至百餘金近時鄰邑有因印卷致誤者蓋無定例雖富者亦不堪矣都人士心焉憫之

聚邑中紳首創捐學田寓費於糧併地釐諸項共得錢萬餘緡以任事者有代謝僅置田租六百餘石前　邑侯林公詳請定例兩學官每歲共收租錢七百二十緡以作科歲文武之印卷每府學一名錢五十緡外有閏月川資及局首各費出多入寡屢形支絀經理者苦之欲取足於新生而前例已定欲變產以給目前則會廢恐愈生事端不得已乃以膏火一項彌縫其缺然膏火不足無以延山長即無以育人材有志之士遂議補捐學田奉　邑侯劉公諭闔邑復捐租八百石我東四里派租七十石較之各里富戶最尠似難聚事不意富者尠而好義有志者眾十一堡慷慨樂從蕆事較速今會成已三年矣由此觀之人苟有志於義所當爲者皆能爲奚論貧富也考亭云志之所至氣必至焉故

以立功名則無不可成之事業以修道德則無不可希之聖賢區區學田云爾哉後之覽者知此會以有志而成不徒無墜前人之志而更有以光大之則幸甚

多寶寺募化重修觀音堂引　文生樂權鐸

多寶縣治西關外之古刹前人之記備矣惟禪堂之中有觀音樓者未知何年大士現身於此與眾生說法今而日鑠風摧勢就傾圮住持僧知我釋名而儒行者也性穎異能刻苦居恒樂與吾徒遊蓋解悟而近於道者也多寶之賴其撐持者數十年光緒甲申知我年已六十有三其造道諒入深際矣乃出藏金數百餘於樓之後相地闢基鳩工庀材四閱月功將半而知我竟化去其徒拂塵者慮功不得竣將期爲男信女君子

仁人各願解囊共完是役思以布告遠近屬余爲之引以弁其首嗚乎余固竊比於韓傳之流者也聞其言而笑曰佛法無邊矣而大士又能以慈航渡衆生者也胡自顧不暇使區區一樓而敗壞若此將毋其神之不靈歟抑亦靈氣所存不必其專在是歟是皆未可知也顧或者有疑焉彼世有智巧相誇勢力相軋者當其時焜燿炫赫炙手絕倫固一世之雄也而今安在哉況乎滄海桑田指不勝屈見有朱門華屋者矣不轉瞬而已爲墟也見有廣田潤地者矣不轉瞬而又爲墟也麥秀黍油荒煙蔓草盈無復破瓦頹垣之僅存者而茲樓歷數十百年猶留其舊知我竟能遷地而新構焉其徒復克繼志而踵成焉亦或者大士之靈維持於其間耶不然奚克爾也於斯時也初秋月朗萬籟無聲執筆

沉思奄奄欲睡倏忽之下夢遊西方天竺依稀至雷音寺外聽如來講三藏眞經余不覺撫掌粲然呵呵大笑如來聞聲晚視嘆曰何來儒服幸爾禪門徐命一小頭陀導余入內問故余舉司馬溫公之言以對爾時如來未及復問但見大士行近蓮臺禮佛三匝以因緣功德之說進叩如來如來顧謂余曰解否余即應聲對曰妄想爲因顛倒起緣如是妄想如是顛倒畢竟是甚麽因緣神人無功上德不德無功之功不德之德畢竟作何功德如來曰汝便怎麽說余乃下一轉語曰自在因緣自在功德如來曰向世人又便是怎麽說余又下一轉語曰因緣自在功德自在如來聞言大喜便與余爲大衆說法於是步虛登臺爲大衆說因緣功德法曰三千大千世界一切衆生聽余說法余見三千大千

世界一切眾生無有老幼若有成貪吝
心墮斷滅相運無無法想非非天於是
念煩惱念不念煩惱種種濁垢隨起余
今説法惟願三千大千世界一切眾生
善男信女無有老幼具善知識發阿耨
多羅三藐三菩提心自作因緣不圖果
報卽是功德是大功德是無上無量功
德隨分布施十行圓滿到得那時心會
眞如盃皆了了隨卽口占一偈云天地

之生意形形與色色惟有佛地人無生
亦無滅參透箇中元我向世人說世人
多貪心貪得何曾得世人多吝心吝後
翻成嗇袪却貪吝時迷途應了澈布粟
起因緣施金作功德滴滴總歸源千里
共明月說畢下臺見如來拈花微笑嫛
時聞天雨繽紛曼陀羅華曼殊沙華摩
阿而散佛土爾時眾比邱尼眾比邱尼
尊者四大金剛五百羅漢三千揭諦

俱合掌齊聲念南無阿彌陀佛大士忽
朗誦云因緣無事苦追尋功德全憑向
道心寄語三千諸世界一人方寸一觀
音誦竟挽手降階余忽驚醒腳踏實地
向前所見一歸空洞叱嘆者久之因備
述其事以爲因緣功德之一助若有人
向余討箇的却但答云渠原不是佛門
種子旣見了本相便再不四顧一步步
已往那廂去也

王明府弭唐江勇患紀畧

孝感舉人　沈用增

州縣親民之官也州縣得其人則利可
興害可除天下之治在是已徧考史傳
之稱能吏者代祗十數人多亦不過數
十人何也天下不乏以德撫民與抱利
器可試盤根錯節者而朝廷拘於資格
大吏恣其孚奪有才而無權甚或置之
閒散積十餘年不得一試縶黃鵠於樊

籠困民驥於皂櫪欲其摩九霄而馳千里也豈可得哉此余聞唐江勇患事特書之以爲封疆吏勸也唐江者南安府屬一大市鎮也去南康縣治三十里商賈雲集咸豐時粤逆擾江右而爲賊踞未幾邑令團練鄉勇至賊遁去邑人郭得勝者由軍功洊保花翎叅將糾黨千人逐室主收其租歲得錢七八千緡室主上控太守委二員與縣令在夜宿旅

邸得勝遣其黨持炬投之火起三人倉皇遁報至府太守率勇數百人馳至甫入市見得勝黨擔刼市人財物狀命親兵禽之枝未下得勝手持大刀率黨羽奪之去太守恐激變姑容之詰之曰爾踞唐江欲何爲對曰市人棄斯鎮以與賊我輩拚死命奪得之房室租宜酬我輩力太守不得已命醵錢三千緡作贖費錢已給得勝猶不去室主復上控觀

察率兵至詰得勝翻悔狀則以錢少對觀察命各室主增緡如前數兵發後富戸多逃亡贖欵不能集得勝猖獗狀如昔是時浙江初平江陵克在旦夕大中丞沈公葆楨慮潰逆四竄得勝等勾引成巨患密籌司道曰唐江腹内之害也不早除恐噬臍吾欲得一才智吏計禽之誰可者衆莫應中丞曰上饒王令可任乎顧方以疾告可奈何司道曰王令

性勤敏急公事以檄召渠必捧檄隨來矣中丞果以羽書調王君赴南康諸寅好多泥其行幕友中竟有辭不赴館者甲子元旦王君舟抵章門次日謁中丞中丞曰吾盼君久矣南康事如箭在弦即日啟程履新任可也王君有難色中丞曰天下無不可爲之事視人之盡心與否耳吾思此事頗棘手故與司道再三商請借大才爲了之君相機而行吾

不遜制也二月初旬王君赴任過唐江以刺召得勝等四人則藍頂花翎至氣驕甚君導以大義則以賞不酬勞對君沈思艮久曰人言紛紛今始悉曲在各室主非若無信也道憲斷欵吾當爲若追取之時江浙餘賊竄廣信江右洶洶得勝益無忌宣言將纖各室主焚市宅以與粤逆合君聞之因籍邑丁壯分爲十五營而以鄉紳督率之名爲禦粤逆實防得勝也旋詣贛面禀巡道乞二札一限追斷欵一限城守營驅游勇觀察曰此何等事豈一徼弁所任耶君曰明公若如所請一月内游勇不散某當受其咎觀察許諾君回署傳各室主至而呵之曰唐江非郭得勝等拚死命不得有今日斷欵稽不與殊負心況一鉅鎮數千緡不可集腋以成乎限十日不全繳定以違斷治爾罪得勝等聞則益喜

居期錢纍集君令城守與局紳往邀得勝等領斷欵果許翼日至是夜君以札飭潭口司督團練防游勇又念得勝等輩皆彪健署内丁役非其敵密遴幹捕卒其徒四十人黄夜至署内受指揮至即閉之空室中次日得勝等果偕局紳來君欵飲之酒半酣君啟戶出諸役援以短兵即席中禽之坐堂皇數其罪將置之法局紳跪求乃命囚之獄守以衆役戒之曰聞若黨不靖即殺之得勝呼求局紳曰請即往唐江諭吾輩謹受縣憲約勿妄動速我死君縛四人畢即乘騎率役搗其巢比至唐江漏下二鼓矣其黨聞礮聲皆遠遁無敢潛匿者報至贛觀察方宴客以手拍案曰知人洵不易哉方王令赴任來謁時吾怪中丞公素號知人如此大事命一本色書生往其何以濟今不動聲色而事就理安靜

之吏誠未可以淺易窺也

沈用增曰王君領鄉薦實出甯鄉賀月槎先生之門先生楚南名宿也秉鐸十餘年以古誼教生徒而王君獨以才智著河汾弟子多爲唐名臣大儒之教澤信非一轍哉然王君雖才智非得中丞之特識而委以事權則南康距省千餘里得失之機爭於呼吸有才何由施有智何能用耶千鏌雖銛不持其柄不能

以一割是則勇患之弭固屬王君力而中丞知人之明與人之壹尤爲不可及也已王君名明璠字璞夫湖北人

余與王君素無半閫識乙丑禮闈有南安孝廉盛譽王君弭患事已心識之後晤雩都令顏香陔明府談及且屬爲記未果也會黃梅友人宛茂才立錦授徒南康因屬核其詳茂才訪之邑紳縷叙二千餘言因撮其大畧紀之如右

通山縣百韻　朱美燮

立縣從炎漢偏陲屬武昌昔原名下雉旋且號通羊淵嶽鍾靈久乾坤賦物艮天星分翼斗（縣志通山分野在翼末斗初）地勢控荆揚（縣志通山在禹貢荆揚二州之間）疊巘如城郭重巒作保障尖攢三界（山名）迴峰簇九宮（山名）强石壁（山名）途何險雲關（山名）徑就荒黃鷹（山名）疑側搶白鶴（山名）儼迴翔犀港（水名）環郊外

獅巖（山名）矗道旁春濃千嶂碧秋老萬山蒼到眼皆形勝關心即紀綱試披循吏傳迭見濟時方城列東西市街分上下坊鳴琴思蔣（之奇）戴（讓）司鐸慕陳（銓）汪（若水）寫樂桃堪種圖豳蓼共嘗六都安井牧（縣分六都）百里固金湯淸白（堂名）餘公廨常平（倉名）創義倉勸農（亭名）循畎畝造士（館名）就膠庠館爲寅賓（館名）設軒因愼獨（軒名）張崇門開聖域（門名）高閣仰奎光（閣名）祠表三

閭（祠名）節宮稱
萬壽（宮名）觴偶過多寶寺（寺名）閒上愛山堂（堂名）嶺
岫供憑眺川原儘入望塔淩盤鶻起橋
跨落虹長霧縠籠羅阜（山名）雲帆挂石航
（山名）桃泉（泉名）鳴晚徑李渡（渡名）泛斜陽鳥送
芳林（地名）韻花飄獺谷（谷名）香洞中仙蝠集
（大泉有仙蝠洞）潭底石牛（潭名）藏㶉鶒（堰名）浮桐港
（水名）鸕鷀（峯名）入藕塘（地名）人民同樂利里黨
以安康熙洽
皇風溥漸摩
帝力忘隨時爲樹藝到處有村莊遶舍田園
好圍廬卉木芳紅泥農布縠紫陌女求
桑茶采鳥丁嫩蔬搴翠甲鄰穫餘原上
麥分徧壠頭秧地僻饒藷芋年豐足稻
粱樵歌（八景）山四面漁照（八景）水中央潤汲
筒車駛泉通竹筧涼沙灘牽雀舫巖壑
架鼉梁澤鮮哀鴻歎郊無碩鼠傷日寒
還日燠時雨復時暘賽社欣祈報迎神

簪禱禳燈遊喧鼓吹墓祭集冠裳絃誦
盈文里弓刀備武鄉前賢功烈顯碩彥
德音臧訓俗資模楷呈材効贊襄歷朝
崇駿望幾輩列鵷行慶溢登瀛路歡生
選佛場紫微依畫省青瑣倚金閶（舒宏緒）
風憲推巡按（陳宗夔）儒宗仰侍郎（朱廷立）蟬
聯人崛起鴻漸士騰驤竹馬爭迎逕花
驄每頡頏（仕二千石者不一而足）三遷頻荷寵五
瑞疊呈祥（朱之屛守溫州事）出谷宏謨展歸田
素願償攀轅留袞繡祖道餞壺漿錢選
風雙袖琴彈月半牀餘芬流竹帛偉績
載旂常屢發英豪跡還韜隱逸光優游
拋利鎖灑脫謝名韁獨凜冰淵鑒偏嚴
屋漏防操心堅鐵石礪品重圭璋往蹟
搜俱徧奇觀覽更詳雨花（樓名）飛古刹瀑
布（噴雪岩一名瀑布）挂崇岡寶石（地名）看斑駁壺
天（亭名）望渺茫墓尋唐後主（在翠屏山）殿訪晉
安王（在九宮山）千載遺仙蛻三峰現道裝（宋張

道清一號三峯羽化於九宮山肉身坐受香火歷朝勅封祈禱必應飛龍
寺名能濟旱伏虎岩名爲除殃丹訣陶姚祕
陶姚洞爲陶姚二仙煉丹處詩名趙宋彰趙孟頫宋濂有九宮
山詩乖崖堂寂寞張詠讀書堂平子宅徬徨張衡
隱處在大城山石宛堆書卷堆書崖崖憑試劍錯
試劍不醉雲亭名雙屐雨釣月臺名一竿霜小
會隨蝴蝶會名高騫羨鳳凰山名埽塵炊范
甑得句入奚囊蠨戶園窺董蝸居壁鑿
匡籬疏編麃眼徑爪轉犖腸寄食羞馮

煖行歌憶楚狂敢云今角綺徙慕古膺
滂世亂心悲憫時危氣激昂集團連梓
里弭患靖蕭牆戰陣曾師蟻烽煙忽警
狼檄傳聲已振旗舉義先倡驛使庚郵
速鼉更亥市忙耰鋤皆棨戟耒耜盡欃
槍壤錯牙撐犬車攻臂拒螳與民安衽
席爲
國守封疆戶戶環烏桕村村鎖綠楊羣居
多聚族遶道少行商架滿瓜壺碧煙稠

橘柚黃家儲稀組繡市價賤琳琅膏雨
滋郇黍仁風被召棠勸酬名士酒婚嫁
女兒箱行自難踰矩言無尚鼓簧安同
魚在藻勞異鼠搬薑素履咸相習丹忱
各自將儉勤眞事業忠孝大擔當共把
彝倫敘誰能秉性戕俗堪超魏晉人欲
比羲皇婦孺都歸化閭閻具有慶輶軒
來下邑獻頌達
巖廊

輓邑侯陳公　朱美燮
公諱景雍原諱凝遠字熙堂號希唐
商邱人己酉科選拔舉人壬子進士
癸丑署篆通山甲寅殉節年三十五
歲臨難作絕命詞云少矜氣節世篤
忠貞一官羈絆十月艱辛不怨上官
恐責下民無慚師友有負君親楚兩
厓側佑六里人嗟夫公操行剛正廉
明口碑載道變無庸贅第患難之際

惟變相依最久而其忠憤無遺議之
心亦惟變相知最深黨莫表白使公
銜憾於九京變滋過矣爰瀝血以成
章爲招魂而一慟悉徵實事弗尚諛
詞若擒藻揚芬用光潛德是所望於
諸君子焉

太陽山頭日無色吳天半昏楚天黑苦
戰徒揮魯陽戈贊侯竟以死報國吁嗟
下車未經年頻聞鄰境多烽煙彈丸空

手賫策畫支撐數月能安全唇亡齒寒
難孤立飛馳羽書數告急不恕上官不
救援大都莫保況小邑戰無軍士守無
城難爲保障哀吾民一身忠憤刃可蹈
滿腔熱血鋒敢攖民豈忍視長上死奪
出神君劍戟裏親乞援兵奔省垣猶可
申討誅奸宄孰謂鄂城累卵危樊山已
失淦川圍螳螂當車道路梗誓欲翦滅
誰因依匍匐遠投南昌牧泣血哀於秦

庭哭羲旗西指出洪都逼夆刻日冀恢
復無何賊更江右竄江州屬邑紅巾半
三千鐵甲頓羈留待與境內拯近亂此
時公爲加憂煎此策不遂心徒然孤衷
激烈趄莫待偷生片晌如鍼氈徑赴艾
城募丁壯不掃妖氛意不愒躬提一旅
踰崇山暫然深入賊膽喪俘馘數十餘
奔逃居人歡聲如湧潮城中賊亦欲遠
遁聞風震讋驚中宵恨殺所在多非種

潛書告賊謂無恐我軍情事皆報知遂
使賊勢復蜂擁村前村後起塵氛漫山
哨聚來狐羣公自援枹先戰士叱咤一
聲馳風雲手刃么麽衣染血彼眾我寡
難殄滅勢窮莫突睢陽圍力竭猶忿常
山舌成仁此日謝君親未能殺賊能殺
身可憐遺語在襟帶猶是關心六里人
品望如公重山斗遭逢偏令遘陽九少
矜氣節言無慮世篤忠貞行不負有伯

有伯號夢漁與公未肯離須與烈士襟懷老益壯慷慨赴敵同捐軀有弟有弟宇心存前行已過隔溪村反身特殉父兄難從知忠孝生一門有戚有戚吳滇生寄食連年同艱辛被擒不屈頭可斷勤王義重性命輕有僕有僕衆與李顛沛相隨執鞭弭報主爭爲歸九京二豪侍側亦奇偉有士有士我友張爲公從事先公亡同袍素志雖未遂或得附公

齊流芳乞師豫章憶疇昔我亦嘗膽其于役漸離高歌江水寒申胥一慟山石裂身在軍中家賊中代爲憂慮心勞公使我歸去移妻子莫爲賊得須潛蹤其如毒口恣謠諑逃我家人毁我屋斬關夜走空山村間道不通書曷覆不恨家破身顛連恨公陷陣誰問天翻悔偶别未同死拔劍斫地海難填君不見青山樹黄荆霧新豐渡藕塘路舉目都是傷

心處一回惆悵一沾襟腸斷朝朝與暮暮林猿爲公清晝啼谷風爲公長夜悲亂石泉流語嗚咽斷嶺雲横容慘悽攜來清酌奠山陬報公一事紓公憂罪人定當計日得鵠城前陷今已收漫道身隕事無補節烈一朝名千古歌罷弗論我悲哀樵童牧豎淚如雨

邑侯徐公德政頌　舉人程　雄

皇帝臨御之十年春三月　邑侯徐公來令

吾通不數月政聲騰躍闔邑士民先後晉頌於庭不介而孚於是有獻公匾者牌者衣者傘者蓋從來令通者未之有也已而更謀獻壽帳囑雄爲文紀其實雄復於衆曰一善易知也衆善難知也小德易名也大德難名也維公布德於通譬彼天地化育無窮譬彼父母呼吸斯通攜持捧護殆未可以言語形容僉曰不然吾儕小人罔私恩顧自公之來

春風滿座正我無頗掖我不媠愛公祝
公胡爲不可雄乃昌言曰於戲皇天無
親惟德是親民罔常懷懷于有仁通山
大亂之後民不聊生挾私告訐紛紛聽
熒惟公以理正之通山積弊吏民胥緣
爲奸蠹膚吸髓罔恤恫瘝惟公以法繩
之通山舊俗動輒鳴冤薄物細故雀鼠
經年惟公以德化之夫孰有整躬率物
不留罅隙如公者乎夫孰有清心寡欲

暮夜必却如公者乎夫孰有興利除害
立開沈錮發奸摘伏洞見肺腑如公者
乎至於布衣蔬食則力懲奢侈也赦過
宥罪則務存廉耻也戴星出入則勤勞
備至也逐月課士則本末具舉也而且
事隨至隨決則吏胥延塌之弊除票署
飯食錢數則差役苛索之竇塞小事速
結而大事仍候參稽則邑無寃民因公
下鄉而輕騎減從自備資斧則民無騷

擾頌之曰愛如父母誠哉愛如父母也
頌之曰畏如神明誠哉畏如神明也頌
之曰清如止水明如懸鏡誠哉清如止
水明如懸鏡也風清乎雉水雨潤乎牟
山萬家之生佛長留六里之頹風立起
從有令者不可得而及矣且公嘗語雄
曰人言通邑難治自今觀之治者難耳
又言吾於居官惟恐得過又言人有喜
怒不可聽訟吾於斯時或執書流覽或

緩步階除務令心無罣礙乃出即此數
言而公平日之所養與臨時之用心均
可概見矣抑雄更有慮焉公之才大而
心細德充而氣和一官一邑固不足以
羈之方今
天子當陽公卿大臣求賢若渴其肯以公私
吾通不以濟天下耶然則自今以往膺
卓異之薦列顯要之途不在轉盼間耶
然則今日之愛公祝公不幾於爲歡者

無幾時而思公者無窮期耶衆曰唯遂
書以獻於公公官篆芝號士荃湖南舉
人

憶丁琨謳并序　　文生欒權鐸

光緒十一年乙酉丁刺史國楨屆宰吾
通甫下車察民情訪利弊凡政令之病
於民者悉斟酌而損益之至若宰剝煙
寮與夫私鑄盜賊皆一意痛懲禁絶而
於地方文教尤加意培植每月必課文

課必重獎優等以爲衆士勗遇鄉試則
招多士讌考掇科弁饋賮雖去任若沿
以爲例者闔邑賓與學田膏火等費爲
前任林侯元芨所倡議而未及辦理者
侯皆踵而成之數月閒士習民風爲之
丕變若草之從風而偃焉丙戌秋杪有
自鄂垣傳侯喬遷訊者邑八士倉皇嘆
息愀然相謂曰丁侯慈父母也今將解
篆吾儕倘漠不關心不早謀所以留之
愬然而聽其去昧於愛侯不幾昧於自
愛耶適府試同人咸集會城遂陳情於
郡伯時本府李太守有棻鑒留任之忱
纏綿懇切轉叩之上臺得請侯因接署
兩載嗣是求治益切知無不爲爲無不
力一時士頌於庭商忭於市農歌於野
洵近世罕覯之賢令尹也洎丁亥侯擢
鶴峰州去之日相率攀轅而祖道者肩
摩踵接蓋膏澤之及民者深而戴德者

愈不忍於侯之去也去後於縣治南門
外四里許舊刊去思碑處鐫憶丁琨三
字於喜韓巖思龔石之閒以誌不忘又
從而謳之曰

古通罕地蕞爾福星臨丁刺史籍河南
縣固始古遺愛循良侶政寬平訟獄理
梟獍消穿窬弭雅意培斯文凄心撫赤
子桃李栽滿城桑麻遍郊鄙召父育萬
家白衷周六里遶繼龔韓近匹徐史載

道騰歡聲貞珉誌樂只徊徘古道旁穆
然懷彼美地老與天荒茲石長不毀

哀江城　朱美燮

有客過山齋云自江城來江城百萬戶
戶戶生蒿萊喪亂不可述述之令人哀
前年破崇墉血流江水紅死者填溝壑
生者驅江東男女無孑遺所遺惟疲癃
今年復入郛兵遁民皆屠人命不如狗
棄擲堆城隅何分貴與賤腐肉供饑烏

城中多殺傷城外多流亡無數舊院落
化作新戰場蔓草穿枯骨頹垣埋斷檜
蒿目殊堪憐百里無炊煙禾熟誰爲穫
子落生原田自昔種豆處但見草芊緜
投宿零落村室中虛無人破竈鳴鼃黽
陰房走貍鼪隔窗鬼夜哭不寐天難明
行路發長歎到處傷摧殘乞食不可得
五日僅一餐客言猶未已我聞心已酸
辛苦勿復道淒淒風雨寒

紀亂乙卯正月二十一日

去年賊來人懵懵十家九家財帛空今
年賊來人戚戚萬家千家苦殺戮妻霧
漫天愁雲橫酸風刮地妖氛生頃刻紅
巾徧山谷槍聲呼聲雜哭聲板橋至縣
三十里廬舍成灰人化鬼可憐義勇三
百餘同時血染方塘水危莫能持顛難
扶土崩瓦解徒嗟吁老弱被殺壯被擄
父母哭子妻哭夫縣城僥倖賸房屋數

萬豺狼藉寄託一朝竄去煙火空居人
怕歸市冷落紛紛刼掠日復多催貢催
糧如穿梭西兵名色鄰邑語官軍不來
奈賊何

胡廉訪詠之率師次通山

狂氛頓覺靖爭山眉鎖掀開爲破顔百
里聞風狐鼠竄四郊安堵虎貔閑頻將
執法寬嚴論動與斯民利病關詢到芻
蕘勞下問危言那足濟時艱

讀來鳳志見縣尹王筱華頌三殉節
事愴然感舊作五律弔之 王公前宰通山多善政
孤城誰與守取義竟如公性命干戈併
心腸鐵石同通羊留愷澤來鳳祀昭忠
播首江干樹啼鵑咽晚風

贈醉呆子

劉伶已古釀王死祇今名噪醉呆子醉
呆不生千載前把杯大叫飲中八仙起
通羊彈丸未足容一甌安能寂寞久居
此獨攜紅友走天涯十年不曾反桑梓
探幽攬勝襟懷開胸蟠浩氣多奇詭時
借丹青一瀉之天地精英人物髓煙雲
蓊鬱生筆頭陰晴變態幻腕底蜀江秦
嶺洞庭湖尺幅能涵千萬里吁嗟醉呆
宜畫王母益地圖莫畫南宋殘山與賸
水亦或設想摹古人悲者含愁樂者喜
傳神阿堵宛如生對面招呼欲離紙呼

嗟醉呆宜畫雲臺諸功臣莫畫黎侯流
離及瑣尾醉呆開口笑迂拘君亦難言
畫中理與之所到機相隨揮毫那復有
心擬平生萬事任自然終日相親惟綠
螘欆鞋不履公卿門山人未慣官府禮
彭澤舟來汪狀元富川馬下薛刺史每
從醉中我忘吾何知形骸討汝爾近來
筆禿懸空囊噓龍吐鳳憑一指得錢便
與償酒家不管明朝廚無米

石門 國學生 夏曰忠

怪石天然合中繞一綫通問津漁父少
劈華巨靈同傲象牙關險驕獅爪露雄
杖藜斜照外峭壁挂樵翁

雨霖寺謁 岳武穆像 武穆率師征楊太行經雲臺山遇雨駐兵留宿後人遂祀其像

將軍誓踏賀蘭山酒飲黃龍若等閒大
勇有謀驚賊膽孤忠無計挽天顏獄成
三字葫蘆裡恨入千秋肺腑間此地偶

然留雪爪令人憑弔淚潸潸

初冬登九宮山謁　眞牧祖師

湖南　張岳齡

一徑入雲際重山別有天自扶藜杖叟來謁羽衣仙亂偃松蟠地雪飛巖落泉琳宮成信宿矣意可延年

庚寅大水紀事

儒士　樂文甫

道光十年夏五月淫雨滂沱無休歇迅雷烈風助其威鳴條破塊轉奮發粼粼

溪澗都滿盈畇畇原隰盡泛越岡陵山阜半崩頹日月星辰幾滅没須臾水勢愈猖狂波濤萬頃居端陽龍舟翻作救生舫角黍未熟人倉皇男女叫號冒雨走村落宛在水中央上流拔脫連抱樹衝倒長橋短橋留不住如龍如蛟力萬鈞室廬近之逢彼怒牆垣一壞棟樑浮父母妻子不相顧一場午夢入洪波生者無家死者多命之修短原有數天實

爲之謂之何一波未平一波起初九水泛無涯涘不問六鄉孰淺深浸過城樓尺有咫天災流行無已時前未傾者今復圮雖然進銳退亦速四郊多作窮途哭惜也膏腴成沙礫傷哉盈甯變孤獨屍骸飄没杳無踪縱剩禾苗亦不能成穀吁嗟乎通邑僻處萬山中邇來財盡民多窮何堪瞥見此災凶浩浩滔天來何驟受其害者更疲癃沐手敬焚香一

炷還將此水問蒼穹

龍燈竹枝詞

絲管聲清燭影搖金吾不禁樂春宵兒童屈指紛紛數笑說龍燈好幾條

其二

能屈能伸短復長每從春夜見光芒神龍本自火中出怪得生來是熱腸

其三

揚鬐鼓鬣出雲衢通首玲瓏映太虛莫

把龍燈爲近玩滿腔都是夜光珠

其四

一顆明珠淡復濃上蟠下際影重重毫光放出三千丈不待春雷起卧龍

其五

鳴鉦擊鼓夜迢迢頭角崢嶸未易描神物不須雲雨力運將三昧上清霄

城山賦并序　儒士　陳葆光

余宿昔有林泉之好頗不欲以塵累侵擾神明而又僻處一隅兼以學業未成家貧力薄凡宇内詭傑雄麗之觀往往星羅棊布散峙他邦羌難一寓於目殊悵悵焉光緒十九年余肄業於四里蓬壺山舘一名鶴溪書屋而開門挹勝則城山巀業巍然在望余以功課餘閒遂邀一二同志負糧而造焉興盡而歸既惋余未能築室巖阿極賞翫之快故聊卽目之所獲見參以

曩昔之耳聞者擴采粗畧而賦之以寄志焉其詞曰

僑鶴溪之書屋攬形勝於溟濛九宮廓其遼曠欲陞躋而靡從何城山之嵽嵲觸眉睫而橫空碧巘孤撐以巉絕翠蘿茂密以蒙茸峰嶺騰騫而錯出鬟髻杳靄而蓬鬆闢四門之扃鑰挺千仞以巃崇作通穿之巨鎮屹巑岏於蒼穹閒扶笻以登眺盪塊壘之頑胸審幅員之廣陿辨地勢之窪隆思卜居於靈窟尋邱壑之遺蹤爾其層巖蔽霄巨礧懸霤峭拔巍峩基址延袤聳壁壘以崚嶒成垣墉之結構綰造化之經營假神工以琢就岸巘蕚之嶙峋亘崗巒而堆皺蟠隱竇之蛟龍竄奔險之猱狖縈影氣於嵒嘌鬱陰霾於晴晝洵詭異兮叢興慶不可虖單究徒觀其橫踞巖疆崛起峻削劃巉嵯之域兆界永安與豐樂擅土壤

之肥腴實罕儔而衍博由是劚荒揃棘燔翳芟蕪樝玉黍於巖畔種香稻於新畬黃麰因風而森刺翠藕沐露而瑩珠粟當秋而粒密豆經冬而形臞數土產之物類有俗呼之曰藷而且山饒埜卉圓挺嘉蔬茁龍芽而葉嫩繁萊蔴而蘵笱何物不有何品不儲及其麴莖競秀苗蕊鮮新採擷異候耘鋤同辛恣僧農之饔啖充厨味以頤神爾乃其上高建琳宮緇流羣憩獲人壟其墻垣石工斵其階砌廊廡廻環簷牙迢遞極棟宇之鴻規信幽深而靜瘱其內塑張衡之遺像慕名賢之風績值漢室之寖微相河間而奮激睹姦猾之恣睢甘引躬而疏逖偍幽遁以散懷詠四愁而嗛感綰纓緌於朝堂思寄居於岑寂迄今覽邨畦之瞻禮毋廼重當年之所歷或謂流㓂僞託以假名嗟難得而辯晰他若深巖

嶔寶珍怪紛襛夔魈孕祟魑魖褭窕元蠭釀蜜於層岫白猿寢[illegible]於危峰鐵船之峭壁彌險石廩之積粟常豐炭深埋而難掘礦鍊冶而光融黑礫資燃薪之選丹鉛助評點之工夫豈僅老聃所栖息獨留石室之穹窿乎至於寒暑更節陰陽遞變曳萬丈之嵐光垂百壽之白練隨蒼昊以換形傍嵒崄而隱見當夫晴則諸巖挺秀萬籟肅清盤鵰摩岑而露影桑鳸登樹而喧鳴聳峗嶇之儀狀攢翠黛於青冥雨則雲壓層巒霧蒙崔崪雷師奮椎以欻竄魑魅傯崒而惴慄石間流轟谿源水溢逐鳩婦於峰頭吼幽虯於泉室殫墨妙與筆精羌覼縷而難述若乃羽族之翔翥毛羣之騰躍瓌材異類而叢生翠篠編町而穛錯萃寰宇之精英、輳茲山而寓託蔭軫宿之燿光燭巖隈而融爚產俶儻之賢豪多沉

淪而隕落、雖本山澤之秀靈實難臚列
而表褐至於扃鐍森巖崖隒峻嶸、建碉
砦野老世傳有賊目昝竊稱王者其從八人蹂躪旁邑鄉人團集丁勇立砦此山以自防衛然求其說之由來已不可考矣以設防、堪禦強
而助弱阻遺竄之流氛懲苗民之獷惡
縱事蹟未紀於圖經名宿罕譚於輔齵
然亦吾邑之神臯隩區斯可以染翰而
鋪陳其大畧也蒙塵根多滯枕幻卧遊
闍匿廬之眞面長荏苒以悠悠幸崔巍
之在矚堪躡屐以尋幽領巖泉之逸趣
滌穢垢於毧毫竊希壽於文字祖瞻麗
於楚騷嚼聖賢之糟粕實尠功而徒勞
願努力而磨礪且乞靈於方嶽之崇高
夫以山之爲器也興雲降澤潤物敷榮
雖一塊之頑磊郤利濟之功閟藏蝮虺
之蠚毒蔚楩梓之華菁參天地之化育
亶浩蕩而難名韞堅貞之體質經萬載
而靡傾盼羣黎之景仰宜就麓而孿精

借茲山以攻錯誰謂其不可以勖吾學
問之大成

徐烈女歌有序

廩生 方中矩

烈女徐姓字鳳英居邑二里湄溪之
源軼其父母名許字同里郭姓郭以
家難猝貧辭婚聽女別字父子知女
性烈矚訂馬氏而擬緩勸改志積二
年餘言無敢發親迎期廹隔宿女猶
未知其身之已改適也父母窘急乃
使僞爲泛論當世人事也者示意戶
外而盛稱馬以動其心女寂若無聞
踰時往視則繯繫梁而女死矣父母
悔恨無及柩停數月常有異香繞帷
不散蓭源頭之主名高槻騎脊爲穴
迄今積四百年崇封屹然樵蘇無敢
犯其壟者矩受業其族鳴珂先生之
門隨先生得一展拜先生指示原委
命之歌

女貞木古冬不摧梧桐枝上烏悲啼下有高墳誰氏墓長眠千載夕陽西貞魂畢竟難磨滅耆老殷勤爲余說徐家有女字鳳英質賦芝蘭心鑄鐵十一十二織綺羅十三十四嫺詩禮乘龍快壻擇李膺嫁鳳艮緣待蕭史郭郎家世正相當釆幣庭生琥珀光百年伉儷諧秦晋兩家門第配金張珍重盈盈十五餘不教辜負掌中珠准隨君子賡偕老從此

羅敷已有夫滄海桑田人事變富兒一旦歸貧賤鴆媒驀地訂三郎不許春光洩柳線門外何人密語過明宵烏鵲駕銀河一聞此語心如裂九死從教志靡佗腰間解下氷紋練從容竟向高梁繫痛恨鴛飛影未雙須臾噩夢花辭樹哭斷慈親百折腸傷心檢點女兒箱九疊錦裙稱身著十旬劉表尚屍香鬱鬱長埋土一邱湄溪西去小峰頭螢飛野壙

秋風冷苦閟泉宮夜氣幽誰向當年鑄錯來生教珠玉委蒿萊碧海難填精衛恨空林愁聽杜鵑哀此事茫茫數百年當年舊迹盡成煙碣石銷磨人代謝流風空賸口碑傳一種心情百練絲歷盡緇緅不能湼媧皇摶土億萬千何靳斯人示圭臬正氣依然在兩間丹心千古照塵寰寄言人世小嬌羞不須重上望夫山

愛梅閣詩集

節孝婦夏朱氏所著其人尚存仝採遵　例然以巾幗而矜名節虓書史工吟咏亦閨範之崛特者也今年踰六十邑中聘爲女弟子師故於其集中之有關質性綱常者附登十餘藝

題張氏孝女　　朱靜霄

孝女名桂元二里貢生張觀達之

女四里江西南康府知府陳公源翰次媳藍領五品銜候選府經歷澤潤之妻今文生懋瑚之母年十四母故父病亟割臂醫愈爲拈句以紀之

從戎未爲奇上書何足異但能發眞性
古今惟易地張氏有奇媛前人是堪媲
早年失慈親依爺歲復歲爺忽染奇痾
醫治罔調劑形神日就衰性命日待斃
待疾非無兒不及女醇至女性固柔和
女年才十四背人坐深閨救爺思艮計
思到鴛鴦剪雙口覺鋒利心頭知有爺
身上已忘臂揮霍入臂中脫肉如脫贅
以肉和藥湯進之爺不意至誠果感神
一時病若棄時維乙丑秋我得悉其事
無以爲揄揚搦筆聊畧記記待采風者
采之培正氣

讀書有感

士先養氣質文學其次之世人重科目
性理多未思不管心邪正只顧炫文辭
文高氣亦高俯視輕鴻毛胸中雞犬放
筆下風雷號孔顏大聖賢道德傳萬世
盜跖與桓魋未必不識字人禽判幾希
天淵何迥異大抵才如風心術若蕕薰
吹噓同一體香臭此中分香者吹逾香
臭者吹更臭任重惟人師啟蒙愼講究

阮烈女盡節行有序

烈女興國鄉紳阮翁治進女余從弟璞菴子少璞妻也光緒甲申臘秋將于歸前少璞死女即欲奔喪父母憐其年妙女恐奪志於乙酉元旦自盡余因紀其實以俟采風云

乙酉元旦春正新一德維新乃有人蕙
質蘭心金石性成仁取義捐其身女生
興國黃沙里幼字通邑朱氏子惟時擇

吉將于歸白玉樓成郎忽死訃報女聞
心膽枯頓欲終守來奔朱堂前父母憐
年妙欲許不許意踟蹰女慶人重節與
志節志不立徒生世丹心一寸血一腔
作何了結思艮計舉頭案上見長絲續
命斷命俱能之恐將命託長絲下女經死乃
青絲縄萬苦千辛安足辭更有精神無處
現身死猶卓向西面女氣盡面猶卓然西向因夫家在西
故也日月照臨光許爭溪山相對色應變

六親莫漫痛生殘生不殘時德不完泉
路樂從夫子去任憑褒奬在人間

瓦松

頭地生人上微根託自牢憑他風百捲
總不作波濤

酒

猶未啓甕頭馨香覺薰藉若非醞釀功
那能氣質化

帚

一從下青山驅埽生平事每到落花前
幾惹別離意

炭

爲惜苦寒容竭力扶春回漫言膚漸燼
貞心自不灰

菊花

淩霜冒雨燦枝頭占住園林一段秋清
健知他緣甚訣只因從未惹春愁

瓶菊

淨水瓶中白間黄風回簾隙逗幽香不
因守口工程到那得無言亦自芳

悼夫

泣訴靈前骨已寒此心堪剖與夫看從
今謝卻肥膿味忍嚼黄連沁肺肝

歸新宅詠

布置粗相稱身心已甚安歲時閑裡度
風月靜中觀劉室何嫌陋庾園不在寬
剩來方寸地打點種芝蘭

弱鳥

失侶離羣後形孤翅亦單茫茫下晚照
啞啞唬霜寒返哺力難到棲枝心不安
愁入驚看汝偏是繞檐端

鏡

架上菱花照眼頻伊誰憐汝淨無塵孤
鳴海鳥驚殘夢獨舞山雞悵此身低映
合依冰著色高懸只許月添神小奩何
事勤拔拂自有長明不老春

燈

燃得蘭膏照雨寒孤山寂守漏漫漫堂
前伴月心無限案上攤書興不闌難把
雙花催結果欲將寸草煉成丹入情漫
道光微小一段精神向晚看

春日有感

終朝寂寞守閑庭燕語鶯啼幾度經血
淚已隨春草碧夢魂常繞暮山青蕙風
入牖扶愁坐梅雨侵堦卧病聽天命安

排眞莫挽惟覩孤鶴唳長亭

夏日即景

草草亭臺亦敞宏荷汀逼近有香凝高
松郤暑兩三樹瀹茗消煩一二升書理
殘篇追耗蠹食留餘汁濟飢蠅工餘不
撫生風石祇把清心養作冰

冬夜閒遣

擬題不就未成吟靜倚紅爐坐夜深雨
耳書聲聽讀易半檠燈火照縫針梅花

有骨凌霜慣定水無波愛月侵塵裡學
爲塵外逝故尋閒境養閒心

雪美人

沉魚落鴈豈全眞氷雪聰明竟絕倫弄
玉依稀爲近伴飛瓊彷彿悟前身新妝
好點梅花額小照難描秋水神自是冬
心常穩抱不知人世有青春